DE L'ÉGALITÉ

DES

RACES HUMAINES

DE L'ÉGALITÉ

DES

RACES HUMAINES

(ANTHROPOLOGIE POSITIVE)

PAR

A. FIRMIN

Membre de la Société d'anthropologie de Paris,
Ancien sous-inspecteur des écoles de la circonscription du Cap-Haïtien,
Ancien commissaire de la République d'Haïti à Caracas, etc.
Avocat.

PARIS

LIBRAIRIE COTILLON

F. PICHON, SUCCESSEUR, IMPRIMEUR-ÉDITEUR,

Libraire du Conseil d'État et de la Société de Législation comparée,

24, RUE SOUFFLOT, 24.

—

1885

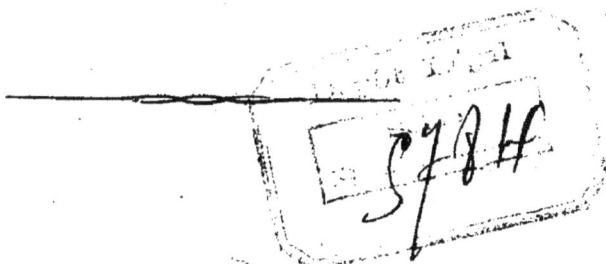

A HAÏTI

Puisse ce livre être médité et concourir à accé-
lérer le mouvement de régénération que ma race
accomplit sous le ciel bleu et clair des Antilles!

Puisse-t-il inspirer à tous les enfants de la race
noire, répandus sur l'orbe immense de la terre,
l'amour du progrès, de la justice et de la liberté!
Car, en le dédiant à Haïti, c'est encore à eux tous
que je l'adresse, les déshérités du présent et les
géants de l'avenir.

A. FIRMIN.

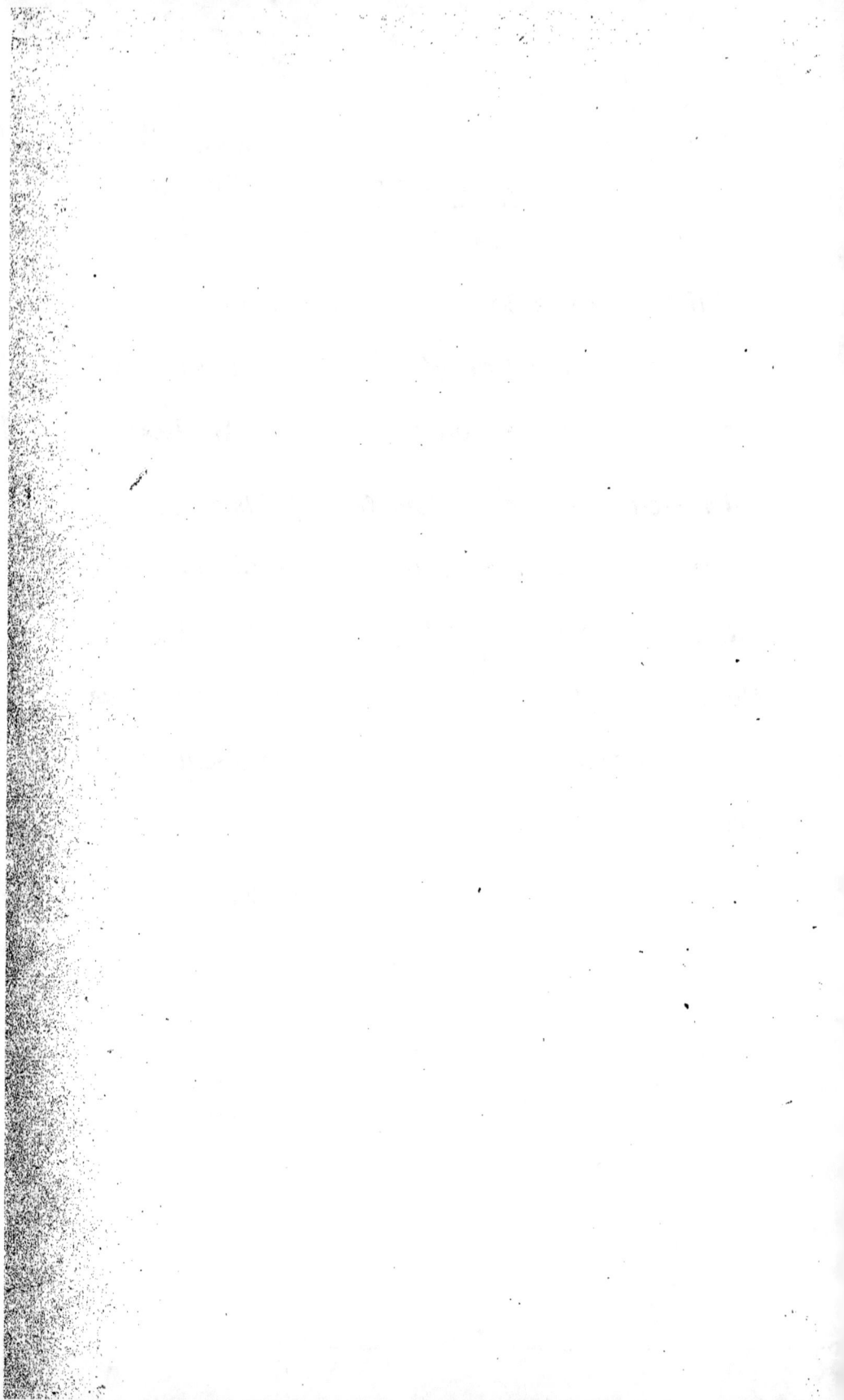

PRÉFACE

Le hasard entre pour une part notable dans toutes les choses humaines. En arrivant à Paris, je fus loin de penser à écrire un livre tel que celui-ci. Plus spécialement disposé, par ma profession d'avocat et mes études ordinaires, à m'occuper des questions relatives aux sciences morales et politiques, je n'avais aucunement l'idée de diriger mon attention vers une sphère où l'on pourrait me considérer comme un profane.

La plupart de mes amis croyaient même que j'aurais profité de mon séjour dans la grande capitale pour suivre les cours de la Faculté de droit, afin d'obtenir les diplômes de la licence et du doctorat. Ce serait certainement un résultat bien digne de mon ambition, n'étaient les exigences de la scolarité et mes devoirs de famille. Cependant, à part toute autre raison, j'estime que lorsqu'on n'a pas eu le bonheur de grandir en Europe, mais qu'on a consciencieusement travaillé chez soi pour mériter le titre que l'on porte, il est inutile de recommencer la carrière d'étudiant dans une branche de connaissances déjà parcourue avec plus ou moins de succès.

Il y a d'autres besoins de l'esprit qui demandent également à être satisfaits. En y répondant, on compense largement la privation d'un papier infiniment appréciable, mais dont l'absence ne retire rien au mérite du travail accompli en dehors des universités européennes.

Voici, d'ailleurs, d'où me vint l'inspiration décisive de cet ouvrage. M. le docteur Auburtin, dont je ne saurais jamais assez louer le caractère sympathique et libéral, m'ayant plusieurs fois rencontré, eut l'indulgence de trouver intéressantes les conversations que nous avons eues ensemble et me fit l'offre gracieuse de me proposer au suffrage de la « Société d'anthropologie de Paris ». Mes études générales me permettant de profiter immédiatement des travaux de cette société, où tant d'hommes éminents se réunissent pour discuter les questions les plus élevées et les plus intéressantes qu'on puisse imaginer, puisqu'il s'agit de l'étude même de l'homme, j'acceptai avec gratitude cette offre d'autant plus précieuse qu'elle a été spontanée.

Le patronage de M. Auburtin réussit pleinement. Présenté par lui, MM. de Mortillet et Janvier, je fus élu membre titulaire de la savante société, dans sa séance du 17 juillet de l'année dernière. Je leur témoigne ici ma profonde et parfaite reconnaissance.

Je n'ai pas à le dissimuler. Mon esprit a toujours été choqué, en lisant divers ouvrages, de voir affirmer dogmatiquement l'inégalité des races humaines et l'infériorité native de la noire. Devenu membre de la Société d'anthropologie de Paris, la chose ne devait-elle pas me paraître encore plus incompréhensible et illogique? Est-il naturel de voir siéger dans une même société et au même titre des hommes que la science même qu'on est censé représenter semble déclarer inégaux? J'aurais pu, dès la fin de l'année dernière, à la reprise de nos travaux, provoquer au sein de la Société une discussion de nature à faire la lumière sur la question, à m'édifier au moins sur les raisons scientifiques qui autorisent la plupart de mes savants collègues à diviser l'espèce humaine en races supérieures et races inférieures; mais ne serais-je pas considéré comme un intrus? Une prévention malheureuse ne ferait-elle pas tomber ma demande, préalablement à tout examen? Le simple bon sens m'indiquait là-dessus un doute légitime. Aussi est-ce alors que je conçus l'idée d'écrire ce livre que j'ose recommander à la méditation comme à l'indulgence des hommes spéciaux. Tout ce qu'on pourra y trouver de bon, il faut l'attribuer à l'excellence de la méthode positive que j'ai essayé d'appliquer à l'anthropologie, en étayant toutes mes inductions sur des principes déjà reconnus par les sciences définitivement constituées. Ainsi faite, l'étude des questions anthropologiques prend un caractère dont la valeur est incontestable.

Il est certain qu'un tel sujet réclame de longues et laborieuses études. La précipitation avec laquelle je l'ai traité doit indubitablement nuire au résultat

désiré. Mais je n'aurai pas toujours des loisirs involontaires. Le temps presse ; et j'ignore si parmi mes
congénères de la race noire, il s'en trouve qui offrent
la somme de bonne volonté et de patience accumu-
lée qu'il a fallu mettre en œuvre pour élaborer,
combiner et présenter les arguments et les recherches de la manière .que je me suis évertué de le
faire.

Ai-je réussi, dans une certaine mesure, à répandre dans mon livre la clarté, la précision, tous les
attraits qui captivent l'esprit et font le charme des
ouvrages destinés à propager des idées justes,
mais encore contestées et méconnues ? Je n'ose trop
y compter. Je n'ai jamais eu une entière confiance
dans mon talent de styliste. De plus, les conditions
morales où je me suis trouvé, en développant la
thèse de l'égalité des races, ont certainement
exercé sur ma pensée une influence dépressive,
hautement nuisible à l'élégance et surtout à l'ampleur des expressions, qui correspondent toujours à
la bonne santé de l'esprit, à l'ardeur expansive du
cœur !

Par-ci, par-là, quelques incorrections ont dû
m'échapper. Je demande au lecteur son entière bienveillance, le priant de considérer les difficultés des
questions que j'ai eu à embrasser et la hâte que les circonstances m'ont, pour ainsi dire, imposée. Peut-être
ai-je trop présumé de mes forces. Je l'ai senti parfois. La soif de la vérité et le besoin de la lumière
m'ont seuls soutenu dans le cours de mon travail.

Pourtant, quel que soit le résultat que j'obtienne, je ne regretterai jamais de m'y être livré. « Dans cette masse flottante de l'humanité qui tourne sur elle-même, dit M. Mason, il existe un mouvement ordonné. Notre petit cercle est une partie d'un grand cercle et notre esprit est satisfait pour un instant, en apercevant une vérité nouvelle. La poursuite de cette vérité fortifie l'intelligence : ainsi est produite la sélection naturelle de l'esprit. Et tandis que les uns se fatiguent et sont incapables d'aller plus loin, les autres vont en avant et s'affermissent par l'effort (1). »

En tout cas, en soutenant la thèse qui fait le fond de ce volume, j'ai eu essentiellement à cœur de justifier l'accueil bienveillant de la Société d'anthropologie de Paris. C'est un hommage que je rends ici à chacun de ses membres, mes honorables collègues. Il m'arrive souvent de contredire la plupart des anthropologistes et de m'inscrire contre leurs opinions ; cependant je respecte et honore infiniment leur haute valeur intellectuelle. Il m'est agréable de penser qu'en réfléchissant sur tous les points que soulève ma controverse, ils inclineront à réformer ces opinions, en ce qui concerne les aptitudes de ma race. Ce n'est pas que je croie avoir excellé dans la tâche que je me suis imposée ; mais à des hommes instruits et intelligents il suffit d'indiquer un ordre

---

(1) *L'anthropologie, son domaine et son but*, in *Revue scientifique* du 1ᵉʳ décembre 1883.

d'idées, pour que la vérité qui en découle brille à leurs yeux avec une éloquente évidence :

Verum animo satis hæc vestigia parva sagaci
Sunt (1).

Je suis noir. D'autre part, j'ai toujours considéré le culte de la science comme le seul vrai, le seul digne de la constante attention et de l'infini dévouement de tout homme qui ne se laisse guider que par la libre raison. Comment pourrais-je concilier les conclusions que l'on semble tirer de cette même science contre les aptitudes des Noirs avec cette vénération passionnée et profonde qui est pour moi un besoin impérieux de l'esprit ? Pourrais-je m'abstraire du rang de mes congénères et me considérer comme une exception parmi d'autres exceptions ? Certes, j'ai trop de logique dans mes conceptions pour m'arrêter à cette distinction aussi orgueilleuse que spécieuse et folle. Il n'y a aucune différence fondamentale entre le noir d'Afrique et celui d'Haïti. Je ne saurais jamais comprendre que, lorsqu'on parle de l'infériorité de la race noire, l'allusion ait plus de portée contre le premier que contre le second. Je voudrais même me complaire dans une telle pensée mensongère et inepte, que la réalité, jamais menteuse, viendrait me faire sentir, à chaque instant, que le mépris systématique professé contre l'Africain m'enveloppe tout entier. Si le noir antillien fait

_____

(1) Lucrèce, *De natura rerum*, Liv. I, v. 396.

preuve d'une intelligence supérieure ; s'il montre des aptitudes inconnues à ses ancêtres, ce n'est, pas moins à ceux-ci qu'il doit le premier germe mental que la sélection a fortifié et augmenté en lui.

Haïti doit servir à la réhabilitation de l'Afrique.

C'est dans cette vue que j'ai constamment tiré mes exemples de la seule République haïtienne, toutes les fois qu'il s'est agi de prouver les qualités morales et intellectuelles de la race nigritique. Du noir au mulâtre, il y a bien des croisements anthropologiques. Aussi ai-je cité beaucoup de noms, regrettant encore que le cadre de mon ouvrage et la crainte de la monotonie ne m'aient pas permis d'en citer davantage. C'est ainsi que je voudrais nommer à côté des autres échantillons de la race haïtienne, MM. Alfred Box, Anselin, Nelson Desroches, Edmond Roumain, Georges Sylvain, Edmond Cantin, enfin une foule de jeunes et brillants esprits que je mentionnerais volontiers, si je ne devais pas éviter ici la faute où j'ai eu tant de tentation de tomber dans le cours même de ce livre.

Mais Haïti offre-t-elle un exemple des plus édifiants en faveur de la race qu'elle a l'orgueil de représenter parmi les peuples civilisés? Par quoi prouve-t-elle la possession des qualités que l'on conteste aux Noirs africains? Pour répondre convenablement à ces questions, il faudrait développer une nouvelle thèse bien intéressante, bien captivante, mais qui ne demanderait pas moins d'un volume considérable. D'ailleurs, plusieurs de mes compatriotes l'ont déjà soutenue avec éclat. Il suffit de les

lire pour se convaincre de tout ce qu'il y a de profonde logique et de science délicate dans les arguments qu'ils ont su tirer de la sociologie et de la philosophie de l'histoire. Mais on doit tout d'abord se
le demander. La doctrine de l'inégalité des races,
enfantant les plus sots préjugés, créant un antagonisme des plus malfaisants entre les divers éléments
qui composent le peuple haïtien, n'est-elle pas la
cause la plus évidente des tiraillements et des compétitions intestines qui ont enrayé et annihilé les
meilleures dispositions de la jeune et fière nation?
N'est-ce pas à la croyance inconsidérée qu'on a de
son infériorité qu'elle doit l'absence de tout encouragement réel dans son développement social? N'est-
ce pas aux prétentions toujours ridicules des uns
et aux revendications souvent maladroites des
autres que l'on doit attribuer toutes les calamités
qui se sont abattues sur elle? Pour obtenir tout le
résultat qu'on est en droit d'exiger de la race haïtienne, il faut donc attendre que l'instruction, répandue sans réserve dans les masses, vienne enfin
refouler et anéantir tous ces préjugés qui sont pour
le progrès comme une pierre d'achoppement.

Cette ère arrivera infailliblement. D'autres peuples, plus vieux, ont vécu des jours nombreux et
pénibles dans le désordre et la barbarie; mais à
l'heure marquée par le destin, le soleil du progrès
et de la régénération vint luire à leur horizon
national, sans qu'aucun obstacle pût en éteindre
l'éclat. Je trouve en de tels exemples, si éloquents

et significatifs, une force consolante, une espérance inébranlable.

Il ne faut pas croire, pourtant, que j'admette sans restriction la méthode qui consiste à recourir toujours à des comparaisons historiques, dès qu'il s'agit de justifier une erreur ou des pratiques malheureuses dans la vie d'un jeune peuple. Ces comparaisons ont un motif rationnel, quand il faut démontrer que tous les peuples et toutes les races qui ont atteint à la civilisation, ont traversé fatalement, avant d'y parvenir, une période plus ou moins longue de tâtonnement et d'organisation inférieure. Cependant ne constitueraient-elles pas un positif danger, si on en usait pour la défense de certains abus qui ont sans nul doute des précédents historiques, mais dont l'influence a été généralement reconnue nuisible à toute évolution sociale?

Ainsi comprise, l'étude du passé, au lieu de profiter aux jeunes peuples qu'il faut stimuler dans la recherche du beau, du vrai et du bien, ne servirait plutôt qu'à leur inspirer une apathie pernicieuse, une nonchalance mortifère, contraire à toute action réformatrice et évolutive. Par un faux raisonnement, ils pourraient bien en conclure qu'ils sont libres de persévérer dans les voies les moins progressives, puisque d'illustres nations y sont longtemps restées. C'est là l'erreur contre laquelle il faut se prémunir. Aussi, tout en reconnaissant que la race noire d'Haïti a évolué avec une rapidité étonnante, je suis loin de nier que, maintenant encore, il ne lui faille faire bien des efforts, afin de rompre avec certaines habitudes qui ne sont propres qu'à paralyser son essor. Quand on est en retard, il convient peu de s'amuser sur la route.

Je ne me crois ni un preux, ni un savant. A la vérité que j'essaye de défendre, je n'apporte que mon dévouement et ma bonne volonté. Mais à quel point ne serais-je pas particulièrement fier, si tous les hommes noirs et ceux qui en descendent se pénétraient, par la lecture de cet ouvrage, qu'ils ont pour devoir de travailler, de s'améliorer sans cesse, afin de laver leur race de l'injuste imputation qui pèse sur elle depuis si longtemps! Combien ne serais-je pas heureux de voir mon pays, que j'aime et vénère infiniment, à cause même de ses malheurs et de sa laborieuse destinée, comprendre enfin qu'il a une œuvre toute spéciale et délicate à accomplir, celle de montrer à la terre entière que tous les hommes, noirs ou blancs, sont égaux en qualités comme ils sont égaux en droit! Une conviction profonde, je ne sais quel rayonnant et vif espoir me dit que ce vœu se réalisera.

N'est-ce pas, d'ailleurs, les lois mêmes de l'évolution qui indiquent et justifient une telle aspiration? N'est-ce pas la fin inéluctable de toute société humaine de marcher, de persévérer dans la voie du perfectionnement, une fois le branle donné? Il suffit donc de dégager les forces morales, qui sont l'âme du progrès, de toute compression paralysante, pour que le mouvement graduel et harmonique s'effectue spontanément, en raison même de l'élasticité propre à tout organisme social. C'est encore à la liberté que tout peuple jeune et vigoureux doit faire appel comme principe de salut. Toutes les lois naturelles et sociologiques s'unissent pour proclamer cette vérité.

En Haïti comme ailleurs, il faut à la race noire la liberté, une liberté réelle, effective, civile et politique, pour qu'elle s'épanouisse et progresse. Si l'esclavage lui fait horreur, horrible aussi doit lui paraître le despotisme. Car le despotisme n'est rien autre chose qu'un esclavage moral : il laisse la liberté du mouvement aux pieds et aux mains ; mais il enchaîne et garotte l'âme humaine, en étouffant la pensée. Or, il est indispensable qu'on se rappelle que c'est l'âme, c'est-à-dire la force de l'intelligence et de l'esprit qui opère intérieurement la transformation, la rédemption et le relèvement de toutes les races, sous l'impulsion de la volonté libre, éclairée, dégagée de toute contrainte tyrannique !

Depuis M. de Gobineau, aveuglé par la passion, jusqu'à M. Bonneau, si souvent impartial, on a trop répété que « l'homme noir ne comprend pas l'idée du gouvernement sans le despotisme » ; on s'est trop appuyé sur cette opinion, — corroborée par de malheureux exemples, — pour déclarer que l'infériorité morale de l'Éthiopien l'empêche de s'élever à la conception précise du respect que l'on doit à la personnalité humaine, respect sans lequel la liberté individuelle n'est plus une chose sacrée.

Je souhaite pour ma race, en quelque lieu de l'univers où elle vive et se gouverne, qu'elle rompe avec les usages arbitraires, avec le mépris systématique des lois et de la liberté, avec le dédain des formes légales et de la justice distributive. Ces choses sont souverainement respectables, parce qu'elles forment le couronnement pratique de l'édifice moral que la civilisation moderne élève laborieusement et glorieusement sur les ruines accumulées des idées du moyen âge.

C'est surtout d'Haïti que doit partir l'exemple. Les Noirs haïtiens n'ont-ils pas déjà fait preuve de la plus belle intelligence et de la plus brillante énergie? Ils se pénétreront bientôt, hommes d'État ou écrivains, jeunes ou vieux, que la régénération du sang africain ne sera complète que lorsqu'on sera aussi respectueux de la liberté et des droits d'autrui que jaloux de sa propre liberté et de ses propres droits. Car de là sortira pour l'Éthiopien cette auréole qui embellit notre front et le transfigure, la splendeur de la dignité morale, seule noblesse naturelle qui relève et égalise tous les hommes et toutes les races.

Digne et fière, intelligente et laborieuse, qu'elle grandisse donc, prospère et monte sans cesse, de progrès en progrès, cette race noire si pleine de sève et de généreuse vitalité! Pour l'aider dans son ascension, il n'y aura jamais trop d'ouvriers ni trop de dévouement. Aussi est-ce religieusement que je

lui apporte mon offrande humble et respectueuse.
D'autres feront mieux que moi, un jour, mais nul
ne sera plus désireux de son relèvement et de sa
gloire.

A. FIRMIN.

Paris, 11 mai 1885.

———

DE
L'ÉGALITÉ DES RACES HUMAINES.

(ANTHROPOLOGIE POSITIVE)

CHAPITRE PREMIER.

—

L'Anthropologie, son importance, ses définitions, son domaine.

> Πάντων χρημάτων μέτρον ἄνθρωπος εστίν.
> (PROTAGORAS).

> Connais-toi toi-même, Γνῶθι σεαὐτον, Thalès et ensuite Socrate qui s'appropria si heureusement cet apophtegme, ont atteint plus haut qu'ils ne savaient peut-être. Ils croyaient n'émettre qu'une pensée morale et ils ont posé la loi du progrès hûmain.
> La connaissance de soi est, en effet, parallèle à celle qu'on acquiert du monde, et si l'homme devait so connaitre entièrement, Il n'arriverait à cette hauteur de vue qu'après avoir épuisé l'étude de tout ce qui est hors de lui.   (Jules BAISSAC).

> Il y a dans l'homme un sentiment si vif et si clair de son excellence au-dessus des bêtes, que c'est en vain que l'on prétend l'obscurcir par de petits raisonnements et de petites histoires vaines et fausses.   (NICOLE).

I.

IMPORTANCE DE L'ANTHROPOLOGIE.

Depuis Bacon, dont le traité *De augmentatis et dignitate scientiarum* est un premier essai de systématisation et de classification des sciences, l'esprit humain toujours soucieux de régulariser ses conquêtes, ne cesse de diriger

1

ses efforts vers une ordonnance logique des différentes branches de la connaissance, afin d'en former un tout harmonique, où soient méthodiquement indiqués les degrés successifs de cette grande échelle lumineuse qui, comme dans la vision de Jacob, va de la terre au ciel, et de ses rayons embrasse l'univers et l'homme, l'espace et la pensée. La science! c'est bien le dieu inconnu auquel l'humanité obéit souvent sans le connaître, et dont le culte grandit chaque jour, gouvernant les intelligences, subjuguant les esprits, soumettant les cœurs en dominant la raison. Les grands ouvriers de l'idée y viennent sacrifier chacun à son tour. On se dispute à l'envi le privilège de codifier les grandes lois par lesquelles elle se manifeste.

Bacon après Aristote; après Bacon, l'Encyclopédie, Bentham (1), Ampère (2), Charma (3), Auguste Comte (4), Herbert Spencer (5), autant d'astres qui brillent sur la voie de l'humanité, ont entrepris cette œuvre d'autant plus difficile que son exécution suppose un savoir profond, universel.

Sans nous arrêter à apprécier le résultat plus ou moins remarquable auquel chacun a abouti, ou à discuter les principes de hiérarchisation adoptés par les uns et contredits par les autres, disons que dans l'ensemble des branches qui forment l'arbre de science, l'anthropologie, depuis une trentaine d'années, est l'étude qui offre le plus d'attraits aux esprits chercheurs, désireux de résoudre le grand problème de l'origine, de la nature de l'homme et de la place qu'il occupe dans la création.

---

(1) *Essai sur la classification d'art et science.* 1823.
(2) *Essai sur la philosophie des sciences.* Exposit. d'une classification nouvelle. 1834.
(3) *Cours de philosophie positive*, 1834-1842.
(4) *Une nouvelle classif. des sciences*, 1850.
(5) *Classification des sciences.*

Le sujet est bien digne d'ailleurs de cette émulation où l'on voit toutes les intelligences d'élite essayer de trouver une solution, sans que la controverse prenne jamais fin; sans que le plus perspicace ou le plus savant ait rencontré une exposition tellement logique, une démonstration tellement claire, que le sens commun y tombe d'accord avec les déductions scientifiques, signalant enfin cette vérité dont on a soif, cette lumière après laquelle on aspire. C'est qu'il s'agit de l'homme : l'être vain, ondoyant et divers de Montaigne, le roseau pensant de Pascal, le primate du professeur Broca. Étudier l'homme, quoi qu'on veuille et sous quelque point de vue que l'on se place, comme naturaliste ou comme philosophe, c'est embrasser l'ensemble des caractères qui constituent l'être humain. Et combien variées ne se présentent pas les questions qui surgissent à chaque instant de l'investigation! L'homme, c'est le dieu et la bête réunis en des proportions indéfinissables. Que l'on croise sur son chemin un être chétif et malingre, laid et difforme, ajoutant à ces disgrâces de la nature l'horreur des dépravations morales, lâche et malpropre, cynique et rampant, prêt à mordre le pied qu'il lèche et baise, trouvant enfin ses délices dans l'ordure et une joie féroce dans la perpétration du crime; que plus loin, on se trouve en face d'un sage se livrant en holocauste pour le triomphe de la vérité et l'amélioration de ses semblables, beau et fort, doux et humble, luttant contre l'adversité avec la patience et la constance inébranlables du juste, pourra-t-on jamais se figurer qu'ils sont de la même espèce, de la même famille? C'est pourtant ce contraste qui fait la grandeur de l'homme. Pouvant descendre jusque dans l'abîme de la plus profonde ignorance et se complaire dans les fanges du vice, il peut aussi monter jusqu'aux sommets lumineux du vrai, du bien et du beau. D'Antinoüs dont la beauté rayonne à Thersite dont la laideur

grimace, de Jésus dont la bonté pardonne à Judas dont la
trahison fait horreur, de Humboldt au crétin auvergnat,
de Toussaint-Louverture au nègre abruti, il paraît exister
une distance infranchissable; mais, en fait, il n'y a entre
eux aucune solution de continuité : tout s'harmonise et tout
concorde à proclamer la dignité de l'espèce humaine placée
si bas et capable de monter si haut. Assurément, que
l'homme soit un animal, primate ou bimane, il sera toujours un animal privilégié, doué d'un esprit supérieur,

Sanctius his animal mentisque capacius altœ,

dont parle le poète des *Métamorphoses*.

L'anthropologie appelée à étudier un tel être prend une
importance réelle parmi les autres sciences. Cette science,
née d'hier, a reçu, dès l'abord, une impulsion tellement
vigoureuse que déjà elle semble être vieille d'années, sur-
chargée qu'elle est de formules, de doctrines, de méthodes
indépendantes, offrant ensemble un appareil imposant,
mais fort difficile à manier. Toutes les autres sciences
deviennent insensiblement ses tributaires. Aussi celui qui
voudrait s'en occuper avec une compétence indiscutable
se verrait-il forcé de s'initier à tous les genres d'études et
parcourir toutes les sphères de la connaissance, sans en
omettre la moindre partie. Jamais étude ne fut plus complexe. Là, il faut raisonner avec assurance sur tous les
sujets, qu'ils relèvent de l'esprit ou de la matière; il faut
envisager le monde et la pensée, le phénomène et le nou-
mène, suivant la terminologie de Kant. Cela n'est pas de
la force de chacun, et plus d'un anthropologiste dogmatique reculerait devant l'œuvre, s'il se pénétrait suffisamment des conditions intellectuelles requises pour bien
soutenir le rôle qu'il ambitionne. L'objet principal de la
science mérite cependant ce noble effort, quand bien même
il faudrait refaire son éducation scientifique, en élargir la

base, au prix de renoncer peut-être à certains sommets occupés par une supériorité spéciale. C'est surtout en anthropologie qu'il faut se mettre en garde contre cette spécialité exclusive qui reserre les horizons de l'esprit et le rend incapable de considérer les objets sous toutes leurs faces.

Mais est-il donné à un homme, dans notre époque de travail et d'initiative, où les grandes divisions de la science se subdivisent chaque jour à leur tour, d'embrasser toutes les notions scientifiques et arriver à une conception assez claire de chacune d'elles ? Assurément non. Un Pic de la Mirandole, on l'a bien des fois répété, est un phénomène impossible dans les temps actuels. Il s'agit donc, afin d'éviter une érudition dispersive et paralysante, de chercher dans les grandes divisions scientifiques celles qui sont les plus indispensables pour mettre l'anthropologiste à même de bien contrôler ses études personnelles. Peut-être trouvera-t-on ainsi une méthode sûre et lumineuse, à l'aide de laquelle on puisse atteindre le but proposé.

II.

LES DÉFINITIONS.

Ici vient se placer naturellement la question suivante : Quelles sont les connaissances qui concourent à former les données de l'anthropologie ? Chacun répondra selon le point de vue auquel la science est considérée, et là-dessus tout le monde est loin d'être d'accord.

Philosophes et savants se sont disputé le domaine de l'anthropologie. Les uns voulaient en faire une science philosophique, les autres une science purement biologique ou naturelle. De là sortent les définitions qui se croisent ou se confondent.

Parmi les philosophes, c'est surtout dans Kant que l'on

trouve pour la première fois une définition systématique, rompant positivement avec l'idée que les savants s'en sont faite depuis Blumenbach. On sait que le savant philosophe de Kœnigsberg a écrit un traité d'*Anthropologie pragmatique;* mais c'est dans un autre de ses ouvrages qu'il définit ce qu'il entend par cette expression. « La physique, dit-il, a en effet, outre sa partie empirique, sa partie rationnelle. De même de l'*éthique*. Mais on pourrait désigner plus particulièrement sous le nom d'*anthropologie pratique*, la partie empirique de cette dernière science et réserver spécialement celui de *morale* pour la partie rationnelle (1) ». Cette division de l'éthique en « anthropologie pragmatique (2) » et en « morale proprement dite » peut paraître bizarre, mais elle s'accorde parfaitement avec la méthode générale de l'éminent philosophe qui distinguait dans toute notion pouvant résister à la critique de la raison, l'objectif et le subjectif, l'être et la pensée.

L'école kantienne a longtemps conservé la même définition et attaché aux mêmes mots les mêmes idées, sauf les évolutions de forme que le kantisme a subies, en passant du maître à Hegel. Celui-ci, qui a ruiné le prestige des spéculations métaphysiques, à force de controverser sur les notions les plus claires, a touché à toutes les branches des connaissances humaines, dans une série de travaux un peu confus, mais d'où sortent parfois des fulgurations brillantes, à travers le dédale d'une terminologie trop arbitraire pour être toujours savante.

Ainsi l'anthropologie, selon Hegel, est la science qui considère les qualités de l'esprit encore engagé dans la na-

----

(1) Kant, *Fondements de la métaphysique des mœurs*, traduct. de M. Tissot.

(2) Ce mot est ici plus exact que *pratique;* son aspect difficile seul a dû porter le traducteur à se servir de ce dernier terme beaucoup moins expressif.

ture et lié au monde matériel par son enveloppe corporelle, union qui est le premier moment ou, plus clairement, la première détermination de l'être humain! « Cet
état fondamental de l'homme, si nous pouvons nous exprimer ainsi, dit-il, fait l'objet de l'anthropologie (1). » On
sent bien ici que la définition de Kant a passé de l'idéalisme transcendental de Fichte à la philosophie de l'identité absolue de Schelling, pour aboutir à l'idéalisme absolu
dont la *Philosophie de l'esprit* de Hegel est le couronnement.

Cette enveloppe corporelle de l'esprit serait difficilement
acceptée par les spiritualistes orthodoxes. Je doute fort
que M. Janet ou le professeur Caro consentent jamais à
lui faire une place dans leurs doctrines philosophiques;
mais c'est déjà trop s'attarder dans cette promenade à
travers les entités et les quiddités. Ce dont on pourrait
s'étonner à juste titre, c'est que Kant et son école igno-
rassent les travaux de ses savants contemporains sur l'anthropologie, telle qu'elle est constituée depuis la fin du siècle
dernier. Son *Anthropologie pragmatique* date de l'année
1798. Or, en 1764, Daubenton avait publié son beau travail
*Sur les différences de positions du trou occipital dans
l'homme et les animaux;* vinrent ensuite les dissertations
de Camper (2) et de Sœmmering (3), la thèse inaugurale
de Blumenbach (4), qui, réunies au discours de Buffon sur
L'homme et les variétés humaines paru dès 1749, donnèrent à la science anthropologique une consécration suf-

---

(1) *Diese — wann wir so sagen dürfen — Grundlage des Menschen
macht den Gegenstand der Anthropologie.* (Hegel, *La philosophie de
l'Esprit*).

(2) Camper, *Dissert. sur les variétés natur. de la physionomie dans
les races humaines* (1768).

(3) Sœmmering, *Ueber die Körperliche Verschiedenheit des Negers von
Europær*, 1786.

(4) Blumenbach, *De generis humani varietate nativa.*

fisante pour qu'elle fût nettement distinguée des autres connaissances humaines. Aussi est-ce intentionnellement que Kant avait adopté la rubrique sous laquelle il exposa ses idées sur la morale pratique ! Non-seulement il avait donné au mot anthropologie une signification et une définition autres que celles que les savants y ont attachées; mais en outre il contesta la propriété de ce terme adapté aux études naturelles de l'homme. « Pour ce qui est, dit-il, des simples crânes et de leur forme, qui est la base de leur figure, par exemple du crâne des nègres, de celui des Kalmoucs, de celui des Indiens de la mer du Sud, etc., tels que Camper et surtout Blumenbach les ont décrits, ils sont plutôt l'objet de la géographie physique que de l'anthropologie pratique (1). »

Hegel qui ne fait que présenter les idées du maître sous une forme nouvelle, passe légèrement sur la question des races humaines, en s'arrêtant pour le fond à l'opinion de Kant. « La différence des races, dit-il, est encore une différence naturelle, c'est-à-dire une différence qui se rapporte à l'âme naturelle. Comme telle, celle-ci est en rapport avec les différences géographiques de la contrée où les hommes se réunissent en grandes masses (2). »

Mais d'autre part, les savants, sans s'inquiéter des opinions du grand philosophe, continuèrent à travailler dans leurs sphères et, avec Blumenbach, persistèrent à considérer le mot anthropologie comme synonyme d'histoire naturelle de l'homme. Cette acception une fois reçue et consacrée, les naturalistes réclamèrent, comme on devait bien s'y attendre, le privilège exclusif de s'occuper de la science anthropologique de préférence à tous les autres savants qui n'y travailleraient qu'à titre de simple tolé-

---

(1) Kant, *Anthropologie* (traduct. de M. Tissot).
(2) Hegel, *Philosophie de l'esprit* (trad. du Dr Vera).

rance. Rien de plus rationnel au prime abord. Mais, en y regardant de plus près, on découvre un fait incontestable : c'est que la méthode imposée à l'histoire naturelle quand il s'agit d'étudier les minéraux, les végétaux et les animaux inférieurs à l'homme, ne peut toujours s'adapter à l'étude complète de ce dernier venu de la création. Tandis que la conformation des êtres inférieurs tend essentiellement à réaliser la vie végétative et animale, celle de l'homme tend invinciblement à la vie sociale qu'il finit toujours par réaliser, en constituant sa propre histoire.

Cette distinction est assez considérable pour que, dès le premier essai de systématisation de la science, un certain schisme se soit manifesté parmi les naturalistes même. Il fallait savoir si l'homme ainsi distingué devait pourtant entrer dans le cadre des classifications adoptées généralement pour toute la série zoologique, ou s'il ne fallait pas en faire plutôt une catégorie particulière.

Linné qui, le premier, fit entrer l'homme dans la série animale, le classa parmi ses primates, à côté des singes, des chéiroptères et des bradypes. Quel événement ! Le roi de la création placé ainsi parmi les animaux les plus laids et les moins gracieux ! Quelques naturalistes, humiliés de voir grouper leur espèce en si grossière et vile compagnie, se révoltèrent contre la taxonomie du grand naturaliste suédois (1). Blumenbach (2) divisa bientôt l'ordre des primates en bimanes et quadrumanes et mit l'homme dans la première catégorie, en l'isolant des autres animaux de toute la distance d'un ordre. Lacépède (3) que son âme élevée,

---

(1) Il ne faut pas croire pourtant que Linné ait voulu méconnaître la dignité de l'homme. Dans l'introduction au *Systema Naturæ* il a écrit en parlant de l'homme : *Finis creationis telluris est gloria Dei ex opere Naturæ per hominem solum.* Expression de visible enthousiasme où il fait l'homme plus grand que le reste de la création.

(2) *Manuel d'histoire naturelle.*

(3) *Hist. naturelle de l'homme.*

l'ampleur de son esprit devait naturellement conduire à voir en lui-même un modèle humain placé si loin et tellement au-dessus des singes, adopta la classification de l'éminent naturaliste allemand. Quand à cette école vint s'ajouter le poids et l'autorité de l'opinion de l'immortel Cuvier (1), dont la haute personnalité domine toute l'histoire des sciences naturelles, dans la première moitié de ce siècle, tout sembla s'incliner dans le sens d'une distinction ordinale entre l'homme et les autres animaux qui circulent à la surface du globe et au sein de l'océan immense.

Ce qui a frappé les savants qui ont voulu isoler l'espèce humaine du reste du règne animal, c'est la grande sociabilité de l'homme et le résultat qu'il en acquiert. « L'homme n'est homme, a écrit Buffon, que parce qu'il a su se réunir à l'homme (2). »

Ce besoin de la société ne se rencontre avec tout son développement que dans l'humanité. D'autres animaux, sans doute, vont par bande et poussent parfois le sentiment de la solidarité au point de se sacrifier pour le salut de leur communauté, en déployant une énergie qui nous étonne; mais à qui viendra-t-il à l'esprit de comparer ces mouvements instinctifs et accidentels à la constance raisonnée que met l'homme, même à travers les luttes les plus sanglantes, à la constitution de la société? Une idée hautement philosophique domine d'ailleurs toutes les autres considérations. Chaque être a ici-bas des conditions en dehors desquelles il lui est impossible de réaliser sa destinée, c'est-à-dire de développer toute la somme d'aptitudes dont il est doué. Or, dans toute l'échelle de la création, les individus isolés peuvent se suffire à eux-mêmes, pourvu qu'ils aient l'énergie suffisante pour lutter contre

(1) *Tableau élém. d'histoire natur. des animaux.*
(2) *Nature des animaux.*

les difficultés matérielles des milieux où ils séjournent.
Mais l'homme ne se suffit jamais à lui-même. L'orgueil ou
la misanthropie dépressive, qui lui inspire parfois l'idée de
cet isolement, n'est jamais autre chose qu'un cas pathologique décelant toujours une lésion quelconque de l'organisme. C'est que l'homme a besoin de l'homme pour le
perfectionnement et pour l'étude même de sa personnalité
propre. Gœthe, réunissant à la science du naturaliste et
du philosophe la compréhension large du poète, a dit
quelque part :

> *Der Mensch erkennt sich nur in Menschen, nur*
> *Das Leben lernt Jedem was er sei!*

Rien de plus vrai. L'homme n'apprend à se connaître
que dans son semblable et le commerce de la vie seul enseigne à chacun sa propre valeur. Mais revenons aux discussions des naturalistes, s'efforçant d'établir la place de
l'homme dans les classifications zoologiques.

L'autorité de Cuvier reposait sur des titres vraiment
solides. Créateur réel de l'anatomie comparée qui n'a
été que vaguement étudiée dans les travaux de Vic
d'Azir et de Daubenton, travaux peu remarquables si
on veut envisager les importantes acquisitions déjà faites
à la science par Aristote, Cuvier était mieux que personne
à même de trancher la question, à savoir si l'homme mérite
une place à part dans l'échelle zoologique. Aussi ses
opinions et celles de son école devinrent-elles bientôt
l'expression de l'orthodoxie scientifique.

Bien plus! Isidore Geoffroy Saint-Hilaire, suivant les
traces de son père illustre dans la culture d'une science
dont les attraits ne le cèdent à aucun autre, mais gardant
l'indépendance d'esprit qui caractérise le vrai savant, en-
chérit sur l'école classique, en proposant de reconnaître un
règne humain. Ici, non-seulement l'homme est séparé des
animaux supérieurs, mais encore il occupe une place à

part dans la création. Il surpasse tout en dignité et en prééminence. Hollard, Pruner-Bey, M. de Quatrefages pour ne citer que quelques noms, se sont réunis à l'opinion de l'auteur de la théorie de la *variabilité limitée de l'espèce*. Mais tout excès affaiblit. Les savants qui se déclarèrent partisans du règne humain, ne purent nier que l'homme ne soit un animal soumis aux mêmes exigences naturelles que les autres animaux, tant par ses fonctions organiques que par sa conformation anatomique. Le mot *règne* dut perdre dans cette théorie la signification ordinaire qu'il a en histoire naturelle et il en fut fait bon marché. On perdit donc de vue le terrain sur lequel s'étaient placés Blumenbach et Cuvier, pour ne considérer que les hautes qualités intellectuelles et morales qui font de nous une espèce unique en son genre.

En effet, Isidore Geoffroy Saint-Hilaire, reconnaissant que les différences taxonomiques qui séparent le groupe humain des groupes simiens ne sont que des différences familiales et non ordinales, revenait, intentionnellement ou non, au giron des naturalistes qui avaient adopté, avec plus ou moins de modifications, le système de classification de Linné, tels que Bory de Saint-Vincent, Lesson, etc. Il en résulta une espèce de compromis à l'aide duquel chaque opinion resta maîtresse de son camp, en négligeant le reste. Lacenaire, appelé à dire son mot au public qui l'écoutait avec un charme toujours nouveau, formula enfin cette transaction : « Oui, par sa forme, par sa structure, par l'ensemble de ses dispositions organiques, dit-il l'homme est un singe ; mais par son intelligence, par les créations de sa pensée, l'homme est un dieu. » Le savant professeur se tira ainsi d'une position délicate avec une adresse non commune ; mais là ne s'arrêta pas la lutte.

L'école orthodoxe avait puisé sa principale force dans le crédit des doctrines spiritualistes qui régnèrent souve-

rainement sur les esprits, au commencement de ce siècle.
L'idéalisme allemand et le rationalisme français y about-
issaient. Mais il n'en fut pas longtemps ainsi. Bientôt la
psychologie, enfermée jusque-là dans l'enceinte de la métaphysique, fut envahie par une cohorte de profanes. De
toutes parts, on se mit à contrôler les pensées et les actions humaines, en s'efforçant de les expliquer par des
impulsions physiologiques. La chimie donnant la main à
la physiologie, la libre pensée se ligant avec la science,
on vit d'illustres savants nier catégoriquement l'origine
divine et la précellence de l'intelligence humaine, pour ne
la regarder que comme le résultat d'une simple fonction
du cerveau. — Le mot fut enfin lâché : *Ohne Phosphorus,
kein Gedanke*, s'écria Moleschott. Toute la génération
scientifique dont la première efflorescence date de 1850 prit
parti pour la nouvelle école. Le phosphore détrôna l'esprit divin et on lui fit tout l'honneur de la pensée. En
vain cria-t-on au matérialisme. Quand M. Flammarion, un
des rares savants' spiritualistes de ces temps-ci, eut écrit
son livre de combat, *Dieu dans la nature*, sa voix,
quoique empreinte d'une onction merveilleuse, limpide
comme le langage de Platon, eut moins d'écho que celle
de M. Louis Büchner. La force ou l'énergie fut reconnue
comme partie intégrante de la matière. Ce qui était considéré comme une manifestation divine, parut un simple
phénomène organique, nutrition ou désassimilation des
tissus, excitation ou dépression nerveuse ! L'ingratitude
humaine oublia toutes les belles tirades écloses sous l'inspiration du *mens agitat molem* et le spiritualisme dut en
prendre son deuil. C'en était fait. Les esprits fatigués de
controverse et rassasiés de spéculations, se réfugièrent
dans le positivisme d'Auguste Comte ou l'évolutionisme de
M. Herbert Spencer, quand ils purent échapper à la philosophie de l'inconscient de Hartmann. — De fiers lutteurs,

tels que les Paul Janet, les Renouvier, les Saisset, surtout
le professeur Caro, poussant le courage aussi loin que leur
conviction, ont lutté et luttent encore ; mais le courant
ne peut être remonté.

Toute évolution philosophique entraîne inévitablement
une évolution adéquate dans les théories scientifiques, de
même que celles-ci agissent lentement sur la désagrégation et la transformation des idées courantes. L'influence
des théories régnantes n'a donc pas besoin d'être expli-
quée. L'homme est aujourd'hui généralement considéré
comme un animal quelconque. Pour la majeure partie des
savants, il ne diffère des autres animaux que par quelques
degrés de supériorité. Dans les classifications les mieux
reçues, il est replacé dans la première famille de l'ordre
des primates. Il naît, vit et meurt, est condamné au travail, et subit toutes les transformations imposées par les
lois naturelles, selon les exigences des milieux où il traîne
son existence. L'éclair de l'intelligence luit encore sur son
front ; mais ce n'est plus cette couronne antique, c'est le
modeste attribut d'un roi détrôné devenu le premier parmi
ses égaux dans la république zoologique.

Cette petite course, à travers les broussailles de la philosophie, a été nécessaire pour nous aider à bien comprendre les définitions que les naturalistes donnent à l'anthropologie. Elles se ressentent généralement du point de vue
où ils se sont placés pour considérer le sujet.

« L'anthropologie est la branche de l'histoire naturelle,
qui traite de l'homme et des races humaines, » dit M. Topinard (1). D'après le savant professeur, cette définition
renferme les suivantes :

1° « L'anthropologie est la science qui a pour objet
l'étude du groupe humain, considérée dans son ensemble,

----

(1) Topinard, *l'Anthropologie.*

dans ses détails et dans ses rapports avec le reste de la nature. » (Broca).

2º « L'anthropologie est une science pure et concrète ayant pour but la connaissance complète du groupe humain considéré : 1º dans chacune des quatre divisions typiques (variété, race, espèce, s'il y a lieu) comparées entre elles et à leurs milieux respectifs ; 2º dans son ensemble, dans ses rapports avec le reste de la faune. » (Bertillon).

3º « L'anthropologie est l'histoire naturelle de l'homme faite monographiquement, comme l'entendrait un zoologiste étudiant un animal. » (de Quatrefages).

Il y a bien loin, on doit en convenir, de ces définitions à celles des philosophes ; mais pour nous qui pensons que l'histoire naturelle de l'homme, à quelque point de vue où l'on se place, ne sera jamais bien faite si on l'étudie exactement comme on étudierait un autre animal, nous considèrerons l'anthropologie comme « l'étude de l'homme au point de vue physique, intellectuel et moral, à travers les différentes races qui constituent l'espèce humaine. » Cette définition diffère sensiblement de celles des savants regardés à juste titre comme les maîtres de la science ; cependant malgré la grande autorité de leur opinion, je n'ai pas cru devoir m'y ranger. Je ne donne pas la mienne pour la meilleure ; mais elle répond admirablement au plan que je compte suivre dans le cours de cet ouvrage et fait aussi prévoir quelles sont les connaissances que je crois indispensables à l'anthropologiste.

Je divise ces connaissances en quatre grandes classes, en suivant autant que possible la hiérarchisation adoptée par Auguste Comte et l'école positiviste. En premier lieu nous placerons les *sciences cosmologiques* où il faut embrasser la géologie, la physique, la chimie inorganique, la géographie et l'ethnographie.

Viendront ensuite les *sciences biologiques* réunissant

l'anatomie, la chimie organique, la physiologie, la botanique, la zoologie, la paléontologie et l'ethnologie.

Viennent encore les *sciences sociologiques* comprenant l'histoire, l'archéologie, la linguistique, l'économie po'itique, la statistique et la démographie.

On ajoutera enfin les *sciences philosophiques* proprement dites, comprenant la jurisprudence, la théologie, la psychologie, l'esthétique et la morale.

III.

DOMAINE DE L'ANTHROPOLOGIE.

D'aucuns penseront sans doute qu'on peut facilement s'occuper d'anthropologie sans s'astreindre à étudier particulièrement toutes les sciences dont nous avons essayé d'esquisser une classification rapide. Mais bien grave serait cette erreur. Sans cette préparation préalable, l'esprit le mieux fait manquera toujours de certaines bases de jugement, en l'absence desquelles on est incapable de se former une opinion personnelle sur les questions les plus discutées et les plus importantes. Faut-il le dire ? Même armé de ces connaissances générales, on serait parfois bien embarrassé si on n'en suivait pas certaines subdivisions jusqu'à leur dernière constatation scientifique. Peut-être aurais-je ajouté les sciences mathématiques si je ne pensais pas que, pour trouver une méthode d'investigation suffisamment claire, point n'est besoin d'appliquer à la craniométrie les calculs trigonométriques proposés par le Dr Broca. Car des difficultés ajoutées à d'autres difficultés ne suffisent pas pour les aplanir ; c'est l'effet tout contraire qu'elles produisent. Parmi les mathématiques appliquées, les notions de *mécanique*, par exemple, peuvent être nécessaires à celui qui étudie l'organisation du corps humain, lorsqu'il s'agit de se rendre compte de certains mouvements de locomotion ou de chorégraphie qui semblent incompatibles avec la station droite, propre à l'espèce humaine. Dans la marche, dans la course et la danse, les bras exécutent des balancements savants, au point de vue de l'équilibre, sans qu'on en ait le moindre soupçon. Cependant les anatomistes les plus distingués n'en parlent qu'avec la plus grande sobriété. Combien moins doit-on s'en occuper, quand il ne s'agit pas de constater les lois d'équilibre, mais des caractères différentiels de race ou de type.

Il faut aussi observer que la plupart des ethnographes, au lieu de considérer l'ethnographie comme l'étude descriptive des peuples qui sont répandus sur la surface du globe, en font une science générale de l'humanité. Dans cette opinion, c'est leur science qui englobe l'anthropologie reléguée alors au second plan. Au dire de M. Castaing, « l'anthropologie craquerait de toutes parts, si elle essayait d'englober seulement le quart de ce que l'ethnographie embrasse sans contrainte (1). » Est-ce pourtant la faute des ethnographes si les notions les plus logiques sont ainsi troublées et renversées? N'est-ce pas plutôt celle des anthropologistes? Mme Clémence Royer (2) l'a bien énoncé en disant que la Société d'anthropologie a une tendance à faire de la *squelétomanie*, au lieu de s'élever aux grandes visées de la science. « En effet, dit-elle, l'école actuelle d'anthropologie laisse trop de côté l'homme moral et intellectuel; elle s'occupe trop exclusivement de l'homme physique. »

Affirmant, pour ma part, que l'anthropologiste doit étudier l'homme, non-seulement au point de vue physique mais aussi sous le rapport intellectuel et moral, j'ai mis l'ethnographie à sa vraie place. Je la considère comme

(1) Congrès intern. des sciences ethnogr. tenu à Paris en 1878, p. 441.
(2) *Ibidem*, p. 438.

une branche des sciences cosmologiques, car on la rencontre infailliblement, dès qu'on s'occupe de l'étude de
l'univers. C'est ainsi que l'illustre Alexandre de Humboldt
a dû y toucher dans son *Kosmos*, le traité de cosmologie le
mieux fait qui ait été publié jusqu'ici. Par ainsi, on peut
facilement la différencier de l'ethnologie qui ne s'arrête
pas seulement à la simple description des peuples, mais en
outre les divise en races distinctes, étudie leurs organismes
variés, considère les variétés typiques, telles que les
têtes longues, pointues ou arrondies, les mâchoires saillantes ou droites; les nez aquilins, droits ou camus, etc.;
enfin qui essaye de découvrir s'il n'en résulte pas certaines
influences expliquant les aptitudes diverses dont chaque
groupe humain semble fournir un exemple particulier. En
un mot, l'ethnographie, comme l'indique suffisamment
l'étymologie, est la description des peuples, tandis que
l'ethnologie est l'étude raisonnée de ces mêmes peuples
considérés au point de vue des races. L'une ne regarde
que les grandes lignes extérieures; l'autre examine les
parties, les mesure, les compare, cherche systématiquement à se rendre compte de chaque détail. Tous les grands
voyageurs seront des ethnographes d'autant plus compétents qu'ils auront bien vu et examiné les populations
qu'ils traversent; mais pour devenir un ethnologiste, il
faudra en outre posséder des connaissances anatomiques
et physiologiques, ainsi que les principes généraux de la
taxonomie.

Lorsque l'ethnographie et l'ethnologie auront fait leur
œuvre, viendra le tour de l'anthropologie. Celle-ci compare
l'homme aux autres animaux, afin d'isoler l'objet de son
étude de tous les sujets environnants; mais ce qu'elle
étudie plus spécialement, ce sont les points suivants.
Quelle est la vraie nature de l'homme? Jusqu'à quel degré
et dans quelles conditions développe-t-il ses aptitudes?

Toutes les races humaines peuvent-elles, oui ou non, s'élever au même niveau intellectuel et moral? Quelles sont celles qui semblent être plus spécialement douées pour le développement supérieur de l'esprit, et quelles sont alors les particularités organiques qui leur assurent cette supériorité? Voilà une sphère assez vaste pour occuper dignement les intelligences d'élite. Il va sans dire que pour atteindre un résultat sérieux, il ne suffira pas à l'anthropologiste d'établir une hiérarchisation arbitraire des races humaines ou de leurs aptitudes. Il lui faudra d'abord délimiter sûrement les catégories ethniques qu'il entend comparer. Mais une classification des races humaines est-elle possible avec les éléments dont dispose la science contemporaine et dont elle est obligée de se contenter? C'est ce que nous tâcherons d'étudier, afin de nous rendre un compte exact de la solidité des arguments que les naturalistes mettent en avant pour appuyer leurs conclusions.

CHAPITRE II.

Premiers essais de classification.

> Pour dresser une telle statistique de l'humanité passée et présente il faudrait toute une vie, pour concilier tous les systèmes de classifications qui ont été tentés jusqu'ici, pour caractériser chaque race d'après les faits enregistrés par la science moderne et, de plus, pour exposer les résultats de ces investigations, il ne faudrait pas quelques instants, mais une longue exposition, un cours suivi de plusieurs années. (Mme Clémence ROYER).

Je ne reviendrai pas sur les controverses ardentes qui se sont agitées à propos de la place de l'homme dans l'échelle zoologique. C'est une question vidée. Actuellement, il est universellement reconnu que l'homme, au point de vue anatomique, ne diffère des singes anthropomorphes que par des détails infiniment insignifiants, si on veut considérer la distance qui existe entre le premier groupe simien et les autres mammifères inférieurs. Sans mentionner ici les remarquables travaux de Hæckel et de Huxley qui nous entraîneraient sur un terrain autre que celui où nous devons rester quant à ce moment, on peut regarder la question comme parfaitement élucidée par les savantes discussions du professeur Broca. Dans ses *Mémoires d'anthropologie*, il y a répandu la plus vive lumière, à l'aide d'une science consommée, soutenue par une habileté de dialectique vraiment rare chez un spécialiste. Et pourquoi ne le dirais-je pas? C'est toujours à regret que je me verrai obligé de me séparer de l'illustre savant, quand sur des points de pure doctrine, il se renferme dans un exclusivisme systématique et en contradiction avec la thèse que je crois être l'interprétation de la vérité.

On pourrait croire que, la place de l'homme une fois fixée dans le règne animal, il ne se produirait plus aucun schisme, aucune controverse pour la classification des groupes humains. Mais, dans cette sphère plus étroite, la discussion ne fait qu'augmenter d'intensité.

Linné, à qui l'on est toujours forcé de remonter, toutes les fois qu'il s'agit de suivre ou d'enregistrer les phases successives traversées par les sciences naturelles, avait réuni les divers types humains ou ceux qu'il regardait comme tels, en un genre composé de trois espèces : l'*homo sapiens*, l'*homo ferus* et l'*homo monstruosus*. Des deux dernières espèces la première semble plutôt désigner certains singes anthropomorphes et la seconde se rapporte à des cas de tératologie qui relèvent mieux de la physiologie que de l'histoire naturelle. L'*homo sapiens* (*homo nudus et inermis* de Blumenbach) est celui qui nous intéresse ici. Linné en divise l'espèce en quatre variétés : 1o l'homme blanc aux yeux bleus et aux cheveux blonds que l'on rencontre plus spécialement en Europe ; 2o l'homme jaune aux cheveux noirâtres et aux yeux bruns de l'Asie ; 3o l'Africain au teint noir, et aux cheveux crépus ; 4o l'Américain basané aux cheveux noirs et lisses.

On peut citer une autre division quaternaire de l'espèce humaine dont on parle rarement dans les différentes expositions de la science anthropologique. C'est celle de l'Américain Morton. Il divise les hommes en quatre races, qui sont en réalité de vraies espèces, si l'on se rapporte à sa doctrine polygénique. Ce sont les peuples blancs, les peuples jaunes, parmi lesquels il comprend les Mongols et les Malais, les Peaux-Rouges et les Nègres. Cette classification repose sur des cubages opérés en remplissant les crânes de grains de poivre séchés (1). Carus, savant

_____

(1) Morton, *Crania ethnica.*

allemand, l'avait adoptée pour une cause fort curieuse. Suivant ce dernier, ces quatre variétés ethniques correspondent aux quatre variations de lumière que l'on remarque dans le jour, la nuit, le crépuscule du matin et le crépuscule du soir. Les blancs seraient ainsi les enfants du jour ; les noirs, les enfants de la nuit ; les jaunes, ceux du crépuscule du matin ; les rouges Américains, ceux du crépuscule du soir (1). Avait-on besoin d'avertir qu'on a affaire à un savant allemand ?

Enfin, le professeur Isidore Geoffroy-Saint-Hilaire avait proposé une classification en quatre types qu'il distinguait comme suit : *orthognate* ou caucasique, *eurignathe* ou mongolique, *prognathe* ou éthiopien, *eurignatho-prognate* ou hottentot.

Une autre division numérique est celle de Blumenbach qui maintint d'ailleurs l'unité de l'espèce. Il apporta à la science une méthode supérieure à celle de Linné. Connaissant mieux que lui le sujet à traiter, en conséquence même des progrès scientifiques, il le développa avec une clarté lumineuse, en imposant ses déductions à l'attention générale. Dans l'espèce humaine, il compta les cinq variétés suivantes qui, en se perpétuant, devinrent les races *caucasique, mongolique, éthiopique, américaine* et *malaise*. On remarquera que l'ethnographie a principalement inspiré les catégories de cette division. Elles s'adaptent toutes aux grandes divisions géographiques du globe.

D'Omalius d'Halloy admit également cinq races humaines. Mais au lieu de les dénommer d'après leurs milieux géographiques ou ce que l'on considérait comme tel, il les partagea en couleurs différentes, soit : 1° la race blanche, 2° la race jaune, 3° la race brune, 4° la race rouge,

---

(1) Carus, *Ueber die ungleiche Befæhigung der verschiedenen Menschheitsstæmmen zur geistigen Entwickelung.*

5º la race noire. Ces cinq races ne répondent pas toujours aux variétés de Blumenbach. Dans la race brune, par exemple, d'Omalius d'Halloy compte non-seulement les races océaniques, mais aussi les Ethiopiens.

M. Louis Figuier, avec des réserves et des modifications intelligentes, a adopté la classification du savant belge. On peut remarquer, d'ores et déjà, qu'il retire les Egyptiens de la race blanche pour les placer dans la race brune. C'est un premier pas vers une vérité historique qu'il faudra mettre en lumière. Il faut noter aussi que le professeur Prochaska, essayant de former une classification, a conclu également à l'existence de cinq races. Seulement, ce savant physiologiste a trouvé nécessaire de réunir la race caucasique avec la mongolique, pour former la race blanche, dont il retire les Hindous avec lesquels il établit une race distincte.

Cependant les partisans de la théorie de l'unité de l'espèce n'admirent pas tous la division en cinq variétés de Blumenbach. L'illustre Cuvier qui réunissait à une haute sagacité scientifique une habileté merveilleuse dans l'exposition de ses idées, réduisit au nombre de trois les grandes divisions ethniques qui forment l'ensemble de notre espèce. Soit la race blanche, la race jaune ou mongolique et la race noire. D'aucuns affirment que le désir de se conformer à l'orthodoxie religieuse et de corroborer par la science une des plus anciennes traditions de la Bible, fut la raison déterminante de cette classification. Mais il ne s'agit point de discuter la valeur taxonomique d'aucune de ces classifications qui se contredisent si constamment. Elles ne seront jamais rien autre chose que des tentatives plus ou moins ingénieuses d'imposer un ordre sériaire là où la nature a mis la plus capricieuse irrégularité. Les causes de différenciation sont tellement multiples et complexes qu'elles brisent toute série artificielle et se moquent des combinaisons que font et défont les savants pour les réglementer. Disons cependant que la distribution tripartite de l'espèce humaine est parfaitement logique, pourvu qu'on admette des subdivisions qui donnent l'explication des nombreuses déviations que présentent les types principaux. Que l'on soit condamné à tâtonner sans fin, quand il faut former ces subdivisions, ce n'est la faute de personne ; la difficulté gît dans la science même. Aussi est-ce bien le cas de renverser l'adage classique si bien connu sous la rubrique : *Non crimen artis quod professoris*. Malgré l'habileté de tous les professeurs, c'est l'art même qui sera ici éternellement impuissant. Un fait indiscutable, c'est que par des croisements naturels entre les trois races blanche, jaune et noire, à des degrés convenables, on peut facilement obtenir les deux autres variétés de Blumenbach, ainsi que toutes les subdivisions qu'il faut encore reconnaître dans les cinq groupes ethniques de l'éminent naturaliste de Gœttingue.

Les grandes lignes de la classification de Cuvier ont été d'ailleurs adoptées par les anthropologistes les plus compétents de l'école monogéniste.

Le savant Prichard divise aussi l'humanité en trois grandes familles : aryane, sémitique et égyptienne. Il est certain que ces dénominations ne désignent pas les idées qu'on y attache ordinairement. Par la famille aryane, le naturaliste anglais désigne la race blanche ; par les sémites, peut-être la race jaune, et par la famille égyptienne, la race noire. Mais qu'importe la terminologie, si la pensée de l'auteur est suffisamment claire pour qu'on la saisisse dans tout son éclat ? Sémitique et asiatique se ressemblent bien et en Asie c'est la race jaune qui domine. Au temps où écrivait Prichard, on inclinait à ne voir dans les races européennes que des colonies aryanes ; et pour le reste, il sera prouvé plus tard que la vraie race égyptienne se confond avec les Ethiopiens. D'ailleurs, à côté de ces trois races, il en indique d'autres qui s'y rapportent à différents titres.

Flourens, s'étant groupé dans les rangs de l'école unitaire, accepta la division ternaire des races humaines qu'il partagea en trente-trois types distincts. Mais la plus importante adhésion à la conception de Cuvier est celle de M. de Quatrefages, le premier anthropologiste de France et peut-être de l'Europe entière. En effet, le savant professeur du Muséum d'histoire naturelle de Paris, a consacré toute son existence à des travaux d'anthropologie d'un mérite incontestable. Il s'y est appliqué avec une constance, un dévouement infatigables qui signalent les grandes vocations. Ses subdivisions ne sont pas pourtant celles de ses devanciers. Appliquant les principes du monogénisme dans toute leur rigueur doctrinale, il fait descendre toute l'humanité d'un tronc commun représentant l'espèce. Celle-ci est partagée en trois branches qui constituent les races blanche, jaune et noire ; chaque branche est partagée en rameaux, en familles, lesquels sont formés de groupes ethniques plus ou moins différenciés. Pour compléter cette classification déjà passablement compliquée, le savant et méthodique professeur y greffe encore des races mixtes, comme autant de ramiscules divergents qui viennent rendre plus touffu l'arbre généalogique de l'espèce humaine, partant d'Adam et Ève pour rayonner sur la terre entière.

Un autre savant fort modeste, Henry Hollard, avait aussi admis les trois grands groupes ethniques. Mais au lieu de les nommer races, il les désigna sous la dénomination de types, qui n'a aucune valeur ni aucune prétention taxonomique. Ses trois types, caucasique, mongolique et éthiopique, se subdivisent en familles, les familles en races ou nations (ἔθνος). Par exemple, le type caucasique renferme la famille aryane, laquelle renferme les races ou na-

tions Hindoues, Grecques, Italiennes, Germaines, Iraniennes, Kurdes, Arméniennes, Celtes, Slaves et les
peuples du Caucase. Tout cela n'est cité que pour mémoire.

Il faut remarquer une chose : tous ces essais de classification ne reposent que sur des principes personnels et
arbitraires. Tel groupe figure dans la race blanche d'un
naturaliste, dans la race jaune ou brune d'un autre, et parfois dans la race noire d'un troisième. Par exemple, les
Abyssiniens ou Éthiopiens figurent dans la race blanche
de M. de Quatrefages, dans la race brune de d'Omalius
d'Halloy et dans la race noire de Blumenbach et de Cuvier.
Fasse la loi qui le pourra ! Mais qu'on ne s'imagine pas que
tous les savants aient accepté avec ou sans discussion la
théorie de l'unité de l'espèce humaine.

D'abord Lacépède, tout en restant unitaire, crut devoir
ajouter une nouvelle race aux cinq autres établies par
Blumenbach, presque au même moment où Cuvier allait les
réduire à trois. A côté des Caucasiens, Mongoliens, Éthiopiens, Américains et Malais, il plaça les Hyperboréens
(branche ougrienne et boréale de M. de Quatrefages, comprenant les Samoyèdes, les Ostiaks, les Lapons, les Esquimaux). Les cinq races de Blumenbach une fois dépassées,
il se produisit, à l'encontre des classifications unitaires que
l'on peut considérer comme classiques, une certaine tendance vers la théorie de la pluralité des espèces humaïnes.

La première attaque fut celle de Virey qui, après des
raisonnements plus ou moins fondés, se décida à diviser
les divers types humains en deux groupes distincts, entre
lesquels il déclara reconnaître des différences spécifiques.
Ces deux espèces formèrent le genre humain, le mot genre
prenant dans sa nomenclature le sens scientifique qu'on
lui attache en histoire naturelle.

Ce fut sans doute une grande révolution dans le monde

des savants. Le caractère en fut d'autant plus saillant que toutes les idées philosophiques d'alors tendaient à resserrer les liens de l'humanité, sous l'impulsion encore agissante de la grande école encyclopédique du XVIII⁸ siècle, aux inspirations si larges et si généreuses. L'époque n'était pas bien loin où Diderot hasardant une pensée, d'Alembert la formulait, et Voltaire la vulgarisait. Tout le monde avait encore la persuasion profonde que les peuples devaient trouver le vrai lien de la fraternité dans la commune conquête de la liberté et de l'égalité. Sans doute, le *Dictionnaire philosophique* gardait l'empreinte indélébile du sourire malin et terrible du patriarche de Ferney, quand il interrogeait les théologiens sur le miracle qui a fait sortir des hommes blancs, noirs, jaunes, verts et rouges des seules œuvres d'Adam, dont on ignore quelle était la couleur. Mais ce n'était que pour rire. On en riait bien dans les salons du baron d'Holbach, depuis le spirituel abbé Galiani jusqu'à l'érudit abbé Morellet. Pour sûr, s'il se présentait dans ce cercle un nègre intelligent et surtout un esprit fort, on l'eût fêté à l'égal de Francklin, et plus que l'illustre inventeur du paratonnerre, il serait trouvé digne d'entrer, *dignus intrare in corpore philosophico*. Rien que pour narguer la sotte malédiction de Noé, qui avait abusé de la vigne du Seigneur ! Au fond de tout cela, il ne s'agissait que d'*écraser l'infâme*.

En effet, de cette philosophie du XVIII⁸ siècle était sorti 1789. La Révolution française, fulguration volcanique qui éclaira le monde entier, allait au bruit du canon et de la *Marseillaise*, abaissant devant elle toutes les vieilles barrières qui séparaient les nations. En 1790, à la fête de la Fédération, un illuminé, Anacharsis Clootz, avait proclamé la *République universelle* et la fraternité des races. Plus tard, un nègre fut porté en triomphe devant la Convention, aux applaudissements de la foule électrisée par l'écho prolongé de la voix de Robespierre. « Périssent les colonies plutôt qu'un principe! » s'était écrié le tribun farouche, mais affamé de justice. Oui, ce fut une heure d'or dans les pages déjà si belles de l'histoire de France. On peut bien le dire : jamais l'humanité ne se montra ni plus grande, ni plus noble que dans cet enthousiasme de tout un peuple épris de la vérité et acclamant le droit.

Dix ans plus tard, Bonaparte devenu bien grand aura beau se montrer assez petit pour se courroucer contre une comparaison que l'histoire continuera à son désavantage, la conscience publique ne changera pas. En effet, quand le grand conquérant conçut l'idée de rétablir à Saint-Domingue l'esclavage dont nos pères avaient brisé les chaînes, les colons seuls virent partir d'un cœur léger ces vétérans de la grande armée, qui allaient rougir de leur sang et blanchir de leurs os le sol auguste de la liberté des noirs. La pensée de la France était alors muette, mais son cœur protestait. A quelque temps de là, une douce voix de poëte traduisit l'émotion sympathique du vrai peuple français. Millevoye écrivit cette poésie plaintive et belle, où l'homme noir, accablé sous le poids de la douleur, lui que Virey venait de classer dans une autre espèce que celle de ses bourreaux, apostrophe Dieu et la nature avec un accent qui va au cœur (1).

---

(1) Cette poésie de Millevoye est profondément sentie. En la lisant on sent que le poète, toujours malheureux et méconnu, obligé de se faire commis de librairie, quoique d'un talent remarquable, compatissait au sort misérable de l'esclave africain, parce que lui non plus n'était pas heureux. C'est l'éternelle vérité, dite si harmonieusement par Virgile dans la bouche de Didon :

Non ignara mali miseris succurrere disco.

Je n'ai jamais oublié cet hymne du poète. Ma mère le chantait souvent et la musique y ajoute je ne sais quelle mélancolie dont l'accent est réellement touchant, sorti de lèvres noires. Voici la première strophe que je cite de mémoire :

Aussi l'essai de Virey fut-il peu populaire, et même dans le monde des savants eut-il peu d'écho et de partisans. La grande autorité de Buffon et de Blumenbach continua paisiblement à diriger le mouvement scientifique qui, par une loi de corrélation que j'ai déjà mentionnée, s'adapte régulièrement aux évolutions de l'esprit humain, toujours balotté, mais se fortifiant de plus en plus par les controverses philosophiques.

Une autre tentative eut un meilleur succès pour la théorie polygéniste. En 1825, Bory de Saint-Vincent, naturaliste et érudit, après avoir voyagé et visité une grande partie du globe, publia des articles variés dans le *Dictionnaire classique d'histoire naturelle*. Il se sépara de l'opinion orthodoxe, non seulement sur la place de l'homme dans les classifications du règne animal, mais aussi sur l'importance zoologique qu'il faut donner aux caractères différentiels des divers groupes humains. Avec une science profonde et un talent indiscutable, il n'eut pas beaucoup de peine à attirer l'attention générale sur ses travaux. S'il avait fallu un quart de siècle pour que l'essai tenté par Virey trouvât un émulateur, celui-ci n'attendit pas long-

---

Ravi naguère au pays de Guinée,
Un pauvre nègre, accablé de ses maux,
Pleurait un jour sa triste destinée
Et de sanglots accompagnait ces mots :
« Qu'ai-je donc fait au Dieu de la nature,
« Pour qu'il m'envoie esclavage et douleur;
« Ne suis-je pas aussi sa créature?
« Est-ce forfait que ma noire couleur? »

Ce dernier vers a dû être inspiré au poète par les paroles bien connues de Toussaint Louverture se plaignant à Napoléon du traitement inhumain qu'on lui faisait dans le noir cachot du Fort de Joux, lui qui avait rendu tant de services incontestables à la France. « La couleur de ma peau nuit-elle à mon honneur et à ma réputation? » demanda-t-il à l'empereur triomphant. Celui-ci dut se rappeler plus tard, durant son expiation à Sainte-Hélène, combien injuste et maladroit il s'était montré à l'égard du *premier des Noirs*.

temps pour voir sa théorie se répandre et gagner les esprits.

C'était d'ailleurs une époque de réaction confuse et d'anarchie spirituelle, comme disait Auguste Comte. Charles X avait remplacé Louis XVIII sur le trône de France. L'esprit conservateur, dans une recrudescence qui annonce une fin prochaine, se ramassait dans un suprême effort. Appuyé sur la *Sainte Alliance* qui craquait de tous côtés, au choc des compétitions dynastiques de l'Espagne, des turbulences des Italiens se transformant en *irrédentistes*, de l'indiscipline fanatique du *Tugenbund* allemand et des machinations du *Carbonarisme*, mais soutenu aussi par les fortes épaules de Metternich, l'ancien régime acculé à ses derniers retranchements semblait se cabrer pour dire à la Révolution : « tu n'iras pas plus loin ! » En même temps, on voyait à l'autre pôle social tous les démolisseurs s'acharner à l'œuvre de rénovation commencée par les encyclopédistes, enrayée par Bonaparte, mais s'acheminant lentement, souterrainement, pendant les tâtonnements et les maladresses de la restauration bourbonienne. Dans ces périodes de transition, où la fièvre enflamme les esprits, toute idée excentrique, toute théorie neuve s'empare bien vite des intelligences et s'y installe sans difficulté, aussi éphémère qu'en soit la vogue.

Bory de Saint-Vincent fit donc sensation lorsqu'il eut exposé sa nouvelle classification du genre humain.

L'auteur de *L'homme*, tout en se rangeant parmi ceux qui admettent la pluralité des espèces humaines, critique pourtant la classification de Virey. Cela se comprend. Les deux espèces que Virey distingue par les degrés d'ouverture de l'angle facial, sont divisées en six races. Ces six races sont non-seulemement érigées en espèces par Bory de Saint-Vincent, mais encore subissent des subdivisions qui constituent autant d'espèces dans la taxonomie de notre auteur. Le nouveau polygéniste fut fort peu tendre pour son prédécesseur. « La division adoptée par M. Virey, dit-il, ne nous paraît nullement suffisante ; elle n'est d'ailleurs fondée sur aucune considération nouvelle. Si l'auteur doit jamais réimprimer ses élucubrations, nous l'engageons à en faire disparaître le *Grand Mogol* qu'il assure être de race blanche, mais qui n'existe pas ; à n'y plus confondre les Papous avec les habitants de la Nouvelle-Calédonie ; et surtout à faire disparaître ce malheureux chapitre sur le libertinage qu'il en a publié comme le complément (1). »

Il faut avouer que ce langage n'est pas absolument parlementaire, de savant à savant. C'est qu'il y avait des tendances d'esprit fort distinctes entre les deux naturalistes. Virey se croyait le devoir de lutter contre les théories du matérialisme scientifique, lequel était alors la principale forme sous laquelle se manifestait la propagande révolutionnaire, changeant d'aspect à chaque moment, mais poursuivant obstinément l'ancien régime qui s'était réfugié dans le spiritualisme à tout prix. Tout autre était Bory de Saint-Vincent. C'était un de ces hommes qui subissaient avec peine la Restauration et désiraient tout remanier, avec des idées de liberté curieusement alliées à la légende impériale. Le savant dissimulait mal l'ancien proscrit de Maëstricht. De là son aigreur.

Disons cependant que la classification de Bory de Saint-Vincent ne repose pas plus que celle de Virey sur une considération nouvelle. Il s'est contenté de nommer espèces ce que d'autres avant lui, particulièrement Malte-Brun, avaient nommé races, en y faisant quelque augmentation. Rien de vraiment scientifique. C'est toujours

(1) Bory de Saint-Vincent, *L'homme (Homo). Essai zoologique sur le genre humain*, 2ᵉ édit. Paris, 1827, p. 80.

des distinctions purement arbitraires; et nous verrons
plus loin les nombreuses controverses qu'elles soulèvent.
Les espèces reconnues par notre auteur sont au nombre
de quinze, séparées en deux grandes divisions de *léiotriques* (cheveux lisses) et *ulotriques* (cheveux crépus). Voici
la nomenclature qu'il en donne. Parmi les léiotriques
sont : 1° la *Japhétique*, 2° l'*Arabique*, 3° l'*Hindoue*, 4° la
Scythique, 5° la *Sinique*, 6° l'*Hyperboréenne*, 7° la *Neptu-
nienne*, 8° l'*Australienne*, 9° la *Colombienne*, 10° l'*Américaine*, 11° la *Patagone*; parmi les ulotriques : 1° l'*Ethiopienne*, 2° la *Cafre*, 3° la *Mélanienne*, et 4° la *Hottentote*.
Ces quinze espèces diffèrent pour la plupart de celles de
Desmoulins qui en admettait seize!

Broca, malgré sa conviction de polygéniste, comprit
bien qu'il y avait une exagération évidente dans ces classifications. « Fixer le nombre primitif des espèces d'hommes
ou seulement le nombre des espèces actuelles est, dit-il,
un problème insoluble pour nous et peut-être pour nos
successeurs. Les tentatives de Desmoulins et de Bory de
Saint-Vincent n'ont produit que des ébauches fort impar-
faites et ont abouti à des classifications contradictoires où
le nombre des divisions arbitraires est presque égal à celui des divisions vraiment naturelles (1). »

D'ailleurs Bory de Saint-Vincent, en savant sincère,
sentait tout le premier l'imperfection de son système imaginé sans l'appui d'aucune base scientifique. « Avant
d'entrer, dit-il, dans l'examen de chacune des espèces,
nous devons avouer que pour les caractériser d'une manière irrévocable, beaucoup de documents anatomiques
nous ont manqué. Nous avons dû nous arrêter trop souvent à de simples différences extérieures, lorsque nous
sommes cependant convaincus qu'il est indispensable de

---

(1) **Broca**, *Mém. d'anthropologie*, t. III, p. 504.

descendre profondément dans l'organisation des êtres pour les distinguer invariablement les uns des autres (1). » Il est un fait certain, c'est à savoir que plus on tâche de « descendre profondément dans l'organisation » des hommes, plus on se convainct de la difficulté qu'il y a de les « distinguer invariablement les uns des autres ». Mais il est inutile d'en parler maintenant.

Je dois cependant un hommage particulier à la largeur de vue de Bory de Saint-Vincent. Il n'avait aucune de ces idées préconçues de supériorité ou d'infériorité entre les races humaines qu'il avait trouvé bon de nommer espèces. Ayant beaucoup voyagé, il avait pu voir et observer les choses d'une façon positive ; il a pu examiner chaque race d'hommes en chair et en os, agissant et parlant sous les cieux qui leur sont propres, et non les squelettes qui ne disent que ce qu'on veut bien leur faire dire.

Il faut citer la description faite par le savant naturaliste des deux races les plus éloignées de constitution et de ressemblance physiques. Nous négligerons les parties concernant la couleur et les cheveux, car tout le monde connaît les différences qu'il y a sous ce rapport entre les blonds Germains et les noirs Ethiopiens.

« Brutalement braves, dit-il, (en parlant de la race germanique), forts, taciturnes, supportant patiemment les plus grandes fatigues, la douleur même de mauvais traitements ; passionnés pour les liqueurs fermentées, on en fait d'assez bons soldats-machines avec un bâton et du rhum ou de l'eau-de-vie. Les femmes, dont la taille est plus élevée que les autres, y sont principalement remarquables par l'éclat de leur carnation et l'ampleur des formes qui semblent être le modèle que s'était proposé uniquement le peintre Rubens, quand il représentait des Juives et des

---

(1) Bory de Saint-Vincent, *loco citato*, p. 83.

Romaines avec des traits flamands ; la plupart répandent une odeur qu'il est difficile de qualifier, mais qui rappelle celle des animaux fraîchement dépecés ; elles sont rarement nubiles avant seize ou dix-sept ans, passent pour avoir certaines voies fort larges, accouchent conséquemment avec plus de facilité que les femmes de la race celtique, etc. (1). »

Voici comment il ferme le chapitre relatif à la race éthiopienne.

« Nul doute que le cerveau de certains Éthiopiens, ne soit aussi capable de concevoir des idées justes que celui d'un Autrichien, par exemple, le Béotien de l'Europe et même que celui des 4/5 des Français qui passent pour le peuple le plus intelligent de l'Univers. Dans une seule Antille encore (Haïti) on voit de ces hommes, réputés inférieurs par l'intellect, donner plus de preuves de raison qu'il n'en existe dans toute la péninsule Ibérique et l'Italie ensemble. On en peut augurer que si les Africains pervertis sur le sol natal par notre contact, y semblent devoir demeurer pour bien des siècles encore plongés dans la barbarie, il n'en sera point ainsi dans les îles lointaines où l'avarice européenne crut les exiler (2)... »

Mais revenons, pour en finir, au sujet des classifications. La doctrine polygéniste semblait renverser l'école adverse. Quand l'illustre Cuvier mêla sa grande voix à cette controverse scientifique, non-seulement en se plaçant du côté des unitaires, mais aussi en réduisant à trois les cinq races de Blumenbach, il n'était que temps. Peut-être a-t-il fallu à l'ascendant incontestable de Cuvier tout le poids de la science profonde de Prichard, pour pouvoir résister aux coups de ses contradicteurs et soutenir l'édifice

---

(1) Idem, *ibidem*, t. I, p. 130-131.
(2) Idem, *ibidem*, t. II, p. 62-63.

chancelant qui abritait la théorie de l'unité de l'espèce humaine! Nous verrons plus loin toute la discussion qu'elle soulève.

Cette course à travers les divers systèmes de classifications est déjà assez longue. Nous négligerons donc plusieurs essais taxonomiques remarquables sous plus d'un rapport, mais qui n'apportent pas plus que les précédents un tel caractère de précision, que l'on soit tenté de s'y reposer en pleine sécurité. Mais d'où vient cette confusion patente des méthodes, cette divergence inconciliable des opinions, cette impuissance notoire des esprits à trouver une solution, une formule synthétique, lorsqu'on est en quête d'une vérité d'autant plus intéressante qu'il s'agit de l'étude même de l'homme et de la place que les uns doivent occuper à côté des autres sur notre planète bigarrée? C'est ce qu'il nous faudra plus particulièrement étudier, en examinant les bases de ces classifications et les principes zootaxiques qui leur servent d'étai.

CHAPITRE III.

—

De l'espèce dans le règne animal.

> Je ne puis pas non plus discuter ici les diverses
> définitions qu'on a données du terme d'*espèce*.
> Aucune de ces définitions n'a encore satisfait pleine-
> ment les naturalistes, et cependant chaque natura-
> liste sait au moins vaguement ce qu'il entend quand
> il parle d'une espèce. En général, cette expression
> sous-entend l'élément inconnu d'un acte distinct de
> création.   (Darwin).

I.

PRINCIPES DE CLASSIFICATION.

Avons-nous suivi l'ordre logique des idées, en passant
en revue les divers essais de classification, avant d'exposer
les principes sur lesquels ils reposent ou sont censés reposer? Il semble que non. Une méthode scientifique rigoureuse voudrait peut-être que l'on se rendît compte des
théories, avant de s'arrêter sur les différentes applications
qu'elles ont reçues, de telle sorte que les faits vinssent
s'adapter à des lois précises et connues, en leur servant de
démonstration. Mais nous avons préféré suivre l'ordre
historique dans lequel s'est développée la science anthropologique. Par ainsi, on pourra étudier ses évolutions,
vérifier ses moyens d'investigation et découvrir un critérium sûr, quand il faudra juger la valeur réelle des conclusions qu'on en tire.

Négligeant, pour le quart d'heure, les bases anthropologiques sur lesquelles on s'appuie ordinairement pour étudier les différences typiques que l'on observe dans le
groupe humain, nous aborderons premièrement la question plus générale des principes de classification en his-

toire naturelle. — C'est le pivot autour duquel tourne toute la science, présentant ses faces multiples et complexes, sombres ou brillantes, selon le prisme à travers lequel on la considère.

Les premiers naturalistes qui abordèrent l'étude des formes et de l'organisation des êtres vivants ont dû se trouver en face de difficultés nombreuses. La tâche dut être encore plus ardue, lorsqu'il a fallu donner à leurs recherches un caractère scientique, ordonner leurs diverses observations de telle sorte qu'elles concourussent à présenter un faisceau de notions harmoniques, en dévoilant à l'esprit une conception claire et logique des choses ainsi que de l'ordre dans lequel elles doivent être embrassées. L'immortel philosophe de Stagire, en réunissant les matériaux à l'aide desquels il a écrit son *Histoire des animaux,* a certainement le mérite d'avoir jeté les premières assises d'une science où se sont rencontrés tant et de si grands esprits, depuis Dioscoride et Pline jusqu'à Cuvier et M. de Quatrefages, en passant sur foule d'autres noms qui font la gloire de l'espèce humaine. Mais si Aristote a créé l'histoire naturelle, s'il lui a communiqué tout l'attrait qui en fait la plus noble occupation de l'intelligence, il ne lui a pas, du même coup, imprimé ce caractère positif, systématique, sans lequel les notions les plus précises perdent leur valeur et se confondent dans un dédale inextricable. Chose étonnante! Tandis que bien des gens font encore du grand Stagirite un dévôt du syllogisme, comme s'il ne se serait jamais complu que dans les termes enchevêtrés de la déduction classique, son *Histoire des animaux,* où il a fait une application merveilleuse de la méthode expérimentale, ne manque son plein effet que par l'absence d'une généralisation catégorique.

Pline n'y réussit pas mieux. En passant par Conrad Gesner, Aldovrande, Césalpin et Rondelet, il a fallu que la science progressât jusqu'au temps de Linné, avant qu'elle pût enfin offrir ce bel ensemble que l'on admire aujourd'hui, sous le nom de classification. Sans nous arrêter à distinguer le *système artificiel* de Linné de la *méthode naturelle* de de Jussieu, tâchons d'esquisser rapidement les grands principes taxonomiques que suit ordinairement le naturaliste dans ses investigations.

Pour obtenir une classification naturelle, on procède méthodiquement, en réunissant les individus en *variété*, les variétés en *espèce*, les espèces en *genre*, les genres en *famille*, les familles en *ordre*, les ordres en *sous-classe* ou en *classe*, les classes en *embranchement ;* la réunion des embranchements toujours peu nombreux forme un *règne*. Le règne est une des grandes divisions de la nature organisée ou non, comprenant les minéraux, les végétaux et les animaux. Dans cette première opération, on considère les groupes d'après leurs similitudes. Elle exige une analyse exacte des parties et met en œuvre l'induction avec les procédés logiques qui en dérivent. Bacon, dans son *Novum Organum*, recommande de dresser : 1º une *table de présence* qui fasse constater tous les cas où l'on a conservé un phénomène-semblable ; 2º une d'*absence* qui indique les cas où le phénomène varie ; 3º une autre de *comparaison*, qui indique les différentes proportions où le phénomène s'est montré. Chacun observe d'ailleurs la méthode qui convient le mieux à son intelligence et à sa manière personnelle de concevoir les choses.

Ce travail empirique une fois fait, on étudie les analogies et cherche d'en tirer les lois qui doivent régir les groupes et leur assigner une place dans les grandes divisions ou les subdivisions de la science. Les principales lois ou principes considérés comme tels en histoire naturelle, sont la loi des *affinités respectives* et celle de la *subordination des organes*. Ces lois étant intelligemment appli-

quées dans l'étude de chaque groupe ou série de groupes,
on procède à une seconde opération logique, afin d'exposer la classification. On suit cette fois une marche opposée ;
on descend des divisions les plus générales aux espèces et
variétés, dans les limites du règne dont on s'occupe. On fixe
ensuite la nomenclature qui doit s'adapter à la classification
et en désigner si bien chaque division, que la dénomination seule réveille dans l'esprit toutes les notions acquises
sur tel ou tel groupe, en aidant efficacement la mémoire.
Bien connaître la nomenclature, c'est déjà posséder la
principale partie de la science.

Nomina si nescis, perit et cognitio rerum.

C'est un vers de Linné, et c'est dit avec autant de justesse que d'élégante précision.

Dans l'ordre habituel des choses, une science offre d'autant moins de difficulté que les principes sur lesquels elle
repose sont condensés dans un plus petit nombre de *lois*,
ou règles fondamentales. En effet, le nombre restreint des
lois scientifiques prouve que la matière a été si bien et
tellement étudiée, que l'esprit la saisit avec netteté, en éli-
minant tous les cas exceptionnels, ou en les faisant entrer
dans un cadre commun d'où il les embrasse dans une
conception générale. C'est à ce point de vue qu'on peut
considérer l'astronomie comme une science beaucoup
moins difficile que le vulgaire ne pense, d'accord en cela
avec l'opinion d'Auguste Comte, l'illustre fondateur du
positivisme. Eh bien, on se confondrait gravement, si l'on
croyait que, parce qu'elle ne repose que sur deux lois en
apparence fort simples, la taxonomie est une de ces
sciences qu'on aborde avec assurance et dont les études faciles n'offrent à l'esprit aucune de ces incertitudes qui le
consternent et le déroutent.

Au contraire, toute nomenclature, comme toute classi-

fication est forcément systématique, c'est-à-dire qu'elle se
modèle plus ou moins sur une doctrine scientifique qui
lui sert de régulatrice. Quels que soient les perfectionne-
ments qu'on y apporte, les classifications seront donc
toujours exposées à fluctuer sans cesse, et corrélativement aux évolutions de la science. Énoncer cette vérité,
c'est dire qu'un examen sérieux ne laisse rien d'absolument solide dans les divers essais qu'on a tentés, dans le
but de fixer un ordre rationnel et constant dans le groupement des êtres dont l'étude fait l'objet de l'histoire
naturelle.

Lorsque Linné eut écrit sa phrase typique : *Mineralia
crescunt, vegetalia crescunt et vivunt, animalia crescunt,
vivunt et sentiunt*, il pensait renfermer dans une formule admirable le dernier mot de la classification de tous
les corps naturels, suivant un ordre hiérarchique allant
du simple au composé, de la pierre brute à l'animal organisé. Qui pourrait croire alors qu'une si belle conception
pût un jour être attaquée et ruinée? Qui pourrait croire
que les grandes lignes parrallèles, si savamment tracées
entre les trois règnes, dussent s'entremêler pour n'en
former que deux et se toucher ensuite dans un agencement
tel, que, se trouvant bout à bout, chacune devient le développement de l'autre, sans aucune solution de continuité?
Cependant les mêmes corps ont été plus tard divisés en
organiques et *inorganiques* : les uns, comprenant les animaux et les végétaux, augmentent de volume par intussus-
ception; les autres, comprenant les minéraux seuls, augmentent de volume par juxtaposition. Cette première évolution fut inspirée par les recherches des physiologistes,
étudiant les lois du développement dans le règne animal
et le règne végétal, si essentiellement différentes du mode
d'accroissement propre aux minéraux.

Plus tard, des études supérieures dans la chimie analytique firent découvrir dans tous les corps organisés ou non, des éléments protéiques ou primordiaux, toujours les mêmes dans toutes les substances naturelles, et qui ne font que changer d'affinité et d'aspect, selon le nombre des molécules et leur degré de combinaison. Ces éléments sont le carbone, l'hydrogène, l'oxygène et l'azote qu'on trouve partout dans la nature et qui forment la base essentielle de toutes les matières organiques ou inorganiques.

La chimie ayant passé de l'analyse à la synthèse, des savants ont pu non-seulement décomposer la matière animée et la réduire en ses molécules amorphes et inertes, mais encore transformer, dans leur cornue magique, ces mêmes minéraux dénués d'énergie en substances organiques. Leurs produits réunissent toutes les qualités plastiques des matières mystérieusement préparées dans l'immense laboratoire de la nature.

Voilà sans doute, des résultats grandioses, propres à rendre l'homme bien fier de son être. C'est l'œuvre immortelle des Buffon, des Bonnet, des Berzélius, des Berthollet, des Liebig, des Wurtz et surtout de M. Berthelot. Déjà de tels aperçus répandent sur les meilleures classifications une défaveur positive, au point de vue de la confiance qu'on pourrait établir dans leur valeur intrinsèque. Mais nous ne voulons pas nous appesantir sur ces controverses qu'on soulèverait mieux dans les hautes sphères de la science. Aussi nous arrêterons-nous, sans aucune discussion, aux trois règnes naturels généralement reconnus par l'orthodoxie scientifique. Dans le même esprit nous passerons, sans y faire attention, sur toutes les contradictions que trahissent si souvent les doctrines scientifiques qui se heurtent sur le vaste champ de l'histoire naturelle. En exposant toutes ces théories, en signalant à la sagacité du lecteur les incohérences inconciliables où les esprits les mieux faits tombent infailliblement, preuve des incertitudes où se

débat encore la science, malgré le ton dogmatique de
quelques-uns de ses interprètes, nous réussirions du premier coup à dévoiler l'inanité de toutes ces conclusions
prétentieuses qui tendent à établir que certaines races
sont supérieures à d'autres. Mais à quoi bon? Les arguments abondent; et nous ne nous sommes complu dans
une exposition si explicite, que dans le but de mettre
tout le monde à même de bien discerner les questions
à discuter. Passons plutôt à un autre ordre de faits, où la
discussion revêt un vif et réel intérêt.

II.

DÉFINITIONS DE L'ESPÈCE.

Sans nous enrôler sous une bannière quelconque, il faut
pourtant aborder la question si controversée de l'*espèce* et
de la *race,* où toutes sortes de lumières semblent avoir été
faites, mais où nous voyons les deux camps toujours prêts
à s'ébranler, masses mouvantes où l'on se décoche des
traits aigus, tout en se traînant dans la poussière. Tels les
héros d'Homère, insatiables de gloire et de carnage, s'as-
sénaient de rudes coups dans la mêlée horrible, ou tels
plutôt les Lillupitiens turbulents échangeaient de longs
coups d'épingles sous les regards goguenards du vieux
Swift!

• La question est ainsi posée : Y a-t-il une seule espèce
humaine ou y en a-t-il plusieurs?

Comme nous l'avons précédemment observé, les uns
n'admettent que la première partie de la question, tandis
que les autres soutiennent que c'est à la deuxième partie
qu'il faut répondre affirmativement. — Mais ce n'est pas
toute la difficulté. Ceux qui adoptent l'unité de l'espèce
ne sont nullement d'accord sur la constitution unitaire
et, chose plus grave, sur l'origine de leur espèce unique.

D'autre part, ceux qui réfutent la doctrine unitaire ne savent comment constituer la pluralité des espèces, à laquelle ils ont abouti par des inductions plus ou moins illogiques.

Y aura-t-il deux, trois, quatre, cinq, quinze ou seize espèces? Une confusion épouvantable est la seule réponse que donne le bruit discordant des opinions intraitables; et chacun garde sa conviction. Mais ne pourrait-on pas découvrir un moyen de conciliation qui réunît tous les esprits et fît cesser ces dissidences malheureuses, constituant une perpétuelle accusation contre la solidité de la science? Oui certes, si l'on s'entendait au moins sur les principes. Là encore, cependant, on ne s'entend pas davantage; la divergence des idées est si grande, les controverses si développées, qu'il faudrait un volume entier pour les exposer.

Qu'est-ce que l'espèce au point de vue de la taxiologie? Celui qui pourrait y répondre par une définition claire, précise, applicable à tous les cas de la science, aurait d'un seul coup résolu le problème dont on cherche depuis un siècle la solution. Malheureusement personne n'y est parvenu. Agassiz ni Lamarck ne convainquent M. de Quatrefages et celui-ci n'échappe pas à la critique générale de Broca qui n'essaye aucune définition. Mais prenons, pour citer quelques exemples, les différentes définitions que M. Topinard a réunies dans son savant ouvrage, l'Antropologie, sans se mêler d'ailleurs d'en apprécier le mérite.

— « Sous la dénomination d'espèces, dit Robinet, les « naturalistes comprennent la collection des individus qui « possèdent une somme de différences appréciables par « eux. »

— « L'espèce, dit Agassiz, est le dernier terme de classi« fication où s'arrêtent les naturalistes, et cette dernière « division est fondée sur les caractères les moins impor-

« tants, comme la taille, la couleur et les proportions. »

— « L'espèce, dit Lamarck, est la collection des indi-
« vidus semblables que la génération perpétue dans le
« même état, *tant que les circonstances* de la situation *ne*
« *changent pas* assez pour varier leurs habitudes, leurs
« caractères et leurs formes. »

— « L'espèce, dit Et. Geoffroy Saint-Hilaire, est une
« collection ou une suite d'individus caractérisés par un
« ensemble de traits distinctifs dont la transmission est
« naturelle, régulière et indéfinie dans l'état actuel des
« choses. »

. — « L'espèce, suivant Prichard, est une collection d'in-
« dividus se ressemblant entre eux, dont les différences
« légères s'expliquent par l'influence des agents physiques,
« et descendus d'un couple primitif. »

— « L'espèce, opine Cuvier, est la collection de tous les
« êtres organisés, nés les uns des autres ou de parents
« communs et de ceux qui leur ressemblent autant qu'ils
« se ressemblent entre eux. »

On peut ajouter la définition suivante de Blumenbach
qui se rapproche beaucoup de celle de Prichard, sans impliquer d'ailleurs l'unité d'origine. « *Ad unam eademque
speciem pertinere dicimus animantia, quodsi forma et
habitu ita conveniunt ut ea in quibus differunt, degene-
rando solum ortum duxisse potuerint* (1). Nous disons
que les animaux appartiennent à une seule et même
espèce, toutes les fois qu'ils se rapprochent tellement par
la forme et la physionomie, que l'on peut attribuer leurs
différences possibles à une simple variation. »

Il y a une chose à constater dans l'examen de ces différentes définitions. D'un côté, nous voyons admettre la
variabilité de l'espèce ; de l'autre, elle est positivement

---

(1) Blumenbach, *De varietate generis humani nativa.*

écartée. Il faut se rappeler qu'ici il ne s'agit pas spécialement de l'unité de l'espèce humaine, mais des principes
généraux à l'aide desquels on caractérise l'espèce dans
toutes les classifications. Aussi la discussion, intéressant
toutes les branches de l'histoire naturelle, a-t-elle pris
une importance de premier ordre quand se furent dressés
les deux camps qui ont eu pour premiers antagonistes,
Étienne Geoffroy Saint-Hilaire d'un côté et Cuvier de
l'autre. Jamais lutte scientique n'eut plus d'animation.
Jamais on ne montra plus d'ardeur ni plus de passion dans
une cause dont le fond n'a rien de ces intérêts matériels et
égoïstes qui aveuglent les champions et leur inspirent
l'aigreur, la haine et l'esprit d'extermination. Le choc des
arguments et le bruit de la discussion retentirent dans le
monde entier. Même l'illustre Goethe, d'ordinaire si impas-
sible, s'enthousiasma cette fois.

Cuvier a pu réunir sous son drapeau tous les esprits
conservateurs et même les beaux esprits qui dans ce doux
pays de France ont toujours eu une influence prépondérante. Une boutade eut plus de valeur que tous les arguments : le *long cou de la girafe* suffit pour ruiner alors,
dans la science française, la belle théorie de Lamarck, modifiée mais glorieusement continuée par l'éminent adversaire de Cuvier. La perfide Albion, dont la chance est faite
de bon sens, aura ainsi la gloire de voir attacher le nom
d'un de ses fils à la plus grande révolution qui se soit
accomplie dans les idées scientifiques de ce siècle. Mais ne
fut-ce pas une compensation bien digne de Geoffroy Saint-
Hilaire que d'avoir eu l'assentiment de Goethe, la tête la
mieux organisée de son temps !...

Le voyageur qui parcourt la Belgique, arrive sans y penser dans les campagnes paisibles du Brabant. Là, il voit
passer les paysans typiques, respirant à pleins poumons
l'air libre de la plaine embaumée, avec la bonhomie des

gens qui ne vivent que de la paix. Alors il se demande
avec surprise s'il foule bien la terre où, il y a soixante-dix
ans, des masses d'hommes, enivrés par la poudre et le
sang, se ruaient insensés les uns contre les autres, dans
l'œuvre impie de la destruction. Oui, c'est bien là que le
génie de Napoléon hésita devant le destin, que le courage
des braves succomba sous le poids du nombre dans un
horrible fracas! Mais tout est calme. La terre reste froide,
les oiseaux chantent dans le branchage touffu des arbres.
Les champs de Waterloo sont gras ; ils ont été fertilisés
par la moëlle des héros ; mais, sans l'histoire, on y
passerait indifférent et on ne se souviendrait pas de la
grande bataille où se décida le sort du monde ! Ainsi
règne la paix sur toutes ces questions qui inspirèrent
naguère une humeur belliqueuse à des hommes de science
et de vertu. Aujourd'hui les choses ont changé d'aspect.
Les esprits plus éclairés aiment mieux se renfermer dans
une circonspection intelligente. On reste calme, en affron-
tant toutes ces discussions où les plus forts se buttent à
des difficultés insurmontables et trébuchent dans les sentiers crochus et mouvants des lieux communs.

CHAPITRE IV.

Monogénisme et polygénisme.

Ipsius enim et genus sumus.   (Act. Ap.).

Τοῦ γὰρ καὶ γένος ἔσμεν.   (Aratus).

I.

LES DEUX DERNIERS CHAMPIONS.

Malgré tant de travaux et de controverses, les savants qui parlent encore de l'*espèce*, dans un sens ou dans l'autre, ne parviennent pas mieux à une conception claire et nette de l'idée qu'on doit y attacher (1). Et c'est avec cette incertitude fondamentale sur le caractère propre et distinctif de l'espèce qu'on a livré tant d'assauts, à savoir si les hommes forment une seule espèce ou s'ils en forment plusieurs ! C'était vraiment s'engager à ne jamais vaincre ni jamais être vaincu. On pourrait donc se dispenser de jeter un regard sur ce tournoi de paroles retentissantes où les plus ingénieux semblent toujours emporter la palme, mais ne la gardent que pour un instant. Cependant les arguments que l'on emploie pour soutenir ou combattre la doctrine unitaire constituent, pour la plupart, la source même d'où a surgi toute armée la théorie de l'inégalité des races humaines, comme sortit Minerve de la tête de Jupiter. Il faut donc y fixer l'attention.

---

(1) Dans la séance du 17 juillet 1884 de la *Société d'anthropologie de Paris*, MM. de Quatrefages et Sanson, deux éminents professeurs, deux vétérans de la science, n'ont pu s'entendre sur cette question qu'ils continuent à considérer à travers le prisme du monégénisme ou du polygénisme. Il est curieux de voir quelle étincelle d. passion et de verte véhémence jaillit des yeux de ces hommes d'ordinaire si calmes, aussitôt qu'on touche à ces controverses.

Je dois confesser que je n'ai aucune préférence de simple prédilection pour la doctrine unitaire telle que ses adeptes la soutiennent, et que la doctrine polygéniste ne me cause aucune répugnance. Que l'espèce humaine soit une ou multiple, la thèse que je soutiens n'en aura ni plus ni moins de difficultés. Et que m'importe que l'on considère la race noire à laquelle j'appartiens comme une espèce distincte de la blanche, la jaune, la rouge, enfin des seize couleurs ou formes spécifiques déterminées par les fantaisies polygénistes, si je sais que, quelle que soit la distance taxonomique qui la sépare d'elles toutes, elle tient sur le globe une place incontestable et ne le cède à aucune autre sous le rapport de l'intelligence, de la vertu et de la volonté ! Mais l'indifférence que l'on montre en présence de deux causes opposées n'empêche pas d'apprécier les moyens qui sont mis à leur service respectif, ni d'en distinguer la force ou la justesse.

Revenons à la question posée plus haut : y a-t-il une seule espèce humaine ou y en a-t-il plusieurs? « L'importance du problème n'est pas petite, dit M. Georges Pouchet ; c'est assurément l'une des plus grandes questions qui puisse agiter la science, plus grande peut-être que celle qui s'éleva au temps de Galilée, quand il fut question de renverser des idées vieilles comme le monde et appuyées sur un témoignage dont il n'était pas permis de douter. Il s'agit presque d'un dogme et non d'un fait accessoire. La science se heurte ici avec la religion, comme autrefois en astronomie, et nulle part le choc n'est plus violent, nulle part les conséquences n'en peuvent être aussi grandes (1). »

Jamais exorde ne fut mieux débité. Devant cette solennité dont s'entoure le remarquable athlète qui se présente sur

---

(1) Georges Ponchet, *De la pluralité des races humaines*, p. 3.

le stade avec le front si haut et l'air si fier, on est forcé de
se recueillir pour écouter les grandes vérités qui vont être
révélées. M. Georges Pouchêt et l'illustre Broca furent,
en effet, les plus zélés défenseurs de la thèse polygénique.
Aussi avec eux, nous n'avons pas seulement de simples
nomenclateurs. Ce sont plutôt des théoriciens obstinés, ne
voyant aucune raison au-dessus de leur système, ne perdant aucune occasion de le corroborer, de le fortifier, et de
lui donner cette base solide qui défie les temps et les révo-
lutions. Peut-être ces considérations se rapportent-elles
moins à M. Georges Pouchet qu'à Broca, mais les arguments de l'un sont tellement conformes à ceux de l'autre,
qu'on est obligé de les réunir sous le même coup d'œil
et d'en faire une seule et même appréciation.

Avant d'aller plus loin, faisons un examen rapide de
l'époque où la théorie polygéniste eut une recrudescence
si remarquable, soutenue par des adeptes d'une compétence telle, que la science se voit obligée de compter avec
elle, malgré toutes les protestations de l'orthodoxie scan-
dalisée.

Vers l'année 1856, le nouveau monde était travaillé par
une idée qui envahissait les esprits et les obsédait. La
grande République étoilée dont le progrès matériel et le développement subit et superbe étonnait les politiques, les
philosophes, aussi bien que les économistes, sentait se
creuser dans son sein une plaie affreuse, horrible. La morale reste toujours la morale. Quelque spécieuses que soient
les raisons que l'on met en ligne pour en obscurcir l'autorité, elle se réveille un jour souveraine et bouleverse la
conscience mise en guerre avec elle-même. Le peuple américain avait donc fini par comprendre qu'il vivait sous l'empire d'une contradiction patente. En effet, la liberté greffée
sur l'esclavage a pu fleurir sous le ciel clair de la païenne Attique, lorsque l'industrie était considérée comme une occu-

pation indigne du citoyen; mais pouvait-il en être de même
dans cette civilisation des Yankees, où tous les grands
millionnaires qui ont escaladé la fortune, en faisant œuvre
de leurs dix doigts, sont considérés comme les plus
dignes, les plus méritants? Les mœurs de l'usine pou-
vaient-elles s'adapter aux mœurs de l'agora? Des voix
s'élevèrent pour dénoncer cet état de choses illogique et
protester contre le système de l'exploitation de l'homme
par l'homme. C'étaient les échos des aspirations généreuses des Wilberforce et des Macaulay, en Angleterre,
des Grégoire et des Broglie, en France. Un Wendell
Philipps ou un John Brown, suivis d'une foule de penseurs
et d'hommes d'action fanatisés par la grandeur de l'idée,
se donneront sans réserve, jusqu'à la mort, pour le
triomphe de la bonne cause. Mais croit-on que les égoïstes
possesseurs d'esclaves vont se laisser faire? Contre les
abolitionnistes les *Sudistes* dressèrent leur drapeau. Avant
de se mesurer sur les champs de bataille, on se disputa
dans la presse, dans la science. Partout, le débat prit un
caractère aigu, passionné. On s'attaqua à outrance. Tous
les arguments qui dormaient dans les cerveaux paisibles
se réveillèrent dans un tumulte indescriptible. Les théories des Morton, des Nott, des Gliddon, se choquèrent
contre celles des Prichard et des Tiedemann. Les nègres
sont-ils de la même nature que les blancs, c'est-à-dire
présentent-ils, nonobstant la couleur, la même conformation organique, les mêmes aptitudes intellectuelles et morales? Tel était le fond de ces discussions. Les esclavagistes, se rabattant sur les doctrines polygénistes qu'ils
n'eurent pas beaucoup de peine à adapter à leur système
immoral, déclarèrent que les nègres étaient d'une autre
espèce que les blancs et ne pouvaient être considérés
comme leurs semblables. Toute solidarité naturelle étant
ainsi rompue entre l'Ethiopien enchaîné et le fier Cauca-

sien, celui-ci pouvait bien le traiter à l'égal d'un autre animal quelconque, auquel on ne doit que des sentiments de pitié mais non de justice. Les abolitionnistes s'efforçaient, de leur côté, de démontrer que les nègres étaient d'une conformation anatomique et physiologique parfaitement semblable à celle des blancs, sauf des différences insignifiantes et secondaires.

Le bruit en avait traversé l'Océan. Cette discussion intense et sans issue, arriva en Europe où elle enfanta des partisans à l'un et l'autre groupe. Mais, fait curieux! les savants français, tout en conservant à la discussion l'intérêt fébrile qu'on y mettait sur la terre américaine, visaient un but tout autre. Tandis que le polygénisme transatlantique, militant avec une fougue bruyante, ne voyait au bout de la lutte que le bénéfice de l'esclavage qu'il fallait maintenir à tout prix, les polygénistes français, indifférents au sort de l'esclave, avaient surtout en vue un tout autre résultat : l'indépendance de la science et son affranchissement de toute subordination aux idées religieuses. Les uns luttaient pour soustraire l'esprit humain aux entraves de la foi, les autres s'opiniâtraient à garotter ce même esprit humain dans les liens de la servitude corporelle et ils se rencontraient pourtant! Ce fait paraît si bizarre que l'on peut supposer de notre part une interprétation arbitraire et fantaisiste. Mais on peut en faire la remarque. Que ce soit Broca, Georges Pouchet, ou d'autres polygénistes moins considérables qui aient la parole, ils cherchent toujours à insinuer que, dans la discussion du polygénisme et du monogénisme, c'est la science qui est en cause avec la religion.

Est-ce sincère ou non? Je n'en peux rien affirmer ; mais je reconnais que c'est adroit. Les polygénistes comprirent bien que le vent était à la libre pensée, que les vieilles formules philosophiques du spiritualisme intransigeant s'en

allaient vermoulues, sous les coups redoublés de la science.
Auraient-ils pu jamais mieux faire pour leur cause que de
la lier aux destinées des idées nouvelles dont le courant
irrésistible entraînait tout?

D'ailleurs, à part l'influence incontestable exercée sur le
mouvement scientifique par la grande question de l'abolition de l'esclavage, les deux savants que nous avons
choisis comme les interprètes les plus autorisés du polygénisme français, l'un comme spécialiste, et l'autre comme
vulgarisateur, étaient conduits à cette doctrine scientifique
par un enchaînement d'opinions ou un héritage d'esprit
qui expliquent encore mieux leur constance dans la lutte
contre les unitaires.

Félix Archimède Pouchet, le père de l'auteur que nous
étudions, était un de ces hommes de science à l'esprit
hardi, qui aspirent surtout à dégager les phénomènes
naturels de toute explication dogmatique. Jamais intention
ne fut plus louable ni soutenue par une intelligence mieux
organisée. Tous les efforts de la science tendent actuellement à ce but que nous voyons rayonner dans le ciel de
l'avenir, comme cette colonne lumineuse qui éclairait le
peuple d'Israël, marchant à la conquête de la terre pro-
mise. Mais avec combien de tâtonnements à travers les
broussailles de l'erreur! Ce savant déjà célèbre, à plus
d'un titre, soutint contre l'éminent expérimentateur qui
vient de couronner sa belle carrière par la découverte du
virus morbique, une des polémiques scientifiques les plus
intéressantes de ce siècle. Se rangeant à l'opinion de
Dugès et de Burdach, Pouchet avait admis la possibilité scientifique de l'hétérogénie ou *génération spontanée*.
Cette doctrine scientifique qui, si elle venait à être prouvée, renverserait de fond en comble toutes les traditions théologiques, en rendant inutile l'intervention d'un
créateur surnaturel, remonte peut-être jusqu'à Aris-

tote (1). Mais elle était tellement contraire aux dogmes de
l'Église, que l'on ne pouvait y voir qu'une erreur. Ce fut
autrement grave, quand un savant de premier ordre entreprit d'en démontrer la vérité en pleine Académie. Tout
le monde scientifique resta en haleine. Pendant longtemps,
de 1858 à 1864, on assista tour à tour à des expériences qui
semblaient apporter aux arguments des hétérogénistes un
vrai cachet d'évidence, jusqu'à ce que d'autres expériences,
tout aussi ingénieuses, vinssent les battre en brèche. L'Académie des sciences, après une longue hésitation, adopta
l'opinion de l'illustre Pasteur, sur le rapport de Coste, le
savant physiologiste dont les travaux, en collaboration
avec Baër, avaient fait connaître l'œuf de la femme, corroborant définitivement l'axiome physiologique de Harvey :
« *Omne vivum ex ovo* ».

Or, c'est un fait à constater. Durant tout le cours de cette
discussion célèbre dans les annales de l'Académie des
sciences, l'argument de la foi catholique, de la croyance
universelle, perçait à travers chaque phrase, encore bien
qu'il ne fût jamais positivemeut employé. Non-seulement
on en sentait l'influence entre les lignes, mais l'opinion
publique ne la perdait pas de vue. Pour sûr, la savante
corporation ne se laissa aucunement entraîner par une
considération de cette nature, aussi ne fais-je que constater une coïncidence. Ceux qui ont étudié l'homme moral
en M. Pasteur, savent d'ailleurs qu'il est un de ces rares
savants qui ne perdent jamais de vue le rayon de la foi,
malgré le culte élevé qu'ils rendent à la science. Nul ne
peut dire lequel de ces deux mobiles a été le plus puissant
sur son esprit, dans cette lutte où il mit tout son cœur et
toute son intelligence.

M. Georges Pouchet assistait à cette magnifique cam-

_____

(1) *De animalium generatione.*

pagne et comme tout le monde, il dût sentir combien les influences des idées reçues pesaient dans la balance. On sent, de là, le dévouement qu'il dût mettre à soutenir une nouvelle thèse dont la démonstration tend positivement à ruiner cette même tradition religieuse si puissante sur les esprits. En somme, le polygénisme, dans ses bases scientifiques et doctrinales, n'est que le développement de l'hétérogénie, reconnaissant ensemble la spontanéité de la nature, douée d'une énergie créatrice qui lui est propre. Cette *natura naturans* dont la force inhérente, également active sur tous les points du globe, a bien pu transformer certains matériaux en *ovules spontanés*, tels que les *monères* d'Hæckel, serait-elle impuissante à produire des êtres humains en plus d'un endroit? Si l'on admet la multiplicité des centres d'apparition du *bathybius*, pourquoi n'admettrait-on pas le même phénomène pour l'homme, quelle que soit la restriction que l'on voudrait y fixer. Voilà, croyons-nous, ce qui explique l'adhésion de M. Georges Pouchet au polygénisme. A cette hauteur, la théorie scientifique devient assez belle pour tenter un esprit ambitieux.

Mais peut-on également faire l'examen psychologique des motifs qui ont conduit le savant Broca à militer avec tant d'ardeur à la tête de l'école polygénique, répandant, même au milieu de ses erreurs doctrinales, de vrais traits de lumière sur l'anatomie comparée et la physiologie générale où il était surtout un maître de premier ordre? C'est ce que nous allons essayer.

Le docteur Broca était une des plus grandes intelligences qu'on puisse rencontrer. Jamais la chaire professorale ne fut mieux occupée que lorsque le savant physiologiste régalait le public parisien de ces belles leçons où l'esprit d'investigation se manifestait avec un éclat d'autant plus brillant qu'il était soutenu par une raison toujours sûre,

une méthode d'incomparable clarté. Son nom reste impérissable dans les annales de la science. Il est certain que
le progrès des études et la marche ascensionnelle des
intelligences apporteront un coup mortel à toutes les
déductions qu'il a cru pouvoir tirer de ces travaux anthropologiques. Ce que l'avenir saluera longtemps en lui, ce
ne sera pas le grand craniologiste, ni l'ethnologiste brillant, mais systématique; ce sera plutôt l'expérimentateur
sagace qui, portant un dernier trait de lumière sur les
études de Cullen et la découverte de Bouillaud, eut le bonheur de localiser définitivement la lésion organique d'où
résulte l'*aphasie*, en circonscrivant le siège de cette affection dans la troisième circonvolution du lobe frontal
gauche.

Eh bien, cet homme d'élite fut entraîné dans les discussions ardentes des monogénistes et des polygénistes par un
simple hasard. Voici comment. Il s'agissait du métis du lièvre et de la lapine auquel l'illustre savant a donné le nom de
léporide généralement adopté. Quand Broca eut vu pour la
première fois cet animal produit par le croisement de deux
espèces différentes, il en fut vivement frappé, d'autant
plus que cette espèce mixte avait fait preuve d'une fécondité continue pendant sept générations. Après avoir pris
toutes les précautions, afin de s'assurer qu'il était effecti-
vement en face d'un cas d'hybridité, il résolut de présenter
un de ces animaux, dont il se rendait deux fois parrain, à
la *Société de biologie* qui existait alors. Il s'attendait à
un succès incontestable. Mais il lui fut répondu que le
fait paraissait impossible, puisqu'il était en contradiction
avec la *loi de l'espèce*. Sans autre investigation, il fut donc
conclu qu'il s'était trompé dans l'appréciation des caractères mixtes des léporides.

Tout cela est froidement raconté par le savant professeur lui-même ; cependant on peut y sentir encore, sous

la cendre qui dort, le feu concentré mais non éteint des souvenirs amers. Son amour-propre et surtout son zèle de savant étant ainsi stimulés, il fit vérifier le cas par Isidore Geoffroy Saint-Hilaire qui déclara que la léporide examinée était une vraie hybride. Cette déclaration fut portée à la connaissance de la savante société, et on dut compter avec l'autorité d'Isidore Geoffroy. Plus tard, le grand naturaliste ayant annoncé à Broca que la léporide avait été fécondée par un lapin, celui, victorieux, communiqua le fait à la Société, qui resta muette. « Mais, raconte notre savant, au sortir de la séance, un collègue éminent, que je demande la permission de ne pas nommer, me dit : « La « fécondité des léporides paraît maintenant assez probable; « si elle se confirme, il faudra en conclure que le lièvre et « le lapin sont de la même espèce ». — Jusque-là, Broca ne s'était jamais sérieusement occupé de la question de l'*espèce;* sans doute trouva-t-il alors que ce mot sacramentel avait trop de prestige sur l'esprit des savants. En effet, plutôt que d'admettre la possibilité de l'hybridité eugénésique des espèces, on aimait mieux en réunir deux en une seule, lui ravissant ainsi le nouveau fleuron qu'il voulait attacher à sa couronne de savant.

Il y eut chez lui une certaine révolte de l'intelligence. Son esprit se gendarma contre cette vilaine orthodoxie à laquelle toutes les recherches et toutes les vérités scientifiques devaient s'ajuster comme dans le lit de Procuste. Oh! je comprends bien cette belle indignation. Une organisation intellectuelle pareille à celle de Broca ne pouvait supporter facilement le joug d'aucun dogme, pas plus scientifique que religieux. Mais, hélas! devenu lui-même un des princes de la science, il a dogmatisé à son tour.

Si, dans la plus belle phase de sa carrière scientifique, on lui avait apporté un crâne de nègre cubant plus de 1600 grammes, avec un angle facial de 80 et quelques degrés, il eût répondu doctoralement, tout comme ses anciens collègues de la *Société de biologie*, qu'il y a probablement erreur d'appréciation, qu'il n'est pas possible que ce crâne soit d'un nègre, puisque le phénomène serait en contradiction avec *les lois* de l'anthropologie. Pauvre esprit humain qui s'exalte si vite et oublie si tôt !

Enfin son parti fut pris. Il résolut de démolir l'autorité de cette prétendue *loi de l'espèce* si puissante dans la pensée des savants. Or, cette loi qui consistait à ne reconnaître la possibilité d'une fécondité indéfinie qu'entre des individus de même espèce, préconisée tout d'abord par Wray (1) et surtout de Candole (2) était particulièrement adoptée par les monogénistes qui en faisaient la pierre de touche de toutes les démonstrations de la théorie unitaire. Pour la renverser, il fallait passer sur leurs cadavres. Broca le sentait bien et il en laisse percer son impatience. « On peut dire hardiment, écrit-il, que si l'unité de l'espèce humaine était assez évidente pour être à l'abri de toute contestation, personne n'eut jamais songé à confondre tous les chiens dans une seule espèce, à faire descendre tous ces types disparates d'un type unique et primordial (3). » On comprend dès lors que, lutteur intrépide, il ait eu la pensée d'attaquer l'ennemi dans toutes ses positions, et particulièrement dans le retranchement où se trouvaient les plus émérites champions. Au reste, pourquoi ne pas le dire ? Il était doux à l'esprit d'un Broca de s'imaginer d'une autre espèce que ces êtres repoussants qu'il a ainsi décrits :

« La physionomie des nègres (sans parler de leur cou« leur) est caractérisée par un front étroit et fuyant, un

(1) John Wray, *Methodus plantarum nova.*
(2) de Candole, *Physiologie végétale.*
(3) Broca, *Mém. d'anthr.*, t. III, p. 344.

« nez écrasé à sa base et épaté au niveau des narines, des
« yeux très découverts à iris brun et à sclérotique jaunâtre)
« des lèvres extrêmement épaisses, retroussées au dehors
« et retroussées en avant; enfin des machoires saillantes,
« *en forme de museau* et supportant de longues dents
« obliques; tels sont les principaux traits qui donnent à la
« figure éthiopienne un cachet tout à fait spécial (1). »

La description est-elle fidèle? *O miseras hominum men-
tes, o pectora seca!* Cependant quelque laid que le savant
polygéniste ait fait le portrait de ma race, je ne lui en
veux nullement. Là où d'autres auraient trouvé le motif
assez sérieux d'une colère indignée, je ne vois que le sujet
d'une réflexion tout aussi sérieuse et qui me rappellerait
bien vite à l'humilité, s'il me venait jamais à l'esprit la
fatuité de me croire un savant. C'est que l'éminent professeur, ce grand anthropologiste qui a usé toute sa vie à
mesurer des crânes et à disserter sur les types humains,
était, le plus souvent, dans la plus complète ignorance de
ce dont il parlait en maître. Mais combien peu font mieux
que lui, pressés comme ils sont d'établir ces généralisations orgueilleuses où l'esprit humain trouve parfois son
plus beau titre de grandeur, mais plus constamment encore la pierre d'achoppement qui en accuse la vanité!

II.

ÉTUDES SUR LES DIFFÉRENCES MORALES DES GROUPES
HUMAINS.

Nous connaissons bien maintenant les deux illustres
défenseurs du polygénisme que nous avons choisis, à
cause même de leur grand renom scientifique, comme les

_____

(1) Id. *Ibidem*, t. III, p. 393.

interprètes les plus autorisés de ceux qui pensent devoir diviser l'humanité en plusieurs espèces. Pour leur rendre la complète indépendance de leurs arguments, nous prendrons successivement le genre de preuves dans lequel chacun, a semblé se mieux complaire. Broca insiste sur les preuves physiques, mais son émule incline surtout pour les preuves intellectuelles et morales.

« La véritable anthropologie, dit M. Pouchet, envisageant l'homme tout entier, ne doit pas négliger sa valeur psychique et psychologique ; quoique la cranioscopie ne soit, en fin de compte, qu'une appréciation détournée de celle-ci, on n'avait jamais pensé jusqu'à ses dernières années à mettre en avant le caractère purement intellectuel des races comme devant aider à leur classification. C'est pourtant un point de départ plus rationnel que de classer les hommes d'après le siège matériel de ces différences; et « l'école américaine », adoptant aujourd'hui complètement ces vues, a rétabli les variétés morales à leur véritable place comme dominant la craniologie et toutes les différences matérielles qu'on a observées et qui n'en sont que l'expression (1). »

Cette base de classification, si contraire à celles dont se sont servis la plupart des anthropologistes, pourrait faire croire que M. Pouchet accepte l'unité d'organisation physique parmi les hommes, et ne reconnaît des différences entre eux que dans les manifestations intellectuelles et morales. Mais avec cette habitude des formules invétérée chez les savants, il a conçu une règle dont les termes catégoriques ne le cèdent en rien, quant à la concision, aux plus beaux théorèmes de géométrie. « Deux organismes semblables supposent les puissances psychiques servies par eux, également semblables. » Aussi l'auteur de la *Plu-*

(1) Georges Pouchet, *loco citato*, p. 192.

ralité des races humaines semble-t-il croire qu'en démontrant les différences psychologiques des races, on démontre
du même coup leur différence d'origine !

Comme on devait bien s'y attendre, il aborde la question
religieuse, la corde sensible dont la seule vibration suffit
pour faire trembler toutes les consciences et agiter toutes
les passions. S'arrêtant à une vérité qui est devenue tri-
viale à force d'être répétée, il rejette l'unité de l'esprit
humain établie sur la prétendue croyance universelle en un
être suprême. « L'idée de Dieu, dit-il, n'est pas universelle
« comme on l'a cru longtemps et comme le croient encore
« ceux qui n'hésitent pas à prouver l'existence de Dieu
« par le consentement unanime de tous les peuples... A
« côté des peuples de l'Asie, de l'Europe et de l'Amérique,
« où les idées religieuses et la civilisation semblent s'être
« développées simultanément quoique dans des directions
« différentes, on trouve des peuples qui n'ont ni idées
« religieuses, ni dieux, ni religion. Trois vastes régions de
« la terre paraissent être restées jusqu'à notre époque
« franches de croyances religieuses : c'est l'Afrique centrale,
« l'Australie et les terres boréales. »

Je crois, malgré l'autorité de M. Pouchet, aujourd'hui
professeur d'anatomie comparée au Muséum de Paris, que
l'absence de croyances religieuses dans une race quelconque ne saurait avoir aucune importance dans la question
de l'unité ou de la pluralité des espèces humaines. Mais à
part l'insignifiance qu'a un tel fait dans le débat soulevé
entre les monogénistes et les polygénistes, l'étude des
religions forme une matière trop complexe et trop vague
pour qu'on s'y appuie, à droite ou à gauche, dans la
démonstration d'une thèse scientifique. Quelle que soit la
lumière que semble y projeter les travaux remarquables
d'un Burnouf, d'un Draper et d'autres savants qui s'en
occupent depuis peu, elle reste encore imparfaite et con-

fuse. C'est que l'étude des civilisations primitives, qui peut seule l'éclairer par un groupement intelligent de faits habilement comparés, compte à peine un demi-siècle d'existence et tâtonne aujourd'hui encore dans les difficultés de ses investigations.

Mais il y a un fait indiscutable qu'on peut reconnaître sans que l'on veuille se ranger pour ou contre les unitaires. Partout où l'on rencontre un homme, il montre toujours une aptitude positive à se représenter les choses absentes, par l'impulsion des causes les plus diverses. Se représenter les choses absentes et les garder tellement bien en face de l'esprit, qu'on semble vivre avec elles dans un monde à part, c'est abstraire. C'est la faculté de voir dans les objets non seulement la matière tangible, mais encore la forme impalpable qui reste incrustée dans l'esprit et qu'on peut évoquer par une incitation quelconque. Cette faculté ne peut être refusée à certains hommes puisque bien des philosophes, et les polygénistes même, l'accordent aux animaux, bien inférieurs à l'homme. Ce point admis, comment supposer, comment comprendre que tous les hommes ne soient pas aptes à imaginer une religion quelconque, qu'on l'appelle fétichisme, totémisme, idolâtrie ou déisme? Tous ceux qui ont étudié la marche du développement religieux, qui semble être une phase naturelle de l'esprit humain, ont remarqué combien elle varie de formes dans ses manifestations. Cependant quelle que soit la liturgie, grossière ou délicate, quelle que soit la croyance, absurde ou rationnelle, on y devine toujours le même mobile.

Un exemple entre mille. On sait que les Veddahs forment une de ces populations noires du Ceylan que l'on regarde, à tort ou à raison, comme de vrais sauvages. Des savants éminents avaient longtemps soutenu que ces gens n'ont aucune religion. Pourtant Belley raconte le fait suivant constaté parmi eux. Une flèche est plantée droit dans le sol, et le Veddah en fait lentement le tour, en dansant et en chantant cette invocation d'un rythme presque musical :

> *Mâ miya, mâ miy, mâ deyâ,*
> *Topang Koyichetti mittigan yandâh!...*

« Ami qui m'as fui, ami qui m'as fui, mon dieu,
« En quels lieux vas-tu errant? »

« Cette invocation, continue l'intelligent ethnographe, semble être en usage dès que l'intervention des esprits protecteurs est réclamée dans les maladies, dans les préliminaires de la chasse, etc. Parfois, ils préparent de la nourriture et la placent dans le lit d'une rivière à sec, ou quelque autre lieu retiré, puis ils appellent leurs ancêtres morts par leur nom : « Venez et prenez part à ceci. Donnez-nous la subsistance comme vous nous la donniez dans l'autre vie! Venez! où que vous soyez, sur un arbre, sur un rocher, dans la forêt, venez! » Puis ils dansent autour de l'offrande, moitié chantant, moitié criant l'invocation (1). »

Avant les belles études des Tylor, des John Lubbock, des Herbert Spencer, des Girard de Rialle, on pourrait dire que ce même Veddah, répondant négativement à un voyageur qui lui demande s'il existe un Dieu, est un homme dont l'esprit grossier est incapable de s'élever à une conception religieuse. Mais personne n'ignore aujourd'hui qu'une des formes primitives les plus générales de la religion a été le culte des ancêtres. Le sauvage Veddah y est parvenu tout naturellement, car ceux qui ne sont plus vivent encore dans son esprit. Son culte en vaut bien un autre. Pour ma part, je le trouve plus touchant,

---

(1) Belley in *Ethnological Society of London's Rev.*

plus pénétré de poétique tristesse et de tendre effusion que bien des cérémonies liturgiques, qui exciteraient souvent l'hilarité, n'était le respect humain, n'était surtout cette délicate convenance que l'on doit garder devant tout acte de foi. Aussi M. G. Pouchet ne s'arrête pas sur la seule question religieuse, qu'il a d'ailleurs développée avec complaisance, réunissant autour de sa thèse mille petits faits qui ont été trop souvent réfutés ou sont trop controversés pour qu'il soit utile de les remettre en discussion.

De la religion il faut passer à la morale.

Sans aucune réserve, le savant écrivain aborde ce terrain avec des affirmations bien téméraires, malgré l'assurance avec laquelle elles sont énoncées. « L'inégalité morale des races, dit-il, est désormais un fait acquis ainsi que l'a prouvé M. Renan; sous le rapport moral, plus encore que sous le rapport physique, les unes diffèrent des autres dans des limites infranchissables, qui font de chaque race, autant *d'entités* distinctes : *différences profondes et immuables*, qui suffiraient à elles seules pour fonder des classifications bien définies et parfaitement limitées. Quand on considère l'humanité à ce point de vue, un curieux spectacle frappe les yeux; les mêmes montagnes, les mêmes fleuves qui séparent les races d'hommes, séparent aussi leurs diverses religions. Armés du sabre ou des armes plus pacifiques de la persuasion, les disciples de toutes les croyances se sont toujours arrêtés devant certaines limites qu'il ne leur a pas été donné de franchir. Le Sémite, lui, comprend Dieu grand, très grand, et c'est tout ; nous, nous ne sommes pas capables de saisir ainsi l'idée de Dieu; le monothéisme pur, né en Orient, n'a conquis l'Occident et les races iraniennes (indo-persanes) qu'en se transformant au gré de celles-ci. La race qui florissait à Athènes et à Rome n'a accepté le christianisme qu'en le dépouillant de son caractère originel (1). »

En suivant avec attention le développement des idées de M. G. Pouchet, on sent bien que tout en s'émancipant du dogmatisme théologique, il confond involontairement les aptitudes morales des races avec leur système religieux; c'est une méthode d'autant plus fausse que la morale, telle qu'on la conçoit à notre époque de libre pensée et de positivisme, ne relève aucunement de la religion et n'a avec elle aucune solidarité. Mais est-il vrai que certaines races, par leur constitution organique, soient plus aptes ou mieux disposées que d'autres à concevoir certaine idée religieuse? Rien n'est plus controversable qu'une telle affirmation.

Sans aller bien loin, tous les érudits reconnaissent aujourd'hui que le monothéisme n'est pas plus naturel aux Orientaux qu'aux races occidentales. M. Jules Baissac (2) de même que M. Jules Soury (3) ont démontré que les Sémites n'ont pas toujours compris Dieu si grand que le dit notre auteur. Le peuple hébreu, lui-même, a passé par l'idolâtrie et les cultes des dieux chthoniens, avant de transformer son Javeh en ce dieu fulminant que Moïse ne pouvait regarder face à face et qui nous éblouit encore dans la poésie d'Isaïe.

Il faut bien l'avouer. Cette catégorie d'arguments offre bien peu d'avantages à ceux qui défendent la thèse du polygénisme. Aussi est-ce pourquoi Broca, plus avisé, ne les a jamais employés, encore qu'il réunît à un degré supérieur toute la souplesse d'esprit et l'habileté de diaclectique qui en rendent le maniement accessible. Que M. Georges Pouchet se soit montré très faible dans toute

---

(1) Georges Pouchet, *loco citato*, p. 110

(2) Jules Baissac, *Les origines de la religion*.

(3) Jules Soury, *Etudes historiques sur les religions*, etc. Comparez aussi Ewald : *Geschicthe des Volkes Israël*.

son argumentation, rien de plus évident. La science la plus profonde, l'intelligence la plus vive, et l'érudition la plus large ne suffisent pas pour faire la preuve d'une théorie dont les bases ne reposent sur aucune réalité. Sans doute, en prenant la plume pour buriner ces deux cents pages remarquables, où il a déployé toutes ses ressources d'écrivain et tout son zèle de savant, afin d'établir la pluralité des races humaines, il croyait travailler à une œuvre de la première importance. Il le faut bien; car par la forme même de ses protestations, il trahit l'effort qu'a dû faire sa conscience d'homme, pour rester à la hauteur où la science doit, selon lui, planer. « Le savant, dit-il, doit se débarrasser, dut-il en coûter à l'homme, des sentiments infiniment honorables d'égalité et de confraternité qu'un noble cœur doit ressentir pour tous les hommes, quelle que soit leur origine, quelle que soit leur couleur. De tels instincts honorent celui qu'ils animent; mais ils ne peuvent que nuire à la science, quand ils interviennent.

J'admire ce dévouement à la science qui aide le savant auteur à refouler au fond de son cœur toutes les impulsions généreuses que le vulgaire appelle la voix de la nature, pour ne contempler que la déesse imperturbable que les anciens Égyptiens vénéraient sous le nom de Tauth. J'adore cet héroïsme. Mais ne faudrait-il pas voir dans les paroles de M. G. Pouchet une absence regrettable de toute idée philosophique? Comment peut-il trouver honorables et nobles des sentiments si contraires à la vérité que le savant doive s'en débarrasser? Depuis quand le beau et le bien sont-ils devenus opposés au vrai? On verra par la conclusion de M. Pouchet le résultat négatif que cette déviation de toute saine notion philosophique a tiré de la science. Mais nous allons aborder un polygéniste autrement habile, autrement intransigeant, je veux nommer l'éminent Broca.

5

III.

ÉTUDES SUR LES DIFFÉRENCES PHYSIQUES DES MÊMES GROUPES.

Comme je l'ai déjà exposé, le mobile principal qui dirigea l'attention de l'illustre fondateur de la *Société d'anthropologie* vers les études auxquelles il a consacré la majeure partie de son existence, est la question si souvent débattue, mais jamais résolue de la distinction de l'espèce. Aussi, dans ces savants plaidoyers du polygéniste, où il a fait preuve d'une si vigoureuse intelligence et qui lui ont valu une si grande autorité, tant parmi ses collègues que dans le monde entier, tourne-t-il toujours autour de ce point qu'il étudie sous toutes les faces, dans toutes les circonstances, s'y intéressant par-dessus tout.

On peut dire que la controverse sur le monogénisme et le polygénisme n'est qu'accidentelle dans toutes ces brillantes discussions dont nous allons nous occuper. Je ne pourrai d'ailleurs m'y arrêter que d'une manière succincte. Il y a une impossibilité patente d'examiner chacune des nombreuses et savantes questions qu'elle soulève, sans nuire aux proportions modestes et raisonnables que doit garder cet ouvrage.

« Si l'on ne consultait que l'observation, dit Broca, elle répondrait que le lévrier et le terre-neuve, animaux de même espèce, d'après la doctrine classique, se ressemblent moins que le cheval et l'hémione, animaux d'espèces différentes; et le raisonnement, à son tour, interrogeant tous les témoignages, comparant les mœurs, les langues, les religions, s'appuyant sur l'histoire, sur la chronologie, sur la géographie, étudiant la répartition des hommes et des autres animaux à la surface du globe, interrogeant enfin l'anatomie, la physiologie et l'hygiène, le raisonnement, dis-je, ne conduirait certainement pas à admettre que

l'ours blanc et le kanguroo viennent de la Mésopotamie
et que le Hottentot, le Celte, le Nègre et le Tartare, le
Patagon et le Papou descendent du même père. C'est donc
un article de foi et non de science. Introduit dans la
science, cet élément n'est plus qu'une des hypothèses que
l'on peut faire sur les origines de l'animalité, et c'est la
moins satisfaisante, la moins scientifique de toutes, car,
après avoir imposé à la raison de grands sacrifices, elle
n'a même pas l'avantage de fournir la moindre donnée sur
la distinction de l'espèce. »

Ce passage, que j'ai détaché de la première partie des
Mémoires sur l'hybridité de Broca, explique admirablement l'intention avec laquelle il met en œuvre tous les arguments, pour prouver que les hommes ne forment pas
une seule et même espèce. D'après la définition classique
qu'il rappelle lui-même : « L'espèce est l'ensemble des individus qui descendent en droite ligne et sans mélange
d'un couple unique et primordial. » Si l'on pouvait prouver
que tous les hommes ne sont pas de la même origine, ce
serait du même coup démontrer l'inconsistance de la doctrine orthodoxe, au point de vue scientifique. Mais on peut
bien se le demander. Le problème des origines de l'homme,
comme une foule d'autres choses qui tombent sous notre
jugement, sera-t-il jamais nettement résolu? Saurons-nous
jamais le dernier mot sur la force initiale qui a présidé à
la formation des êtres, tels que nous les voyons ou tels
qu'ils deviennent à l'aide d'une puissance interne développée par le jeu de l'évolution?

Nul ne peut répondre avec certitude.

En supposant que la solution en doive être trouvée un
jour, on ne peut rien affirmer dans la phase actuelle de
la science. Toutes les fois qu'il s'agira d'aller au fond des
choses, de remonter à la source primordiale des faits et
des connaissances humaines, il faudra donc toujours,

avant d'aborder une hypothèse, quelque belle que nous
la trouvions, se rappeler les paroles de Pline, à propos des
causes premières : *Latent in majestate mundi.* Cependant
il est permis de se mettre sur les traces d'une investigation et tenter de reculer, si c'est possible, les bornes de
l'inconnu, surtout quand l'investigateur est un Broca.
L'essentiel est de garder son indépendance d'esprit, afin
de n'admettre aucun prestige autre que celui de la vérité.

A la question : tous les hommes sont-ils de la même
espèce? Notre auteur suppose le raisonnement suivant de
l'école unitaire qui répond par l'affirmative : « Tous les types
humains peuvent en se mariant donner des produits indéfiniment féconds, donc ils proviennent d'une souche
commune. » C'est le contraire qu'il s'efforcera de prouver.

Le savant Broca commence par affirmer un fait que ni
l'histoire ni la science n'ont aucunement prouvé. Tous les
artistes égyptiens, avance-t-il, ont rendu les caractères du
type éthiopien « avec cette tête laineuse, étroite, *prognathe*,
ce front fuyant, ce nez épaté, ces dents obliques, ces lèvres
saillantes et même, chose remarquable, cet angle facial
aigu, compris entre 65 et 70 degrés, dont la signification
zoologique n'a été reconnue que depuis la fin du dernier
siècle. »

Il n'y a pourtant pas un seul ethnologiste qui ignore
aujourd'hui que les Éthiopiens, quoique noirs, ont d'aussi
belles formes que les races blanches. C'est à ce point que
la plupart des écrivains les ont longtemps groupés dans
la division des peuples du type caucasien. Un homme de
la compétence du professeur Broca aura-t-il pu ignorer ce
que tout le monde savait autour de lui ? N'est-ce pas dans
le but de tirer plus tard de cette affirmation un argument
favorable à sa thèse, qu'il a mieux aimé se fier ici à la
parole de Morton, en négligeant les vraies sources d'informations? C'est d'autant plus incompréhensible que les

peintures égyptiennes même dont parle le célèbre polygéniste ne font rien moins que consolider son affirmation (1).

Mais il est temps d'aborder les principales argumentations des polygénistes à la tête desquels lutte l'éminent
anthropologiste. Il faut, avant tout, se rappeler que je n'attache aucune importance à ce que les hommes soient placés dans une seule espèce ou qu'on les sépare en espèces
différentes. S'il m'arrive de réfuter une opinion quelconque,
je ne le fais que lorsque ma thèse en est contrariée, au détriment de la vérité que je m'efforce d'établir. De plus, il
se fait ainsi une démonstration graduelle de l'insuffisance
de cette science orgueilleuse, mais imparfaite, dont s'autorisent tant d'écrivains, qui parlent continuellement des races
inférieures, encore qu'ils soient impuissants à démêler les
plus simples contradictions que soulève chaque partie
des propositions qu'ils établissent.

« La nature de notre travail, dit Broca, nous dispense
« de suivre minutieusement, dans les diverses races, toutes
« les modifications du crâne, de la face, du tronc et des
« membres. Nous nous bornerons donc à comparer, dans
« un parrallèle incomplet et rapide, les hommes apparte-
« nant au type dit Caucasique avec ceux qui se rattachent
« au type dit Éthiopien. » On ne peut que rendre hommage à l'adresse et à la sagacité avec lesquelles la thèse est
présentée. En effet, pour comparer les races entre elles et
étudier l'importance des variétés qui surgissent autour
d'un type donné, aucun naturaliste, soit en botanique,
soit en zoologie, ne se serait avisé de choisir dans la série

(1) Voyez, dans l'*Hist. anc. de l'Orient*, de Fr. Lenormant, tome I,
page 111, la gravure représentant les quatre races humaines admises
par les anciens Égyptiens, d'après les peintures du tombeau du roi
Séti Ier à Thèbes. On constatera avec étonnement que le *nahasiou*
ou nègre africain est loin de répondre à la description que le savant
Broca en donne. Ou il n'avait jamais vu cette peinture égyptienne
dont il parle de confiance, ou il a été aveuglé par sa thèse.

à examiner les variétés qui sont aux deux extrémités de l'espèce, en négligeant les intermédiaires, qui aident à suivre la déviation du type commun dans un sens ou dans l'autre. C'est pourtant ce que font les polygénistes avec une parfaite sécurité de conscience. C'est que la différence qui existe entre un blond Germain et un noir Soudanien est si frappante, à la seule vue du visage blanc rosé de l'un et noir violacé de l'autre, qu'on ne peut croire à une organisation semblable des deux êtres, si on ne connaît pas le mulâtre et toutes les autres variétés qui le font tourner au noir ou au blanc. Aussi le fait de la variété de coloration de la peau dans les races humaines, si suradondamment expliqué par Prichard, qui démontre la relation qu'elle présente avec les différences de la température atmosphérique, revient-il en tête des arguments du savant professeur.

« Parmi les caractères anatomiques qui distinguent l'Éthiopien du Caucasien, je choisirai, d'abord, dit-il, sinon le plus grave, du moins le plus apparent, la couleur de la peau. » Il passe alors en revue les principaux peuples de la terre et tâche de prouver que sous les mêmes latitudes géographiques, on rencontre des hommes blancs, bruns ou noirs, selon que l'on passe de l'Europe en Amérique ou en Afrique. Mais il vaut mieux citer textuellement sa conclusion. « Récapitulons maintenant les résultats que nous avons obtenus, dit-il, dans cette promenade du Nord au Sud, sur le rivage occidental des deux Amériques. Nous avons rencontré successivement dans l'Amérique russe, sous la latitude de la Norwège, une race d'un *jaune brun mêlé de rouge;* sous la latitude de l'Angleterre, une race parfaitement blanche, sous celle de l'Espagne et de l'Algérie une race noire; de là jusqu'à l'équateur, dans le Mexique et l'Amérique centrale, sous la latitude de la Guinée et du Soudan des races simplement *brunes,* incom-

parablement plus claires que la précédente ; de l'équateur
à la Terre de feu, des races toujours brunes, mais dont la
couleur s'éclaircit de plus en plus ; en Patagonie enfin,
sous un ciel rigoureux, une ou plusieurs races noirâtres ou
entièrement noires. — Et nous avons laissé de côté, je le
répète, les neuf dixièmes de l'Amérique. Que pourrions-
nous ajouter au tableau? »

Vraiment, je ne puis cesser d'admirer le talent avec
lequel Broca présente ses preuves, et je suis convaincu
qu'il ferait un avocat hors ligne si, au lieu de commencer
à faire de la physiologie, il avait songé plutôt à la science
des Demolombe et des Bonnier. Avec quelle habileté
fait-il miroiter à nos yeux la générosité dont il use, en
laissant de côté les neuf dixièmes de l'Amérique? C'est
pourtant dans ces parties négligées qu'il aurait rencontré les
plus grandes difficultés pour son argumentation. Mais quoi
qu'il en ait dit et malgré sa conviction sincère ou non,
il n'aurait qu'à réfléchir un instant pour reconnaître que si
en Amérique, sous les mêmes parallèles, on ne rencontre
pas des races de même nuance que celles de l'Europe ou
de l'Afrique, les gradations suivent une marche dont l'uniformité prouve une relation hautement caractéristique.

A ce premier examen, pour ainsi dire, brut des faits constatés, il faudrait ajouter les circonstances météorologiques
et la différence de courbes qui existe entre les lignes isothermes et les parallèles géographiques, différence résultant
des accidents topographiques, tels que l'altitude de certains
lieux au-dessus du niveau de la mer, leur proximité des
côtes et la constitution géologique du terrain dont la végé-
tion influe plus ou moins sur l'atmosphère ambiante. Les
courants marins y exercent aussi une influence positive.

Le grand courant équatorial donne naissance au Gulf-
stream qui traverse l'Atlantique à la hauteur du Sénégal,
remonte vers Terre-Neuve, puis quitte les côtes améri-

caines pour aller se perdre dans les régions polaires de la
Scandinavie. Ces différents facteurs, dont les forces combinées ou neutralisées rendent si difficile la connaissance
précise de leur résultat, agissent dans un sens ou dans
l'autre, avec des influences fort variées. — Ainsi, l'on
constate souvent dans l'intérieur de la Californie, qui
est assez éloignée de l'équateur, que le thermomètre monte
à l'ombre jusqu'à 48 degrés centigrades. C'est une des plus
hautes températures qu'on ait pu observer sur le globe. Il
faut aussi dire que, par l'effet des brises du matin ou du
soir, le thermomètre descend parfois jusqu'à 25 et 22
degrés (1). — Sur la côte de Glenarn, dans le nord-est de
l'Irlande, il se constate des faits tout aussi curieux: « Il y
gèle à peine en hiver, et cependant les chaleurs de l'été ne
suffisent pas pour mûrir le raisin. » D'autre part : « Les
mares et les petits lacs des îles Feroë ne se couvrent pas
de glace pendant l'hiver, malgré leur latitude de 67°...» En
Angleterre, sur les côtes du Devonshire, les myrthes, le
camelia japonica, la *fuchsia coccinea* et le *bodleya globosa*
passent l'hiver, sans abri, en pleine terre. A Salcombe, les
hivers sont tellement doux qu'on y a vu des orangers en
espalier, portant du fruit et à peine abrités par le moyen
des estères (2).

Le professeur Broca ne pouvait ignorer ces détails et
une foule d'autres qu'on ne saurait négliger dans une étude
des influences climatologiques, pour ne s'arrêter qu'à la
comparaison des parallèles géographiques. Aussi fût-il
obligé d'en parler. Mais au lieu de dire l'application qu'il
a essayé d'en faire, il s'est contenté d'adresser une objurga-
tion directe à l'esprit aveugle des unitaires. C'est un mouvement adroit pour celui qui est pris et emporté dans un

---

(1) Voir Simonin, *Revue des Deux-Mondes*, avril 1861.
(2) Alex. de Humboldt, *Asie centrale*, t. III, p. 147-148.

engrenage où il tourne sans fin, impuissant à se maintenir en équilibre. En mécanique, cela s'appelle fuir par la tangente.

Il est inutile de suivre le savant anthropologiste en Afrique où sa promenade n'est pas plus fructueuse qu'en Amérique. Déjà M. Élisée Reclus a abordé l'Afrique, dans le savant ouvrage qu'il publie actuellement sur la *Géographie universelle* et qui est le compendium de toutes les connaissances géographiques acquises jusqu'à nos jours. A propos de la température du continent noir, on peut consulter, pour l'étude des lignes isothermes, la carte publiée par l'éminent géographe (1). Il sera facile d'y voir combien ces lignes suivent des courbes capricieuses, et combien profondément on se tromperait, si on ne voulait suivre que les parallèles géographiques pour se faire une juste idée du climat africain. On n'a qu'à bien étudier les isothermes pour se rendre compte de la distribution des divers groupes ethniques qui se partagent la terre d'Afrique. Leur diversité de coloration est plutôt un argument certainement contraire à la thèse des polygénistes.

Cette coïncidence de la couleur plus ou moins foncée de certaines races humaines avec la chaleur plus ou moins intense du climat est un fait qui saute aux yeux. Aussi, dès la plus haute antiquité, les hommes les plus compétents l'ont-ils reconnue et signalée. On connaît ces vers d'Ovide :

Sanguine tum credunt in corpora summa vocato
Æthiopum populos nigrum traxisse colorem.

Broca les rappelle en faisant finement remarquer que Leucat les cite mal. Preuve que notre savant auteur n'oublie rien, pas même le texte des *Métamorphoses*. Mais

(1) Elisée Reclus, *Nouvelle géographie universelle*, 54e série, p. 16.

Ovide n'a fait que répéter une opinion qui était celle de tous les anciens. Le mot Éthiopien même (en grec, Αἰθίοψ, de αἴθειν brûler, et ὤψ, visage), qui est déjà employé par Homère, en dit plus que tout le reste. Longtemps avant Ovide, on rencontre la même idée exprimée dans un ancien tragique grec, qui vivait au IVe siècle avant Jésus-Christ. C'est Théodecte de Phasélis. Strabon (1) rapporte de lui les vers suivants :

> Οἷς αγχιτέρμων ἥλιος διφρηλατῶν
> σκοτεινὸν ἄνθος ἐξέχρωσε λιγνύος
> εἰς σώματ' ανδρῶν καὶ συνέστρεψεν κομας
> μορφαῖς αναυξήτοισι συντήξας πυρος.

« *Ceux dont le soleil brûlant s'approche trop dans sa course, sont revêtus d'une couleur de suie et leurs cheveux s'entortillent, gonflés et desséchés par la chaleur.* »

Je sais que les polygénistes s'empresseront de répondre que cette croyance n'emprunte aucun caractère de certitude à l'ancienneté de son existence. Ils auront droit d'arguer que la science au nom de laquelle ils prétendent parler était dans sa première enfance, au temps où cette .léе commença de se vulgariser comme une juste interprétation de la réalité. Ils demanderont qu'elle soit appuyée d'autorités autrement compétentes. Peut-être refuseront-ils même que ces autorités soient choisies parmi les partisans du monogénisme. Ce serait déjà bien des exigences.

D'autres pourraient aussi avoir la velléité de contester au polygénisme le privilège exclusif de considérer ses adeptes comme les seuls aptes à comprendre et manifester la vérité. Mais que penserait-on si les polygénistes les plus autorisés reconnaissaient aussi l'influence du cli-

---

(1) Strabon, Livre XV, chap. I.

mat sur la différenciation des races humaines et même des autres animaux et des végétaux ? Ne faudrait-il pas avouer que la loi admise par Prichard et toute l'école unitaire, est appuyée par le consentement universel dont la poids est si improtant dans la recherche des caractères de la certitude? Citons pourtant Virey qu'on peut considérer à bon droit comme le créateur de la doctrine polygénique.

« Transportons-nous, dit-il, sur le sol aride et brûlant de la Guinée et de l'Ethiopie et voyons perpétuellement le soleil verser des flots d'une vive lumière qui noircit, dessèche et charbonne, pour ainsi dire, les animaux et les plantes exposés à ses brûlants rayons. *Les cheveux se crispent, se contournent par la dessiccation sur la tête du nègre; sa peau exsude une huile noire qui salit le linge;* le chien, perdant ses poils, ainsi que les mandrils et les babouins, ne montre plus qu'une peau tannée et violâtre comme le museau de ces singes. Le chat, le bœuf, le lapin noircissent, le mouton abandonne sa laine fine et blanche pour se hérisser de poils fauves et rudes. La poule se couvre de plumes d'un noir foncé ; ainsi, à Mosambique, il y a des poules nègres, dont la chaire est noire.

« Une teinte sombre remplit toutes les créatures; le feuillage des herbes, au lieu de cette verdure tendre et gaie de nos climats, devient livide et âcre ; les plantes sont petites, ligneuses, tordues et rapetissées par la sécheresse, et leur bois acquiert de la solidité, des nuances fauves et obscures comme l'ébène, les *aspalathus*, les *sideroxylons*, les *clérodendrons*, espèces de bois nègres. Il n'y a point d'herbes tendres mais des tiges coriaces, solides ; les fruits se cachent souvent, comme les cocos, dans des coques ligneuses et brunes. Presque toutes les fleurs se peignent de couleurs foncées et vives ou bien violettes, plombées ou d'un rouge noir comme du sang desséché. Les feuilles même portent des tâches noires, comme les noires tiges et le sombre feuillage des *capsicum*, des *cestrum*, des *strychnos*, des *solanum*, des *apocynum*, etc., qui décèlent des plantes âcres, vénéneuses, stupéfiantes, tant leurs principes sont exaltés, portés au dernier degré de coction et de maturité par l'ardent soleil et la lumière du climat africain (1). »

En lisant cette description, où le style du naturaliste s'empreint d'un coloris vraiment superbe, on sent je ne sais quel vague souvenir du « Paradis perdu » de Milton. Cette lecture fait en effet penser au poëte qui, avec une énergie de touche, une élévation de style où perce le fanatisme presbytérien et révolutionnaire, décrit ainsi les régions infernales :

> Regions of sorrow, doleful shades, where peace
> And rest can never dwel, hope never comes
> That comes to all, but torture without end
> Still urges, and a fiery deluge, fed
> With ever-burning sulphur inconsumed (2).

Mais ne demandons pas si ce tableau n'est pas trop chargé ; si on n'y sent pas trop cette littérature quelque peu guindée qui caractérise la fin du XVIIIe siècle. Il vaut mieux s'arrêter sur la partie de cette description, où le savant écrivain parle de cette *huile noire* qu'exsude la peau de l'Africain. Il n'y a rien de moins exact que ces termes souvent employés de *peau huileuse* des noirs. L'épiderme de cette catégorie de l'espèce humaine n'a rien de particulier qui puisse justifier cette expression dont je ne puis rapporter l'origine qu'à une simple métaphore.

---

(1) Virey, *Histoire du genre humain.*

(2) Régions de chagrin, triste obscurité où la paix et le repos ne peuvent jamais demeurer, l'espérance jamais venir, elle qui vient à tous ; mais où se déroulent une torture sans fin et un déluge de feu, nourri par un souffre qui brûle éternellement, sans se consumer. — Milton, *The Paradise lost*, Book I, V. 65-69.

La couleur du nègre provient d'une couche de pigment qui se trouve disposée en fines granulations dans les cellules épithéliales du réseau de Malpighi, en contact immédiat avec le derme. On sait que ce réseau muqueux a une autre couche où les cellules sont sans noyaux ou à noyaux sans granulations pigmentaires ; après celle-ci vient la couche cornée ou épidermique, formée de cellules lamelleuses minces, très adhérentes entre elles, généralement sans noyaux (Ch. Robin) (1) ou laissant apercevoir des traces de noyaux par la réaction de l'acide acétique (Leydig) (2). Le pigment colorant est lui-même composé d'une substance organique qui est la *mélanine*. Cette substance ne se dissout qu'à chaud dans la potasse pure, en dégageant de l'ammoniaque ; l'acide chlorhydrique l'en précipite en flocons qui, à leur tour, se dissolvent à froid dans la potasse. Nul autre agent ne la dissout. On peut donc se demander comment elle a pu colorer cette prétendue huile noire qu'exsude la peau du nègre. Y a-t-il dans l'organisme de l'Éthiopien un laboratoire spécial où la potasse pure se trouve en quantité et énergie suffisantes pour opérer cette dissolution de la mélanine, laquelle, jointe à un flux merveilleux de matières sébacées, composerait cette huile dont parle Virey? Mais la mélanine dont la composition chimique est très peu stable, comme toutes les substances organiques, se conserverait-elle alors assez invariable dans les cellules épithéliales pour donner à la peau du noir cette coloration remarquable, qui ne pâlit que dans les cas morbides, dans les grandes émotions, ou par suite d'un séjour trop prolongé dans les climats froids et humides ?

Il est certain que Virey, en s'exprimant comme nous l'a-

(1) *Dict. de Médecine* de Littré et Ch. Robin, 13ᵉ édit.
(2) Franz Leydig, *Anatomie comparée de l'homme et des animaux*.

vons vu, n'a fait que se conformer à une idée vulgaire dont les savants négligent de vérifier la véracité. Mais on ne sera pas moins surpris de rencontrer le même fait cité comme une preuve de la différence anatomo-physiologique qui distingue l'Ethiopien du Caucasien.

On pourrait s'arrêter à Virey, dont le témoignage suffit pour démontrer qu'un des plus remarquables adversaires du monogénisme ne refuse pas de reconnaître la corrélation qu'il y a entre le climat et la couleur des animaux qui l'habitent. Cependant, afin que les polygénistes n'aient rien à répliquer, nous devons leur présenter un autre collègue (1) dont l'autorité est incontestable. « Aux îles Mariannes, dit Jacquinot, nous eûmes un exemple frappant de l'action du soleil sur l'espèce humaine, relativement à la couleur. Des habitants des îles Sandwich, hommes, femmes et enfants, avaient été pris par un corsaire américain ; ils étaient devenus si bruns que nous avions de la peine à les reconnaître pour appartenir à la race jaune.

« Nous avons vu nous-même, dans l'archipel indien, les Chinois bateliers, pêcheurs, beaucoup plus bruns que les Chinois marchands, restant constamment dans leurs boutiques. Nous avons déjà vu qu'il y a des hommes à peau noire dans les races caucasiques et mongoles ; et une preuve que cette influence solaire se fait sentir partout, c'est que nous avons observé nous-même que la peau de certains Océaniens était d'un noir plus foncé, plus bleuâtre, surtout à la face externe des membres, tandis que celle des femmes était au contraire d'un noir roux (2). »

---

(1) C'est par erreur que le Dᵣ Topinard parle de Jacquinot comme ayant adopté les trois races de la classification unitaire de Cuvier. Ce naturaliste, en reconnaissant trois races différentes, donnait au mot *race* le même sens que M. Georges Pouchet.

(2) Jacquinot, *Zoologie*, t. II, p. 18.

On pourrait citer des centaines d'auteurs qui pensent et s'expriment comme les deux savants polygénistes, mais à quoi bon! Ceux qui discutent ne sont pas moins éclairés sur ce fait; et il faudrait une naïveté bien rare pour peser chaque expression comme le reflet sincère de la conviction de celui qui l'émet. Nous ne pouvons pourtant en finir avec cette question de l'influence des milieux sur la coloration de la peau, sans citer l'opinion de l'un des anthropologistes les plus compétents et qui tient actuellement la même position qu'avait acquise Broca parmi ses collègues. Je veux nommer M. Topinard. « Les variations individuelles, à coup sûr, dépendent en partie du milieu et de la santé, dit-il ; M. Broca lui-même l'admet pour certaines différences entre les sexes ; une statistique de Quetelet sur les enfants sains et malades le prouve.

« L'accroissement de la matière pigmentaire s'expliquerait par là aisément. Le système cutané, excité par le contact de l'air, de la chaleur et de la lumière, fonctionne davantage, son appareil glandulaire secrète davantage et la matière noire se dépose en plus grande abondance dans les jeunes cellules sous-épidermiques. De là, et peut-être par action réflexe sur les capsules surénales ou le foie, l'hypersécrétion se propagerait à tout l'organisme et partout la matière colorante dérivant du sang, de la matière biliaire, ou d'ailleurs, augmenterait. — Des particularités propres à chaque race feraient que l'une deviendrait franchement noire, l'autre jaunâtre ou olivâtre ou rougeâtre. Une des objections tomberait ainsi: pourquoi les parties exposées à l'air ne sont-elles pas les seules noires? Le phénomène inverse, un défaut d'excitation, produirait au contraire la décoloration, c'est-à-dire une sorte d'anémie comme chez les mineurs. Les Antisiens blancs du Pérou, dit d'Orbigny, habitent au pied de rochers à pic, sous des arbres gigantesques dont les branches forment un vaste berceau impénétrable aux rayons du soleil, où règnent une atmosphère humide et une végétation luxuriante; leurs cinq tribus y vivent plongées dans l'obscurité et sont plus claires de teint que les Maxos du voisinage, dans les plaines découvertes, et les Aimaras sur des plateaux élevés (1). »

On peut dire maintenant que cette question de l'influence du climat sur la coloration des différentes races humaines est vidée. La conclusion en est favorable à la théorie de l'unité de l'espèce humaine. Mais en est-il ainsi de l'explication qu'on voudrait avoir sur les variétés de la chevelure? Il est certain qu'on se trouve ici en face d'un phénomène beaucoup plus complexe. Cependant, quoi qu'on en puisse prétendre, la considération du système pileux serait une base de classification de beaucoup moins sérieuse que celle de la couleur, encore insuffisante que soit cette dernière. Non-seulement la structure du cheveu n'est pas toujours constante dans une même race, mais jusqu'ici aucun accord formel n'est établi sur la diversité de formes que quelques histologistes croient y avoir observée, relativement aux différences ethniques. Il y a un fait d'une valeur positive, c'est que, par les soins de la toilette, la chevelure peut sinon se transformer, mais prendre un nouvel aspect bien différent de celui qu'elle a, lorsqu'elle est négligée. Si donc il n'est pas permis d'expliquer par le seul effet de la sécheresse des climats chauds l'espèce d'hélicoïde aplati dont le cheveu du Nigritien offre la figure, on ne peut nier que l'état hygrométrique de l'air ambiant n'y exerce une grande influence. Or, on n'a jamais fait une étude spéciale et locale sur l'état hygrométrique des différentes contrées du globe. La chaleur n'est pas toujours accompagnée d'un air sec, ni le froid d'humidité.

(1) Paul Topinard, *loco citato*, p. 404.

C'est un fait bien connu en physique. Et, chose assez curieuse, dans les constatations météorologiques, on rencontre le plus souvent de grandes chaleurs en relation avec un air humide bien caractérisé. De là l'influence malsaine qui rend certain climat chaud inhabitable à ceux qui n'ont pas encore l'immunité de l'acclimatement.

C'est donc à tort que le professeur Broca croyait battre en brèche la doctrine unitaire, en s'efforçant de démontrer les deux propositions suivantes :

1° « Quoique la plupart des peuples à chevelure laineuse habitent sous la zone torride, plusieurs d'entre eux vivent dans les zones tempérées et quelques-uns même occupent des pays dont le climat est aussi froid que celui de l'Europe.

2° « Quoique plusieurs races tropicales aient les cheveux laineux, un très grand nombre de races fixées sous la même zone depuis une époque antérieure aux temps historiques ont les cheveux parfaitement lisses. »

Le savant professeur a continué à disserter comme s'il fallait se référer à l'influence de la chaleur ou du froid pour expliquer la rigidité et la torsion, ou la souplesse et le développement du cheveu, tandis que ce phénomène se rattache plus directement à la sécheresse ou l'humidité de l'air, d'après toutes les probabilités scientifiques.

Dans ces questions, d'ailleurs, on ne doit pas raisonner d'après les influences actuelles du climat, ni sur les hommes qui ont vécu depuis les époques historiques. Il faut voir la possibilité où serait cette influence d'opérer ces transformations durant le laps de temps où les hommes, trop faibles et trop ignorants pour s'éloigner beaucoup de leur zone géographique primitive, ni se protéger contre les inclémences de l'atmosphère, étaient impuissants à s'en affranchir. Le fait très important des migrations historiques ou antéhistoriques demeure donc réservé.

6

« On peut, dit Broca, parcourir toute l'Europe, toute l'Asie, les deux Amériques et la Polynésie, sans rencontrer dans la population indigène une seule tête laineuse. » C'est encore une de ces affirmations aventurées qui ne sont avancées que par insuffisance d'études spéciales. Des peuplades noires à cheveux crépus ont été découvertes dans les montagnes chinoises du Kouenloun (1); les *Rajeh* et les *Rawats* sont des noirs à cheveux crépus et laineux habitant le Kamaoun (2); les *Samang* (3), sauvages de l'Assam, offrent le même caractère. On pourrait encore citer Elphinstone qui parle de la présence d'une peuplade nègre dans le Sedjistan (4), et beaucoup d'autres témoignages; mais ce n'est pas nécessaire.

Une particularité des plus curieuses, c'est que, d'après Benfey (5), le mot *varvara* ou *barbara* indique en sanscrit un homme à cheveux crépus. Comme cette épithète a été souvent donnée à la plupart des peuples qui entouraient les Indiens, il faudrait supposer que les hommes noirs à cheveux crépus furent considérablement nombreux en Asie, dès la plus haute antiquité.

L'expérience prouve aussi que les nègres transportés hors d'Afrique perdent, après quatre ou cinq générations, cette chevelure caractéristique que Livingstone a nommée *corn peper* ou grain de poivre. Le changement se produit à vue d'œil, pourvu que l'on soigne les cheveux, en leur conservant un certain degré d'humidité et d'onction, par l'emploi de l'eau pure ou mieux d'une substance mucilagineuse, avec une portion modérée de pommade ou d'huile.

---

(1) Ritter, *Erdkunde, Asien.* — Lassen, *Indiche Alherthumskunde*, t. I, p. 391.

(2) Ritter, *loco citato*, t. II, p. 1044.

(3) Idem, *Ibidem*, t. IV, p. 1131.

(4) Ephinstone, *Account of the Kingdom of Cabul*, p. 493.

(5) Benfey. *Encyclopæd. Ersch. und Gruber, Indien*, p. 7.

A part les deux grandes questions de la couleur et des cheveux, il y en a plusieurs autres absolument insignifiantes que l'on soulève dans le but de prouver une différence organique entre le blanc et le noir. Peut-être faudra-t-il y revenir. Mais disons dès maintenant que la prétendue *membrane clignotante* de l'œil particulière à la race noire, dont parle Broca sur l'autorité de Sœmmering, est une pure fantaisie. Ce fait imaginaire n'a été pris au sérieux que pour amener cette conclusion si chère au savant anthropologiste : « La conformation « physique du nègre est en quelque sorte intermédiaire « entre celle de l'Européen et celle du singe (1). » Il faut avouer que les singes ne sont pas plus malins ni plus entêtés.

Il me serait facile de pousser plus loin l'examen des arguments que l'illustre fondateur de la Société d'anthropologie de Paris a invoqués, les uns après les autres, afin de prouver une distance spécifique entre l'homme de l'Europe et l'homme de l'Afrique. Pour le besoin de sa thèse, il a constamment cherché à rabaisser la race noire, afin de la rendre moins acceptable dans la communauté d'espèce que les Européens reconnaissent entre eux. C'est un mode d'argumentation dont l'emploi ne s'explique que par le besoin de la cause, moyen fallacieux et risqué, dont on ne tire jamais le moindre avantage. Les arguments qui en font les frais ont été nommés par Claude Bernard, *arguments de tendance*. Aussi dans un demi siècle, les *Mémoires d'Anthropologie* du célèbre physiologiste seront tellement en contradiction avec les faits, alors hautement reconnus par la science, que ce sera un malheur pour son nom qu'il n'ait pas conservé seule la gloire d'une découverte qui l'immortalise.

(1) Broca, *loco citato*, p. 397.

IV.

AUTRES DIFFÉRENCES ADMISES PAR LES DEUX ÉCOLES.

On a imaginé d'autres différences anatomiques ou physiologiques, constituant aux yeux des ethnologogistes des signes distincts de races. M. Louis Figuier, quoique avec circonspection, en admet quelques-unes. « Disons pourtant, écrit-il, que le système nerveux présente une différence importante à signaler, quand on compare, les deux extrêmes de l'humanité, c'est-à-dire le nègre et le blanc européen. Chez le blanc, les centres nerveux, c'est-à-dire le cerveau et la moëlle épinière, sont plus volumineux que chez le nègre. Chez ces derniers, ce sont les expansions de ces centres nerveux, c'est-à-dire les nerfs proprement dits qui ont relativement un volume considérable.

« On trouve un balancement tout pareil dans le système circulatoire. Chez le blanc, le système artériel est plus développé que le système veineux, c'est le contraire chez le nègre. Enfin le sang du nègre est plus visqueux et d'un rouge plus foncé que celui du blanc (1). »

Je crois que toutes ces affirmations sont excessivement hasardées, dans le sens général qu'on leur donne. Pour ce qui a trait à la conformation anatomique du système nerveux dans les deux races noire et blanche, l'auteur des *Races humaines* se rapporte probablement à l'opinion de Sœmmering et de Jacquart, acceptée sans contrôle. Le dernier surtout a eu l'ingénieuse idée de rendre plus saisissante la démonstration de ce prétendu phénomène, par la savante préparation anatomique de deux pièces d'ensemble exposées au Muséum de Paris, galerie d'anthropo-

(1) Louis Figuier, *Les races humaines.*

logie. J'en avais toujours entendu parler avec une telle admiration que mon plus vif désir, en visitant le Muséum, fut-surtout de les voir. Il est évident que l'œuvre du préparateur est au-dessus de tout éloge. C'est si bien fait qu'on pourrait s'illusionner, au point de croire que l'on est en face de la plus évidente réalité.

Si on devait s'y conformer pour établir son jugement, l'affirmation des ethnologistes serait irréfutable. Il faut pourtant le répéter, il n'y a là qu'une simple œuvre d'art, qui prouve incontestablement le talent du préparateur, mais n'apporte aucun poids à l'opinion de Sœmmering, au point de vue scientifique. Jacquart eût voulu démontrer un fait tout contraire que sa préparation tout aussi belle, tout aussi bien faite, parlerait éloquemment contre la thèse de Sœmmering. La science peut-elle se contenter de telles démonstrations pour accepter un fait comme d'ordre naturel et l'élever au rang de loi, c'est-à-dire comme devant se reproduire toujours, infailliblement, dans toutes les circonstances identiques?

En supposant même qu'on ait rencontré des filets nerveux comparativement plus gros chez certains noirs que chez un ou plusieurs blancs, cela ne suffirait pas pour formuler une proposition aussi générale, aussi absolue que celle de Sœmmering, si souvent répétée. Il resterait encore à savoir si, parmi un grand nombre de noirs et dans une quantité de blancs, le phénomène inverse ne se manifeste jamais. Toute investigation expérimentale, où l'épreuve n'est pas contrôlée par une contre-épreuve, ne revêtira jamais un caractère suffisamment sérieux à ceux qui respectent la science et craignent de compromettre son nom au profit de l'erreur.

Bien plus, en considérant l'expansion d'un centre nerveux, il peut se présenter certaine anomalie anatomique qui fasse illusion à un observateur même très expérimenté, quand il ne se donne pas le mal d'étudier attentivement les faits.

« Les nerfs n'étant que des faisceaux de conducteurs isolés et indépendants, il n'est pas étonnant que parfois un filet émané d'un nerf puisse s'accoler à un tronc nerveux voisin et que dans ce cas la constitution intime de ce dernier ne soit pas toujours la même ; *on comprend dès lors que des filets d'une paire cranienne ou rachidienne peuvent quelquefois se juxtaposer à ceux d'une autre paire cranienne plus ou moins rapprochée, pour gagner ensemble leur destination ultime.* Les fibres nerveuses primitives n'en accompliront pas moins chacune leur rôle physiologique spécial, mais la manière dont elles gagnent l'organe auquel elles sont destinées peut varier. C'est ainsi, sans nul doute, que peuvent s'expliquer les résultats différents et contradictoires que les physiologistes ont obtenus dans la section des troncs nerveux (1). »

Aussi est-il fort probable que ceux qui ont précipitamment avancé que le système nerveux périphérique de l'Éthiopien est plus développé que chez l'Européen, se soient trouvés en face d'une de ces juxtapositions de deux filets nerveux, si bien confondus qu'on peut facilement les prendre pour une seule et même extrémité nerveuse. De là une généralisation qui vient à l'encontre de toutes les données zootaxiques. Car s'il existait une opposition de plan aussi tranchée dans la configuration du système nerveux du noir comparé à celui du blanc, ce fait créerait entre ces hommes une différence non-seulement spécifique, mais encore générique. C'est une conclusion à laquelle personne n'a voulu aboutir.

Rien n'est aussi peu prouvé que le balancement du système circulatoire dont parle M. Figuier. Aussi bien n'y

---

(1) Beaunis et Bouchard, *Anatomie descriptive.*

a-t-il pas un seul traité d'anatomie de quelque importance où l'on en fasse mention. Mais un préjugé assez général, c'est celui qui fait croire que le sang de l'homme noir a des propriétés autres que celui de l'homme blanc. Tous ceux qui ont lu les ouvrages où la constitution du sang est sérieusement étudiée, tant à l'état physiologique qu'à l'état pathologique, savent la difficulté qu'il y a à se prononcer sur les qualités *spécifiques* d'un liquide dont la composition moléculaire et l'aspect général sont si instables, selon l'état sanitaire ou moral de l'individu qui le fournit. D'autre part, l'analyse qualitative et comparative du sang ne peut se faire qu'avec la plus grande délicatesse dans l'opération. La moindre différence de température, la plus légère variation dans la quantité du liquide, selon la forme du vase et le degré de lumière qui s'y trouve projetée, en font varier l'aspect et l'arrangement moléculaire.

En tout cas, cette apparence visqueuse que présente le sang de l'homme noir et dont l'excès de plasticité s'explique assez facilement par la haute température de son pays d'origine, n'a rien qui doive suggérer l'idée d'une différence organique entre lui et les hommes d'une autre race. C'est un caractère particulier du sang humain.

« Un fait observé d'abord par Hudson et Lister, et par tous les micrographes contemporains, dit Longet, c'est la tendance qu'ont les globules rouges à se rapprocher les uns des autres comme des rouleaux de pièces de monnaie renversées. Cette disposition très prononcée, *surtout dans le sang de l'homme*, paraît ne pas exister chez les animaux dont les globules ont la forme elliptique. Ch. Robin, qui a particulièrement dirigé son attention sur ce phénomène, l'attribue à l'*exsudation d'une matière visqueuse* qui se ferait à la surface des globules, hors des vaisseaux;

« il le regarde comme un commencent d'altération (1). »

Suivant M. de Quatrefages, les hommes de race noire suent beaucoup moins que ceux de race blanche ; « mais l'insuffisance de la transpiration, dit-il, se compense par l'abondance de la perspiration ». Sans mettre aucunement en doute la haute compétence de l'auteur de *l'Espèce humaine*, il me semble difficile d'admettre ni le fait qu'il avance, ni l'explication qu'il en donne. Je suis noir et n'ai rien qui me distingue anatomiquement du plus pur Soudanien. J'ai cependant une transpiration assez abondante, pour me faire une juste idée des faits. Mes congénères n'échappent pas à la loi naturelle. Aussi est-ce avec surprise que je lus, pour la première fois, l'opinion du savant professeur. Cette compensation, cette espèce de balancement qu'il suppose entre la perspiration et la transpiration n'est guère de nature à convaincre mon intelligence.

La *perspiration* et la *transpiration* sont un même phénomène physiologique et ne se distinguent que par la quantité de liquide ou de vapeur exhalée par les tissus organiques. Dans le premier cas, l'exhalation est peu sensible, dans le second elle est notable : plus abondante la transpiration cutanée se nomme *sueur*. Voilà tout. Les produits excrémentiels qui peuvent être considérés comme compensateurs de la transpiration sont la salive ou l'urine, surtout cette dernière toujours plus abondante, toutes les fois que les fonctions de la peau sont paralysées ou insuffisamment excitées. Or, il est certain que, selon le degré de température ou les dépenses musculaires réalisées, la peau du noir exhale la même quantité de liquide ou de vapeur que celle du blanc, sinon davantage.

Le même anthropologiste explique par une différence de

(1) Longet, *Traité de physiologie*, t. II, p. 5.

fonctionnement physiologique, la nature diverse des cheveux dans les races humaines.

A son avis, les glandes sébacées seraient plus développées, mais les bulbes pileux seraient atrophiés chez le noir. « Ces deux faits, dit-il, se rattachent encore à la même cause et s'expliquent par le balancement d'organes connexes. Le sang, appelé à la surface du corps, abandonne les *bulbes pileux* trop profondément enfoncés ; mais par la même raison il afflue dans les glandes sébacées qui sont placées plus superficiellement. Il est tout simple que les premiers s'atrophient et que les seconds se développent exceptionnellement (1). » Ce point mérite d'être étudié, car il paraît que M. de Quatrefages, se rangeant à l'opinion de ceux qui prétendent que la peau du noir sécrète la matière sébacée en plus grande abondance que celle du blanc, ne fait ici que lui chercher une explication physiologique. Cependant les choses ne se présentent nullement comme le suppose l'éminent académicien ; elles offrent une face toute contraire, tant au point de vue histologique que dans leurs effets physiologiques.

« Les glandes sébacées, situées plus superficiellement que les glandes sudoripares sont de petites granulations blanchâtres annexées aux follicules pileux dans lesquels s'ouvrent leurs conduits excréteurs, et siégeant dans l'épaisseur même du derme. Elles manquent là où manquent les follicules pileux, sauf sur le gland, les petites lèvres et la face interne du prépuce. Leur volume est, en général, en raison inverse du volume du follicule pileux correspondant ; aussi quand les poils sont forts les glandes sébacées en paraisssent des appendices ; quand le follicule pileux, au contraire, appartient à un poil follet,

---

(1) De Quatrefages, *loco citato.*

c'est lui qui paraît alors un appendice de la glande (1). »

Mais un histologiste d'une compétence incontestable va, si cela se peut, nous faire une description encore plus précise, plus saisissante de la contexture de ces petits organes disposés dans un ordre absolument opposé à celui que désigne M. de Quatrefages. « Les glandes sébacées, dit Leydig, se comportent comme des refoulements de la peau ou comme des *diverticula* des bulbes pileux. C'est de la substance conjonctive ou du derme ou de la partie conjonctive du follicule pileux que provient la fine enveloppe extérieure (*tunica propria*), tandis que les cellules de sécrétion épithéliale sont en connexion avec la couche muqueuse de l'épiderme, ou bien, si la glande s'ouvre dans un bulbe pileux, avec l'enveloppe extérieure de la racine du poil (2). »

Or, il est notoire que les cheveux du Caucasien sont de beaucoup plus fins que ceux de l'Ethiopien. Une différence existe même entre l'épaisseur des cheveux blonds et celle des cheveux noirs, appartenant également à la race blanche. Suivant Leydig, les premiers ont ordinairement de $0^{mm},058$ à $0^{mm},067$ d'épaisseur; tandis que les seconds ont de $0^{mm},067$ à $0^{mm}077$ (3). Le volume des glandes sébacées étant en raison inverse de celui du follicule pileux correspondant, ainsi que l'ont reconnu tous les histologistes, elles doivent être beaucoup plus développées dans la race blanche (allant du blond au brun) que dans la race noire aux cheveux parfois rares, mais particulièrement épais. Contrairement encore à la proposition de M. de Quatrefages, il est scientifiquement probable que la matière sébacée doit être sécrétée en quantité supérieure dans les races européennes, généralement très poilues, comparativement

(1) Beaunis et Bouchard, *loco citato*.
(2) Franz Leidig, *Histologie comparée*, etc.
(3) Franz Leydig, *loco citato*.

aux races de l'Afrique. Les glandes sébacées semblent tellement s'adapter au développement du système pileux que des savants d'une haute valeur sont arrivés même à leur refuser une existence distincte. Voici un résumé de la question donné par Longet et 'qui confirme pleinement toutes les explications que nous avons déjà vues.

« D'après Eichborn, dit-il, ces glandes n'existeraient point comme organes distincts, et la matière sébacée serait sécrétée dans les kistes des poils. Partout où il y a des poils, suivant E. H. Weber, les glandes sébacées s'ouvrent dans les follicules pileux eux-mêmes. Charles Robin distingue des *glandes sébacées proprement dites* et des *glandes pileuses* : les premières offrent une embouchure commune avec les follicules pileux et les secondes s'ouvrent dans de larges follicules pilifères. Quant à Kölliker qui admet que plusieurs des glandes sébacées sont constituées par de simples utricules pyriformes, tandis que d'autres forment des glandes en *grappe simple* ou des glandes en *grappe composée*, il affirme qu'elles sont généralement plus grosses autour des petits poils qu'au voisinage des poils volumineux (1). »

Ce qui prouve surabondamment que la peau du noir sécrète moins de matière sébacée que celle du blanc, c'est la nature même des poils gros et relativement rares qui la couvrent dans certaines parties du corps. Partout, on les rencontre secs, rudes et cassants ; c'est ce qui les empêche de s'allonger, encore bien qu'ils poussent aussi vite que ceux d'autres races. Tout différents sont les cheveux ou autres poils du Caucasien, et l'on doit en attribuer la qualité à cette plus grande richesse des glandes sébacées qu'un préjugé vulgaire fait accorder plutôt à l'homme de race africaine. En effet, leur rôle physiologique consiste

---

(1) Longet, *loco citato.*

précisément à donner de la souplesse aux cheveux ou aux poils et à en effacer la rugosité. « La matière sébacée, dit Longet, concourt à rendre les cheveux ou les poils lisses et souples. »

Je ne m'arrêterai pas à discuter la question plutôt burlesque que scientifique, d'une odeur *sui generis* qu'on a voulu considérer comme un caractère particulier à la race noire. C'est le simple résultat de la malpropreté identifiée à l'habitude des sauvages africains. Ils oignent leurs corps de graisses plus ou moins concentrées et mêlées à une sueur abondante, à laquelle il faut ajouter des toilettes où le pissat sert de parfum, à la manière des anciens Celtes de l'Europe barbare.

On conçoit bien que, par évaporation ou par un certain phénomène osmotique, l'organisme finisse par s'imprégner de ces odeurs vireuses, surtout au-dessous des aisselles où la sueur concentrée s'aigrit naturellement. Alors l'individu, même se lavant avec le plus grand soin, en conserve longtemps encore la désagréable émanation. Mais ce sont là des cas qui s'expliquent en dehors de toute considération de races. En Europe aussi, on trouve des personnes également affectées de cette pénible particularité. Tous les pathologistes le savent et en parlent dans leur traité.

Enfin quelques-uns prétendent encore que l'insensibilité du noir est un caractère spécial qui le distingue des individus de la race blanche, au point de vue de leur constitution nerveuse. Rien de moins avéré. On n'aura établi un tel jugement que sur des noirs abrutis par un traitement infernal et devenus insensibles à force d'avoir été flagellés. D'autres fois, on aura eu affaire à un vrai courage, poussant la fierté et le stoïcisme jusqu'à maîtriser la douleur et la ronger en silence, plutôt que de passer pour un lâche. Ce sera bien souvent encore un cas de fanatisme ou d'une exaltation quelconque.

Mais dans toutes les races humaines et dans tous les temps n'a-t-on pas vu souvent de semblables exemples? Les ilotes de Lacédémone ne se montraient-ils pas insensibles aux maltraitements du cruel Spartiate? Oubliera-t-on jamais le courage sublime mais féroce de Popée, se poignardant héroïquement et disant froidement à son mari : *Pœte, non dolet?* Les paroles de Guatimouzin, restées célèbres dans les drames de l'histoire, sont encore une preuve saisissante que ceux qui se taisent au milieu des tortures corporelles, ne souffrent pas moins intérieurement. Le noir à qui l'on demanderait s'il est insensible aux aiguillons de la douleur, tandis qu'on lui inflige la plus cruelle épreuve, répondrait lui aussi : « Et suis-je sur un lit de roses? »

Pour ce qui s'agit du fanatisme, on sait avec quelle insensibilité apparente les premiers chrétiens subissaient le martyre. Il est vrai que la plupart devaient être sous l'influence d'une sorte d'analgésie, causée par la surexcitation nerveuse qu'inspire le fanatisme religieux et qu'on peut assimiler à un cas d'hystérie. Durant les hauts faits de l'Inquisition où les chrétiens, devenus les maîtres et plus intolérants que les anciens païens, martyrisaient à leur tour ceux qui voulaient s'écarter de l'orthodoxie, des cas absolument semblables se produisirent. Mais alors, on prenait ces hommes, convaincus ou surexcités par leurs croyances, pour d'infâmes sorciers. Nicolas Eméric dit positivement qu'ils usaient de maléfices; car ils paraissaient insensibles au milieu des épreuves infernales qui accompagnaient les questions. « *Alicui sunt maleficiati et in questionibus maleficiis utuntur..., efficiuntur enim quasi insensibiles* (1).

_____

(1) Nicolas Emeric, *Directoire d'inquisition*, cité par Salverte dans son traité : *Des sciences occultes.*

Je connais beaucoup d'hommes noirs qui ont montré un courage étonnant, dans le cours d'opérations chirurgicales subies sans anesthésie, ne bravant les douleurs horribles qui leur étreignaient le cœur que dans le but de ne pas passér pour des lâches. Comme le chirurgien demande toujours au patient s'il peut subir l'opération sans l'emploi des anesthésiques, ceux-là croiraient déroger, en reculant devant l'épreuve. Sotte bravoure peut-être, mais qui fait voir, combien fière et courageuse est cette nature du noir Éthiopien, toujours prêt à tout affronter pour inspirer de lui une haute idée.

V.

HYBRIDITÉ OU MÉTISSAGE ?

Mais qu'on ne croie pas que la discussion entre le monogénisme et le polygénisme prenne fin avec la revue des caractères anatomiques ou physiologiques qui, aux yeux des savants, distinguent les races humaines les unes des autres. Au contraire, l'école anthropologique qui admet la pluralité des espèces déclare qu'elle n'attache à ces caractères qu'une importanee secondaire. On connaît bien le mot d'Annibal : « Jamais on ne vaincra les Romains que dans Rome. » Eh bien ! l'intrépide Broca, se conformant au conseil du célèbre capitaine, alla, sur les traces de l'américain Morton, attaquer les unitaires dans leur principal retranchement.

Nous avons déjà mentionné cette ancienne loi physiologique de l'espèce, en vertu de laquelle on prétend que la fécondité continue, de génération en génération, n'a lieu qu'entre les individus de la même espèce. Elle a été acceptée par tous les naturalistes de l'école classique comme une vérité scientifique et de premier ordre. Les monogénistes, constatant par l'histoire que partout où les hommes se sont rencontrés, les races se sont constamment croisées, à ce point qu'on a droit de se demander s'il existe encore des races pures, ont rattaché à cette loi la doctrine de l'unité de l'espèce humaine. En effet, sans cette unité spécifique de l'humanité, il serait impossible d'expliquer les croisements eugénésiques qui ont émaillé la surface du globe de plus de couleurs humaines qu'il n'y a de nuances dans l'arc-en-ciel.

Il fallait donc aux polygénistes faire la preuve du contraire ; démontrer que les espèces différentes peuvent produire entre elles des générations indéfiniment fécondes, ou bien que les différentes catégories humaines ne donnent pas toujours par leur croisement des produits doués d'une fécondité continue.

Je négligerai intentionnellement la première partie de la démonstration essayée par Broca. Elle ne nous intéresse pas suffisamment, malgré sa haute importance au point de vue des principes. Il faut aussi déclarer que je ne me suis pas arrêté spécialement sur les questions de l'*hybridité animale ;* car je connais trop peu de faits y relatifs, pour pouvoir examiner la justesse ou l'insignifiance des arguments invoqués. Je pense pourtant que, malgré toutes les raisons alléguées par l'illustre savant, il restera toujours à ses adversaires une objection capitale. C'est que le croisement eugénésique des diverses espèces qu'il a étudiées, a toujours été provoqué par l'influence de l'homme. Et il faut encore remarquer qu'on n'a jamais pu obtenir la sécurité des résultats, puisque aucune de ces espèces hybrides n'est jamais devenue assez nombreuse pour qu'on puisse les compter autrement que comme des faits de simple curiosité. Tout le temps qu'on n'aura pas encore rencontré des croisements spontanés et féconds, entre espèces distinctes, et à *l'état sauvage,* il semble qu'on doive s'abstenir de toute conclusion formelle, d'autant plus que les naturalistes ne tombent pas d'accord sur la caractéristique même de l'espèce.

La deuxième partie nous offre un ordre de faits infiniment intéressants. Il s'agit des phénomènes d'hybridité dans les groupes humains. Le problème consiste à savoir si tous les hommes, quelles que soient leurs différences de couleur, de physionomie ou de civilisation, sont aptes à produire, en se croisant, des générations indéfiniment fécondes. Le Dr Broca, ne pouvant nier complètement un fait en faveur duquel parlent tant de preuves, a distingué deux cas : l'un où le croisement de certaines races est eugénésique, l'autre où il ne l'est pas. Le premier cas, étant conforme à l'opinion générale, ne mérite pas qu'on s'y attarde. Mais il est curieux de voir les arguments sur lesquels va s'appuyer le savant, pour établir la réalité du second. C'est d'une finesse sans exemple.

« Nous examinerons à la fois le métis, dit-il, sous le rapport de la fécondité et sous le rapport de la validité physique ou morale, car au point de vue qui nous occupe, il suffirait que certains métis fussent inférieurs aux deux races mères sous le rapport de la longévité, de la vigueur, de la santé ou de l'intelligence, pour rendre fort probable que ces deux races ne sont pas de même espèce (1). »

Le programme seul nous indique déjà combien le savant anthropologiste s'est senti faible, en abordant cette thèse.

C'est pour la première fois qu'il tient compte des qualités psychologiques, à côté des autres caractères que les naturalistes mettent ordinairement en ligne, pour établir ou vérifier une classification. Avoir jusque-là refusé toute valeur zootaxique à l'intelligence et la morale, puis s'y rabattre dans une question où il règne tant d'incertitudes, ce n'était pas prendre le chemin le mieux fait pour parvenir à une

---

(1) Broca, *loco citato*, p. 521.

bonne conclusion. Mais le fameux polygéniste a oublié de se demander la chose principale. Tous les enfants issus d'une même race, parmi les Anglais, les Français ou les Allemands, sont-ils toujours égaux à leurs parents maternels et paternels en longévité, en vigueur, en santé et en intelligence ? A-t-on même jamais comparé, en France ou ailleurs, les résultats que réclamait le savant professeur, comme le caractère *sine quâ non* de la communauté d'espèce entre les races humaines?

Si nous voulons nous rapporter aux seules études spéciales et sérieuses qui aient été faites dans ce sens, en consultant le savant ouvrage de M. Paul Jacoby sur *La Sélection*, nous constaterons un fait bien saisissant et qui retire toute valeur aux exigences de Broca. C'est que toutes les grandes qualités acquises par les parents à un degré excessif, sont un gage sûr d'appauvrissement pour l'héritage physiologique qu'ils laissent à leur progéniture. Cette pauvreté qui se manifeste surtout par un manque d'équilibre organique, est cause que ceux des enfants qui continueraient à être aussi intelligents que leurs parents, auraient une santé moins bonne et vivraient moins longtemps ! C'est aussi l'opinion de M. Ribot et de tous ceux qui ont étudié la question si complexe de l'hérédité et de la sélection.

Mais il vaut mieux aborder une fois les assertions que nous voulons réfuter.

« L'union du nègre et de la blanche, dit notre anthropologiste, est très souvent stérile, tandis que l'union du blanc et de la négresse est parfaitement féconde. » Sur quoi est appuyée cette affirmation qui vient à merveille établir une analogie entre les noirs et les blancs, d'une part, les chèvres et les moutons, d'une autre ? Nous allons le voir.

Un des caractères particuliers de l'Éthiopien, d'après Serres, réside dans la longueur de son pénis comparé à

7

celui du blanc. Cette dimension coïnciderait avec une longueur excessive du canal utérin chez la femme éthiopienne. L'un et l'autre phénomène aurait pour cause la
conformation du bassin dans la race noire.

« Or, il résulte de cette disposition physique, dit Serres,
que l'union de l'homme caucasique avec la femme éthiopienne est facile, sans nul inconvénient pour cette dernière.
Il n'en est pas de même de l'Éthiopien avec la femme caucasique ; la femme souffre dans cet acte, le col de l'utérus
est pressé contre le sacrum, de sorte que l'acte de la reproduction n'est pas seulement douloureux, il est le plus
souvent infécond (1). »

Sans contester l'autorité du savant médecin qui a écrit
les *Principes d'embryogénie*, etc., ouvrage fort remarquable, il suffit d'avoir fait quelques études de physiologie
embryogénique pour sentir l'insuffisance des motifs qu'il
présente comme pouvant amener l'infécondité en question.
On pourrait se servir de ses propres principes pour rétablir la vraie importance des faits qu'il interprète ici avec
tant de fantaisie.

Broca avait dû s'en convaincre tout le premier ; mais il
en tire pourtant un argument, en déclarant que le caractère anatomique sur lequel est basée la curieuse explication est exact. M. Topinard contredit cependant l'exactitude d'un tel cas. « Le pénis du nègre est plus long et plus
volumineux dans l'état de flaccidité que celui du blanc,
dit-il ; dans l'état d'érection, c'est le contraire (2). »

Cette contradiction signale bien la vérité, laquelle garde
le juste milieu.

En réalité, il n'y a rien de régulier dans l'une ou dans
l'autre assertion. Les différences d'organisation que l'on

---

(1) Cité par Broca, *Mémoires d'anthr.*, t. III, p. 521.
(2) Topinard, *loco citato*, p. 373.

peut constater, sous ce rapport, dans une race ou dans l'autre, ne présentent qu'un caractère individuel qui s'explique plutôt par l'âge, les habitudes et la profession. Tel Hercule de foire, blanc ou noir, mangeant bien, buvant sec, bien *entraîné*, aura toujours une conformation génitale autrement vigoureuse, autrement forte qu'un travailleur de cabinet, noir ou blanc. La fréquence du fonctionnement produit aussi son effet sur le développement de l'organe en question, comme il en est pour tous les autres membres du corps. La cause des différences est donc plus physiologique qu'ethnologique. Il faudrait encore ajouter aux raisons mentionnées plus haut, celles du régime alimentaire et même de la quantité de nourriture que l'on consomme. L'insuffisance d'alimentation a là dessus une influence positive. Le père de la physiologie moderne, le grand Haller, voulant vérifier les effets produits sur l'organisme par une alimentation insuffisante a fait les observations suivantes : « *Sœpè tentavi ob podagram, semper sensi debilitatem universam, ad labores Veneris inertius* (1). »

La question est évidemment trop complexe pour qu'on se contente d'une assertion dénuée de toute valeur scientifique, lorsqu'il s'agit de réfuter un fait dont l'importance est de premier ordre.

Pour que le professeur Broca fût conduit à s'accrocher à des branches si faibles, dans l'océan d'inconnues où il s'était aventuré, en abandonnant l'opinion commune, il faut qu'il se soit trouvé bien embarrassé. Malgré tout ce que pourront dire les polygénistes, afin de faire admettre l'infécondité du croisement entre les blancs et les noirs, il y aura toujours une preuve contraire à leur théorie, preuve plus éloquente que toutes les fleurs de la rhétorique, plus

---

(1) Haller, *Elementa physiologiæ.*

convaincante que toutes les règles de la logique, c'est celle des faits. Or l'immense quantité de métis qu'on rencontre partout où les deux races se sont trouvées en communication permanente, est un fait trop saillant, trop universel, pour qu'on soit obligé de recourir à d'autres ressources de dialectique, lorsqu'il faut en démontrer la haute signification.

Il ne restait donc aux adeptes du polygénisme qu'un seul moyen de continuer leurs argumentations, où ne brillent que les paradoxes les plus audacieux, alliés à un art parfait d'embrouiller les questions et de les rendre insolubles. C'était de soulever des doutes sur la fécondité *inter se* des métis issus du blanc et de la négresse ou du noir et de la blanche. On saisira vite le motif de la discussion. Le cheval et l'ânesse, animaux d'espèces différentes, donnent par leur croissement le produit *hybride* qui est le mulet; mais cette espèce hybride est d'ordinaire inféconde. S'il était prouvé que le mulâtre est infécond, comme le mulet auquel on a semblé l'assimiler par le nom, on pourrait positivement affirmer que ses parents sont aussi d'espèces distinctes.

J'omets le cas où l'*hybride* se croise fructueusement avec l'une ou l'autre des deux espèces qui l'on produit (*hybridité paragénésique* de Broca). Toutes ces distinctions savantes peuvent difficilement s'observer d'une manière précise au milieu des faits nombreux et variés que laisse constater la nature, sans qu'on puisse jamais leur assigner un caractère fixe. Mais ce qu'il fallait surtout au grand polygéniste, pour avoir sur ses adversaires une victoire complète, c'était de prouver que les mulâtres ne sont pas continuellement féconds entre eux.

Le fait de la grande fécondité des mulâtres est tellement connu de tous ceux qui ont vécu dans les pays où se rencontrent les races métisses, que l'on ne peut s'empêcher d'une certaine surprise, en voyant un savant de la trempe de Broca le mettre en doute. Mais que fait l'habile dialecticien? Après avoir formulé plusieurs hypothèses, pas plus rationnelles les unes que les autres, il en vient à cette déclaration : « Pour donner à la question une solution vigoureuse, il faudra pouvoir étudier une population uniquement composée de mulâtres de *premier sang*. » C'était vraiment imposer des conditions impossibles. Partout où l'on rencontre des mulâtres, leur seule existence prouve qu'il y a ou qu'il y a eu des blancs et des noirs en contact immédiat. Or, il restera toujours, des deux races ou de l'une d'elles, des représentants assez nombreux pour qu'on ne trouve jamais cette population *uniquement* composée de mulâtres de premier sang, c'est-à-dire issus directement du croisement de la blanche et du noir ou du blanc et de la femme noire. Si on imposait des conditions semblables pour chaque genre d'études, on peut certifier que toute expérience scientifique deviendrait absolument impossible. Des naturalistes non aveuglés par l'esprit de système ne seraient-ils pas plus raisonnables? Au lieu de tant d'exigence, ne leur suffirait-il pas que l'expérience fût faite sur vingt ou trente familles de mulâtres, ou même le double? En ce cas, il est facile de prouver que la fécondité des mulâtres entre eux est un fait d'une évidence irréfragable.

Les Dominicains de l'île d'Haïti sont une première preuve. Il est vrai que dans ce pays il est resté beaucoup de blancs, qui ont continué à se croiser avec les diverses autres nuances, de telle sorte qu'à côté des mulâtres de *premier sang*, il se trouve beaucoup de *sang-mêlé*, de *griffes*, de noirs, etc. Mais l'existence de ces différents métissages ne contrarie en rien les recherches qu'on voudrait faire sur les résultats du croisement des mulâtres de premier sang entre eux. Ceux-là sont nombreux; et les cas abondent pour démontrer que leurs unions sont tout aussi fécondes que celles des individus de race pure.

. Ce sont des faits que j'ai constatés *de visu*, pendant un séjour de plus de six mois, dans la Dominicanie.

· En Haïti, ancienne partie française de l'île, dont je puis parler avec une assurance encore plus grande, puisque c'est ma patrie, mon pays natal, on peut facilement faire la même remarque. Le cas prend ici le caractère d'une preuve irréfutable. A l'époque de l'indépendance de l'île, il y était resté peu de blancs. Depuis, il n'en est entré qu'un nombre fort restreint. Ceux-là, n'y arrivant que dans le but de faire fortune et se rapatrier ensuite, n'y contractent qu'exceptionnellement mariage avec les regnicoles. C'est un fait notoire que, depuis environ quatre-vingts ans, les croisements entre blanches et noirs ou noires et blancs sont devenus un cas tellement rare, qu'on est autorisé à le considérer comme absolument négligeable. Eh bien, malgré cela, la race de couleur c'est-à-dire les mulâtres ont presque doublé en Haïti !

· Il est incontestable que leur nombre s'est accru dans un mouvement ascensionnel beaucoup plus accéléré que celui des noirs. Je sais qu'on ne doit pas rattacher ce phénomène à une fécondité supérieure des mulâtres, comparativement à l'une des races mères dont ils sont issus. Il faudrait plutôt en chercher la raison dans l'existence de certaines conditions sociologiques que nous n'avons pas à considérer ici. Mais si on ne doit pas attribuer à la seule influence ethnologique cet accroissement rapide du nombre des mulâtres d'Haïti, malgré l'absence de croisement des deux races dont ils descendent, le résultat, constaté dans de telles occurrences, suffit pour démontrer que ces métis sont indéfiniment féconds entre eux. Aucun tour de force n'est exigé pour établir une telle vérité. Qu'on vienne encore nous demander à quel degré de sang les différentes familles de mulâtres se trouvent constituées, c'est là une question oiseuse à laquelle il est parfaitement inutile de répondre.

Jacquinot, Broca, Nott, Edward Long, autant qu'il se compte de savants dans le polygénisme, peuvent encore affirmer que le croisement des mulâtres est souvent stérile. Le monde savant, qui s'est habitué à reconnaître en eux des hommes d'une compétence indiscutable dans la matière, peut sanctionner cette opinion et lui faire une place à côté de tant d'autres de la même valeur. Je courberai peut-être une tête docile devant leur autorité devenue plus puissante, plus malfaisante que ne l'a jamais été l'autorité même de l'Église ; mais comme Galilée, étouffant le cri de l'éternelle vérité qui grondait en son cœur, je murmurerai tout bas : *E pur si muove!*

VI.

DES MÉTIS DU BLANC ET DU NIGRITIEN.

Nous savons que, semblables aux géants de la fable qui, pour escalader le ciel, entassaient l'Ossa sur le Pélion, les polygénistes infatigables entassent difficultés sur difficultés, afin de terrasser les esprits et défier les réfutations. Démontre-t-on que les mulâtres haïtiens sont incontestablement féconds entre eux et procréent des générations indéfiniment fécondes? Ils répondent qu'il faut attendre dix ou vingt générations avant de se prononcer, que l'expérience n'est pas concluante, puisque les métis d'Haïti sont issus du croisement de la race noire avec des blancs d'origine celtique ou ibérienne, variété brune, et non avec des blancs d'origine germanique ou saxonne. Que sais-je encore? Or, pour comble de confusion et d'embarras, à chaque réunion des ethnographes, on est encore à se disputer, à savoir si les vrais Celtes étaient bruns ou blonds! Franchement, il faut bien convenir que les plus subtils scolastiques le cèderaient à nos naturalistes, dans l'art d'embrouiller les questions par l'enchevêtrement sans fin des éternels *distinguo*.

Pourquoi tant d'insistance à la soutenance d'une thèse où la science a sans doute un haut intérêt à faire la lumière, mais où toutes ces controverses passionnées ne tournent qu'à la dissociation des hommes, par la surexcitation d'un sot orgueil, d'une part, et l'aigreur contre l'injustice, de l'autre ? N'y a-t-il pas une foule d'autres questions scientifiques dont la solution intéresse autrement l'avenir de l'humanité et les progrès de la civilisation ? Mais il est inutile de s'arrêter à des considérations de cette nature. Il vaut mieux suivre l'illustre savant dans son argumentation laborieuse et voir comment il continue sa démonstration.

Après avoir mis en doute la fécondité normale des métis entre eux, il aborde la thèse de leur infériorité intellectuelle et morale. Passant avec dextérité sur tout les points difficiles, il se contente de citer M. Boudin. « Les métis, dit celui-ci, sont souvent inférieurs aux deux races mères soit en vitalité, soit en intelligence, soit en moralité.

« Ainsi les métis de Pondichéry, connus sous le nom de *Topas*, fournissent une mortalité beaucoup plus considérable non-seulement que les Indiens, mais encore que les Européens, quoique ces derniers meurent incomparablement plus dans l'Inde qu'en Europe. Il y a longtemps déjà que la *Revue coloniale* a publié sur ce point des documents positifs. Voilà pour la vitalité.

« A Java, les métis de Hollandais et de Malais sont tellement peu intelligents qu'on n'a jamais pu prendre parmi eux un seul fonctionnaire, ni un seul employé. Tous les historiens hollandais sont d'accord sur ce point. Voilà pour l'intelligence.

« Les métis de Nègres et d'Indiens, connus sous le nom de *Zambos*, au Pérou et au Nicaragua, sont la pire classe des citoyens. Ils forment à eux seuls les quatre cinquièmes de la population des prisons. Ce fait, déjà annoncé par Tschudi, m'a été récemment confirmé par M. Squier. Voilà pour la moralité (1). »

En bonne logique, il me semble que pour faire une démonstration suffisamment probante de la vérité qu'il s'agit d'établir, il faudrait continuer l'examen de ces différentes particularités sur une seule et même catégorie de métis, et répéter la même observation d'une manière intégrale sur d'autres catégories, avant d'en tirer une déduction sérieuse. Mais au lieu de cela, on ramasse les exemples de toutes parts, dans une incohérence qui leur retire toute valeur démonstrative. Il serait donc permis de méconnaître *a priori* toutes les conclusions tirées de ces procédés incorrects. Cependant, nous pouvons par analogie expliquer les différents cas relatés par l'auteur de la *Géographie médicale*, sans avoir recours aux considérations ethnologiques qui ne sont invoquées ici que pour satisfaire à l'esprit de système.

Une réponse est toute faite sur la vitalité des métis, c'est l'augmentation remarquable des mulâtres d'Haïti dont j'ai déjà parlé. D'après les procédés de dialectique adoptés par les polygénistes, ils diront que la comparaison n'est pas valable, les mulâtres provenant de souches ethniques tout autres que celles dont proviennent les *Topas* de Pondichéry. Mais en dehors de toutes controverses sur ce point, il y a des raisons scientifiques qui aident à éclaircir nettement la question. En démographie, on constate toujours que lorsqu'une classe d'hommes est placée dans une fausse position sociale, ne pouvant se

___
(1) *Bulletin de la Société d'anthropologie*, mars 1860, cité par Broca.

mettre ni avec la classe supérieure qui la méprise, ni avec la classe inférieure qu'elle méprise à son tour, elle devient inconsistante et faible, obligée de louvoyer entre deux courants opposés, où il n'y a pour elle ni attrait ni encouragement. Or, la vitalité est toujours en raison directe du degré d'expansion qu'une race, une famille, un groupe quelconque rencontre dans le milieu et les circonstances où il fait son évolution. Il se conçoit bien, dès lors, que des métis qui se trouvent resserrés entre deux races facticement divisées en supérieure et inférieure, dépérissent lentement et décroissent en énergie vitale. Un Guillard ou un Bertillon n'aurait aucunement hésité dans l'interprétation des phénomènes que M. Boudin attribuait à des causes ethnologiques.

Il faut passer maintenant à la question de l'intelligence des métis. Je resterai conséquent, suivant la vraie méthode scientifique, en ne prenant pour base de mon argumentation que les mêmes mulâtres d'Haïti. Ici encore, il est facile de se convaincre que si les métis de Hollandais et de Malais, — deux races beaucoup plus rapprochées, selon les théories polygénistes même, que ne le sont les noirs africains et les blancs européens, — ne font pas preuve d'une grande intelligence, on ne doit logiquement pas rapporter ce cas à une influence ethnologique. Les conditions sociales qui leur sont faites, à cause du préjugé même qu'on nourrit contre leurs aptitudes intellectuelles, en sont des motifs beaucoup plus plausibles.

Avant l'indépendance de l'île d'Haïti et surtout pendant que l'esclavage y régnait, on avait établi le même jugement contre les mulâtres haïtiens. Maltraités et méprisés par leurs pères blancs qui les regardaient comme les tristes fruits d'une mésalliance entre le pur sang caucasique et l'immonde sève africaine, ils végétaient dans le pays comme une espèce parasite, livrés au vagabondage ou ne s'occupant que des métiers les plus rudes et les plus répugnants. Sentant qu'ils avaient dans leurs veines une notable portion de ce sang dont les *petits blancs* étaient si fiers, ils laissaient fermenter leur haine en silence et accumulaient leurs colères contre ceux qui ne les avaient procréés que pour les condamner ensuite à une existence abreuvée d'opprobre et de misères. C'était, à vrai dire, horrible.

Le plus souvent, sans doute, c'est dans un moment d'ébriété ou plutôt de cette salacité irrésistible, que déchaîne dans le sang de l'Européen l'air balsamique et chaud des tropiques, que le baiser criminel aura rapproché du maître la sémillante esclave, aux formes exubérantes et gracieuses. Combien de temps duraient ces transports? La coupe de l'ivresse une fois vidée, l'homme blanc s'en allait, laissant germer dans le sein noir de la noire Africaine un être qui ne saura peut-être jamais le nom de son père! L'enfant grandissait seul, abandonné aux soins de la pauvre négresse dont il constituait un fardeau de plus, bien lourd encore que chéri.

A jamais garotté dans les ténèbres de l'ignorance, il sera tourmenté par sa peau trop claire pour qu'il se complaise au triste sourire qui se détache du noir visage de sa mère toute confuse de maternel amour, trop brune pour que son père puisse jamais voir en lui la reproduction de son teint rose, d'autant plus recherché que le soleil équinoxial l'aura déjà rudement caressé !

Cette pénible position du mulâtre n'est pas une fantaisie. Le temps qui cicatrise toutes les plaies, travaille lentement à en effacer le souvenir ; mais c'était un fait général. « Dans toutes les colonies européennes, chez les Français surtout, dit Bory de Saint-Vincent, les mulâtres furent traités avec un mépris que rien ne saurait justifier et capable de soulever d'indignation les cœurs les plus apathiques. On dirait que les blancs ne donnent le jour à des enfants de couleur que

pour se procurer le satanique plaisir de les rendre misérables. Ces pères dénaturés auraient horreur de les reconnaître pour leur progéniture ; mais que, justement révoltés
de la plus insultante des oppressions, ces enfants du malheur osent s'apercevoir qu'ils sont aussi des hommes et
réclamer leurs droits naturels, ils deviennent des fils révoltés dignes des supplices réservés aux parricides ; les
verges déchirantes, les couperets, les roues, les potences,
et les bûchers punissent leur généreuse indignation ; leurs
pères blancs deviennent leurs bourreaux ! !... (1) »

Comprend-on qu'en de telles conditions le mulâtre rendu
envieux, haineux et dénaturé par l'injustice du Caucasien,
mais sans attachement pour l'Africain qu'il évite, arrivât
jamais à s'élever aux idées les plus élémentaires de progrès et de moralité ? Il n'en pouvait être ainsi. Par ci, par
là, on trouvait quelques exceptions. Quelques pères blancs
consentirent sinon à reconnaître légalement leurs enfants,
mais à les soigner, les élever et les affranchir du joug de
l'esclavage. Les mulâtres qui ont eu de tels pères ont pu
jouir du bienfait de l'instruction et développer jusqu'à un
certain point leur intelligence. Mais en quel nombre les
voyait-on ? Les Ogé, les Chavannes, les Julien Raymond
et tant d'autres, que l'on ne peut citer comme des aigles,
étaient pourtant bien loin d'être des ignorants. Ne l'ont-
ils pas suffisamment prouvé par la part active qu'ils ont
prise dans le vote du décret de la Constituante qui accordait aux hommes de couleur de Saint-Domingue l'égalité
des droits civils et politiques ? Cependant avant que la
Révolution française fut venue jeter dans leurs esprits je ne
sais quelle généreuse fermentation, avec les ardentes aspirations de la liberté, on ignorait complètement leur existence.

---

(1) Bory de Saint-Vincent, *loco citato*, t. II, p. 37-38.

Aussi les écrivains superficiels ou passionnés qui ont parlé dans le temps des événements de Saint-Domingue. n'ont-ils fait que dire, à l'égard des mulâtres, ce que répètent à propos des métis de Java les historiens hollandais. C'étaient, pour eux, des êtres inférieurs, d'une ignorance indécrottable ; et comme on dit actuellement des *Zambos*, on ajoutait qu'ils étaient la pire classe des citoyens !

Eh bien, où est la vérité ? La voici. Depuis que l'ancienne colonie de Saint-Domingue a été transformée en Haïti indépendante, un changement à vue s'est opéré dans les mœurs et l'intelligence des mulâtres. Hier, ils étaient vagabonds par nécessité. Sans droits politiques, souvent même esclaves, pouvaient-ils songer à cultiver en eux ces dons de l'esprit, qui sont le plus bel apanage de l'homme ? C'était matériellement impossible. Le pussent-ils même qu'il leur paraîtrait inutile de s'en occuper.

L'intelligence humaine, pour s'exercer jusqu'au point d'atteindre le plus haut développement de l'esprit, a toujours besoin d'une certaine stimulation. Et quel stimulant que la perspective constante de la honte, qui pèserait d'autant plus lourde sur leur front qu'ils seraient plus à même d'en mesurer l'étendue ! Aujourd'hui, — et ce jour date de 1804 ! — le mulâtre, maître de sa destinée, fier et pressé de montrer au monde entier ses aptitudes aussi larges que celles du Caucasien, travaille, s'efforce, s'évertue à développer ses facultés intellectuelles. Aussi, ses succès dans cette voie sont-ils incontestables.

Trois historiens, dont les qualités ne sont peut-être pas de premier ordre, mais qui font preuve d'une parfaite entente des règles applicables au genre qu'ils avaient choisi, sont des mulâtres de l'île d'Haïti. Madiou, Saint-Remy et Beaubrun Ardouin pourraient bien le disputer aux Européens, s'ils se trouvaient aussi bien favorisés par le milieu. Il est même juste de reconnaître en Saint-Remy un écrivain habile, sachant tirer de la langue française les plus magnifiques effets. En examinant son style, on y découvre un travail savant. La diction en est pure et correcte, parfois charmante. Un certain éclat, toujours tempéré par la sobriété du mouvement phraséologique, lui sert à merveille pour mettre en relief les points sur lesquels il veut faire la lumière et attirer l'attention.

Beaubrun Ardouin, moins correct, maniant avec négligence cette plume qui fait de l'historien le juge redouté des rois et des peuples, avait pourtant des qualités remarquables comme travailleur patient et tenace. S'il n'avait ni le don de l'expression, ni la haute impartialité d'un Thiers ou d'un Guizot, il a du moins laissé sur l'histoire d'Haïti la compilation la mieux préparée et la plus complète.

Entre les deux vient Thomas Madiou. Sachant communiquer la vie à ses héros et de la couleur à ses descriptions, il écrivait surtout avec une vivacité pleine d'entrain. Il y mettait son cœur. Avec plus de correction, une habileté plus profonde dans la narration des faits, où l'art de l'historien redonne la vie aux choses passées, il eût pu, quoique à distance respectueuse, suivre l'illustre Michelet dans ce genre dont le charme, fait de patriotisme ardent et de vigoureuse raison, exhalte l'esprit du lecteur et lui inspire je ne sais quel vague regret de n'avoir pu prendre une part dans les luttes dont l'historien fait la peinture émouvante.

Sans compter les nombreux mulâtres qui se sont distingués au barreau, tels que les Dupont, les Modé, les Camille Nau, les Archin, les Stewart, etc; les parlementaires éloquents, tels que les Hérard Dumesle, les David St. Preux, les Thoby et tant d'autres, on peut remarquer deux jurisconsultes qui, en travaillant constamment à régulariser la jurisprudence haïtienne, ont fait preuve des meilleures aptitudes, dans les différents travaux qu'ils ont embrassés. Linstant Pradines, qui avait fait son édu-

cation en France, s'est occupé, avec un esprit de suite bien
rare dans les pays jeunes, d'éditer et d'annoter les divers
Codes de la jeune république noire. En réunissant sous
chaque article tous les arrêts du tribunal de cassation
d'Haïti qui s'y rapportent, il a essayé d'en fixer le sens et
d'indiquer l'interprétation qu'on [doit y donner. Par ce
travail minutieux, il a évité à ceux qui plaident comme à
ceux qui doivent appliquer les lois, de nombreuses erreurs
auxquelles on serait fort souvent exposé. C'était d'autant
plus nécessaire qu'on ne peut toujours s'appuyer ici sur la
jurisprudence française, qui n'est pas toujours conforme à
la nôtre, vu les fréquentes différences de rédaction et même
de principes qui existent entre les deux législations.

Il est possible de lui reprocher certaine absence de méthode dans le classement des arrêts. Les bons en sont
confondus avec les mauvais, sans aucune critique, même
sans aucune observation. Parfois les arguments *pro* ou
contra que l'on peut tirer de ces arrêts sont tellement
amalgamés, qu'on est dans la plus grande perplexité pour
savoir quelle est la jurisprudence que l'auteur croit la
meilleure. Il est certain que la plus légère étude de l'ordre
et du raisonnement que les arrêtistes de France mettent
dans leur travail, suffirait pour corriger ces petits défauts.

A quoi devons-nous donc attribuer ces résultats? Est-ce
insuffisance de connaissances doctrinales? Est-ce une simple négligence ou plutôt est-ce l'effet de la précipitation?
Je pense qu'il faut s'arrêter à cette dernière cause; car il fallait à M. Pradines un travail pénible et de longue haleine,
pour la recherche de ses documents, et il était pressé d'en
publier les résultats. D'ailleurs il avait aussi embrassé
une tâche encore plus fatigante et ardue, celle de publier
un recueil général des *Lois et actes de la République
d'Haïti*. On comprend bien qu'avec les difficultés pratiques que présentent ces sortes de travaux, dans un pays

neuf, insuffisamment organisé, il ait laissé quelque chose
à désirer, sur un point ou sur un autre.

Mullery s'est réellement distingué dans ses différents
travaux d'un cadre beaucoup plus restreint que ceux de
Linstant Pradines, mais devenus classiques, indispensables à tous ceux qui s'occupent de droit en Haïti. Son
Catéchisme de la procédure est le *vade mecum* de tout
jeune avocat et une source précieuse de consultations pour
le juge ; son *Manuel de la justice de paix* est d'autant plus
utile que, l'organisation judiciaire d'Haïti n'étant pas exactement semblable à celle de la France, il y a foule de détails où l'on se confondrait souvent, sans un guide si sûr.

A part ces deux qui ont laissé des ouvrages estimés, il y
a nombre d'autres mulâtres, tels que les Lallemand,
les Grandville, les Bourjolly, etc., qui, pour n'avoir rien
écrit, ne méritent pas moins d'attirer l'attention par leur
grande capacité dans les questions de droit. Plusieurs
autres, tels que MM. Boyer Bazelais, Jean-Pierre Bazelais,
Mallebranche, étaient des licenciés en droit de la faculté
de Paris. M. Solon Ménos est docteur, MM. Camille Saint-
Remy et Emmanuel Léon, licenciés en droit de la même
faculté de Paris.

M. Boyer Bazelais était surtout un travailleur infatigable, très versé dans toutes les questions politiques et
internationales, ainsi que dans toutes les connaissances
que les Allemands réunissent sous la dénomination de
sciences camérales (1). Aussi peut-on dire que, transporté
dans un pays quelconque de l'Europe, il aurait pu se
mesurer, par ses connaissances spéciales, aux plus remarquables publicistes de notre époque.

_____

(1) Les sciences camérales (*Kameral Wissenschaften*) comprennent
toutes les sciences administratives, particulièrement l'économie
politique et les connaissances nécessaires pour diriger les finances
de l'Etat.

En Haïti, on trouve une vingtaine de mulâtres, docteurs en médecine de la Faculté de Paris. Ici, il y a tant de noms à citer qu'on ne saurait le faire sans excéder les bornes de cet ouvrage. Tous ont continué à faire des progrès dans les sciences médicales où tant de sens pratique et de sagacité intellectuelle sont réclamés en même temps.

Il faut surtout mentionner le Docteur Dehoux, sang-mêlé, il est vrai, réunissant les aptitudes du naturaliste et du savant à celles du médecin habile.

J'ai vu le Docteur Nemours Auguste, au Cap-Haïtien ou à Saint-Thomas, en présence des médecins étrangers les mieux réputés. Ses confrères ont toujours reconnu en lui la plus vive intelligence et une sûreté de vue supérieure soit dans le diagnostic, soit dans les indications thérapeutiques. Il tenait toujours le scalpel dans les opérations chirurgicales et plaçait souvent le dernier mot dans les grandes consultations.

Les poésies d'Ignace Nau, d'Abel Élie, de MM. Oswald Durand, Villevaleix, Arthur Simonis et tant d'autres mulâtres de talent, qu'il serait trop long d'énumérer ici, ont, à divers titres, une place distinguée dans la littérature exotique. MM. Justin Devost, Cadet Jérémie, L. Ethéart, Jules Auguste, etc., sont des prosateurs distingués, sachant tirer de la langue de Pascal et de Bossuet les plus merveilleux effets. En outre, M. Devost prépare sa licence à la Faculté de droit de Paris, et M. Ethéart est un financier.

Cette littérature haïtienne est tout imprégnée de l'esprit et des aspirations de la France. Oui, de l'autre côté de l'Atlantique, sous le ciel brûlant et clair des Antilles, au pays des palmiers sveltes et des gracieux bambous, le mulâtre, libre et fier, rivalise d'adresse avec le Français même. Il tire de sa langue, si belle mais si rebelle, toutes les harmonies qu'elle révèle à ceux qui savent la plier au gré

8

de leurs inspirations. Aussi est-il aujourd'hui bien reconnu que les hommes de couleur, malgré tout ce qu'on a pu dire de leur incapacité native, sont capables de toute sorte de culture intellectuelle !

Nous n'excepterons pas même les mathématiques, auxquelles on donne souvent une importance imméritée dans l'échelle des facultés intellectuelles. M. Pierre Éthéart, avec une vocation d'autant plus louable qu'il n'y trouve ni émulation, ni stimulation, cultive les sciences exactes d'une façon assez sérieuse et surtout avec assez de supériorité pour mériter le titre de mathématicien. Plusieurs autres, beaucoup plus jeunes que lui, par exemple, M. Miguel Boom, sont tout aussi bien disposés et travaillent constamment à augmenter leurs aptitudes, dans ces hautes sphères des mathématiques où les chiffres ont aussi leur poésie.

Quant à l'intelligence pratique des affaires, le mulâtre en est si bien doué qu'il réussit souvent à se faire une position tirée presque de rien. Le haut commerce haïtien compte une portion notable d'hommes de couleur qui, par une entente supérieure des spéculations commerciales, sont parvenus à se créer une situation des plus solides dans le monde de la finance.

En sortant de la République haïtienne, on trouverait aisément d'autres exemples, tout aussi éclatants, tels qu'un Gerville Réache, un Lacascade, un Frédérick Douglass, un Langston et tant d'autres mulâtres remarquables des États-Unis ou des diverses colonies. Mais j'ai voulu donner à mon argumentation un caractère particulier et systématique, en tirant d'une source unique tous les exemples à citer, de manière que la cause explicative du phénomène se dessine plus catégoriquement, aux yeux même des plus incrédules.

VII.

UNITÉ CONSTITUTIONNELLE DE L'ESPÈCE.

Arrivé au point où nous sommes, nous pouvons tenter une conclusion sans que l'on tende à croire que nous cédons à aucun mobile étranger à la science. Nous en avons fait constamment notre seul guide et nous n'avons aucun besoin ni aucun désir de nous en écarter. Mais comment faut-il répondre à la question : y a-t-il plusieurs espèces humaines ou une seule? Le monogénisme est-il l'expression complète de la vérité ? Est-ce plutôt le polygénisme qui nous la dévoile?

Tout fait croire qu'il n'y a qu'une seule *espèce* humaine, à ne considérer que la définition que la majeure partie des savants donnent de ce terme. Cependant, tout en admettant l'unité de l'espèce, nous écartons positivement la question distincte de l'unité d'origine, *adamique* ou non, faisant venir tous les hommes d'un couple unique. Ce fait semble tellement inconciliable avec la raison et même avec l'histoire de la planète que nous habitons, que l'on doit le reléguer hors de toute discussion.

Il importe donc de distinguer entre la doctrine unitaire et le monogénisme. La première est une déduction toute scientifique, tirée des qualités physiques et morales des diverses races humaines, dont les caractères ne présentent aucune différence spécifique. Elle ne conclut qu'en prouvant que les variétés anatomiques des divers groupes humains peuvent s'expliquer aisément par l'influence des milieux ambiants et d'autres facteurs que nous mentionnerons plus tard. La seconde est un article de foi tiré des traditions théologiques et dont toute l'autorité repose sur une croyance religieuse. Aussi n'aurait-on rien à reprocher aux polygénistes, si, en se renfermant dans le sens purement étymologique du mot qu'ils ont choisi pour désigner leur théorie, ils avaient seulement soutenu que tous les hommes ne tirent pas leur origine d'un seul père, ou d'un seul point de la terre, comme nous l'affirme la tradition biblique.

En toute discussion, la confusion provient toujours soit d'une mauvaise exposition des points à éclaircir, soit d'une application forcée ou fausse donnée à un mot mal défini. Ainsi, l'unité de l'espèce humaine est un fait clair et intelligible, pour tous ceux qui l'étudient au point de vue des sciences naturelles ; mais qu'on y applique le mot *monogénisme*, il survient subrepticement une notion arbitraire, indémontrable, dont l'adjonction affaiblit considérablement ce qu'il y a de vrai dans le fait primitif. Malheureusement, la majorité des défenseurs de la théorie unitaire se compose de naturalistes essentiellement attachés aux idées religieuses. Ils ne peuvent séparer les intérêts de la foi de ceux de la science ; et pour sauver les uns ils compromettent les autres.

« La différence d'origine, dit Broca, n'implique nullement l'idée de la subordination des races. Elle implique, au contraire, cette idée que chaque race d'hommes a pris naissance dans une région déterminée, qu'elle a été comme le couronnement de la faune de cette région (1)..... » J'adhère parfaitement à cette opinion, mais en ajoutant aussi que la différence d'origine n'implique nullement des différences spécifiques parmi les races humaines.

Rien ne prouve, en effet, que l'espèce humaine, tout en faisant son apparition sur plusieurs points du globe, ne s'est pas présentée partout avec une même constitution organique, manifestant l'*unité de plan* qui donne à chaque création son caractère typique. En étudiant les cinq zones

(1) Broca, *loco citato*, t. III, p. 566.

géographiques qui se partagent la surface de la terre, on trouve une multitude de points placés à intervalles divers, mais dont les conditions géologiques, athmosphériques et magnétiques sont pourtant identiques. Nous ne reviendrons pas sur les lignes isothères et isochymènes si capricieusement tracées par la nature. La coïncidence de certains phénomènes magnétiques sur des points éloignés et situés à différentes distances de la ligne équinoxiale est un fait saisissant. On ignore, il est vrai, si les courbes isocliniques et isodynamiques étaient déjà marquées et constantes durant les périodes antédiluviennes. Il y a même tout lieu d'en douter. Les hommes ne peuvent néanmoins s'orienter que sur l'étude des évolutions de la terre pour appuyer les hypothèses plus ou moins valables qu'ils formulent sur la constitution primitive de l'espèce.

En géologie, on remarque que des couches de terrains de diverse nature se coupent, s'interposent les unes entre les autres, sur toute l'étendue du globe. Tel dépôt sédimentaire de la période azoïque se trouve à la fois en Europe, en Afrique, en Asie, en Amérique et dans les grandes îles de l'Océanie. Il en est de même pour les époques paléozoïques, secondaires, tertiaires et quaternaires. De la formation triasique à la formation crétacée, de l'étage silurien à l'étage subapennin, la terre offre dans toutes les régions une structure variée ; les parties similaires sont répandues çà et là, par îlots plus ou moins espacés.

La paléontologie est venue faire la lumière sur tout ce désordre apparent, par l'étude des espèces fossiles, tant animales que végétales, épaves de plusieurs générations disparues dont elles attestent l'existence dans un passé immémorial. Les travaux des Brongniart, des Cuvier, des Blumenbach, des d'Orbigny, des Lyell, des Pictet, des Gaudry, toute une légion de savants ingénieux, ont fait de cette science une source d'informations lumineuses sur l'histoire de la vie à la surface de notre planète. Les 25,000 espèces d'animaux fossiles, découvertes jusqu'ici, ont des représentants disséminés dans toutes les parties du monde. Sans doute une foule d'entre elles sont encore considérées comme appartenant plus particulièrement à tel continent, ou telle zone; mais à mesure que l'on connaît mieux la terre, qui est loin d'être parfaitement étudiée, on voit qu'elle a eu partout le même genre d'activité et a produit partout des résultats semblables.

C'est par la ressemblance des différentes espèces fossiles répandues à profusion sur les divers endroits du globe que l'on a pu établir une chronologie rationnelle sur les différentes formations géologiques. Or, il est un fait remarquable, c'est que partout où l'on étudie la faune paléontologique, il se manifeste toujours une gradation sériale dans le type des animaux. Si des étages inférieurs on monte jusqu'au dilivium de l'époque quaternaire, on rencontre successivement des organisations de plus en plus élevées dans l'échelle zoologique, depuis les tribolites de la période paléozoïque jusqu'à l'homme dont l'apparition sur la terre couronne enfin l'œuvre de la création.

Si l'on suppose que l'*espèce* est la division naturelle par excellence, puisque tous les êtres animés y accomplissent leur cycle d'évolution, sans pouvoir en sortir; puisqu'elle fixe surtout les limites de la reproduction, à l'aide de laquelle ces êtres se perpétuent, il faut aussi supposer, par contre, que sa constitution sériaire correspond ·à une certaine évolution de la vie, à la surface de notre planète, et reste avec elle dans une dépendance directe qu'on pourrait logiquement considérer comme une relation de cause à effet. Cette évolution se réalisant en même temps ou successivement, sur des points multiples du globe, a pu produire chaque espèce avec une forme généralement semblable. Cette espèce une fois produite et constituée, les groupes d'individus qui la composent et la représentent dans l'univers, ont dû continuer à vivre dans les lieux respectifs où ils ont eu leur milieu d'origine.

Avec le temps et des circonstances spéciales, ces milieux d'abord absolument semblables, auront pu changer de conditions et se différencier. La modification des milieux ayant une influence positive sur les êtres qui les habitent, les individus d'une même espèce ont dû en subir des changements divers. Mais les groupes composants ayant, pour ainsi dire, un plan organique uniforme, n'auront souffert que de simples variations dans leurs formes, leurs couleurs ou leur physionomie.

Sous l'influence persistante des mêmes circonstances, une lutte curieuse aura eu lieu. Pendant que l'hérédité tendait à maintenir la physionomie générale et primitive de l'espèce, le principe non moins puissant de l'adaptation, confondue avec l'instinct de la conservation, devait tendre physiologiquement et psychologiquement à une caractérisation de plus en plus nette de la variété, avec ses aptitudes de résistance.

On peut aisément se figurer, qu'après une lutte mille fois séculaire, l'hérédité primitive, s'affaiblissant continuellement, laisse chaque groupe contracter des habitudes, des aspects et des formes suffisamment tranchées et fixées dans son existence, pour que ces qualités deviennent à leur tour une nouvelle hérédité que chaque variété transmettra à ses descendants. Ce sont des faits qui cadreraient tout naturellement avec ces belles lois de la sélection indiquée par Darwin, encore que la transformation se circonscrive ici dans le cercle de l'espèce une fois constituée.

Cette hypothèse est d'autant plus plausible que les modifications des milieux, qui ont dû opérer une si grande différenciation parmi les races humaines, sont dues à des différences climatologiques qui étaient beaucoup moins

sensibles aux époques géologiques qu'aujourd'hui. C'est
durant cette uniformité de température, qui n'a commencé
à disparaître rapidement qu'après la première période
glaciaire, que l'homme a fait son apparition sur la terre.
Jusqu'à la seconde période glaciaire, qui est contemporaine
de l'âge du renne, l'atmosphère était encore saturée d'une
quantité excessive de vapeur d'eau; les principales chaînes
de montagne n'avaient pas encore reçu leur complet développement, et les vallées n'étaient pas bien dessinées, par
suite des affaissements qui les ont formées. Notre espèce a
donc pu assister aux plus grands cataclysmes du globe.

Dispersée dans des régions fort opposées, d'où ses divers
groupes n'ont pu s'arracher qu'après avoir reçu un développement notable, il n'y a rien d'extraordinaire qu'elle
offre l'exemple des variétés que nous voyons dans les divers milieux et qui, en se perpétuant, sont devenues les
principales races de l'humanité. Mais le cachet de l'unité
spécifique reste fixé dans la constitution intime de ces
races si diverses. Quoi qu'on en dise, il n'y a entre les
hommes aucune différence zootaxique autre que les cheveux et la couleur. Ces deux particularités sont tellement
insignifiantes que les noirs Indiens ont parfois les cheveux
plus beaux que les Russes qui sont blancs. Et rien ne dit
que si l'on pouvait établir une expérience, suivie pendant
vingt générations, dans le but systématique de rompre
l'influence ethnologique, on n'arriverait pas à une transformation des plus curieuses, tant sous le rapport de la
couleur que sous celui des cheveux de chaque race humaine. Une expérience de cinq à six cents ans! C'est bien
long déjà; mais qu'est cela, à côté des centaines de mille
ans qui forment la durée probable de la vie de l'espèce
humaine sur la terre?

Mais il est temps de revenir à la réalité. Notre hypothèse, quoique pas absolument neuve, paraîtra bien hardie.

On ne l'a jamais présentée dans cette forme, que nous sachions. La raison en est bien simple. Ceux qui auraient intérêt à la présenter telle, afin de concilier la théorie de l'unité de l'espèce humaine avec le fait existant des variétés, qui semblent constituées depuis un temps immémorial, n'acceptent pas l'origine autochthone des grandes races humaines. Ceux qui admettent cette pluralité d'origines n'admettent pas l'unité de l'espèce. Involontairement ou non, ceux-ci se laissent encore influencer par la définition de l'espèce, considérée comme l'ensemble des individus issus d'*un couple* ou d'*un groupe* primitif. C'est une définition monogénique, à laquelle ils ne songent peut-être pas. Mais l'esprit de l'homme est-il fait autrement?

Les centres de création imaginés par Agassiz se rapprochent peut-être de ce que j'ai supposé comme une explication raisonnable de la pluralité d'origines des groupes humains, s'adaptant à une espèce unique. Mais dans la théorie du célèbre naturaliste suisse, les races humaines sont censées apparaître, *ab ovo*, avec toutes les différences que nous leur voyons aujourd'hui. Elles constitueraient donc autant de créations formellement distinctes et pourraient être regardées comme de vraies espèces, n'ayant jamais rien eu de commun, essentiellement inconvertibles.

Pour en donner une explication rationnelle, il faudrait recommencer à chercher les différentes époques de leurs créations successives, rapportées alors à des phases différentes de l'évolution de la vie planétaire. Il faudrait remettre en question le problème qui consiste à savoir si les noirs ont précédé les blancs, si c'est le contraire, ou si la *protogenèse* des jaunes n'expliquerait pas mieux, par la déviation divergente du type primitif, la diversité des races actuelles. Toutes ces grosses questions soulèvent autant de controverses que celle même de l'unité d'origine. A part ce côté purement spéculatif, la délimitation des centres

respectifs de création paraît impossible. Elle est au moins
tellement difficile, avec les études complexes qu'elle re-
quiert, que, malgré la grande intelligence d'Agassiz, il n'a
pu la tracer d'une main assez sûre pour défier la critique
la moins sévère.

Certainement, tout ce qui pourra être écrit ou dit sur la
constitution et la nature de l'*espèce* n'aura jamais qu'un
caractère conjectural et hypothétique. Nous ignorerons
peut-être éternellement le vrai fond des choses, *interiora
rerum*. S'il est beau de voir l'intelligence humaine s'élever
aux plus grandes conceptions, projeter de brillants éclairs
sur la sombre histoire des époques écoulées, en essayant
de soulever le voile qui couvre les secrets de la nature,
tel il cachait l'Isis antique, il n'est pas moins raisonnable
de reconnaître la fréquente impuissance de ces nobles
efforts. Parvenu sur les grandes hauteurs de la science, on
se sent environné d'une atmosphère de doute et de découragement qui anéantirait l'esprit humain, s'il pouvait jamais
s'anéantir. Mais l'homme du XIXᵉ siècle, a dit admirablement M. Taine, est un cerveau ambitieux. Plus il sait,
plus il veut savoir. Il faut bien espérer que cette soif ardente de science, de lumière et de vérité, aboutira à des
résultats grandioses. D'ici là, on est obligé d'être circonspect et d'attendre !

Citons pourtant les paroles suivantes de Guillaume de
Humboldt. Encore que ce soit à un autre point de vue, le
savant philologue arrive à la même conclusion que nous
sur l'unité de l'espèce humaine. « Nous ne connaissons
ni historiquement, ni par aucune tradition certaine, un
moment où l'espèce humaine n'ait pas été séparée en
groupes de peuples. Si cet état de choses a existé dès l'origine ou s'il s'est produit plus tard, c'est ce qu'on ne saurait décider par l'histoire. Des légendes isolées se retrou-
vant sur des points très-divers du globe, sans communi-

cation apparente, sont en contradiction avec la première hypothèse et font descendre le genre humain tout entier d'un couple unique. Cette tradition est si répandue qu'on l'a quelquefois regardée comme un antique souvenir des hommes. Mais cette circonstance même prouverait plutôt qu'il n'y a là aucun fondement vraiment historique èt que c'est tout simplement « l'identité de la conception humaine » qui, partout, a conduit les hommes à une explication semblable d'un phénomène identique (1). »

Il faut résumer les conséquences qui ressortent naturellement de toutes les discussions et les développements précédents. L'espèce humaine, unique par sa constitution primitive, et suivant l'identité organique qui signale en elle un seul et même plan de formation, a apparu sur les divers points de la terre avec des conditions absolument semblables, à un certain moment de l'évolution de la vie sur notre planète. Mais elle a dû se différencier en peuples ou races diverses, dès que les phénomènes climatologiques ont commencé à exercer une influence marquée sur les différents milieux par les inégalités d'action que nous leur connaissons actuellement. L'homme des temps primitifs, première ébauche de l'espèce, produit informe d'une évolution animale supérieure, si on regarde en arrière toute l'échelle zoologique qui va de lui au protozoaire, mais bien inférieure à celle qu'il a réalisée plus tard, dût ressembler bien peu aux hommes les mieux développés de l'époque contemporaine. Tant par la physionomie que par l'intelligence, il était, sans nul doute, pire que le plus pur sauvage. C'était une créature bestiale.

Il lui a fallu opérer des évolutions multiples avant de parvenir à ces formes attrayantes et belles qui en font non seulement l'être le plus élevé de la création, mais encore

(1) Guill. de Humboldt, *Ueber die Kavi Sprache auf der Insel Java.*

le plus beau produit de la nature. Quelles que soient, pourtant, les transformations que les groupes aient subies sous des influences diverses, ils gardent tous l'empreinte primordiale, constitutionnelle de l'espèce, avec cette *identité de la conception humaine* qui en est la traduction intellectuelle et morale. « L'unité de l'intelligence est la dernière et définitive preuve de l'UNITÉ HUMAINE, a écrit Flourens (1). »

Conclure à l'unité de l'espèce, c'est donc, par une large compréhension de l'esprit, dominer toutes les fausses suggestions que la diversité des races humaines pourrait produire à l'intelligence, pour ne voir que le caractère essentiel qui fait de tous les hommes une réunion d'êtres capables de se comprendre, de confondre leurs destinées dans une destinée commune. Cette destinée est la civilisation, c'est-à-dire le plus haut perfectionnement physique, moral et intellectuel de l'espèce. Jamais une source de sentiments fraternels ne sera plus vive et plus salutaire entre les races et les peuples que l'idée ainsi comprise de l'unité de l'espèce humaine.

C'est la conviction intime, innée de cette unité qui rend l'homme sacré à l'homme, sans qu'on soit obligé de recourir à des notions de morale spéculative, vagues, irrégulières, incohérentes, changeant de critérium, selon les temps et les milieux. Nous la tenons provisoirement comme une de ces vérités primordiales, qui servent de postulat à tous les principes sociaux. C'est elle qui doit leur imprimer cette haute direction dont l'influence tend visiblement à aplanir toutes les compétitions nationales, toutes les luttes intestines.

Mais suffit-il de reconnaître l'unité de l'espèce pour que soit résolu, directement ou indirectement, le problème

---

(1) *Eloge historique de Tiedemann.*

tout aussi controversé de la constitution des races humaines et de leurs aptitudes respectives. Oui, si l'on voulait rester sur les hauteurs philosophiques où se placent les deux Humboldt, les Flourens, les César Cantu et tant d'autres noms qui honorent la science et l'humanité entière; mais non pour la majeure partie des savants. Là, au contraire, il se soulève des questions autrement brûlantes, des controverses autrement passionnées.

Voyons donc ce que c'est que la race. Voyons s'il est possible de démontrer ce qui en fait un groupe distinct, ayant une délimitation naturelle et constitutive, qui le sépare des autres groupes et lui donne un caractère tellement spécial qu'on peut l'étudier à part, sans le confondre jamais, sous aucun rapport, avec une autre collection d'individus de la même espèce.

CHAPITRE IV.

—

Bases de classification des races humaines.

> En matière anthropologique, la mensuration du
> crâne est assez attaquée; la mécanique anthropolo-
> gique est également attaquée et la géométrie descrip-
> tive anthropologique n'a pas toute l'exactitude qu'il
> faudrait.
> Ainsi armée, l'anthropologie est-elle arrivée à dé-
> gager les aptitudes morales des races ? Il ne me
> parait pas qu'elle en ait dégagé les aspects cranio-
> logiques.   (Léon CAHUN).

D'après les naturalistes les plus compétents en botanique et en zoologie, on reconnaît sous le nom de *races* les
variétés d'une espèce donnée, lorsque ces variétés se sont
fixées par la reproduction avec des particularités d'abord
indécises ou individuelles, mais qui ont fini par devenir
constantes et transmissibles par l'hérédité, sans déroger
aux lois générales de l'espèce.

Lorsque la science anthropologique fut constituée, cette
définition de la race était déjà toute faite; ne pouvant
trouver mieux, les anthropologistes l'acceptèrent telle
qu'elle était. Rien de plus sage. Il est inutile de revenir
sur les différents essais de classification dont nous avons
déjà passé en revue les plus remarquables. Les systèmes
abondent. On y rencontre tant de contradictions, tant de
divergences d'opinions dans les principes zootaxiques
adoptés par les divers auteurs, qu'on a droit de se demander si cette science anthropologique à laquelle nous avons
reconnu une importance si haute, un but si élevé, ne serait pas plutôt un simple amalgame de conceptions confuses, où chacun peut s'exercer sans être astreint à aucune
règle fixe, aucune méthode rationnelle ! En effet, une

science dont les interprètes les plus autorisés s'entendent si peu sur les bases fondamentales qui doivent en être établies, avant d'y formuler aucune déduction théorique, ne saura jamais s'entourer du prestige nécessaire pour commander aux esprits et soumettre les doutes de l'intelligence.

Cette confusion des idées engendre ou tolère une terminologie imparfaite dont l'insuffisance n'a pas échappé aux savants consciencieux. « Les termes techniques les plus importants de la science de l'homme, dit M. de Rosny, sont au nombre de ceux sur lesquels reposent les plus regrettables malentendus. Si l'idée de l'*espèce* en apparence si rigoureuse en zoologie, a pu être contestée, presque ébranlée par la doctrine du transformisme, l'idée de *race*, déjà moins claire, moins précise quand il s'agit des animaux, devient obscure, vague, trompeuse, parfois même fantaisiste, quand elle est appliquée à l'homme (1). » Ces expressions paraissent bien rudes et sont de nature à diminuer l'orgueil de bien des savants; mais elles ne sont pas moins vraies, pas moins caractéristiques.

D'où vient alors ce vague, cette obscurité qui pénètre l'esprit de ceux qui s'occupent d'étudier les races humaines et de les classer? Les difficultés sont-elles inhérentes à la science même ou bien sont-elles le résultat des systèmes préconçus, voulant tirer des faits naturels la confirmation de certaines doctrines enfantées par le préjugé? Les deux cas existent. D'une part la science anthropologique manque jusqu'ici de principes certains; de l'autre, l'esprit de système en profite pour construire les théories les plus extravagantes et en tirer des conclusions aussi vaines que prétentieuses.

Mais avant d'accuser la science ou les savants qui en font l'interprétation, ne convient-il pas d'examiner les

---

(1) *Compte-rendu du Congrès international des sciences ethnographiques tenu à Paris en* 1878, p. 750.

bases sur lesquelles on s'appuie pour établir les classifications, ainsi que les doctrines anthropologiques qu'on en fait découler d'une façon plus ou moins logique? Ne faut-il pas mettre sous les regards du lecteur tous les éléments qui doivent l'aider à motiver son jugement ? Pour cela, une foule de faits dont j'ai intentionnellement circonscrit la discussion sur des points spéciaux, lorsqu'il s'est agi de réfuter la théorie de la pluralité des espèces humaines, vont de nouveau se présenter à notre examen. Le plus souvent, il n'y a de changé que le nom ou l'étiquette entre les arguments polygénistes, divisant le groupe humain en plusieurs espèces, et ceux des monogénistes qui admettent plusieurs races dans une seule espèce. Peut-être paraîtra-t-il fastidieux de revenir toujours sur les mêmes questions, les tournant et retournant sans cesse, sans qu'on paraisse avancer d'un pas dans l'étrange besogne. Pareil à Sisyphe condamné à rouler éternellement son titanique rocher, on semble se livrer à un labeur pénible, ingrat et décourageant, sans pouvoir jamais atteindre aux sommets de la vérité. Mais ce fait même concourt admirablement à prouver une chose, c'est que l'échafaudage sur lequel on s'est placé pour proclamer la distinction radicale et l'inégalité des races humaines, est sans fondement solide. Aucune loi naturelle ne lui sert d'étai.

« Que l'on suive la classification de mon maître Blumenbach en cinq races (Caucasique, Mongolique, Américaine, Ethiopique et Malaise) ou bien qu'avec Prichard, on reconnaisse sept races (Iranienne, Touranienne, Américaine, des Hottentots et Boschimans, des Nègres, des Papous et des Alfourous), il n'en est pas moins vrai qu'aucune différence radicale et typique, aucun principe de division naturelle et rigoureuse ne régit de tels groupes (1). »

---

(1) A. de Humboldt, *Kosmos*, t. I, p. 427.

Ces paroles de Humboldt sont d'une autorité décisive. Jamais une intelligence mieux organisée ne s'est rencontrée dans les annales de la science; et jamais savant ne fut plus spécialement compétent pour se prononcer dans une pareille question. A part ces connaissances profondes, universelles; à part cette pénétration supérieure qui a fait de lui le plus illustre investigateur des temps modernes, le grand Humboldt avait parcouru la plus grande partie de la terre, vu les hommes de toutes les races et sous toutes les latitudes, comparé les types les plus divers. Qui aurait le droit de se supposer plus apte que celui-là à discerner la vérité sur la valeur réelle des divisions ethnologiques? Qui peut offrir autant de garantie pour contrôler ses premières impressions par toutes les lumières d'un savoir infiniment varié? Personne. C'est donc sous l'impression des paroles du savant cosmologue, avec la réserve rationnelle qu'elles nous imposent, que nous allons examiner les principales bases de classification que les anthropologistes ont imaginées pour diviser et étudier les races humaines. C'est d'ordinaire la charpente osseuse, la couleur, les langues qui en sont les éléments essentiels.

I.

COMPARAISONS CRANIOLOGIQUES.

Il faut commencer par la craniologie. On sait que ce nom fut créé par le célèbre docteur Gall pour désigner la doctrine physiologique par laquelle il croyait prouver que l'on peut découvrir toutes les facultés affectives, morales ou intellectives d'un homme, rien qu'en étudiant les protubérances de la boîte cranienne appelées vulgairement *bosses*. Quelles que soient les analogies que l'on puisse trouver entre cette doctrine et les opérations pratiques auxquelles se livrent les anthropologistes, dans l'étude des crânes, il y a une différence notoire et qu'il faut certainement reconnaître entre les deux catégories d'investigation.

Gall et son intelligent disciple, Spurzheim, en étudiant le crâne humain, ne recherchaient aucunement les caractères ethnologiques qui séparent tel groupe d'hommes des autres groupes plus ou moins divergents. Ils considéraient toutes les races comme douées des mêmes facultés et ne s'occupaient que des différences individuelles. C'était une espèce de philosophie empirique, où les diverses manifestations de l'esprit étaient censées s'observer matériellement, par les empreintes qu'elles laissent sur les parties distinctes du crâne, considérées comme leurs sièges respectifs. Spurzheim, comprenant que la science devait être désignée plutôt par son but que par le moyen employé pour y parvenir, changea le nom de la fameuse doctrine qui, au lieu de craniologie ou cranioscopie, se nomme plus spécialement phrénologie.

Les anthropologistes, en étudiant la forme et le volume du crâne, cherchent surtout à découvrir les différences qui existent entre les races humaines, après avoir assigné arbitrairement à chaque race une certaine forme ou une certaine capacité craniennes spéciales. Plus tard, il est vrai, on s'appuiera sur ces mêmes spécialisations pour proclamer que telle race est inférieure ou supérieure à telle autre ; mais cette conclusion, sans avoir plus de poids que celle des phrénologistes, ne sera pas moins revêtue d'un semblant scientifique. Tous ceux qui n'auront pas fait de ces questions une étude approfondie, seront tentés de croire que des inductions tirées d'une méthode aussi compliquée, aussi savante que celle des anthropologistes, ne sauraient être que l'expression de la vérité. Aussi est-il bon d'en examiner le mérite.

La première application de la craniologie à l'étude des races humaines a été faite par le naturaliste Daubenton. Après lui vinrent Camper, Blumenbach et Sœmmering. Nous parlerons tout d'abord du procédé de Blumenbach, conservé dans la science sous le nom de méthode de la *norma verticalis*.

Pour étudier les crânes suivant cette méthode fort ingénieuse, on les range à ses pieds sur une surface plane et horizontale, en les faisant reposer sur la mâchoire inférieure, de manière que les arcades zigomatiques se trouvent sur une même ligne. En les regardant de haut en bas, on considère successivement la longueur de la voûte cranienne, sa largeur ou son étroitesse relative, la saillie du front, enfin la forme générale de la boîte osseuse. Selon que les os malaires dépassent plus ou moins la ligne verticale prolongée du bord latéral du crâne au plan de la base, l'anthropologiste classe ce crâne parmi les races noires ou dans les races jaunes ou blanches. On a nommé plus tard *cryptoziges* les crânes dont les arcades zigomatiques, considérées d'après cette méthode, sont cachées par la projection relative des tempes et *phénoziges*, ceux dont ces arcades sont visibles dans les mêmes conditions. Il est inutile de mentionner toutes les discussions qui ont eu lieu pour la fixation du plan dans lequel le crâne se trouve réellement placé sur sa base.

« Cet aspect de la tête, qu'on me permettra de nommer *norma verticalis*, dit le grand naturaliste de Gœttingue, permet de saisir d'ensemble et nettement les principaux traits caractéristiques des crânes des différentes races, tant ceux qui dépendent de la direction des mâchoires et de celle des os malaires, que ceux qui ressortent de la largeur ou de l'étroitesse de la voûte cranienne, de l'aplatissement ou de la saillie du front. »

En comparant, suivant cette méthode, des têtes éthio-

piques, mongoliques et caucasiques, il croyait faire les
remarques suivantes :

— Le crâne de la race éthiopique, étroit et déprimé aux
tempes, montrerait à découvert les arcades zigomatiques ;
le front en serait assez saillant, mais dépassé par la proé-
minence des os malaires et la projection de l'arcade dentaire supérieure, à partir de la racine du nez. — Chez le
Mongol, le crâne serait un peu moins étroit que chez
l'homme noir et aplati au-dessus des orbites ; les arcades
zigomatiques très écartées, l'arcade dentaire moins projetée en avant, mais plus large. — Pour le Caucasien, la
voûte cranienne serait généralement élargie, le front large
aussi présenterait une courbe très proéminente, les pom-
mettes et les arcades seraient dissimulées par les tempes,
enfin le bord alvéolaire de la mâchoire supérieure serait à
peine visible.

On a aussi nommé *prognathe*, la face projetée en avant
du Noir ainsi caractérisé ; *eurignathe*, la face élargie du
Mongol et *orthognathe*, la face droite et régulière du
Caucasien.

Cette méthode, qui est d'une application très facile,
permet d'éudier un crâne sans aucun instrument et
sans qu'on soit astreint à aucun calcul. Il suffit de la
justesse du coup d'œil. Aussi les anthropologistes, qui
ont l'ambition de faire de leur science une citadelle hé-
rissée de défenses inaccessibles aux profanes, en font-
ils peu de cas. Sans doute, le résultat auquel on parvient
en l'employant n'a aucune importance doctrinale et rigoureuse dans l'étude des divers types de l'humanité,
mais les autres procédés, malgré leurs difficultés exagérées et leur appareil imposant, offrent-ils rien de meilleur?
Les inventeurs mêmes de tous ces procédés dont on parle
si haut, après des dissertations interminables, ne finissent-
ils pas toujours par en reconnaître l'inanité ou l'insuffi-

sance? Mais telle est leur logique, qu'après avoir reconnu
que cinq procédés, appliqués l'un après l'autre, ne donnent que des résultats contradictoires, non-seulement
dans un même groupe, mais le plus souvent sur le même
individu, ils affirment néanmoins que c'est de l'ensemble
de ces mêmes procédés que doit sortir la vérité que l'on
cherche.

Citons encore une autre méthode beaucoup plus répandue que celle de Blumenbach. C'est l'*angle facial* de
Camper. « Le caractère sur lequel repose la distinction des
nations, dit l'auteur, peut être rendu sensible aux yeux, au
moyen de deux lignes droites, l'une menée du conduit auditif à la base du nez, l'autre tangente, en haut, à la racine
du front et, en bas, à la partie la plus proéminente de la
mâchoire supérieure. L'angle qui résulte de la rencontre
de ces deux lignes, la tête étant vue de profil, constitue,
on peut dire, le caractère distinctif des crânes, non seulement quand on compare entre elles plusieurs espèces d'a-
nimaux, mais aussi quand on considère les diverses races
humaines. »

Par cette méthode, Camper croyait pouvoir conclure que
la tête du Noir africain, ainsi que celle du Kalmouk, présente un angle de 70 degrés, tandis que celle de l'Européen en offre un de 80. « C'est de cette différence de
dix degrés, dit-il, que dépend la beauté plus grande de
l'Européen, ce qu'on peut appeler sa beauté comparative;
quant à cette beauté absolue qui nous frappe à un si haut
degré dans quelques œuvres de la statuaire antique
(comme dans la tête de l'Apollon et dans la Méduse de
Soriclès) elle résulte d'une ouverture encore plus grande
de l'angle qui, dans ce cas, atteint jusqu'à 100 degrés. »

On a émis diverses opinions sur ce procédé comme sur
celui de Blumenbach. Des modifications de détails y ont
été appliquées par Owen, Bérard, Jacquart, M. Topinard

et beaucoup d'autres savants qu'on peut se dispenser de nommer.

Pour compléter la liste des méthodes dont la vulgarisation est très étendue, il faut encore mentionner la théorie de Retzius, qui divisait les races en *dolichocéphales* et *brachycéphales*, selon la longueur relative du diamètre antéro-postérieur de leurs crânes comparée à celle du diamètre transversal. Le diamètre longitudinal se mesure d'ordinaire en droite ligne, de la saillie de la *glabelle* au point le plus reculé de l'écaille occipitale ; le diamètre transversal coupe perpendiculairement cette ligne à l'endroit de la plus grande largeur du crâne, quel que soit le point où il tombe, pourvu qu'on ne descende pas jusqu'à la saillie sus-mastoïdienne, développée parfois avec exagération dans certaines races, telles que les Esthoniens.

La division dichotomique de Retzius fut trouvée insuffisante pour la classification de toutes les races humaines. Thurnam (1), Welcker (2), Huxley (3) et Broca (4) l'ont tour à tour remaniée. Ce dernier en a tiré cinq divisions, à savoir : la *brachicéphalie*, la *sous-brachycéphalie*, la *mésaticéphalie*, la *sous-dolichocéphalie* et la *dolichocéphalie*. La longueur du diamètre transversal, multipliée par 100 et divisée par le diamètre longitudinal, donne ce qu'on est convenu d'appeler l'*indice céphalique*. Soit un crâne dont le diamètre antéro-postérieur serait au diamètre transversal comme 9 est à 7, son indice céphalique (7 × 100 : 9) serait de 77,77.

Après ces mesures, dont la base est purement géométrique, il faut mentionner la jauge ou le cubage des crânes. Sur l'affirmation de Sœmmering, déclarant que le crâne

(1) *Mémoirs read before the anthropological Society of London.*
(2) *Ueber Wachstum und Bau des menschlichen Shœdels.*
(3) *Prehistoric remains of Caithness.*
(4) *Mémoires d'anthr.*, t. IV, p. 229.

du blanc était plus grand que celui du noir, Saumarez suivant Broca (1), essaya le premier de jauger les crânes en
les remplissant d'eau. Ce premier moyen fut considéré
comme incorrect. W. Hamilton essaya le jaugeage par le
sable fin, sec et homogène. Tiedemann y substitua le mil;
enfin, on y a employé les grains de moutarde blanche, le
mercure, le plomb de chasse, la graine de lin, etc.

Pas plus que les mesures angulaires, l'opération du jaugeage n'offre de résultat sérieux. « Faites cuber le même
crâne suivant le même procédé par deux personnes successives, dit Broca, et vous pouvez obtenir ainsi des différences
de plus de 50 centimètres cubes. Enfin ce qui est pis encore,
faites cuber plusieurs fois de suite le même crâne par la
même personne et vous pourrez encore obtenir des différences presque aussi grandes que dans le cas précédent (2). »

Il n'est pas nécessaire de continuer l'exposition théorique
des différents procédés craniométriques employés simultanément ou isolément dans les investigations anthropologiques. Il faudrait pour cela entrer dans des détails que ne
comporte pas le caractère de cet ouvrage. Il suffit de savoir
que les méthodes adoptées comme les meilleures par les
uns sont discutées et souvent repoussées par les autres,
soit dans leur portée scientifique, soit dans les applications
qui en sont faites. Chacun trouve des arguments tout aussi
valables et pour l'attaque et pour la défense. L'école anthropologique allemande n'est pas toujours d'accord avec
l'école française ou américaine. Les partisans d'une même
école sont encore moins disposés à s'entendre.

Nous n'avons jusqu'ici parlé, en fait d'essais anthropométriques, que de la craniométrie, parce que c'est l'étude
qui défraye la meilleure partie de toutes les discussions;

(1) *Mém. d'anthr.*, t. IV, p. 8.
(2) *Ibidem*, p. 5.

mais il y en a beaucoup d'autres à mentionner. On a aussi
cherché des différences dans la conformation du bassin,
lequel serait non seulement de forme distincte entre les
hommes et les femmes d'une même race, comme l'a catégoriquement reconnu l'anatomie comparative des deux
sexes, mais aussi entre les femmes de races diverses, présentant dans chaque race une configuration particulière.
Nous verrons jusqu'à quel point la pelvimétrie confirme
une telle opinion, et si les cas examinés offrent cette régularité de disposition qui pourrait seule leur communiquer
un caractère scientifique. Quant aux autres questions que
soulève l'ostéométrie comparée des races humaines, telle
que la longueur relative des membres supérieurs, l'aplatissement des pieds, l'*opposabilité* plus ou moins grande
du gros orteil, la platycnémie et mille autres détails anatomiques que peut suggérer la fantaisie, dans le but de
mieux signaler les diversités caractéristiques des races, ils
n'ont aucune valeur propre à y attirer l'attention.

Mais voyons quelques chiffres, où sont condensés les
résultats de divers essais de craniométrie. Nous commence-
rons par le cubage, en copiant les tableaux suivants tirés
de l'*Anthropologie* du professeur Topinard. Ils tendent
à désigner la capacité comparative de l'endocrâne dans les
différentes races humaines. Les chiffres placés à gauche
indiquent le nombre de crânes dont on a tiré la capacité
moyenne ; quant aux deux rangées de chiffres à droite,
elles portent leurs étiquettes et représentent des centimètres cubes.

	Hommes	Femmes
88 Auvergnats	1598cc	1445cc
69 Bretons-Gallots	1599	1426
63 Bas-Bretons	1564	1366
124 Parisiens contemporains	1558	1337

18 Caverne de l'Homme-Mort........	1606^{cc}	1507^{cc}
20 Guanches......................	1557	1353
60 Basques espagnols..............	1574	1356
28 Corses.........................	1552	1367
84 Mérovingiens	1504	1361
22 Chinois.........................	1518	1383
12 Esquimaux......................	1539	1428
54 Néo-Calédoniens....	1460	1330
85 Nègres de l'Afrique occidentale.. .	1430	1251
7 Tasmaniens.	1452	1201
18 Australiens.	1347	1181
21 Nubiens.	1329	1298

Ces chiffres cités par M. Topinard ont été empruntés aux *Mémoires d'Anthropologie* de Broca, qui les a obtenus en jaugeant les crânes avec du plomb de chasse.

L'américain Morton, opérant avec la même matière, est arrivé aux résultats suivants, sans établir la distinction des sexes.

38 Européens	1534^{cc}
18 Mongols.	1421
79 Nègres d'Afrique	1364
10 Nègres d'Océanie	1234
152 Péruviens	1339
25 Mexicains.	1339
164 Américains autres.	1234

M. Barnard Davis verse dans le crâne qu'il a préalablement pesé vide, du sable fin bien desséché et il pèse de nouveau. Voici ses résultats, après la conversion faite de l'*once avoir du poids* anglais en centimètres cubes français :

146 Anciens Bretons	1524^{cc}
36 Anglo-Saxons	1412
39 Saxons..	1488

31	Irlandais	1472[cc]
18	Suédois	1500
23	Néerlandais	1496
9	Lapons	1440
21	Chinois	1452
116	Kanakes	1470
27	Iles Marquises	1452
7	Maoris	1446
12	Nègres Dahomey	1452
9	Néo-Hébrides	1432
15	Australiens	1295

En examinant ces différents tableaux, un fait positif se laisse tout d'abord remarquer, c'est l'irrégularité des résultats et l'incertitude où se trouve l'esprit quand il faut juger de leur valeur relative. Nous avons déjà cité des paroles bien graves de Broca, sur l'inexactitude propre des procédés du cubage ; mais tous ceux qui ont lu ses *Mémoires* savent combien il s'ingéniait à trouver des raisons pour justifier la science dont il était devenu l'interprète le plus autorisé, à force de travail et de constante vocation. Cependant, quoi qu'en ait pu dire l'illustre savant, on ne pourra jamais condescendre à ses opinions, au point de croire que de tous les anthropologistes lui seul ne se trompait pas. Si on observe bien ses chiffres, on remarque, du premier coup d'œil, qu'il a voulu ramener le cubage des crânes à l'établissement d'une preuve cherchée partout, afin de confirmer l'existence d'une distinction sérielle et hiérarchique entre les races humaines. En effet, on ne voit aucune des moyennes tirées des peuples européens au-dessous des races mongoliques ou éthiopiques. Il est vrai que les 84 Mérovingiens de la liste donnent une moyenne inférieure aux 22 Chinois et aux 12 Esquinaux ; mais cette seule exception est justement celle qui peut s'expliquer par des causes dont l'illustre professeur avait positivement établi la valeur.

On peut toutefois observer que Broca trouve dans le groupe australien un cubage supérieur à celui du groupe nubien. Ce fait est en contradiction flagrante avec l'opinion de tous les anthropologistes qui, à tort ou à raison, assurent que le Nubien est le type le plus élevé de la race noire et l'Australien le plus mal doué des hommes. Les Auvergnats sont aussi au-dessus des Parisiens. Mais c'est là un mince détail, puisque la limite des races est sauvegardée!

Quant au tableau tiré des moyennes de Morton, on sait ce qu'il faut en penser. L'esprit suivant lequel tous les savants de l'école américaine, sauf de rares exceptions, considéraient l'anthropologie, rend toutes leurs affirmations suspectes. Ils n'y voyaient qu'un moyen de légitimer le système de l'esclavage. Or, ce système s'expliquerait assez bien si l'on parvenait à prouver que les hommes sont d'espèces différentes et, de plus, inégaux.

La liste de M. Barnard Davis, faite sans esprit de système, laisse voir les faits tels que le hasard les présente. Le groupe des Chinois, celui des nègres Dahomey et les habitants des Iles Marquises, surpassent le groupe des Anglo-Saxons, et sont surpassés par les Kanakes. Là, on ne rencontre assurément aucun caractère fixe, pouvant conduire à une classification exacte, mais rien non plus qui dévoile une combinaison systématique.

L'indice céphalo-orbitaire, obtenu par M. Mantegazza par le cubage au mercure, ne donne aucune base de classification. En voici le tableau restreint donné par le savant professeur d'anthropologie à l'École des hautes études de Paris.

20 Italiens 27.73

2 Australiens.	25.61
3 Néo-Zélandais	32.49
6 Nègres.	27.19

Ainsi les Italiens seraient bien rapprochés des Nègres, l'Australien tiendrait un bout et le Néo-Zélandais l'autre. Ce résultat renverse non seulement l'ordre des groupes ethnologiques, mais encore toute idée de hiérarchie entre les races humaines.

Il faut pourtant voir si l'*indice céphalique*, dont on parle tant, nous offrira une base plus solide. Voici le tableau qu'en donne Broca (1).

1° *Dolichocéphales vrais.*

15 Esquimaux du Groënland	71.40
54 Néo-Calédoniens.	71.78
17 Australiens.	71.93
18 Hottentots et Boschimans	72.42
8 Cafres	72.54
15 Bengalais	73.30
85 Nègres d'Afrique occidentale.	73.40
6 Français. Époque de la pierre taillée, (3 du Cro-Magnon, 3 du diluvium de Paris).	73.34
19 Français méridionaux. Époque de la pierre polie (Caverne de l'Homme-Mort, Lozère).	73.22
22 Nubiens de l'ile d'Éléphantine.	73.72
15 Arabes.	74.06
11 Kabyles	74.63

2° *Sous-dolichocéphales.*

54 Français septentrionaux. Époque de la pierre polie	75.01

---

(1) Broca, *Mémoires d'Anthrop.*, t. IV, p. 269-270.

10	Papous	75.07
3	Bohémiens de Roumanie	75.28
28	Corses d'Avapessa (XVIIIᵉ siècle)	75.35
20	Guanches	75.53
81	Anciens Egyptiens	75.58
32	Polynésiens	75.68
9	Tasmaniens	76.01
6	Slaves du Danube	76.18
81	Français (Mérovingiens)	76.36
12	Egyptiens modernes (Coptes)	76.39
21	Chinois	76.69
11	Malgaches	76.89
15	Français (Gaulois de l'âge de fer)	76.93
60	Basques espagnols (Zaraus)	77.62

3º *Mésaticéphales.*

25	Mexicains (non déformés)	78.12
5	Roumains	78.31
22	Gallo-Romains	78.55
53	Normands du XVIIIᵉ siècle (ossuaire de Saint-Arnould, Calvados)	78.77
125	Parisiens du XIXᵉ siècle	79.00
125	— XIIᵉ —	79.18
117	— XVIᵉ —	79.56
16	France septentrionale. Age du bronze (Orouy)	79.50
27	Malais (autres que les Javanais)	79.02
27	Amérique méridionale (non déformés)	79.16
36	— septentrionale (non déformés)	79.25

4º *Sous-brachycéphales.*

57	Basques français (Saint-Jean-de-Luz)	80.25
4	Esthoniens	80.39
63	Bas-Bretons des Côtes-du-Nord (cantons bretonnants)	81.25

73 Bretons des Côtes-du-Nord (cantons
    gallots) 82.05
11 Mongols divers (Tartares, etc.) 81.40
11 Turcs. 81.49
29 Javanais (Collection Vrolik). 81.61
17 Russes divers (Russie d'Europe). 82.81
11 Alsace et Lorraine. 82.93

5° Brachycéphales.

10 Indo-Chinois. 83.51
 5 Finnois. 83.69
88 Auvergnats(ossuaire de Saint-Nantaire). 84.07
 6 Bavarois et Souabes 84.87
10 Lapons. 85.63
12 Syriens de Gebel-Cheikh (légèrement
    déformés). 85.95
20 Amérique. Plusieurs séries de crânes
    déformés dont les indices moyens va-
    rient de. . . . . 93 à 103.00

Pour tous ceux qui possèdent quelques notions d'ethnologie, ce tableau offre les plus curieuses observations. Les conclusions qui en découlent ont une importance d'autant plus grande que, venant de Broca, les chiffres ont une valeur significative. Eh bien, que peut-on induire de cette nouvelle base de classification? C'est qu'il n'y a dans la conformation extérieure du crâne aucun caractère invariable qui fasse distinguer un individu de telle race d'un autre appartenant à une race différente. Parmi les dolichocéphales vrais, on rencontre, en tête, les Esquimaux du Groënland appartenant à la race jaune, avec un indice céphalique de 71.40, le plus petit du tableau, c'est-à-dire inférieur même à celui des Australiens et des Hottentots, tandis que les Lapons, également de la race jaune (branche ougrienne ou boréale de M. de Quatrefages), occupent une des places les plus élevées parmi les brachycéphales. Immédiatement après les nègres de l'Afrique occidentale, ayant un indice céphalique de 73.40, viennent les blancs de France (époque de la pierre taillée et de la pierre polie) les uns avec un indice de 73.34, les autres de 73.22. — Les noirs Tasmaniens (76.01) viennent tout près des blonds Slaves (76.18). Les Mexicains, race mixte qui tient le milieu entre les rougeâtres et les jaunes, sont placés à côté des blancs Normands du XVIIe siècle. Les Javanais très bruns sont immédiatement à côté des Russes d'Europe, à la peau si blanche et si fine que le sang se laisse voir au travers de l'épiderme. Des Indo-Chinois presque noirs ont 83.51 à côté des Finnois blonds, aux yeux bleus, qui ont 83.69.

Voilà des résultats bien curieux. En les considérant, on est obligé de se demander comment le savant Broca, qui a eu en mains de tels moyens de contrôle, ne s'est pas bien vite ravisé sur toutes les théories qu'il a soutenues avec tant d'ardeur, en faveur des doctrines de l'école américaine. Je pourrais me contenter des chiffres du savant auteur des *Mémoires d'anthropologie*; mais comme on pourrait croire que je m'y arrête, cette fois, parce que sa sagacité est ici au-dessous de l'ordinaire, il est bon de voir la liste des indices céphaliques de Barnard Davis. On y trouvera le même désordre, le même rapprochement des races les plus diverses et les plus éloignées, quand on considère les autres caractères anthropologiques. — Ses chiffres (1) ne diffèrent pas beaucoup de ceux de Broca. Il y a simplement à observer que l'auteur n'y fait point figurer les Français, coïncidence d'autant plus curieuse qu'il n'y a pas d'Anglais dans le tableau de Broca. Là encore, on peut

---

(1) Voir Topinard, *Anthropologie*, p. 246.

voir que les Tasmaniens (75.6) sont placés à côté des Suédois et des Irlandais (75); les Anglais (77) sont plus dolichocéphales que les naturels des Iles Marquises (80); les
Esquimaux tiennent toujours le degré inférieur de l'échelle
(71.3), regardant à l'autre bout les Birmans, race jaune (1)
comme eux, mais les plus brachycéphales du tableau, ayant
un indice céphalique de 86.6.

Il semble qu'après de tels résultats on a bien le droit de
déclarer que la mesure de *l'indice céphalique* n'autorise aucunement les anthropologistes à s'y appuyer pour diviser
les races humaines en groupes distincts. Pas plus que le cubage du crâne et l'indice *céphalo-orbitaire*, cette nouvelle mesure ne donne la ressemblance ou l'exactitude des caractères
qu'on doit rechercher, avant tout, dans les groupes naturels
que l'on s'efforce de classer. Mais trouverons-nous jamais
cette méthode précise et invariable, sans laquelle il est impossible d'arriver à des conclusions sûres et indiscutables
dans la division taxiologique des races humaines?

Essayons au moins l'*indice vertical* que le professeur
Virchow considère comme la meilleure des mesures craniométriques. Voici quelques chiffres qu'en donne M. Topinard, d'après Broca.

	Hommes	Femmes
63 Bas-Bretons	71.6	70.8
28 Corses	71.5	72.6
125 Parisiens (XIXe siècle)	72.2	71.7
13 Esquimaux	72.8	73.4
88 Auvergnats	73.6	73.8
85 Nègres d'Afrique	73.4	73.5
54 Néo-Calédoniens	73.7	74.6
27 Chinois	77.2	76.8
18 Caverne de l'Homme-Mort	68.9	73.0

(1) Branche touranienne de M. de Quatrefages.

Dans ce tableau, on voit les Noirs d'Afrique entre les Auvergnats et les Parisiens. Les Chinois et les Esquimaux de la race jaune se trouvent séparés par ces mêmes Auvergnats unis aux Africains. Quelle conclusion en tirer ?

Nous négligerons, quant à présent, la mesure de la *circonférence horizontale* destinée à distinguer les races frontales ou occipitales de Gratiolet ; celles du *transverse frontal minimum* et de l'*indice frontal* ne nous diront rien de mieux, puisque l'on y retrouve le Noir d'Afrique à côté du Parisien, le Chinois accoudé à l'Australien, dans un désordre caractéristique (1).

En passant à l'étude de la face humaine, on ne découvre pas une base de classification plus solide que les précédentes. Pour la longueur et la largeur de cette partie du crâne, M. Topinard cite les chiffres suivants empruntés à M. Pruner-Bey.

	Largeur	Longueur
18 Esquimaux.............	133 mill.	135 mill.
12 Chinois................	134	137
10 Scandinaves...........	129	132
6 Allemands du Midi.....	127	131
30 Néo-Calédoniens........	125	137
30 Nègres d'Afrique	124	130
8 Hottentots...........	116	123
6 Lapons.............	109	136

On ne peut tirer de ce tableau aucune conclusion d'une certaine valeur. « Les Esquimaux et les Chinois, dit l'auteur de l'*Anthropologie*, auraient donc la partie du visage sous-jacente aux sourcils la plus longue et les Lapons la plus courte. » Pourtant, bien que les deux catégories soient séparées par tous les autres groupes du tableau, elles appartiennent également à la grande race jaune.

_____

(1) Voir Topinard, *loco citato*, p. 251 à 255.

En vérité, il n'y a rien de plus éloquent que ces tableaux craniométriques. D'autres, en les lisant avec indifférence, peuvent ne point y trouver un passe-temps bien agréable. Mais quand je pense que tous ceux qui les établissent n'ont jamais pu se convaincre de l'inutilité des divisions systématiques que l'on veut créer entre les diverses races de l'humanité; quand je pense que l'illustre Broca, dans cet océan de doute et de confusion où l'étude des caractères ethniques si vagues et si fuyants jette l'esprit, a pu croire à l'existence de plusieurs espèces humaines, distinctes les unes des autres, je ne puis m'empêcher d'admirer l'aptitude toute spéciale dont sont douées certaines intelligences pour s'orienter à travers les contradictions. Qu'on ne se fatigue pas, cependant! Les questions que l'examen de ces tableaux soulève ont une importance assez marquée pour qu'on ait l'ambition de s'y édifier le mieux possible. Voyons donc la mesure de l'*indice facial* prise par Broca.

13 Esquimaux.	73.4
80 Nègres.	68.6
69 Bretons-Gallots	68.5
88 Auvergnats. . . . . : .	67.9
49 Néo-Calédoniens	66.2
125 Parisiens.	65.9
12 Australiens	65.6
8 Tasmaniens. . . . . : .	62.0

Remarque-t-on d'ici les Nègres accolés aux Bretons-Gallots, les Auvergnats à côté des Néo-Calédoniens et, pour comble d'outrage, les Parisiens si près des Australiens, les *représentants noirs les plus arriérés de l'espèce !* Vraiment si le nom bien connu du savant professeur ne se trouvait pas clairement exprimé ici, on croirait volontiers que nous avons affaire à un monogéniste décidé, doublé d'un négrophile têtu. Mais non, c'est l'esprit le moins accessible aux compromissions humanitaires, c'est l'inspirateur respecté de l'école anthropologique française qui constate ce désordre! Ces séries où les races humaines vont bras dessus, bras dessous, dans une belle promiscuité, ne semblent-elles pas rire au nez des savants classificateurs? Les anthropologistes peuvent-ils continuer à les enregistrer, sans modifier leurs théories si tranchantes et si affirmatives? Quel ne sera pas alors le discrédit de leur science, quand viendra la critique du vingtième siècle, où Noirs et Blancs, Jaunes et Bruns sauront également tailler leur plume et manier ces instruments de la maison Mathieu (1) si éloquents, même entre les mains de ceux qui ne veulent pas y croire!

On sent combien il est intéressant de poursuivre la lecture de ces tableaux qui sont l'expression de tout ce que les anthropologistes *ex professo* se donnent de mal, au milieu de ces appareils sévères, de ces crânes dénudés et grimaçants où ils font froidement leur expérience *in anima vili*. Pour moi, à part la soif inextinguible que j'ai de la vérité, à part le devoir que j'ai de poser même une seule pierre dans l'œuvre de la réhabilitation scientifique de la race noire dont le sang coule pur et fortifiant dans mes veines, j'éprouve un plaisir inouï à me promener ainsi entre ces différentes colonnes de chiffres si soigneusement disposées, pour la plus grande édification de l'intelligence. Aussi continuerai-je à les parcourir!

Nous allons être en présence d'un tableau de M. Welcker. Il s'agit de la ligne *naso-basilaire*, allant du *basion* (bord antérieur du trou occipital) au *point nasal*, c'est-à-dire à la racine du nez. « Les Allemands en font le plus grand cas, dit M. Topinard. Ils la considèrent comme la

---

(1) Presque tous les instruments ingénieux dus à l'imagination inventive des anthropologistes français ont été fabriqués par cette maison.

base philosophique du crâne cérébral, comme la corde
de la courbe que décrivent les corps des trois vertèbres
crâniennes, comme l'axe autour duquel évoluent d'une
part le crâne, de l'autre la face (1). »

En voici les chiffres :

	Mill.
3 Papous.	96
13 Malais de Bugi, 2 Lapons, 3 Brésiliens.	97
6 Juifs.	98
2 Hongrois, 5 Tsiganes, 6 Malais de Madura, 2 Hottentots.	99
30 Allemands, 12 Russes, 5 Cosaques, 5 Tartares, 16 Chinois, 2 Mexicains, 20 Nègres.	100
3 Ecossais (highlanders), 5 Baskirs.	101
8 Français, 6 Hollandais, 6 Malais de Sumatra.	102
9 Finnois, 7 Malais des Moluques.	103
3 Australiens, 3 anciens Grecs.	104
11 Esquimaux.	106
2 Cafres.	107

Ainsi, parmi ceux dont la ligne *naso-basilaire* est la plus
courte, c'est-à-dire les plus brachycéphales, il faut compter les Papous noirs de l'Océanie, à côté des Birmans de
race jaune ; les Hongrois, les Tziganes sont réunis aux
Malais et aux Hottentots. Dans la plus remarquable série,
on rencontre ensemble : les Allemands, les Russes, les
Cosaques, les Tartares, les Chinois, les Mexicains et les
Nègres, c'est-à-dire les représentants de toutes les races
humaines qui vivent sur la face de la terre, avec la mesure
commune de 100 millimètres.

On peut parfaitement négliger les autres mesures cra-
nioscopiques qui ne nous offrent rien de plus concluant

Topinard, *loco citato*, p. 259.

sur la distinction sériale des races humaines. Abordons plutôt, pour en finir avec ces citations de chiffres, le tableau de Broca, concernant l'*indice nasal*. C'est le rapport qui existe entre la plus grande largeur du nez à l'ouverture des narines et sa plus grande longueur, mesurée à partir de la suture naso-frontale pour descendre à l'épine nasale, au-dessus de l'arcade dentaire supérieure. Pour avoir cet indice, on multiplie par 100 la *largeur maximum* du nez et on divise le produit par la *longueur maximum*. Selon l'indice ainsi obtenu, le crâne est placé parmi les *leptorrhiniens*, les *mésorrhiniens* ou les *platyrrhiniens*.

Le premier terme avait déjà été employé pour caractériser la gracilité relative de la région nasale du rhinocéros de Cuvier ; Etienne Geoffroy Saint-Hilaire avait aussi nommé *platyrrhinins* une tribu de singes, les *Cébins* du Nouveau-Monde, pour les distinguer des *Pythécins* de l'ancien continent, désignés sous le nom de *catarrhinins*. C'est en pensant peut-être à cette homonymie des termes que M. Topinard a fait sur l'indice nasal la réflexion suivante : « Ce caractère, dit-il, rentre à certain point de vue dans la catégorie de ceux qui établissent un *passage de l'homme au singe*, mais plus encore de ceux dont la raison demeure sans explication. » Le professeur d'anthropologie semble pourtant y attacher une importance positive ; car, avant de présenter le tableau qui va nous passer sous les yeux, il ajoute ces mots : « M. Broca, en effet, a découvert que l'*indice nasal* est un des meilleurs pour distinguer les races humaines, quoiqu'il ne les distribue pas en une échelle régulière, conformément à l'idée *hiérarchique* que nous nous faisons de ces crânes (1). »

Je crois que M. Topinard, dont la modération est bien connue parmi ceux qui formulent des conclusions doctri-

(1) Topinard, *loco citato*, p. 262.

nales, exagère beaucoup l'importance de cette mesure craniologique. Malgré toute l'autorité qu'on doit lui reconnaître, quand il s'agit de savoir les opinions que professait
Broca sur un point quelconque de la science anthropologique, il est certain que celui-ci n'attachait à l'indice nasal
aucune prévallence sur les autres procédés craniométriques. Dans un de ces *Mémoires*, dont les considérations
sont trop étendues pour qu'on en fasse ici un résumé
même écourté, le savant anthropologiste s'exprime ainsi :
« Les remarques qui précèdent montrent que l'indice nasal est plus sujet à varier que l'indice céphalique ; et si
celui-ci est déjà reconnu trop variable pour constituer à
lui seul la caractéristique du crâne, à plus forte raison
ne devons-nous pas nous flatter de trouver daus l'indice
nasal un caractère décisif (1). » Dans un autre mémoire,
de la même année beaucoup plus étendu que le précécent,
il a dit encore : « Je répète qu'il n'entre nullement dans
ma pensée de faire de l'indice nasal la base d'une classification quelconque. Je n'y vois qu'un des caractères qui
doivent concourir à l'étude des analogies et des différences
ethnologiques (2).

.... « Je ne saurais trop répéter en terminant, que
l'indice nasal est sujet, *plus que la plupart des autres
caractères*, à l'influence perturbatrice des variations individuelles et que les résultats qu'il fournit doivent, pour
être valables, être relevés par la méthode des moyennes
sur des séries suffisamment nombreuses (3). »

Puisque, par les propres appréciations de Broca, nous
savons quel cas il faut faire de l'indice nasal comme caractère taxiologique des races humaines, nous ferons

---

(1) *Mémoires d'anthr.*, t. IV, p. 294.
(2) *Ibidem*, p. 321
(3) *Ibidem*, p. 343.

bien d'examiner le tableau suivant, qui sera suivi de quelques explications nécessaires pour en fixer la valeur.

			Indice nasal.
Platyrrhiniens.	16	Hottentots.	58.38
	8	Tasmaniens.	56.92
	83	Nègres d'Afrique.	54.78
	22	Nubiens.	55.17
	14	Australiens.	53.39
	66	Néo-Calédoniens.	53.06
Mésorrhiniens.	29	Javanais.	51.47
	11	Lapons.	50.29
	41	Péruviens. . . . . , ...	50.23
	26	Polynésiens.	49.25
	11	Mongols.	48.68
	27	Chinois.	48.53
Leptorrhiniens.	122	Parisiens modernes.	46.81
	53	Basques français.	46.80
	53	Basques espagnols.	44.71
	17	Guanches.	44.25
	14	Esquimaux.	42.33

Assurément, dès qu'on jette un premier coup d'œil sur ce tableau, il semble en sortir une déduction imposante. Tous les peuples de la race noire se trouvent parmi les platyrrhiniens ; tous les types de la race jaune ou malayo-américaine, excepté les Esquimaux, sont parmi les mésorrhiniens ; tous ceux qu'on regarde comme les représentants de la race blanche, parmi les leptorrhiniens. C'est pour la première fois qu'un procédé craniométrique offre un tel accord avec les théories anthropologiques ; et c'est justement à l'égard de ce procédé que le grand maître de la science recommande le plus de prudence, le plus de méfiance ! Le fait est curieux entre tous et mérite d'être étudié. L'heure est peut-être venue de dénoncer l'application fal-

lacieuse de la méthode des moyennes, que les anthropologistes placent si haut, parmi les moyens d'investigation
mis à la disposition de la science. C'est par un abus
contraire à tous les principes de l'histoire naturelle que
l'on prend ainsi une constatation idéale, arbitraire pour
en inférer des lois naturelles, dont le caractère essentiel
consiste surtout dans la précision et la régularité.

Avec la théorie des moyennes, l'expérimenteur qui dispose d'un grand nombre de crânes trouve facilement une
façon de leur faire dire ce qu'il veut. Il n'y a qu'à choisir
ses types dans le tas, écartant les maximums ou les mini-
mums suivant les convenances de la thèse à soutenir. Je ne
prétends pas mettre en doute l'intégrité des savants qui
opèrent sur ces moyennes ; mais ils sont des hommes et
l'on sait combien peu on hésite, lorsqu'il s'agit de forcer
un fait à concourir à la démonstration d'un système que
l'on défend. Il y a dans le tableau original de Broca, d'où
M. Topinard a extrait les chiffres que nous venons de
voir, un exemple ou plutôt un trait de lumière qui nous
aidera merveilleusement à expliquer le cas en question.
Les moyennes y sont accompagnées des *minima* et des
maxima.

Ainsi la race la plus platyrrhinienne du tableau, les
Hottentots, possède, un *minimum* d'indice nasal de 47.17
qui entre dans la catégorie des mésorrhiniens ; tandis que
les Guanches, dont l'indice nasal est le plus petit, offrent
parfois des *maxima* qui tombent dans la catégorie des
mésorrhiniens. Mais qu'en sera-t-il si on répète la même
comparaison entre les noirs de l'Afrique et les Parisiens
modernes. Le *minimum* trouvé pour les premiers descend
jusqu'à 43.13, qui est au-delà même des moyennes représentées par les Guanches, parmi les plus purs leptorrhiniens ; tandis que le *maximum* des derniers monte à 53.33,
qui est la moyenne des Hottentots ! Avec de telles oscilla-

tions comment veut-on que l'indice nasal ait aucune portée scientifique, aucune valeur zootaxique? Nous savons bien que, *exceptis excipiendis*, la race noire offre beaucoup plus souvent que la race blanche ce nez aplati et élargi à la base qui retire au visage toute expression de beauté; mais n'est-il pas connu que le nez de la race mongolique est tout aussi large et aplati? D'autre part, les nez plus ou moins camus se rencontrent si souvent dans la race blanche et le nez droit, même aquilin, est si peu rare parmi les noirs, qu'on ne pourra jamais en faire un caractère ethnique.

Ajoutons une remarque. Si la morphologie du nez constitue, comme l'affirme le savant M. Topinard, un de ces caractères qui établissent un *passage de l'homme au singe*, il y a tout lieu de croire que la race blanche caractérisée leptorrhinienne, est un type intermédiaire entre les singes et l'homme. Car, dans un classement basé sur les formes du nez, ou fait à ce point de vue de l'anatomie comparée de l'homme et des grands singes anthropomorphes, le blanc vient immédiatement après les chimpanzés. On peut se convaincre de cette vérité en lisant les propres paroles de Broca. « Dans les races humaines l'accroissement de l'indice nasal constitue presque toujours un caractère d'infériorité; cela pourrait faire croire que la largeur relative de la région nasale doit être plus grande dans les singes que dans l'homme. Il n'en est rien cependant, et, s'il est vrai de dire que l'indice nasal des jeunes anthropoïdes se rapproche quelque peu des proportions humaines, il faut aussi ajouter que chez les anthropoïdes adultes, l'indice nasal devient plus petit et même beaucoup plus petit que celui de l'homme (1). »

L'indice orbitaire de Broca ne donne nullement une

_____

(1) Broca, *loco citato*, t. IV, p. 306.

base sûre pour la classification des races. La nomenclature d'après laquelle le savant anthropologiste range les
différents groupes humains, en *microsèmes, mésosèmes* et
mégasèmes, ne correspond pas du tout aux grandes divisions taxiologiques adoptées par les autres ethnographes
et anthropologistes. Telle que la donne M. Topinard (1),
elle laisse voir toutes les races dans un mélange dont on
ne peut tirer aucune règle précise.

Une particularité fort curieuse, que nous avons eu lieu
de remarquer déjà dans d'autres tableaux, c'est la fréquence de similitude de caractères entre les races noire et
blanche qui, sous le rapport craniologique, semblent souvent se rapprocher, tandis que la race jaune ou mongolique garde toujours son cachet spécial. Dans le tableau de
Broca (2), beaucoup plus explicite que le simple extrait
du professeur Topinard, à la fin de chaque ligne, il y a les
lettres M, E, ou C qui indiquent les types mongolique,
éthiopique ou caucasique. Tous les peuples de race mongolique sont réunis parmi les *mégasèmes* qu'ils composent
presque seuls, étant au nombre de vingt-trois sur les
vingt-six catégories de cette section.

Aux sections des *mésosèmes* et surtout des *microsèmes*,
on rencontre les Ethiopiens et les Caucasiens mélangés
dans une forte proportion. Des treize peuples composant
les races où domine la microsémie, on compte huit peuples
caucasiques et cinq éthiopiques entremêlés dans le plus
grand désordre.

On pourrait rapprocher cette coïncidence et celle rencontrée dans la mesure de l'angle *avéolo-condylien*. « Un
fait digne de remarque, dit Broca, c'est que sous ce rapport, les crânes de type éthiopique ne diffèrent que très

---

(1) *L'Anthropologie*, p. 264.
(2) *Mém. d'Anthr.*, t. IV, p. 395.

peu de ceux du type caucasique... Chez les Nègres comme
chez les Européens, la moyenne est négative et un peu supérieure à 1 degré. — La seule différence ethnique qui
paraisse se dégager de cette étude est relative aux crânes
du type mongolique qui m'ont donné une moyenne de
+ 3º 31 (1). »

Nous avons suffisamment parcouru ces tableaux qui
sont les résumés des procédés variés imaginés par les
anthropologistes pour découvrir les caractères différenciels
qui distinguent les races humaines les unes des autres.
On peut s'assurer que ceux qu'on a vus donnent la juste
mesure de ce que valent les autres. *Ab uno dice omnes.*
Aussi nous contenterons-nous désormais d'en faire une
analyse succincte en donnant l'opinion de chaque auteur,
ou d'un anthropologiste compétent.

L'étude de l'*indice général* de la tête osseuse, faite au
moyen du craniophore, ne donne pas une mesure de nature
à mieux consolider les classifications des races, telles
qu'on est habitué à se les représenter. Par le même instrument, on peut encore déterminer le degré d'*inclination du
front*. Le résultat en est que lorsqu'on parle du « front déprimé du nègre », on commet une erreur qui, involontaire
ou entretenue par d'anciens préjugés, prend les proportions
d'une grosse bêtise. « Ce qu'on appelle un beau front, c'est-
à-dire un front droit et bombé, dit M. Topinard, paraît se
rencontrer aussi souvent, sinon davantage, dans les races nègres d'Afrique ; la série des Nubiens de M. Broca si
négroïde par le crâne, est spécialement remarquable par la
saillie des bosses frontales. »

Cette citation me remet en mémoire le passage d'un savant article où mon intelligent compatriote, M. Janvier,
dit que Broca distinguait du premier coup d'œil les Noirs

_____

(1) *Ibidem,* p. 503-504.

haïtiens, en remarquant leur front bombé. Le savant anthropologiste aurait-il eu le caprice de ne jamais voir dans
les crânes nubiens de son laboratoire une particularité
ethnique qu'il reconnaissait si bien dans le Noir haïtien !
Vérité en deçà des Pyrénées, erreur au-delà. C'est l'éternelle histoire de l'esprit humain. Les pages de l'erreur ne
seront définitivement scellées que lorsque toutes les races,
également instruites, sauront également discuter toutes les
propositions, toutes les opinions, dans l'universalité de la
science. Cette ère poindra peut-être vers la fin du vingt-
cinquième siècle ; mais déjà on peut voir blanchir à l'horizon de l'avenir le ciel sombre de la barbarie, qui a
si longtemps fait la nuit dans les intelligences enténé-
brées de la majeure partie de l'humanité. Cette aube
grandira, s'étendra. La lumière sera faite brillante et belle.
Mais en attendant qu'elle vienne, continuons à nous diriger au milieu de l'ombre épaisse où luttent encore toutes
les nations, toutes les conceptions. Étudions toujours
toutes les doctrines anthropologiques qui se couvrent du
nom auguste de la science et en tiennent actuellement la
place.

Avant d'abandonner le terrain de la craniométrie, où il
nous a été impossible de trouver une base sérieuse de
classification, je ne saurais mieux faire que de citer quelques paroles de l'illustre Broca, celui qui a le plus travaillé
à ces opérations anthropométriques. En parlant de la direction du trou occipital dans les différentes races humaines
et particulièrement de l'*angle de Daubenton*, l'éminent
anthropologiste s'est ainsi exprimé : « Une classification
ethnologique basée exclusivement sur ce caractère serait
donc tout à fait trompeuse ; *mais il a cela de commun
avec tous les autres.* Plus on avance dans l'étude des races
humaines, et plus on acquiert la conviction que leurs affinités et leurs différences ne peuvent être déterminées et

encore moins mesurées par un seul et unique caractère
anatomique, morphologique ou fonctionnel. Ce n'est qu'en
tenant compte de tous ces caractères suivant les principes
de la méthode naturelle, qu'on peut espérer d'arriver à
une classification vraiment scientifique (1). »

Nous enregistrons cet aveu suprême. Nous notons bien
dans la gravité de cette belle phraséologie la nuance sombre de ce découragement profond que ceux-là seuls connaissent qui se sont passionnés pour une idée scientifique
et qui, après des recherches laborieuses, longues, conscien-
cieuses, arrivent enfin à voir leur conception hautement
démentie par la nature des choses. Cette dizaine de lignes
que nous venons de lire semblent rendre inutiles tous les
arguments que je me suis efforcé d'aligner pour réfuter
le célèbre champion du polygénisme. Sans le besoin de
l'histoire, sans la nécessité qu'il y a surtout à ce que ces
pages restent, puisque les idées qu'elles combattent sont
fixées en d'autres pages peut-être moins véridiques mais
plus belles ; je pourrais vraiment alléger mon ouvrage de
toute la lourde discussion qui en est sortie. Mais, pour revenir à une observation que j'ai déjà faite, en vertu de
quelle logique Broca ou ses disciples et continuateurs ont-
ils pu trouver dans la réunion de caractères qu'ils reconnaissent aussi trompeurs les uns que les autres, une
manifestation quelconque de la vérité scientifique ? Comment parviendra-t-on jamais à une classification vraiment
scientifique, « en suivant les principes de la méthode naturelle », quand les mesures anthropologiques, que l'on
reconnaît comme les seules bases rationnelles, sont non-
seulement trompeuses, irrégulières, mais le plus souvent
contradictoires ? Il faudrait, après avoir cherché des
moyennes pour chaque caractère ethnologique, prendre

(1) Broca, *loco citato*, p. 634.

encore la moyenne de ces moyennes avant d'avoir une
base définitive. Renvoyer à de telles données pour la solution du problème de la classification des races humaines,
c'est déclarer indirectement qu'on n'y parviendra jamais.

II.

AUTRES BASES ANTHROPOMÉTRIQUES.

Maintenant que nous avons vu tout ce que la craniométrie peut offrir de ressources dans les recherches compara-
tives sur les caractères respectifs des races humaines;
maintenant que nous avons constaté l'impuissance des
anthropologistes à tirer de ces procédés si compliqués
la moindre règle qui ait une précision suffisante pour nous
guider dans la distinction des groupes ethniques, nous
pouvons passer à l'examen des autres procédés anthropométriques qui ont aussi fait l'objet de très savantes études.
Cet examen sera si rapide qu'on doit plutôt le considérer
comme un simple coup d'œil. A quoi bon d'ailleurs s'appesantir sur des faits d'où l'on ne peut tirer aucune
lumière, aucun indice de la vérité!

La *perforation de la cavité olécranienne de l'humérus*,
dont on a voulu faire une particularité ethnique, après l'a-
voir observée pour la première fois sur des squelettes de
Hottentots, est complètement négligée. On l'a rencontrée
dans toutes les races et dans des proportions remarquables parmi les anciennes populations de la France. C'est
au point que sur 47 montagnards de l'Ain du Vᵉ siècle, le
phénomène se vérifie dans une proportion de près de 28
pour cent.

La *platycnémie* (jambe en lame de sabre), qui résulte
peut-être de l'aplatissement latéral du tibia, n'est pas
plus particulière à telle race qu'à telle autre. De même
que la perforation olécranienne de l'humérus, elle semble

se produire dans une certaine phase de développement de chaque race. Il faudrait alors la considérer plutôt comme un de ces signes anthropogéniques qui prouvent que toutes les races subissent une même évolution, tant dans l'ordre physique que dans l'ordre intellectuel et moral. C'est une question importante que nous aurons à étudier.

Un point des plus intéressants dans les différentes comparaisons que l'on a faites des squelettes humains de races diverses, c'est la proportion des membres supérieurs et des membres inférieurs. Des mensurations incertaines, exécutées avec plus ou moins de soins, avaient décidé certains anatomistes ou anthropologistes à déclarer que l'avant-bras de l'homme noir, comparé au bras, est plus long que celui de l'Européen. Depuis cette découverte ingénieuse, on s'est efforcé, par toutes sortes de procédés, à inventer des mesures précises, afin de fixer l'exactitude de ce fait. Mais la plus grande confusion règne dans les chiffres. Un savant sérieux ne saurait y voir que l'une de ces fantaisies dont parle M. de Rosny. Le but de ceux qui soutiennent ou ont soutenu ces paradoxes est surtout de démontrer qu'il existe un rapprochement plus ou moins valable entre l'Africain et le singe. White, Humphry et Broca n'en ont point fait mystère. Cependant, il y a bien lieu de croire qu'en déduisant une telle conséquence de ce caractère supposé ou même positif et inconstabl., ils avaient complètement oublié toutes les autres constatations de l'anatomie comparée, pour ne s'arrêter qu'à un détail qui s'adapte plus particulièrement à leur doctrine scientifique. « Le plus évident jusqu'ici, dit le professeur Topinard, c'est que les proportions de l'homme ne se rapprochent ou ne s'éloignent pas de celles de l'anthropoïde par toutes les parties du squelette à la fois, mais tantôt par l'une, tantôt par l'autre, sans qu'il y ait de règle à établir, de prévision possible. Rien n'est plus opposé à la théorie monogéniste d'une gradation hiérarchique des races et plus conforme au contraire à celle des formations parallèles. Un type est supérieur par un point et inférieur par un autre. Il en est de même dans la famille des anthropoïdes, il y a divergence de proportions entre leurs genres et leurs espèces comme entre les races humaines (1). »

Avant et au-dessus des conséquences qu'on a voulu déduire de la différence proportionnelle des membres inférieurs et supérieurs de l'Africain, comparés à ceux de l'Européen, il faut mentionner celles qu'on a inférées de la conformation du bassin dans les divers groupes de l'espèce humaine. En mesurant les dimensions du bassin, au point de vue de l'anatomie comparée, on a observé que sous ce rapport les animaux offrent une différence notable avec l'homme.

Tandis que parmi tous les mammifères la longueur du bassin l'emporte sur sa largeur, c'est le fait tout contraire qui se manifeste dans notre espèce. Cependant les Chimpanzés tiennent à peu près le juste milieu, ayant les deux diamètres de la cavité pelvienne presque égaux ; le gorille et l'orang, inférieurs au chimpanzé sous d'autres rapports, se rapprochent encore plus de l'homme sous celui-là. On pensa bientôt à y établir une différenciation entre les noirs et les blancs. Camper et Sœmmering déclarèrent que le bassin du noir est en général plus étroit que celui de l'Européen. Cuvier confirma leur opinion en affirmant que, sous ce rapport, la Vénus hottentote présentait des caractères patents d'infériorité. Weber et Vrolick, sans être aussi tranchants dans leurs déductions, avancèrent également le même fait. Suivant le premier, les principales formes du bassin se réduisent à quatre et se rencontrent dans toutes les races humaines ; mais la

_____

(1) Topinard, *loco citato*, p. 314.

forme ovale se laisse voir plus souvent chez le blanc européen; la carrée, chez le Mongol; la ronde, chez l'Américain et la cunéiforme dans la race noire.

La dimension carrée et cunéiforme de l'orifice supérieur de l'excavation pelvienne ne se rencontre pas dans la nature. Vrolick, tout en sacrifiant à l'opinion commune, quand il déclare que le bassin de l'homme noir présente une configuration qui se rapproche de l'animalité, reconnaît déjà la gracilité du bassin de la femme noire. Or, quoi qu'en ait pensé M. Pruner-Bey, il est évident que lorsqu'il s'agit d'étudier les différences ethniques que présente la configuration du bassin dans les groupes humains, c'est bien sur la femme que doivent se diriger les investigations scientifiques. La nature a mis un sceau sur la conformation anatomique de chaque sexe. Si elle a donné la prééminence à l'homme pour tout ce qui touche au cerveau et à la vigueur musculaire, elle a surtout donné à la femme tous les dons supérieurs qui concourent à la reproduction et à la conservation de l'espèce. Or, le bassin est, pour ainsi dire, la coupe où vient s'adapter l'organe même de la maternité, le véritable vase d'élection de l'humanité. Pour se pénétrer de cette idée, on n'a besoin de recourir à aucune doctrine ésotérique, à aucune téléologie transcendantale.

D'ailleurs, pour comparer raisonnablement les caractères que signale la pelvimétrie dans les différentes races humaines, il ne faudrait pas mettre en regard des bassins du sauvage nigritien ceux des Européens modernes, déjà civilisés, ayant un genre de vie infiniment plus facile et plus élevé que l'Africain. C'est à l'anthropologie préhistorique de l'Europe qu'il faudrait plutôt faire appel, en mettant les types blancs, disparus ou devenus rares, de l'époque de la pierre polie ou de l'âge de bronze à côté des peuples noirs ou jaunes dont l'évolution historique présente actuellement une phase semblable. De plus, les listes que l'on

nous offre sont si maigres qu'elles n'ont aucune signification. Pourquoi, par exemple, le tableau (1) de M. Topinard
est-il si parcimonieux en fait d'Européennes, dont il offre
seulement quatre bassins, quand il a pu s'en procurer huit
d'Africaines ? Ne serait-ce pas, ici comme ailleurs, l'éternel
jeu, la prestigieuse fantasmagorie des moyennes dont j'ai
déjà parlé ? J'avoue que lorsque j'entends un anthropologiste exposer à ses collègues les résultats qu'il a obtenus à
l'aide de ces moyennes, je me rappelle invinciblement ce
que dit le caustique orateur romain sur la contenance de
deux augures qui se regardent. On a besoin alors de bien
grands efforts pour ne point partir d'un de ces éclats de
rire bruyants qui trahissaient les dieux du vieil Homère.

Suivant le Dr Verrier, préparateur à la Faculté de médecine de Paris, on peut réunir les bassins de toutes les
races connues en trois grandes classes.

« La première, dit-il (2), comprenant les bassins de
toutes les femmes d'Europe (moins la Lapone) de la Turquie d'Asie, de l'Egypte, de la Nouvelle-Guinée, des Négresses de la Guadeloupe et de la côte occidentale d'A-
frique (Ouoloves).

« La deuxième classe, comprenant les bassins des
femmes Syriennes, Persanes, Canaques, Australiennes,
Péruviennes, Mongoliennes et Chinoises, Annamites, La-
pones et Samoyèdes.

« Enfin les bassins de la troisième classe, de beaucoup
moins connus en raison du petit nombre qu'on en possède,
appartiennent aux Négresses du centre et du sud de l'Afrique, aux Négritos, aux Papoues et aux Bosjemanes. »

On remarquera que dans cette classification toutes les

(1) L'anthrop., p. 315.
(2) E. Verrier, Nouvelle classif. du bassin suivant les races au
point de vue de l'obstétrique in Bulletin de la Société d'anthr. de Paris,
t. VII, p. 317-318.

races sont amalgamées dans les diverses classes, excepté la dernière où il ne se trouve que des races noires puisque les Boschimans, malgré la clarté relative de leur peau, ont toujours été classés parmi les peuples noirs. Il faut encore observer que cette classification, selon l'opinion de l'auteur, n'a qu'un caractère purement obstétrical. Il n'admet pas les nomenclatures anthropologiques de Weber ou de Joulin. « Il n'y a pas plus de bassins carrés ou ronds qu'il n'y a de bassins cunéiformes dans l'espèce humaine, dit-il. La forme générale est plus ou moins *ellipsoïde*. Les nègres présentent des races multiples comme les blancs et les *bassins des négresses de la Guadeloupe ou des Ouoloves de la côte occidentale d'Afrique sont aussi grands, aussi bien conformés que les plus beaux types européens*. » Ces paroles nous dispensent de tout autre commentaire.

III.

LA CHEVELURE ET LA COLORATION DE LA PEAU.

Nous nous sommes bien attardés sur les bases anthropométriques si souvent invoquées comme pouvant déterminer les caractères morphologiques qui distinguent les races humaines les unes des autres. Rien ne reste pour appuyer les théories que les anthropologistes ont soutenues avec plus ou moins d'insistance, en s'autorisant de l'étude de la charpente osseuse de l'homme. Il n'y a donc qu'à constater ce résultat négatif et à passer immédiatement à l'étude de la coloration de la peau.

Bien qu'à notre avis on ne puisse jamais trouver une meilleure base pratique pour asseoir les grandes divisions ethnologiques, tous les savants ethnographes et anthropologistes répètent en chœur que la couleur de la peau est un caractère insuffisant pour distinguer les races humaines.

Sans doute, il y a bien à redire sur la solidité d'un tel indice, quand on voit le Nubien, le Cafre, le Soudanien, l'Australien, le Dravidien, le Californien, enfin une centaine de peuples de nuance plus ou moins noire, différer si profondément par les traits du visage et la chevelure. En passant à la race blanche, — et nous entendons par là les hommes ayant la peau d'une blancheur plus ou moins franche, — on rencontre des types beaucoup plus homogènes ; mais ils sont encore assez variés, depuis le Scandinave aux formes sveltes, au teint rosé, aux yeux bleus et grands, aux traits accusés, jusqu'aux Ossètes au corps large et charnu, aux traits inharmoniques, à l'œil petit et farouche. La race jaune offre encore plus de désordre. Il est impossible d'énumérer les différences de complexion et de traits qui existent entre le Chinois, le Turc de l'Asie, le Guarani, le Mexicain, le Botocudo de l'Amérique, le Lapon européen et, puisqu'il s'agit de couleur, le Boschiman de l'Afrique méridionale, les Guanches, les Berbers, etc.

Cette confusion qui règne généralement entre la conformation typique et la couleur des diverses races, rend, il est vrai, difficile et imparfaite toute classification anthropologique basée seulement sur la coloration de la peau. Mais comment se tirer de difficulté ? En refusant à la coloration pigmentaire plus ou moins accusée toute valeur taxiologique, a-t-on découvert un caractère anatomique ou morphologique qui lui soit bien supérieur comme signe distinctif des races humaines ? Certainement non. Aucune des méthodes que nous avons déjà étudiées ne donne de résultat meilleur.

On ne peut mieux rencontrer, en s'étayant sur la nature ou la qualité des cheveux. Nous n'y jetterons un coup d'œil que pour la forme. Huxley a proposé une classification d'après la chevelure. Il divise les races humaines en deux grandes séries principales, renfermant les *ulotriques* aux cheveux crépus et les *liotriques* aux cheveux lisses. Cette grande division dichotomique, que nous avons déjà entrevue dans la classification de Bory de Saint-Vincent, répond plus ou moins à celle de Retzius (dolichocéphales et brachycéphales), avec des subdivisions inégales. Les ulotriques ne comprendraient que les Noirs africains et les Papous. Les liotriques sont partagés en quatre subdivisions comprenant : 1° Le groupe *Australoïde*, composé des Australiens, des Noirs du Dekkan (Hindous) et peut-être des anciens Égyptiens. Ils ont le crâne prognathe, à arcades sourcillières développées, la peau et les yeux noirs : les cheveux également noirs sont longs et droits. 2° Le groupe *Mongoloïde* a la peau jaunâtre, brune ou rouge brun, cheveux pareils à ceux du groupe précédent, crâne mésaticéphale : on y réunit les Mongols, les Chinois, les Polynésiens, les Esquimaux et les Américains. 3° Le groupe *Xanthochroïde*, réunit les Slaves, les Teutons, les Scandinaves et les Celtes blonds, peuples à la peau blanche, aux yeux bleus, cheveux abondants, crâne brachy-mésaticéphale. 4° Le groupe *mélanochroïde* a enfin le teint pâle, les cheveux noirs et longs, les yeux également noirs, tels que les Ibériens, les Celtes bruns et les Berbers (1).

Cette classification de Huxley ne repose que nominalement sur la nature des cheveux. C'est en somme un mélange de méthodes créant des groupes encore plus artificiels que ceux qui sortent de l'application d'une méthode unique. Il faut encore citer la classification de F. Müller et Hæckel (2) basée uniquement sur la nature et l'implantation des cheveux. Nous abrègerons toutes explications en présentant le tableau synoptique qu'ils

---

(1) Huxley, *Anatomie comparée des vertébrés.*
(2) *Algemeine Ethnographie.*

ont dressé pour donner une idée d'ensemble de la nomenclature qu'ils proposent.

Chevelure...
- Laineuse..
  - En buisson. { Hottentots. / Papous.
  - En toison.. { Nègres africains. / Cafres.
- Lisse.....
  - Raide..... { Australiens. / Hyperboréens. / Américains. / Malais. / Mongols.
  - Bouclée... { Dravidiens. / Nubiens. / Méditerranéens.

Un simple coup d'œil jeté sur ce tableau indique à quel
point tous les groupes ethniques y sont encore mélangés
dans la plus grande confusion. Si dans la division caractérisée par une chevelure laineuse nous ne rencontrons
que des peuples noirs, dans celle dont la chevelure lisse
est la caractéristique, nous voyons les Nubiens et les
Dravidiens noirs réunis aux Méditerranéens qui sont en
majeure partie blancs. Les Mongols clair-jaunes sont ac-
couplés aux Australiens noirs et aux Américains, dont une
grande partie est aussi très brune et presque noire, telle
que les Californiens.

Il semble donc établi qu'aucune autre base de classification anthropologique n'offre plus de garantie d'exactitude
que la coloration de la peau. Quoi que fasse la science, elle
est obligée de compter avec les idées générales, quelque
vulgaires qu'elles soient, lorsqu'elle est surtout impuissante à en suggérer de plus rationnelles. Or, dans tous
les pays, dans toutes les races, quand on voit pour la première fois l'échantillon d'une variété de l'espèce humaine,

ce qui étonne tout d'abord et attire invinciblement l'attention, ce n'est ni les traits du visage, ni les particularités de la chevelure, c'est plutôt la couleur de la peau.

Qu'on glisse un noir Australien parmi les populations noires et aux cheveux crépus de l'Afrique, ou dans les mornes d'Haïti, la majorité de ceux qui passeront à quelques pas de lui, s'occuperont bien peu de ses cheveux longs et droits et encore moins du prognatisme plus ou moins accentué de son visage. Mais qu'il se présente un albinos de la Nigritie ayant comme eux les mêmes formes du visage et la même chevelure laineuse, privé seulement de la coloration pigmentaire à laquelle ils sont habitués ; celui-ci fera une vive impression sur tous ceux qui l'auront vu. Il faudra une longue expérience des cas d'albinisme et l'instruction d'un anthropologiste, d'un médecin ou d'un naturaliste, pour qu'on ne voie pas un blanc et rien qu'un blanc en ce noir métamorphosé.

D'autre part, que l'on introduise parmi les campagnards Français ou Allemands le plus beau spécimen de la race dravidienne, un Tova aux grands yeux noirs, à la chevelure longue et soyeuse, aux traits les plus réguliers. Cet individu excitera le plus grand émoi autour de lui. Mais si le même albinos de race éthiopique a le soin de se bien raser la tête, il passera inaperçu ; et même avec ses cheveux crépus, mais blondelets, il sera plutôt l'objet d'une douce curiosité, sans jamais causer cette sotte frayeur que tous les noirs qui voyagent inspirent aux Européens de province, encore incomplètement civilisés.

Nous croyons devoir adopter la classification ethnologique basée sur la couleur de la peau, pour une seconde raison. Non-seulement elle est plus apparente et prête moins à l'équivoque, mais elle offre encore le caractère le plus constant dans chaque race. Les Français du XIXᵉ siècle ne ressemblent pas exactement aux Français du Ve siècle, ils ressemblent encore moins à ceux de l'époque des rennes. Mais ce qu'ils ont de commun, c'est la couleur de la peau. Nous faisons abstraction des croisements ethniques dont l'influence disparaît insensiblement dans l'évolution que chaque peuple accomplit vers un type commun qu'on peut appeler son type national. D'après Lyell les formes craniennes, le développement cérébral et la civilisation suivent une marche analogue. On peut aux formes craniennes ajouter toute la stature du corps humain. Car les formes et les dimensions de chaque organe tendent naturellement à s'adapter aux occupations habituelles des individus, suivant les modes variés d'exercice qu'on leur fait subir. Mais ce n'est pas le moment de nous étendre sur cet intéressant sujet. Nous y reviendrons plus tard.

La conclusion en est que la couleur des races humaines est, *sublatis sublandis*, en corrélation régulière avec le climat et les milieux où ils vivent, tandis que la forme du visage, dans la majeure partie des cas, s'harmonise avec le degré de civilisation acquis actuellement ou par les ancêtres qui l'ont fixé à leurs descendants au moyen de l'hérédité. Or, si l'on réfléchit qu'à peu d'exceptions près, toutes les races qui tombent sous l'étude de l'ethnologiste sont cantonnées en des milieux connus, d'où elles ne se déplacent qu'avec peine et difficulté; que dans les cas même où elles se déplacent, elles ne prospèrent dans un nouveau milieu qu'autant qu'il réunit les conditions climatologiques, qui leur permettent un acclimatement facile, on verra que la couleur est le caractère le plus persistant et le moins trompeur dans la distinction des races.

Il faut excepter le cas où, comme les anciens Égyptiens, un peuple subit des invasions répétées durant des siècles par des races étrangères qui, au moyen de croisements continuels, lui infusent lentement une coloration autre que la nuance primitive de ses ancêtres. Mais ce sont des cas accidentels dont l'histoire offre un contrôle sûr et pratiquable. En somme, tout le temps que l'on continuera à désigner généralement les races humaines sous les dénominations de *blanche, jaune, noire, brune ou rouge* ce sera un leurre que de choisir d'autres caractères que ceux de la couleur, quand il faut les classer.

Si les classifications sont tellement confuses, c'est qu'au lieu de s'arrêter à une base unique, on les confond toutes. Le plus souvent on crée à plaisir des dénominations arbitraires qui ne disent rien des particularités naturelles qui doivent servir de caractéristique à une nomenclature. N'est-ce pas ainsi qu'on parle de la *race aryenne,* de la *race indo-européenne?* Cette nomenclature artificielle est d'autant plus captieuse qu'elle semble revêtir un cachet scientifique qui en impose au vulgaire. Le mot *aryen* ou *aryan,* dont la racine sanscrite signifie *noble,* appliqué à toute la race blanche, ne prouve autre chose qu'un orgueil rétrospectif. En fait, il n'a jamais existé une nation aryane. Quant au terme *indo-européen,* il provient simplement d'une fausse théorie linguistique. Quand on nomma ainsi la race blanche, on ignorait que la majeure partie de la population de l'Inde était d'un brun foncé ou franchement noir. L'erreur est sortie de cette idée que la beauté et l'intelligence sont l'apanage exclusif de la race blanche. Le terme de *caucasique* n'a d'autorité que par son ancienneté; car plusieurs races distinctes entourent ou habitent le Caucase. On a moins à redire sur la dénomination *mongolique* donnée souvent à toute la race jaune. Bien que les Mongols proprement dits, comprenant les *Mandchoux,* les *Tougouses,* les *Kalmouks,* etc., ne sont qu'une partie de la race jaune, on a pu se servir de leur nom comme terme générique pour désigner toute la race dont ils paraissent former les principaux types. Quant au terme *éthiopique*, on n'a guère de reproche à lui faire. Non seulement il a en sa faveur les mêmes raisons invoquées pour le terme mongolique, mais, par son étymologie, il est simplement une dénomination de la couleur, désignant toutes les races au visage brûlé, c'est-à-dire noires.

Il existe donc trois grandes divisions ethniques dans l'espèce humaine : la blanche, la jaune et la noire. Comme subdivision, se rapportant aux trois groupes principaux, on peut découvrir une quantité de nuances, variant à l'infini, mais dont les différences saisissables ne vont pas au delà d'une cinquantaine.

Ne pourrait-on pas établir une classification basée uniquement sur la coloration des races, en essayant de dresser, comme l'a fait Broca, un tableau des couleurs de la peau?

Sans donner à ce système une importance scientifique qu'il n'a pas, on pourrait en tirer un résultat pratique incontestable. « La distribution diverse du pigment, dit M. Mantegazza, est un bon caractère anatomique pour instituer un système de classification des hommes, mais non pour établir une méthode taxonomique (1). » Rien de plus judicieux que les paroles du savant professeur de Florence. Mais, nous l'avons déjà vu, une vraie méthode taxonomique est un idéal auquel il est impossible d'atteindre. Les différences qui séparent les races humaines les unes des autres ne sont pas suffisamment délimitées par la nature, pour qu'on puisse y établir aucune classification rationnelle. Il vaudrait donc mieux grouper les races humaines suivant le caractère le plus apparent qui est incontestablement leur coloration. Ne restera-t-il pas d'autres difficultés? Certainement oui. Quoi qu'on fasse, malgré les instructions les plus précises, malgré les planches chromo-lithographiques aux teintes les plus délicates et

_____

(1) Mantegazza, *La physionomie et l'expression des sentiments*.

imaginées par les meilleurs coloristes, on ne pourra jamais saisir exactement certaines nuances de coloration et encore moins les représenter par les combinaisons chimiques que mettent à notre disposition les cinq couleurs fondamentales d'où les grands peintres tirent tous leurs effets de lumière.

La couleur de la peau n'est jamais franchement noire, jamais d'un jaune semblable à celui du rayon lumineux du prisme solaire, jamais exactement blanche. Quant au *rouge*, il est inutile de dire combien il est faux de l'appliquer à la coloration d'une race ou d'un homme quelconque. On n'a jamais que des nuances, tirant plus ou moins sur ces notes franches. C'est que, si les couleurs chimiques sont plus ou moins analogues à celles représentées par le tissu utriculaire des végétaux, au point que telle couleur végétale ressemble à s'y tromper à la couleur minérale correspondante, il en est bien autrement pour le tissu cellulaire où se trouve le réseau de pigment qui couvre la peau humaine.

Par quelle combinaison intime le sang que nous voyons rouge arrive-t-il, sous l'influence de la lumière, à transformer en tant de nuances diverses le dépôt pigmentaire qu'il accumule entre le derme et l'épiderme de l'homme ? M. Topinard a essayé de répondre à ces questions. « A la suite de la matière colorante rouge du sang, dit-il, et de la matière colorante noire de la peau et de la choroïde, il faut en citer une troisième dans l'économie, la biliverdine qui se produit dans le foie et colore les tissus en jaune dans l'ictère. A l'état physiologique ou sub-physiologique, et quel que soit le nom qu'on lui donne, elle produit parfois une teinte jaunâtre ou sub-ictérique de la face. C'est à elle incontestablement qu'il faut attribuer la coloration jaunâtre de la peau, du tissu cellulo-adipeux des muscles et du sang si souvent indiquée dans les autopsies de nè-

gres. Cette matière colorante n'est-elle qu'une transformation, une manière d'être différente de la matière colorante du sang ou du pigment? C'est aux chimistes à répondre (1). »

Tout ce qu'on vient de lire du savant professeur peut
avoir un haut intérêt en anthropologie pathologique. On
pourrait par exemple se demander si les particularités
qu'il signale ici n'expliquent pas l'immunité, depuis
longtemps observée, dont jouissent les hommes de couleur et les noirs (sans doute, les jaunes et les bruns asiatiques aussi) contre la jaunisse ou fièvre ictérique. Le sang
ayant acquis l'aptitude physiologique de charrier dans les
vaisseaux artériels ou veineux la matière qui colore leur
peau ou leurs organes internes, ne subit aucun dérange-
ment morbide en en véhiculant une quantité plus ou moins
grande. Mais au point de vue qui nous occupe, l'explication est absolument insuffisante. Et faudra-t-il le dire? Je
crois même que ce n'est pas aux chimistes mais bien aux
physiologistes qu'il faut s'adresser pour avoir la lumière
sur cette question.

En effet, il n'est pas certain qu'il y ait dans l'organisme
humain, trois éléments fondamentaux de coloration qui
seraient distinctement figurés par le rouge, le jaune et le
noir. Il faut en compter un nombre infini ou ne tenir
compte que d'un seul qui est le sang. La biliverdine,
comme la bilifuchsine ou la biliprasine, est produite avec
la bile, dans la glande hépatique, mais c'est le sang qui
fournit au foie tous les matériaux nécessaires pour la former. C'est ainsi que certaine matière mise dans la cornue
du chimiste se transforme et change d'aspect, selon les
conditions de dosage et de chaleur. La chimie a fait sa tâche
en extrayant les matières colorantes de la bile ; c'est au

_____

(1) Topinard, *loco citato*, p. 354.

physiologiste qui étudie les phénomènes de la vie organique, à rechercher par quel mode d'action le foie décom-
pose le sang pour le transformer, à ce point. Voilà pour
la couleur jaune.

La couleur noire de la peau ou des autres tissus, n'a
pas d'autre origine que le sang. Nous avons eu déjà
une notion de la mélanine, dont l'accumulation dans le
réseau sous-épidermique colore en noir la peau de l'Éthiopien. Cette substance est composée de fines granulations
dont les parties microscopiques ne sont rien autre chose
que du sang arrivé à un haut degré de carbonisation et
privé d'oxygène. En leur communiquant une certaine
quantité d'oxygène, on les verrait revenir graduellement
à la coloration du sang.

L'acide azotique, selon Littré et Ch. Robin (1), change
la mélanine en une masse roussâtre. Ce phénomène chimique provient sûrement de ce que l'acide azotique, qui est
un des *agents oxydants* les plus énergiques, dissocie la
trame moléculaire de la mélanine, en lui cédant l'oxygène
dont elle est avide. En étudiant ces faits, on s'explique
aussi comment les hommes qui habitent un climat chaud
brunissent sous les rayons ardents que darde le soleil,
sans que leur constitution ait eu des qualités primitives,
autres que celles qui se trouvent dans les autres hommes
vivant sous un ciel moins brûlant ou même sous une
basse température. Chez les premiers, le sang est attiré
jusqu'aux moindres ramuscules du tissu vasculaire, par
l'effet de la chaleur qui les dilate, et perd par l'abondance
de la transpiration et l'évaporation qui s'ensuit, la majeure
partie de ses éléments liquides. Il dépose donc ses résidus
carbonisés dans les cellules épithéliales, comme le *caput
mortuum* qui reste dans la cornue surchauffée du chimiste.

(1) Littré et Ch. Robin, *Dict. de médecine*, art. *Mélanine*.

Pour expliquer la coloration en jaune des peuples hyperboréens qui ont dû former les premières populations de
leurs nuances apparues sur la terre, on s'y prendrait différemment. On sait que le corps humain offre, sous toutes
les latitudes, une température constante ou dont les variations sont insensibles. Ceux qui habitent les froides
régions, aux environs des pôles, sont instinctivement conduits à se nourrir de tous les aliments dits *respiratoires*
et dont l'action consiste à entretenir dans l'économie organique la chaleur indispensable à la vie. De tous ces aliments, les matières grasses sont les plus efficaces, au moins
le plus à portée des populations qui avoisinent la mer.
Une expérience pratique a dû en indiquer l'utilité et en
vulgariser l'usage.

Le foie étant l'organe destiné à produire le suc propre à
émulsionner la graisse et à la rendre assimilable à l'organisme, on comprend aisément la suractivité qu'il doit
avoir dans toutes les races auxquelles sont imposées les
conditions d'existence précédemment exposées. L'irritation continuelle de la glande hépatique y détermine
une hypersécrétion de la bile. Celle-ci ayant utilisé, suivant sa principale destination, la plus grande partie de
l'acide cholalique, de la cholestérine et des sels qui y sont
réunis, continue à circuler dans le sang avec ses matières
colorantes; elle les dépose, dans sa course ultime, au réseau sous-épidermique, ici beaucoup moins actif que chez
l'Africain. Comme elles ne sont point rejetées facilement
de l'organisme, n'étant point sollicitées à l'extérieur par
une transpiration abondante, on comprend qu'elles finissent
enfin par colorer l'épiderme du Lapon et de tous les peuples
de la même race, en leur donnant cette teinte jaune, aux
nuances si variées !

L'homme de race blanche, placé sous les latitudes d'un
climat tempéré, ne se verra ni brûlé par le soleil, ni jauni

par un excès de matières biliaires dans la composition de son sang. Son teint restera toujours plus ou moins incolore. Son épiderme transparent, comme celui de toutes les races humaines, d'ailleurs, ne laissera voir le derme qu'avec cette couleur de chair si bien connue, mais si difficile à définir. Ainsi sera caractérisée la couleur de la race dite caucasique dont la nuance n'approche pas plus de la blancheur de l'albâtre que celle de l'Éthiopien ne prend cette teinte de noir de fumée dont on parle si souvent.

Voilà bien des hypothèses. Mais l'anthropologie ne repose jusqu'ici que sur des données hypothétiques. C'est déjà quelque chose, quand on peut les faire concorder avec les notions indiscutables auxquelles ont est déjà parvenu dans les sciences mieux faites, mieux élaborées.

Faute de mieux, nous avons accepté la coloration de la peau comme une base pratique de classification; mais, il faut le répéter, elle n'offre pas plus que les autres caractères anatomiques une méthode sûre et scientifique. Cette méthode n'existe pas. Mais comment a-t-on pu alors classer les races humaines en inférieures et supérieures? Si on ignore quels sont les caractères qui les distinguent régulièrement les unes des autres, comment pourra-t-on attribuer aux unes plus d'intelligence, plus de moralité qu'aux autres, sans donner dans le plus arbitraire des empirismes? Les anthropologistes désireux de pouvoir fixer les particularités taxonomiques qui légitiment leur théorie, ont eu recours à un nouveau mode de classification qui ne relève nullement des sciences naturelles; mais elle est si renommée qu'on est forcé de s'en occuper. D'ailleurs, c'est un sujet fort intéressant, c'est une des études les plus attrayantes qui soient offertes à l'esprit humain. Je veux parler des classifications basées sur la linguistique.

IV.

ESSAIS DE CLASSIFICATIONS LINGUISTIQUES.

En s'occupant de l'étude morphologique des langues, on a été prompt à reconnaître qu'elles peuvent se diviser en trois grandes classes. 1° Les langues *isolantes* ou *mono-syllabiques*, dans lesquelles les racines restent invariables, le rôle des mots dépendant de leur position comme dans le chinois, le cambodgien, l'annamite et le thaï ou siamois, ainsi que les dialectes qui s'y rapportent. 2° Les langues *agglutinantes*, où plusieurs racines s'unissent pour former un vocable ou un mot quelconque sans perdre leur signi-fication primitive, l'une conservant son indépendance radicale et les autres se réduisant au rôle de simples signes auxiliaires : comme exemple, on peut citer le turc, le malay, le dravidien et la majeure partie des langues africaines. 3° Les langues *inflexionnelles* ou *amalgamantes*, dans les-quelles la racine principale d'un mot et ses désinences admettent également l'altération phonétique, telles que les langues indo-européennes, sémitiques et chamitiques.

Cette division ne semble-t-elle pas répondre à celle de l'espèce humaine en trois grandes races, la jaune, la noire et la blanche ? Une pareille coïncidence dut éveiller l'atten-tion des ethnologues qui se demandèrent bientôt si cer-tains groupes de l'humanité ne seraient pas mieux confor-més pour se servir de telle forme de langage plutôt que de telle autre. Si l'on arrivait à une pareille systématisa-tion, ne trouverait-on pas du coup une base taxiologique et une base hiérarchique pour la division des races hu-maines ? La linguistique ne viendrait-elle pas trancher le nœud gordien qui a défié si longtemps toutes les méthodes naturelles ?

Ces idées une fois lancées, les philologues et les lin-

guistes virent dans leurs études une importance philosophique de premier ordre. Le fait parut d'autant plus intéressant que la majeure partie de la race blanche parle
des langues infléchies; une grande partie de la race jaune
parle des langues isolantes et presque tous les noirs Africains parlent des langues agglomérantes. On lutta de travail et de persévérance pour découvrir les corrélations
qui peuvent exister entre les organes de la voix et le
cerveau, d'une part, entre la pensée et la parole, de l'autre.
Ce fut une vraie émulation dans toute l'Europe. Comme
il fallait s'y attendre, plusieurs écoles furent érigées. Il
en sortit tant de discussions passionnées, tant de brillantes mais stériles contradictions que, de guerre lasse, on
désarma de toutes parts, laissant à la science le calme et
le recueillement qui sont pour elle les meilleures garanties
de progrès, après les périodes d'ardente polémique. Les
choses sont bien changées maintenant. Aussi bien, on
peut aborder froidement ces questions, sans réveiller les
passions qui agitaient si fort tous les savants de la première moitié de ce siècle. Revenons-y donc quelques
instants.

La première controverse historique qu'il faut mentionner est celle qui se manifesta à propos de l'origine du
langage. Dès l'antiquité hellénique, l'étude du langage
avait commencé à préoccuper les esprits. Les deux plus
grands maîtres de la philosophie grecque, Aristote et
Platon en ont laissé la preuve, l'un dans un traité spécial
(*de l'Interprétation* ou *du Langage*), l'autre dans son
Cratyle. L'école épicurienne, dont toutes les idées sont
condensées dans le magnifique poëme de Lucrèce, s'en
était aussi occupé. En fit-on un bien grand cas? Etait-ce
là une question de vif intérêt en dehors du cercle philosophique où l'on s'en occupait légèrement? Il est certain que non. Avant le christianisme et les dogmes théolo-

giques, il ne pouvait y avoir de discussions bien **ardentes** sur un tel sujet. Si, dans le dialogue de Platon, Hermogène considère le langage comme le produit d'une pure convention et croit que les signes en sont arbitraires, Socrate le réfute sans colère, en soutenant que la parole est une faculté naturelle qui se développe graduellement **avec** la pensée et que les signes dont on fait usage pour la fixer ont des rapports positifs avec la nature des choses.

Aristote, qui cherchait surtout à approfondir les notions par l'analyse, afin de parvenir à une systématisation générale de la connaissance, tout en reconnaissant dans le langage une faculté naturelle, y voyait de plus un caractère particulier à l'intelligence humaine, un *produit de l'âme intellectuelle,* pour nous servir de sa terminologie. Sans s'arrêter sur les abstractions, il analyse les qualités du langage et les lois de l'interprétation des signes, d'une façon insuffisante si on en compare le résultat à tout ce qui a été fait après lui, mais avec une sagacité remarquable. Cependant ce point n'a jamais soulevé de graves discussions dans les anciennes controverses philosophiques, soit parmi les péripatéticiens, soit entre les écoles opposées.

Quant à Lucrèce, qui considère Epicure à l'égal d'un dieu, il opine avec lui que les premiers hommes émirent instinctivement les sons variés du langage et furent poussés par la nécessité à donner un nom à chaque chose. L'origine du langage découlerait ainsi de la nature même de l'homme et de ses facultés innées. Il en aurait usé spontanément, comme les autres animaux émettent leurs cris ou leurs chants.

Sentit enim vim quisque suam, quoad possit abuti (1).

---

(1) Lucrèce, *De naturâ rerum,* Liv. V, v. 1030.

Toutes ces théories passèrent inaperçues ou n'attirèrent que légèrement l'attention. Autre fut l'impression quanb la question fut reprise vers la fin du XVIIe siècle, par Condillac et, après lui, Leibniz. La grande lutte philosophique aujourd'hui oubliée entre les sensualistes et les spiritualistes fut entraînée sur le terrain de la linguistique. L'un soutenait à peu près la théorie de l'Hermogène de Platon, l'autre répliquait en développant l'argumentation socratique, sous l'inspiration générale du spiritualisme classique. Qui a eu raison, qui a eu tort? Leurs contemporains furent partagés et indécis : la division et l'indécision règnent encore. Cependant la théorie de Condillac était adaptée à tout un système. Il voulait trouver un terme transactionnel qui conciliât les différentes hypothèses, en les faisant aboutir à sa théorie de la sensation.

Pour lui l'homme acquiert successivement toutes ses facultés par la sensation. Celle-ci, en se transformant en idées, se traduit naturellement par la parole composée primitivement de *signes* naturels et, plus tard, de *signes arbitraires* conventionnellement admis dans le langage. Sans la parole, l'homme est impuissant à analyser ses pensées. Aussi tout l'art de penser consiste-t-il à s'approprier une langue bien faite! D'après ce raisonnement, l'origine de la parole serait purement et simplement dans la sensation perceptive. Mais dans notre époque d'industrialisme et de positivisme, on ne comprend plus, hélas! le charme qu'il y avait à se délecter ainsi dans les enchantements de la métaphysique.

Au commencement de ce siècle, Bonald, esprit cultivé, mais paradoxal, qui croyait pouvoir réagir contre les tendances et les convictions de son temps, déploya une rare énergie à prendre le contre-pied de tout ce qui semblait concorder avec les idées persistantes de la grande

Révolution française. Or, admettre qu'il avait suffi des
seules forces de l'intelligence humaine pour inventer le
langage, comme le XVIIIe siècle le proclamait avec
l'école épicurienne, n'était-ce pas élever un piédestal à
l'orgueil humain, et légitimer toutes les tendances tumul-
tueuses qu'on manifestait hardiment, avec la prétentieuse
formule : « Chaque homme est le seul ouvrier de sa
propre destinée? » Il lui parut donc faire œuvre pie et
conservatrice, en préconisant une théorie contraire. D'a-
près lui, la parole nous serait venue d'une source plus
haute, nos premiers parents l'ayant reçue de Dieu lui-
même par les moyens surnaturels de la révélation. « Suivant Bonald, dit Fr. Lenormant, l'homme, au moment où
Dieu l'a placé dans le monde, était muet et privé de pensée ; ses facultés intellectuelles existaient en lui à l'état
de germe, mais elles étaient frappées d'impuissance, incapables de se manifester et par suite de se produire. Tout
à coup, la lumière a éclairé ces ténèbres et le miracle a
été produit par la parole de Dieu qui a frappé l'oreille de
l'homme et lui a révélé le langage. »

Impossible de condenser en moins de mots et d'une manière plus saisissante, tant par l'élévation du style que
par la sûreté de l'interprétation, la théorie que l'auteur
des *Recherches philosophiques* avait imaginée pour expliquer l'origine du langage. Mais là encore, c'était le terrain
de la métaphysique ; peut-être même de la théologie politique. La question manquait donc de base scientifique. En
effet, la linguistique à l'aide de laquelle on pouvait l'étudier avec fruit, n'était pas encore constituée d'une manière
systématique et rationnelle.

Il est vrai que depuis 1787, Hervas, savant jésuite espagnol, nommé par Pie VII préfet de la bibliothèque Quiri-
nale, après que son ordre avait été chassé de l'Espagne, a
écrit en italien un ouvrage volumineux où l'on trouve de

très savantes recherches de linguistique ; mais le titre (1) même de l'ouvrage prouve que la science qui nous occupe n'y avait qu'une place accessoire. C'est une espèce d'encyclopédie prenant le contre-pied de l'œuvre des Voltaire, des Diderot et des D'Alembert. En 1805, le même auteur publia à Madrid un *Catalogue raisonné de toutes les langues connues*. En 1815, Vater, continuant les travaux d'Adelung, avait aussi publié une *Table alphabétique de toutes les langues du monde* (2). Enfin, Klaproth, en 1823, publia son *Asia polyglotta* qui fit la plus grande sensation dans le monde savant. Mais jusque-là, ce n'était que de brillants aperçus jetés sur un coin de l'esprit humain. Les études devaient y prendre toutefois la plus belle extension et le plus haut intérêt.

La linguistique a été véritablement et définitivement constituée à partir des travaux de l'immortel Bopp dont la *Grammaire comparée des langues indo-européennes* conserve encore une grande autorité parmi les savants les plus spéciaux. — Par son traité *Des rapports des langues malayo-polynésiennes avec les langues indo-germaniques*, il a surtout jeté la première base de l'étude organique des langues et des lois phonétiques qui président à la formation des mots. Peut-on oublier le professeur Eichloff ? Par ses éminents travaux de philologie comparée ou de linguistique proprement dite, il a puissamment contribué à donner à la glottologie le caractère positif et scientifique qu'elle possède à notre époque.

Dans cette nouvelle phase de la science, la question de l'origine du langage fut de nouveau agitée, mais avec une tout autre compétence. Ceux qui l'abordèrent le firent

---

(1) *Idea dell'universo, che contiene la storia della vita dell'uomo, elementi cosmografici, viaggio estatico al mondo planetario e storia della terra*, Césène, 1778-1787, 21 vol. in-4.

(2) *Linguarum totius orbis index alphabeticum.*

avec une véritable autorité. Ce furent les Ch. Bell, les Duchenne et les Gratiolet, d'une part ; les Renan, les Guillaume de Humboldt, les Pott et les Max Müller, de l'autre.

Dans le langage il y a deux choses à considérer fort distinctes : l'émission de la parole et l'expression. Quant au premier point qui a trait au *langage naturel*, les physiologistes éminents qui s'en occupèrent, ne s'écartent pas sensiblement de l'opinion de Lucrèce. Ils n'ont fait que la compléter, en lui donnant un cachet scientifique que le disciple d'Épicure ne pouvait même soupçonner. Suivant eux, les mouvements du corps et des membres expriment certains besoins ou certains actes, parce qu'ils en sont les signes naturels, tels que les modifications de la physionomie qui s'accordent spontanément et simultanément avec le jeu de certains muscles du visage. Ceux-ci obéissent aux impulsions intimes qui résultent de la sensation. Les cris, les gestes, qui sont d'abord instinctivement produits, peuvent se répéter volontairement et finissent par s'adapter à la désignation des objets. Les enfants en donnent l'exemple continuel, jusqu'à ce qu'ils apprennent enfin leur langue maternelle (1).

Pour ce qui concerne l'origine du *langage artificiel*, c'est-à-dire la faculté de l'expression, on a imaginé pour l'expliquer, diverses hypothèses aussi valables les unes que les autres. On a tour à tour produit la théorie des *onomatopées* et celle des *interjections*. Les premières déchèleraient en l'homme une tendance instinctive à imiter les sons naturels et les secondes seraient le simple effet des grandes émotions. Il est certain que ces théories, prises isolément, ne représentent pas la vraie nature des choses. Elles doivent se compléter et s'aider d'autres don-

---

(1) Voir Albert Lemoine, *De la physionomie et de la parole.*

nées avant d'offrir des bases scientifiques plus solides.

Max Müller et M. Renan, les trouvant insuffisantes, ont cherché d'autres raisons. Ils considèrent les racines comme des types phoniques produits spontanément par une faculté inhérente à la nature humaine, celle de *nommer* les choses en les ramenant à des idées générales, suivant la puissance naturelle de l'esprit.

Mais que savait-on des racines ? Les pouvait-on étudier d'une manière précise, de façon à déduire des conclusions valables sur leur origine ? Comme après la découverte du sanscrit toutes les langues indo-européennes ont pu être classées, on commença par distinguer les radicaux des éléments formels qui y sont ajoutés d'après les règles de la phonétique. Les radicaux considérés comme les éléments primitifs de la langue furent divisés ensuite en racines attributives et racines démonstratives.

Pour expliquer l'origine d'une langue, il suffirait donc d'étudier ces racines qui sont d'ordinaire en nombre restreint dans chaque langue et les suivre attentivement dans leurs transformations phoniques.

Mais en quoi ces particularités linguistiques peuvent-elles intéresser l'anthropologie dans la recherche d'une base de classification des races humaines ? Continuons le raisonnement et les conséquences s'en déduiront. Les *racines* étant considérées comme produites spontanément par la faculté que l'homme a de *nommer* les choses, il semble que la pensée plus ou moins éclairée devient la grande régulatrice de la parole, à laquelle elle communique seule la vie et le mouvement. Le langage ne doit-il pas alors être rangé parmi les facultés que l'homme développe lui-même, par les seules excitations de la vie sociale ?

C'est une conclusion indispensable. Le professeur Sayce, un des plus brillants disciples de Max Müller, l'exprime en ces termes : « Le langage, tel que nous le trouvons, est aussi bien une création de l'homme que la peinture ou tel autre des beaux-arts... Le langage appartient à la multitude ; il fait communiquer l'homme avec l'homme ; il est le produit de causes et d'influences combinées qui affectent également tous les hommes (1). »

Peut-être les idées de M. Renan ne sont-elles pas bien claires sur ce point fondamental. Voici d'ailleurs comme il s'exprime. « Le besoin de signifier au dehors ses pensées et ses sentiments est naturel à l'homme. Tout ce qu'il pense, il l'exprime intérieurement et extérieurement. Rien non plus d'arbitraire dans l'emploi de l'articulation comme signe des idées. Ce n'est ni par une vue de convenance ou de commodité, ni par une imitation des animaux que l'homme a choisi la parole pour formuler et communiquer ses pensées, mais parce que la parole est chez lui naturelle et quant à sa production naturelle et quant à sa valeur (2). » Subtiles et délicates sont les pensées de l'éminent philosophe ; mais plus subtiles et plus fines sont ses expressions !

En somme, il opine que la parole est un résultat des facultés de l'homme agissant spontanément plutôt qu'une création de l'homme même. C'est à ce point qu'on peut facilement rattacher son opinion à celle de toute l'école théologique en distinguant la parole *en puissance* de la parole *en acte*. Dieu l'aura créée dans l'homme sous la première espèce ; mais elle se manifestera sous la seconde. C'est ainsi que l'œil voit ou que l'oreille entend, sous une simple impulsion visuelle ou auditive, sans que l'on puisse logiquement dire que l'homme est le propre créateur de

---

(1) A. H. Sayce, *Principes de philologie comparée* (Trad. de M. C. Jovy).

(2) Renan, *De l'origine du langage.*

ses facultés de voir et d'entendre. Combien de fois ne trouvera-t-on pas chez M. Renan ces réticences savantes où
se trahit involontairement l'ancien séminariste de Saint-
Sulpice !

Cependant il faut considérer comme absolument ruinée
la théorie de Bonald, cherchant l'origine du langage dans
une communication surnaturelle entre l'homme et Dieu.
Cette thèse une fois écartée, le langage étant reconnu
comme une création purement humaine, ne pouvait-on
pas se demander si les races humaines, en créant chacune
leur langue, conformément à leurs instincts et suivant leur
constitution organique, ne laisseraient point deviner,
dans la contexture idiomatique de ces diverses langues,
des traces positives qui les distinguent les unes des autres ? Chaque race ne décèlerait-elle pas une complexion
particulière, se trahissant dans la genèse de ses racines et
dans le mode d'élaboration qu'il a employé pour en tirer
les radicaux, le thème et enfin le mot infléchi, lorsque l'é-
volution linguistique a pu atteindre sa plus haute perfection? Dans le cas de l'affirmative, l'étude de la linguistique
offrirait un procédé d'investigation des plus sûrs dans la
recherche des qualités constitutives des races et une base
des plus solides pour leur classification méthodique.

Malheureusement, sans trop étudier si les choses étaient
exactement telles qu'on les supposait, on s'empressa de
formuler une classification linguistique, mais en la mode-
lant, comme nous l'avons vu, sur la classification tripartite de l'école classique qui en devint un nouveau lit de
Procuste.

Les trois groupes ainsi délimités ne devaient présenter
que des différences ethniques, selon les uns ; mais d'autres
y reconnaissaient des différences spécifiques multipliées à
l'infini. C'était l'éternelle discussion à savoir s'il n'y a
qu'une seule espèce humaine ou s'il faut en reconnaître

plusieurs. La première opinion eut, dès l'abord, une autorité bien grande dans la science et cette autorité n'a pas
diminué. Ce fut aussi pour elle une force considérable que
d'avoir eu le poids qu'apporte à toute idée philosophique
ou philologique — et il s'agit ici de l'une et de l'autre, — la
flatteuse adhésion de M. Renan.

« En un sens, dit-il restrictivement, l'unité de l'humanité
est une proposition sacrée et scientifiquement incontestable ; on peut dire qu'il n'y a qu'une langue, qu'une littérature, qu'un système de traditions symboliques, puisque
ce sont les mêmes principes qui ont présidé à la formation
de toutes les langues, les mêmes sentiments qui partout
ont fait vivre les littératures, les mêmes idées qui se sont
produites par des symboles divers. Cette unité démontrée
aux yeux du psychologue, aux yeux du moraliste et même
du naturaliste signifie-t-elle que l'espèce humaine est sortie d'un groupe unique, ou, dans un sens plus large,
qu'elle est apparue sur un seul point du globe ? Voilà ce
qu'il serait téméraire d'affirmer (1). »

Encore que conditionnelle, cette adhésion est formelle.

François Lenormant reconnaît aussi l'unité de l'espèce
humaine à côté de la diversité des langues. « L'existence
de plusieurs familles irréductibles de langues, écrit-il,
n'emporte nullement, comme on l'a dit, la pluralité originelle des espèces humaines qui ont formé ces familles de
langues. »

D'accord avec M. de Quatrefages, pour ne voir dans la
langue humaine qu'un caractère secondaire, au point de
vue taxonomique, c'est-à-dire un *caractère de race*, il a
essayé d'expliquer la relation existant entre la race et la
langue dans les termes suivants : « La faculté de produire
des articulations parfaitement nettes et infiniment variées,

---

(1) Renan, *loco citato*, p. 200.

choisies et déterminées par sa volonté, de les manier délicatement pour ne pas parler ici de leur groupement et de
leur succession calculée de manière à exprimer une suite
logique d'idées, est l'apanage exclusif de l'homme. Seulement les variations physiques des races produisent des
modifications et des différences dans la construction des
organes buccaux, modifie leur jeu et ses effets, la nature
des sons articulés qu'ils sont aptes à produire. Chaque
race, chaque subdivision ethnique et presque chaque nation a des articulations qui lui sont propres, d'autres qui
lui font défaut; d'un peuple à l'autre, les consonnes de
même ordre éprouvent des altérations régulières et constantes, dont l'étude constitue dans la science du langage
cette branche essentielle qu'on appelle la *phonétique* (1). »
On peut rapprocher de cette opinion celle de Guillaume de
Humboldt et d'autres linguistes, d'après laquelle il y aurait un rapport si intime entre la race et la langue, que
les générations ne s'accoutumeraient que difficilement à
bien prononcer les mots que ne savaient pas leurs ancêtres. Ces idées sont-elles conformes à la vérité scientifique ? Nous y répondrons plus tard. Il n'est question ici ni
de les contrôler, ni d'y ouvrir une controverse quelconque.
Il s'agit plutôt d'examiner si les données de la linguistique
s'adaptent absolument bien à la classification qu'on a cru
pouvoir établir sur les principales familles de langues formellement étudiées. On l'a généralement cru à un certain
moment. C'est à ce point qu'à l'ancienne dénomination de
race caucasienne par laquelle on s'est routinièrement habitué à désigner la race blanche, on tenta de substituer celle
encore plus fausse de race *indo-européenne*, changeant une
étiquette géographique contre une étiquette glottologique,
sans la moindre compensation pour la science.

---

(1) Fr. Lenormant, *Hist. anc. de l'Orient*, tome I, p. 335.

Une première contradiction entre les classifications
naturelles et les classifications linguistiques, c'est que la
race jaune pour la plus grande partie de ses subdivisions,
ne se trouve pas placée immédiatement après la race blanche, mais en est séparée par la noire. En effet, d'après la
théorie de Jacob Grimm (1), les langues offrent dans leur
développement organique une échelle de composition ascendante. Dans les périodes primitives, les mots courts et
monosyllabiques, formés seulement de voyelles brèves et
de sons élémentaires, sont les seuls en usage. Cette époque
a dû coïncider avec l'unité des langues qui n'avaient encore
subi aucune différenciation. Ensuite, chaque idiome passe
successivement à l'état agglutinant et de là à l'état flexion-
nel dans lequel on rencontre les langues dites aryennes,
aussi haut qu'on puisse remonter dans les fastes du passé.
Or, les langues africaines, ayant généralement la forme
agglutinante, possèdent donc des qualités morphologiques
supérieures à la langue chinoise, type des langues monosyllabiques, et se rapprochent davantage des langues
infléchies.

Ce n'est peut-être qu'un simple détail ; car ce n'est pas
pour la première fois que nous voyons le type jaune s'éloigner plus du blanc que ne le fait le type noir. Mais si le
premier groupe linguistique, celui des langues isolantes
ou monosyllabiques, appartient essentiellement à la
race mongolique, il y a bien loin de cette convenance entre les deux autres groupes de langues et les races qui
s'en servent. Parmi les peuples parlant les langues agglutinantes, ne trouve-t-on pas, des blancs, des jaunes et des
noirs ? Encore que la très grande majorité des peuples qui
parlent les langues infléchies appartiennent à la race

---

(1) *Abhandlungen der Akademie der Wissenschaften zu Berlin,
aus dem Jahr* 1852.

blanche, ne peut-on pas mentionner plusieurs idiomes de nations noires dans la contexture desquels on découvre déjà la forme flexionnelle ?

« Les langues agglutinantes sont très nombreuses et parlées par des peuples de toutes les races de l'humanité, dit F. Lenormant. » En effet, les Dravidiens noirs de l'Inde, comme les Ougro-Japonais presque blancs, parlent des langues de cette classe. Les hommes de Bournou qui vivent dans l'Afrique centrale, les noirs Yolofs, le Hottentot, si bizarre avec les *kliks* qu'il fait entendre au commencement de toutes les intonations vocales, en sont à la même étape que les Basques et une foule de peuples blancs occupant les versants du Caucase, tels que les Géorgiens, les Tcherkesses ou Circassiens et beaucoup d'autres types anthropologiques qu'on distingue du blanc Européen, en les nommant *allophylles*. Pour abréger, il suffirait de dire que tous les aborigènes de l'Amérique, où l'on rencontre les hommes de toutes les couleurs, parlent des langues agglutinantes.

Les langues à flexion se subdivisent en trois grandes branches, comprenant la famille chamitique, la famille syro-arabe et la famille dite indo-européenne. Les deux dernières appartiennent à des peuples qui sont tous de race blanche ou considérés comme tels par le plus grand nombre des ethnologues. Il est vrai que les Syriens ne sont pas positivement blancs, que beaucoup d'Arabes sont non-seulement bruns mais souvent noirs. La majeure partie des nations parlant les langues pracrites, — idiomes dont la parenté est directe avec le sanscrit qui est une langue morte, — sont évidemment noires ou très foncées. Mais on peut prétendre qu'elles étaient toutes blanches, à l'origine, et ce n'est pas le lieu de discuter une telle assertion.

Cependant pour la famille des langues chamitiques ou 'hamitiques, dites aussi égypto-berbères, il est positif

qu'elles sont parlées par plusieurs peuples noirs, à cheveux crépus, de vrais nègres, pour répondre à la distinction spécieuse des anthropologistes. François Lenormant,
la divisant en trois groupes, y compte : l'égyptien, l'éthiopien et le lybien. « Le groupe éthiopien, dit-il, est constitué par les langues parlées entre le Nil blanc et la mer,
le galla et ses différents dialectes, le bedja, le saho, le
dankâli, le somâli qu'il importe de ne pas confondre avec
les idiomes sémitiques ou syro-arabe de l'Abyssinie. Lin-
guistiquement et géographiquement, le bischarri fait le
lien entre ces langues et l'égyptien (1). »

Or, toutes ces langues sont parlées par des peuples de
la race éthiopienne, comme l'indique assez la dénomination générique que le savant orientaliste a donnée au
groupe qui les embrasse. Le haoussa, parlé par les noirs
de l'Afrique centrale, dont il est devenu la langue commer-
ciale, appartient au groupe lybien et est parente du berbère
et, par suite, du mosaby, du schelouh et du zénatya de
Constantine. C'est au dire de F. Lenormant, un idiome
riche et harmonieux.

Dans les oasis du Sahara, on rencontre un peuple noir
dont les caractères tranchent positivement avec celui des
Arabes et dont l'idiome est un dialecte négro-berbère. « Le
Dr Weisgerber, dit M. Paul Bourde, a exécuté de nombreuses mesures anthropologiques qui aideront sans doute
à déterminer à quel rameau de l'espèce humaine il faut
rattacher la curieuse population des oasis. On sait qu'elle
est noire et M. Weisgerber incline à penser qu'elle provient d'un métissage entre nègres et Berbères. Elle parle
un dialecte berbère qui paraît se rapprocher beaucoup
du zénaga du Soudan. Elle aime le travail autant que la
race arabe l'abhorre et est acclimatée dans les bas-fonds

(1) Fr. Lenormant, *loco citato*, p. 368.

humides de l'Oued-Khir qui devient meurtrier pour celle-ci à certaines époques de l'année (1). »

Les langues syro-berbères ou sémitiques et égypto-berbères ou chamitiques ont d'ailleurs une telle analogie entre elles, que le savant Benfey (2) y formula une théorie d'après laquelle il les fait provenir d'une source commune, qui fut divisée plus tard en deux branches distinctes. Comme elles possédaient alors toute leur fécondité organique, elles ont continué à se développer, après la séparation, en divergeant de plus en plus. Bleck, allant plus loin, fait dériver d'une source commune toutes les langues africaines et sémitiques (3).

V.

INCONSISTANCE DES LANGUES COMME BASE DE CLASSIFICATION.

En réunissant tout ce qui a été dit plus haut, on voit bien que la théorie qui se reposerait sur la morphologie linguistique comme base de classification des races ne serait guère plus heureuse que les précédentes. Aussi les plus savants linguistes, ayant appliqué à leur science tous les procédés d'investigation qui assurent la conquête des grandes vérités, ont-ils hautement déclaré l'inaptitude et même l'impuissance de la glottologie dans les recherches taxiologiques, entreprises dans le but de parvenir à une délimitation précise des divers groupes ethniques qui forment l'humanité.

Bien plus! Le lien essentiel que l'on avait imaginé pour réunir tous les peuples de race blanche en un faisceau compacte, en une famille commune, la langue *aryaque*,

(1) *La France au Soudan* in *Rev. des Deux-Mondes,* 1er février 1881.
(2) Th. Benfey, *Ueber das Verhältniss der œgyptischen sprache zum semitischen Sprachtmann.*
(3) *De nominum generibus linguarum Africœ australis.*

perd aujourd'hui tout son prestige des premiers temps, prestige devant lequel on s'inclinait si respectueusement. « Bien peu de linguistes, dit M. de Rosny, osent encore présenter les langues de notre Europe, comme des filles d'une langue qui aurait été le sanscrit ou bien cet idiome hypothétique et quelque peu fantaisiste qu'on appelle *aryaque*. Je qualifie cet idiome d'hypothétique, parce qu'il ne repose en somme sur la connaissance d'aucun texte, d'aucune inscription, d'aucun mot réellement historique, mais seulement sur la supposition que quelques racines anciennes des langues aryennes ont appartenu peut-être à une langue perdue de laquelle seraient dérivées toutes celles qui constituent le groupe qui nous occupe. Je pourrais ajouter que le nom même de cette langue est inconnu dans l'histoire et ne doit son origine qu'à une invention tout à fait moderne et d'une moralité scientifique encore fort douteuse.

La seule doctrine établie c'est que le sanscrit, le persan, le grec, le latin, les langues germaniques et les langues slaves, renferment un nombre considérable d'éléments communs tant lexicographiques que grammaticaux, et que le fait d'*emprunt* ne saurait être contesté. Mais une foule de langues ont fait à d'autres langues des emprunts considérables sans qu'il y ait pour cela la moindre parenté originaire (1). »

L'unité d'origine des langues indo-européennes une fois rompue, on est forcément amené à ne voir dans les divers idiomes connus que l'expression sociale des peuples qui s'en servent, c'est-à-dire que le degré de perfection plus ou moins caractérisée de ces idiomes est adéquat au degré de civilisation de ces peuples. Cette thèse, il est vrai, paraît inconciliable avec la théorie de l'évolution morpholo-

---

(1) *Congrès intern. des sciences ethnogr.*, etc., p. 114.

gique des langues et les faits historiques qu'on est forcé d'y adapter. Mais ne faudrait-il pas aussi se demander si le système de Jacob Grimm ne mérite pas qu'on y ajoute certaines modifications? On est bien porté à croire que la morphologie, tout en présentant une gradation réelle entre les langues, au point de vue de la composition phonétique, n'institue pas une supériorité absolue de telle forme à telle autre. Chacune des grandes divisions, — monosyllabiques, agglutinatives ou inflectives, — semble être capable d'une évolution qui lui est propre et au cours de laquelle elle peut acquérir une conformation très approchante de la perfec- tion, c'est-à-dire de l'idéal qu'on se fait de la parole hu- maine. Ainsi se conçoit aisément un fait incontestable, c'est que le chinois, quoique inférieur à telle langue agglu- tinante ou agglomérante, si on se réfère à la théorie de Grimm, est arrivé dans le cercle de son évolution et en tant que langue artificielle, à produire des œuvres d'une supériorité incontestable.

« Le pouvoir qu'a l'esprit humain sur ses instruments, si imparfaits qu'ils soient, dit Whitney, est évidemment démontré par l'histoire de cette langue qui a répondu avec succès à tous les besoins d'un peuple cultivé, ré- fléchi et ingénieux, pendant une carrière d'une durée sans pareille; elle a été employée à des usages bien plus élevés et plus variés que nombre de dialectes mieux organisés : ces dialectes étaient riches par leur flexibilité, leur dé- veloppement; mais ils étaient pauvres par la pauvreté même et la faiblesse de l'intelligence de ceux qui les ma- niaient (1). »

Mais revenons à l'idée de F. Lenormant et de Guillaume de Humbold, idée partagée d'ailleurs par nombre de sa- vants. Est-il vrai que chaque race humaine est conformée

---

(1) Whitney, *Le langage et l'étude du langage*, 3e édit.

de telle sorte que ses représentants soient plus aptes à parler certaines langues que certaines autres?

« Le langage que nous parlons n'est pas né en nous, à notre naissance, répond Sayce. L'enfant doit apprendre la langue maternelle, bien qu'il hérite sans doute d'une certaine aptitude à cet égard. S'il est né en Angleterre, il apprend l'anglais; s'il est né en France, il apprend le français. Si deux langues ou davantage sont parlées par ceux qui l'entourent, il est probable qu'il apprendra ces langues plus ou moins bien, suivant qu'il sera en relations plus ou moins assidues avec ceux qui les parlent. Des langues autrefois parfaitement sues, peuvent être entièrement oubliées et une langue étrangère peut devenir aussi familière à l'homme que si elle était sa langue maternelle. On voit des enfants, dont la langue était l'hindoustan, oublier entièrement cette langue, après un court séjour en Angleterre, et il devient souvent difficile de reproduire un son que l'on avait toujours sur les lèvres dans l'enfance. Ce qui est vrai de l'individu l'est également de la communauté qui se compose d'individus (1). »

Ces vérités, sont si claires, si simples, que les gens qui ont voyagé et vu divers peuples transportés dans un milieu autre que celui de leurs ancêtres, trouveront curieux qu'on prenne la peine de les faire remarquer. La République haïtienne, peuplée de descendants d'Africains ne parle-t-elle pas le français? N'a-t-on pas vu les soldats bosniaques envoyés dans la basse Nubie par le sultan Sélim, en 1420, perdre leur langue maternelle, pour en adopter une autre regardée comme inférieure? Les indigènes de toute l'Amérique du Sud, qui se sont convertis en peuples civilisés, n'ont-il pas tous appris à parler l'espagnol et les Indiens du Brésil ne parlent-ils pas parfaitement

---

(1) Sayre, *loco citato*, p. 292.

le portugais, lorsqu'ils ont reçu une instruction solide ?

Waitz a mentionné tous ces faits, que je connais person-nellement pour la plupart (1). Mais en m'exprimant ici dans une langue dont mes ancêtres de Dahomey n'avaient abso-lument nulle idée, ai-je besoin d'offrir un exemple plus éloquent de la nullité des rapports naturels qu'on a essayé d'établir entre le langage et la race ?

La vraie relation qu'il faut donc reconnaître, c'est celle qui existe entre la parole et la pensée. C'est la pensée qui imprime à la parole ce caractère élevé, supérieur entre tous, et dont l'homme est si légitimement fier. Pour qu'une langue se perfectionne, il suffit que les peuples qui la parlent aient grandi en conscience et en intelligence, en savoir et en dignité. Il en est de même de l'individu. C'est pourquoi l'expression de Cicéron, *vir bonus dicendi peritus*, sera éternellement vraie. En réalité, toutes les langues n'offriront pas toujours les mêmes ressources littéraires. Tel idiome se prêtera plus spécialement à un genre de littérature que tel autre. Mais l'homme dont la pensée a acquis une élaboration supérieure, finit infailliblement par triompher de ces difficultés.

En effet, les langues, se décomposant en leur plus simple contexture, n'offrent d'abord que le squelette inanimé des thèmes verbaux ou nominaux qui, par des combinaisons de linguistique, le plus souvent inconscientes, spontanées, prennent chair et sang. La pensée leur communique la vie en y apportant ses formules. Les plus heureuses néologies nous viennent souvent dans un moment d'enthousiasme, sans que la conscience ait rien fait pour en contrôler la conception. Ce sont d'ordinaire les meilleures. Ce qui a concouru à leur création, ce qui leur donne la forme, c'est le cœur de l'écrivain, c'est sa vie intellectuelle exaltée en

---

(1) Théod. Waitz, *Anthropologie der Naturvölker*, Leipzig, 1859.

puissance par l'ébranlement du *mens divinior !* Aussi la
grammaire d'une langue a-t-elle une importance autrement
sérieuse que sa morphologie lexicographique.

Cependant, pour étudier la ressemblance qu'il peut y
avoir entre diverses langues, ce ne sont pas les détails
grammaticaux tels que la théorie des *racines pronomi-
nales*, les règles de la permutation littérale, les altérations phonétiques, etc., qui doivent attirer l'attention.
C'est plutôt la logique de la phrase. « Nous ne pensons pas
au moyen des mots, mais au moyen des phrases, dit Waitz;
aussi pouvons-nous affirmer qu'une langue vivante consiste en phrases et non en mots. Mais une phrase n'est
pas formée de simples mots indépendants. Elle consiste en
mots qui se rapportent les uns aux autres d'une façon particulière, de même que la pensée qui leur correspond ne
consiste pas en idées indépendantes, mais en idées si bien
liées qu'elles forment un tout et se déterminent mutuellement les unes les autres (1). »

« C'est par la conception de la phrase que les langues
se ressembleront ou différeront, dit encore Sayce (2). »

Eh bien, si l'on veut étudier à ce point de vue les principales langues de l'Europe, que de dissemblances ne trouvera-t-on pas entre les idiomes des peuples que les anthropologistes ont continuellement, et sans doute à juste titre,
considérés comme appartenant à un seul groupe ethnique !
Quand on examine la phraséologie de la langue allemande
avec ses règles de construction si différentes du français,
on est tenté d'admettre que, pour la logique de la phrase
il y a peut-être plus de distance entre ces deux langues,
toutes les deux infléchies, qu'entre la première et le turc,
qui est pourtant une langue agglutinative. Prenons, par

---

(1) Théod. Waitz, *loco citato*, p. 246.
(2) A. H. Sayce, *loco citato*, p. 107.

exemple, cette phrase française : « Ils n'étaient pas amenés à s'aimer l'un l'autre. » Elle se rend en turc par les mots suivants sous lesquels je place les mots français correspondants, autant qu'il m'a été possible de le faire, sans avoir particulièrement étudié le turc, en suivant seulement les indications données par le savant orientaliste Fr. Lenormant.

Sev — *isch* — *dir* — *il* — *me* — (1) *r* — (2) *di* — *ler.*
Aimer l'un et l'autre, faire être ne pas.   Ils

Il faut lire : « *Sev-isch-dir-il-me-r-di-ler* », en agglutinant toutes les autres racines modales avec *sev*.

La même idée exprimée en allemand se rendra par cette phrase.

Einander   *zu lieben, waren sie nicht gemacht worden.*
L'un l'autre pour aimer étaient-ils pas faits devenus.

On voit du premier coup que l'ordre logique de la phrase allemande se rapproche bien plus de la phrase turque que de la phrase française. Si la race germanique était plus brune que la race celtique, dont la majeure partie de la France est peuplée, d'après les ethnologistes, on pourrait croire qu'il y a une parentée ethnique plus grande entre le Turc et l'Allemand, qu'entre celui-là et le Français. Mais au point de vue de la couleur et suivant les classifications anthropologiques, c'est le contraire qui est vrai.

---

(1) Signe du participe présent. *Sev-mek* signifiant *aim-er*, en changeant le signe de l'infinitif, *mek*, en *er* ou (*e*) *r* ou a *sev er* qui signifie *aimant*.

(2) Signe de l'imparfait : *sev-er-im* signifiant « j'aime », *sev-e-rdim* signifiera « j'aimais ». Il faut aussi remarquer que la dentale *d* marque ici le passé comme il en est dans les langues aryennes où *t* et *d* sont les signes caractéristique du passé, suivant que l'a démontré Burnouf dans la savante préface de sa grammaire grecque. En allemand l'imparfait de l'indicatif et le passé défini ont la même forme et ne se distinguent que par la contexture de la phrase.

En laissant la construction logique de la phrase, on peut encore faire une remarque sur la conjugaison du verbe *être*. C'est le verbe par excellence, puisqu'au point de vue psychologique, on ne peut concevoir l'énonciation d'aucune idée, d'aucune pensée, sans y impliquer ce verbe, le seul qui subsiste par lui-même, en exprimant l'affirmation. La conjugaison d'un tel verbe ou le rôle qu'il joue dans la conjugaison des autres verbes, dans une langue quelconque, doit avoir une certaine relation psychologique avec le mode de conception des peuples parlant cette langue. Eh bien, une particularité fort curieuse existe là-dessus dans l'allemand et l'italien qui se distinguent, sous ce rapport, de tout le groupe linguistique de l'Europe occidentale. En ces deux langues, au lieu d'employer l'auxiliaire *avoir*, exprimant l'action, dans les temps composés du verbe *être*, ce sont les temps correspondants de ce verbe même qui en tiennent lieu. — En français, on dit : « j'ai été »; en anglais, « *I have been* »; en espagnol, « *yo he sido* ou *he estado* »; mais en allemand et en italien, on dit : *ich bin gewesen* et *io sono stato*, c'est-à-dire *je suis été*. Or, au point de vue ethnologique, il n'y a pas de doute que les Italiens sont à une plus grande distance des Allemands que les Anglais. Sans doute, il y a une certaine compensation au point de vue lexicologique. Il y a peut-être plus du tiers des mots anglais dont la forme diffère si peu des mots allemands que la science la plus élémentaire des permutations linguistiques suffit pour les transformer les uns en les autres. Au point de vue de la construction grammaticale, pourtant, et pour l'ordre syntaxique de la phrase, l'anglais se rapproche beaucoup plus des langues d'origine latine et surtout du français.

Ce sont des faits qui prouvent surabondamment que les langues, dans ce qu'elles ont d'essentiel, s'adaptent mieux au caractère social, à la civilisation qu'à la race. Le peuple

anglais, quoique d'origine saxonne, forme avec le peuple
français le noyau du groupe occidental, dont l'esprit, les
tendances psychologiques diffèrent sans doute, mais
s'écartent encore davantage de l'esprit et des inclinations
morales de l'Allemand. Celui-ci, malgré le grand et subit
développement intellectuel dont il fait preuve, reste, au
point de vue psychologiue, comme l'intermédiaire placé
entre la civilisation qui s'arrête au régime autocratique de
la Russie, d'une part, et celle de l'Europe latine qui, même
dans ses défaillances, tourne encore ses regards vers la
liberté, de l'autre. On en trouve le signe évident dans son
amour excessif de l'autorité et la déification de la force qui
semble être une floraison spéciale à son esprit national et
le but invariable de ses aspirations.

Il est même curieux d'observer dans l'allemand, une
particularité linguistique qu'on ne rencontre que dans
certaines langues de l'Orient, c'est l'*harmonie vocalique*,
c'est-à-dire une tendance à rendre toujours la vocalisation
homophonique. La majeure partie des mots allemands,
surtout dans leurs désinences, s'adaptent en effet à une
phonologie semblable. Le son *en*, par exemple, (prononcé
èn', sans nasalité) domine démesurément dans cette langue. L'infinitif de tous les verbes, la première et la troisième personne du pluriel de tous leurs temps, la majeure
partie des noms, au pluriel, les épithètes adjectives, précé-
dées de l'article défini, se terminent toujours en *en*. Le
génie de la langue étant d'adresser la parole à la troisième
personne du pluriel, on prévoit combien souvent ce son
revient dans le discours. C'est à ce point que l'on peut
attribuer à cette particularité la grande difficulté que
l'étranger éprouve à distinguer les mots qui se succè-
dent dans la bouche d'un Allemand parlant avec précipitation, comme c'en est d'ailleurs l'habitude. Il n'y
a que la ressource de l'accent tonique qui puisse aider

à discerner les paroles et leur sens ; mais c'est la dernière conquête et la plus difficile pour celui qui n'est
pas né ou, pour le moins, n'a pas grandi en Allemagne.

Une autre particularité des plus remarquables que l'on
rencontre dans certaines langues agglutinantes, ce sont
les mots *holophrastiques*, c'est-à-dire renfermant toute
une phrase, par l'agglutination de plusieurs termes plus
ou moins modifiés. Ainsi, dans la langue mexicaine, le
nom de lieu *Achichillacachocan* signifie (1) : « le lieu où
les hommes pleurent parce que l'eau est rouge. »

Presque toutes les langues américaines et la plupart des
idiomes hyperboréens offrent des formes linguistiques
semblables. On a fait la remarque que la trace s'en retrouve peut-être dans l'italien et l'espagnol, qui sont des
langues flexionnelles et analytiques. Les mots ainsi formés
se constatent aussi dans l'allemand, suivant une composition souvent arbitraire ; il en est de même pour le grec.
Il faut citer surtout le vers suivant du poète Phrynichus,
écrit en un seul mot et presque intraduisible :

Ἀρχαιομελησιδωνοφρυνιχεράτα.

Il a attiré l'attention de Victor Hugo qui en fait une
mention spéciale dans son *William Shakespeare*, œuvre
de critique savante et de profonde érudition.

En réfléchissant sur les résultats que donne l'investigation glottologique dans l'étude des races humaines on ne
saurait conserver la moindre illusion. La linguistique ne
peut rien affirmer sur l'origine des nations. Moins encore
elle peut nous aider à les classer en groupes naturels ayant
des bases zootaxiques qui réunissent un caractère suffisamment scientifique.

Quelle que soit l'assurance que mettent les savants à

---

(1) F. Lenormant, *loco citato*, p. 349.

parler des races et de leurs aptitudes, leurs déductions ne sont-elles pas d'avance frappées d'un cachet de routine et d'empirisme, quand les investigations préalables offrent un si piètre résultat? Leur interprétation pourra-t-elle jamais être considérée comme le dernier mot de la science? Plus ils insisteront dans leurs conclusions absolues, luttant contre l'évidence, appuyés sur des procédés aussi imparfaits et d'une application aussi incertaine que ceux que nous avons déjà vus, plus ils perdront de leur prestige, plus ils prouveront enfin leur incompétence, en compromettant le crédit d'une science qui est encore dans les langes, mais dont l'avenir est infiniment respectable.

Mais l'anthropologie, qui est impuissante à nous indiquer les délimitations précises qui séparent un groupe humain d'un autre, sera-t-elle mieux éclairée dans la solution d'une question beaucoup plus complexe et ardue? Sera-ce en son nom qu'on prononcera dogmatiquement l'inaptitude congénitale et irrémédiable de la plupart de ces mêmes groupes à en égaler d'autres? Peut-on jamais déterminer les qualités spécifiques, avant la détermination de l'espèce? En bonne logique, cela paraît absolument impossible. La scolastique qui ne mérite pas toujours le mépris systématique dont le vulgaire ignorant l'accable, démontrerait avec évidence que l'être doit précéder la manière d'être. *Modus essendi sequitur esse*, disait l'école. Mais les savants, dont la dialectique est si serrée lorsqu'il faut défendre leurs opinions contre les théories qui leur sont opposées, ne se gênent pas pour si peu.

Nous allons donc voir comment ils essayent, dans l'obscurité même de la science, — *in logo d'ogni luce muto*, — de trouver le moyen de mesurer et de comparer les qualités les plus profondément cachées dans la nature humaine, telles que l'intelligence et la moralité, les seules

qui rendent les hommes vraiment supérieurs les uns
aux autres.

La conception d'une classification hiérarchique des races
humaines qui est une des créations doctrinales des temps
modernes ou plutôt du siècle que nous parcourons,
sera sans doute, un jour, la plus grande preuve de l'imperfection de l'esprit humain, et surtout de la race orgueilleuse qui l'a érigée en doctrine scientifique. Mais elle
ne mérite pas moins la peine d'être étudiée. Aussi prions-
nous le lecteur de ranimer ses forces épuisées par le long
examen des notions si variées et si contradictoires exposées jusqu'ici, pour nous suivre dans la partie de cet
ouvrage qui constitue plus spécialement le but de nos
recherches et où nous devons aborder le point fondamental de notre démonstration !

CHAPITRE VI.

Hiérarchisation factice des races humaines.

En maintenant l'unité de l'espèce humaine, nous rejetons par une conséquence nécessaire la distinction désolante des races supérieures et des races inférieures.　　　　(Alex. DE HUMBOLDT).

I.

LA DOCTRINE DE L'INÉGALITÉ ET SES CONSÉQUENCES LOGIQUES.

Bien que M. de Gobineau (1), qui réunissait à une grande érudition une faiblesse de conception et un manque de logique avérés, ait prétendu que « l'idée d'une inégalité native, originelle, tranchée et permanente entre les races est, dans le monde, une des opinions les plus anciennement répandues et adoptées », personne de ceux qui ont étudié l'histoire ne saurait admettre une telle assertion. Peut-être observe-t-on un esprit fait d'égoïsme et d'orgueil, qui a toujours porté les peuples civilisés à se croire d'une nature supérieure aux nations qui les entourent ; mais on peut affirmer qu'il n'y a jamais eu la moindre relation entre ce sentiment, qui est la conséquence d'un patriotisme étroit mais hautement respectable, et une idée positive de hiérarchie systématiquement établie parmi les races humaines.

Ainsi, dès l'antiquité la plus reculée, on voit les Égyptiens désigner les nations de race blanche, qui leur étaient connues, par les expressions de *race maudite de Schet* ou *plaie de Schet* (2). Mais traitaient-ils différemment les

---

(1) De Gobineau, *De l'inégalité des races humaines*, p. 35.
(2) Beauregard, *Des divinités égyptiennes.*

Éthiopiens, vainqueurs ou vaincus dans les guerres fréquentes qu'ils se faisaient, en évoluant sur tout le long parcours du Nil? Les Grecs considéraient les Perses comme des barbares; mais ils ne traitaient pas moins dédaigneusement les Macédoniens. Les Romains, quand ils luttaient contre les peuples étrangers, ne faisaient pas de distinction entre les Numides bronzés et les Gaulois aux cheveux blonds.

La division des peuples en races distinctes, classées d'après les principes des sciences naturelles, n'a commencé à prendre place comme notion positive, dans l'esprit humain, qu'avec la naissance de la science ethnographique. Celle-ci, tout en paraissant çà et là, comme autant de lueurs indicatives, dans les œuvres historiques d'une importance sérieuse, ne s'est définitivement constituée qu'avec les travaux systématiques des naturalistes de la fin du XVIIIe siècle, ainsi qu'il en a été fait mention. N'est-il donc pas absolument inexact d'avancer que l'idée de l'inégalité originelle entre les races a été une des opinions les plus anciennement répandues, surtout quand on parle des races humaines dans le sens que la science moderne attache à ces termes?

La doctrine anti-philosophique et pseudo-scientifique de l'inégalité des races ne repose que sur l'idée de l'exploitation de l'homme par l'homme. L'école américaine a été seule conséquente avec elle-même, en soutenant cette doctrine; car ses adeptes ne cachaient pas l'intérêt capital qu'ils avaient à la préconiser. Aussi doit-on leur rendre cet hommage : autant les savants européens ont été timides, émettant leurs opinions avec des chétifs sous-entendus, autant ils ont été radicaux et logiques, même dans leurs erreurs. L'Européen tout en admettant la pluralité des espèces et leur inégalité comparative, protestera contre l'esclavage en des tirades magnifiques. Ce n'est pour lui qu'une occasion superbe de cueillir une palme nouvelle dans le jardin fleuri de la rhétorique et de prouver par son humanitarisme de convention, qu'il a bien fait ses humanités. Mais qui ne sent la contradiction d'une telle tactique?

Pour moi, toutes les fois que je lis ces passages enlevés, ce style grave et pompeux où, tout en flétrissant ma race sur le front de laquelle on semble imprimer le sceau de la stupidité, on proteste éloquemment contre l'immoralité de l'esclavage, je ne puis m'empêcher de crier au pharisaïsme.

Broca, par exemple, qui n'hésite pas à dire son fait au noir Ethiopien, s'exprime avec une curieuse indignation contre le régime de l'esclavage. Mais croit-on que c'est sous l'inspiration des idées philosophiques de justice et de solidarité qu'il élève la voix?... Non, il n'est contrarié que parce que la question de l'esclavage était, à son avis, le principal obstacle mis à la propagation de la théorie polygéniste.

« Lorsque de généreux philantropes, dit-il, réclamèrent avec une constance infatigable la liberté pour les noirs, les partisans de l'ancien ordre de choses, menacés dans leurs intérêts les plus chers, furent bien aises de pouvoir dire que les Nègres n'étaient pas des hommes mais seulement des animaux domestiques plus intelligents et plus productifs que les autres. A cette époque, la question scientifique fit place à une question de sentiment, et quiconque faisait des vœux pour l'abolition de l'esclavage, se crut obligé d'admettre que les Nègres étaient des Caucasiens noircis et frisés par le soleil. Aujourd'hui que les deux plus grandes nations civilisées, la France et l'Angleterre, ont émancipé définitivement les esclaves, la science peut réclamer ses droits, sans s'inquiéter des sophismes des esclavagistes. » Il est évident que ces paroles de Broca ne renferment rien d'exagéré. Comme tout son amour-

propre était mis en jeu dans la controverse du polygénisme et du monogénisme, il ne s'occupait que du triomphe
de sa cause. Il pouvait bien oublier que le plus grand
nombre d'esclaves noirs se trouvaient aux États-Unis et
subissaient encore l'effet de la triste doctrine qu'il défen-
dait si ardemment.

Cependant parmi les monogénistes, il y eut aussi des
esclavagistes, en petit nombre d'ailleurs. Ceux-là n'imaginèrent rien de mieux que de faire de l'esclavage une institution divine. Ce fut une belle occasion pour leur terrible
adversaire. Avec sa perspicacité, son sens exquis de dialecticien habile, Broca ne la négligea pas.

« Si tous les hommes descendent d'un seul couple, dit-il,
si l'inégalité des races a été le résultat d'une malédiction plus ou moins méritée, ou bien encore si les unes se
sont dégradées, et ont laissé éteindre le flambleau de leur
intelligence primitive, pendant que les autres gardaient
intacts les dons précieux du Créateur; en d'autres termes,
s'il y a des races bénies et des races maudites, des races
qui ont répondu au vœu de la nature et des races qui ont
démérité, alors le révérend John Backmann a raison de
dire que l'esclavage est de droit divin ; c'est une punition
providentielle, et il est juste, jusqu'à un certain point, que
les races qui se sont dégradées soient placées sous la *protection* des autres, pour emprunter un ingénieux euphé-
misme au langage des esclavagistes. Mais si l'Ethiopien
est roi du Soudan au même titre que le Caucasien est roi de
l'Europe, de quel droit celui-ci imposerait-il des lois à
celui-là, si ce n'est du droit que donne la force ? »

Toute cette argumentation est irréprochable, à première
vue, mais quelle en est la valeur réelle avec la doctrine de
l'inégalité des races? Elle ne paraît si logique qu'en impli-
quant que l'Ethiopien, roi du Soudan, est l'égal du Caucasien, roi de l'Europe. Il suffit de supposer le premier infé-

rieur au second pour qu'elle devienne le plus spécieux des paralogismes. En effet, l'homme ne justifie sa domination sur les autres êtres de la création que par le sentiment qu'il a de sa supériorité, surtout intellectuelle et morale, sur tout ce qui vit et s'agite sur la surface du globe.

Hors de ce sentiment qui a pris dans nos consciences l'importance d'un fait indiscutable, planant au-dessus de toute démonstration, il faudrait bien considérer comme des actes de pure violence, l'usage arbitraire que nous faisons de tous les animaux, au gré de nos besoins. — Le fier lion que nous cherchons à détruire dans l'impossibilité où l'on est de le soumettre, l'éléphant gigantesque que nous dressons à notre usage, ne sont-ils pas aussi les rois du désert ou des forêts humides? Le poisson, dont nous alimentons nos estomacs délicats, n'est-il pas encore le roi des océans à l'onde amère? Si, parce que tous ces êtres ont un domaine qui leur est propre, il fallait les respecter, ne pas en disposer suivant nos besoins, ne pas nous reconnaître des droits sur eux, tout progrès deviendrait irréalisable. L'humanité, au lieu de dominer le reste de la nature, se serait condamnée à un étroit scrupule où toute personnalité et toute énergie auraient disparu.

Nous n'usons et n'abusons donc de tous les êtres de la création que par la conviction intime et profonde que nous avons de leur être supérieurs, ayant à réaliser une destinée d'une précellence incontestable, lorsqu'il s'agit de la comparer à leur chétive existence. Ce point de philosophie est d'une vérité irréfragable. Pour en offrir une preuve sensible, il suffit d'une réminiscence historique.

Dans les premiers temps du prosélytisme chrétien, les nouveaux convertis se sentaient pris d'un tel délire d'humilité que, bien souvent, leur idéal le plus élevé était de s'anéantir individuellement, afin de se mieux confondre dans l'ineffable unité de l'Église naissante. Cette interprétation des Évangiles, où se découvre l'exagération des idées morbides issues des doctrines néo-platoniciennes, était surtout sortie de la secte des gnostiques. Parmi ceux-ci, les Carpocratiens exagéraient à ce point le principe qu'ils s'abaissaient parfois jusqu'au niveau de la brute. Dans les agapes dont le scandale n'a pris fin que par l'interdiction du concile de Carthage, au IVe siècle, ils s'oubliaient religieusement dans une promiscuité irritante et malsaine; mais ils voyaient un frère, un égal dans chaque animal.

Mangeaient-ils de la chair? ils en demandaient pardon à l'animal dont elle provenait. C'était une vraie folie. Et si toute l'Eglise avait versé dans une telle ornière, on ne pourrait imaginer jamais un plus grand obstacle contre le progrès de l'espèce humaine.

On peut faire la même réflexion sur les prescriptions religieuses de Boudha, où il est recommandé de respecter toute créature vivante, à l'égal de l'homme. Elles n'ont servi qu'à paralyser toute énergie humaine, retirant à l'humanité le stimulant nécessaire pour progresser et réaliser ses hautes destinées.

Il est évident que la supériorité de l'homme sur les autres créatures lui constitue seule un droit indiscutable de se les approprier et de s'en servir comme les éléments indispensables à son développement progressif. Si parmi les races humaines, l'une était reconnue supérieure aux autres, ce serait donc son droit de les asservir, en vertu d'une loi naturelle et logique, qui veut que les plus aptes dominent sur la terre. Sous ce rapport, le grand Stagirite que l'on a tant calomnié, par une fausse et insuffisante interprétation, est irréprochable en tant que logicien. S'il laisse quelque chose à critiquer dans ses déductions, ce n'est pas ses conclusions, mais bien les prémices d'où elles sont tirées. L'esclavage n'est une injustice qu'autant que nous reconnaissons l'égalité virtuelle de tous les hommes et de toutes les races. Admettre leur inégalité, c'est donc légitimer la servitude de ceux qu'on prétend inférieurs. J'y insiste particulièrement ; car si, dans la politique intérieure et internationale, on reconnaît l'égalité de tous les hommes et de toutes les races aux mêmes charges comme aux mêmes dignités, il se conçoit peu qu'on érige, à côté de ces faits légaux, une théorie scientifique qui serait l'antipode de la théorie juridique.

L'inégalité des races humaines, si elle était réelle, légitimerait si bien l'esclavage que, d'une façon manifeste, le propriétaire de l'esclave ne peut le considérer un seul instant comme son égal, sans qu'il soit en même temps aiguillonné et accablé par la répulsion de sa propre conscience.

C'est un fait curieux que les Romains, qui ne se préoccupaient nullement des classifications naturelles, mais qui voyaient plutôt la question au point de vue juridique et et philosophique, avaient pourtant senti le besoin de régulariser par une fiction spécieuse le droit de possession de l'homme par l'homme. Ces conquérants infatigables offrent, en effet, ce trait distinctif que, dans toute leur longue histoire, ils ont continuellement aspiré à édifier partout un ordre de choses légal et régulier, gage d'une paix stable qu'ils se croyaient destinés à imposer au monde entier par la force des armes !

Hæc tibi erunt artes, pacique imponere morem.....

Eh bien, afin de légitimer l'esclavage, qui est une dérogation évidente au droit des gens, ils n'imaginèrent d'autre moyen que celui de faire de l'esclave un être inférieur aux autres membres de l'humanité. Aussi le droit romain définit-il l'esclavage par ces termes expressifs : *capitis diminutio*. Les esclaves, les *diminuti capitis*, présentaient aux yeux des citoyens une personnalité incomplète et infé-

14

rieure. L'homme ainsi diminué pouvait bien être considéré comme un objet de commerce dont la possession paraît tout aussi naturelle que celle d'une chose quelconque.
C'est surtout le côté moral et intellectuel qu'on supposait annulé en lui ; car c'est de là que vient principalement
la personnalité humaine.

Malgré l'avilissement profond dans lequel est tombé l'esclave, son maître le regarde encore comme plus nul que vil.
Non tam vilis quam nullus, disait-on, en le désignant.

Cela expliquait tout. En réalité, il n'y a rien de moins
acceptable que cette fiction qui subalternise un homme au
point d'en faire une chose ; mais au point de vue de la
logique pure, étant donné que l'esclavage existait, il fallait bien trouver une raison pour en légitimer l'institution, et jamais raison ne fut plus plausible que l'inférior-
rité intellectuelle et morale (*diminutio capitis*) qu'on
supposait juridiquement comme naturelle à l'esclave.

Les Romains allèrent plus loin dans les conséquences
logiques du principe établi. Non-seulement ils considéraient les esclaves comme des êtres inférieurs aux autres
hommes, ils en faisaient aussi, — longtemps avant les esclavagistes américains, — une espèce distincte. Florus le
dit en termes exprès. D'après cet historien, les esclaves
sont regardés comme une seconde espèce humaine, *quasi
secundum hominum genus sunt*. Curieuse coïncidence ! N'y
a-t-il pas à s'étonner de voir s'agiter toutes ces questions
d'inégalité ethnique et de pluralité des espèces humaines
dans la vieille civilisation romaine, si longtemps avant que
la science anthropologique se fût constituée ? Mais il faut se
rappeler surtout que les esclaves de l'antiquité étaient
presque toujours de la même race que leurs maîtres et le
plus souvent de la même nation. Non-seulement le blanc
était l'esclave du blanc, mais des citoyens aujourd'hui
égaux en droit pouvaient se trouver demain dans les rap-

ports de chose à personne. Il faut donc que les anciens aient trouvé une justification bien puissante dans l'idée de la domination naturelle et illimitée des êtres supérieurs sur les inférieurs, pour qu'ils aient eu le courage de pousser si loin la fiction légale, afin d'adapter les faits aux principes qui découlent de cette idée.

Une telle coïncidence prouve jusqu'à l'évidence que les esclavagistes sont seuls conséquents avec eux-mêmes en soutenant la théorie de l'inégalité des races humaines, étayée sur celle de la pluralité des espèces.

Il paraît donc impossible d'accepter l'existence de races supérieures et de races inférieures, sans reconnaître aux premières le droit de réduire les autres à la servitude, pourvu que la chose leur fasse utilité. Logiquement la loi qui veut que les meilleurs se développent par tous les moyens en leur pouvoir ne se circonscrit, dans les relations humaines et sociales, que par l'égalité des facultés qui implique l'égalité des besoins.

II.

BASES GÉNÉRALES DE LA HIÉRARCHISATION.

Mais voyons comment et par quels arguments les esclavagistes intéressés, les philosophes inconscients ou les savants aveuglés tâchent d'établir et d'expliquer la théorie de l'inégalité des races humaines. Peut-être faudrait-il ne nommer que les anthropologistes : car encore que la plupart des écrivains qui en parlent prétendent le faire au nom de la science, les anthropologistes réclament le droit exclusif de se prononcer avec compétence sur toutes les matières qui se rapportent à l'étude de l'homme. Il est incontestable que s'ils se pénétraient de toutes les données qu'il faut réunir pour faire de la bonne anthropologie, personne ne serait mieux préparé ni plus autorisé qu'eux à

s'occuper des questions de cette nature. Malheureusement, la science, malgré l'indépendance relative qu'elle a
conquise dans notre siècle de liberté, reste encore souvent
altérée par l'influence des idées ambiantes. Il suffit qu'un
savant de grand talent, capable de prendre la direction
d'un courant scientifique, ait adopté une de ces idées aussi
puissantes qu'éphémères et lui ait donné un attirail respectable, avec des formules et des procédés méthodiques
particuliers, pour que l'esprit d'école enraye tout progrès dans cette branche de la science, jusqu'à ce qu'il
soit évidemment reconnu que le grand homme s'était
trompé. D'ici là, on fait des investigations, on discute ; on
aperçoit vaguement la vérité. On raisonne parfois si bien
qu'on semble vouloir même la proclamer. Mais vienne la
conclusion ! Si cette vérité est contraire à l'opinion de
l'école, à la parole du maître, on aimera mieux faire preuve
de la plus grande incapacité discursive, plutôt que de conclure contre la théorie adoptée.

En attendant, les anthropologistes après avoir divisé
les types humains en trois groupes que les uns veulent
appeler *races*, et les autres *espèces* (la distinction importe
peu ici) ont unanimement admis la doctrine de l'inégalité
morale et intellectuelle de ces divers groupes. En vain cher-
che-t-on dans la plupart de leurs ouvrages une dissertation
en règle sur une question aussi grave. On ne la rencontre
nulle part. Pourtant, ils raisonnent généralement comme
s'il s'agissait d'un fait si bien démontré qu'il n'y eût nulle
nécessité de lui chercher un fondement scientifique. Où
donc découvrira-t-on l'exposition catégorique de cette
doctrine mystérieuse implantée à l'égal d'un dogme dans
l'esprit de nos savants ? Qui nous initiera à ces arcanes de
la science de l'homme ?

Carus, en Allemagne, et M. de Gobineau, en France, ont
écrit chacun un ouvrage spécial où la thèse de l'inégalité

des races a été soutenue d'une façon ostensible et positive.
Le premier, encore qu'il fût un savant considérable, à la
fois philologue, naturaliste et médecin, avait traité le sujet
plutôt en philosophe qu'en anthropologiste. Quant au second, le plus radical, c'était un érudit, mais il manquait
essentiellement de l'éducation scientifique exigée pour une
telle œuvre. Il l'a conçue et écrite sans qu'il paraisse avoir
eu le moindre soupçon ni des méthodes anthropologiques,
ni des sciences accessoires qui y aboutissent. Il faut
dire que lors de l'apparition de son ouvrage, l'anthropologie qui devait prendre un tel essor en France et à l'étranger, avec le zèle et le prosélytisme ardent de Broca, était
encore fort négligée. Le traité sur l'*Inégalité des races humaines* parut en 1853 et ce n'est qu'en 1859 que fut fondée
la « Société d'anthropologie de Paris » qui donna un nouveau branle à la science. Cependant les anthropologistes
auraient-ils trouvé dans les conceptions fantaisistes et les
paradoxes équivoques de M. de Gobineau une source de
lumière tellement vive qu'ils en aient accepté les conclusions comme des paroles d'évangile? Sans le dire jamais,
ils en donnent chaque jour la preuve.

Seulement, afin de revêtir cette doctrine d'un caractère
scientifique, ils ont imaginé des expériences qui, basées
tantôt sur l'anatomie, tantôt sur la physiologie, exécutées
d'après leurs procédés, confirment à leur avis l'infériorité
des noirs et des jaunes comparés aux blancs, suivant
une échelle hiérarchique qui descend du Caucasien à l'E-
thiopien dont les congénères occupent le plus bas degré.
Tout cela n'est que confusément exprimé, çà et là, sans
éclaircissement. Il est impossible de trouver dans un
traité d'anthropologie un chapitre où l'ordre hiérarchique des races humaines soit explicitement reconnu;
mais chaque ligne en implique l'idée. Je l'ai dit plus
haut, on en parle comme d'un fait qui n'a besoin d'au-

cune démonstration aux yeux des hommes de science.

Je me propose pourtant d'étudier avec eux les procédés d'investigation qu'ils ont mis en usage dans une recherche aussi délicate. Là, on verra si les résultats sont suffisamment précis et concordants, si leur manifestation a surtout ce caractère invariable qui décèle des relations de cause à effet. Car, en l'absence d'un tel caractère, on ne pourrait tirer de ces investigations aucune conséquence logique et les constatations contradictoires se ruineraient les unes les autres.

Il faudra revenir sur la plupart des intéressantes questions que j'ai eu déjà l'occasion d'aborder. Mais au lieu d'être considérées au point de vue purement descriptif, ce sera sous une face nouvelle, beaucoup plus attrayante et instructive, avec une portée autrement grave, qu'elles se présenteront à notre examen.

Les mêmes principes qui ont amené les savants à déclarer que l'homme noir est un intermédiaire entre le singe et l'homme blanc, les ont conduits à considérer le premier comme inférieur au second, la race mongolique tenant le juste milieu. Sous l'empire des anciennes idées philosophiques qui faisaient de l'intelligence un don céleste, indépendant des accidents organiques du corps, il serait impossible de tenter une classification dont les facultés morales et intellectuelles fussent la base. Mais aujourd'hui qu'une psychologie rationnelle fait chaque jour appel à l'expérience, afin de parvenir à la découverte des rapports probables qui existent entre les facultés intellectives et le cerveau, on ne peut refuser à la science le droit incontestable de se livrer à de telles investigations. Qu'on crie au scandale du matérialisme ou qu'on y cède, c'est une conquête de l'esprit humain et elle doit lui rester entière. « En affirmant que la croissance du corps est une croissance mécanique et que la pensée, telle qu'elle est exercée par nous a son corrélatif dans la constitution physique du cerveau, je crois que le matérialisme pourra maintenir sa position contre toute attaque. » Ainsi s'exprimait, en 1868, un des meilleurs esprits du siècle, le savant Tindall (1).

Chaque jour ne fait qu'apporter à cette opinion une confirmation de plus en plus éclatante. Aussi devrait-on accepter toutes les conclusions des anthropologistes, sans y voir un empiètement quelconque, si la science dont ils invoquent l'autorité nous répondait d'une manière claire et positive. Malheureusement pour eux, rien n'est moins certain que cette réponse.

Cette science ne nous trompe-t-elle jamais quand elle proclame l'existence d'une corrélation évidente entre les aptitudes du cerveau et la race ? Bien plus, est-on même parvenu à découvrir le mécanisme par lequel les opérations intellectuelles correspondent aux fonctions du cerveau et comment elles se relient ? Nous verrons plus tard la réponse des plus grands spécialistes. Mais pour en venir au fait, il vaut mieux aborder les différentes bases de comparaisons imaginées dans le but d'établir ou de consolider la doctrine de l'inégalité des races.

La supériorité d'un homme sur son semblable peut provenir de causes diverses. Au premier rang, il faut placer l'intelligence qui est le titre de supériorité le plus évident et le moins contestable. Viennent ensuite les avantages corporels, tels que la taille, la proportion des membres, la force musculaire, etc. A côté de l'intelligence, on pourrait bien mettre la moralité, comme à côté des avantages corporels, la beauté. Mais au point de vue pratique, c'est parfaitement inutile. Dans une lutte où il s'agirait que l'un des adversaires soumît l'autre à sa volonté, la mo-

---

(1) *Britisch association for the advancement of science*, 1868.

ralité ne serait qu'une qualité négative. Le simple bon
sens, qui est la forme élémentaire et pratique de l'intelligence, en ferait beaucoup mieux l'affaire.

On ne peut disconvenir qu'un haut développement moral ne soit une force respectable, puisqu'il concourt à
raffermir la volonté et donne à l'homme cette faculté de
la résistance qui est la manifestation la plus éloquente et
la plus élevée de la vertu. Par elle, on trouve le secret de
dominer les hommes et les choses, de braver même la
douleur et la mort, dans la pratique d'un stoïcisme transcendant. Mais dans toutes les races comme dans tous les
siècles, ceux qui pourront s'élever à ce degré de moralité
seront toujours de nobles mais rares exceptions. On ne
saurait logiquement prendre pour exemple ces natures
d'élite qui, à force de contempler l'idéal du vrai et du bien,
se sont insensiblement écartés de la règle commune.

Les mêmes réflexions s'appliquent à la beauté. Il faut bien
convenir qu'elle accorde à celui qui la possède un avantage
positif dans la grande lutte pour l'existence, aux époques
où fleurit déjà la civilisation, quand les sentiments ont
enfin acquis cette culture supérieure par laquelle la nature affinée de l'homme s'extasie devant les formes délicates et gracieuses et rend un culte muet à la troublante
déesse. Mais ce prestige mystérieux n'exerce jamais sur
l'homme un tel empire, que l'on puisse le compter comme
un facteur sérieux dans les causes supposables de la
supériorité ou de l'infériorité des races. Si donc, je venais
à envisager les comparaisons qu'on a essayé d'établir ou
qu'il serait possible d'établir entre les différentes races
humaines, soit au point de vue de la moralité, soit à celui
de la beauté, ce ne sera nullement pour en tirer un argument indispensable à la thèse de l'égalité des races. Ce
sera plutôt dans le but de constater des faits qui prouvent
l'aptitude semblable de tous les groupes humains à ma-

nifester toutes les qualités, à côté de toutes les imperfections.

III.

MESURES CRANIENNES.

Pour se faire une idée des aptitudes intellectuelles d'un
individu que l'on rencontre pour la première fois, on
n'examine pas tous les détails de sa face, dont l'ensemble
compose la physionomie et doit indiquer, suivant certaines
gens, ses inclinations générales. On s'occupe plus particulièrement du développement de son front, et de la forme
générale de sa boîte cranienne. Cela se fait instinctivement,
comme si l'on pouvait lire dans ces protubérances, dans
ces dépressions et dans ces courbes tantôt larges, tantôt
étroites que présente la tête osseuse, les traces indélébiles
des manifestations du cerveau. Chose curieuse ! Des personnes qui n'ont aucune idée de l'anthropologie, des gens
illettrés même ont constamment cherché et cru trouver
dans les formes de la tête le plus sûr indice de l'intelligence. La science n'a donc fait que suivre cet accord universel, en admettant, après des raisonnements plus ou
moins probants, l'opinion aprioristique du vulgaire.

Les anthropologistes, se conformant à l'idée commune,
ont imaginé plusieurs méthodes pour mesurer la capacité
cranienne. La première en date est peut-être le cubage,
dont j'ai déjà parlé et qui, selon moi, vaut bien les autres. Il
est inutile de revenir sur les réflexions que j'y ai faites et
j'aime mieux renvoyer le lecteur à la page 138 de cet ouvrage, où l'on constatera combien sont vagues et peu concordants les résultats que les anthropologistes en ont obtenus.

Cependant, à côté de ces incertitudes, il est bon que
l'on remarque l'opinion du savant naturaliste Tiedemann.
Au lieu d'opérer comme Broca, c'est-à-dire de procéder à

une double opération de *jaugeage* et de *cubage*, l'éminent professeur de Heidelberg se contentait du jaugeage, en se servant de grains de mil, qu'il entassait dans le crâne par des procédés invariables (1). « D'après les recherches de Tiedemann, dit César Cantu, le cerveau ordinaire d'un Européen adulte pèse de 3 livres 3 onces à 4 livres 11 onces (gr. 1212,50 à 1834,55); celui d'une femme de 4 à 8 onces de moins. A la naissance de l'homme, blanc ou noir, son cerveau pèse le sixième de son corps; à deux ans le quinzième, à trois ans le dix-huitième, à quinze ans le vingt-quatrième, enfin entre les vingt et les soixante-dix ans, d'un trente-cinquième à un quarante-cinquième. L'illustre savant en déduit que la prééminence actuelle du blanc sur le nègre ne tient à aucune supériorité congénitale de l'intelligence, mais à la seule éducation (2). »

En citant les paroles du grand historien, nous nous appuyons sur deux autorités, au lieu d'une; car il partage sans réserve les idées de Tiedemann. Toutes les fois qu'on rencontre ces hommes vraiment supérieurs, qui n'ont pas craint de diminuer leur mérite en proclamant des vérités qu'un sot orgueil falsifie dans la bouche de tant d'autres, on sent le besoin de saluer en eux les vrais représentants de la science et de la philosophie. En supposant même que les moyens d'investigation de Tiedemann ne fussent pas exempts de critique, comme l'a affirmé Broca, dont les théories anthropologistes sont absolument contredites par l'opinion consciencieuse du savant allemand, l'avenir prouvera de plus en plus que la raison était du côté de celui-ci.

M. Paolo Mantegazza (3), marchant sans doute sur les

(1) *Das Hirn des Negers mit dem des Europäers und Orang-Outangs vergleichen.*
(2) César Cantu, *Histoire universelle.*
(3) *Dei caratteri gerarchia del cranio umano* in *Arch. dell antrop. e la etnol.* Florence, 1875.

traces de Broca, a cru trouver un caractère de distinction hiérarchique entre les races humaines dans les diverses dimensions de la cavité orbitaire. Après différentes mensurations et comparaisons faites sur des crânes humains et des crânes de singes anthropomorphes, reposant d'ailleurs sur des données aussi arbitraires que celles dont tous les anthropologistes nous fournissent le fréquent exemple, le savant professeur de Florence a formulé une proposition assez bizarre. A son avis, « la capacité orbitaire serait d'autant plus petite relativement à la capacité cérébrale, que la place hiérarchique est moins élevée dans la série organique. » Je ne nie aucunement la sagacité de M. Mantegazza, dont les qualités d'observateur éminent sont bien connues dans le monde savant. Mais ne pourrait-on pas se demander, en considérant la topographie ostéologique du crâne, quel rapport sérieux il peut y avoir entre la capacité de l'orbite et le fonctionnement du cerveau? Malgré toute la bonne volonté que l'on puisse mettre à accepter ces méthodes de généralisation hâtive, à l'aide desquelles on prétend tirer des sciences naturelles beaucoup plus qu'elles ne peuvent donner, on ne saurait rien trouver ici qui justifie une telle hypothèse. Peut-être le savant anthropologiste florentin y voyait-il un cas de *subordination des caractères*, principe un peu vague, mais assez commode pour établir des théories plus ou moins rationnelles. Mais alors il n'a pu arriver à une telle déduction que par l'étude de faits nombreux, constants, concourant harmoniquement à la consécration de son hypothèse. Or, tous les faits viennent en prouver l'inconsistance avec une profusion vraiment désespérante. En étudiant la capacité orbitaire des diverses races humaines, on ne trouve aucun résultat qui confirme la hiérarchie supposée par M. Mantegazza. Pour s'en convaincre, il suffit de revoir les groupements qui figurent dans le tableau qu'en

a transcrit M. Topinard et que nous avons vu précédemment (1).

Il faut donc passer à d'autres procédés.

Il existe une méthode de mensuration extérieure du
crâne, fort simple et dont on se sert pour en avoir la *circonférence* horizontale. On l'exécute à l'aide d'un ruban
qu'on a soin de graduer auparavant. La plupart des anthropologistes prennent cette mesure, en partant du point sus-
orbitaire et en contournant la tête jusqu'à la plus grande
saillie occipitale, d'où ils reviennent au point de départ en
continuant par le côté opposé (2). Mais M. Welcker a pensé
qu'il vaut mieux opérer en faisant passer le ruban par les
bosses frontales, bien au-dessus de l'arcade sourcilière,
en parcourant la circonférence entière. Je crois que le
mode d'opérer du savant anthropologiste allemand est de
beaucoup le meilleur ; car dans tous les crânes d'un beau
développement, il y a toujours une augmentation assez
sensible du diamètre antéro-postérieur, vers la région des
protubérances appelées vulgairement bosses frontales.

« Mesurée de cette façon, dit M. Topinard, et par le procédé ordinaire, la différence était de trois millimètres en
moins par le procédé de Welcker chez 25 Auvergnats
et de 18 en plus chez 25 Nègres. Ce qui provient de ce
que la région des bosses frontales était peu développée
chez les premiers et, au contraire, très saillante, très élevée chez les Nègres que le hasard nous a livrés. »

Ce fait est d'autant plus notable que la physiologie du cerveau a généralement démontré que la portion antérieure
et élevée de l'encéphale, comprenant les lobes cérébraux,
est celle où se trouvent réunis tous les organes des facultés intellectives. Peut-être n'y a-t-il pas toujours une

---

(1) Voir page 139 de cet ouvrage.
(2) Voir Topinard, *L'anthrop.*, p. 251.

coïncidence positive entre ces bosses frontales dont l'aspect nous impressionne tant et les faits dont elles paraissent être les signes ; mais c'est bien ici le cas d'invoquer la loi de la *corrélation des caractères*. Il arrive bien rarement que ces protubérances du crâne ne soient pas l'indice de grandes dispositions intellectuelles, que les fonctions du cerveau aient été bien exercées ou non. Toutes les fois qu'on rencontre un individu avec un tel signe sur son front, on peut bien affirmer que s'il n'est pas une puissance, il a au moins toute l'étoffe nécessaire pour le devenir : l'intelligence et la volonté ! Puissance essentiellement libre et indépendante, d'ailleurs, capable d'autant de bien que de mal, mais la seule qui accorde à l'homme le privilège de dominer ici-bas. Sans doute, elle reste souvent latente, et meurt avec l'agent qui aura passé inutile sur la terre, dans l'ignorance de sa propre force et de son haut prestige ; mais c'est comme ces matières inflammables qui s'évaporent lentement dans l'espace tranquille, quand elles pourraient embraser le monde si une seule étincelle y tombait. Cette étincelle ici, c'est l'instruction. Le jour où les Noirs seront instruits ; que l'idée, enfermée en ces larges fronts aux bosses superbes, sera mise en fermentation par le levain que composent pour l'esprit les signes mystérieux de l'alphabet, il sera l'heure de comparer les races humaines, avec leurs aptitudes respectives. Agir dès maintenant, dans la recherche d'un résultat sérieux, mais en jugeant les arbres selon les fruits qu'ils ont portés, c'est illogique et prématuré. Cependant, d'ores et déjà, on sent que l'œuvre se réalise lentement, invisiblement. C'est comme la fleur encore enfermée en son calice, ayant sa corolle enroulée, ses pétales pleins de sève ; les pistils et les étamines frissonnant dans leur amour occulte : fleur vraiment riche d'espérance, mais qui n'attend que les rayons du soleil pour y puiser d'abord le parfum et la beauté, et étaler ensuite en pleine lumière, le germe des créations futures !

Que de grains enfouis dans la terre généreuse et destinés à devenir de gros arbres ! On n'a besoin ni de la sibylle antique, ni de la pythonisse biblique pour pressentir cette éclosion de l'avenir et la saluer par le cœur. Déjà elle est manifeste. *Deus, ecce Deus !...*

Mais il faut quitter ce ton. En mettant la main à cet ouvrage, nous nous sommes bien promis de n'y apporter aucun enthousiasme ni aucune colère. Ce qu'il faut pour éclaircir des questions de l'importance de celle qui nous occupe, c'est le langage simple et austère de la science. Minerve était sans fard. Passons donc à un autre de ces caractères anthropologiques, en lesquels on croit saisir une marque de hiérarchie entre les groupes bigarrés de l'espèce humaine.

Il s'agit du *transverse frontal minimum.* « Il se mesure, dit M. Topinard, des deux points les plus rapprochés de la crête temporale, au-dessus des apophises orbitaires externes. » Pour trouver ces deux points, il suffit, en tenant l'index et le pouce fixés en forme d'équerre sur chaque côté de la partie supérieure du front, de les glisser ensemble et de haut en bas : le diamètre se rétrécit assez sensiblement jusqu'au point où les arcades sourcilières les arrêtent. On peut considérer cette mesure comme un des indices du volume du cerveau, car elle donne la largeur de sa base antérieure. Voici les résultats qu'en offre M. le professeur Topinard :

	mm
384 Parisiens	95.7
88 Auvergnats	97.7
60 Basques espagnols	96.1
58 — français	96.2
69 Bretons-Gallots	98.0

		mm
63	Bas-Bretons	97.3
18	Caverne de l'Homme-Mort	92.0
8	Lapons	100.0
28	Chinois	92.5
15	Esquimaux	94.1
82	Nègres d'Afrique	94.2
22	Nubiens	93.2
54	Néo-Calédoniens	93.5
8	Tasmaniens	94.0
12	Australiens	92.7

Pour se dispenser de toute dissertation oiseuse sur ce tableau, il suffit d'observer que les groupes dont les moyennes se rapprochent le plus sont les Basques français, les Basques espagnols, les Parisiens, les Nègres d'Afrique et les Esquimaux. Pour obtenir ce rapprochement, j'ai pris les Parisiens comme terme moyen de comparaison. Ce choix est d'autant plus rationnel que, chose curieuse! le chiffre de 95^{mm}7, représentant la moyenne des Parisiens, est aussi celui qui se rapproche le plus de la moyenne de tous les chiffres du tableau, laquelle est de 95.2.

Quelle conclusion peut-on tirer de pareilles constatations? Peut-on y trouver un caractère de hiérarchie quelconque? Non seulement les chiffres intermédiaires sont distribués entre des races absolument distinctes les unes des autres, mais encore les Lapons ont une moyenne infiniment supérieure à celle des autres groupes et le Chinois vient au-dessous des Austr.... . Partout c'est donc le même désordre. La nature se moque des anthropologistes et les confond au moment même où ils exécutent ces savantes mensurations qui ne sont en réalité que des jeux puérils, plutôt un sujet de distraction que l'objet d'une investigation sérieuse.

Cependant il n'est pas possible que la science admette des catégories distinctes, hiérarchiques, parmi les races humaines, avant qu'elle ait exposé et discuté les preuves expérimentales dont elle s'étaye pour affirmer un fait de cette importance. Il faut donc recourir éternellement à de nouveaux procédés.

Nous parlerons encore une fois de l'*angle facial* de Camper, bien qu'à notre avis elle n'ait aucune signification dans l'ordre des recherches que nous faisons actuellement. M. Topinard, qui a fait une étude savante sur ce genre d'investigation anthropologique, compte quatre variantes de l'angle facial et conclut en faveur de celle de Cloquet. Malheureusement, lorsque la dernière édition de l'*Anthropologie* a paru, les mensurations faites dans les conditions indiquées comme les meilleures n'étaient pas encore exécutées et nous ne savons, au juste, où les trouver, en cas qu'elles aient été exécutées depuis. Le tableau que le lecteur va parcourir est donc un résultat obtenu par le procédé de Jacquart. Pour ne pas embrouiller l'esprit avec un trop grand amas de chiffres, je n'inscrirai ici que l'angle pris au point sus-orbitaire, ou angle *ophrio-spinal* de Broca.

Il est inutile de signaler les différences qui existent entre cet angle et celui mesuré ordinairement de la glabelle à l'épine nasale.

Dans ces conditions, nous avons le tableau suivant tiré de celui qu'a inséré M. Topinard à la page 294 de son *Anthropologie*, ouvrage où je prends la majeure partie de mes chiffres. J'ai omis les chiffres présentés pour les femmes de diverses races les trouvant inutiles ici.

3 Auvergnats	75.11
28 Bas-Bretons	76.81
36 Bretons-Gallots	74.42
29 Basques français	75.41

42 Basques espagnols	75.18
13 Esquimaux	74.43
28 Chinois	72.37
35 Malais	74.12
136 Nègres d'Afrique	74.81
69 Néo-Calédoniens	72.39

En étudiant ce tableau, on voit que l'angle facial le plus ouvert, qui se trouve dans la race blanche, est celui des Bas-Bretons, mesurant 76.81 ; l'angle le plus aigu est celui des Chinois, race jaune, mesurant 72.37. Les Nègres viennent avant les Bretons-Gallots et la différence entre eux et les Bas-Bretons n'est que de deux degrés (76.81 — 74.81). Bien que les chiffres de Broca ne soient pas les mêmes que ceux donnés par M. Topinard, l'auteur des *Mémoires d'Anthropologie* avait constaté cette même différence de deux degrés, « chiffre inférieur, dit-il, à l'étendue des erreurs qui résultent des variétés de direction et de volume de l'épine nasale (1). »

Il faut encore se rappeler qu'il ne s'agit ici que des moyennes qui n'auront jamais d'autre valeur, en anthropologie, que l'approximation d'un type idéal, caractérisant chaque groupe ethnique, type qui n'existe pas dans la nature et qui varie selon le caprice de l'investigateur. Dans les oscillations des *maxima* et des *minima* qu'on a confondus dans chaque série, afin d'en tirer les moyennes que nous venons de lire, il doit y avoir un désordre, un entre-croisement encore plus évident et significatif, dénonçant l'inanité des théories arbitraires par lesquelles on persiste à diviser les races humaines en supérieures et inférieures. « Si l'on n'étudiait que les caractères qui établissent le degré de supériorité ou d'infériorité des diverses races

____

(1) Broca, *loco citato*, t. IV, p. 676.

humaines, on n'en étudierait qu'un bien petit nombre (1), »
dit Broca, en parlant de cet angle de Jacquart. Mais
quel est ce petit nombre de caractères ? Le maître s'est-il
donné la peine de nous les indiquer ? On a beau les chercher, c'est en vain, on ne les rencontre pas. Comme la
pierre philosophale des alchimistes du moyen âge, ce petit
nombre de caractères semblent toujours se laisser découvrir ; mais quand les savants anthropologistes croient y
mettre la main, un génie malfaisant les nargue et les abandonne morfondus devant les crânes grimaçants et les instruments qui luisent entre leurs doigts, sans leur offrir
jamais cette lumière après laquelle ils aspirent. Il faut
donc que ce petit nombre soit bien petit et, jusqu'à preuve
du contraire, on est autorisé à le considérer comme égal à
zéro.

Mais alors comprend-on des affirmations aussi catégoriques que celles de M. de Quatrefages qui n'écrit pas en
philosophe philosophant, mais en anthropologiste authentique, *ex professo ?* Ne croirait-on pas, à lire les expressions fières et prétentieuses de l'éminent naturaliste, qu'il
parle d'après des données scientifiques, non-seulement
établies, mais encore indiscutables ? Mais tournons plutôt
une page de l'*Espèce humaine.*

« L'ensemble des conditions qui a fait les races, dit l'auteur, a eu pour résultat d'établir une inégalité actuelle,
qu'il est impossible de nier. Telle est pourtant l'exagération des négrophiles de profession, lorsqu'ils ont soutenu
que le Nègre était dans le passé et tel qu'il est, l'égal du
Blanc. Un seul fait suffit pour leur répondre.

« Les découvertes de Barth ont mis hors de doute ce
dont on pouvait douter jusqu'à lui, l'existence d'une *histoire politique* chez les Nègres. Mais cela même ne fait que

---

(1) Broca, *Ibidem,* p. 680.

mettre encore plus en relief l'absence de cette histoire intellectuelle qui se traduit par un mouvement général progressif, par les monuments littéraires, artistiques, architecturaux. Livrée à elle-même la race nègre n'a rien produit dans ce genre. Les peuples de couleur noire qu'on a voulu lui rattacher, pour déguiser cette infériorité par trop manifeste, ne tiennent à elle tout au plus que par des croisements où domine le sang supérieur. »

Voilà des paroles bien tranchantes, en vérité. L'opinion du savant professeur du Muséum de Paris est claire, précise et expresse sur cette question de la hiérarchie des races humaines. Cela suffit-il, cependant? J'accepterais volontiers que M. Renan — ou bien M. de Gobineau, qui ne se doutait de rien, — parlât ainsi, *ore rotundo*, croyant que l'artifice d'une période bien tournée suffit pour consacrer des suggestions arbitraires et changer une pensée orgueilleuse en vérité indiscutable. Mais quand la parole est donnée à un naturaliste entouré de tout le prestige et de tout l'éclat que procurent la conquête successive de toutes les palmes universitaires et l'autorité incontestable du talent toujours égal à lui-même, il n'en saurait être ainsi.

M. de Quatrefages a eu tous les genres de succès de la chaire professorale et tout le rayonnement de la gloire qu'attire sur l'écrivain l'union des formes élégantes avec la profondeur du savoir. Néanmoins, ce qu'on a droit de rechercher en lui, c'est plutôt le savant, non un savant quelconque, mais le savant naturaliste, le savant anthropologiste. Or, le fait qu'il avance pour réfuter ceux qui font profession de croire que le Noir est égal au Blanc, n'est pas une réponse scientifique, c'est un pur jeu de rhétorique que nous pourrions réduire à sa juste valeur, en lui posant une simple question. Depuis combien de temps les blancs Européens possèdent-ils cette *histoire intellectuelle* dont parle M. de Quatrefages, en faisant semblant

d'ignorer l'histoire générale des nations et des races qu'ils
représentent?..... Mais ce n'est pas encore le moment de
faire une réponse capable d'édifier l'illustre savant.

Cherchons donc encore dans l'arsenal des méthodes
anthropologiques et voyons si nous n'en trouverons pas
une qui, appliquée au crâne, fasse voir d'une manière
catégorique que l'infériorité du nègre est un fait évident
et incontestable.

Par le plus heureux à-propos, il nous tombe ici, sous les
yeux, un procédé comparatif imaginé par le professeur
de Quatrefages lui-même : c'est la mesure de l'*angle
pariétal*. Pour trouver cet angle, on mène de chaque côté
de la face, — aux extrémités externes des arcades bizi-
gomatiques, en bas, et à celles du diamètre frontal maximum, en haut, — deux lignes qui se rencontrent en haut
quand l'angle est positif, sont parallèles quand l'angle
est nul et se rencontrent en bas quand l'angle est négatif.

M. Topinard a donné la liste des moyennes groupées
d'après cette mesure avec leurs variations de *minima* à
maxima. Je n'insère pas ici ce tableau parce que, d'une
part, cet ouvrage est déjà passablement hérissé de chiffres et, de l'autre, le résumé donné par l'auteur de l'*Anthropologie* en explique assez clairement le résultat pour
qu'on puisse se passer du reste.

« De ces données, dit-il, il résulte : 1° que les limites
individuelles de l'angle pariétal varient de — 5 à + 30, et
les moyennes des races les plus divergentes de + 2,5 à
+ 20,3 ; 2° que les angles de 35 à 39 degrés représentés sur
les figures qui accompagnent la description de Prichard et
qui le portaient à qualifier le crâne mongol de pyramidal
ne s'observent jamais ; 3° que le crâne le plus ogival, pour
se servir de son expression, celui dont les arcades zigomatiques sont le plus visibles par la méthode de Blumenbach,
se rencontre chez les Nègres océaniens et non chez les

Mongols ; 4° que dans l'ordre inverse, l'angle négatif, celui dont les arcades zigomatiques sont les moins saillantes, s'observent chez les Auvergnats, les Lapons et les Nègres africains (1). »

La remarque finale est caractéristique, en ce que les Auvergnats, les Lapons et les Nègres africains qui se trouvent réunis dans les races dont les arcades zigomatiques paraissent *cryptoziges* sont les représentants des trois principales races, à savoir : la blanche, la jaune et la noire.

La conclusion du professeur. Topinard est positive. « L'angle pariétal de M. de Quatrefages, en somme, fournit un excellent caractère à la craniologie, mais *il n'a rien de sériel* et contrarie les vues émises par Blumenbach et Prichard. »

C'est donc en vain que nous nous efforcerions de découvrir un procédé craniométrique, par lequel on puisse dénicher le caractère mystérieux qui aide les anthropologistes à reconnaître les différences qui indiquent une hiérarchie naturelle entre les divers groupes de l'espèce humaine. Qu'on tourne ou retourne le crâne, il reste muet, avec son aspect sépulcral. Sombre sphinx, il semble nous dire plutôt qu'en parcourant tout le cycle de la vie, depuis le premier mouvement du protoplasma, qui prend des ébats savants dans la vésicule germinative, jusqu'à l'heure où, le front courbé vers la tombe, le vieillard exsangue s'éteint et ferme les yeux à la lumière, l'homme vit, s'agite et progresse, mais rentre enfin au réservoir commun qui est la source des êtres et le grand niveau égalitaire. Assurément, ce n'est pas cette égalité dans la mort qui fait l'objet de nos investigations actuelles ; mais les têtes de mort, quoi qu'on fasse, ne diront jamais autre chose. La

(1) Topinard, *loco citato*, p. 296.

pensée, l'intelligence, la volonté, en un mot, tout ce qui constitue une supériorité réelle a certainement résidé en elles. Mais c'est comme les princes qui ont passé quelques instants sous des toits humbles et bas : ces lieux ne peuvent jamais garder intégralement le cachet magnifique dont ils ont eu l'empreinte passagère.

Aussi quitterons-nous le crâne extérieur, qui paraît impuissant à nous éclairer, pour suivre les anthropologistes dans l'étude spéciale du cerveau. Là sans doute, nous trouverons le secret, la *recondita dottrina*, que nous recherchons avec tant d'ardeur; secret magique à l'aide duquel on peut distinguer enfin le sceau de supériorité dont la nature a marqué les uns, et les signes d'infériorité qui font des autres les plus infimes représentants de l'espèce humaine.

Si la science, devant laquelle je suis habitué à m'incliner, me dévoile enfin le mot cabalistique ou le fil caché qu'il faut avoir pour forcer la nature à parler, alors même que ma conviction devrait faire place aux plus pénibles désillusions, j'écouterai déconcerté, mais résigné. Mais, si malgré la meilleure volonté, il est impossible de pénétrer ces arcanes de l'anthropologie; si, telle qu'une courtisane capricieuse, elle a caché toutes ses faveurs, pour en faire comme une auréole autour du front illuminé des Morton, des Renan, des Broca, des Carus, des de Quatrefages, des Büchner, des de Gobineau, toute la phalange fière et orgueilleuse qui proclame que l'homme noir est destiné à servir de marchepied à la puissance de l'homme blanc, j'aurai droit de lui dire, à cette anthropologie mensongère : « Non, tu n'es pas une science! »

En effet, la science n'est pas faite à l'usage d'un cénacle fermé, fût-il aussi grand que l'Europe entière augmentée d'une partie de l'Amérique! Le mystère, qui convient au dogme, l'étouffe en l'avilissant.

IV.

LE CERVEAU ET L'INTELLECT.

De toutes les études biologiques, la plus intéressante est sans contredit la physiologie du système nerveux. C'est un champ plein de surprises et de prestigieux enchantements pour l'esprit. L'étude particulière du cerveau est surtout celle qui nous remue le plus. Nul ne l'aborde sans un certain tressaillement, sans une émotion confuse, indéfinissable. C'est qu'en touchant à ces notions positives que la science, depuis Haller jusqu'à Claude Bernard, expose avec une clarté et une précision chaque jour plus complètes et plus étonnantes, l'intelligence humaine sent mystérieusement qu'elle opère sur elle-même et accomplit une réelle introspection.

« Qui donc ne serait pas profondément ému, dit le professeur Huschke, à l'idée de ce siège de l'âme et de la pensée ? Nous demeurons interdits en face du sanctuaire au sein duquel agissent et se meuvent les forces de l'esprit, en face des formes énigmatiques qui, dans tous les modes de la vie et du mouvement, dans tous les actes et dans toutes les aspirations du genre humain, ont rempli mystérieusement leur rôle, depuis les origines jusqu'au temps où nous sommes. »

Cette étude intime de l'être qui cherche à connaître et raisonner sa propre nature a certainement un attrait exquis et troublant dans la psychologie, l'ancienne psychologie spiritualiste, où l'homme commence par se regarder comme un ange et ne s'occupe de ses facultés qu'en les considérant comme des gerbes émergeant d'une source divine, ces facultés étant irréductibles et immortelles tout aussi bien que l'âme dont elles sont la manifestation transcendentale. Mais ici les choses prennent un aspect autrement sévère, une signification autrement grave. L'esprit n'est plus en face de l'esprit, se contemplant dans les abstractions métaphysiques où Berckley touche à l'insaisissable; Kant, au sublime; Hégel, à l'incompréhensible, le tout donnant à Victor Cousin l'avantage de disserter toute sa vie, dans un langage divin, pour ne rien dire qui ne vînt d'un autre; mais il est mis en face de la matière, c'est-à-dire de la réalité tangible. Au lieu de se contenter de généralités, il faut pousser l'investigation scientifique jusqu'au point où elle nous aide à dévoiler la vérité; au lieu de spéculer sur les noumènes, il faut étudier les phénomènes et deviner leur loi.

Mens agitat molem... disait-on hier avec Virgile; *Ohne Phosphorus, kein Gedanke!* répond-on aujourd'hui, avec Moleschott. Peut-être n'y a-t-il au fond aucune contradiction entre les deux affirmations. Qui sait, en effet, combien les faits qui nous paraissent les plus discordants s'harmonisent admirablement sous l'empire des lois mystérieuses de la vie? Mais à quoi bon ces questions troublantes où l'on s'attarde trop facilement dans une fascination inexplicable! On comprend l'exultation dans laquelle doit être transporté un Maine de Biran, lorsqu'il observe dans le recueillement du sens intime, les différents états d'activité de l'âme humaine, se traduisant en habitudes actives et passives, élaborant les principes de la connaissance par l'union de la volonté et de l'intelligence. Toutes ces courses dans le monde idéal, dans les régions de la pensée pure ont un charme de suavité auquel il est difficile de résister. Mais ce n'est pas, à coup sûr, la meilleure préparation pour celui qui va bientôt entrer dans un laboratoire ou une salle de dissection. C'est pourtant là seulement que la science parle. Elle donne à une constatation de l'œil armé du microscope cent fois plus de valeur que la plus belle pensée glanée dans les champs féeriques de la métaphysique.

Pour étudier le cerveau, au point de vue anthropologique, il faut donc se dépouiller de toute idée préconçue; il faut considérer froidement les organes cérébraux, comme si on en ignorait la destination. C'est le meilleur moyen de se décider avec toute liberté, quand on aura rencontré un de ces caractères qui répondent à une manifestation d'un mode quelconque d'intelligence. Tous les savants physiologistes qui ont eu la gloire d'arriver à des découvertes remarquables n'ont jamais procédé autrement. L'anthropologie physiologique ne saurait abandonner cette méthode sans verser, involontairement ou non, dans l'ornière des hypothèses où Gall et Spurzheim dameront toujours le pion aux Flourens et aux Gratiolet. Même un Claude Bernard, malgré toute la sagacité qu'il déployait dans les recherches expérimentales, donnant la preuve d'une sûreté de vue et d'une activité d'esprit rares dans le monde scientifique, perdrait absolument son prestige si, au lieu d'étudier la nature comme une grande inconnue qu'on tâche de dévoiler respectueusement et délicatement, il abordait les organes dont il voulait étudier les fonctions avec l'idée fixe d'y trouver la confirmation d'une doctrine ou d'un système quelconque. « L'idée systématique, dit le grand physiologiste, donne à l'esprit une sorte d'assurance trompeuse et une inflexibilité qui s'accorde mal avec la liberté du doute que doit toujours garder l'expérimentateur dans ses recherches. Les systèmes sont nécessairement incomplets; ils ne sauraient jamais représenter tout ce qui est dans la nature, mais seulement ce qui est dans l'esprit des hommes (1). » Paroles profondes! On pourrait les appliquer non-seulement aux dé-

(1) Cl. Bernard, *La Science expérimentale.*

ductions hâtives et téméraires que les anthropologistes tirent de leurs expériences systématiques, mais encore à toutes les pesées, tous les cubages et autres opérations anthropométriques, par lesquelles on cherche à établir des différenciations organiques ou hiérarchiques entre les divers groupes de l'humanité. Là on ne s'étaye que de règles formulées en dehors de la nature et qui se contredisent mutuellement; mais on a un but arrêté, systématique, autour duquel tout gravite d'une façon évidente.

En prémunissant ainsi l'esprit du lecteur contre tout empressement à s'enthousiasmer de l'opinion de ceux qui ont cru trouver, en étudiant le cerveau, des signes évidents de ses différents modes d'activité, c'est-à-dire la source positive de nos facultés mentales, je ne prétends nullement méconnaître l'importance scientifique de cette étude. Les progrès réalisés par la science depuis cinquante ans me confondraient bien vite. Mais dans le courant et par suite de ces progrès mêmes, tous ceux qui regardent attentivement le cerveau ne peuvent s'empêcher d'y voir le théâtre d'une action jusqu'ici indéchiffrable. En étudiant tous ces dessins délicats, aux contours gracieux et aux lignes déliées, s'enchevêtrant en mille complications capricieuses, on sent dans ce magnifique instrument, qui est l'encéphale, des secrets que notre science, encore dans l'enfance, ne saurait complètement deviner.

Que le simple stimulus de la vie suffise pour en tirer les plus merveilleux effets, c'est incontestable. De là un besoin naturel de l'esprit de rattacher à chaque forme visible de cet instrument, dépression ou relief, cercles concentriques ou courbes savantes, une destination spéciale dans la production des effets constatés. Ce besoin de tout expliquer se produit parfois en des assertions audacieuses, surtout de la part des écrivains qui parlent du cerveau sans l'avoir spécialement étudié.

« Avec une richesse d'invention qui ferait envie à un dessinateur, dit Carus Sterne, les énergies intrinsèques de la plus simple et de la plus indifférente combinaison connue s'unissent aux influences morphologiques du dehors (1). »

Malgré le ton affirmatif de cette phrase, elle n'exprime qu'une idée vague, tendant chaque jour, il est vrai, à s'enraciner dans nos habitudes intellectuelles, mais qui ne repose que sur des probabilités et qui ne possède, par conséquent, que la valeur d'une opinion plus ou moins plausible. D'autres, pour avoir mieux cherché, sont beaucoup plus circonspects. Considérant ces mêmes dessins, dont la richesse d'invention est si légitimement admise par l'auteur que je viens de citer, un autre savant allemand, après avoir longtemps étudié le cerveau avec ses formes bizarres, a conclu positivement à l'incapacité où nous sommes d'y rien comprendre d'une façon catégorique. Ce n'est certes pas à l'effet d'une timidité paralysante, qui n'a jamais de prise sur l'esprit du vrai savant, qu'il faut attribuer son opinion, mais à une conviction réelle d'observateur consciencieux.

« Nous trouvons dans le cerveau, dit Huschke, des montagnes et des vallées, des ponts et des aqueducs, des piliers et des voûtes, des viroles et des crochets, des griffes et des ammonites, des arbres et des germes, des lyres et des cordes, etc. Personne n'a jamais désigné la signification de ces formes singulières (2). »

Depuis une trentaine d'années que ces paroles ont été imprimées, la science a continué de marcher. Ce grand problème de la corrélation qui existe entre le cerveau et la

(1) Carus Sterne, *Seyn und Werden.*
(2) Huschke, *Shädel, Hirn, Seele des Menschen und der Thiere.* Iéna, 1854.

pensée n'a pas cessé d'agiter l'esprit humain, devenu chaque jour plus curieux, plus anxieux de connaître sa propre source. On a tenté maintes systématisations et des découvertes sérieuses en ont consacré plusieurs. Ainsi, d'après Broca, Longet et le professeur Vulpian, les fibres nerveuses dont est constituée la substance blanche jouent dans les phénomènes de cérébration, le simple rôle de conducteur. Elles ne font que relier les diverses parties cérébrales, et leurs fonctions semblent varier suivant les points qu'elles doivent mettre en relation. La substance grise aurait, au contraire, le rôle principal et son activité spéciale coïnciderait merveilleusement avec toutes les manifestations intellectives et volitionnelles, qui se réalisent particulièrement dans les deux hémisphères cérébraux. Là se réuniraient aussi les localisations les plus importantes telles que celles en rapport avec l'intelligence, la volonte, la sensibilité et la force motrice. C'est ainsi que la complication des circonvolutions cérébrales formées par les plis de la couche corticale, rendant en général sa surface beaucoup plus étendue, serait en corrélation directe avec des facultés très développées.

Autant d'affirmations discutées entre les physiologistes, appuyées ou combattues par les philosophes. Les derniers surtout en font beaucoup de bruit. Les écoles se dressent les unes contre les autres. Au-dessus des doctrines, on entend, de temps à autre, des objurgations bruyantes au nom de tout ce qu'il y a de plus élevé, de plus sacré parmi les choses humaines. Tandis que les uns veulent tout mesurer, afin de ramener les notions les plus abstraites aux proportions de vérités d'ordre purement expérimental, les autres protestent au nom de l'idéal, dont la fleur douce et parfumée s'étiole et se fane languissamment à la chaleur des chalumeaux ou au contact des acides. Mais les laboratoires fonctionnent et l'*au-delà* gémit encore. Les savants au front blême ne s'occupent pas des philosophes au front rayonnant; ils ont cherché et ils cherchent toujours dans le silence, alors même qu'ils ne disent mot. Pourtant, on peut le répéter, nous restons en face du cerveau comme en face du sphinx.

Il faut sans doute proclamer bien haut le mérite transcendant de quelques découvertes que le siècle a eu la gloire de réaliser dans l'étude fonctionnelle du cerveau. Broca et Claude Bernard ont remporté des palmes bien dignes d'exciter l'orgueil de l'humanité. La doctrine des localisations cérébrales, que Flourens avait si ardemment combattue, a reçu par leurs travaux une confirmation évidente. Mais est-elle tout à fait victorieuse? Est-elle reçue par toute les autorités scientifiques, comme une vérité incontestable? Assurément non. Et quels sont ceux qui en doutent encore? C'est, entre autres, un des physiologistes les plus compétents, un vétéran de la science française.

Voici comment s'exprimait le professeur Vulpian, tout dernièrement à la Faculté de Médecine de Paris. « Pour « moi, dit-il, jusqu'à présent, la vérité de cette doctrine « n'est pas rigoureusement démontrée (1). » En réalité, ce qu'on sait pèse si peu à côté de ce qu'on ignore, que l'on deviendrait bien humble si on voulait un seul instant y réfléchir. De tous ces vastes départements que présente la construction du cerveau, on n'a touché que le seuil. On voit, on sent plutôt confusément combien vastes, combien ornés en sont les compartiments, mais ils paraissent comme dans un milieu obscur et lointain.

Apparet domus intus et atria longa patescunt.

Plus de trente ans après Huschke, la science n'ose ga-

---

(1) Vulpian, *Les localisations cérébrales* in *Revue scientifique*, n° 15, 11 avril 1885.

rantir le résultat final des investigations qui se poursuivent dans le but d'expliquer le mode d'activité que déploie le cerveau dans la production de la volonté et de l'intelligence, ainsi que de toutes les hautes facultés qui font de l'homme un être incomparable, quelle que soit l'enveloppe dont il est revêtu. « Nous ne sommes encore qu'au seuil de ces recherches, dit le docteur Ferrier, et l'on peut se demander si le temps est venu de tenter une explication du mécanisme du cerveau et de ses fonctions. Ce temps peut paraître à des esprits sérieux aussi éloigné que jamais (1). » On doit peut-être mitiger la conclusion du savant physiologiste et se dégager un peu de ce découragement profond où semble tomber un homme qui aura étudié longtemps, religieusement, sans voir ses recherches aboutir à rien de concluant. Il n'y a rien de plus opposé à l'esprit scientifique que la rigidité absolue du mot *jamais*. Il faut toujours l'écarter dans toutes les prédictions que l'on fait sur les problèmes dont la solution est réservée à l'avenir, à moins qu'il ne s'agisse de vérités d'ordre éternel, telles que les lois mathématiques suffisamment vérifiées et contrôlées par la méthode discursive. Mais tout en corrigeant l'excès du doute, on peut y prendre note que l'état actuel de la science ne permet nullement de prédire, par la simple inspection du cerveau, que tel homme a été plus intelligent que tel autre. Tout ce qui a été dit ou fait en ce genre doit être accepté sous la réserve la plus expresse. Encore moins peut-on inférer de sa conformation extérieure ou de son poids, qu'une race est supérieure à une autre race.

Aussi la physiologie psychique, quoique abordant à peine la période positive, semble-t-elle caractériser sa tendance à ne point considérer le volume et le poids du cer-

---

(1) Dʳ David Ferrier, *The functions of the brain*. London, 1877 (Préface *in fine*).

veau comme les signes d'une activité supérieure. En étudiant l'encéphale, on a vite remarqué combien peu régulièrement la dimension répondait à l'énergie de l'organe. Par une induction logique, on a pu même découvrir que la richesse et la complication des circonvolutions présentaient un meilleur caractère de diagnostic, dans la recherche des rapports qui existent entre l'intelligence et le cerveau. A cette première étape où l'investigation scientifique n'allait pas plus loin qu'à la constatation de leurs formes, on croyait généralement que ces circonvolutions exprimaient par leur seule configuration le degré et même la spécialité des aptitudes propres au cerveau où elles se trouvent. Mais plus tard, la science progressant toujours, on finit par deviner que la présence des circonvolutions ne coïncidait si bien avec une intelligence bien développée, que parce que les replis qui les forment sont tous tapissés d'une couche grise, ou *substance corticale*. En effet, les phénomènes ultimes de l'innervation prennent dans ce dernier tissu une activité de l'ordre le plus élevé, se traduisant par la sensibilité, la coordination des mouvements, l'intelligence et la volonté. Il s'ensuit qu'un cerveau d'un diamètre relativement petit peut bien, par sa richesse en circonvolutions multiples, être recouvert d'une couche corticale considérable. On peut facilement expliquer ainsi le fait si souvent constaté d'une grande intelligence accompagnant une petite tête ou un cerveau fort au-dessous de la moyenne.

La complexité du problème se manifeste de plus en plus, à mesure qu'on l'étudie mieux. Dans la substance corticale, on a découvert des cellules et des fibres nerveuses, enchevêtrées avec un art incomparable. Les cellules appartiennent plus spécialement à la substance grise ou corticale, tandis que les fibres, qui semblent destinées à transmettre au cerveau les impressions du dehors, sont

communes entre elle et la substance blanche où, comme
nous l'avons vu, elles jouent le rôle de fil conducteur. Toutes
les énergies intellectives ou volitionnelles se manifestent
exclusivement dans les cellules nerveuses. Ainsi, le nerf
sensitif ayant reçu une excitation venant du milieu extérieur ou du milieu organique, la transmet au cerveau
sous forme de sensation; cette sensation se transforme
en perception dans la cellule nerveuse et, en accumulant
les perceptions, le cerveau les coordonne pour les transformer en pensée ou en actes de volonté.

La substance grise diffère histologiquement de la substance blanche par la disposition de ses éléments nerveux,
ainsi que nous l'avons expliqué ; mais ce qui la fait distinguer du premier coup d'œil, c'est surtout la teinte gris-
rougeâtre qu'elle présente, non d'une manière brusque et
tranchée, mais en augmentant de nuance de l'intérieur à
l'extérieur. Cette teinte elle-même provient d'une richesse
vasculaire beaucoup plus grande que dans la substance
blanche ; de telle sorte que le sang, agent vital par excellence, est maintenant reconnu comme la source de l'énergie non-seulement physique, mais encore intellectuelle et
morale !

Voilà autant de faits constatés par la science, déduits et
contrôlés par les plus habiles expériences répétées tant
en Allemagne qu'en France. Mais y trouvons-nous un
moyen sûr d'étudier dans le cerveau les caractères qui accompagnent infailliblement une grande intelligence ? Les
plus grands physiologistes, ceux mêmes dont les magnifiques travaux sont l'honneur de ce siècle, reculent en déclarant leur impuissance, quand il faut formuler une conclusion si importante.

Il y eut un moment où l'on a cru pouvoir procéder par
simple déduction. Puisque la substance corticale du cerveau est le lieu où toutes les hautes activités de l'esprit

prennent leur source, se disait-on, plus la couche grise qui la constitue est épaisse, plus grande doit être la puissance intellectuelle. Mais les expériences de Longet et d'autres éminents physiologistes ne tardèrent pas à démontrer, encore une fois, combien il faut être circonspect et sobre de généralisations orgueilleuses quand il s'agit des sciences naturelles et surtout biologiques, sciences où le principal facteur qui est la vie, n'a pu trouver jusqu'ici même une définition pratique.

Aussi la physiologie a-t-elle décliné l'honneur de découvrir le degré de l'intelligence par l'examen du cerveau soit en entier, soit en partie. « Ce n'est pas seulement la quantité, dit un savant physiologiste, c'est aussi la qualité du tissu et l'activité réciproque de chaque élément qui déterminent le niveau des facultés intellectuelles (1). » Ces paroles sont bien claires, les termes en lesquels le savant s'exprime ne présentent nulle difficulté à l'interprétation; mais dans l'état actuel de la science pourra-t-on jamais distinguer les *qualités* du tissu cérébral? Certainement non. Il faudra peut-être attendre bien longtemps avant que d'autres progrès, d'autres lumières viennent nous armer de connaissances assez positives sur ces délicates matières, pour nous autoriser à affirmer toutes les propositions qu'on semble regarder comme autant de vérités parfaitement démontrées.

Cet aperçu sur l'état des questions qui se posent dans l'étude du système nerveux et du degré de développement qu'a déjà reçu cette branche des connaissances humaines, suffira sans doute à préparer l'esprit du lecteur. Par ce moyen il pourra examiner consciencieusement la valeur des déductions que tirent les anthropologistes des procé-

(1) Valentin, *Traité de physiologie.*

dés arbitrairement employés dans l'étude comparative des races humaines.

Il faut le déclarer. Cette partie des études anthropologiques, où nous devions rencontrer toutes les recherches destinées à établir la différence des aptitudes intellectuelles des diverses races humaines, est celle qui a été le plus négligée. Mais, — on ne doit point se fatiguer de le demander, — en vertu de quel caractère scientifique considère-t-on alors certaines races comme inférieures à certaines autres ? Ne serait-ce pas le fait indéniable d'un grossier empirisme ? Plus on cherche la cause d'une telle inconséquence plus on est porté à la trouver dans l'inspiration de raisons ou de motifs étrangers à la science. Nous les étudierons plus tard ; quant à présent, nous allons examiner les résultats de la seule expérience que les anthropologistes aient imaginée pour comparer les aptitudes des races humaines suivant le cerveau. C'est la pesée.

V.

POIDS DE L'ENCÉPHALE DANS LES DIVERSES RACES.

Nous emprunterons à l'ouvrage si complet de M. Topinard la liste suivante de pesées du cerveau. Elle groupe ensemble plusieurs variétés de l'espèce humaine, et on pourra y étudier aisément les oscillations d'une race à une autre race. Le savant professeur ne la présente d'ailleurs que sous des réserves expresses. « ..... Mais ce qui enlève toute sécurité à la comparaison du poids du cerveau dans les races, dit-il, ce sont les variations individuelles si capricieuses et subordonnées à tant de circonstances extérieures, de l'intelligence primitive et secondaire, ou mieux encore de l'activité cérébrale, quelles que soient la direction et les manifestations physiologiques (1). »

_____

(1) Topinard, *loco citato*, p. 319.

Dans cette liste, les noms entre parenthèse indiquent les anthropologistes qui ont opéré le pesage.

105	Anglais et Ecossais (Peacock)	1427^{gr}
28	Français (Parchappe)	1334
40	Allemands (Huschke)	1382
18	Allemands (Wagner)	1392
50	Autrichiens (Weisbach)	1342
1	Annamite (Broca)	1233
7	Nègres africains (Divers)	1238
8	— — (Broca)	1289
1	Noir de Pondichéry (Broca)	1330
1	Hottentot (Wyman)	1417
1	Nègre du Cap (Broca)	974

J'omets, comme inutiles ici, les pesées de cerveaux de femmes, tout en remarquant que le poids du cerveau des Négresses d'Afrique de Peacock (1232 gr.) est supérieur à celui du cerveau des Françaises de Parchappe (1210 gr.).

Ce qui ressort le plus clairement de l'examen de ces chiffres, c'est que le *poids du cerveau* n'est nullement en corrélation constante avec les différences ethniques. Le poids du cerveau du Hottentot de Wyman se fait remarquer du premier coup d'œil. En le citant, M. Topinard a écrit en note les réflexions suivantes : « Ce poids exceptionnel chez un nègre est dépassé par l'un des cerveaux de Nègres de M. Broca, qui s'élève à 1,500 grammes. *N'est-ce pas le cas de se demander si le Nègre libre, vivant dans un milieu européen, n'a pas un cerveau plus lourd que s'il était resté dans ses forêts, loin d'excitations intellectuelles plus fortes ?* » Ces paroles sont particulièrement remarquables dans la bouche du disciple bien-aimé de l'illustre Broca. En réfléchissant sur leur portée logique, le savant auteur de l'*Anthropologie* devait y trouver la condamnation catégorique du système qui divise les groupes humains en races supérieures et races inférieures. Mais, pour les hommes d'école, il est écrit qu'en anthropologie on ne fera jamais cas de la logique.

Il faut encore ajouter que Wagner, en Allemagne, et Sandifort B. Hunt, aux États-Unis, ont rencontré un maximum de 1507 gr. parmi les cerveaux de Noirs africains ; Mascagny en a même trouvé un de 1587 grammes. Or, le minimum du poids du cerveau chez les Blancs européens descend jusqu'à 1133 grammes, d'après Broca, et on en trouve de bien inférieurs à ce chiffre.

Encore bien que le poids du cerveau ne doive point nous paraître d'une trop grande valeur, au point de vue de l'influence qu'il exerce sur les actes de cérébration, ce sont là des faits dignes d'être constatés.

Une autre liste quelque peu curieuse est celle des pesées faites par M. Sandifort B. Hunt (1), en partageant les groupes en blancs purs, en métis de différents degrés et en noirs purs.

La voici :

24 Blancs.	1424^{gr}
23 Trois quarts de blanc	1390
47 Demi-blancs ou mulâtres.	1334
51 Un quart de blanc.	1319
95 Un huitième de blanc.	1308
22 Un seizième de blanc.	1280
141 Nègres purs.	1331

Il y a surtout à remarquer dans ce groupement, que s'il fallait en accepter les chiffres comme l'expression exacte des faits, le blanc serait en tête de la hiérarchie ; après lui viendrait le quarteron, le mulâtre ne serait pas plus intelligent que le nègre ; mais les nuances intermé-

---

(1) *Negro as a soldier*, cité par M. Topinard. *L'Anthropologie*, p. 321.

diaires, telles que le *cabre*, le *griffe* et le *sacatra*, seraient positivement inférieures au nègre pur. M. Topinard y fait les réflexions suivantes : « Ne semble-t-il pas en résulter que le sang blanc, lorsqu'il prédomine chez un métis, exerce une action prépondérante en faveur du développement cérébral, tandis que la prédominance inverse du sang nègre laisse le cerveau dans un état d'infériorité vis-à-vis même du nègre pur ? Ce qui laisserait croire que les métis prennent le mal plus aisément que le bien. »

Sans le ton suppositif employé dans la dernière phrase, on pourrait la croire signée par M. de Gobineau. Mais M. Topinard se laisse rarement prendre en défaut, sous le rapport d'une sage circonspection. Quand il sera question du métissage, nous verrons d'ailleurs ce que d'autres pensent et ce qui en est réellement.

Je ne veux pas terminer cette étude comparative du cerveau dans les diverses races humaines, sans citer quelques paroles de Broca qui corroborent merveillleusement tout ce qu'on vient de lire. « Personne n'a prétendu, dit-il, qu'il y a un rapport *absolu* entre le développement de l'intelligence et le volume ou le poids de l'encéphale. Pour ce qui me concerne, j'ai protesté de toutes mes forces et à plusieurs reprises *contre une pareille absurdité* ; j'avais même écrit d'avance cette partie de mon discours, afin que ma manière de voir, exprimée en termes très catégoriques, ne pût donner lieu à aucune équivoque, et j'avais terminé par la phrase suivante que je demande la permission de vous relire une seconde fois : « Il ne peut donc venir à la pensée « d'un homme éclairé de mesurer l'intelligence en mesu-« rant l'encéphale (1). »

L'opinion du maître a été bien clairement exprimée.

---

(1) Voir Topinard, *Le poids de l'encéphale* in *Mémoires de la Société d'anthropologie de Paris*, 2e série, t. III, p. 29.

Réunie à tout ce qui a été précédemment exposé, elle prouve jusqu'à l'évidence que le poids de l'encéphale n'a pas une signification de bien haute valeur dans la comparaison qu'on voudrait faire des aptitudes intellectuelles de chaque groupe ethnique. Mais en supposant même qu'il ait toute l'importance que certains anthropologistes paraissent y attacher, le résultat des pesées ne prouve aucunement que le cerveau du Caucasien soit constamment supérieur à celui de l'Éthiopien.

Ici encore, la conclusion est contraire à toute systématisation, tendant à diviser les races en inférieures et supérieures.

VI.

DIFFICULTÉS DE CLASSER LES APTITUDES.

Je sais bien que, perdant pied sur le terrain des sciences biologiques qui constituent le domaine propre de l'anthropologie, telle qu'on l'a faite et qu'on l'entend, suivant la méthode et la doctrine de Broca, on s'empressera de passer sur le terrain des sciences historiques et spéculatives, pour prouver que les hommes de race noire n'ont jamais pu atteindre à un aussi haut développement de l'esprit que ceux de la race blanche. On se contentera de cette objection pour en induire l'infériorité intellectuelle du Noir. Plus tard nous pourrons voir que l'histoire intellectuelle des nations prouve d'une manière évidente que la manifestation de ces aptitudes n'a pas eu son plein et entier développement dans une seule race. Les différents groupes de l'humanité se sont plutôt transmis de main en main le flambeau de la science. C'est une lumière qui va sans cesse grandissant, à travers les oscillations séculaires où son intensité ne semble parfois diminuer que pour jaillir en gerbes plus lumineuses, semblables à ces étoiles brillantes dont les rayons interférents simulent l'obscurité juste à l'instant où leur éclat va éblouir nos yeux charmés et réjouis.

Mais dès maintenant, nous pouvons poser la question. La science de l'esprit, la noologie a-t-elle été suffisamment étudiée pour qu'on puisse classer méthodiquement les différentes manifestations de l'intelligence et fixer avec certitude leur valeur hiérarchique? Où trouverons-nous les règles d'une telle classification? Au commencement de de cet ouvrage, j'ai nommé plusieurs savants ou philosophes, qui ont tenté d'élaborer une classification scientifique des connaissances humaines, en établissant une hiérarchie qui va, plus ou moins régulièrement, des sciences de généralisation déductive aux sciences plus complexes de spécialisation inductive, où l'expérience aidée de la méthode doit précéder toutes les conclusions. Nous n'avons fait que passer rapidement sur cette question. Au fond, on s'entend très peu sur la construction de cette échelle hiérarchique. Telle science qu'un savant considère comme supérieure sera mise à un rang subalterne par un philosophe ou même par un autre savant. C'est à ce point que le plus libre champ y est encore laissé à l'arbitraire.

Cette contradiction, dont ne s'occupent nullement les anthropologistes qui croient avoir résolu toutes les difficultés quand ils ont cubé un crâne ou mesuré un angle facial, rend impraticable toute systématisation ordinale des connaissances humaines. Pourrait-on, en l'absence de cette systématisation, décréter que telle opération de l'esprit est inférieure à telle autre? Je ne le crois aucunement. Tout le temps que la lumière ne sera pas faite sur ce point, un exercice quelconque de l'intelligence, pourvu qu'il y ait un cachet personnel et supérieur, pourra toujours être comparé à n'importe quel autre. Une chanson bien tournée et bien rythmée, par exemple, vaudra tout autant que la découverte de la plus belle loi d'équilibre des forces naturelles ou sociales. Mais alors comment établir les comparaisons ?

Puisqu'il faut choisir entre les diverses opinions, je prendrai pour règle de comparaison hiérarchique entre les différentes catégories scientifiques, la classification d'Auguste Comte, fondateur de la philosophie positive à laquelle j'adhère entièrement. Suivant le grand positiviste, l'arbre de la science s'élève graduellement, en évoluant dans l'ordre suivant : la première assise ou l'étape inférieure est formée par les mathématiques pures qui ne sont que des instruments de l'esprit dans la recherche de la vérité ; viennent ensuite la mécanique et l'astronomie, la physique, la chimie, les sciences biologiques et la sociologie. Après avoir parcouru ces différentes sphères jusqu'au bout, en y passant de l'état dynamique à l'état statique, on domine enfin tous les ordres de la connaissance ; on obtient une intelligence parfaite de la nature, en distinguant les principes d'harmonie ou d'association des causes de discordance ou de dissociation. La saine philosophie, réduite ainsi à une synthèse de toutes les notions et de toutes les conceptions, consiste alors à se conformer aux lois de la nature, tout en concourant avec intelligence à l'harmonisation de tous les éléments, hommes et choses, répandus sur l'orbe immense de notre planète. A ce besoin d'harmonie répondent les sentiments altruistes qui font de l'humanité un être concret dont les parties solidaires agissent, travaillent et progressent dans une destinée commune.

En tant que philosophie morale on a beaucoup discuté les conceptions de l'illustre Auguste Comte sans enrayer aucunement le progrès rapide qu'elles font dans les esprits ; mais comme classification des sciences, rapport sous lequel nous les envisageons ici, elles n'ont jamais eu de sérieux contradicteurs. Herbert Spencer, l'esprit le mieux préparé pour les reprendre à un autre point de vue, n'a pas complètement réussi dans l'essai de classification qu'il a écrit ; et, plus tard, dans un de ses plus remarquables ouvrages (1), il fut obligé de rendre un hommage sans restriction à la haute sagacité du grand positiviste.

On peut donc s'appuyer sur le système de hiérarchisation de Comte pour comparer les divers ordres de connaissances et leur valeur relative. En ce cas, il faudra bien rabattre des prétentions qu'on a toujours cru légitimer, en déclarant que la supériorité intellectuelle du blanc sur celle du noir est prouvée par la grande aptitude du premier à s'occuper des mathématiques transcendantes, aptitude supposée nulle chez le second ; car si l'Européen n'excellait que dans les mathématiques son mérite ne serait pas extraordinaire. Cette branche de science, qui emprunte aux études élevées de l'astronomie un prestige puissant aux yeux du vulgaire, n'a rien de cette excellence que les profanes lui concèdent. L'astronomie qui s'en sert dans ses plus hautes applications est une science vraiment admirable. Cependant elle ne doit tout son relief qu'à l'association d'autres sciences plus complexes telles que la physique et la mécanique sans lesquelles la simple théorie des nombres n'aurait jamais pu sortir du vague et de l'abstraction.

Ce qui donne une application sérieuse à l'esprit et ce qu prouve surtout la vigueur de l'intelligence, ce sont les sciences expérimentales et les sciences d'observation où l'homme examine les phénomènes naturels, et cherche à découvrir les lois qui les régissent. C'est là aussi qu'on devait rechercher la facilité de compréhension qui dénote réellement le degré d'aptitude de chacun.

_____

(1) Voir Herbert Spencer, *De l'éducation physique, intellectuelle et morale.*

Quelle difficulté offrent les mathématiques lorsqu'elles
ont été graduellement inculquées à l'esprit ? Quelle complexité de méthode y rencontre-t-on ? Ce qui les rend abor-
dables, ce n'est nullement de grandes facultés intellectuelles, c'est une certaine discipline de l'esprit où les formules
et les théorèmes tiennent lieu de chef de file, dans toutes
les évolutions du calcul. Les Monge, les Laplace, les Arago,
les Leverrier, sont des hommes qui planent bien haut, au-
dessus du commun ; mais nonobstant qu'ils réunissaient
aux mathématiques d'autres aptitudes qui en ont augmenté le mérite, il faut convenir que beaucoup de savants,
sans être des mathématiciens, occupent une place plus élevée dans les carrières de l'intelligence, où ils ont cueilli des
palmes autrement importantes. Il est certain que les découvertes d'un Cuvier, d'un Lavoisier, d'un Berzélius,
d'un Claude Bernard ont une importance infiniment plus
grande pour le progrès général de l'espèce humaine que
tout ce qu'on pourra jamais tirer des mathématiques. Je
conviens, tout le premier, qu'il faut pour devenir un bon
mathématicien, avoir des habitudes intellectuelles que
tous les hommes ne cultivent pas et peut-être ne peuvent
cultiver ; mais en est-il différemment pour les autres
sciences d'une complexité supérieure ? Non. Pourquoi
doit-on alors voir dans l'aptitude au calcul un signe naturel de la supériorité organique du cerveau ?

D'ailleurs, ce n'est pas à la race blanche que revient l'honneur d'avoir inventé ni la science des nombres ni la mesure
de l'étendue. L'origine des mathématiques remonte à la
noire Égypte, la patrie des Pharaons. Tous les savants qui
se sont occupés de l'histoire des sciences exactes sont unanimes à reconnaître que les anciens Égyptiens ont été les
créateurs de la géométrie (1). Plus de trois mille ans avant

(1) Voir surtout Bretschneider, *Die geometrie und die geometer vor Euclides*, Leipzig, 1870.

l'ère chrétienne, alors que les nations européennes étaient encore à l'état barbare, les Chamites qui habitaient les bords du Nil faisaient déjà des calculs géométriques sur l'aire de diverses espèces de surface. Dans le papyrus de Khind au *British Museum* de Londres, on a déchiffré des problèmes de géométrie pratique sur le triangle, le cercle, le trapèze, etc. D'après l'estimation du Dr Samuel Birch, un des plus grands égyptologues connus, l'original dont ce papyrus est la copie remonterait à 3.300 ans avant Jésus-Christ.

Platon et Diogène Laërce s'accordent à reconnaître que l'arithmétique tire aussi son origine de l'Égypte : ce qui est absolument logique, puisque les calculs arithmétiques sont indispensables pour la solution des problèmes de géométrie.

De même que beaucoup d'autres choses, la Grèce, la première nation de la race blanche occidentale qui soit parvenue à un développement sérieux de civilisation, doit incontestablement à l'Égypte toutes les premières notions de mathématiques qu'elle a perfectionnées en continuant l'évolution scientifique. Cette évolution ne devait aborder que longtemps après sa période positive.

Le premier savant Grec qui se fût occupé des mathématiques avec quelque éclat est Thalès de Milet ; mais il avait acquis en Égypte la meilleure partie de son savoir.

Au sixième siècle, avant l'ère vulgaire, la Grèce eut la gloire de produire Pythagore qui fit preuve des plus belles aptitudes pour les sciences. On lui doit, en mathématiques, la découverte de diverses propriétés des nombres, la démonstration de la valeur du carré de l'hypothénuse et de plusieurs autres théorèmes. Mais n'a-t-on pas droit de se demander s'il était arrivé seul à tous ces résultats ou s'il n'a fait que nous transmettre des notions reçues parmi les prêtres égyptiens, au collège desquels il fut même agrégé à Thèbes, ayant vécu vingt ans dans leur pays ?

Platon, qui s'occupa des mathématiques avec succès et

qui a principalement contribué à leur donner le prestige
qu'une routine aveugle continue encore à y voir, ne se
contenta pas de les étudier avec les pythagoriciens, mais
il alla lui-même en Egypte, comme pour en puiser la lumière à sa propre source.

Deux causes ont empêché les anciens Égyptiens de
jouir de toute la gloire qui leur revient dans cette sphère
comme en tant d'autres. La première est qu'ils se servaient d'une langue dont la grammaire était assez développée, mais dont l'écriture était tellement compliquée et
difficile que tous les documents scientifiques et littéraires
qui en sont sortis ont demeuré des semaines de siècles
sans avoir pu être interprétés. On peut affirmer que pendant le laps de temps que l'on est resté impuissant à
comprendre le sens caché des caractères hiéroglyphiques,
considérés comme autant de sphinx dans ce monde mystérieux de l'Égypte, la majeure partie de ces documents
ont disparu, emportant avec eux des secrets à jamais
perdus. D'autres encore enfouis au sein de la terre noire
de la noire Kémie, seront certainement retrouvés dans
l'avenir. Il n'y aura pas lieu de s'étonner qu'ils viennent
un jour confondre bien des théories !

La seconde cause qui a, en quelque sorte, empiré les désa-
gréments de la première, est l'esprit exclusif des prêtres,
qui étaient les principaux détenteurs de la science. Ils faisaient un mystère de toutes leurs acquisitions scientifiques et ne les enseignaient que dans un milieu restreint,
à un petit nombre d'élus, constituant une école fermée et
appelée seule à la possession complète de la doctrine ésotérique.

Malgré tout, cette terre d'Égypte était si bien considérée
comme la patrie de la science, que c'est à Alexandrie que
les Grecs vinrent développer toute leur aptitude aux
mathématiques, en produisant des individualités telles

qu'Euclide, Archimède, Appollonius de Perga, autant d'é-
clatantes étoiles qui brillaient dans la pléïade alexandrine.
Maintenant que l'esprit humain entre dans une période de
maturité qui se signale par une critique absolument consciencieuse, ne pourrait-on pas se demander si des savants
ignorés de l'ancienne race égyptienne n'auraient pas contribué aux premières étincelles que les sciences ont jetées
dans la ville immortelle fondée par Alexandre le Grand?
Mais qu'on réponde affirmativement ou non, il ne reste
pas moins acquis à l'histoire que la race noire d'Égypte
a cultivé la première les notions abstraites de l'arithmétique et formulé les premiers calculs dont le perfectionnement successif a abouti aux grandes théories des temps
modernes, où brillent les noms de Descartes, de Newton, de Pascal, de Leibniz, d'Euler, de Bernouilli, de Gauss
et d'une foule d'autres savants tout aussi remarquables.

Nous avons dit que Platon contribua principalement à
faire considérer les mathématiques comme une science
incomparable. En effet, le chef de l'*Académie* mettait un
tel prix à la science des nombres et de l'étendue, qu'il la
regardait comme le signe le plus évident et la meilleure
preuve d'un esprit cultivé et distingué. On assure que
dans un mouvement d'enthousiasme, il avait même inscrit
à la porte de son école : « Que nul n'entre chez moi, s'il
n'est géomètre (1). » Poussant l'idée pythagoricienne jusqu'à la hauteur d'un dogme, il professait que la musique,
la géométrie et l'astronomie étaient « les anses de la philosophie » (λαβάς φιλοσόφιας); enfin il ne croyait pouvoir mieux
définir Dieu qu'en le nommant « le géomètre éternel » (2).

Quand on sait l'influence que les idées de Platon ont

---

(1) Μηδείς αγεωμέτρητος εἰσίτω μοῦ τὴν στεγην. (C. f. Jean Tzetzès,
Chiliades, VIII).

(2) Αει ὁ θεός γεωμετρει. Platon, *Timée*.

exercé sur l'esprit humain, dans tout le groupe occidental, on s'explique bien vite l'espèce de culte qu'on professe encore pour les mathématiques. Mais notre siècle a suffisamment éclairci de problèmes pour que nous ne persistions pas à marcher comme des aveugles dans les errements du passé.

En parlant de Platon, on ne peut jamais oublier Aristote. Ce qui prouve que les mathématiques n'ont point, eu égard à la hiérarchie des connaissances humaines, toute l'importance qu'on s'est accoutumé à leur donner; ce qui prouve qu'elles ne sont point le signe exclusif de grandes facultés intellectuelles, c'est que le grand Stagirite, l'intelligence la plus vive et la mieux organisée qu'on puisse jamais rencontrer, n'a jamais pu devenir un bon mathématicien. Pour moi, je comprends bien vite qu'un cerveau d'une activité aussi féconde que celle d'Aristote se soit ennuyé des formules qui emprisonnent l'esprit et le mettent à l'étroit, dans la discipline intellectuelle si nécessaire à un bon mathématicien. Aussi bien cet exemple suffit pour réduire à sa juste valeur une proposition que l'on répète depuis si longtemps, sans qu'on ait jamais pensé à la contrôler par un examen sérieux.

Est-ce à dire que les mathématiques n'ont aucun mérite, ni aucune valeur dans la sphère scientifique? Bien fou et absurde serait quiconque avancerait une telle assertion. Je crois tellement le contraire que, me conformant en cela aux idées de l'illustre Comte, je considère ces études comme indispensables à la préparation de l'esprit destiné à des exercices plus difficiles, plus complexes. Ce que j'affirme, c'est qu'on ne saurait continuer à faire des mathématiques le *summum* des connaissances humaines, sans se condamner à ne jamais s'affranchir de l'influence des doctrines métaphysiques qui ont trop longtemps subjugué l'esprit humain, depuis Platon jusqu'à Hégel.

CHAPITRE VII.

Comparaison des races humaines au point de vue physique.

Et pecudes et agros divisere atque dedere
Pro facie cujusque et viribus ingenioque.
Nam facies multum valuit, viresque vigebant.
(Lucrèce).

I.

DE LA TAILLE, DE LA FORCE MUSCULAIRE ET DE LA LONGÉVITÉ DANS LES RACES HUMAINES.

Nous avons hâte de passer à un autre ordre d'idées, en jetant un coup d'œil sur les mesures anthropologiques que l'on a prises dans les divers groupes ethniques, afin de les comparer sous le rapport de la taille.

Dans la lutte pour l'existence, l'homme encore rivé à l'état primitif dut assurément trouver dans une belle stature un grand avantage matériel sur ceux qui en furent moins doués. A part cet avantage, il y a un certain effet moral irrésistible et inexplicable, exercé par l'aspect d'un homme grand et bien fait. Il est imposant, il domine tout ce qui l'entoure. Sans savoir pourquoi, instinctivement, pour ainsi dire, on sent en lui l'attribut de la force et de la puissance. Les Nemrod seront toujours les chasseurs d'hommes devant l'Éternel, toutes les fois que la civilisation n'aura pas suffisamment marché pour inventer des armes par lesquelles on puisse se mesurer à distance. Après les conditions d'aptitudes intellectuelles, la taille peut donc être considérée comme un signe de distinction naturelle entre les hommes, les plus petits, *exceptis excipiendis*, étant toujours inférieurs aux plus grands dans tous les genres de combat qu'ils peuvent se livrer.

Cependant, pas plus que les autres mesures anthropologiques, celle de la taille ne peut servir à une échelle de comparaison régulière pour la distinction des races humaines et de leurs aptitudes. L'influence des milieux qui a une importance si marquée sur tous les caractères ethnologiques, joue encore ici un rôle manifeste. M. Topinard a cité plusieurs auteurs qui établissent d'une manière positive que l'action des milieux, par une cause ou par une autre, influe directement sur la taille des habitants. La même remarque est faite par M. de Quatrefages. « |Chez l'homme, dit-il, M. Durand, confirmant une observation due à M. Lartet, a constaté que, dans l'Aveyron, les populations des cantons calcaires l'emportent sensiblement par la taille sur celles des cantons granitiques ou schisteux. »

A propos de cette observation, je ne puis résister au désir de citer quelques paroles prononcées par le professeur Georges Ville, dans une conférence au champ d'expérience de Vincennes. Cette citation sera un peu longue; mais comme les idées qu'elle renferme méritent d'être méditées par tous ceux qui semblent désespérer d'une race, parce qu'elle n'aura point encore fait preuve des grandes qualités qui brillent dans une autre, elles ne seront nullement déplacées dans cet ouvrage. Elles serviront surtout à prouver que l'homme est toujours égal à l'homme, dans la mystérieuse équation de la nature. Toutes les fois que le contraire semblera exister, il faudra donc chercher à réduire la valeur de toutes les inconnues, afin de pouvoir aboutir à une intégration parfaite.

« Dans le département de l'Aveyron, dit M. Georges Ville, la moitié des terres se compose de gneiss, de micaschiste; l'autre moitié, qui lui est contiguë en beaucoup de points, se compose de terrain jurassique. De là deux contrées aux physionomies les plus diverses, appelées : la première, *Segala*, terres à seigle, et la seconde, *Causse*, de *calx*, chaux.

« Les habitants du Ségala, les Ségalains sont chétifs, maigres, anguleux, petits, plutôt laids que beaux ; les animaux y sont eux-même de taille réduite.

« Les habitants du Causse ou *Caussenards* sont amplement charpentés, plutôt beaux que laids... Ayez recours à quelques modestes champs d'expérience, ils vous diront que la terre dans le Ségala manque d'azote et de phosphate ; que, dans le Causse, c'est la potasse et la matière azotée qui font défaut : répandez l'azote, le phosphate, la potasse et la chaux, et soudain vous verrez la culture du seigle se restreindre et bientôt le froment succèdera à l'orge.

« Lorsqu'on ne cultive qu'avec du fumier, les effets de cet ordre ne sont pas possibles : le fumier conserve fatalement la tache indélébile de son origine ; si la terre qui l'a produit manque de phosphate, lui-même en sera malheureusement dépourvu. La terre à seigle restera toujours terre à seigle ; l'homme qui l'habite, toujours un Ségalain, à la taille petite ; *son existence et ses facultés subiront le joug d'une puissance qui l'étreint, l'enlace, l'asservit et à l'action de laquelle il ne saurait se soustraire.*

« Aux lumières de la science, ce servage ne peut subsister.

« Maître des conditions qui commandent la vie des plantes, l'homme peut détourner, non sans lutte, non sans effort, le cadre qui l'opprime et changer le cours de sa destinée, en modifiant l'organisation des plantes et des animaux destinés à le nourrir. Au sol qui manque de phosphate et d'azote, il apporte le phosphate et l'azote et, au lieu de vivre de pain de seigle, il vit de pain de froment. Par cette substitution, après deux, trois ou quatre générations, il s'élève d'un degré dans l'échelle biologique ; son organisation se perfectionne, ses facultés s'étendent ; et cette conquête sur les infériorités natives, il la doit tout entière aux inductions de la science et à l'énergie persévérante de sa volonté (1) ! »

Je recommande surtout ces dernières et fortifiantes paroles à l'attention de tous mes congénères de la race noire. Science et volonté ! Voilà les deux leviers sur lesquels ils doivent s'appuyer pour soulever tout le poids des fatalités héréditaires accumulées sur leur tête par une longue succession de misères morales et physiques. Mais, voyons enfin les chiffres comparatifs réunis par l'auteur de l'*Anthropologie* sur les moyennes de la taille dans diverses races humaines. Il les sépare en quatre groupes : « 1º De i= 70 et au-dessus pour les *hautes tailles ;* 2º de 1ᵐ 70 à 1ᵐ 65, inclusivement pour les *tailles au-dessus de la moyenne ;* 3º de 1ᵐ 65 à 1ᵐ 60 inclusivement, pour les *tailles au-dessous de la moyenne ;* 4º au-dessous de 1ᵐ 60 pour les *petites tailles :* quatre locutions conformes à celles généralement usitées, dit-il. » Le chiffre moyen de la taille dans toute la population du globe, se trouve ainsi fixé à 1ᵐ 65, précisément celui que donne la taille moyenne en France, suivant la remarque même de M. Topinard.

Afin de ne pas encombrer outre mesure cet ouvrage déjà trop bourré de chiffres, je n'insère que les moyennes des deux premiers groupes, s'arrêtant à la taille moyenne des Français. Il faut encore observer qu'il n'y est compris que des hommes ; la femme est en moyenne de 12 centimètres plus petite que l'homme, d'après M. Topinard (2).

Tailles hautes, de 1ᵐ70 et au-dessus.

	m.
Tehuelches de Patagonie (6 séries)...........	1.781

---

(1) Extrait de la *Revue scientifique,* année 1873.
(2) Voir : *Etude sur la taille* in *Revue d'anthrop.,* année 1876, p. 45.

	m
Polynésiens (15 séries).....................	1.762
Indiens Iroquois (Gould)...................	1.735
Nègres de Guinée (4 séries)...............	1.724
Cafres Amaxosa (Fritch)...................	1.718
Australiens divers (Topinard).............	1.718
Scandinaves (3 séries)....................	1.713
Écossais (2 séries).......................	1.710
Anglais (3 séries)........................	1.708
Esquimaux occidentaux (Beechey)..........	1.703

Tailles au-dessus de la moyenne, de 1.70 à 1.65, inclus.

	m.
Irlandais (2 séries)......................	1.697
Dombers et Vadagas de l'Inde (Shortt)......	1.694
Danois (Beddœ)...........................	1.685
Belges (Quetelet).........................	1.684
Charruas (D'Orbigny).....................	1.680
Arabes (3 séries).........................	1.679
Seghaliens (La Pérouse)...................	1.678
Allemands (3 séries)......................	1.677
Néo-Calédoniens (Bourgarel)..............	1.670
Pescherais de la Terre-de-Feu (4 séries).......	1.664
Kirghis (Prichard)........................	1.663
Russes (4 séries).........................	1.660
Roumains (2 séries)......................	1.657
Berbers (3 séries)........................	1.655
Esquimaux du centre (5 séries)............	1.654
Tribus de la côte orientale de l'Inde (3 séries).	1.652
Indigènes du Caucase (Shortt)..............	1.650
Français..................................	1.650

Dans ces deux groupes où se rencontrent les représentants des races les plus opposées, au point de vue de la morphologie et de la coloration, on voit que les Nègres de

Guinée, les Cafres, les Australiens, sont tous placés parmi les hommes à *tailles hautes*. Au-dessus d'eux, il n'y a que les Patagons ou Tehuelches, les Polynésiens et les Iroquois. Si on se réfère aux réflexions que nous avons faites sur l'importance de la taille, on ne pourra disconvenir de la supériorité matérielle qu'elle donne aux individus qui en jouissent. Des hommes d'une aussi grande stature que les Noirs guinéens ou les Cafres, ne seront dominés par d'autres hommes moins grands qu'eux, qu'autant que leur intelligence inculte n'aura pas encore développé toute la force de résistance qui découle de l'assurance en soi-même. Je ne cesserai de le répéter, à conditions égales d'aptitudes, les plus grands sont toujours les mieux avantagés.

C'est ici l'occasion de réfuter une assertion que j'ai rencontrée dans un des opuscules de mon intelligent compatriote, le docteur Janvier (1). Il avance, sans hésitation ni réserve, que les hommes de grande taille ne sauraient avoir une grande vigueur intellectuelle. Sachant qu'il a l'esprit scientifique trop bien développé pour affirmer un fait si important, au point de vue biologique comme au point de vue sociologique, sans qu'il en ait étudié la valeur, en s'appuyant d'autorités compétentes, je pense que, dans cette occurrence, il se sera fait l'écho de quelques anthropologistes dogmatiques que je n'ai pas l'honneur de connaître. Mais y a-t-il rien de plus risqué qu'une telle affirmation? Sur quelles études repose-t-elle, et quels sont les faits qui en font foi? Si beaucoup d'hommes de petite taille ont fait preuve d'une activité intellectuelle fort remarquable, nous croyons fort que la meilleure partie des hommes éminents, tant dans la science que dans l'industrie et les autres carrières où il faut déployer de grandes aptitudes,

---

(1) Dr Louis-Joseph Janvier, *Les anti-nationaux.*

s'est toujours trouvée dans la catégorie des individus dont la taille est au-dessus de la moyenne.

Il est vrai que, dans un intéressant *Mémoire* (1), M. Topinard, dont la compétence est reconnue parmi tous ceux qui s'occupent d'anthropologie pratique, a formulé en ses conclusions l'opinion suivante : « Les sujets grands ont d'une façon absolue plus de cerveau, en général, que les sujets petits, chez l'homme comme chez la femme. Mais *en ayant égard à la taille*, la proportion change. Les sujets de haute taille ont relativement moins de cerveau et ceux de petite taille relativement plus de cerveau (2). » Cependant, on ne saurait logiquement induire de ces paroles que le sujet de haute taille a moins de vigueur cérébrale que celui de petite taille. Ce serait donner à l'idée du savant professeur une interprétation forcée et un sens qu'elle n'a pas. Le cerveau n'est pas au corps comme la machine locomotive est au train du chemin de fer, de telle sorte qu'il faille toujours tenir compte de la force de traction suivant le poids à véhiculer.

Je ne reviendrai point sur les discussions par lesquelles il est déjà prouvé que le volume ou la quantité du cerveau, considéré absolument ou relativement, ne donne aucune base pour aider à juger de son énergie fonctionnelle. En supposant même que l'on doive voir dans la dimension ou le poids de l'organe encéphalique le signe évident de son aptitude intellectuelle, cette aptitude étant relative à une quantité spéciale, on ne comprendrait pas que la valeur en fût diminuée par sa seule coïncidence avec une grande taille.

Ce sont de pareilles théories, dénuées de tout fondement scientifique, qui font perpétuer les distinctions absurdes de races supérieures et de races inférieures, sans qu'on puisse

---

(1-2) Topinard, *Le poids de l'encéphale d'après Paul Broca* in *Mémoires de la Société d'anthrop. de Paris*, 2ᵉ série, t. III, p. 31.

s'autoriser d'aucune expérience probante, d'aucune analogie inductive, pour en prouver la réalité. Grands ou
petits, noirs ou blancs, les hommes ont, en général, les
aptitudes naturelles égales. L'on s'exposera toujours aux
plus graves déceptions de l'esprit, toutes les fois qu'on
voudra s'écarter témérairement de cette vérité que les faits
de chaque jour et l'histoire générale de notre espèce tendent de plus en plus à confirmer.

Après la comparaison de la taille, ce n'est peut-être pas
la peine de parler de la vigueur musculaire comme caractère distinctif de races. Quelques auteurs ont pourtant
prétendu se fonder sur cette particularité pour prouver la
supériorité de la race blanche sur les autres groupes
humains. Il faut citer, entre autres, le Dr Pruner qui a
écrit, à ce sujet, un mémoire (1) inséré dans la *Revue de
la Société des orientalistes allemands.*

S'il était vrai que la force musculaire du Blanc fût supérieure à celle du Noir, en vertu même de sa constitution
organique, ce serait en sa faveur un avantage incontestable
dans la lutte pour l'existence. « La force corporelle ou
simple vigueur musculaire, dit Bain (2), doit être considérée comme une condition favorable à l'acquisition (intellectuelle). Non seulement c'est la preuve d'une vitalité
considérable des muscles qui accompagne probablement
leurs aptitudes, mais c'est aussi l'indice qu'ils peuvent
sans fatigue continuer longtemps les opérations qui leur
sont imposées. » C'est l'application de l'idée bien connue
du prince de la poésie latine, devenue aujourd'hui un
adage des sciences psychologiques : *Mens sana in corpore*

(1) *Der Neger, eine aphoristiche Skizze aus der medicinischen Topographie von Cairo* in *Zeitsch. der deutschen morgendländischen Gesellschaft*, t. I, p. 131.
(2) A. Bain, *Les sens et l'intelligence.*

sano. Mais peut-on accorder aucune importance à une telle particularité comme distinction caractéristique des races humaines? Ne doit-on pas même chercher d'autres causes que celle de la race pour expliquer la différence qu'il peut y a voir entre les hommes, au point de vue de la force musculaire? M. Herbert Spencer, dans son traité sur l'*Education*, affirme aussi que les Anglais sont de beaucoup supérieurs en force corporelle aux Indiens et aux Africains; mais il fait bien remarquer que les premiers se nourrissent de viande, tandis que les autres s'alimentent plutôt de matières végétales qui imposent à l'organisme un travail considérable, en ne lui apportant que bien peu de substances assimilables, surtout pour la réparation du tissu musculaire, où les matières azotées jouent un rôle prédominant, essentiel. A côté de l'alimentation, il faut encore tenir compte de plusieurs autres facteurs, qui contribuent, dans une large mesure, à augmenter ou à déprimer la vigueur des muscles. M. Topinard fait observer très judicieusement que pour étudier comparativement la force musculaire dans les diverses races humaines, il faut compter « avec l'état de santé du sujet, son âge, son sexe, bien entendu, et jusqu'avec l'éducation acquise par les muscles. » J'ajouterais volontiers un certain développement de l'intelligence qui, à l'aide de la volonté, exerce une influence marquée sur l'intensité de l'action nerveuse. A part toutes ces considérations, il faut encore tenir compte de l'état d'exaltation ou de dépression morale du sujet. Un homme frappé de nostalgie, loin de sa patrie natale; subissant le joug de l'esclavage dont il commence à comprendre toute l'abjection sans pouvoir s'en absoudre, ne pourra jamais, dans un pareil état, développer la même vigueur musculaire qu'un autre dont le sang circule avec l'aisance et l'accélération que donne le sentiment de l'indépendance et surtout de la domination. Aussi serait-ce une expérience

faite dans les pires conditions que celles qui consisteraient
à prendre comme point de comparaison, pour la race noire,
les Soudaniens transportés au Caire, où ils vivent pour la
plupart dans le plus profond abaissement et dans la plus
grande misère.

Voici d'ailleurs la conclusion que tire M. Topinard des
comparaisons où figure ¡la force musculaire tant des mains
que des reins, dans plusieurs groupes ethniques. « Les
moyennes ci-dessus, dit-il, nous montrent bien les Australiens très mal partagés, mais elles montrent les Chinois
encore plus mal partagés pour la pression des mains. Les
plus forts des reins, d'autre part, sont les Indiens Iroquois
et, après eux, les indigènes de l'archipel Sandwich. Les
Nègres sont assurément moins forts que les Blancs, mais
leurs intermédiaires, les Mulâtres, sont plus forts que les
uns et les autres. Ce qui prouve bien que la condition physiologique prime dans tous ces cas la condition anthropologique, c'est l'infériorité musculaire des marins de Ran-
sonnet et de M. Gould, dans la race blanche. »

En étudiant les faits ainsi exposés, on est bien obligé
d'admettre qu'il est impossible de faire de la force musculaire, l'attribut de telle race plutôt que de telle autre.
Sous ce rapport, c'est encore à l'égalité des races qu'il faut
conclure.

On peut aussi mentionner la durée de la vie comme un
caractère pouvant constituer une certaine supériorité
d'une race à une autre.

La moyenne de la vie étant plus longue, chaque individu peut atteindre un développement d'autant plus complet et réaliser des progrès qui restent au patrimoine de
la communauté. Ainsi se crée, en quelque sorte, une force
héréditaire qui rend les descendants plus aptes à conquérir
d'autres qualités subséquentes et supérieures. Mais rien ne

prouve que, — nonobstant les causes de longévité que l'on rencontre dans une existence bien ordonnée, dans les soins hygiéniques et la sécurité que procure la civilisation, — les individus de la race blanche vivent plus longtemps que ceux des autres groupes ethnologiques. « Prichard, dit M. Topinard, a recueilli des cas de centenaires dans toutes les races : 9 Anglais émigrés en Amérique, de 110 à 151 ; 10 à 15 Nègres de 107 à 160 ans ; un Cafre de 109 ans ; plusieurs Hottentots de 100 ans (Barrow) ; 2 Indiens de 117 et 143 ans (Humboldt) ; 35 Egyptiens au-delà de 100 ans. »

A constater ces chiffres, on est tenté de voir dans la race noire celle dont la longévité serait la plus grande.

D'ailleurs il semble que, dès la plus haute antiquité, on a toujours observé que les noirs Ethiopiens vivaient beaucoup plus longtemps que les individus des autres races. Pomponius Mela (1) appelle *Macrobii* une race d'Ethiopiens renommés par leur longévité. Théophane de Byzance, cité par Photius (2), affirme aussi que les Μακρόβιοι sont un peuple éthiopien appelé autrefois les Homérites. Hérodote (3), Pline (4) et Solinus (5) en parlent.

D'autre part, Moreau de Saint-Méry cite une dizaine d'hommes et femmes, noirs purs ou mulâtres de l'île de Saint-Domingue, (notre Haïti d'aujourd'hui), comme ayant atteint et dépassé l'âge de cent ans. Je mentionnerai surtout le capitaine Vincent, à cause du haut intérêt que je trouve dans les paroles que dit de lui le remarquable philosophe et géographe que je viens de nommer.

« Vincent Ollivier, dit Moreau de Saint-Méry, est mort en 1780, âgé d'environ 120 ans. Vincent qui était esclave

(1) *De situ orbis*, III, 9.
(2) *Myriobolon*, 64.
(3) *Hist.*, III, 17-25.
(4) *Hist.*, VI, 30.
(5) *Polyhistor. seu de mirabilibus orbis*, 30-39.

suivit M. Ollivier, son maître, en 1697, au siège de Car-
thagène. Comme il en revenait sur un bâtiment de trans-
port, il fut fait prisonnier et mené en Europe où les Hollandais le rachetèrent avec seize autres qui furent tous
envoyés en France. Vincent qui frappait par sa haute stature, fut présenté à Louis XIV. Ayant pris de la passion
pour la vie militaire, Vincent alla faire les guerres d'Allemagne sous Villars et, à son retour à Saint-Domingue, M. le
marquis de Château-Morand, alors gouverneur général, le
nomma, en 1716, capitaine général de toutes les milices de
couleur de la dépendance du Cap, d'où lui était venu le
nom de *capitaine Vincent*, sous lequel seul il était connu
et qu'on lui donnait lors même qu'on lui adressait la parole.

« La conduite de Vincent et ses vertus qui étaient parvenues à rendre le préjugé muet, lui obtinrent l'épée du
roi avec laquelle il se montrait toujours, ainsi qu'avec un
plumet. Vincent était admis partout : on le vit à la table
de M. le comte d'Argout, gouverneur général, assis à ses
côtés et moins enorgueilli de cette marque d'une insigne
prédilection que celui qui la lui avait accordée. Il donnait
à tous les hommes de sa classe un exemple précieux;
son âge et une mémoire extrêmement fidèle le rendaient
toujours intéressant.

« Je l'ai vu dans l'année qui précéda sa mort, rappelant
ses antiques prouesses aux hommes de couleur qu'on en-
rôlait pour l'expédition de Savanah, et montrant dans ses
descendants qui s'étaient offerts des premiers, qu'il avait
transmis sa vaillance. Vincent, le bon capitaine Vincent,
avait une figure heureuse; dans le contraste de sa peau
noire et de ses cheveux blancs se trouvait un effet qui
commandait le respect (1). »

---

(1) Moreau de Saint-Méry, *Descrip. de la partie française de l'île
de Saint-Domingue.*

C'est une vaillante page que celle-là. Si j'étais à bout d'argument pour soutenir la thèse de l'égalité des races, je me contenterais de l'imprimer en lettres voyantes au frontispice de cet ouvrage, en priant seulement le lecteur d'y méditer longuement, consciencieusement. Dans cette simplicité et cette limpidité de style qui prouve une nature droite et ferme, dans cette émotion contenue qui perce à travers chacune de ses phrases, on sent que Moreau de Saint-Méry écrivait sous le charme de la plus vive admiration, au souvenir de ce noir, né ou devenu esclave, mais trouvant dans sa seule nature tant de rares qualités que la fierté caucasique doublée de l'orgueil nobiliaire fut forcée de les admirer, en se courbant devant les faits ! Moi aussi, j'admire passionnément cette belle figure qui revit dans mon imagination avec toute l'énergie de la réalité : elle communique une force nouvelle à ma conviction philosophique et scientifique.

Cette longévité si bien caractérisée dans la race noire, se manifestant malgré l'influence hautement préjudiciable que devraient y exercer tant de désavantages naturels, signalent un fait biologique que tous ceux qui étudient ces phénomènes avec calme et intelligence sont obligés d'avouer. La sève vitale est de beaucoup plus riche dans le sang énergique et généreux de l'Africain. Ce fait ne se constate pas moins pour la femme que pour l'homme ; mais une erreur générale chez les Européens, c'est de croire que les femmes de la race noire, vieillissent plus vite que celles de la race blanche ! « A coup sûr, dit M. Topinard, la femme se flétrit beaucoup plus vite dans les races nègres, même dans la première grossesse (1). » Jamais assertion ne fut moins soutenable. Pour l'avancer, il faut bien qu'on n'ait eu sous les yeux que des femmes noires

_____

(1) Topinard, *loco citato*, p. 377.

placées dans les pires conditions d'hygiène et de milieu.

Tous ceux qui ont vécu ou voyagé dans les pays où se rencontre la femme d'origine africaine, avec le moindre degré de civilisation et de bien-être, libre et fière de cette belle peau noirâtre qui ne la dépare nullement, savent sans doute que, loin de se flétrir avec cette précocité dont parle l'éminent professeur d'anthropologie, elle montre au contraire une étonnante aptitude à supporter sans se faner aucunement, les crises répétées de la maternité. On voit souvent, en Haïti, des mères qui après avoir enfanté de six à dix fois et davantage, gardent encore tous les appas d'une mûre jeunesse. C'est là un cas si commun dans la race noire que personne de ceux qui s'y connaissent, n'en éprouvent le moindre étonnement.

Quand on pense à tous les soins que l'Européenne civilisée et coquette met à sa toilette, sous un climat dont la douceur semble promettre à la femme les appas d'une éternelle jeunesse; et qu'on songe, d'autre part à la toilette élémentaire, consistant en simples ablutions, dont se contente la montagnarde au teint d'ébène, encore qu'elle la renouvelle fréquemment (1), ne s'étonne-t-on pas avec raison de voir celle-ci, malgré l'effet déprimant d'un climat enflammé, conserver si bien ce teint toujours velouté, et cette fleur de fraîcheur qui en font une femme à part. « Aussi, dit Moreau de Saint-Méry, les Turcs qui méritent qu'on les regarde comme de bons juges en ce genre, préfèrent-ils (selon Bruce) dans la saison brûlante, l'Ethiopienne au teint de jais à l'éclatante Circassienne. »

(1) La propreté est un des caractères des nègres et singulièrement des femmes. Elles cherchent l'eau sans cesse et lors même qu'elles sont réduites qu'à n'avoir que des vêtements malpropres, leur corps est fréquemment plongé dans le bain d'une eau vive et courante, à moins qu'elles ne soient forcées de se contenter de l'eau de pluie qu'elles ont recueillie ou que des pluies leur donnent.
(Moreau de Saint-Méry, *Description*, etc.).

II.

DE LA BEAUTÉ DANS LES RACES HUMAINES.

Quoique nous ayons vu plus haut que, dans une étude destinée à rechercher si les races humaines sont égales ou inégales, la beauté corporelle est un élément parfaitement négligeable, il n'est pas tout à fait inutile de jeter un regard sur ce chapitre, afin de voir jusqu'à quel point on peut rationnellement dire qu'une race est plus belle qu'une autre. Dans l'appréciation des qualités purement esthétiques d'un objet ou d'un être, il y a toujours une portion d'arbitraire qui obscurcit le jugement et rive l'esprit à un parti pris d'autant plus téméraire et obstiné qu'on ne s'en aperçoit même pas. Ce fait a été si généralement observé qu'il en est sorti un adage bien connu par lequel prend ordinairement fin toute discussion sur la beauté ou la laideur. *De gustibus et coloribus, non disputandum.*

Cependant, malgré la latitude qui est ainsi laissée à chaque individu sur l'appréciation des qualités constitutives du beau, il y a dans les figures certains effets d'harmonie ou de discordance qui frappent du premier coup notre attention. Ces effets déterminent en nous un mouvement de sympathie ou de répulsion de l'âme, et dénoncent spontanément le sentiment esthétique, sans même accorder à notre esprit le temps de réfléchir. Ce mouvement spontané qui est, pour ainsi dire, inhérent à la nature humaine et qui se découvre même parmi les animaux intelligents dont une longue domesticité a perfectionné le sens intime, ne semble-t-il pas poser une certaine limite à la liberté du jugement individuel, ou plutôt, ne tend-il pas à converger toutes les impressions personnelles vers un idéal commun, par le déterminisme propre à notre conformation nerveuse? Je le croirais volontiers. L'éducation rationnelle, entraînant une plus grande intelligence du dessin et de la couleur, ainsi que de l'ordonnance des parties que présente leur agencement, aiguise, affine évidemment le sens du beau dont la première manifestation est absolument instinctive; mais elle ne change rien dans l'économie générale de notre organisation.

« Demandez à un crapaud, ce que c'est que la beauté, le τό καλόν? Il vous répondra, dit Voltaire, que c'est sa crapaude avec deux gros yeux ronds sortant de sa petite tête, une gueule large et plate, un ventre jaune, un dos brun. Interrogez un Nègre de Guinée, le beau est pour lui une peau noire et huileuse, des yeux enfoncés, un nez épaté. Interrogez le diable, il vous dira que le beau est une paire de cornes, quatre griffes et une queue. Consultez enfin les philosophes, ils vous répondront par du galimatias. » Voltaire, le grand Voltaire était vraiment adorable quand il prenait ce ton railleur avec lequel il démolissait tout, sans s'inquiéter du raisonnement. Il fait bon voir ici comme le patriarche de Ferney assomme en même temps nègres et crapaud, diable et philosophes, en riant au nez de ses lecteurs. Son sarcasme est charmant à force d'être spirituel, mais sa sentence n'a jamais empêché les hommes de rendre un hommage muet à tout ce qui est réellement beau.

Il s'agit donc de rechercher quels sont les éléments dont la présence, dans un être ou dans un objet quelconque, cause en nous cette impression ineffable que nous rapportons ordinairement à l'idée du beau. Depuis Platon jusqu'à Baumgarten, Hegel, Taine, Saisset, Ravaison, Herbert Spencer et foule d'autres écrivains modernes, on a constamment cherché ces éléments, en essayant de formuler une définition qui fût une traduction fidèle de la conception que nous avons de la beauté. Parmi les anciens, les platoniciens trouvaient l'élément du beau dans l'idée du bien et du vrai; les péripatéticiens, le trouvaient dans l'idée d'ordre et de grandeur; les stoïciens, dans la symétrie et l'harmonie des parties. Pour les platoniciens c'était encore l'unité de plan, et Saint Augustin l'a répété après Plotin : *Forma omnis pulchritudinis unitas est.*

Dans les temps modernes, l'école allemande a **cru** découvrir cet élément caractéristique du beau dans l'accord harmonieux du réel et de l'idéal, en y appliquant le procédé des antinomies ou les formules hégéliennes. — L'école française, jusqu'à M. Taine, est restée dans les abstractions métaphysiques ou dans les subtilités analytiques. Celui-ci, dans ses savantes leçons sur l'*Art* a développé une théorie fort ingénieuse, par laquelle il établit que le beau se réalise par l'imitation, mais en idéalisant l'objet imité. L'artiste met en relief un des caractères essentiels du modèle auxquels il subordonne systématiquement tous les autres. Ce caractère idéal varie d'ailleurs suivant les temps et les lieux, suivant l'état moral de la société environnante. Cette théorie, qui a peut-être sa valeur dans la critique de l'art, s'applique merveilleusement à l'étude du beau au point de vue historique et philosophique; mais elle ne nous avance guère dans la recherche de l'élément qui nous inspire le sentiment de la beauté. — L'école anglaise est restée dans le cercle d'un empirisme ingrat jusqu'à Herbert Spencer; mais le savant évolutionniste cherchant dans ses *Essais sur le progrès* l'élément constitutif du beau, le trouve dans la plus grande différenciation des parties unie à la simplicité et l'unité du plan.

Ainsi le visage humain par exemple serait la plus belle de toutes les figures, parce qu'en le contemplant et l'examinant, on remarque dans l'ensemble dont est formée la physionomie une différenciation telle des parties, que, dans les types d'une vraie beauté, on peut rencontrer toutes les

combinaisons de lignes géométriques que l'on puisse imaginer, se complétant harmonieusement, tout en restant
fort distinctes les unes des autres. Cette conception qui
est une des plus belles qu'on ait jamais eue, s'adapte
d'ailleurs merveilleusement à la théorie générale de l'évolution si savamment développée par le philosophe anglais.
Elle a en outre l'avantage de convenir tant à la beauté
physique qu'à la beauté intellectuelle et morale. Mais
est-ce tout ? Ne pourrait-on pas faire observer que, si la
figure humaine, avec cette grande perfection des formes,
répond bien au concept pur du beau, ces qualités ne suffisent encore pas pour faire naître l'amour, l'enthousiasme, la sympathie, l'inspiration poétique, tout sentiment qu'évoque spontanément la contemplation de la
beauté ? Un visage humain peut offrir la plus grande régularité des traits unie à la meilleur proportion des parties,
sans qu'on éprouve à le voir ce charme indicible qu'excite
en nous la contemplation de la vraie beauté. Que lui
manque-t-il alors ? Ce qui lui manque, c'est le souffle qui
anima la statue de Pygmalion et la transforma en la fré-
missante Galatée. C'est la vie.

Pour bien comprendre la cause de l'effet produit en nous
à la vue du beau, il faut donc ajouter à la théorie de Herbert Spencer, les fines observations de M. Lévêque. C'est
encore dans l'homme que celui-ci recommande d'étudier le
beau ; car le plus haut développement de la vie se manifeste surtout dans l'être humain. « Si l'on considère en cet
être supérieur, dit-il, tous les éléments de la beauté physique, intellectuelle et morale, la forme et l'attitude du
corps, l'énergie, l'adresse ou la grâce des mouvements, la
puissance du geste, du regard et de la voix, enfin la parole,
interprète fidèle de la pensée, on reconnaît que toutes ces
choses ne nous charment, ne nous émeuvent que parce
qu'elles sont la manifestation de la vie, qu'elles nous of-

frent l'image visible d'une âme invisible, qu'elles nous révèlent les qualités excellentes ou aimables de l'esprit et du
cœur. Les autres êtres ne nous paraissent beaux qu'autant que nous trouvons en eux, à quelque degré, un de
ces caractères ou son symbole. »

Ces paroles qui sont d'un maître, en matière d'hesté-
tique, ferment admirablement cette petite digression que
nous devions faire dans le domaine spéculatif, afin de nous
préparer à pouvoir bien juger des différentes assertions
que l'on peut avancer dans les comparaisons des races
humaines, au point de vue de la beauté.

En corroborant, l'une par l'autre, la théorie de la différenciation de Herbert Spencer et la profonde et délicate analyse de l'esthéticien français que je viens de citer,
il me semble que l'on peut hardiment tirer la conclusion
suivante : la beauté du visage humain réside dans la régularité des traits rendus distincts par la pureté et la variété des lignes; mais elle provient surtout de l'animation
qu'y met une haute expression de la vie.

Il faut bien vite avouer que la beauté ainsi définie se
rencontre beaucoup plus souvent dans la race blanche que
dans la race noire africaine et surtout la race jaune mongolique. Mais est-il vrai qu'elle ne se voit jamais parmi les
descendants de l'Ethiopien ? D'autre part ne voit-on pas
parmi les Caucasiens les mieux caractérisés des types af-
freusement laids ? S'il est possible de distinguer des types
d'une beauté incontestable chez les noirs, de même qu'on
peut remarquer des types d'une parfaite laideur parmi les
blancs, est-on en droit d'établir entre les races humaines
une hiérarchie dont la base de classification serait la forme
plus ou moins belle de ces races? Assurément, rien ne serait moins logique. Si la plupart des auteurs qui parlent
des races humaines, au point de vue esthétique, exagèrent
tant la supériorité du type blanc sur le type noir, c'est

18

que, par une immoralité révoltante, ceux qui ont eu un intérêt positif à l'asservissement de toute une fraction de l'humanité, ont toujours défiguré le Nigritien dans leurs descriptions fantaisistes. Ils n'ont voulu prouver que par cette prétendue absence de toute ressemblance physique entre les deux types, la non existence d'obligation morale et de solidarité entre les asservis et leurs dominateurs.

Tous les ethnographes le savent bien : dans la race noire il ne se rencontre pas si souvent de ces visages d'une horrible laideur dont on dépeint les traits repoussants avec tant de complaisante fantaisie ; pas plus que la race blanche n'offre constamment des modèles qui se rapprochent beaucoup de l'Apollon du Belvédère ou de la Vénus de Milo. Mais comme par une consigne, vous n'ouvrirez jamais un ouvrage d'ethnographie ou un dictionnaire de sciences, sans qu'il vous tombe sous les yeux des descriptions pareilles à celle que j'ai citée de Broca. Qu'on aille au Muséum de Paris, c'est le même fait qui frappe la vue. Dans la galerie d'anthropologie, les compartiments réservés à l'Afrique ne donnent, comme modèles du type éthiopien, que de vraies caricatures du visage humain.

Rien de plus agaçant que ce parti pris qui se décore du nom pompeux de science! Je ne nie pas que ces figures aux formes bestiales ne puissent se rencontrer souvent dans la race nigritienne encore inculte ; mais pourquoi les figures repoussantes qu'on rencontre souvent parmi les populations caucasiennes ne sont-elles jamais mises en liste? Elles constituent, sans nul doute, des exceptions nt fois plus rares que dans le groupe africain ; n'existent-elles pas, cependant? C'est donc rendre la science complice du mensonge que de choisir pour caractériser les races humaines, les laideurs exagérées des unes et la beauté exceptionnelle des autres. Mais la vérité est comme la lumière. On a beau la cacher aussi longtemps qu'il est permis à l'intel-

ligence humaine de concevoir, elle brille encore dans le
réduit où on la relègue : il suffit du moindre jour pour
qu'elle luise rayonnante aux yeux de tous et oblige les
plus rebelles à se courber sous ses lois. C'est à cette puissance, à cette intransigeance de la vérité que la science
doit tout son prestige. Les savants peuvent lutter un certain temps et résister à son influence ; mais c'est toujours
au détriment de leur gloire qui tombe vermoulue quand,
sous l'aiguillon du progrès, l'esprit humain s'agite et dé-
chire le voile à l'aide duquel ils ont vainement tenté de lui
cacher la réalité.

C'est ainsi qu'il arrive infailliblement une époque où la
plus grande accusation contre certains savants surgit de la
science même qu'ils ont le plus constamment cultivée,
toutes les fois qu'ils se sont inspirés par l'esprit de système et les suggestions arbitraires qui ne sont propres
qu'à obscurcir la vérité. Pour l'anthropologie, nous entrons actuellement dans cette période critique. Toutes les
assertions téméraires que les anthropologistes ont cru
pouvoir ériger en lois scientifiques sont chaque jour
démenties par l'évidence des faits. Témoin le cas qui nous
intéresse actuellement. Pour répondre aux descriptions
fantaisistes de Broca, de M. de Gobineau ou de M. Hovelacque, je ne puis mieux faire que de citer les propres paroles de l'illustre géographe Elisée Reclus.

« Les nègres, dit-il, sont loin d'offrir en majorité cette
peau noire et luisante, ces bouches lippues, ces mâchoires avancées, ces figures plates, ces nez écrasés à larges
narines, cette laine crépue que l'on s'imagine ordinairement être le partage de tous les Africains... Les nègres qui
ressemblent le plus au type traditionnel popularisé sur le
théâtre, sont les riverains de l'Atlantique : nulle part la
traite n'a fait plus de ravage que parmi leurs tribus, et la
haine du maître, c'est-à-dire du blanc pour son esclave, a

popularisé le type de la laideur en grande partie imaginaire que l'on attribue à l'ensemble des asservis (1). »

La compétence de M. Elisée Reclus est au-dessus de toute contestation ; elle est universellement reconnue parmi tous ceux qui s'occupent d'études géographiques, on a donc tout droit de s'appuyer de son opinion, avec l'assurance d'y trouver le dernier mot de la science contemporaine. Cette opinion est d'ailleurs corroborée par un des voyageurs les plus éclairés qui aient visité l'Afrique, c'est le professeur Hartmann. « Du nord à l'est, dit-il, les Funjés, les Fedas, les Ormas, les Mandingues et les Wolofs servent de trait d'union entre les Nigritiens. Ceux-ci présentent tant de déviations de tribu à tribu qu'il nous faut faire abstraction de l'idée que nous nous sommes faite du nègre aux cheveux crépus, au nez camus, aux lèvres grosses et à la peau noire comme l'aile du corbeau ou la poix. De telles images figureront mieux dans les débits de tabac que dans les cabinets d'anthropologie (2). »

« On trouve rarement chez les Nigritiens la vraie beauté, mais on n'en remarque pas complètement l'absence », dit plus loin le savant professeur.

Ces assertions renfermées dans les deux plus savants ouvrages qui aient été publiés sur l'Afrique, suffiraient largement pour prouver que la beauté, comme tout le reste, n'est pas le partage exclusif d'une race quelconque. Mais est-ce à l'état sauvage et dans les landes de l'Afrique qu'il faut étudier la race noire, à ce nouveau point de vue? Je crois qu'il serait beaucoup plus raisonnable de chercher ses comparaisons parmi les noirs vivant dans des milieux plus cléments que les zones torrides du Soudan et de la Guinée, ayant un degré de civilisation supérieure.

---

(1) Elisée Reclus, *Nouvelle géogr. universelle,* 54e série, page 28.
(2) Hartmann, *Les peuples de l'Afrique,* p. 40.

Qu'on se transporte en Haïti où, sous un climat relativement doux, la race africaine, après avoir commencé une lente évolution, par la seule influence du changement de milieu, a enfin reçu l'empreinte de la vie intellectuelle et morale. C'est un fait si commun que d'y rencontrer, parmi les descendants de la race nigritienne, des physionomies gracieuses rappelant « les formes idéales de la période sculpturale classique », pour me servir de l'expression de Hartmann, que l'Haïtien absolument noir, mais d'une grande beauté, n'étonne guère celui qui a vécu dans le pays pendant quelque temps.

J'ai vu bien souvent dans les rues de Port-au-Prince, du Cap ou d'autres villes de la République haïtienne, et même parmi les montagnards, des têtes dont le profil avait toute la régularité du type grec brachycéphale. Je ne parle pas, bien entendu, de cette splendeur esthétique que révèle la statuaire grecque dans les têtes d'une beauté idéale, telles que celle du *Jupiter Olympien* ou bien celle de la *Vénus de Gnide*. Phidias et Praxitèle, tout en copiant leurs modèles, y ajoutaient, par une savante combinaison de lignes, un reflet fascinateur que n'offre la nature ni dans Phrynée ni dans Alcibiade.

Aux Cayes, situées au sud de l'île, on rencontre des types noirs vraiment superbes. Cette amélioration rapide des formes corporelles qui se poursuit graduellement avec notre évolution sociale, prouve un fait que bien des savants ont déjà signalé. La beauté d'une race, dans la majeure partie des cas, se développe en raison directe de son degré de civilisation ; elle se développe surtout sous l'influence de conditions climatologiques naturellement favorables ou que l'industrie humaine a conformées aux nécessités de l'existence.

C'est pour n'avoir jamais tenu compte de tous ces facteurs que les anthropologistes ou d'autres savants ont si catégoriquement déclaré que chaque race humaine a des aptitudes psychologiques ou physiques absolument irréalisables par d'autres races; comme s'il y avait une barrière infranchissable placée par la nature entre chaque groupe humain et les autres groupes de l'espèce. Maintenant que l'anthropologie, bon gré mal gré, aborde la période positive où tout doit être comparé et critiqué suivant les méthodes d'investigation qui ont conduit aux plus belles découvertes dans les sciences naturelles et biologiques, il faudra bien qu'on s'inspire de la synthèse de plusieurs données avant d'affirmer un fait quelconque et surtout d'y attacher l'importance d'une loi. Or, on n'affirme scientifiquement un fait, en lui assignant un caractère distinctif dans la description d'un groupe naturel, que lorsqu'on est sûr que le phénomène est constant et exclusivement lié à l'existence des êtres dont on désigne ainsi les attributs particuliers.

Est-ce là ce que nous savons relativement à la beauté du type caucasique? La vérité certaine est que la race blanche d'Europe, qui nous offre actuellement la plus grande somme de beauté dont est susceptible le visage humain, n'a pas été toujours telle que nous la voyons aujourd'hui. Tout prouve au contraire que la même évolution que nous voyons la race noire accomplir en Haïti s'est aussi accomplie dans les populations européennes et continue encore son action lente et persistante, laquelle est bien loin d'atteindre son plein et complet effet dans toutes les couches des nations caucasiques.

Pour s'en convaincre, on n'a qu'à étudier les dimensions et la configuration des crânes, ainsi que les membres des squelettes tirés de tous les anciens cimetières de l'Europe. Je n'exige pas qu'on les choisisse dans une période préhistorique fort éloignée et dont nous avons perdu tout souvenir, mais en remontant seulement jusqu'à l'époque des invasions des barbares d'Orient et d'Occident, Ostrogoths et Wisigoths. Prenons, pour exemple, les observations qui ont été faites dans le *Congrès des Anthropologistes allemands*, au mois d'août de l'année 1876.

« Les crânes de Camburg ont fourni à M. Virchow deux exemples d'une conformation spéciale, « théromorphe », comme il dit, et qui frappe au premier coup d'œil celui qui s'est occupé de l'anatomie du singe. On sait que chez l'homme, en général, l'angle pariétal, c'est-à-dire le point où le pariétal se rencontre avec l'aile du sphénoïde, adhère avec celle-ci et que l'écaille temporale n'adhère point au point frontal. Au contraire, les singes supérieurs, « nos cousins » possèdent tous à cet endroit un prolongement de l'écaille temporale qui s'étend tellement en arrière qu'elle sépare l'aile sphénoïdale de l'angle pariétal, et qu'elle établit une adhérence plus ou moins grande de l'écaille temporale au frontal, si bien que les pariétaux ne peuvent plus rejoindre les os basilaires. Or, les guerriers francs, ancêtres des Allemands d'aujourd'hui, qui furent enterrés à Camburg, nous présentent d'une façon si extraordinaire (2 sur 8) des cas de cette *particularité simienne* que nul musée n'en peut montrer plus que celui de Iéna (1). »

Les Allemands enterrés à Camburg, sur la Saale, appartiennent au dernier âge de fer; c'est l'époque qui a immédiatement précédé les grandes invasions et la constitution embryonnaire de l'État allemand. C'est un fait bien digne de remarque : ces mêmes Allemands représentent aujourd'hui la race germanique que les anthropologistes déclarent la plus élevée en dignité dans leur échelle hiérarchique. Qui dirait que dans leur passé, à peine mille à douze cents ans, ils offraient une conformation tellement inférieure qu'on y rencontre le quart des populations avec des caractères patents d'animalité? Peut-être pourrait-on croire que

---

(1) *Revue scientifique*, n° 37, 10 mars 1877.

le professeur Virchow a considéré les choses sous un point de vue purement personnel et arbitraire ; mais dans le même *Congrès*, M. Schaafhausen, un des plus éminents anthropologistes d'Allemagne, reconnaît que le prognatisme des crânes de Camburg se répète si fréquemment que, maintes fois, des crânes préhistoriques allemands pourraient être pris pour des crânes africains.

Un crâne d'Engisheim, découvert par M. Schonerling, était tellement aplati et présentait une telle exagération de la dolichocéphalie (70°,52) que l'on fut tenté de le rapprocher du type éthiopien plutôt que de l'européen, encore qu'aucune probabilité ne permît une telle hypothèse. L'effet en était si saisissant qu'il en sortit une théorie d'après laquelle on prétendait que le point de départ de l'espèce humaine se trouve dans la race africaine. D'autres, plus fantaisistes, supposèrent même que les Africains avaient immigré en masse dans les pays d'Europe, avant les premières lueurs de l'histoire !

La mâchoire de la Naulette et la calotte du Néanderthal sont aussi des faits qui parlent hautement en faveur de ma thèse. En général, la *race de Canstadt* de M. de Quatrefages prouve avec évidence que les populations préhistoriques de l'Europe étaient essentiellement laides. « Si on joint à ces caractères (prognatisme sensible, indice céphalique ne s'élevant qu'à 68°,83, etc.) ceux que fournit la mâchoire de la Naulette, on doit ajouter, dit l'auteur de l'*Espèce humaine*, que l'homme de Canstadt avait le menton très peu marqué et le bas du visage dépassait parfois ce que présentent sous ce rapport la plupart des crânes de Nègres guinéens. » Or, « le type de Canstadt a pour habitat l'ensemble des temps écoulés depuis l'époque quaternaire jusqu'à nos jours et l'Europe entière. »

Une telle constatation ne nous dispense-t-elle pas de toute argumentation ?

Il n'en est pas jusqu'au curieux détail de la femme Boschimane qui ne puisse se retrouver dans la race blanche
de l'ancienne Europe. « La statuette d'ivoire trouvée à
Laugerie-Basse, par M. de Vibraye, dit encore M. de Quatrefages, représente une femme dont on reconnaît le sexe
à un détail exagéré : elle porte au bas des reins des protubérances assez étranges. » On devine bien vite qu'il
s'agit d'un cas de stéatopigie, particularité qui a donné
lieu à tant de dissertations, quand elle fut constatée pour
la première fois dans la race boschimane.

Le même savant anthropologiste, voulant prouver la
supériorité de la race blanche, en démontrant la précocité
de développement de ses facultés artistiques, nous a encore
fourni bien des exemples de la conformation disgra-
cieuse et inélégante des anciens Européens. « La femme au
renne de Landesque est grotesque, dit-il plus loin ; les
jambes postérieures de l'animal sont parfaites et, au revers,
la tête du cheval est superbe. Dans l'homme à l'aurochs de
M. Massénat, l'animal est très beau de forme et de mouvement, l'homme est raide et mal fait. »

Voilà bien des exemples qui prouvent surabondamment
que le type caucasique a passé par les formes gauches et
laides que l'on rencontre parfois dans le type africain,
avant de parvenir à cette beauté réelle qui fait aujourd'hui
son légitime orgueil. Mais au lieu de constater ces faits
que nous révèlent les premières ébauches de l'art préhistorique, en tâchant d'expliquer leur disparition par l'influence d'une évolution progressive de la race blanche,
M. de Quatrefages aime mieux les rattacher à des idées superstitieuses. Il se contente de mentionner le récit par
lequel Catlin affirme que les Peaux-Rouges le regardaient
comme un sorcier dangereux, parce qu'il avait esquissé
le portrait de l'un d'eux. Alors quel cas fait-on des vertus psychologiques distinctes et natives du blanc, pour

qu'on aille chercher jusque chez les Peaux-Rouges l'explication fantaisiste d'un fait arrivé parmi les Européens ? D'ailleurs, rien ne prouve que tous les sauvages se comportent comme les Peaux-Rouges de Catlin. Sir Samuel White Baker a rencontré une conduite absolument contraire parmi les Nouers, peuplade sauvage habitant la rive droite du haut Nil. Le voyageur anglais s'étant arrêté près d'un de leurs villages, ils ne tardèrent pas à se rendre à son bateau. « Le chef de ce village s'appelait Ioctian, dit-il ; il vint nous rendre visite avec sa femme et sa fille, et, pendant qu'il était assis sur un divan de notre cabine, *j'ai dessiné son portrait, dont il a été enchanté* (1). »

Pourquoi tant s'exposer à des erreurs d'interprétation, plutôt que d'accepter une explication rationnelle que tous les faits viennent éclairer de leur lumière? C'est que la science anthropologique, telle qu'elle est faite par l'école française, se renferme uniquement dans le cadre étroit d'un système arbitraire. Elle sera ruinée de fond en comble, le jour où l'on pourra prouver que les races humaines, à part la couleur qui est un résultat complexe du climat, de la nourriture et de l'hérédité, n'ont rien d'essentiellement fixe et caractéristique. Cependant il est incontestable que toutes les races subissent une évolution qui va de la laideur à la beauté, sous l'impulsion du développement intellectuel dont l'influence, sur l'organe encéphalique et sur le maintien général du corps, est chaque jour mieux démontré. En vain résiste-t-on à l'évidence. Les affirmations dogmatiques n'ont pas la moindre action sur la nature des choses et ne les feront jamais changer, sans l'aide d'autres agents d'une meilleure efficacité. « Un homme, une tribu, une population entière peuvent, dit M. de Quatrefages,

---

(1) Ferdinand de Lanoye, *Le Nil, son bassin et ses sources*. Paris, 1869, p. 267.

changer en quelques années d'état social, de langue, de religion, etc. Ils ne modifieront pas pour cela leurs caractères physiques extérieurs ou anatomiques. » Telle était aussi l'opinion de Broca, en 1858, mais les faits ont parlé avec une telle éloquence que dans les derniers temps de sa belle carrière, il dui la modifier, dans une notable proportion, sans pourtant renoncer aux généralisations *à priori* qui constituent le fond de toutes les théories anthropologiques.

L'avenir prouvera d'une manière de plus en plus éclatante que ces deux savants se sont positivement trompés dans leur affirmation. Déjà nous avons vu quelle induction l'on peut tirer de l'étude morphologique des anciennes races de l'Europe ; nous assistons actuellement encore à cette transformation progressive, où on voit se modifier graduellement leurs caractères physiques et leurs formes anatomiques.

Il ne faut pas, en effet, se faire illusion sur la beauté générale de la race blanche, en se tenant sur les boulevards de Paris, de Berlin, de Londres ou de Vienne, où l'on voit passer si souvent les plus beaux types de l'espèce humaine. Par un jeu naturel, et qu'on doit attribuer à la coquetterie propre à chaque civilisation, ce sont toujours les plus jolies ou les plus attrayantes d'entre les femmes ainsi que les mieux conformés d'entre les hommes qui s'exhibent avec profusion dans ces grandes artères des villes européennes, cherchant toujours à voir et surtout à être vus, quand bien même ils ne seraient pas de vrais oisifs.

A mesure qu'on s'éloigne de ces lieux tant fréquentés, où il s'accomplit une certaine sélection dans la circulation publique, on ne rencontre que des types de plus en plus laids. J'en ai fait l'observation positive, en me transportant au milieu des populations de chaque quartier, pendant ces fêtes foraines que Paris offre successivement et dans les centres les plus variés, dès les premiers jours de l'automne jusqu'à ce que les rigueurs de la saison viennent mettre obstacle aux réunions en plein air.

Dans la fête de l'*Avenue des Gobelins*, par exemple, aux jours ouvrables de la semaine, on pouvait se promener le soir, au milieu d'une population de plus de cinq mille âmes, sans rencontrer une beauté vraiment caractérisée. Partout, c'était des visages désharmonieux, des maintiens gauches et disgracieux : c'est à ce point que, sans les mêmes baraques qu'on avait déjà vues à la fête du *Lion de Belfort* ou ailleurs, sans cette gentille *Place de l'Italie* avec ses belles avenues, on ne se croirait plus au milieu d'une population parisienne.

Qu'on ne pense pas que j'ai vu les choses en homme noir, ne reconnaissant la beauté que sous une noire enveloppe ! Je suis tout prêt à rendre hommage aux Vénus de la grande capitale, adorables et troublantes dans leur beauté exquise. Aucune femme de la terre ne possède autant qu'elles ce chic inimitable et cet art délicat de l'ajustement qui mettent tout leur être en relief; mais il n'y a pas que des Vénus à Paris. M. Charles Rochet, statuaire de talent, dont la compétence est indiscutable en la matière et dont l'impartialité est hors de tout soupçon, a rencontré aussi ces types dont l'existence prouve que la beauté n'est pas un fait général dans la race blanche. « Prenons par exemple une femme bien laide. J'en ai rencontré dans Paris même, dit-il ; nous faisons de l'histoire naturelle, et faisant de l'histoire naturelle avec l'homme les observations sont assez difficiles, on ne peut avoir que celles qu'on a faites par hasard (1). »

On pourrait ajouter que ces rencontres de femmes laides dans Paris se vérifient si souvent, que rien n'est plus facile

_____

(1) *Congrès inter. des sciences ethnogr.*, etc., p. 207.

a faire que l'observation dont parle le savant artiste. Mais que l'on quitte les capitales et qu'on pénètre dans les petits centres intérieurs! Le décor change à vue d'œil, la beauté des types disparaît de plus en plus. On les rencontre encore çà et là, avec une rare perfection, vrais bijoux destinés à faire l'orgueil et la passion de ces mêmes boulevards qui les attirent comme un aimant, pour en faire leur bouquet de séduisantes fleurs ; mais ces rares oiseaux émigrent bien vite des campagnes et vont chercher ailleurs l'atmosphère propre à leur rayonnement.

Je sais que pour prouver que la beauté du type blanc est indépendante de son état de civilisation élevée, on mentionnera la beauté des races encore mal policées, telles que les populations des Principautés danubiennes et des confins de l'Europe sud-orientale, dont on a longtemps parlé avec tant d'enthousiasme. L'existence de très beaux types répandus en profusion dans ces milieux où la culture intellectuelle et sociale n'a guère été développée serait, sans nul doute, en contradiction formelle avec la théorie que je soutiens ici. Mais à mesure que l'on connaît mieux ces populations, on tend à revenir sur cette réputation exagérée que la fantaisie des ethnographes leur avait seule créée. L'erreur est provenue, en grande partie, de l'illusion causée par la fréquence des beautés qui peuplent les harems, réunion de Géorgiennes, de Circassiennes, d'Albanaises ou de Rouméliotes aux formes nonchalamment gracieuses, au profil mignardement découpé.

Cependant, là encore, c'est la répétition du même phénomène que l'on constate sur les boulevards, c'est le résultat d'une sélection artificielle. Toutes les esclaves géorgiennes, albanaises ou circassiennes ne sont pas également belles. Ce sont les fleurs du panier qu'on choisit pour les plaisirs des sultans ou des pachas ; le reste va s'abrutir dans les rudes travaux de la main et on ne sait plus à quelle race elles appartiennent. Maintenant que ces petits peuples ont des communications plus fréquentes avec le reste de l'Europe, on voit bien que parmi eux la beauté sculpturale classique est plutôt l'exception que la règle. La même remarque peut être faite sur la nation grecque si bien réputée pour la beauté de ses formes ethniques.

Aujourd'hui que l'histoire est franchement entrée dans sa période de maturité, sous l'impulsion d'une critique éclairée et impartiale, on sait à n'en plus douter, que tous les Grecs étaient loin d'avoir ce grand développement intellectuel qui brille dans Platon, Périclès et toute la belle pléiade d'hommes immortels qui ont illustré l'archipel hellénique, de la fin du VIᵉ siècle jusqu'au commencement du IIIᵉ siècle avant l'ère chrétienne. Les études anthropologiques ont constaté un fait curieux qui corrobore en ce sens et admirablement ma théorie. La majeure partie des plus anciens Grecs offrait l'aspect d'une race absolument dolichocéphale. Homère nous le prouverait tout seul dans l'image difforme et laide qu'il trace de Thersite ; mais sans aller si loin, Esope et Socrate nous fournissent une preuve évidente de la laideur de la race grecque primitive dont ils étaient sûrement la reproduction atavique.

La laideur d'Esope est proverbiale. Quant à Socrate, Xénophon, son disciple bien-aimé, a eu soin de faire savoir à la postérité qu'il avait les narines ouvertes, relevées et le nez camus (1).

La coïncidence du plus haut développement intellectuel et moral que l'on puisse imaginer, eu égard à la différence des époques et cette irrégularité des traits du visage si accusée dans Ésope et Socrate, n'a rien qui doive étonner, quand on connaît avec quelle bizarrerie se produisent ces faits d'atavisme que la science n'a commencé à étudier

_____

(1) Xénophon, *Le Banquet*, ch. V, § 6.

que depuis fort peu de temps. Chose curieuse ! L'homme des temps modernes qui avait le plus de ressemblance morale avec Socrate, en tenant toujours compte des temps, l'illustre et savant Français que M. Pasteur a si heureusement caractérisé en l'appelant « un saint laïc », tout comme on pourrait appeler Socrate « un saint païen », l'éminent Littré offrait le même phénomène : de traits peu gracieux unis à la plus belle organisation intellectuelle et morale.

De tels signes peuvent-ils nous tromper ? Devons-nous fermer les yeux à la vérité pour suivre aveuglément les systèmes qui la contredisent. Jamais ! Il faudra, malgré tout, proclamer la vérité. « L'intelligence dont l'homme est doué, dirons-nous avec César Cantu, paraît capable de modifier l'encéphale et, par cet organe, les formes extérieures ; exercée dans les bornes légitimes, elle conduit à la beauté de la race blanche ; mais s'il en abuse ou la laisse engourdir, l'homme peut descendre jusqu'au Hottentot. Néanmoins, quoique abaissée à ce point, l'espèce ne perd ni sa nature, ni la possibilité de se relever. On a répété que les Nègres sont le dernier degré de l'échelle ; eh bien ! les voilà qui viennent de conquérir la liberté à Haïti, où ils ne la pratiquent pas plus mal qu'on ne le fait en Europe. La race abyssinienne est noire aussi, mais elle a des formes d'autant plus belles qu'elle est plus éclairée (1). »

Quand on rencontre de telles idées et qu'on se rappelle l'époque où elles furent émises pour la première fois, on est obligé d'admirer la spontanéité de l'esprit humain si vif et si pénétrant, toutes les fois que la passion ne l'aveugle pas. Cette corrélation du développement intellectuel et moral avec l'épanouissement de la beauté physique des races humaines sera, avant longtemps, une des plus belles

---

(1) César Cantu, *Histoire universelle.*

lois que la biologie anthropologique aura à enregistrer dans ses principes. Elle s'explique scientifiquement par les théories de l'évolution et de la sélection sexuelle qui n'ont été formulées que par Herbert Spencer et Darwin. Pourtant, comme par une divination instinctive, l'intelligence des hommes s'en était vaguement pénétrée, bien avant qu'on pût en donner les raisons scientifiques. Il y a longtemps, en effet, que l'idée s'en est produite sous la forme d'un adage que tous les physiologistes ont dû trouver souverainement baroque : « *Corpus cordis opus.* »

Le secret est donc trouvé. Toutes les fois qu'on voudra transformer le physique d'une race d'hommes dont l'aspect repoussant et laid est un signe certain de sauvagerie ou de dépravation morale, on n'a qu'à cultiver son intellect, cultiver son cœur, en y faisant germer lentement, mais constamment, les nobles sentiments de générosité, d'enthousiasme et de dévouement héroïque, l'amour du travail, l'ambition de la science, et surtout, par-dessus tout, l'amour de la liberté, qui est en nous le plus vif foyer de la vie, enfantant la dignité, le besoin d'initiative individuelle, toutes choses sans lesquelles il ne saurait y avoir d'évolution, de progrès, d'amélioration d'aucune sorte.

III.

ÉVOLUTION ESTHÉTIQUE DES NOIRS HAÏTIENS.

Pour revenir à Haïti, la race noire qui grandit dans ce pays et qui n'aura son plein et entier développement que par l'instruction et la liberté politique, — seuls rayons capables d'illuminer son front et de l'embellir, en y opérant une transformation interne, — a déjà produit bien des types qui pourraient figurer comme des modèles ; mais elle en produira davantage dans l'avenir. Qu'elle marche donc et prospère ! Qu'elle veuille sincèrement, persévéramment être belle, et elle le sera. Ce ne sont pas des exemples qui font défaut.

Je connais à Port-au-Prince une fille de dix-sept ans, noire d'une nuance veloutée et tendre, mais aussi belle qu'on puisse l'être. C'est Mlle Marie S... Modeste et simple, douce et gracieuse, elle est souverainement ravissante; sa physionomie rayonnante de vie a un charme indéfinissable, un attrait suave et candide qu'une parisienne de son âge serait incapable d'offrir, avec les preoccupations personnelles qui germent si précocement en Europe et cette soif d'originalité qui gâte toute attitude naturelle.

Sans présenter cette perfection de forme vraiment étonnante dans la race éthiopienne, que de jeunes femmes noires ne rencontre-t-on pas douée d'une beauté dont les attraits sont irrésistibles! Qui porte l'orgueilleux Caucasien à oublier ses préjugés, quand il se trouve en face de ces femmes dont la couleur de la peau fait un tel contraste avec celle de l'Européenne? C'est la grâce et la vie unies à des traits harmonieux; c'est cette démarche élégante dont la fille des tropiques donne seule l'idée : un mouvement rhytmique impossible à décrire, d'autant plus beau qu'il est involontaire... *Et incessu patuit dea!*

Je comprends qu'en contemplant souvent ces visages aux regards troublants et dont la beauté de plus en plus perfectionnée sera la plus belle conquête de la race africaine transportée en Haïti, M. Edmond Paul se soit écrié : « Que de beautés noires dans le peuple (1) ! » Notre honorable compatriote n'est pas le seul à avoir cet enthousiasme. Un écrivain français, dont la sympathie est un titre des plus précieux pour la race noire, l'illustre Michelet a eu pour elle de ces paroles d'or qui vont au cœur et

(1) Ed. Paul, *Questions politico-économiques.*

se gravent dans l'esprit des hommes en caractères indélébiles. « Ce fut un bonheur pour moi, dit-il, d'apprendre
qu'en Haïti, par la liberté et le bien-être, la culture intelligente, la négresse disparaît, sans mélange même. Elle devient la vraie femme noire au nez fin, aux lèvres minces;
mêmes les cheveux se modifient..... Là même où elle reste
encore négresse et ne peut affiner ses traits, la noire est très
belle de corps. Elle a un charme de jeunesse suave que n'eut
pas la beauté grecque créée par la gymnastique, et toujours
un peu masculinisée. Elle pourrait mépriser non seulement
l'odieuse Hermaphrodite, mais la musculeuse beauté de
la *Vénus accroupie*. (Voy. au Jardin des Tuileries). La
noire est autrement femme que les fières citoyennes grecques; elle est essentiellement jeune, de sang, de cœur et
de corps, douce d'humilité, enfantine, jamais sûre de
plaire, prête à tout faire pour déplaire moins. Nulle exigence pénible ne lasse son obéissance. Inquiète de son
visage, elle n'est nullement rassurée par ses formes accomplies de morbidesse touchante et de fraîcheur élasti-
que (1)... »

Dans l'expression un peu maladive de ses idées, le
grand historien montre bien avec quelle force battait son
cœur, alors qu'il traçait ces lignes généreuses, si pleines
de vie qu'on croirait volontiers y voir frissonner le souffle
léger et tiède de la brise tropicale. Haïti, pour la race
noire entière, ne l'a pas oublié. Lorsque la France a
voulu rendre à l'éminent écrivain, au sympathique philosophe le plus bel hommage qu'une nation puisse rendre à ses grands hommes, en lui érigeant une statue, un
Noir haïtien, le Dr Louis-Joseph Janvier, digne de sa
race et de la pensée immortelle de Michelet, a salué ce
nom que tous les descendants de l'Afrique doivent aimer

---

(1) Michelet, *La femme*.

et conserver dans leur mémoire. Qui sait, en effet, ce qu'une bonne parole peut produire de miracles, quand elle sort d'une telle bouche?

Si la femme noire d'Haïti est belle et gracieuse de forme, l'homme noir transporté sur cette terre de la liberté ne se distingue pas moins par l'embellissement du type qu'il représente. Il faut même remarquer ce fait. Contrairement à ce qui se voit dans les pays d'Europe, il y a dans la race noire d'Haïti beaucoup plus de beaux hommes que de belles femmes. Je ne puis expliquer ce fait qu'en l'attribuant au plus grand développement intellectuel que reçoit le jeune homme haïtien, comparativement à la jeune fille.

On pourrait objecter que l'inégalité intellectuelle entre les sexes existe aussi en Europe, sans qu'un tel résultat s'y laisse constater. Mais ne serait-il pas aussi logique de se demander si les choses ont toujours été telles que nous les voyons maintenant? N'est-il pas constant que la civilisation tend sensiblement à opérer une certaine égalisation entre les qualités de l'homme et celles de la femme? Les conditions ne sont donc pas absolument semblables. La femme européenne, quoique moins instruite que l'homme de la même race, a pourtant reçu, comme son futur maître ou protecteur, une culture intellectuelle qui, pour n'être pas très développée, ne suffit pas moins pour la mettre à même de comprendre et de partager les aspirations de l'homme. Son esprit est largement ouvert à toutes les conceptions de l'art et de la poésie. Si la nature a mis en elle une de ces étincelles sacrées qui font briller certaines intelligences au-dessus des autres, elle trouvera dans son instruction, si écourtée qu'elle soit, tout ce qu'il faut pour devenir une Mme de Genlis, une Mme de Staël, une George Sand, une Delphine Gay si bien préparée pour porter le nom d'un Saint-Marc de Girardin. Cette pre-

mière lumière qui éveille toutes les facultés du cerveau
est bien ce qu'il faut à toute créature humaine pour remplir sa destinée ; mais il y a bien peu de temps depuis que
la femme haïtienne a commencé d'en jouir.

Un autre genre d'excitation mentale qui manque essentiellement à la femme des pays encore nouveaux dans la
civilisation, c'est le milieu artistique où le beau sexe
trouve tant de secours pour le développement harmonique de son être. Quand je me promène dans les vastes
salons du Louvre ou du musée du Luxembourg, contemplant avec bonheur toutes les richesses de la peinture et
de la sculpture répandues çà et là, avec une profusion
énorme de formes et de couleurs harmonieuses, je ne puis
m'empêcher de croire qu'on sort de ces sanctuaires de
l'art beaucoup plus beau qu'on n'y était entré. Tous les
sentiments élevés que font naître ces chefs-d'œuvre, dans
une heure de contemplation où l'on est subitement ravi
dans un monde idéal, ne peuvent en effet s'effacer complètement, sans laisser sur le front et sur toute la physionomie leur empreinte rayonnante. L'homme en jouit
autant que la femme ; mais c'est elle surtout qui, par sa
nature d'une sensibilité exquise, par son organisation plastique et merveilleusement assimilatrice, est pénétrée par
tous les pores de ce suave parfum d'idéal qui s'échappe
mystérieusement de toutes les choses réellement belles.
C'est elle qui, par son tempérament nerveux, en buvant
de ses yeux chaque rayon de lumière, chaque contour
du dessin, subit cette exultation ineffable, capable de
transformer tout ce qu'il y a de plus intime dans notre
organisme. Elle a, de plus, un don de spontanéité qui
l'exempte de toutes ces longues et minutieuses recherches
de perspective et de proportion, sans lesquelles l'esprit
critique de l'homme est incapable d'une véritable jouissance. Aussi, tout en savourant le charme que procurent à

notre esprit les chefs-d'œuvre de l'art, a-t-elle le temps
d'étudier les formes savantes ou gracieuses à l'aide desquelles, fleur de coquetterie, elle saura corriger ses atti-
tudes. A force de persévérante attention, elle y découvrira
un maintien si bien adapté à l'ensemble de sa personne
qu'il met en relief sa beauté particulière, sans en laisser
échapper le moindre reflet.

Cette influence que nous reconnaissons dans les beaux-
arts sur l'embellissement d'un type ethnique quelconque,
n'agit pas seulement sur les populations existantes, mais
encore et préférablement sur les futurs représentants de
ce type. C'est l'opinion de Darwin (1) qu'une évolution
esthétique peut s'accomplir dans une race sous l'empire
de l'imagination développée dans un sens donné. Je la
partage entièrement. Il est certain que des enfants conçus
dans un milieu où l'imagination est constamment excitée
par la contemplation des plus belles formes de l'art auront
dix chances contre une d'être plus beaux que d'autres enfants conçus dans un centre où les conditions sont diamétralement opposées. Là où il n'y aurait pas seulement
absence d'excitation esthétique, mais en outre des causes
continues de dégradation morale, telles que la haine, l'envie, l'esprit de compétition et de vengeance, tous sentiments dépressifs qui sont de plus en plus intenses à mesure qu'on se rapproche de l'état barbare, les populations
doivent être fatalement disgracieuses et laides.

Le professeur Müller a nié (2) l'influence de l'imagination de la mère sur les traits de l'enfant qu'elle
porte en son sein. Cette négation est basée sur une expérience qui n'a produit aucun résultat probant. Mais dans
quelle condition fut-elle réalisée ? Soixante femmes peu de

---

(1) Darwin, *De la variation des animaux et des plantes.*
(2) Johannes Müller, *Physiolgie des Menschen.* Coblentz, 1841-
1844.

temps après la conception, furent enfermées dans un endroit
où il fut exposé des images choisies et qui leur tombaient
constamment sous les yeux. Les enfants ne présentèrent
aucun trait caractéristique qu'on pût attribuer à l'excitation nerveuse produite par la vue de ces images. Cette
observation a quelque peu ébranlé la foi du savant auteur de *l'Origine des espèces*, mais nous n'y voyons rien
qui puisse battre en brèche notre première conviction. Il
est évident que l'expérience a été mal faite. Toutes les
fois que l'on voudra étudier les phénomènes vitaux dans
un animal d'un ordre élevé, on ne pourra se prononcer
compétemment qu'autant que l'expérience aura été faite
en pleine liberté de l'agent. Quand il s'agit de l'homme
dont la liberté est la condition vitale par excellence, le fait
prend une telle importance que son absence seule suffit
pour infirmer tous les résultats de l'investigation et toutes
les conclusions qu'on en voudrait tirer.

Je suis à même de citer plusieurs faits prouvant que
l'imagination de la mère peut produire un effet réel sur les
traits du fœtus. J'ai connu au Cap-Haïtien une enfant de
M. Marmont Daguindeau, du nom de Lœtitia. Durant sa
grossesse, la mère contemplait, sans jamais se fatiguer,
un tableau dont la vue la transportait d'admiration. L'enfant est née remarquablement belle et ressemblant si bien
à l'image que, lorsqu'elle eut six ans et que ses traits furent bien formés, on pouvait facilement tromper les étrangers en leur faisant accroire que c'était son propre portrait.
Une dame de Paris avec qui j'eus occasion de causer de ce
phénomène, m'a affirmé que la même chose lui était arrivée
pour une petite fille qu'elle a perdue à l'âge de deux ans.
Par contre, je connais un jeune garçon de M. Llenas, docteur en médecine de la Faculté de Paris, habitant aussi
la ville du Cap-Haïtien, lequel a été victime d'une cause
toute semblable. La mère, pendant sa grossesse, regardait

souvent un homme du peuple affligé d'un bec-de-lièvre :
l'enfant est né avec le visage frappé de la même diffor-
mité.

Il faut aussi mentionner ce fait intéressant que l'on cons-
tatait dans toutes les anciennes familles de haute noblesse.
Chaque maison avait un trait qui la distinguait tellement
que, dans les hautes régions aristocratiques où l'on étudiait la finesse et l'élégance des formes avec autant de
soin que la science héraldique, on pouvait avant de voir
les écussons, reconnaître la souche d'un marquis ou d'un
vicomte, rien qu'en le dévisageant attentivement. Il me
semble qu'à part l'influence héréditaire, qui se croisait et
s'annulait souvent par les unions exogamiques, on peut
expliquer la ressemblance ainsi perpétuée dans les traits
de famille, par la coutume qu'avaient les anciens nobles
de réunir dans une salle d'honneur les portraits de tous
leurs ancêtres, comme une espèce d'arbre généalogique qui
parlait aux yeux de leurs descendants avec beaucoup
plus d'éloquence que les plus savantes pages d'histoire.
C'étaient là de très bonnes expériences exécutées involontairement mais librement.

Je pourrais citer beaucoup d'autres faits à l'appui de la
même thèse, mais revenons à l'homme noir d'Haïti que
nous avons abandonné dans l'entraînement d'une digression acoquinante, mais qu'il est bien temps de fermer.

Ce ne sont pas de beaux hommes noirs qui manquent en
Haïti. Parmi les soldats de l'armée, comme au milieu des
campagnards et des citadins, on rencontre fréquemment
des types que l'on confondrait volontiers avec ceux de la
race caucasique, n'étaient la couleur de la peau et la différence de la chevelure. Dans les départements du Sud et
du Nord de la République, on les voit surtout dans une proportion respectable. Bien faits, ayant généralement une.

taille au-dessus de la moyenne, les noirs d'Haïti montrent, à différents degrés, toutes les qualités de la vraie beauté masculine. Ils ont de la souplesse et de la force, une musculature vigoureuse unie à une agilité merveilleuse. Qu'on réunisse à tout cela un visage heureux, des traits accusés mais d'une parfaite harmonie qu'on y ajoute encore par cette expression un peu fière, qui est comme le reflet de l'orgueil juvénile que le fils de l'Ethiopien éprouve à se sentir libre, indépendant et l'égal de quiconque, on aura une claire idée de ces hommes dont les pères ont fait preuve d'un héroïsme que l'histoire n'oubliera jamais.

En 1883, je vis à Port-au-Prince, parmi les aides de camp du général Salomon, un jeune noir si beau que je ne pus m'empêcher de le suivre de ce regard d'admiration qui paralyse tout autre acte de la volonté. Je ne l'ai jamais revu et j'ignore encore son nom.

La famille Rameau, des Cayes, généralement instruite et d'une éducation fort soignée, a fourni de très beaux types de noirs. L'un d'entre eux, Timagène Rameau, était particulièrement remarquable.

Un beau spécimen de la race noire est encore M. Romain G. Augustin, dont les formes sont tellement bien proportionnées, tant pour le visage que pour tout le reste du corps, qu'on n'exagère aucunement, en affirmant qu'il y a bien peu de types européens qui lui soient supérieurs au point de vue plastique. J'ai travaillé quelque temps à la douane du Cap-Haïtien, où il était chef de bureau. J'ai maintes fois observé que les étrangers, qui débarquaient dans le port, négligeaient leurs affaires pour admirer cet homme dont la peau noire va si parfaitement avec tous les traits d'une réelle beauté.

M. Augustin réunit à ces avantages corporels des manières très élégantes que rehausse naturellement sa grande stature; il a une instruction fort au-dessus de la moyenne.

A l'âge de 18 ans, il était déjà professeur d'histoire au lycée du Cap : j'ai été un de ses jeunes élèves, et suis devenu plus tard un de ses meilleurs amis, dans ce commerce affectueux qui naît souvent entre l'instituteur et ceux dont il a soin, quand on y trouve de part et d'autre, une égale satisfaction.

Toute la famille Edmond, originaire du Trou, offre des types remarquablement beaux. Un d'entre eux, que j'ai bien connu, Augustin Edmond, avait une si belle figure et des formes si délicates et fines qu'on ne se lassait jamais de le voir, encore bien que l'on fût habitué à cette beauté de l'homme noir qui dément si souvent les descriptions fantaisistes des éthnographes.

En 1882, le général Henry Piquant, noir, mais absolument beau de visage et de stature, se trouvait à Paris qu'il visitait pour la première fois. Partout où il passait, il attirait l'attention. Intelligent, ayant des manières distinguées, une démarche fière et un port chevaleresque, il pouvait bien figurer à côté de tous les types européens qui s'exhibent sur les boulevards, sans que sa peau noire fît nulle ombre aux formes plastiques qu'il avait si belles. Le général Piquant, qui pouvait rendre bien des services à son pays, est mort bien jeune. D'autres sont morts à côté et en face de lui, tout aussi dignes de regrets, hélas ! *Infandum*..... Triste résultat de la guerre civile, où poussent trop les uns, où courent trop les autres, dans le plus pénible aveuglement !

On n'en finirait pas, s'il fallait continuer ces citations qui ne sont nullement des cas exceptionnels. Pour prouver mon assertion que dans toutes les couches de la population, il se rencontre des hommes noirs dont l'extérieur n'offre rien de repoussant, j'offrirai au lecteur le portrait d'un ancien soldat inculte et sans aucune éducation, devenu empereur d'Haïti par le jeu bizarre d'une malheureuse politique. C'est le général Soulouque. Tous ceux qui ne sont pas aussi prévenus et aussi ridiculement passionnés qu'un Gustave d'Alaud, conviendront bien vite que la physionomie de ce monarque improvisé ne le cédait en rien à celle de la plupart des têtes couronnées que l'on a vues et qu'on peut encore voir en Europe ou ailleurs.

Ne semble-t-il pas démontré maintenant que la beauté comme l'intelligence se rencontrent dans toutes les races humaines? Ne voit-on pas que là comme ailleurs il n'existe que des gradations dont l'existence s'explique non par une hiérarchie native et organique, mais par l'action évolutive plus ou moins développée dans chaque race? On ne peut nier ces vérités, en se rappelant surtout qu'il ne s'agit pas ici d'une beauté de convention, mais de la vraie beauté qui réside en partie dans la régularité des traits extérieurs, mais encore plus dans l'expression bien caractérisée de la vie. La cause qui contribue trop souvent à troubler le jugement de ceux qui ne peuvent se figurer un visage à la fois noir et beau provient de la confusion que l'on fait souvent entre la beauté sculpturale, consistant dans la pureté des lignes, et l'éclat qu'elle reçoit par la coloration picturale. La première seule est la source esthétique qui remue en nous tous les sentiments de l'idéal; la seconde n'est qu'un agrément précieux, mais absolument accessoire.

Cependant, on ne peut nier que la couleur de l'Européen ne soit pas beaucoup plus apte que celle de l'Éthiopien à faire briller les traits d'une grande beauté. Bernardin de Saint-Pierre, dans ses *Harmonies de la nature*, a finement observé que le contraste existant entre les différentes couleurs et les différentes formes réunies dans le visage caucasique, est le principal élément de sa beauté d'âme sûrement éclatante, quand on la compare à celle de l'homme noir. Cette théorie se rapproche d'ailleurs du principe de différenciation imaginé beaucoup plus tard par Herbert Spencer.

Il faut convenir des faits; car il n'y a pas de démonstration contre l'évidence. Mais dans le cas même de ce que nous pouvons appeler la beauté picturale, la couleur blanche du Caucasien est-elle la plus belle que l'on puisse concevoir? Je ne le crois nullement. Cette couleur belle entre toutes, je la trouverais de préférence dans celle du métis blanc et du noir, dans celle du mulâtre !... Je dis le mulâtre, mais il faudrait plutôt dire la mulâtresse.

Le mulâtre, quand il est beau, a trop souvent des défauts qui neutralisent tout l'effet que pourrait produire sa personne. Avec des manières affectées ou efféminées, souvent étudiées ou prétentieuses, il offre rarement ensemble cet abandon, cette liberté et cette vigueur de mouvement qui sont l'idéal de la beauté mâle. C'est une remarque que l'on peut faire tant en Haïti que dans la Dominicanie et les colonies européennes, sans pourtant négliger les nombreux exemples qui font de brillantes exceptions à l'observation générale.

La perle de la race jaune issue du type blanc et du type africain, c'est bien la mulâtresse. Lui conservant dans toute leur intégrité la jeunesse du sang, la gracilité des formes et la fraîcheur veloutée de la peau qui font de la femme noire cette créature dont Michelet parle avec un accent si nerveux, la nature embellit encore ces qualités vives de la mulâtresse, en y ajoutant cette belle couleur qu'on appelle jaune, mais qu'on trouverait difficilement sur la palette d'un peintre, fût-il un Titien ! Celui qui contemple un beau lever de soleil dans les régions tropicales peut saisir furtivement ce jeu de lumière que l'aurore laisse glisser de ses doigts de rose, comme on dirait dans la langue d'Homère, et dont la nature a orné le visage de la mulâtresse, mais il est incapable d'en reproduire l'image chromatique. De même qu'en ce cas, la vitesse avec laquelle les vibrations des ondes lumineuses se communi-

quent à nos regards ne nous laisse point le temps de fixer
dans notre esprit les traces de la sensation qui nous éblouit,
de même cette richesse de sang dont la circulation exubé-
rante colore la joue de la superbe métisse, nous fascine et
nous charme par l'expression d'une vie plantureuse, sans
qu'on puisse jamais se rendre compte de ces nuances légères et fugaces qui semblent se jouer de l'attention !

Le comte de Gobineau, si prévenu contre le croisement
des races n'a pu s'empêcher de reconnaître cette beauté.
« Il est à remarquer, dit-il, que les mélanges les plus heureux, au point de vue de la beauté, sont ceux qui sont
formés par l'hymen des blancs et des noirs. On n'a qu'à
mettre en parallèle le charme souvent puissant des mulâ-
tresses, des capresses et des quarteronnes, avec les produits des jaunes (race mongolique) et des blancs, comme
les femmes russes et hongroises. La comparaison ne
tourne pas à l'avantage de ces dernières (1)... »

Cela soit dit de la mulâtresse et de la capresse, non de
la quarteronne parfois belle aussi, mais toujours d'une
beauté fade, d'un tempérament atone, triste fleur dont la
sève lente et paresseuse ne monte qu'avec peine jusqu'à
sa corolle blème.

Le charme captivant de la mulâtresse lui vient de la réunion complète de tous les éléments qui constituent les
bases esthétiques de la beauté. Tout aussi pleine de vie que
la noire, elle offre en outre ce contraste des couleurs dont
l'absence nuit sans nul doute à l'éclat pictural de la beauté
éthiopienne ; plus vive que la blanche, elle a comme elle
l'avantage des teintes franchement différenciées, lesquelles
mettent en relief toutes les formes du visage, d'aussi loin
qu'on puisse les distinguer.

Ce qui fait surtout d'elle une femme belle entre toutes,

_____

(1) De Gobineau, *loco citato*, p. 155 en note.

c'est qu'elle a toutes les qualités foncières de sa mère. Elle est intelligente et fière; mais tendre et douce, dévouée et soumise, elle se donne aussi tout entière, quand elle donne son cœur. Tout cela fait germer en elle des sentiments d'enthousiasme, d'amour et même d'héroïsme, qui reluisent dans ses grands yeux si aimants et se reflètent sur son front si pur, avec ce rayonnement qui est le signe caractéristique du beau.

CHAPITRE VIII.

Le métissage et l'égalité des races.

> Videntes filii Dei filias hominum quod essent pul-
> chræ, acceptarunt sibi uxores ex omnibus quas
> elegerant...   (Genèse, VI, 2, 4).
> If she be black, and thereto have a evit,
> She'll find a white that shall her blackness fit.
>   (SHAKESPEARE).

I.

ÉTUDES DU MÉTISSAGE AU POINT DE VUE DE L'ÉGALITÉ
DES RACES.

Les considérations que nous venons de faire sur la beauté du type mulâtre, nous entraînent naturellement à nous occuper de la question du métissage au point de vue de l'égalité des races. C'est peut-être une des faces les plus sérieuses de notre étude, celle où la vérité poindra avec tant d'évidence, qu'en y réfléchissant, tous ceux qui distinguent l'humanité en races supérieures et en races inférieures, seront obligés d'abandonner cette fausse conception dont l'influence a été si fatale sur la destinée de tant d'hommes.

On a vu précédemment que les polygénistes, voulant creuser un abîme entre les races humaines qu'ils s'efforçaient de transformer en espèces distinctes, ont été jusqu'à nier l'*eugénésie*, c'est-à-dire la fécondité parfaite et continue du croisement du noir et du blanc. Quand ils se virent impuissants à résister contre l'évidence des faits, en ce qui concerne les effets matériels du croisement, ils ont immiscé dans la discussion un élément d'ordre supérieur, mais d'une appréciation fort difficile, en affirmant que le métis est inférieur en force, en moralité ou en intelligence aux deux races mères. C'était admettre implicitement que le métis constitue en quelque sorte un cas de tératologie. Car au point de vue théorique, l'infériorité intellectulle ou morale ne peut s'expliquer autrement que par un certain arrêt de développement du cerveau, le rendant inapte à exercer les actes de cérébration qui accompagnent les hautes facultés de l'esprit ou coordonnent les impulsions du cœur.

Les savants ayant avancé une telle assertion, les gens d'une étude moins approfondie s'en emparèrent avec empressement. De là est sortie cette opinion que les races humaines s'abâtardissent par certains croisements, opinion que déroule avec tant de verbeuse complaisance M. de Gobineau, dans son fameux ouvrage sur « l'*Inégalité des races humaines* ». Mais admirez les méandres au milieu desquels la vérité fait son chemin ! Les monogénistes avaient adopté tout aussi bien que les polygénistes la théorie de l'inégalité des races ; mais ils ne tardèrent pas à comprendre qu'en admettant que le métis est toujours un être inférieur et dégénéré, ils fournissaient un argument sérieux contre l'unité de l'espèce humaine : le besoin de défendre leur doctrine les mit alors sur le chemin de Damas. Ils n'hésitèrent donc pas à affirmer à leur tour que le mulâtre, issu du blanc et du noir, est aussi intelligent que l'un et aussi vigoureux que l'autre. M. de Quatrefages, le plus remarquable des monogénistes, a surtout soutenu cette dernière thèse avec une constance qui n'est égalée que par son immense talent. Toutes sortes de preuves et de recherches ont été mises en œuvre pour enlever à ses adversaires le dernier argument qui semblait leur rester. « Enfin, dit-il, M. Torrès Caïcedo me citait parmi les mulâtres de sa patrie, des orateurs, des poètes, des publicistes et un vice-président de la Nouvelle-Grenade, qui est en même

temps un écrivain distingué..... Ce qui précède suffit, je
pense, pour prouver que, placé dans des conditions nor-
males, le métis du Nègre et de l'Européen justifierait ces
paroles de notre vieux voyageur Thévenot : « *Le mulâtre*
« *peut tout ce que peut le blanc, son intelligence est égale*
« *à la nôtre.* »

Mais admettre l'égalité intellectuelle du mulâtre et du
blanc, c'est admettre inévitablement l'égalité du noir et du
blanc. En effet, si les deux races avaient une différence
native dans leurs aptitudes intellectuelles, on ne comprendrait jamais que le mulâtre, au lieu de représenter une
intelligence moyenne, fît preuve au contraire d'une valeur
intellectuelle égale à celui des deux géniteurs qu'on suppose supérieur à l'autre. Aussi la majeure partie des anthropologistes refusent-ils de reconnaître entre le mulâtre
et le blanc cette égalité d'intelligence si positivement proclamée par le savant auteur de l'*Espèce humaine.*

M. Topinard pense que le produit du croisement des
deux races sera supérieur, si les deux races mères le sont
elles-mêmes ; médiocre, si l'une des deux races est supérieure et l'autre inférieure ; inférieur, si les deux races for-
matrices sont également inférieures. Étant donné qu'on
admet la théorie de l'inégalité des races, je ne puis imaginer rien de plus logique qu'une telle opinion. Elle a toute
la rectitude d'une vérité mathématique ; mais les sciences
biologiques et sociales sauraient-elles se contenter de lois
aussi simples? Je ne le jurerais pas. Mme Clémence Royer
semble pourtant adopter la même opinion. « En cas de
métissage, dit-elle, entre des individus exceptionnels, déjà
métis des races inférieures, comme par exemple Alexandre
Dumas, avec des individus des races supérieures, il est
probable que les résultats seront favorables, au moins à
un certain degré, et j'avoue qu'Alexandre Dumas est lui-
même un produit très remarquable de métissage. Cepen-

dant nous reconnaissons tous qu'Alexandre Dumas était
une organisation pauvre, au moins une organisation
anormale. C'était un être exceptionnel, fort étrange, une
imagination féconde certainement, et une intelligence supérieure à beaucoup d'égards, mais inférieure à beaucoup
d'autres. Toute sa vie, Dumas est resté un vieil enfant,
plein de verve juvénile, mais indiscutable et incapable d'accepter une autre règle que celle de ses caprices puissants.
C'était un nègre blanc très bien doué, mais au moral, c'était
un nègre. C'était un produit extraordinaire, ayant plutôt
encore le caractère de l'hybride que celui du métis. Un fait
aussi exceptionnel ne saurait être érigé en règle générale;
et l'on se demande ce que serait une nation composée
d'Alexandre Dumas, même d'Alexandre Dumas fils (1). »

Jusqu'où l'esprit de système ne pousse-t-il pas ceux qu'il
inspire ! C'est un fait vraiment étrange que celui de la savante femme, attribuant à la dégénération du sang blanc
dans les veines de l'immortel romancier et poète, ces caprices puissants qui sont pourtant l'apanage de toutes les
organisations qui sortent du commun. Avant et après
Sénèque, on l'a souvent répété : « Il n'y a pas de grand
esprit sans un grain de folie, » *Nihil est ingenium mag-
num sine aliqua mixtura dementiæ.* Mme Clémence Royer
qui a aussi démesurément de l'esprit serait-elle la seule
personne à oublier un si vieux et si vulgaire dicton? Byron
et Musset ne poussaient-ils pas leur nervosisme encore
plus loin qu'Alexandre Dumas? Pour être conséquente,
la science anthropologique ne devrait-elle pas aussi les
considérer comme des nègres, au point de vue moral?
J'avoue qu'à ce compte, toutes les célébrités, particulièrement et psychologiquement étudiées, seront classées
parmi les organisations morales de *nègres*; si bien que

---

(1) *Congrès intern. des sciences ethnogr.*, tenu à Paris en 1878, p. 196.

sans être nègre, on ne pourra accomplir rien de grand,
rien de beau, rien de sublime ! Pour le coup ce serait franchement aller au-delà de ma thèse.

Cependant, tout insoutenable que soit l'opinion de l'é-
cole polygéniste, je la trouve beaucoup plus logique dans
ses déductions que ne l'est M. de Quatrefages. L'erreur
chez elle est au moins complète, entière. Si les conséquences
sont fausses, ce n'est pas la faute du raisonnement, mais
celle des prémisses généralement adoptées comme une vérité doctrinale et primordiale, proclamant une inégalité native et radicale entre les différentes races humaines. M. de
Quatrefages opine-t-il contre cette inégalité? Assurément
non. L'illustre professeur admet l'égalité du mulâtre et
du blanc, tout en affirmant l'inégalité irrémédiable du noir
et du caucasien. Comment n'a-t-il pas senti alors la faiblesse de sa théorie, logiquement examinée?

En effet, la logique est impitoyable, elle n'a aucune
complaisance pour ceux qui s'en écartent. La moyenne
de 4 et de 2 ne sera jamais 4, mais bien 3. A quelque puissance qu'on élève la valeur virtuelle du plus grand facteur,
on ne pourra jamais établir une équation intégrale entre
la moyenne engendrée et ce facteur, sans que les mathématiques cessent d'être mathématiques. On ne fera que
circuler de x en y. Et, chose étonnante, plus le grand
nombre évolue en croissance, plus la moyenne s'en
écarte, en s'écartant également du petit nombre! Ces
déductions vigoureuses n'ont pu échapper à l'esprit perspicace de M. de Quatrefages. Embarrassé, mais désireux
d'étayer toutes ses affirmations sur des bases rationnelles,
il a imaginé une théorie spécieuse, essentiellement propre
à masquer tout ce qu'il y a d'incohérent dans ses opinions.
Voici donc comment il tâche d'expliquer la contradiction
visible que nous offre sa doctrine anthropologique, relativement à la thèse insoutenable de l'inégalité des races.

« Chaque parent, dit-il, influe sur l'enfant en raison directe de ses qualités ethniques. Cette considération fort
simple qui ressort à mes yeux d'une foule de faits de détails, fait comprendre aisément bien des résultats dont s'é-
tonnent les physiologistes et les anthropologistes. Après
avoir attribué à la mère un rôle prépondérant, Nott déclare avec surprise qu'au point de vue de l'intelligence le
mulâtre se rapproche davantage du père blanc. Mais l'é-
nergie intellectuelle n'est-elle pas supérieure chez le dernier à celle de la mère? et n'est-il pas naturel qu'elle l'emporte des deux pouvoirs héréditaires ?....

« Lislet Geoffroy, entièrement nègre au physique, entièrement blanc par le caractère, l'intelligence et les aptitudes, est un exemple frappant. »

Quelque simple que puisse paraître l'explication aux
yeux du savant anthropologiste, il faut convenir qu'il sort
complètement du domaine de la science pour se crampon-
ner à une pure fantaisie. En effet, quelle est la valeur de
cette règle par laquelle on infère que chaque parent influe
sur l'enfant en raison directe de ses qualités ethniques?
Ne serait-ce pas l'assertion d'un principe qui est encore
à démontrer? La forme sentencieuse sous laquelle elle est
exprimée et qui est si propre à en imposer aux intelligences ordinaires, fait-elle rien autre chose que d'en
cacher l'inanité scientifique?

Si, par qualités ethniques des parents, l'on comprend la
couleur, les cheveux et, jusqu'à un certain point, les formes
du visage, on doit certainement en tenir compte; mais
s'agit-il de qualités morales et intellectuelles? rien n'est
alors plus vide de sens au point de vue anthropologique,
eu égard à leur instabilité dans les races humaines. Ces
dernières qualités, dans tous les cas, ne sont pas tellement
indépendantes du reste de l'organisme, qu'on puisse leur
attribuer une action héréditaire, distincte de l'influence

physiologique générale que l'hérédité du père exerce sur
l'enfant. D'ailleurs, si la théorie imaginée par M. de Quatrefages était vraie, il n'y aurait pas de mulâtre à peau jaune
et aux cheveux bouclés comme sont ordinairement les métis du Noir et du Blanc. Les mulâtres seraient toujours
noirs avec une chevelure crépue, comme leur mère ; ils auraient tous l'intelligence suréminente qu'on prétend être
l'apanage exclusif de leur père. Or, c'est le contraire qui est
vrai, c'est le contraire qui existe. Le métissage est un fait
d'ordre purement physiologique et rien de plus. Lorsque
le mulâtre est intelligent, ce n'est pas une vertu spéciale
qu'il hérite des qualités ethniques de son père ou de sa
mère, c'est plutôt une hérédité individuelle qui vient tantôt de l'un, tantôt de l'autre, sans aucune prévision catégorique.

Quant à ce qui concerne le cas de Lislet Geoffroy, phy-
siquement nègre, mais moralement et intellectuellement
blanc, j'avoue humblement que je n'ai jamais pu me rendre
compte de ce curieux phénomène. Il a fallu que la conviction
de M. de Quatrefages fût bien profonde dans la vérité de
ses doctrines anthropologiques, pour qu'il avançât un tel
fait comme un argument sérieux. La première pensée qui
viendrait à l'esprit d'un homme moins prévenu contre les
aptitudes natives du Noir, ce serait de se demander si le
prétendu père blanc de Lislet Geoffroy avait contribué
à mériter une telle paternité par autre chose que par son
nom. Mais aux yeux de l'honorable savant, de rencontrer
un Nègre d'une haute intelligence, ce serait une anomalie
beaucoup plus grande que celle de voir un mulâtre, fils de
blanc, complètement noir avec des cheveux crépus.

Sans pousser la témérité jusqu'à déclarer l'impossibilité
du fait, on peut affirmer pertinemment qu'il y a mille
chances contre une, pour qu'il ne se reproduise pas en des
cas identiques. Un mulâtre issu d'un noir et d'un blanc

peut, au lieu de cette couleur jaune nuancée de rouge qui lui est ordinaire avoir une teinte assez foncée pour ressembler à un griffe (aux 3/4 et même aux 4/5 noir) ; mais il existe toujours une compensation dans la finesse des traits ou dans la chevelure qui fera remarquer bien vite, à un observateur qui s'y connaît, les degrés physiologiques qui séparent cet individu de l'une ou de l'autre race. Les bizarreries vraiment étonnantes, dans la couleur, les cheveux et la particularité des traits ne commencent à se manifester que dans le croisement entre les métis de divers degrés.

Dans le premier croisement, les pouvoirs de l'hérédité physiologique de l'un et l'autre parent, agissant en sens opposé et avec la même force, doivent se modifier mutuellement et engendrer un produit d'une moyenne déterminée ; dans le second, les puissances héréditaires déjà diffuses et mélangées de part et d'autre, agissent par conséquent avec des forces confuses et inégales. C'est ainsi qu'entre le blanc pur et le noir pur, il sortira un enfant bien équilibré, tenant autant de sa mère que de son père ; mais entre des métis plus ou moins éloignés des races mères, on aura un enfant en qui les influences héréditaires sont tellement enchevêtrées, qu'il en résulte le plus grand désordre dans la reproduction des couleurs et des formes parentales.

Pour aborder le phénomène particulier que cite M. de Quatrefages, il n'est nullement sûr que Lislet Geoffroy fût un mulâtre par le sang, pas plus qu'il ne l'était par la peau et par la chevelure. Bory de Saint-Vincent, savant naturaliste, pouvant bien distinguer le nègre du mulâtre, et qui a dû connaître personnellement le mathématicien noir, en parle comme d'un vrai nègre. « Nous publierons, dit-il, comme un exemple du degré d'instruction où peuvent parvenir les Éthiopiens, que l'homme le plus spirituel et le plus savant de l'Ile-de-France était, quand nous visitâmes cette colonie, non un Blanc, mais le nègre Lillet-Geoffroy, correspondant de l'ancienne Académie des Sciences, encore aujourd'hui notre confrère à l'Institut, habile mathématicien, et devenu, dès avant la Révolution, par son talent et malgré sa couleur, capitaine du génie (1). »

Si Bory de Saint-Vincent était un auteur qui écrivait en profane et mentionnait incidemment le fait en question, on pourrait bien croire qu'il se servait du mot *nègre,* sans faire aucune distinction entre l'homme noir et le mulâtre ; mais c'était un spécialiste, son ouvrage est purement scientifique et les paroles que nous venons de citer ont été dites par lui dans un but exprès, comme argument réfutatoire de l'inégalité des races. Il y a donc tout lieu de croire que c'est M. de Quatrefages qui se sera laissé induire à erreur.

Aussi bien, nous pouvons conclure que le mulâtre est réellement l'égal du blanc en intelligence : mais ce n'est nullement de celui-ci seul qu'il hérite les aptitudes intellectuelles qui sont le patrimoine commun de l'espèce humaine entière.

Pour clore cette controverse soulevée par la théorie de M. de Quatrefages, je ne puis mieux faire que de citer ici les paroles de l'un des hommes de couleur les plus remarquables et la plus belle individualité de sa race aux États-Unis. Frédérik Douglass, qui est une des preuves les plus saisissantes de l'égalité des races humaines, n'a pu rester inaperçu à ceux qui prêchent la théorie de l'inégalité. Il paraît que, pour s'expliquer ses grandes aptitudes, on avait invoqué la théorie de l'auteur de l'*Espèce humaine.* Voici comment a répondu l'*honorable Marshal de Colombie :* « C'est à elle, à ma noble mère, à ma mère esclave, à ma mère au teint d'ébène, et non certes à mon origine

---

(1) Bory de Saint-Vincent, *loco citato,* t. II, p. 64.

présumée anglo-saxonne que je dois mes aspirations et ces facultés natives, inaliénable possession de la race persécutée et méprisée (1). »

C'est bien là le langage que les mulâtres intelligents devraient toujours tenir à tous ceux qui pour mieux les mépriser, les engagent à mépriser leurs mères ! Ces paroles effacent en mon cœur un souvenir qui m'a longtemps attristé. Dans le remarquable ouvrage de M. de Tocqueville *De la Démocratie en Amérique*, le lecteur peut rencontrer les phrases suivantes :

« On voit au Sud de l'Union plus de mulâtres qu'au Nord, mais infiniment moins que dans aucune autre colonie européenne. Les mulâtres sont très peu nombreux aux États-Unis ; ils n'ont aucune force par eux-mêmes et, dans les querelles de races, ils font d'ordinaire cause commune avec les blancs. C'est ainsi qu'en Europe on voit les *laquais* des grands seigneurs trancher du noble avec le peuple. » Plus loin le grand publiciste a défini lui-même le sens du mot laquais. « Le mot laquais, dit-il, servait de terme extrême, quand tous les autres manquaient pour représenter la bassesse humaine ; sous l'ancienne monarchie, lorsqu'on voulait peindre en un mot un être vil et dégradé, on disait de lui qu'il avait *l'âme d'un laquais.* »

Grâce à la vigoureuse protestation de Douglass, on ne pourra plus voir des laquais dans tous les mulâtres des États-Unis...

II.

MÉTIS DU NOIR ET DU MULATRE.

Le degré de métissage le mieux fait pour nous élucider sur la question qui fait l'objet de cet ouvrage, est le croi-

---

(1) Frédérik Douglass, *Mes années d'esclavage et de liberté.*

sement mulâtre et noir. S'il était vrai que l'intelligence est
un produit du sang blanc, la portion congrue dévolue au
mulâtre, pour le tirer de la désolation de l'ignorance éternelle, serait-elle assez puissante pour faire germer dans le
sein de la femme noire les qualités intellectuelles que le
métis n'a reçues que parcimonieusement? A coup sûr, non.
A mesure que les croisements s'éloignent du type blanc,
ils devraient produire des résultats de moins en moins
satisfaisants : telle est l'opinion exprimée par tous les
savants qui soutiennent la théorie de l'inégalité des races.
Mais ils ne se contentent pas de déclarer que le retour
vers la race noire est une dégénération positive du type
mulâtre dont le sang blanc avait commencé la rédemption
physiologique; ils ont de plus insinué que le produit du
mulâtre et du noir doit non-seulement déchoir comparativement au mulâtre, mais encore doit tomber au-dessous du noir lui-même quoique celui-ci soit considéré
comme le plus infime modèle des créatures humaines.

X J'ai déjà cité les chiffres groupés par M. Sandifort B.
Hunt, d'après des pesées effectuées sur des cerveaux de
blancs, de métis de divers degrés et de noirs. Je répèterai
seulement ici les paroles de M. Topinard: « Ne semble-t-
« il pas en résulter que le sang blanc, lorsqu'il prédomine
« chez un métis, exerce une action prépondérante en
« faveur du développement cérébral, tandis que la pré-
« pondérance inverse du sang nègre laisse le cerveau dans
« un état d'*infériorité vis-à-vis même du nègre pur ?* »

Cette idée exprimée ici sous une forme dubitative est
adoptée et préconisée par la majeure partie des anthropologistes. Ils la répètent à chaque fois que l'occasion s'en
présente, comme s'il s'agissait d'une vérité incontestable.

Voyons-en la portée sociologique. Le mulâtre qui aura
été instruit de ces révélations terribles de l'anthropologie,
éprouvera des craintes légitimes de s'allier au noir. Fille

ou jeune homme, on n'accepte pas, joyeux, une alliance dont les fruits sont d'avance frappés d'une déchéance inéluctable. Dans la brutalité de cette doctrine, ce n'est pas seulement le mulâtre qu'elle met en garde contre l'alliance avec le noir, mais aussi celui-ci qu'elle défend de désirer une main jaune dans sa main noire, sous peine de procréer des êtres inférieurs à lui-même, lui que tous proclament le dernier des hommes !

Comprend-on une telle malédiction? Si le noir a toujours été mal considéré par la race blanche, si le mulâtre est resté longtemps pour elle un être monstrueux, le griffe n'est-il pas, en fin de compte, le bouc émissaire de toutes ces théories enfantées par le préjugé et qui, faute de lumière et de contradiction, se sont enfin immiscées dans le courant de la science? Aussi là où un mouvement involontaire fait oublier le mépris systématique que l'on professe pour l'Africain pur, le griffe, moins heureux, reste encore marqué du sceau de la réprobation.

On peut en voir un exemple frappant dans la première production littéraire du plus grand penseur de ce siècle, de Victor Hugo. Le poète, quel que soit son génie, en vertu même de son génie, est toujours le fidèle reflet de la pensée de son siècle; il n'est vraiment supérieur que lorsqu'il sait interpréter cette pensée, tout en l'idéalisant. Dans *Bug-Jargal*, Victor Hugo a voulu mettre en évidence le caractère de chacune des variétés humaines représentées par ses héros. Il montre le blanc généreux, le noir poétiquement noble; mais du griffe il fait l'être le plus hideux. Habibrah, qu'il présente comme un griffe, est au physique, laid et difforme; au moral, grincheux, lâche, envieux et haineux. C'est une œuvre d'adolescente jeunesse, mais cela ne fait que mieux ressortir l'influence que les idées ambiantes ont dû exercer sur *l'enfant sublime*, le futur maître de la poésie française.

Cependant le griffe, pas plus que le mulâtre, ne mérite cette réputation de couardise et d'envieuse ignorance que la prévention caucasienne lui a faite. En Haïti, où l'expérience du métissage se fait à tous les degrés, spontanément et naturellement, on ne trouve pas moins d'hommes intelligents et remarquablement organisés, parmi les griffes, qu'il ne s'en rencontre dans les autres variétés de l'espèce humaine. Parmi les griffes francs (*quart de blanc*) les *capres*, ou les *sacatras*, différentes combinaisons qui se font dans les croisements du mulâtre et du noir, on peut rencontrer des personnalités de la plus haute distinction intellectuelle et morale.

Pour la littérature, il faut citer d'abord M. Delorme, griffe brun, qui est l'un des hommes les plus remarquables de la jeune République. Il attire l'attention, non-seulement par ses qualités d'écrivain que nul ne peut contester, mais encore par cette constance rare dans la culture des lettres, constance qui dénote un esprit essentiellement ouvert à toutes les conceptions du beau et qui s'y complaît, sachant parfaitement les apprécier. M. Delorme n'a pas fait ses premières études en Europe, où il n'est venu que fort tard, déjà complètement formé. Cette particularité est digne d'être notée. Elle démontre que son organisation si bien douée n'a pas eu besoin du contact direct de la civilisation européenne, pour développer toutes ses belles aptitudes. Elles sont en lui natives. Leur épanouissement est donc le propre de chaque race humaine, à une certaine époque de son évolution historique.

M. Delorme a écrit plusieurs ouvrages plus ou moins importants, selon le goût de ceux qui lisent et leurs inclinations intellectuelles. Après s'être distingué en Haïti, comme parlementaire indépendant et libéral, comme journaliste spirituel et sagace, il publia à Bruxelles, durant son premier exil, en 1867, une brochure dont l'élévation des idées et la pureté du style furent hautement appréciées. Il s'agissait d'examiner la valeur politique et pratique du *Système Monroë* par une étude rapide, mais consciencieuse, de la démocratie américaine. On peut dire qu'aucun de ceux qui ont abordé le même sujet n'y a apporté plus de clarté et de large philosophie.

Revenu en Europe, en 1869, M. Delorme se remit courageusement au travail. Il publia en 1870, à Paris, les *Théoriciens au pouvoir*, qui auraient un réel succès s'ils étaient signés d'un nom d'auteur déjà connu ou s'ils émanaient d'une personnalité en relief dans la politique européenne. Le fond de l'ouvrage est une simple question d'histoire ; mais le plan arrêté pour le développement de la thèse, l'agencement habile des parties, les nuances, les fines allusions, un style aussi aisé que soutenu, en font une œuvre de la meilleure littérature. Jamais on n'a mieux réuni l'utile à l'agréable. Des épisodes délicatement amenés et spirituellement contés ; des descriptions d'une touche heureuse, charmante, savamment colorées, achèvent les qualités de cette production dont le mérite est d'autant plus considérable que le thème choisi par l'auteur était essentiellement ingrat.

Souvent le voyageur parcourt longtemps des paysages enchantés, où toutes les exubérances d'une riante nature, brillante antithèse où le parfum vient en aide aux couleurs, semblent s'épanouir pour captiver ses regards, ravir son cœur et son esprit. Il en jouit, mais avec une nonchalante indifférence : l'excès même de ses sensations lui communique une prompte lassitude. Cependant qu'il soit transporté en des landes désertes et arides, où tout ne promet que l'image de la désolation et de l'ennui : combien ne sera-t-il pas émerveillé, lorsqu'une main savante, par un prodige d'adresse et d'art incomparable, répand sur tout le long de son trajet des enjolivements si bien combinés qu'il en arrive jusqu'au bout, en musant, sans même s'occuper des cailloux qui lui meurtrissent un peu les pieds !

Après les *Théoriciens au pouvoir*, M. Delorme écrivit *Francesca*, roman historique qui est un essai aux formes indécises. D'aucuns peuvent y trouver une intrigue trop lâche, une trop grande dispersion de l'intérêt dramatique, lequel n'est pas toujours concentré sur l'héroïne, une belle Napolitaine habilement profilée, d'ailleurs. L'écrivain est toujours écrivain, mais on sent que l'artiste n'est pas absolument dans son domaine.

Plus tard encore, notre remarquable compatriote a publié « *Le Damné* », roman de longue haleine qu'il nous est impossible d'analyser ici.

Tant de productions variées placent M. Delorme au rang des écrivains dont la vocation est franchement déterminée. Quelles que soient les appréciations que l'on porte sur ses œuvres, il n'est pas possible de méconnaître en lui un lettré de fine race, ayant tous les petits défauts et toutes les belles qualités de l'homme de lettres, tel qu'il se développe dans les centres les plus civilisés de l'Europe. Aussi, ne puis-je qu'applaudir, toutes les fois que je vois la jeunesse intelligente de mon pays, faire un cercle d'honneur autour de M. Delorme qu'elle proclame le doyen de la littérature haïtienne ! On assure que notre fin littérateur, avec une pertinacité de labeur vraiment distinguée, prépare en ce moment un ouvrage considérable sur le développement de l'art dans les Pays-Bas. Je salue d'avance cette œuvre attendue où M. Delorme, esprit surtout généralisateur, déploiera sans nul doute un vrai talent d'esthéticien, en enrichissant d'une nouvelle fleur notre jeune et gracieuse littérature.

Comme poète, il faut nommer M. Paul Lochard, griffe aussi. C'est le chantre austère de notre île aux sites pittoresques, aux épis dorés par le soleil tropical. De même que M. Delorme, il a fait toutes ses études en Haïti.

Esprit large et serein, mais où la semence religieuse a jeté une empreinte profonde, M. Lochard met la poésie de ses vers au service de toutes les grandes idées d'amélioration et de progrès de l'espèce humaine. Cette poésie, c'est le chant d'une conscience qui embrasse toutes les nobles et belles idées, et les fait chatoyer comme autant de pierres précieuses. Il cherche à deviner les mystères de la destinée et à soulever le voile de l'inconnu, comme s'il voudrait voir, dans un rêve splendide, le rayonnement divin de l'*au-delà*. C'est bien là une aspiration de poète moderniste, dans notre époque où l'on a toutes les curiosités mêlées à tous les genres d'émotions.

Dans les *Chants du soir* de M. Lochard, la versification est correcte, facile et ferme, ayant un rythme varié et des rimes sonores. Toutes ses créations sont éclatantes de lumière vive et de modulations variées, mais la note grave y prédomine. On y trouve un je ne sais quoi de solennel qui lui constitue une originalité indiscutable. C'est une âme imprégnée de bonne heure du parfum des Saintes Ecritures. Moïse et Lamartine, David et Milton y ont fait une impression égale, à travers toutes les suggestions de la littérature contemporaine. Aussi le lit-on sans fatigue, encore qu'il nous communique des émotions fort troublantes! On le quitte toujours avec un certain désir de perfection dont nous ne pouvons pas atteindre la plénitude, mais dont la prestigieuse stimulation nous excite délicieusement et nous fait découvrir mille coins bleus dans les tristesses et les joies qui forment les harmonies de l'existence.

De la même famille d'esprit était Alcibiade Fleury-Battier, griffe très brun. Moins correct que Paul Lochard, il avait une gamme beaucoup plus variée, une intuition supérieure de l'art. On ne lui trouvera pas, à coup sûr, cette élévation de pensée, cette attitude solennelle qui fait du poète une sorte de prophète et transforme le Parnasse aux sources limpides en Sinaï fulgurant; mais plus humain, plus à notre portée que son émule, il avait des chants doux et harmonieux, de vrais chants du cœur. Dans une heure de poétique ivresse, plus d'une âme grisée par l'idéal y trouveront des accents qui répondent à leurs aspirations, des notes à l'unisson avec les notes indécises qui s'échappent de leur poitrine oppressée.

Ce qui distingue surtout les poésies de Battier, c'est la préoccupation constante de peindre notre belle nature tropicale, en ce qu'elle a de plus fascinateur. *Sous les Bambous* ne pourront jamais être cités comme un ouvrage classique. A part quelques poésies bien senties et bien écrites, tant au point de vue de la versification qu'à celui de l'enchaînement harmonique des pensées qui se déroulent en images gracieuses et pleines de naïve fraîcheur, on y découvre une composition trop hâtée. Mais c'est un volume où les jeunes Haïtiens, amants des muses, trouveront plus d'une belle inspiration qu'il faut reprendre, plus d'une sainte émotion qu'il faut vivre et comme poète et comme patriote!

Cet intelligent et sympathique écrivain est mort bien jeune. Avec son amour du travail, son ardent désir de toujours monter, de perfectionner de plus en plus son esprit, il n'est pas douteux qu'il n'arrivât à réunir toutes les qualités qui font un grand poète. Cependant son seul exemple suffirait à prouver que la race noire, en retrempant de sa riche sève les rejetons mulâtres, issus de son croisement avec le blanc, ne leur communique aucun principe d'abâtardissement intellectuel ou moral. Elle continue plutôt en eux l'épanouissement superbe dont elle a la force et les aptitudes, épanouissement qu'elle réalise infailliblement, toutes les fois que les influences qui ont favorisé l'éclosion des grandes qualités dans les autres races humaines, viennent aussi la stimuler par leur puissante action.

Un autre jeune poète griffe d'un grand avenir est M. Thalès Manigat, du Cap-Haïtien. Son talent s'est développé tout seul dans le silence du travail. Ce qu'il a de fort remarquable, c'est le faire exquis dont les écrivains de race donnent seuls l'exemple. On y rencontre la riche variation des notes, les rimes harmonieuses et sonores, la coupe savante du vers coulé dans une forme toute moderne, l'art des enjambements entendu à un degré supérieur; il a enfin toutes ces habiletés du vrai artiste, lequel change les mots en autant de matières plastiques d'où il tire des ciselures, des arabesques, sachant mettre l'idée en relief pour la faire briller comme dans un écrin.

Les poésies de M. Thalès Manigat sont encore inédites, sauf quelques pièces fugitives publiées dans les journaux du pays; je prends donc la liberté d'en offrir un spécimen au lecteur. Ce n'est pas la plus belle, ni la meilleure de ses compositions; mais je n'en ai pas d'autre sous la main. Telle qu'elle est, je la trouve encore digne de figurer dans les meilleurs recueils.

LA HAVANAISE.

A MON AMI JULES AUGUSTE.

La lune était sereine et jouait sur les flots.
(Victor Hugo).

Sur la mer azurée où se mire l'étoile
        Sereine de la nuit,
Légère et confiante, une éclatante voile
        Se balance sans bruit :
C'est l'esquif de Juana, la belle havanaise
        Au teint brun velouté;
Aux bras de son amant la *señora* tout aise
        Étale sa beauté.

Des saphirs à son col brillent, une basquine
         Aux plus riches couleurs
Resserre élégamment sa taille svelte et fine;
         De *Bejucal* (1) les fleurs
Ornent sa chevelure ondoyante et soyeuse
         Et des baisers ardents,
Venant s'épanouir sur sa lèvre rieuse,
         Montrent ses blanches dents.

Dans la nature, tout les invite à la joie,
         Au plaisir chaste et pur :
Le ciel qui dans l'éther impalpable déploie
         Son éventail d'azur
Parsemé de fleurs d'or; la brise qui soupire,
         En effleurant les flots,
Et descend lentement sur la plage bruire
         Ainsi que des grelots.

Sur le sein ingénu de Juanita s'incline
         La tête de Carlo;
La *querida niña*, sur une mandoline,
         Chante un romancero.
Pleine d'émotion, sa voix claire et vibrante
         S'envole vers les cieux,
Tout son être frissonne et son âme tremblante
         Brille dans ses grands yeux.

Écoutant cette tendre et douce mélodie
         S'égrenant dans la nuit
Comme un timbre de luth, de harpe d'Éolie
         Que Zéphyr qui s'enfuit,
Racontant ses désirs aux fleurs, aux prés, aux grèves,
         Fait vibrer tout joyeux,
Carlo bercé de joie et d'amour et de rêve,
         Plonge son œil aux cieux.

Mais la lune, irisant la frange d'un nuage,
         Se montre à l'horizon
Et répand sa clarté sur l'Océan sauvage
         Et le soyeux gazon :
Tout à coup, des beaux doigts de la charmante fille
         S'échappe l'instrument
Aux magiques accords, et son regard pétille
         Plein de ravissement.....

« Nuit sereine, dit-elle, ô nature sublime!
         « Voix immense de Dieu

---

(1) Village aux environs de la Havane.

« Dont le souffle remplit mon cœur devant l'abime
    « Des mers et du ciel bleu !
« L'oiseau dans la forêt t'abandonne sa gamme,
    « La brise, son soupir;
« La rose, ses parfums : moi, qui n'ai qu'une âme,
    « Que puis-je donc t'offrir ?... »

« Juana, dit le jeune homme, abaissant sa paupière
    Sur la joyeuse enfant,
« Ouvre ton cœur candide et verse la prière
    « Et l'amour triomphant :
« Le flot doit murmurer, le feu donner la flamme,
    « La rose parfumer,
« La brise respirer, et sans cesse la femme
    « Doit prier, doit aimer. »

(Décembre 1882).

Ce n'est pas seulement dans la littérature que le griffe montre ses aptitudes intellectuelles. Parmi les nombreux docteurs en médecine de la Faculté de Paris que possède actuellement la République haïtienne, on rencontre plusieurs individus de cette nuance. Mentionnons surtout M. le docteur Louis Audain, aussi habile praticien que savant médecin. Il occupe en ce moment une des meilleures positions à Beauvais. Chaque jour, il voit augmenter sa clientèle. C'est la meilleure preuve qu'on puisse donner de sa science et de son habileté dans la carrière médicale. Beauvais est à moins de vingt lieues de Paris et ce n'est pas des médecins français qui y font défaut. Tout porte donc à croire que si le disciple bronzé d'Esculape a pu y avoir accès, c'est que ses aptitudes n'ont pas été trouvées au-dessous de celles des autres. On peut aussi affirmer que, comme tête et comme cœur, M. Audain est capable d'affronter la comparaison avec les hommes de n'importe quelle race, sans en sortir humilié.

M. Archimède Désert, également docteur en médecine de la Faculté de Paris, beaucoup plus jeune et ayant moins de pratique que le docteur Audain, est d'une intelligence tout aussi remarquable. Il dirige actuellement l'Ecole de médecine de Port-au-Prince.

A côté de ces deux échantillons d'une valeur supérieure, il convient de citer le nom de M. le docteur Aubry, griffe comme eux, praticien habile qui a fait toutes ses études médicales en Haïti, mais dont le talent est toujours apprécié par tous ceux qui ne cherchent pas dans les brillants accessoires le fond même des aptitudes que l'on a droit d'exiger de chaque profession. Il a voyagé plusieurs fois en Europe et visité surtout Paris, où il vient de temps en temps se mettre au courant des derniers progrès de la science spéciale à laquelle il s'est voué.

M. Aubry est chevalier de la *Légion d'honneur*. La France l'a gratifié de ce ruban qui est la décoration la plus enviable et la mieux considérée dans l'univers entier, par suite d'une généreuse et noble action. Toute une garnison de la marine de guerre françe : ⅎ fut atteinte de la fièvre jaune en Haïti, en 1867 ou 1868. Sans s'effrayer d'aucune fatigue ni d'aucun danger, il entreprit de soigner ces hommes dont la position paraissait désespérante ; il prodigua ses peines sans réserve, avec un dévouement multiplié. Ses efforts furent couronnés du plus grand succès, car tous les gens confiés à ses soins furent sauvés de la terrible épidémie !

Pour la jurisprudence, on trouve dans la magistrature d'Haïti de nombreux griffes d'un grand mérite. Leur grande sagacité et leur profonde intelligence de toutes les questions de droit offrent une garantie sérieuse pour la justice et légitiment la considération dont jouissent nos tribunaux.

Entre autres, nous pouvons faire mention de M. Henri Durand, ancien juge au tribunal de cassation. Nature indépendante et fière, esprit ouvert, toujours en quête de lumières, il fournit un bel exemple de cette honorabilité

incorruptible mais sans morgue qui est le plus bel orne-
ment du caractère.

M. Enoch Désert, griffe très brun, presque noir, est docteur en droit de la Faculté de Paris. C'est un esprit supérieurement cultivé. Il a écrit divers ouvrages sur les finances et l'économie politique, consacrés spécialement à éclaircir les questions que soulève l'état financier et économique
de la République haïtienne (1).

Son pays, sa race a le droit d'attendre de lui qu'il continue à travailler, à progresser, pour montrer d'une manière
de plus en plus éclatante ce dont est capable un homme
de sa nuance, lorsqu'il a eu le privilège de grandir à côté
des Européens, dans ces temples de l'étude qui sont le
plus beau produit de la civilisation et, en même temps, le
plus sûr gage de supériorité en faveur des nations qui les
possèdent.

M. Dalbémar Jean-Joseph, ancien ministre de la justice,
est un des avocats les plus remarquables du barreau haïtien. Intelligence fine et clairvoyante, esprit admirablement doué, il réunit les qualités d'un écrivain correct aux
talents si appréciables d'un orateur disert et pénétrant.

M. Magny, ancien député, ex-sénateur de la République
d'Haïti, est un homme vraiment supérieur. Réunissant à
une probité antique une instruction solide et variée, il
donne l'exemple d'une telle modestie, d'une dignité si
bien contempérée par l'urbanité jamais troublée de ses
allures, que l'on peut hautement certifier qu'en aucun
point de la terre on ne saurait rencontrer une plus belle
personnalité.

On pourrait citer encore Eluspha Laporte, musicien consommé, habile instrumentiste. Enlevé trop tôt à l'art où il

---

(1) *Les réformes financières de la République d'Haïti. La Banque
nationale d'Haïti*, etc.

était déjà un virtuose de premier ordre, il a laissé des compositions superbes. Elles seront sûrement recueillies et publiées, le jour où Haïti aura compris la nécessité qu'il y a de réunir tout ce que ses enfants ont produit, tant dans les arts que dans les sciences, les lettres et l'industrie, afin de prouver au monde entier toutes les belles aptitudes dont les descendants de l'Africain peuvent faire preuve, quand ils jouissent de la liberté et se désaltèrent, comme les autres peuples civilisés, aux sources vivifiantes de la science.

Il y a encore un jeune haïtien de la plus belle intelligence, griffe brun comme les précédents. C'est M. Emmanuel Chancy. Travailleur modeste, mais infatigable, il vient d'augmenter la liste des écrivains que compte notre jeune République, en publiant un ouvrage très sérieux sur « l'Indépendance d'Haïti ». C'est une œuvre de critique historique délicate et savante. Nous pensons bien qu'il ne s'arrêtera pas en si beau chemin; car ces sortes de travaux sont d'une nécessité capitale pour la parfaite intelligence de notre histoire nationale.

Certes, voilà bien des noms cités. Tant d'exemples n'enlèvent-ils pas aux négateurs incorrigibles le droit de continuer à douter des aptitudes morales et intellectuelles du produit que donne le croisement du mulâtre et du noir? Il faut pourtant nommer encore un autre griffe haïtien de la plus puissante individualité, dont les talents et le caractère le feraient distinguer dans n'importe quelle nation où il pourrait naître. Je veux parler de M. Edmond Paul.

Cet homme vraiment considérable a fait ses études à Paris, de même que la plupart des Haïtiens aisés. Mais un trait particulier et fort remarquable en lui, c'est qu'il n'a jamais eu une préoccupation plus constante que celle de contribuer à la glorification et au relèvement de la race noire dont il est sorti. Dans son apostolat précoce, au lieu de s'attacher, comme tant d'autres jeunes hommes, aux succès scolaires où l'amour des diplômes fait veiller constamment sur la forme et la lettre, en négligeant souvent le fond des choses, M. Edmond Paul ne s'occupa que des études sérieuses, spéciales, propres à éclairer et mûrir son esprit. Luttant contre toutes les difficultés avec une volonté inflexible, il parvint de bonne heure à se pénétrer parfaitement de toutes les questions les plus intéressantes pour un peuple qui a besoin de se développer.

C'est ainsi qu'à peine âgé de vingt-quatre ans, il publiait déjà, à Paris, des ouvrages (1) dont le but est infiniment élevé. Ce sont malheureusement des études économiques et sociales dont la plus légère analyse serait déplacée dans un ouvrage de la nature de celui-ci. D'ailleurs on pourra en avoir une idée par quelques citations que nous aurons occasion de faire.

Dès sa première publication, il avait pris position. Il est peut-être le premier Haïtien de sa nuance qui ait compris qu'on ne peut l'estimer ou l'apprécier sincèrement, quand on croit à l'infériorité native de la race noire ; au moins est-il le premier qui a eu le courage de déclarer que ce qu'il cherche avant tout, c'est le moyen d'aider les Noirs d'Haïti à prouver au monde entier les hautes qualités dont ils sont doués à l'égal de toutes les autres races humaines ! Par ce côté, la personnalité de M. Paul a pour nous un intérêt spécial et saisissant. Dans une discussion aussi savante que délicate, à propos d'un article fameux de la Constitution haïtienne, lequel prohibe le droit de propriété territoriale aux étrangers, le consciencieux publiciste écrivit ces remarquables paroles que je détache de tant d'autres tout aussi excellentes : « Le génie nègre déchu, le

---

(1) *L'éducation industrielle du peuple.* — *Questions politico-économiques.* Paris, Guillaumin, 1862-1863.

noir rejeté au second plan, qui eût pris soin de ses aptitudes?... Est-il, dans les Antilles, des noirs qui portent
plus profondément empreint sur leur physionomie le sentiment de l'homme que le noir d'Haïti?... Oubliez-vous
qu'Haïti seule est appelée à résoudre le grand problème
de l'aptitude des noirs à la civilisation (1)?... »

Ce sont autant de questions suivies de développements
profonds, où l'écrivain ne ménage ni les Granier Cassagnac,
ni les auteurs (haïtiens?) de la *Gérontocratie*, qui, après
avoir lu sans doute le livre de M. de Gobineau, avaient
émis les idées les plus dissolvantes, relativement à la solidarité nationale d'Haïti.

Il est peut-être bon de citer ici un passage du célèbre
Essai sur l'inégalité des races humaines. Le volume qui
parut, vers 1860, sous le titre de *Gérontocratie,* n'est
qu'une amplification des lignes suivantes. On ne saurait
les prendre au sérieux; cependant ne voyons-nous pas de
temps en temps un Léo Quesnel en rééditer les mêmes
expressions, comme une inspiration personnelle puisée
dans les meilleures études?

« L'histoire d'Haïti, de la démocratique Haïti, dit M. de
Gobineau, n'est qu'une longue relation de massacres ;
massacres des mulâtres par les nègres, lorsque ceux-ci
sont les plus forts; des nègres par les mulâtres, lorsque
le pouvoir est aux mains de ces derniers. Les institutions
pour philanthropiques qu'elles se donnent, n'y peuvent
rien ; elles dorment impuissantes sur le papier où on les a
écrites ; ce qui règne sans frein, c'est le véritable esprit des
populations. Conformément à une loi naturelle indiquée
plus haut, *la variété noire, appartenant à ces tribus humaines qui ne sont pas aptes à se civiliser,* nourrit l'horreur la plus profonde pour toutes les autres races ; aussi

---

(1) Ed. Paul, *Questions politico-économiques,* 2ᵉ partie, p. 82 et 94.

voit-on les nègres d'Haïti repousser énergiquement les blancs et leur défendre l'entrée de leur territoire ; ils voudraient de même exclure les mulâtres et visent à leur extermination.....

« Je suppose le cas où les populations de ce malheureux pays auraient pu agir conformément à l'esprit des races dont elles sont issues, ou, ne se trouvant pas sous le protectorat inévitable et l'impulsion d'idées étrangères, elles auraient formé leur société tout à fait librement et en suivant leurs seuls instincts. Alors il se serait fait, plus ou moins spontanément, mais jamais sans quelques violences, une séparation entre les gens des deux couleurs.

« Les mulâtres auraient habité les bords de la mer, afin de se tenir toujours avec les Européens dans des rapports qu'ils recherchent. Sous la direction de ceux-ci, on les aurait vus marchands, courtiers surtout, avocats, médecins, *resserrer des liens qui les flattent*, se mélanger de plus en plus, s'améliorer graduellement, perdre, dans des proportions données, le caractère avec le sang africain.

« Les nègres se seraient retirés dans l'intérieur et ils y auraient formé de petites sociétés analogues à celles que créaient jadis les esclaves marrons, à Saint-Domingue même, à la Martinique, à la Jamaïque et surtout à Cuba, dont le territoire étendu et les forêts profondes offrent des abris plus sûrs. Là, au milieu des productions si variées et si brillantes de la végétation antillienne, le noir américain, abondamment pourvu de moyens d'existence que prodigue, à si peu de frais, une terre opulente, serait revenu en toute liberté à *l'organisation despotiquement patriarcale si naturelle à ceux de ses congénères* que les vainqueurs musulmans de l'Afrique n'ont pas encore contraints (1). »

---

(1) De Gobineau, *loco citato*, t. I, p. 49-50.

Les expressions du comte de Gobineau sont fortes, ca-
lomnieuses et exagérées, cependant je les ai froidement
transcrites, pensant que dans l'exagération même du déni-
grement, il y a encore une leçon à tirer... Bien des gens
en Haïti doivent en ignorer l'existence; d'autres qui les ont
lues semblent les avoir trop prises à la lettre. De là est
sortie la *Gérontocratie*. J'ai positivement dit que l'analyse
des ouvrages de M. Edmond Paul serait ici déplacée. Qu'il
me suffise de citer la réfutation qu'il a faite en quelques
lignes de toutes les idées de M. de Gobineau ou de ses
adeptes, encore que le nom de cet auteur n'y figure nullement.

« Il n'est pas rare, dit M. Paul, de rencontrer des gens
qui demandent qu'Haïti ne soit qu'un simple COMPTOIR
DE COMMERCE : les Haïtiens seraient travaillant dans les
plaines, dans les mornes, et le commerce se ferait, dans
les villes, avec nos intermédiaires *obligés*. Oh! ceux-là
professent une profonde vénération pour l'agriculture...
Et ceux-là oublient que nous avons aussi pour mission de
former une « cité » *jaune noire* avec ses arts, ses sciences,
ses vertus, où règne l'*esprit* (1). »

Plus tard, le courageux publiciste a publié le *Salut de la
société*, où la même élévation d'idées, la même inflexible logique et le même esprit de justice prédominent. Durant son
exil de 1874 à 1876, M. Edmond Paul écrivit un nouvel ouvrage d'économie politique, où il traita la question si importante de l'*Impôt sur le café* en Haïti. Avec une suite admirable dans ses idées, c'est toujours au point de vue du relèvement moral des populations noires de la plaine, qu'il
considère les faits; et toutes ces conclusions tendent à
demander que le producteur du café, le cultivateur des

---

(1) Les mots sont écrits textuellement en note à la page 12 de
l'*Éducat. industr. du peuple*, etc. Les soulignements sont de l'auteur
même.

mornes ne soit pas tellement écrasé par le poids de l'impôt qu'il devienne impuissant à améliorer son existence matérielle et à effectuer l'évolution morale qui doit le transformer.

M. Paul a, de plus, édité à Kingston un dernier ouvrage intitulé : *La cause de nos malheurs.* C'est une œuvre purement politique et par conséquent systématique. Il n'est donc pas nécessaire de s'y arrêter.

En dehors des titres que donne la production de tant d'ouvrages écrits avec une telle hauteur de vue et de logique, il faut encore ajouter que notre illustre compatriote est un journaliste consommé, le parlementaire le plus correct que nous ayons eu en Haïti ; il ne prend la parole, dans les grandes circonstances, que pour enlever une situation. Ce n'est pas un orateur disert ; mais son éloquence grave et sévère, ayant parfois trop de solennité, s'impose tout de même et produit infailliblement son effet dans une espèce de *sursum corda !*

Que l'on conteste à M. Edmond Paul le mérite d'un beau style, en notant dans ses écrits des incorrections de forme qui lui échappent parfois, au grand détriment de l'élégance et d'une bonne phraséologie, il n'est pas moins incontestable que ses pensées et ses conceptions sont larges, conséquentes, élevées, hautement adaptées au besoin d'évolution morale et intellectuelle de la race noire d'Haïti.

Pour moi, en faisant abstraction expresse de la politique pratique, dont les préoccupations m'écarteraient positivement du but auquel tend ce livre, j'avoue que je n'ai jamais vu cet homme sans éprouver une certaine émotion ; car j'ai une pleine conscience de l'influence que ses écrits ont exercée sur mon intelligence et de la grande part qu'ils ont eue dans le développement de mon esprit.

Partout donc, dans toutes les carrières, contrairement à ce que laisserait supposer les chiffres de M. Sandifort

B. Hunt et la théorie qui semble en découler, le griffe se montre apte à s'assimiler toutes les connaissances, à s'inspirer des sentiments les plus élevés qui puissent orner le caractère de l'homme.

A part les aptitudes spéculatives, son esprit possède admirablement toutes les qualités pratiques. Dans les entreprises où il faut employer le plus de constance et d'énergique volonté, il réussit aussi bien que d'autres. Il a déjà escaladé les plus hautes positions du commerce haïtien. M. Théagène Lahens, à Port-au-Prince, les MM. Etienne, au Cap-Haïtien, occupent les premiers rangs dans les grandes spéculations commerciales.

Ces derniers, surtout, se font remarquer par un tact, une intelligence des affaires absolument rare, quand on pense aux nombreuses difficultés qu'ils ont dû surmonter pour arriver à leur situation actuelle et s'y maintenir avec de si belles perspectives. Ce qui les distingue encore, c'est l'alliance de toutes les habiletés du négoce avec un sentiment de patriotisme ardent et peu commun, parmi ceux-là même qui prétendent se consacrer spécialement aux affaires politiques. Leurs aspirations seraient de voir le pays entreprendre en même temps qu'eux la grande ascension vers le progrès et la prospérité, résultat difficile auquel les forts seuls atteignent dans un effort de suprême volonté et d'intelligence. Rompant avec les principes égoïstes qui ont toujours dirigé la gent mercantile d'Haïti, leurs préoccupations sont d'ouvrir au pays des horizons nouveaux, en mettant leur crédit, leur esprit d'ordre et d'initiative et leur sagacité incontestable au service du travail national, — agriculture ou industrie. Pour passer de la conception à la réalisation, ils ne demandent sans doute que cette sécurité générale et durable, hors de laquelle les capitaux ne s'aventurent jamais. Avec de telles idées, on a l'esprit large et on accomplit des prodiges, quand bien même on n'agirait décisivement que dans le cercle étroit de ses intérêts privés. Aussi, leur maison, une des plus solides du pays, est-elle destinée à en devenir infailliblement la plus grande et la plus riche, dans une dizaine d'années d'ici !

On ne peut que s'en féliciter ; car s'il se trouvait dans la jeune République une vingtaine de commerçants avec leur position, leurs aptitudes, et leur esprit de progrès, on ne saurait calculer toute l'influence heureuse qui en jaillirait pour l'avenir de notre patrie et la régénération de cette race dont nous représentons, en Haïti, les spécimens sur lesquels doivent se faire toutes les observations scientifiques et rationnelles.

Qu'on ne croie pas que ces qualités dont je fais ici l'éloge soient aucunement à dédaigner au point de vue des aptitudes ethniques. Il faut que les hommes de la race noire se persuadent de ce fait : — Ils ne parviendront à faire reconnaître incontestablement leur égalité d'aptitudes, à côté de tous les autres hommes, que du jour où ils sauront réaliser les conquêtes matérielles, qui donnent les clefs de la fortune, en même temps que les conquêtes intellectuelles, qui donnent les clefs de la science. — Conquérir une haute position pécuniaire par son travail, par son esprit d'ordre et de prévoyance, n'est pas chose si facile que l'on se l'imagine parmi ceux qui n'ont jamais essayé. On aura beau dire, la lente accumulation du capital et son accroissement réalisé par des combinaisons intelligentes ne réclament pas moins de tête que la solution d'un problème de trigonométrie sphérique ou la résolution d'une *intégrale*. Quelque étrange que puisse paraître cette proposition, elle n'est pas moins l'expression de la pure vérité. Dans le second cas, il ne s'agit que du simple résultat d'un exercice intellectuel, exercice d'un ordre bien élevé, j'en conviens, mais où l'éducation préalable de l'esprit constitue le principal ressort ; dans le premier, il faut en outre une intelligence soutenue et vive, appuyée sur une moralité éprouvée, de telle sorte que toutes les facultés de l'être sont mises en action et cons- tamment tenues en haleine.

Tous ces raisonnements touchent déjà trop à l'économie politique dont l'anthropologie doit aussi s'éclairer, mais dont elle s'éloigne assez pour qu'on ne s'y complaise pas extrêmement au cours de cet ouvrage. Il vaut donc mieux passer à un autre ordre d'arguments beaucoup plus conformes à notre sujet.

CHAPITRE IX.

—

L'Égypte et la civilisation.

L'Égypte est toute d'Afrique et non d'Asie.
(Champollion).

I.

LES ANCIENS ÉGYPTIENS ÉTAIENT D'ORIGINE ÉTHIOPIENNE.

La vérité est éternelle. Elle doit se maintenir entière à travers les temps et les lieux, sans quoi la logique lui refuse toute sanction. *Est tota in toto, tota in qualibet parte,* disaient les scolastiques. En déclarant donc que la race noire est inférieure à toutes les autres, il a fallu prouver que le fait est actuel et perpétuel : c'est-à-dire que non seulement il en est ainsi de nos jours, mais que dans tout le cours de l'histoire, on n'a jamais connu un état de choses différent et qui serait en contradiction flagrante avec la forme dogmatique dont se servent les anthropologistes ou les érudits dans leur prétentieuse assertion.

L'esprit de système et l'orgueil du sang caucasien ne furent jamais mis à plus terrible épreuve. Néanmoins ils ne s'intimidèrent nullement devant l'énormité de la tâche. Contredits mollement par des adversaires qui n'avaient pour les combattre qu'un intérêt platonique, le seul amour de la vérité, ils ont pu se maintenir debout, malgré l'inconsistance réelle du terrain où ils se sont placés.

Avant de procéder à aucune démonstration tendant à prouver que l'infériorité actuelle de la race noire, comparativement aux races blanche et mongolique, n'est pas un fait naturel, général susceptible d'être érigé en doctrine ou loi scientifique, nous allons chercher si parmi les peuples qui ont le plus contribué à l'évolution de l'espèce humaine, aux époques les plus reculées de l'histoire, il ne se rencontre pas des nations d'origine nigritique, dans une région quelconque de la terre. L'existence d'un tel fait, quelle que soit l'époque de sa manifestation, ne suffirait-elle pas pour renverser entièrement la théorie de l'inégalité des races ? Ne serait-ce pas une réfutation des plus accablantes, si l'on pouvait montrer une période historique où les fiers Européens étaient absolument sauvages, tandis que des hommes de sang noir tenaient le flambeau de la civilisation naissante ? Ouvrons donc les annales de l'humanité, interrogeons le passé, en étudiant les vestiges antiques : ils sont pleins d'enseignements et nous pouvons compter qu'ils projetteront sur tout le débat une lumière vive et pénétrante, une nouvelle confirmation de la vérité !

Au seuil de l'histoire, nous rencontrons d'abord un peuple dont la civilisation précède celle de tous les autres : c'est l'ancienne population de l'Égypte. Ces hommes qui ont été les initiateurs incontestés de toutes les nations blanches occidentales dans le développement de la science et de l'art, ont fondé à eux seuls, sur les bords du Nil dont les eaux sablonneuses et douces parcourent de si vastes régions, le plus bel édifice social qu'une agglomération humaine ait jamais conçu. Leur réputation resta longtemps dans l'ombre ; mais vers la fin du siècle dernier, le monde savant, longtemps dédaigneux de tout ce qui n'était pas européen, eut l'idée de retourner ses regards vers cette terre noire d'Egypte, vers l'antique *Kémie*. Entraînés par le jeune héros de l'Italie, toute une légion d'hommes de science s'y dirigèrent. A mesure qu'on pénétrait à l'intérieur de ce pays merveilleux, on tombait de surprise en surprise.

Là, tout prend un cachet grandiose, colossal. Il semble que cette race chamitique, dans son premier élan, voulait lutter de grandeur avec la sereine majesté de la nature, en imaginant des œuvres gigantesques, capables de défier le temps. Partout on ne rencontre que des constructions titaniques, des statues qui sont découpées dans le roc des montagnes, des fûts de colonnes qui ressemblent à des blocs erratiques, des pyramides qui font penser aux géants, des pylones aux hiéroglyphes mystérieux qui précèdent des temples comparables à des villes !

La grande dimension des monuments est encore enjolivée par des peintures qui ont résisté à la désintégration de plus de cinq mille ans ; les sculptures où la diorite même a été soumise aux plus capricieux dessins des artistes prouvent que la persévérance de ce peuple n'a été égalée que par son habileté. Tout cela brille, reluit, flamboie sous un soleil dont l'éclat incomparable y jette une splendeur magique ; tandis que les rayons lumineux que projette le reflet des montagnes rocailleuses, couvertes de lichens orangés ou rouges, semblent les semer d'une fine poussière d'or (1). Mais ce qui étonne davantage, c'est la précocité avec laquelle s'est développée cette civilisation dont les ruines imposantes impressionnent encore les regards éblouis de l'Europe moderne si enflée de ses progrès, si orgueilleuse de ses œuvres comparativement chétives et mesquines. « Lorsqu'il s'agit des monuments, des sculptures et des inscriptions de la cinquième dynastie, nous sommes transportés, dit Lepsius, à une époque de florissante civilisation qui a devancé l'ère chrétienne de quatre mille ans. On ne saurait trop se rappeler à soi-même cette date jusqu'ici jugée incroyable (2).

Quel était l'état de l'Europe et des Européens à la même époque et même fort tard après? Quels étaient leurs titres

---

(1) Voir C. Pelletan, *L'Égypte*, articles de la *Jeune France*.—E. Reclus, *Géogr. universelle*, etc.

(2) Rich. Lepsius, *Briefe aus Ægypten und Æthiopen*, p. 36.

et quel rang occupaient-ils dans la liste des nations ? « A peu près au temps où naissait Moïse, dit M. Beauregard, quand Cécrops le Saïte, fondait Athènes, que Deucalion régnait en Lycorie, environ huit cents ans avant la fondation de Rome, plus de mille ans avant que les Phocéens construisissent Marseille, près de six ans avant qu'une colonie de Phéniciens donnât naissance à Gades (Cadix), le peuple de la vallée du Nil, déjà policé par les bienfaits d'une civilisation de quarante siècles, jouissait des avantages d'une industrie fort avancée et satisfaisant d'ailleurs à toutes les exigences de la vie en commun chez ce peuple désormais éveillé aux délicatesses d'une sociabilité raffinée. A cette époque, tous les arts de la paix lui étaient en effet familiers, et depuis longtemps il avait fait éprouver à ses voisins de l'Asie et de l'Afrique la puissance de ses armes. Mais nous (les Européens) ne lui étions connus que comme des êtres sauvages, tatoués et vêtus de peaux de bêtes.

« Nous étions à cette époque là pour les Égyptiens ce que sont pour nous aujourd'hui les naturels de la Nouvelle-Calédonie (1). »

Eh bien, si on parvenait à prouver, avec le progrès des connaissances historiques, que ce peuple Egyptien n'était pas de race blanche comme l'esprit de système et un orgueil rétrospectif l'ont continuellement affirmé, depuis que les études égyptologiques ont fait voir quelle importance a eue cette nation antique, que pourra-t-on alléguer pour sauver la doctrine de l'inégalité des races? Aucun argument. Anthropologistes et savants de l'école inégalitaire l'ont si bien senti que toutes les subtilités imaginables ont été mises en jeu, toutes les arguties ont été érigées en raisons convaincantes, toutes les divagations érudites ont été acceptées comme de sérieuses probabilités, afin de faire

---

(1) Ollivier Beauregard, *Les divinités égyptiennes*, p. 46-47.

admettre que les anciens Égyptiens étaient des blancs.

La présomption caucasienne n'a pu souffrir l'idée que, dans la première éclosion du progrès, une race que l'Européen considère comme radicalement inférieure fût capable de produire une nation à laquelle l'Europe actuelle doit tout, puisque c'est à elle que l'on est redevable des premières conquêtes intellectuelles et morales qui sont les bases de la civilisation moderne. Cependant la lumière se fait aujourd'hui sur toutes les questions, particulièrement dans le domaine de l'égyptologie. Les savants de tous les grands pays y ont dirigé leurs investigations avec une ardeur, un esprit d'émulation et même de rivalité, dont la science n'a qu'à se louer. Il devient donc impossible de résister à l'évidence des faits, en se renfermant encore dans les théories surannées qui ont fait leur temps.

Il faut rendre cet hommage au génie de Champollion. Non-seulement il a eu la gloire immortelle d'avoir révélé l'Égypte ancienne au monde européen, en découvrant le sens caché des hiéroglyphes, mais il a déclaré, en outre, dès le premier coup d'œil, avec ce sens profond dont il était doué, que les peuples égyptien et éthiopien ne formaient qu'une seule et même race, ayant la communauté du langage comme celle de la couleur et de la physionomie. « Les anciens Égyptiens, dit-il, appartiennent à une race d'homme tout à fait semblable aux *Kennous* ou Barabras, habitants actuels de la Nubie. On ne retrouve chez les Coptes de l'Égypte aucun des traits caractérisques de l'ancienne population égyptienne. Les Coptes sont le résultat du mélange confus de toutes les nations qui successivement ont dominé sur l'Égypte. On a tort de vouloir retrouver en eux les traits de la vieille race (1). » Les termes ne sauraient être plus précis. Longtemps avant lui, d'ailleurs, un des plus grands

---

(1) **Champollion**, *Grammaire égyptienne*, introduction.

noms de l'érudition française, s'était inscrit en faveur de
cette même opinion. Volney dans son *Voyage en Égypte et
en Syrie*, publié dès l'année 1787, s'exprime dans les termes
suivants, en parlant d'un sphinx célèbre. « En voyant cette
tête caractérisée nègre dans tous ses traits, je me rappelai
ce passage remarquable d'Hérodote où il dit : « Pour moi,
« j'estime que les Colches sont une colonie des Égyptiens,
« parce que, comme eux, ils ont la peau noire et les che-
« veux crépus; » c'est-à-dire que les anciens Égyptiens
étaient de vrais nègres de l'espèce de tous les naturels
d'Afrique ; et dès lors, on s'explique comment leur sang,
allié depuis plusieurs siècles à celui des Romains et des
Grecs, a dû perdre l'intensité de sa couleur, en conservant
cependant l'empreinte de son moule original. »

Ces lignes qui ont déjà soulevé les plus grandes controverses, depuis que la meilleure partie des égyptologues ont
voulu, malgré l'évidence, distraire les anciens Égyptiens de
la race éthiopique pour en faire un rameau de la race caucasique, présenteront éternellement un double défi à leurs
contradicteurs. Plus tard, il est vrai, Volney se trouvant
aux États-Unis d'Amérique et étudiant le Nègre sous le
régime de l'esclavage, a conçu quelques doutes sur sa première opinion. Mais il ne s'agit pas uniquement de cette
opinion. En supposant, comme on a essayé de l'expliquer,
que la face du sphinx de Gizeh, auquel faisait allusion
l'auteur des *Ruines*, a été mutilée, il reste à réfuter les
paroles si claires et si précises d'Hérodote. Celui-ci avait
vu les *Retous* sur les lieux. Toutes les descriptions qu'il
fait des peuples qu'il a visités, touchant leurs mœurs, leur
couleur et leur physionomie, ont toujours été trouvées
exactes. Les progrès de l'érudition moderne ne font constamment que mettre en lumière la grande véracité de ses
assertions. Comment pourrait-il se tromper sur un point
aussi matériel et saisissant que celui de se rappeler la cou-

leur et la chevelure des anciens Egyptiens qu'il a vus et examinés? Pour tenter seulement une telle supposition, ne fallait-il pas des motifs d'une influence puissante, des dispositions d'esprit particulières? Cependant le courant d'idées qui dominait la science, vers le milieu de ce siècle, explique parfaitement bien ce qui pourrait nous paraître incompréhensible.

Après la mort de Champollion, les études égyptologiques on dût subir un arrêt sensible. Non-seulement ses disciples n'ont pu immédiatement continuer ses travaux, mais des savants d'une haute valeur, tels que Klaproth et Thomas Young, montrèrent une incrédulité obstinée devant le résultat acquis par les travaux du grand érudit. Quand F. Lenormant, Nestor L'hôte, en France, Rosellini, en Italie, et Lepsius, en Allemagne, reprirent la chaîne de ces études un moment interrompues, il ne fut plus question de l'ancienne race égyptienne.

L'américain Morton, le même qui soutint avec tant de persévérance la théorie du polygénisme dont il était le maître, fut aussi le premier à ériger en doctrine scientifique l'opinion erronée qui rapporte à la race blanche les anciennes populations de l'Egypte. Dans ses *Crania ethnica*, il s'ingénia à démontrer que l'étude de la conformation cranienne des momies prouve que les Retous ressemblaient beaucoup plus au type blanc qu'au type noir. Son immense érudition, une méthode prestigieuse et surtout la tendance générale des Européens à n'attribuer qu'à leur seule race tout ce qui a été fait de grand et de beau sur la terre, firent accepter ses idées sans discussion aucune.

Mais ne fallait-il pas une bonne volonté excessive pour concilier cette doctrine avec les monuments, le témoignage authentique du *Père de l'histoire*, et de tant d'autres anciens Grecs mieux autorisés pour en parler que tous les modernes ? Plus rationnelle et beaucoup plus véridique était la conclusion de l'éminent naturaliste de Gœttingue. « Blumenbach, dit M. Louis Figuier, par l'examen d'un grand nombre de momies et par leur comparaison avec le produit de l'art ancien, est arrivé à établir trois types principaux auxquels se rapporteraient avec plus ou moins de déviations, les figures individuelles : le type éthiopien, le type indien et le berbère. Le premier est caractérisé par des mâchoires saillantes, aux lèvres épaisses, par un nez large et plat, par des yeux saillants. Ce type coïncide avec des descriptions données par Hérodote et d'autres auteurs grecs qui accordent aux Égyptiens un teint noir et des cheveux laineux. »

Où est la vérité, où est l'erreur ?

Comme à dessein, on a toujours embrouillé la question. D'une part, les anthropologistes, qui n'ont d'autres moyens pour l'élucider que les procédés craniométriques dont nous avons déjà vu l'insignifiance dans la classification des races humaines, se sont constamment étayés des conjectures historiques et archéologiques pour justifier le résultat de leurs investigations. D'autre part, les érudits, qui se sont enrôlés sous la bannière de Morton, ne trouvent rien de mieux que de s'appuyer sur l'anatomie comparée, c'est-à-dire sur ces mêmes résultats anthropométriques qui se réclament de leurs travaux, pour affirmer que les anciens Égyptiens appartenaient à la race caucasique. C'est une pure plaisanterie où les uns reçoivent des autres la rhubarbe et leur passent le séné.

La science ne peut se complaire dans un tel cercle vicieux, car elle a horreur de l'équivoque.

Il faut donc en revenir aux faits et les examiner plus consciencieusement. Si les anciens Égyptiens appartenaient à une race blanche, comment se fait-il que les plus beaux types, rencontrés çà et là parmi leurs monuments, aient un cachet, une physionomie générale si différente des types caucasiens? Pour y répondre, on a souvent cité les traits réguliers que présente la tête de Râ-mes-sou II (colosse de Memphis). Encore que dans une pareille question quelques têtes isolées, surtout des têtes de rois, ne suffisent nullement pour donner une idée de la conformation générale d'une race, je crois nécessaire d'offrir aux yeux du lecteur une figure de Râ - mes - sou II, d'après une gravure publiée dans l'*Histoire ancienne de l'Orient* de François Lenormant.

Chacun peut voir que cette beauté originale dont je suis le premier à convenir, est une beauté qui se rapproche plutôt du type noir, que du blanc. En Haïti dans nos mornes comme

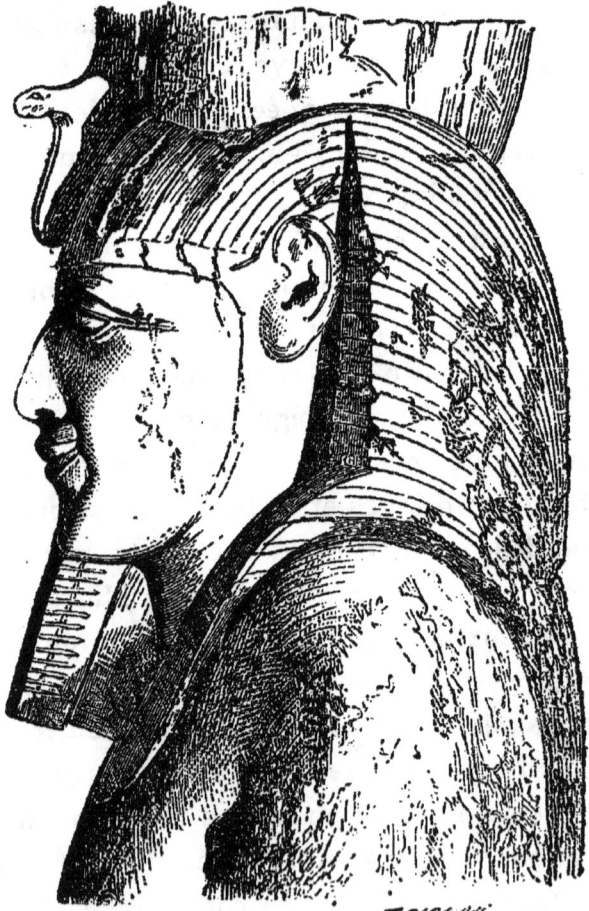

Râ-mes-sou II (tête du colosse de Memphis).

dans nos villes, on rencontre journellement des types noirs aussi beaux et souvent plus beaux. Il faudrait aussi ajouter que l'artiste tend toujours à embellir son modèle : et combien plus n'a-t-il pas dû le flatter, quand il s'agis-

sait d'un Pharaon ! La même réflexion doit être faite pour
ce qui a trait à la figure des Éthiopiens représentés comme
vaincus dans les bas-reliefs égyptiens. Ici, c'est la charge,
la caricature qui domine. Le fait est si vrai que, toutes les
fois que l'on voit dans les peintures égyptiennes ces mêmes
Éthiopiens figurés non comme des ennemis, le type en est
parfaitement beau. D'ailleurs, malgré la décadence actuelle
de cette race, les Abyssins et les Nubiens ne présentent
nullement ce caractère de laideur niaise qu'on leur donne
dans certains bas-reliefs des monuments de l'Égypte.

Il faut aussi reconnaître que querelle d'Égyptiens et
d'Éthiopiens, c'était plutôt querelle de famille. On s'alliait,
on se séparait, on s'attaquait ; mais on se rejoignait dans
tous les moments difficiles. Tel est le fait qui ressort de
l'étude de toute l'histoire de ces deux peuples que l'on ne
peut diviser. Qu'on se rappelle aussi que lorsque les Égyptiens faisaient la guerre à une nation étrangère, c'était par
droit de conquête qu'ils comptaient s'emparer de leur territoire ; tandis que les Pharaons réclamaient toujours
l'Éthiopie comme une portion de leur domaine dynastique
et considéraient les Éthiopiens comme des rebelles ! D'autre part l'Égypte s'est toujours fait remarquer par son éloignement de tous les peuples de race blanche, jusqu'à la dynastie des rois Saïtes où l'influence grecque envahit le pays
et fut la principale cause de la décomposition et de la décadence rapide de ce grand empire. Comment mettre d'accord
de telles incompatibilités avec la théorie qui admet une
communauté de race entre les Egyptiens et les anciens
peuples blancs de l'Europe et de l'Asie? Ces difficultés donnèrent à réfléchir. Mais comme, malgré Homère, Hérodote,
Diodore de Sicile et une foule d'autres Grecs, on ne voulait
pas admettre que la race noire fût capable de produire une
civilisation supérieure, on se rabattit sur des arguments
d'un nouvel ordre, afin de fortifier les preuves insuffisantes

qu'on avait vainement essayé de tirer de la craniologie et de l'archéologie.

II.

CONTROVERSES ET RÉFUTATIONS.

Vers 1840, la vogue était aux études linguistiques. On prétendait, comme il a été déjà dit, qu'elles étaient plus propres qu'aucun autre moyen d'investigation à déterminer le caractère ethnique de chaque peuple et à lui fixer un rang dans la classification ethnologique. Benfey (1), suivi de Bunsen (2), soutint que l'ancienne langue égyptienne doit être groupée parmi les langues d'origine sémitique. On en conclut immédiatement que le peuple des Pharaons avait dû émigrer, à une époque quelconque, d'Asie en Afrique. Malgré le peu de consistance qu'offre une telle théorie, elle fut complaisamment adoptée par les savants qui s'accrochent à toutes les branches, plutôt que de reconnaître qu'un peuple de race noire a pu s'élever à la grande culture intellectuelle et sociale dont les Egyptiens ont fait preuve.

M. de Gobineau n'alla pas si loin, mais il imagina que c'est un peuple blanc de l'Asie qui est venu civiliser les Egyptiens, en leur infusant la vertu et l'influence régénératrice du sang caucasique. Mais ce sang serait-il resté inefficace dans toutes les nations blanches d'alors, pour ne produire ses résultats que là où il a été contaminé par la race maudite de Cham? Je serais curieux de savoir la réponse qu'on peut faire à une question aussi simple, mais aussi embarrassante pour le système de hiérarchisation des races humaines. Toujours advint-il que l'opinion d'une

---

(1) Th. Benfey, *Ueber das Verhältniss der ægyptischen Sprache zum semitischen Sprachtmann*, 1844.

(2) Bunsen, *Ægyptens Stelle in der Weltgeschichte*, 1845-1857.

origine asiatique des anciens Egyptiens, formulée d'après la linguistique, prit place dans le cerveau de plus d'un savant. M. Maspero, un des plus remarquables égyptologues de notre époque, n'en démord pas jusqu'ici (1).

Cependant, avec le sens supérieur dont M. Renan fait preuve dans toutes les questions de linguistique, il ne tarda pas à mettre en doute cette parenté spéciale entre l'ancien idiome de l'Egypte et les langues sémitiques.

Peut-être la théorie de Benfey eut-elle pu garder un certain caractère de probabilité dans l'application qu'on en faisait à l'égard de l'origine des *Rétous*; mais la linguistique continuant à progresser, s'est enfin aventurée dans l'étude des autres langues parlées chez des peuples de race incontestablement nigritique. Or, la plupart des ressemblances glottologiques qu'on a rencontrées entre l'égyptien et l'hébreu ou l'arabe, se rencontrent également dans le galla, le bedja, le somâli. En réalité, l'égyptien bien étudié, autant qu'on puisse le faire en s'aidant du copte, présente le cas d'une grammaire mixte, comme l'a savamment observé M. Renan (2). « L'égyptien, dit aussi M. de Charency, est surtout curieux au point de vue qui nous occupe, parce que chez lui les éléments africains et sémitiques se rencontrent pour ainsi dire juxtaposés et ne sont pas encore complètement fondus l'un avec l'autre. Ainsi, à côté de féminins formés comme en arabe, au moyen d'une désinence faible, ou une mutation interne de la voyelle, il en possédera d'autres marqués uniquement par l'adjonction d'un mot signifiant *femme, femelle*. C'est ce dernier procédé qu'emploient presque tous les peuples noirs, chez lesquels il n'existe pas de formes génériques. En copte, le pluriel se distingue du singulier quelquefois aussi par

---

(1) Voir G. Maspero, *Hist. anc. des peuples de l'Orient.*
(2) Renan, *Hist. générale des langues sémitiques.*

un changement interne de la voyelle, mais plus souvent par la seule préfixe dont il est muni, ce qui nous rappelle la formation de ce nombre dans beaucoup d'idiomes centro-africains (1). »

Il faut ajouter l'opinion de M. Alfred Maury dont l'autorité est si grande dans une pareille question. « L'égyptien, dit-il, reconnaît deux articles, deux genres, deux nombres. Son système de conjugaison rappelle celui de la plupart des langues africaines. On y reconnaît la tendance agglutinative qui appartient à toute cette famille. Par le *bichari* la langue égyptienne se rattache au *danakil* et conséquemment à tout le groupe nilotique; certaines particularités la lient étroitement au *kanouri* parlé au Burnou et qui porte les marques d'une culture ancienne (2). »

En face de telles preuves, je crois qu'il est permis de déclarer que ceux qui veulent encore admettre que les anciens Égyptiens appartenaient à la race blanche de l'Asie antérieure, n'ont aucun droit de s'autoriser de la linguistique pour consolider leur opinion. Il faut y renoncer et chercher une autre source d'arguments. Mais les anciens riverains du Nil n'ont-ils laissé aucun moyen d'examiner le problème et de reconnaître la race à laquelle ils ont appartenu? En étudiant, avec l'esprit dégagé de tout parti pris, les monuments historiques ou les objets d'art qui nous viennent des *Retous*, ne pourrions-nous pas nous rapprocher sensiblement de la vérité? C'est ce qu'il faut essayer.

Bien que M. Maspero soit d'une opinion diamétralement opposée à la thèse que je soutiens ici, personne ne saurait nier sa haute compétence dans toutes les études concernant l'archéologie égyptienne. On peut différer d'opinion

---

(1) H. de Charency : *Lettre à M. Léon de Rosny*, dans la *Revue orientale et américaine*, t. VIII, chron. 61.
(2) Alfred Maury, *La terre et l'homme.*

avec un savant, tout en s'inclinant devant sa science profonde : le plus souvent c'est de cette science même qu'on
tire les lumières qui amènent ces divergences de vue si
nécessaires à la réalisation du progrès. Aussi serait-ce pour
moi un bonheur incomparable que de trouver dans les ouvrages mêmes de cet éminent égyptologue des faits qui
corroborent ma manière de voir. Est-il possible d'en rencontrer de tels dans la savante exposition qu'il a faite de
la première époque de la civilisation égyptienne? Je le crois
positivement. Il suffira pour cela, de faire quelques rapprochements absolument logiques que l'auteur a négligés,
volontairement ou non, et qui pourraient l'induire à changer complètement d'avis dans la question en débat.

En parlant de la description ou de la représentation que
les anciens Egyptiens faisaient de la divinité, M. Maspero
cite les paroles suivantes : « Dieu est un, unique, multiple de bras... Enfin les hommes sortent de ses deux yeux
et se répandent sur la surface de la terre, « troupeau de
Râ » divisé en quatre races, les Egyptiens (Retou), les
hommes par excellence et les Nègres (Nahsi) qui sont sous
le patronage d'Hor ; les Asiatiques (Aamoû) et les peuples du Nord à peau blanche sur lesquels Sekhet, la déesse
à tête de lionne, étend sa protection (1). »

Un fait positif nous apparaît de prime abord. C'est que les
anciens Egyptiens se rangeaient à côté des Nègres (Nahsi
ou Na'hasiou) sous la protection d'Hor qui est, pour ainsi
dire, la divinité ethnique de l'Afrique opposée au reste du
monde. « Dans la légende d'Osiris, dit M. Beauregard, il figure comme le génie du bien en opposition à Seth, le génie
du mal; c'est en ce sens qu'il est représenté aux prises
avec des crocodiles, des lions et des scorpions, et qu'on le

---

(1) G. Maspero, *Hist. ancienne des peuples de l'Orient.* C. f. Lepsius, *Denkmœler*, III, CXXXV-CXXXVI.

rencontre armé d'un javelot dont il frappe l'énorme serpent Apophis, etc. (1). » Cependant ils mettaient ensemble les Asiatiques (Aamoû) et les peuples du Nord à peau blanche (Tamahoû ou Tahennoû). Cette division n'est-elle pas significative ? N'indique-t-elle pas qu'ils se reconnaissaient de même origine que les autres noirs de l'Afrique et qu'à tort ou à raison, ils supposaient une origine commune aux blancs d'Asie et aux blancs d'Europe ? On s'étonne qu'un homme de la sagacité de M. Maspero n'ait pas réfléchi sur ces faits avant d'affirmer que les *Retous* sont de la même race que les peuples blancs de l'Asie antérieure. Ce qui a peut-être égaré son intelligence et qui l'a fait rester dans ses anciennes opinions, tout en touchant aux documents les mieux faits pour l'éclairer, c'est une certaine confusion jetée dans les esprits par cette dénomination de *Retou* que se donnaient les anciens Egyptiens et qui semblait les distinguer des *Nahsi* ou *Na'hasiou*.

M. Maspero et beaucoup d'autres se sont habitués à donner au mot *Retou*, le sens de « homme par excellence ». On s'est alors dit que le peuple des Pharaons reconnaissait une distinction entre lui et les autres races éthiopiques, puisqu'il s'est dénommé à part. Certains égyptologues s'empressèrent immédiatement de comparer *Retou* à *Loudim;* car les lettres *r* et *l*, *t* et *d* se permutant facilement en égyptien, comme dans la plupart des langues indo-européennes, on peut bien changer *Retou* en *Ledou* ; de *Ledou* à *Loudim* il n'y a aucune différence, quand on connaît l'instabilité des voyelles phoniques dans les langues sémitiques et chamitiques.

Mais l'équivoque n'est plus permise aujourd'hui. On sait, en effet, que le mot *Retou* ne signifie rien autre

---

(1) O. Beauregard, *loco citato*, p. 183.

chose que « le regnicole », « le natif de l'Egypte » ; quant à
leur nom national, les anciens Egyptiens se nommaient
plutôt *Khêmi*(1), mot qui signifie « visage brûlé », tout
comme Αἰθίοπες.

En tout cas, il ne faudrait nullement croire, comme l'ont
affirmé plusieurs, d'après quelques inscriptions où l'orgueil national tâche toujours de rabaisser les peuples avec
lesquels on est en rivalité, que les Egyptiens tenaient en
grand mépris les autres Noirs de l'Afrique. Brusch, dans
une dernière édition de son histoire d'Egypte, dit que dans
un papyrus de Boulacq, découvert par Mariette, il est
question de la grande sociabilité des *Na'hasiou* et de la
facilité avec laquelle ils apprenaient la langue de l'E-
gypte (2). Pour que les *Retous*, alors les seuls représentants
de la civilisation dans les régions méditerranéennes, aient
pu faire une telle remarque, il faut qu'ils aient trouvé dans
ces *Na'hasiou*, des dispositions bien supérieures aux autres peuples qu'ils avaient aussi vus de près.

François Lenormant dont les derniers travaux ont été
la refonte de son *Histoire ancienne de l'Orient*, mise absolument au courant des dernières acquisitions de la
science, affirme que les Ethiopiens ressemblaient tellement aux Egyptiens qu'on peut les regarder comme for-
mant la même race (3).

Encore que l'illustre assyriologue, pour ne pas rompre
ouvertement avec l'orthodoxie, ait continué à parler des
Ethiopiens comme de peuples *non-nègres*, il faut prendre
note de son affirmation principale qui seule nous intéresse
ici. Il n'est, d'ailleurs, ni le seul ni le premier à proclamer
cette parfaite ressemblance que le parti pris seul empêche

(1) Léon de Rosny, *Congrès intern. des sciences ethnogr.*, tenu à
Paris, 1878, note 3 de la page 174.
(2) H. Brusch, *Histoire d'Égypte.* Leipzig, 1875.
(3) F. Lenormant, *loco citato*, tome I, p. 266.

la plupart d'avouer. Ce qu'il voyait par la comparaison des types representés sur les monuments, d'autres l'ont vu en examinant en personne la physionomie actuelle des peuples qui représentent ces anciennes races dans les parages du Haut-Nil. « Plus on remonte le Nil, dit J.-J. Ampère, — qui n'était aucunement un négrophile, — plus on trouve de ressemblance entre les populations qui vivent aujourd'hui sur ses bords et la race antique, telle que les monuments la représentent et que les momies l'ont conservée. M. Caillaud, en voyageant dans la Haute-Nubie était à chaque instant frappé de cette ressemblance. Larrey a trouvé les crânes des momies fort semblables à ceux des Nubiens actuels. Ceci tendrait à confirmer l'opinion généralement établie d'après laquelle la race égyptienne serait descendue de l'Ethiopie en suivant le cours du Nil (1). » Aussi dans un élan de poétique érudition, a-t-il écrit ces vers que je cite pour prouver que cette remarque l'avait particulièrement frappé :

> Les cheveux noirs nattés, les femmes nubiennes,
> Traînant leurs amples vêtements,
> Ressemblent aux Égyptiennes
> Qui décorent les monuments (2).

Revenant à l'opinion qui fait descendre les Egyptiens de l'Ethiopie, opinion d'autant plus rationnelle que nous savons par l'histoire générale des migrations ethniques, que les nations suivent toujours les cours des fleuves dans le développement de leur civilisation et les remontent rarement, il faut citer un passage de Diodore de Sicile. « Les Ethiopiens, dit-il, affirment que l'Egypte est une de leurs colonies. Il y a des ressemblances frappantes entre les usages et les lois des deux pays : on donne aux rois le titre

---

(1) J.-J. Ampère, *Voyage en Égypte et en Nubie*, p. 55.
(2) J. J. Ampère, *Heures de poésie*.

de dieux ; les funérailles sont l'objet de beaucoup de soins ;
les écritures en usage dans l'Ethiopie sont celles même de
l'Egypte, et la connaissance des caractères sacrés réservée
aux prêtres seuls de l'Egypte était familière à tous les
Ethiopiens (1). »

C'est d'une telle clarté et le raisonnement est si juste
qu'il faudrait y avoir un intérêt bien ardent, pour continuer
à nier ce qui paraît ici avec une telle évidence. L'opinion de
M. Ollivier Beauregard, quoique plus large, se rapproche
positivement des passages précités, relativement à l'origine
des anciens Egyptiens. « Assise entre deux mers, dit-il,
flanquée de déserts de sable et de collines arides, fermée
au Midi par des montagnes inhospitalières, elle (l'Égypte)
n'a pu avoir pour premiers habitants que des Aborigènes,
ou quelques peuplades autochthones de la Nubie que le
FLEUVE « le Nil » a portées chez elle, ou bien encore les
peuplades autochthones de la Lybie que le FLEUVE « le Nil »,
dont alors ces peuplades voyaient périodiquement passer
une partie des eaux chez elles, devait nécessairement attirer vers la vallée du Nil (2). »

Ces suppositions tendent toutes à rattacher les *Retous*
ou anciens Egyptiens à une souche de type nigritique. Il
semble fort difficile maintenant de revenir à l'opinion de
Morton. Aussi, malgré ses premières hésitations, Lepsius a-t-il fini par reconnaître au moins que la race
autochthone de l'ancienne Egypte était noire (3). Incapables de nier ce double fait, — la communauté de race
entre les Ethiopiens et les Egyptiens, ainsi que la couleur noire de ces deux peuples, — on imagina pendant
quelque temps un nouveau moyen de retirer encore à la

---

(1) Diod. de Sicile, livre III, ch. VIII.
(2) Rich. Lepsius, *Zeitschrift der deuthschen morgendlœndischen
Gesellschaft.* 1870, p. 92.
(3) Oll. Beauregard, *loco citato,* p. 596-597.

race noire africaine la gloire d'avoir produit la civilisation antique qui a fleuri sur les bords du Nil.

« Les Ethiopiens, dit M. Jules Soury, n'habitèrent pas toujours l'Abyssinie ; ils n'y ont passé qu'assez tard par le détroit de Bad-el-Mandeb (1). » Cette opinion est plus ancienne que fondée. Euzèbe, évêque de Césarée, l'Hérodote de l'histoire ecclésiastique, avait déjà écrit : *Ethiopes ab Indo flumine consurgentes, juxta Egyptem consederunt*, en faisant des anciens habitants de l'Ethiopie et de l'Egypte une colonie hindoue. D'autres savants modernes, tels que le baron d'Eckstein et Wilkinson, ont semblé s'y rallier ; mais non-seulement rien n'autorise sérieusement de telles conjectures, il faut encore se demander si les Indiens noirs sont des blancs? Sans nous y arrêter maintenant, qu'il me suffise de citer l'opinion de l'un des plus savants visiteurs de l'Afrique à l'égard des liens ethnologiques qui existent entre les anciens Egyptiens et les autres peuples du continent noir.

« Les Rétus égyptiens qui, après la chute de leur immense empire, ont eu à supporter tant d'invasions étrangères, dit Hartmann, se sont mêlés, après la conquête musulmane, sous Amr-Ibn-el-Asi, avec les Perses, les Grecs, les Syro-Arabes et même les Osmanlis. Ces croisements de races continuent aujourd'hui avec l'adjonction de l'élément nigritien. Ainsi le type primitif de la population s'est sensiblement transformé ; mais le sang des Rétus s'y est conservé à un degré considérable... Le type des Rétus se retrouve chez les Berabras, les Bedjas et les Nigritiens ; il est enraciné dans la race africaine (2). »

Sans doute, on pourrait s'arrêter ici et s'étayer de tant d'autorités pour affirmer que les anciens Egyptiens, les

---

(1) Jules Soury, *Études historiques*.
(2) Hartmann, *Les peuples de l'Afrique*, p. 16 et 63.

vrais *Retous* étaient des Africains noirs, tout comme les autres Nigritiens. Mais cette question, qui n'offre aucune matière à discussion, tant la vérité paraît y être claire, évidente, ne saurait trop occuper notre attention. Je la considère, pour ma part, comme un point capital contre la doctrine de l'inégalité des races; car il suffirait qu'on convînt de l'origine éthiopique des anciens civilisateurs de l'Egypte, pour qu'on reconnaisse forcément l'aptitude générale de toutes les races au développement du génie et de l'intelligence. Aussi passerai-je sans aucune fatigue à un autre ordre de faits qui militent hautement en faveur de la tradition historique qui fait descendre les Egyptiens du fond de l'Ethiopie.

III.

FLORE ET FAUNE DE L'ÉGYPTE ANCIENNE.

On sait que pour certaines espèces animales ou végétales, surtout les dernières, les aires géographiques sont restreintes en des milieux déterminés où les individus prospèrent naturellement. Lorsqu'ils sont transportés dans une autre zone, ils languissent et meurent, s'ils ne sont pas l'objet de soins particuliers.

Etant l'objet d'attentions soutenues, ces espèces peuvent s'acclimater et développer dans un nouveau milieu la même exubérance dont elles sont douées dans leur milieu d'origine. Mais pour cela, il faut que par une cause ou par une autre, elles fassent nécessité à l'homme lequel les surveille et les protège spécialement, dans les premiers temps, et continue à le faire sans y penser, dans la suite. Sans quoi, ne pouvant plus lutter contre les difficultés du milieu, en outre à d'autres espèces mieux adaptées ou plus protégées, elles cèdent peu à peu le terrain et disparaissent enfin, vaincues dans le grand combat pour la vie dont

Darwin a si savamment analysé les poignantes péripéties.

D'autre part, on peut faire une observation tout aussi importante. Dans les commencements de la civilisation, à l'époque où l'on n'avait point encore les facilités et les moyens qui font la grande puissance des temps modernes, on ne se servait que des choses qu'on trouvait sous la main. Quand les peuples primitifs ont procédé à leurs premières inventions, ils ne pouvaient donc employer que les objets qu'ils trouvaient naturellement à leur portée. Ainsi pour les besoins matériels, ainsi pour le reste.

Or, en étudiant la faune et la flore africaines, on s'aperçoit bientôt que la plupart des végétaux ou des animaux qui servaient principalement au culte des Égyptiens ou aux besoins les plus urgents de leur vie quotidienne, sont originaires de l'Ethiopie. N'est-il pas naturel de supposer qu'on a commencé à s'en servir tout d'abord dans cette dernière contrée et que, de là, ils furent transportés en Egypte, où ils ne se fixèrent que par la culture? Si on admet cette supposition, il faut convenir que les Egyptiens sont réellement sortis de l'Ethiopie avec ces différentes espèces de végétaux ou animaux, sinon qu'ils ont eu des rapports tellement étroits avec les Ethiopiens et subissaient à ce point leurs influences, qu'ils adoptèrent toutes leurs pratiques. Cette conclusion tomberait en parfaite conformité avec la remarque de Diodore de Sicile, à l'égard des écritures sacrées généralement connues dans l'Ethiopie et réservées aux seuls grands prêtres de l'Egypte.

Commençons par le papyrus qui est un produit d'une grande importance, étant le principal moyen employé pour fixer l'écriture dans le commerce usuel et habituel des hommes de l'Egypte et du pays de Koub. « Le papyrus (*cyperis papigerifera*) si célèbre pour la fabrication du papier, dit Hoëfer, est aujourd'hui très rare en Egypte. Jadis

23

si abondant dans le Delta, il se trouve maintenant relégué aux bords de quelques lacs ou rivières de la Nubie, de l'Abyssinie ou du Soudan (1). »

On ne sait au juste depuis quelle époque cet état de choses a commencé d'exister. Peut-être pourrait-on attribuer le refoulement vers le midi de cette espèce de *souchet* à un changement climatérique. Mais cette hypothèse ne peut longtemps se soutenir, quand on pense que le papyrus se peut rencontrer encore aux environs de Syracuse, en Sicile, île située beaucoup plus au nord que l'Egypte. Tout autorise donc à croire que le *papyrus antiquorum* fut introduit en Egypte par les Ethiopiens et que la plante n'a pu s'y conserver qu'autant qu'on s'en est spécialement occupé. Le jour qu'elle eut perdu son importance et qu'elle fut négligée, elle fut du même coup condamnée à disparaître. Cependant tout aussi négligée dans la Nubie, l'Abyssinie et la partie orientale du Soudan, pays qui forment l'ancienne Ethiopie, elle vit et prospère, étant dans son domaine naturel.

Le *Lebka* que les anciens confondaient avec le *Persea* et qui, suivant Delisle (2), doit être rapporté au genre *ximenia œgyptiaca* de la famille des Oléacinées, est un arbre qui servait, pour la meilleure partie, à la nourriture des anc'ens Egyptiens. Déjà rare à l'époque où Abd-Allatif voyagea en Egypte (XIIe siècle), il y est aujourd'hui presque introuvable. On le retrouve pourtant dans la Nubie et l'Abyssinie (3).

Le lévrier antique (*canis leporarius œgypticus*), tel que le représentent les monuments, s'est propagé jusqu'à nos jours. Rare dans la Basse-Egypte, on le rencontre assez

---

(1) Ferd. Hoëfer, *Hist. de la Botanique.*
(2) Delisle, *Mémoires de l'Académie des sciences,* 1818.
(3) Hoëfer, *ouvrage cité.*

fréquemment dans la Haute-Egypte, en Nubie, au Sanaar et en d'autres contrées de l'Afrique centrale et orientale. Remarque curieuse! les habitants de ces régions ont conservé la coutume de lui couper la queue et les oreilles, comme on en voit l'image dans les peintures égyptiennes (1).

Tous ces faits prouvent surabondamment que l'Egypte ancienne, encore qu'elle se soit toujours et systématiquement isolée des peuples de l'Asie antérieure et de l'Europe méridionale, n'a pas observé le même éloignement pour les populations africaines avec lesquelles elle a eu mille traits communs, tant pour les mœurs et la religion populaire (2), que pour les particularités linguistiques. Le même ordre de faits a dû attirer l'attention de César Cantu. « Certains objets adoptés pour le culte égyptien sont, dit-il, originaires de Nubie, comme la marjolaine (3) consacrée à Ixis et l'ibis (4) qui ne descend de ces parages que lors du débordement du Nil (5). » « M. Caillaud, fait aussi observer Ampère, n'a rencontré qu'en Nubie l'ibis noir et le scarabée sacré (6), objet du culte des anciens Egyptiens (7). »

On sent, à chaque pas que l'on fait dans ces investigations historiques, que la vérité prend un éclat nouveau, fait pour éclairer l'esprit le plus incrédule. C'est ainsi que dans une intéressante étude qu'a faite M. Hamy sur *Les*

---

(1) *Idem, Histoire de la zoologie.*
(2) Le culte des animaux est encore très commun en Afrique. Bosman a remarqué ce fait que les serpents sont adorés à Fida, dans la Guinée, tenus dans une enceinte à part, comme faisaient les anciens Égyptiens. Voyez Bosman, *An essay on the superstitions, customs and art, commons to the ancient Egyptians, Abyslinians und the Aschantees.*
(3) *Origanum majorana.*
(4) *Numenius Ibis* de Cuvier.
(5) César Cantu, *ouvrage cité.*
(6) *Scarabeus ateuchus.*
(7) Ampère, *loco cit.*, p. 336.

chevets des anciens Égyptiens, le savant conservateur du
musée d'ethnographie du Trocadéro, conclut à l'origine
éthiopienne de la civilisation de l'ancienne Égypte. Qu'il
me soit permis de citer ses propres expressions. « Le *che-
vet* est donc essentiellement chamitique ou si l'on aime
mieux éthiopien, dit-il, et son emploi chez les anciens habitants de l'Égypte apporte, comme tant d'autres faits
ethnographiques qu'il serait impossible d'énumérer ici,
une démonstration très péremptoire à l'appui de l'origine chamitique ou éthiopienne de la civilisation égyptienne (1). »

La parole de M. Hamy a une autorité que nul ne peut
méconnaître et je me considère infiniment heureux d'avoir
pu l'enregistrer en faveur de ma thèse, sans m'arrêter à
examiner si l'anthropologiste classique continue systématiquement à distinguer les Éthiopiens de ce qu'il appelle
les « véritables nègres ». Mais quelle que soit la somme des
preuves que nous avons déjà offertes en faveur de notre
thèse, nous continuerons encore à étudier cette question
tant discutée, la considérant sous toutes ses faces, afin de
démontrer que notre investigation ne manque rien de ce
qu'il faut pour implanter dans chaque intelligence une
conviction solidê et sûre.

IV.

ÉTUDE DES MONUMENTS ÉGYPTIENS.

En abordant un autre ordre d'arguments, on peut, en étudiant les produits de l'art égyptien, tels que des savants
archéologues sont parvenus à les classer, trouver des indices précieux pour parvenir à l'élucidation de la contro-

_____

(1) *Bulletin de la Société d'anthropologie de Paris*, tome VIII, 3ᵉ série, p. 293.

verse existant sur l'origine des Rétous. Plus on remonte
vers l'antiquité, plus on est convaincu de l'identité du type
ethnologique de tous les riverains du Nil. En descendant le
cours de l'histoire, on voit l'ancienne race égyptienne, avec
la marche de la civilisation, se transformer et devenir de
plus en plus belle. Mais ce fait, à part même les croisements inévitables qui ont pu se faire entre elles et les peuples d'une race étrangère, n'a rien qui doive nous étonner, quand on sait que d'après la théorie de l'évolution,
qui est devenue la base même de la philosophie scientifique de notre époque, toutes les races humaines tendent
invinciblement à modifier et transformer leur type physique. Cette transformation va de la dolichocéphalie à
la brachycéphalie, du prognathisme à l'orthognathisme,
c'est-à-dire vers le perfectionnement et l'embellissement.
Tout le temps qu'on se figurera que les races ont une physionomie qui reste invariable à travers les siècles, comme
une empreinte ineffaçable de la main du créateur, ces phénomènes resteront incompréhensibles. Mais toute étude
suivie sur l'ethnographie d'un peuple, pendant une période
considérable, montre que les types varient continuellement
en s'améliorant sans cesse. Je crois avoir suffisamment
indiqué ce fait biologique, lorsqu'il s'est agit d'étudier la
réalisation de la beauté dans les diverses races humaines.

Cette évolution qui s'effectue dans tous les groupes de
l'humanité avec les conquêtes de la civilisation, stimulant
le cerveau et le faisant réagir sur l'organisme entier, a produit aussi son effet dans la conformation anthropologique
des anciens Égyptiens. A l'origine, le type du Rétou était
lourd et massif; cependant il s'affina avec le temps et prit
enfin ces belles formes que l'on ne rencontre encore que
rarement en Égypte, mais dont les échantillons sont si
communs parmi les Abyssins. « Le caractère propre des
figures, tant dans les statues que dans les bas-reliefs des

premiers temps, consiste, dit de Rougé, *dans l'imitation d'un type plus fort et plus trapu.* Il semble que, dans la suite des siècles, la race se soit amaigrie et élancée sous l'action du climat (1). » Plus sûrement que l'action du climat, les différents exercices auxquels se livraient habituellement les anciens Égyptiens ont dû agir salutairement sur leurs formes plastiques.

Mais c'est là un simple détail. Il y a deux gravures (Le-norm., *Hist. anc.*, t. II. 83 et 85), représentant, l'une, la statue en diorite de *Kha-f-Râ*, roi de la IVe dynastie égyptienne ; l'autre, la statue de bois du musée de Boulaq que Mariette a découverte dans le village de Saqquarah et que ses ouvriers ont baptisée du nom de *Scheikh-el-beled*, tant elle ressemblait au maire de l'endroit. Le type africain est si bien caractérisé dans ces deux figures, nullement repoussantes d'ailleurs, qu'il faut vouloir fermer les yeux à l'évidence pour ne pas en convenir. Ayant pu obtenir la seconde gravure je l'offre volontiers à l'examen du lecteur (*voir la gravure ci-contre*). Il en ressort une déduction toute naturelle et d'une visible application, c'est qu'on s'est placé à tort au point de vue anatomique pour déclarer que la race antique de l'Egypte appartenait au type caucasique. Rien ne confirme une telle assertion. Il faut donc reconnaître que l'autorité ne s'en est maintenue que par une connivence générale de tous ceux qui sont tacitement ou délibérément endoctrinés dans la théorie de l'inégalité des races.

Pour ce qui a trait à la couleur, les artistes égyptiens semblent avoir pris un soin particulier de ne pas se laisser confondre avec les blancs. Dès la première manifestation des arts plastiques, vers l'époque de la troisième dynastie,

---

(1) Emm. de Rougé, *Notice sommaire des monuments égyptiens du musée du Louvre.*

ils ont eu l'idée de fixer, même sur les statues, la nuance

Scheikh-el-beled (statue de bois du musée de Boulaq),
d'après l'*Égypte* d'Ebers.

dont étaient colorés leurs modèles. Mais pouvaient-ils y

parvenir du premier coup? Par combien de tâtonnements
n'a-t-on pas passé avant de réussir à tirer du mélange
des couleurs fondamentales, qui sont les plus communes
et les plus simples, ces mille nuances qu'un Titien sait
détacher de sa palette magique? Mille fois plus grande a
dû être la difficulté pour les anciens Egyptiens qui firent
les premiers essais, avant d'avoir eu aucune notion positive ni de la chimie, ni de la physique. On sait combien
peu les plus grands artistes modernes réussissent, même
aujourd'hui, à figurer les différentes nuances de la carnation des races humaines; la nuance la plus difficile à rendre
est surtout celle du noir rougeâtre, que l'on appelle vulgairement *marabout*. Cette teinte est bien connue dans la
meilleure partie des populations africaines; car c'est aujourd'hui un fait notoire que les nations d'un noir très
foncé, telles que les Yolofs, les plus beaux des Nigritiens,
les Aschantis et les habitants du Haoussa, ne forment
qu'une minime portion des peuples de l'Afrique. Tout
semble indiquer que l'ancienne population de l'Egypte
était cette couleur noir rougeâtre que les égyptologues
nomment *rouge foncé, rouge brique,* se rapportant littéralement aux nuances figurées sur les monuments.

Les artistes des premiers temps, s'apercevant de l'imperfection de leurs palettes, ont imaginé un moyen ingénieux de faire remarquer conventionnellement la couleur
sombre qu'ils voulaient donner à leurs peintures, en mettant une bande d'un vert très foncé sur les yeux des
statues ou des figures dessinées et peintes sur les bas-
reliefs des monuments. Le plus souvent la couleur en est
franchement noire. C'est même un fait digne de remarque:
cette couleur noire est celle avec laquelle sont représentés les principales divinités et la plupart des Pharaons.
Quand on ne l'emploie pas, on se sert du bleu d'azur qui
s'en approche le plus et qui se confond avec elle, toutes

les fois qu'une lumière vive n'aide point les yeux à les distinguer l'un de l'autre.

Lorsque le progrès eut permis aux peintres égyptiens d'obtenir des nuances plus complexes par le mélange de certaines couleurs fondamentales, ils sont parvenus à imiter assez fidèlement la teinte du noir violacé que l'on appelle *chocolat*, faute d'un terme plus précis. Je fus étonné, en visitant le musée égyptien du Louvre, de voir dans la *salle funéraire* les couvercles de deux boîtes de momie où cette nuance est rendue avec une habileté remarquable. Dans les contours du visage, on constate des traits réguliers, mais restant africains pour toutes les grandes lignes de la physionomie. C'est en considérant ce type égyptien transformé, embelli, qu'il vint sans doute à l'esprit de plusieurs savants de supposer une communauté d'origine entre le Rétou et le type indien, dont il diffère d'une manière assez sensible, d'ailleurs. Mme Clémence Royer y a porté sa vive et intelligente attention. « Examinons les monuments, dit-elle. Ceux de la XIIe et de la XVIIIe dynastie qui se rattachent en général à de grandes époques, nous montrent des *types de nuance chocolat* (1). » Sans partager toutes les idées de la savante femme, je prends note de ces judicieuses remarques, et je suis positivement d'accord avec elle lorsqu'elle convient de ce fait : « En Egypte, on ne trouve nulle part, en majorité, un type qui se rapproche en quoi que ce soit du type européen (2). »

Pour ce qui s'agit des types de nuance claire que l'on rencontre sur les monuments de la Ve et de la VIe dynastie il y a une remarque fort importante à faire. A part quelques rares exceptions, telles que le scribe accroupi que l'on voit au milieu de la *salle civile* du musée égyptien du Louvre,

---

(1) *Congrès intern. des sciences ethn.*, tenu à Paris en 1878, p. 665.
(2) *Ibidem.*

on ne rencontre que des femmes avec cette couleur qui
tourne au jaune lavé. Cela s'explique assez facilement.
Parvenus à une certaine période de leur développement
national, les Égyptiens ont dû naturellement contracter
les habitudes de l'exogamie, lesquelles consistent à rechercher ses femmes parmi une autre tribu ou même une
autre race. En lisant John Lubbock (1), Tylor (2), ou Herbert Spencer (3), nous voyons comment se produisent régulièrement ces phénomènes sociologiques dans l'évolution de la plupart des agglomérations humaines. L'enlè-
vement des Sabines, si célèbre dans l'histoire romaine, est
un fait caractéristique qui s'est effectué moins bruyam-
ment peut-être, mais généralement dans la vie de chaque
société grandissante. De là vient sans doute un autre fait
que tout le monde connaît, c'est que primitivement l'institution du mariage a été une sorte de servage de la femme.
N'est-ce pas une chose fort naturelle et simple quand on
se rappelle la grossièreté des hommes encore impolicés ?

> Nec commune bonum poterant spectare, neque ullis
> Moribus inter se scibant, nec legibus uti (4).

Ce n'est pas qu'à l'époque où nous examinons les Rétous, ils fussent encore à cet état primitif auquel fait allusion le poète latin. Mais ce fait de ne rencontrer parmi eux
que des femmes, comme spécimen d'une race étrangère,
nous paraît, à l'aide de ces rapprochements, comme la
simple continuation d'une ancienne habitude. La présence
d'un tel cas constaté en signes palpables sur les monuments de l'antique Égypte, confirme donc positivement
ma thèse, à savoir que les anciens Égyptiens étaient de
race noire.

---

(1) *Les origines de la civilisation.*
(2) *La civilisation primitive.*
(3) *Principes de sociologie.*
(4) Lucrèce, *De natura rerum*, liv. **V**, vers 955 et 956.

En effet, c'était le peuple supérieur en force et en civilisation qui ravissait les femmes du peuple moins puissant
et les gardait. Il sera peut-être intéressant de s'arrêter
un moment devant une gravure que j'ai tirée de l'*Égypte*
d'Ebers et qui représente deux statues peintes du temps de
la Ve ou de la VIe dynastie. Elles ont été découvertes à
Meïdoum et sont déposées au musée de Boulaq.

Statues peintes découvertes à Meïdoum et déposées au musée
de Boulaq, d'après l'*Egypte* d'Ebers.

Le mari, franchement noir, s'appelait Râ-hotpou; sa
femme, du nom de Nofri-t, est claire et se rapproche évi-

demment du type syrien. Dans l'homme, on distingue, au premier coup d'œil, un ton de grande fierté : ce n'est pas cette fierté farouche qui caractérise le Peau-Rouge, mais celle un peu vantarde de l'Africain. Il regarde devant lui avec un air superbe ; et l'artiste y a mis toute la somme de vie dont une œuvre d'art est susceptible. Le regard de la femme décèle plutôt la timidité. On sent qu'elle est humble et soumise ; on la dirait tremblante sous l'influence du respect qu'impose la présence de son seigneur et maître!

Pour terminer notre course à travers les monuments égyptiens, nous renverrons le lecteur à l'ouvrage de François Lenormant. Il y trouvera une gravure reproduisant les traits de la reine Nofri-t-ari, laquelle est toujours représentée avec la chair peinte en noir. C'est une Éthiopienne, mais quelles belles formes ! Une autre gravure non moins intéressante est celle d'un bas-relief de Medinet-Abou ; elle représente Râ-mes-sou III, rentrant vainqueur de sa dernière guerre contre les Lybiens. Quoique moins foncé que Nofri-t-ari, le Pharaon est encore peint en nuance noire et tous les détails de son profil sont rendus avec la plus vive expression. Ce bas-relief est un véritable chef-d'œuvre.

En somme, on ne visite jamais un musée égyptien, on ne parcourt jamais un recueil de monuments de l'antique Égypte, sans en sortir avec la conviction invincible qu'on s'est trouvé en face d'un peuple de race noire. Il faut toute l'obstination du parti pris ou toute la puissance de l'illusion pour inspirer une idée contraire.

« L'Égypte est toute d'Afrique et non d'Asie. »

Ainsi s'est exprimé l'illustre Champollion, et il ne se trompait pas. Il aimait trop passionnément ce monde qu'il a révélé à la science moderne pour le mal regarder et ne pas y voir clair.

Partout, en effet, c'est la couleur noire, les teintes sombres qui dominent dans la physionomie générale de l'Égypte. On n'a pour s'en convaincre immédiatement qu'à se promener quelques instants dans la section égyptienne du musée du Louvre, après en avoir parcouru d'autres, telles que le musée des anciens Assyriens, par exemple.

Pour les Rétous, le Nil c'était toute l'Égypte. Ampère y fait la réflexion suivante qui est catégorique : « Presque tous les noms que le Nil a reçus à différentes époques expriment l'idée de noir ou de bleu, deux couleurs que, dans différentes langues on confond volontiers. Cette dénomination ne peut provenir de la teinte des eaux du fleuve, plutôt jaune que noir ou bleu. Je crois donc plutôt y voir une allusion à la couleur des habitants d'une partie de ses rives qui étaient noirs, ainsi qu'on nomme Niger un autre fleuve, parce qu'il coule à travers le pays des nègres (1). » Il faut rapprocher de cette observation les paroles suivantes. « Les Égyptiens, dit Bouillet, ont eu de tout temps pour le Nil un respect religieux; ils le regardaient comme un fleuve sacré. Dans l'antiquité, à l'époque où le Nil sortait de son lit, on célébrait en l'honneur de ce fleuve une fête pendant laquelle on lui immolait des *taureaux noirs*. Il y avait à Nilopolis un temple magnifique avec une statue en *marbre noir* qui le représentait sous la forme d'un dieu gigantesque couronné de lauriers et d'épis et s'appuyant sur un sphinx (2). »

Qu'on parle sincèrement ! Dans quelle autre partie du monde asiatique ou européen, ancien ou moderne, trouve-t-on l'adoption de la couleur noire si générale et si constante qu'en Égypte ? N'est-ce pas une preuve évidente que le peuple des Pharaons, loin d'être distinct du reste des

---

(1) J.-J. Ampère, *Voyage en Égypte et en Nubie*, p. 298-299.
(2) Bouillet, *Dictionn. d'histoire et de géograph.*, au mot *Nil*.

Nigritiens, représentait éminemment dans son aspect, comme dans ses conceptions artistiques, l'idéal du continent noir? Peut-on rationnellement continuer à isoler les anciens Égyptiens de la race de l'Éthiopie et de ses rameaux soudaniens? Si les égyptologues et les anthropologistes persévèrent dans leur doctrine systématique, des preuves tirées d'une autre source viendront encore les confondre. Car, pour étouffer la vérité, il faudrait éteindre toutes les lumières de l'érudition et effacer tous les vestiges de la littérature et de l'histoire anciennes. La tâche est au-dessus de la puissance de quelques hommes. Toutes les précautions resteront donc vaines et quand bien même personne ne voudrait dévoiler un secret si bien gardé, les roseaux même crieraient, en dénonçant les oreilles de Midas.

V.

MYTHE D'IO, LA SULAMITE, LES ROIS ÉTHIOPIENS, ET CONCLUSION.

Les preuves abondent pour la soutenance de notre thèse. Il y a dans la littérature ancienne un drame, le plus grandiose, le plus émouvant que le génie humain ait jamais pu concevoir. C'est le *Prométhée enchaîné*, bribe superbe de la grande trilogie d'Eschyle. Les égyptologues ne le citent jamais, en parlant de l'ethnographie des anciens habitants des bords du Nil; mais peut-être, avant Hérodote, avait-il déjà indiqué l'origine éthiopique du peuple des Pharaons.

Après tant et de si savants littérateurs qui ont analysé le drame d'Eschyle avec une érudition si large, une finesse si merveilleuse, au point de vue classique, je serais fort mal venu à recommencer cette tâche ingrate où l'on est obligé de glaner péniblement, là où d'autres ont abondamment récolté. Qu'il me soit donc permis de ne point m'arrêter sur la grandeur sublime qui fait du mythe de Prométhée la légende la plus glorieuse de l'humanité et d'aller droit au passage qui nous intéresse plus particulièrement ici.

L'épisode qui frappe surtout notre imagination et inspire l'intérêt le plus vif dans le drame eschylien, c'est l'apparition d'Io sur la scène sauvage et magnifique où se déroule l'action poignante et superbe. Les malheurs d'Io, sa candeur, la persécution irritée de Junon, tout en fait un type qui réveille immédiatement notre sympathie. Je me figure les Athéniens, au goût délicat et fin, l'oreille tendue et l'œil anxieux, curieux d'apprendre le terme que le destin doit mettre aux courses fatales de la fille d'Inachus et le sort réservé à sa postérité. Io interroge le dieu, à la fois héros, martyre et prophète. Un long silence. Tout prend un air solennel et Prométhée commence à développer toute la trame de la destinée de la malheureuse Inachide. Après lui avoir rappelé les péripéties du passé, il lui indique les perspectives de l'avenir. Suivons ces péripéties.

Io, comme le Nil, sort des confins de l'Ethiopie, là où se trouvent les sources de la chaleur, dit le poète, et parcourt toutes les régions africaines qui sont décrites avec une complaisance remarquable. Mais c'est en Egypte que doit prendre fin sa course tragique. Voici comment M. Patin traduit les paroles de Prométhée :

« Aux bords de l'Egypte, près des bouches mêmes et des atterrissements du Nil, est la ville de Canope. C'est là que, te flattant d'une main caressante, Jupiter, par son seul toucher, te rendra la raison.

« De toi naîtra un fils dont le nom rappellera l'attouchement du dieu, *le noir Epaphus qui moissonnera dans tou-*

tes les plaines que baigne le Nil dans son long cours (1). »

Les savants ont longtemps discuté sur l'interprétation qu'il faut donner, tant à la longue course d'Io qu'à la prédiction de Prométhée. Chacun a expliqué le mythe et la conception du grand tragique selon le point de vue qui agrée le plus à son imagination ou à sa conviction. Pour moi, sans m'arroger nullement le droit de trancher une question où les Patin, les Welcker, les Guignault, les Schlegel, les Quinet et tant d'autres érudits n'ont pu se mettre d'accord, je ne puis voir dans cette partie, la meilleure et la plus sublimement touchante de la tragédie d'Eschyle, qu'une esquisse géographique de l'Ethiopie et de l'Egypte, telles que les connaissaient les anciens Grecs, avant Hérodote. Eschyle aura voulu surtout, dans cette longue course d'Io, décrire l'exode du peuple égyptien que la tradition hellénique fait généralement sortir du fond de l'Afrique équatoriale, pour atteindre les bouches du Nil où il devait jeter les premières assises de la civilisation antique.

Cette description est d'autant mieux placée ici, que l'on est parfaitement autorisé à voir dans le mythe de Prométhée une allégorie poétique, symbolisant les combats de la civilisation en lutte contre les entraves du passé représentées par les dieux de l'Olympe. Cela n'a rien qui fût une cause de scandale parmi les Athéniens et s'adapte très bien avec les idées de l'antiquité.

Le noir Epaphus personnifiant le peuple Egyptien est, dans la conception du poète, le canal par lequel la civilisa-

---

(1) Εστὶν πολις . . . .
Επώνυμον δὲ τῶν Διός γεννημάτων
τεξεις κελαινόν Ἐπαφον, ὅς καρπωσεται
ὅσην πλατύῤῥους Νεῖλος αρδεύει χθόνα.
        (ESCHYLE, *Prométhée enchaîné*, v. 838-844.)

tion devait pénétrer dans toutes les branches de l'humanité. Par la légende des Danaïdes, il ramène l'intérêt de l'action dramatique aux origines mêmes de la nation grecque et donne à tout cet épisode un caractère hautement national et même religieux, dans la belle acception que les anciens donnaient à ce dernier mot. Ainsi, tout s'explique merveilleusement. L'idée principale du grand tragique devient claire, limpide, lumineuse; un nouveau cachet de grandeur semble reluire sur le génie immortel d'Eschyle. Car la partie qu'on serait tenté de croire inutile au déroulement de l'action dramatique est plutôt la plus grande preuve de l'unité de conception qui fait du *Prométhée enchaîné* la production la plus remarquable du théâtre grec : une légende historique, philosophique et poétique, unique en son genre !

Et remarquons-le bien. Le nom même d'*Io* signifie, en grec, *violet*, couleur sombre si approchante du noir. D'ailleurs, on trouve dans le glossaire grec ιολος, avec la signification de *noir*. « Io, dit Ampère, un des archéologues les plus considérables de ce siècle, Io fut probablement une forme grecque d'Isis. » — On peut aussi comparer ιολος à Iolof(1), nom des habitants du Haoussa, les plus noirs et les plus beaux de l'Afrique. En supposant qu'on ne trouve pas dans l'interprétation que je donne du *Prométhée enchaîné* la preuve catégorique de la couleur noire des anciens Égyptiens, représentés par le noir Epaphus destiné à moissonner dans toutes les plaines que baigne le Nil, nous pouvons découvrir dans un autre drame d'Eschyle un témoignage encore plus précis du fait que je soutiens avec une conviction inébranlable.

---

(1) La comparaison sera d'autant plus facile que la différence du σ et de la lettre *f*, se concilie par la lettre intermédiaire *h*, qui se change tantôt en *f*, tantôt en *s*. C. f. *Homo* et *fœmina*; le grec ἅλς, et le latin *sal*.

Ouvrons *Les Suppliantes.* En décrivant les marins égyptiens, voilà comment s'exprime l'immortel tragique :

« Apparaissent les matelots reconnaissables à leurs membres noirs qui ressortent de leurs vêtements blancs (1).

Nonobstant ces arguments nombreux et d'une valeur incontestable, deux autres faits, d'une importance capitale dans l'histoire de l'ancienne Egypte, prouvent encore que les Rétous, au lieu d'appartenir à la race blanche, comme on s'est obstiné à le répéter, par ignorance ou parti pris, étaient plutôt de la même origine que les Ethiopiens et tous les peuples autochthones de l'Afrique soudanienne. Le premier est le mouvement opéré par les Egyptiens du Delta lors de l'invasion des Hicsos. Ils refluèrent spontanément vers la haute Egypte, jusqu'aux limites de la Thébaïde où, ayant rencontré l'appui des Ethiopiens, leurs alliés naturels et au milieu desquels ils s'étaient retrempés pendant près de quatre cents ans, ils purent prendre l'offensive contre leurs envahisseurs, qui furent alors battus, expulsés de la terre des Pharaons ou réduits en esclavage. Depuis cette époque la civilisation éthiopienne était en pleine floraison ; la princesse Nofri-t-ari, qui fut mariée à Ah-mès, afin de solenniser l'alliance faite avec le roi d'Ethiopie, en donne une suffisante idée.

A propos de ce mariage, il me vient encore à l'esprit un fait qu'on passe ordinairement sous silence dans les dissertations écourtées qu'on fait sur l'origine ethnique des anciens Egyptiens. Tout le monde sait que Salomon (le Sheloum des Arabes ou le Shelomoh des Hébreux) avait épousé une fille du roi d'Egypte P-siou-n-Kha II. Le *Cantique des cantiques,* composé par le royal époux, est un

---

(1) Πρέπουσι δ'ἄνδρες νήιοι μελαγχρίμοις
γυίοισι λευκῶν ἐκ πεπλωμάτων ἰδεῖν.
(Eschyle, *Les Suppliantes,* v. 719-720).

épithalame destiné à célébrer cet hyménée. C'est aujourd'hui l'opinion de tous les savants de France, de Hollande, d'Angleterre et d'Allemagne. Eh bien, comment s'exprime la Sulamite? *Sum nigra, sed formosa*, « Je suis noire, mais belle, dit-elle. » Et comme pour ne laisser aucun doute sur l'origine de la royale épouse, le poète lui fait dire encore : « O filles de Jérusalem..... ne considérez pas si je suis noire, car le soleil m'a brûlée..... (1). » Que veut-on avoir de plus positif pour qu'on se convainque de la couleur noire des anciens Egyptiens ?

Mais passons au deuxième fait historique. C'est l'émigration en masse de deux cent quarante mille soldats de l'armée égyptienne qui défilèrent en groupes compactes vers l'Éthiopie, lorsque la politique de Psaméthik Ier, roi de la dynastie saïte, sembla donner un trop grand accès aux Grecs, peuple de race blanche, que l'incompatibilité d'humeur empêchait les Rétous d'admettre dans leur société nationale. Comment expliquer la direction des Égyptiens, sinon par l'identité de race entre ces émigrants, fuyant l'élément blanc, et le peuple sous le drapeau duquel ils sont allés se ranger d'eux-mêmes? L'esprit de race aura été plus fort ici que l'esprit de nationalité. Rien ne me paraît plus clair. Mais ne voulant pas être désabusé, on ne s'est jamais inquiété d'expliquer ce grand fait historique, sans précédent dans les annales des nations.

Plusieurs écrivains, afin de mieux établir l'infériorité radicale de la race noire qu'on prétend incapable de rien édifier par sa propre initiative, affirment que l'Éthiopie n'a été civilisée que par cette émigration égyptienne, préalablement supposée blanche. Mais ne se rappelle-t-on jamais que, plus de cent ans avant la restauration de la dynastie saïte, Pi-ânkhi-Meri-Amoun, roi éthiopien de

<hr>

(1) *Cantique des Cantiques*, chap. I, v. 1, 3.

Napata, avait conquis tout le pays qui s'étend de **Thèbes** aux bouches du **Nil**? Et comment se conduit-il en **Égypte**? « Le roi éthiopien impose des tributs tant au profit de son trésor royal que pour enrichir les temples d'Amon thébain. Il fait procéder, à Memphis et à Héliopolis, à la célébration de tous les rites usités pour le couronnement des Pharaons, se comportant dans tout le détail, s'il faut en croire le récit de Barkal, *non comme un conquérant étranger* (1), mais comme un souverain légitime qui ménage ses sujets et se contente de châtier les rebelles (2). »

---

(1) Cela ne pourrait-il pas signifier que le monarque éthiopien considérait tout le pays comme appartenant à une seule famille de peuples ? Le véritable nom du Nil est le nom même de l'Égypte. On a longtemps discuté, afin d'arriver à découvrir l'étymologie du mot grec Αἰγύπτυς, *et adhuc sub judice lis est*. Je crois qu'il ne signifie pas autre chose que « fleuve de Nubie et de Ptah ». — Suivant la forme agglutinative qui domine dans la glottologie africaine, ce serait tout d'abord : « Hapi-Kub-Ptah ». — En égyptien *Hapi* signifie le *fleuve*; *Kub* (Kippik ou koub) est le nom de la Nubie; *Ptah* ou *Phtah*, est le nom indigène du Delta. De *Hapi*, l'orthographe grecque a vite fait *Api*; par une espèce de crase ou par corruption, on aura ensuite contracté *Api* en A'ι, transformé finalement en la dipthongue Aἰ, soit : Aἰ *Kub Ptah*. Connaissant la permutation fréquente qui existe entre le κ et le γ, muettes de même ordre, c'est-à-dire deux gutturales, on explique facilement Aι-γub-*Ptah*. Cette dernière forme, pour être définitivement grecque, n'a besoin que d'obéir à la règle flexionnelle de l'attraction littérale, qui fait permuter le *b* de γub en π, par l'influence du π de Πtah; on éliminerait enfin l'un des π, à cause que trois muettes de même ordre ne peuvent se suivre dans un mot. Cette dernière transformation nous donne Aιγυπτ-ah. En changeant la terminaison égyptienne *ah*, qui ne se retrouve pas en grec, en la forme υς qui semble être plus ancienne que ος dans les noms propres de la deuxième déclinaison grecque, on a Aἰγύπτυς, mot où l'*esprit doux* et l'accent tonique viennent merveilleusement indiquer la contraction de *Api* en Aἰ et l'élimination du *b* permuté en π de *Kub*.

Cette transformation linguistique me semble très correcte. Elle ne paraît nullement forcée, quand on pense qu'il s'agit du passage d'un mot d'une langue agglutinante dans une langue infléchie. Mais alors le nom même de l'Égypte n'indiquerait-il pas la communauté des deux races de *Koub* et de *Ptah*, des Éthiopiens et des Rétous?

(2) *Progrès des études relatives à l'Égypte et à l'Orient*, p. 32. Paris, 1867.

Shabaka, en obtenant une victoire décisive sur Bokhoris, établit sans conteste la domination de l'Éthiopie sur l'Égypte soumise. « Rien n'indique, dit de Rougé, que Sabacon ait eu quelque combat à soutenir contre les Thébains pour monter sur le trône ; mais l'histoire nous apprend qu'il emporta de haute lutte la souveraineté de Memphis et qu'il fit mourir Bokhoris, après l'avoir vaincu. Il ne faut pas conclure cependant de cette vengeance que les Éthiopiens eussent des mœurs féroces, *ou fussent alors moins civilisés que leurs nouveaux sujets*. Tous les détails de leurs monuments prouvent au contraire qu'ils voulaient justifier aux yeux des peuples leur prétention hautement proclamée de représenter le sacerdoce d'Amon (1). »

Il est temps que prenne fin la doctrine par laquelle on a voulu faire des anciens Éthiopiens un amas de barbares incapables de s'élever à la civilisation, rien que parce qu'ils étaient de la race noire. A la lumière de la science moderne, cette doctrine ne peut plus subsister. Noire comme les Éthiopiens était la population de l'Égypte, et civilisés comme les Égyptiens étaient les habitants de l'Éthiopie. La différence qui existe entre la renommée des deux peuples, l'éclat supérieur que semble avoir eu la splendide civilisation de l'Égypte, provient uniquement de la situation géographique des pays du Bas-Nil, naturellement en communication avec toutes les nations qui fréquentaient la mer intérieure, c'est-à-dire toutes les côtes de l'Europe méridionale, de l'Afrique septentrionale et toutes les parties de l'Asie antérieure.

Aussi peut-on affirmer que jusque dans les derniers temps du moyen âge, les hommes d'érudition croyaient

---

(1) De Rougé, *De quelques monuments du règne de Tahraka* (cité dans la *Notice somm. des monuments Éygptiens*, etc., p. 23. Paris, 1879.

généralement à l'origine nigritique des Rétous (1). Malgré
les assertions contraires de la plupart des écrivains modernes, dont pas un ne s'est donné la peine d'étudier profondément la question, ne semble-t-il pas que chaque progrès de l'archéologie égyptienne nous ramène invinciblement à la tradition grecque, la seule rationnelle? Il faut
donc se résoudre à rompre avec les enseignements des
anthropologistes prévenus et des savants fantaisistes qui
ont si longtemps prêché l'erreur contre la vérité. Il faut
cesser de répéter avec tant d'illogique complaisance que
les anciens fils du soleil, les adorateurs d'Amon, étaient
des blancs, quand tous les faits historiques, et toutes les
données ethnologiques nous indiquent l'absurdité d'une
telle opinion. On devra plutôt admettre avec le docteur
Samuel Birch, le plus savant égyptologue que l'Angleterre ait eu, que « le peuple égyptien est issu d'une race
africaine qui s'est développée par des circonstances inconnues pour atteindre au plus haut degré auquel soit jamais
parvenue la civilisation de l'ancien monde (2). »

Mais pour résumer cette longue dissertation sur l'origine des anciens Égyptiens et leur communauté de race
avec les autres peuples de l'Afrique, je ne puis mieux faire
que de citer les belles et éloquentes paroles de M. Élisée
Reclus.

« L'orgueil de race, duquel les historiens ne se défient
pas assez, dit l'éminent géographe, a donné naissance à ce
préjugé très répandu, que les Africains n'ont eu, pour ainsi
dire, aucune part dans l'œuvre générale de la civilisation.

---

(1) Eustathius de Constantinople, dans ses *Commentaires* sur l'O-
dyssée, et à propos de ces mots : χαι Αἰγυπτίους ἐπαλητέις (Δ, vers 83),
assure qu'on employait la locution αἰγυπτιάσαι τὴν χροάν, pour signifier *être brûlé par le soleil*, « c'est-à-dire devenir noir, brunir. »

(2) Voir : *Compte-rendu du Congrès international des Orientalistes*,
1re session. Paris, 1873, tome II, p. 61.

Le premier exemple qui se présente à l'esprit est celui du roi de Dahomey célébrant la « grande coutume » par un égorgement en masse et le remplissage d'un lac de sang ; ou bien on voit apparaître l'image de ces hordes armées de Monbouttou qui se précipitent à la bataille en grinçant des dents et en criant : « Viande ! viande ! » Mais ces tableaux affreux ne résument pas l'histoire de l'Afrique. Bien au contraire, l'étude de nos propres progrès ne nous ramène-t-elle pas forcément vers le bassin du Nil, sur la terre africaine ? En regardant la longue perspective du passé, bien au-delà des temps héroïques de la Grèce où naquit notre culture spécialement européenne, nous remontons de siècle en siècle, jusqu'aux âges où s'élevèrent les pyramides, jusqu'à ceux où la première charrue laboura les terres grasses délaissées par le Nil. C'est en Égypte que nous retrouvons les plus anciens documents de l'histoire précise. Les droits des riverains du grand fleuve à la primauté comme civilisateurs étaient si bien établis que les Hellènes eux-mêmes voyaient dans la terre nilotique le berceau commun des hommes. Quelle que soit la part des éléments qui ont formé le peuple auquel nous faisons remonter nos origines intellectuelles, il est certain que la civilisation est bien d'origine africaine ; elle est née dans l'étroite et féconde vallée du Nil, entre l'aride rocher et le sable plus aride encore...

« Même pour l'industrie, l'Afrique a contribué pour une certaine part à l'avoir commun de l'humanité. Les monuments de l'Egypte, ses routes, ses travaux de canalisation et d'endiguement, ses riches étoffes, ses meubles et ses bijoux, ses bois et ses métaux ouvrés, les mille objets qu'on a trouvés dans sa nécropole ne sont pas l'œuvre des seuls Rétous, ces Africains civilisés, voisins des Sémites ; dans les produits de l'antique industrie égyptienne, on reconnaît aussi fréquemment des formes que l'on retrouve en Nubie, en Abyssinie, et jusque dans le Soudan (1). »

A ces constatations affirmées par le plus savant des géographes contemporains je pourrais ajouter bien des faits de nature à consolider encore ma thèse. Ainsi, l'existence de certaines cérémonies, de certains insignes conservés parmi les Africains, ne peuvent s'expliquer que par les traditions ou les réminiscences de l'Égypte ancienne. Munsa, roi des Monbouttous (2) est représenté, d'après Schweinfurth, assis sur son trône, tenant le *harpé* qui était un signe de la royauté et même de la puissance divine parmi les anciens Égyptiens, et c'est ainsi que sont représentés souvent les plus grands Pharaons; il a de plus une coiffure qui imite passablement le *pschent*, sans omettre une pièce ornementale qui ressemblerait bien à l'urœus, si elle n'avait pas deux têtes en forme de cornes. Kitété (3), chef des Mpungus, est aussi représenté, d'après Stanley, avec une impériale démesurément longue, soigneusement tressée et simulant parfaitement la *barbe des rois*, si bien connue des égyptologues. Sont-ce là des coïncidences involontaires? N'est-ce pas plutôt la preuve incontestable des relations anciennes de ces peuples avec les Rétous? Mais à quoi bon toutes ces questions? La vérité brille maintenant avec tant d'évidence; les dernières paroles que j'ai citées de M. Élisée Reclus, et qui sont aussi les derniers mots de la science, portent dans l'esprit une conviction si profonde, qu'elles me dispensent d'une plus longue insistance.

(1) Élisée Reclus, *loco citato*, p. 32 et 34.
(2) Voir Hartmann, *loco citato*, p. 42.
(3) Hartm., *loco citato*, p. 43. — Le nom de Kitété semble être un surnom destiné à indiquer qu'il était un orateur ou un guerrier de sa tribu; car en cafre *ku-teta* signifie *parler* et en suahili, *se battre.* (Kraff, *Von der Afrikanischen Ostkuste, in Zeitsch. der deutch. morg. Gesellschaft*, t. III, p. 317.

Quoi qu'on veuille dire encore, le coup mortel est porté
à l'école de Morton, à la doctrine de M. Maspéro, aux
théories des anthropologistes systématiques. L'Égypte
était un pays de Nigritiens, de noirs africains. La race
noire a été l'aînée de toutes les autres races dans la carrière de la civilisation; c'est à elle qu'on doit le premier
éclair de la pensée, le premier éveil de l'intelligence dans
l'espèce humaine. Désormais quand on parlera aux noirs
de leur infériorité, aux Saxons comme aux Celtes, aux
Ligures comme aux Ibériens, ils pourront simplement
répondre : « Ingrats ! » Cette laconique réponse suffira. Car
les vieux monuments de la flamboyante et chaude Égypte,
depuis Memphis jusqu'à Méroë, parleront. Les Hellènes
viendront leur rendre hommage, les Romains rendront
hommage aux Hellènes et toute l'Europe saluera !

CHAPITRE X.

Les Hindous et l'Arya.

> Hérodote croyait avoir reconnu des rapports de figure et de couleur entre les Colchidiens et les Egyptiens; mais il est probable que ces *Colchidiens noirs* dont il parle étaient une colonie indienne attirée par le commerce anciennement établi entre l'Inde et l'Europe, par l'Oxus, la mer Caspienne et le Phase. (Cuvier).

I.

LES BRAHMANES.

Nous avons vu que les anciens Égyptiens n'appartenaient point à la race blanche, mais à la race noire de l'Afrique; de cette démonstration il résulte que la première civilisation connue n'a pas été l'œuvre du groupe caucasique. On peut, de plus, affirmer que la part d'action des hommes blancs dans la civilisation hindoue, la plus ancienne après celle de l'Égypte, est sinon négative mais fort peu considérable. C'est ce que je vais essayer d'établir.

A propos des essais de classification linguistique qu'on a vainement tentés, dans l'espoir de grouper plus facilement les types variés qui composent l'humanité, le lecteur se rappelle sans doute avec quel enthousiasme la légende d'une race aryenne fut adoptée en Europe. Tous les anciens Goths de l'ouest et de l'est, les Angles et les Celtes, les Cimbres et les Ibères, et même quelques descendants des Peaux-Rouges de l'Amérique, se réclamaient de la généalogie des Aryas. Une confusion générale fut ainsi jetée tant dans la linguistique que dans l'ethnologie. Le cadre de la classification indo-européenne devint un lit de

Procuste, où il fallait coûte que coûte faire entrer les nations et les langues : on coupait la tête à celles-ci ou une préfixe à celles-là; on y ajoutait de faux pieds ou des suffixes. Tout cela était estropié en diable, allait clopin-clopant, mais semblait souverainement glorieux.

A l'admiration qui saisit l'esprit des Européens, étudiant pour la première fois les hymnes védiques et les épopées bizarres mais attrayantes, telles que le *Mahâbhârata* et le *Râmâyana;* à la lecture de *Sakountala* aux couleurs idylliques, des Pourânas dont l'esprit enchevêtré, ondoyant et quelque peu germanique, dut paraître d'une profondeur respectable aux savants du temps, on perdit complètement la tête. Ce fut un bonheur inouï pour les arrière-neveux de Romulus, d'Arminius, de Vercingétorix et de tout le reste de la grande et noble famille caucasique, de trouver enfin le trait d'union qui les unissait et dont ils ne s'étaient jamais douté depuis des siècles. On se précipita les uns dans les bras des autres, avec effusion, au nom de l'*Arya.*

Cela entrait merveilleusement, d'ailleurs, dans le courant d'idées qui régnait de 1830 à 1848, époque à laquelle une alliance solennelle semblait devoir sortir des aspirations communes de toutes les nations de l'Europe, par une protestation spontanée contre l'existence réelle ou supposée de la ligue des rois. La fraternité démocratique moussait contre la *Sainte-Alliance.*

Quel était cependant ce trait d'union, ce peuple dont le sang régénérateur avait infusé dans les veines de tous les hommes de l'Europe ces belles qualités qui font l'orgueil de la race blanche? Sans doute une race blanche aussi?

Mais, non. En choisissant le terme d'*indo-européen* dont bien des gens se servent encore pour dénommer les hommes du type caucasique, on n'avait fait qu'accoupler ensemble des noms désignant deux races fort distinctes,

deux groupes humains dont rien n'indique la communauté ethnologique. « Même en présence des recherches
insuffisantes qu'on a faites sur les tribus et les générations
humaines, nous sommes cependant fondé, dit M. Lindenschmidt à considérer comme absolument certain que si
une origine commune des peuplades de l'Occident avec
celle de l'Orient (les Aryas) qui parlent des langues congénères est établie, cette origine commune fait également
supposer un type commun ; *ce type n'est pas à chercher chez les Hindous, Fadjeks, Bokhariotes, Beloudchis,
Parsis et Ossètes* (1). » On ne saurait contester l'assertion
de l'éminent archéologue; car elle est basée sur l'étude
la plus consciencieuse et la plus précise de l'ethnographie
des divers peuples de l'Asie qu'on a voulu confondre avec
les races européennes. Les hommes d'une science profonde et qui n'ont point à caresser les erreurs classiques,
afin de se faire accepter parmi les corporations savantes à
l'esprit systématique, peuvent-ils se résoudre à fermer les
yeux à la vérité, quand elle brille avec la meilleure évidence? Cela ne se voit jamais. Aussi leur indépendance
donne-t-elle l'espoir à ceux qui ont des idées justes de
les voir tôt ou tard adopter. De défections en défections,
les théories conventionnelles se désagrègent et le nombre
des esprits indépendants s'accroît. Le progrès s'effectue
lentement; mais la minorité qui porte en son sein le flambeau du vrai, grossit continuellement, sans cesse : à l'heure
sonnée, elle devient majorité et règne. Ainsi se passent
les choses dans la vie active de la politique, ainsi elles se
passent encore dans l'évolution des doctrines scientifiques. Espérons donc qu'avant la fin de ce siècle, on ne
parlera de race indo-européenne que pour démontrer toutes les faiblesses propres à l'esprit de système !

---

(1) Lindenschmidt, *Handbuch der deutschen Alterthumskunde*, 1880.

Sans doute, on rencontre dans l'Inde une langue d'une perfection admirable, au dire de tous les philologues qui ont étudié à fond le sanscrit. La littérature indienne, sans avoir produit des œuvres où se trouve l'idéal du beau littéraire que nous offrent souvent les auteurs grecs et latins, a pourtant toute une série de créations fort attrayantes; elle a des poésies qui manquent peut-être de sobriété, mais dont la fraîcheur, la simplicité et la jeunesse d'esprit ont un charme pénétrant, plus doux que la poésie même d'Homère. D'autre part, les idées spéculatives y avaient régné avec un tel éclat qu'aucune nation européenne, sans même excepter l'Allemagne, n'en donne une idée. Si l'Égypte, par son architecture, sa sculpture et son industrie, a conservé les traces ineffaçables de son antique civilisation, en ne laissant au monde caucasique que la tâche d'en perfectionner une partie sans pouvoir imiter le reste, l'Inde pour n'avoir eu ni architecture ni sculpture très remarquables, a édifié des monuments tout aussi impérissables dans ses conceptions philosophiques et son esprit de réglementation porté si loin, dans le *Manava-Dharma-Sastra* codifié par Manou. Aussi comprend-on bien l'inclination des premiers savants indianistes à rattacher à la race blanche le peuple qui a pu parvenir, depuis tant de siècles, à un si grand développement intellectuel!

Ce qui a été le plus admiré dans la conception brahmanique, ce fut surtout cette création des castes, où tout semblait tourner en des cercles fermés, promettant une harmonie éternelle, un ordre symétrique dans lequel la confusion du sang et du rang ne se signalât jamais. Belle conception, vraiment, que celle où les distinctions sociales ne reposaient que sur la caste, c'est-à-dire sur la couleur (varna)! On ne douta pas que le blanc ne fût le couronnement naturel de cet échaffaudage hiérarchique, sous lequel

devait plier le soudra dravidien, comme Atlas sous le poids
du monde.

Mais le charme ne fut pas de longue durée. Aussitôt
que des relations faciles eurent permis aux voyageurs
européens de visiter l'Inde, de parcourir l'Hindoustan si
célèbre par la grande renommée de Bénarès et de Chander-
nagor, noms poétiques qui éveillent dans l'âme je ne sais
quelle attrayante harmonie, on vit, hélas ! que cette race
brahmanique qu'on avait rêvée blanche ne l'était pas du
tout. La déception était complète et l'on ne pouvait plus
s'abuser ; on continua cependant à la classer dans la
race blanche, comme on l'a fait pour les anciens Égyptiens et même pour les Éthiopiens. Le savant d'Omalius
d'Halloy semble être le premier qui ait eu le courage de
se déclarer ouvertement contre cette hérésie ethnographique. Tout en acceptant la classification de Cuvier, il
ajoute en note : « L'illustre auteur du *Règne animal* distingue dans la race blanche trois rameaux qu'il énumère
dans l'ordre suivant : le *rameau araméen*; le *rameau
indien, germain et pélasgique;* le *rameau scythe et tartare.*
Quoique cette division se rattache à des considérations
linguistiques et historiques, plutôt qu'à des rapprochements naturels, j'ai cru devoir la prendre pour base de
mon travail, parce qu'elle est la plus généralement
adoptée. Mais en réunissant dans un même rameau tous
les peuples parlant des langues considérées comme ayant
des rapports avec le sanscrit, *on range un peuple presque
noir, comme les Hindous dans le même rameau que les
peuples les plus blancs* (1). »

Malgré cette observation si judicieuse, on persista, dans
tous les traités d'ethnographie, à faire figurer les Hindous

_____

(1) D'Omalius d'Halloy, *Des races humaines.* Paris, 1845, p. 21,
note 1.

comme des hommes appartenant à la race blanche. Seulement, pour ne pas laisser percer définitivement l'inconséquence déjà visible de cette classification, on glissa très habilement à la place du terme de *race blanche*, celui de *race aryenne* qui ne signifie rien; car il n'indique ni un rapport d'organisation naturelle, ni un rapport géographique.

L'intelligent et consciencieux Hollard continue à placer les Hindous à côté des Grecs et des Germains, dans sa *Famille ariane*; mais il en fait une description par laquelle on peut voir que Germains et Hindous n'ont rien de commun, ni par la couleur, ni par les formes corporelles. Voici comment l'abbé Dubois cité par Hollard dépeint ces derniers. « Les hommes qui se livrent à l'agriculture et qui restent toujours exposés au soleil n'ont la peau guère moins noire que celle des habitants de la Cafrerie ou de la Guinée; mais la teinte de la plupart des brahmes ou des personnes qui, par état, travaillent à l'abri du soleil ou mènent une vie sédentaire, n'est pas à beaucoup près si foncée. La couleur des brahmes est celle du cuivre jaune ou plutôt une infusion claire de café; c'est la plus estimée et les jeunes femmes au *teint de pain d'épices* sont celles qui attirent le plus les regards (1). »

Il est vrai que l'auteur annonce l'existence de tribus himalayennes beaucoup plus blanches et même blondes; mais doit-on en faire des hommes de même race que les Hindous, quand rien ne les assimile sauf certains rapprochements linguistiques? En tout cas, les types ne sont pas semblables et au lieu de nous arrêter sur des considérations historiques ou philologiques, plus ou moins arbitraires, nous recherchons plutôt le caractère ethnologique

(1) Voir Hollard, *De l'homme et des races humaines*. Paris, 1853, p. 125.

du peuple dont la civilisation et les monuments intellectuels ont pu émerveiller l'Europe et captiver si bien son admiration enthousiaste. D'ailleurs, il est fort contestable
que toutes ces tribus himalayennes aient jamais été com-
prises dans la nation hindoue qui a habité l'*Aryâvarta*.
«Les limites les plus étendues de cette terre de prédilection,
dit M. Beauregard, n'ont jamais dépassé, à l'est, la mer
orientale, c'est-à-dire le golfe du Bengale; au midi, les
monts Vindhya; à l'ouest, la mer arabique ou golfe
d'Oman; au nord, les crêtes de l'Himalaya (1). » Et faut-
il remarquer que les Aryas blancs, les Cachemiriens, sont
absolument inférieurs comparativement aux Hindous
foncés ou noirs! Ils ne s'en rapprochent ni par l'intelligence, ni par la civilisation.

Mais le fait capital, pour nous, c'est que cette caste de
brahmanes, la première dans la hiérarchie, celle dont on a
voulu faire une caste blanche, n'est pas même aussi claire
que le mulâtre issu du noir et du blanc. D'autre part, les
brahmanes ne sont pas les seuls qui aient la couleur de
pain d'épice : presque toutes les personnes qui ne travaillent pas au soleil ont le même teint. Des expressions de
l'abbé Dubois, il résulte encore qu'il y a des brahmanes
noirs; car il dit : *la plupart des brahmanes* et non : *les
brahmanes*, en parlant de ceux dont la teinte fait exception à cette couleur noire qui semble être celle de la
majorité des Hindous. A leurs traits et à leur chevelure,
ils se distinguent d'ailleurs de la race noire d'Afrique.
« Sbrabon, dit Bory de Saint-Vincent, avait aussi remarqué que les Hindous ressemblent au reste des hommes par
leur figure et leurs cheveux, tandis qu'ils ressemblaient
aux Ethiopiens par la couleur. »

M. Louis Figuier, partageant entièrement les idées de

(1) Ollivier Beauregard, *Cachemir et Thibet*.

d'Omalius d'Halloy, place les populations de l'Hindoustan parmi les hommes de la race brune. « Les Hindous
sont bien faits, dit-il, mais leurs membres sont peu ro-
bustes. Leurs mains et leurs pieds sont petits, leur front
est élevé, leurs yeux sont noirs, leurs sourcils bien arqués,
leurs cheveux fins et d'un noir vif. Leur peau est plus ou
moins brune et quelquefois noire, surtout dans le midi et
les classes inférieures de la population (1). »

Il est donc parfaitement permis de considérer, comme
un fait admis en ethnographie, que les Hindous ne font
point partie de la race blanche. Mais ici vient se poser
une nouvelle question. Est-il vrai que l'on doive rapporter
à la seule invasion d'un peuple blanc la civilisation qui
a fleuri sur les bords du Gange ? Est-on sûr que cette invasion, imaginée pour concilier les faits existants avec la
doctrine de l'inégalité des races, s'est effectuée dans les
conditions supposées, c'est-à-dire que les peuples d'origine blanche, déjà supérieurs par une certaine culture,
arriveraient en dominateurs dans l'*Aryâvarta?* On ne
peut nier l'existence dans l'Inde de deux races de différentes origines. Elles se sont probablement mises en contact
à une époque fort reculée de l'histoire, pour donner naissance à la civilisation hindoue, même dans sa première
forme védique. Rien ne le prouve mieux que la diversité
de nuances qu'on rencontre dans l'Inde. Cependant il
n'existe aucune preuve historique qui fasse supposer que la
constitution brahmanique ait été élaborée dès les premiers
temps de cette rencontre. Tout semble plutôt indiquer que
l'institution des castes n'a été fondée que beaucoup plus
tard, lorsque les deux races étaient déjà parvenues à un
haut degré de fusion. Sans quoi, comment s'expliquerait-on
que la race blanche, encore intacte et réunie en groupe

(1) Louis Figuier, *Les races humaines*. Paris, 1880.

25

distinct, protégée contre tout mélange ethnologique par les codes de Manou, ait pu disparaître de l'Hindoustan au point de n'y être compté, depuis bien longtemps, que pour une portion insignifiante parmi les populations indigènes du pays? Il faut donc opter dans l'alternative suivante : ou la séparation et l'isolement des castes ne furent pas observés aussi rigidement qu'on pourrait le croire en étudiant les règles (1) qui s'y rapportent; ou l'état de choses qui s'est perpétué et peut-être renforcé, dans le sens de l'absorption des blancs par les noirs, avait commencé d'exister avant toute délimitation entre les différentes castes.

Je crois que nous avons la vérité dans l'un et l'autre cas. Non-seulement les deux races hypothétiquement admises dans la formation primitive de la nation hindoue semblent avoir été déjà très mélangées, lors de la promulgation du *Manava-Dharma Sastra*, mais il est encore prouvé que les castes n'étaient pas toujours fermées. En dehors de la naissance légitime dans une classe à laquelle appartiennent les deux parents, consacrés à temps par l'investiture cérémoniale, on pouvait y entrer à l'aide de

---

(1) *Manava-Dharma Sastra*. Chap. X, § 5 : « In all classes they, and they only, who are born, in a direct order, of wives equal in classes and virgens at the time of marriage, are to be considered as the same in classe with their fathers. »

Ibidem, chap. II, § 37 : « Should a brahman, or his father for him, be desirous of his advancement in sacred knowledge ; a cshatriya, of extending his power ; or a vaisya of engaging in mercantile business; the investiture may be made in the fifth, sixth or eighth year respectively ».

Ibidem, chap. II, § 38 : « The ceremony of the investiture hallowed by the gayatri must not be delayed, in the case of a priest, beyond the sixteenth year, nor in that of a soldier, beyond the twenty second ; nor in that of a merchant, beyond the twenty fourth.»— § 39 : « After that, all youths of the three classes, who have not been invested at the proper time, become *vratyas*, or outcasts, degraded from the gayatri, and contemned by the virtuous. » (Traduct. de Haugton, Londres, 1825).

moyens non prévus par le code de Manou. Lomapada, roi des Angas, aborigènes du sud-est de l'*Aryâvarta*, homme d'origine dravidienne ou noire, s'étant converti au brahmanisme, obtint la main de la fille d'Ayodhya, souverain de race aryenne. Les enfants nés de cette union eurent pourtant le rang de fils de brahmines et de kchattrya (1). Dans le *Ramâyana*, l'épisode de Visvamitra ne prouve-t-il pas qu'un kchattrya, par la science, la componction et l'aumône, pouvait s'élever à la dignité de brahmane (2)?

Et puis, le degré de blancheur de la peau ne paraît pas avoir eu l'importance qu'on a voulu systématiquement lui donner dans la hiérarchie brahmanique. D'après Henri Martin, « la loi de Manou fait allusion à des blonds qui « existaient au moins *exceptionnellement* parmi les Aryas « hindous et *auxquels les hommes de haute caste ne de-* « *vaient point s'allier* (3). » N'est-ce pas à faire supposer que c'est plutôt à la race blanche que la société brahmanique était particulièrement fermée? On serait bien tenté de le croire, en voyant la complète disparition des hommes à peau blanche du monde gangétique. Cependant, quoique hors de l'Hindoustan, il est resté des blancs de la caste brahmanique; mais ils sont tous dégénérés, tombés fort au-dessous des hommes de nuances foncées ou franchement noires. « Quant aux Pandits (Cachemyriens), tous brahmines de caste, ils sont d'une ignorance grossière, et il n'y a pas un de nos serviteurs hindous qui ne se regarde comme de meilleure caste qu'eux. Ils mangent de tout, excepté du bœuf, et boivent de l'arak; il n'y a dans l'Inde que les gens des castes infâmes qui le

(1) Lassen, *Indische Alterthumskunde*, t. I, p. 559.
(2) Voir Burnouf, *Introduction à l'histoire du boudhisme indien*, t. I, p. 891.
(3) *Congrès intern. des sciences ethn.*, note de la p. 112.

fassent (1). » Ainsi s'exprimait Jacquemont, un des voyageurs les plus intelligents. Vraiment, n'est-ce pas une dérision que de tant parler de la superexcellence de la race
blanche aryenne, quand en réalité les blancs aryens valent si peu? Les Anglais qui dominent sur l'Inde, peuvent-
ils considérer bien haut ces Pandits plus bandits que tous
les *varatyas*, encore qu'ils aient comme les Saxons la peau
blanche et les cheveux blonds? Pourquoi élève-t-on si
haut sur les bords de la Seine et de la Tamise ce qu'on
regarde si bas dans les parages du Gange? Je serais bien
tenté de croire que la science se prête servilement ici
aux compromissions de la politique. Mais là n'est pas son
rôle. Un tel soupçon suffirait pour l'avilir : aussi, pour
l'honneur de la conscience humaine, admettons-nous plutôt
que la plupart des savants se sont trompés, parce qu'ils
n'ont considéré les choses que sous une seule face.

Dans l'un ou dans l'autre cas, on ne peut plus rationnellement attribuer à la race blanche le mérite exclusif
de la civilisation indienne, avant d'avoir fait la preuve que
toutes les grandes conceptions philosophiques ou poétiques de l'Inde proviennent d'individus dont le caractère
d'hommes blancs est historiquement affirmé.

Kâlidâsa, Jayadêva et Valmiki étaient-ils blancs ou de la
couleur de *pain d'épices*, ou même noirs? Personne n'a jamais dit de quelle nuance ils étaient. On se contente d'admirer le *Meghadûta* dont la touche fine et délicate enchante
l'esprit ou de goûter la fraîcheur de sentiment qu'il y a
dans *Sakountala;* on aime à suivre les aventures amoureuses de Krushna dans le mystique *Gita-Govindo*, le
Cantique des cantiques de la littérature indienne ; on sent
que le *Râmâyana*, épopée magnifique où les légendes religieuses et philosophiques de l'Inde tiennent lieu d'une

---

(1) Corresp. de V. Jacquemont. Paris, 1834 (lettre du 22 avril 1831).

histoire jamais écrite, est un monument littéraire qu'on ne peut contempler avec assez d'enthousiasme. Mais voilà tout. Quant à Vyasa, le prétendu auteur du *Mahâbhârata*, son existence même est contestée et son nom, qui signifie *compilateur*, ne prête que trop à cette contestation. Il suffit pourtant que ces œuvres aient été remarquées pour que l'Europe se complaise à croire que leurs auteurs étaient des blancs. Toujours la fantasmagorie des Aryens! Mais à ne s'étayer que sur les faits existants, a-t-on bien le droit de considérer tous ces grands poètes hindous comme des hommes de la race blanche? Est-il vrai que toutes les grandes doctrines philosophiques, toutes les belles conceptions poétiques qui viennent des bords du Gange n'ont jamais eu pour auteurs les hommes foncés et presque noirs qui forment pourtant la meilleure partie des populations hindoues? C'est une question que je voudrais étudier, afin de m'éclairer et d'édifier le lecteur : même un seul exemple aurait pour nous la plus saisissante signification.

II.

BOUDHA.

Les premiers indianistes, qui s'occupaient fort peu d'ethnologie ou d'anthropologie, ne s'avisèrent que rarement d'aborder la question des races dans leurs attrayantes études. Tout fait croire que la majeure partie d'entre eux croyaient, avec une sincère sécurité, que les Aryens étaient une caste blanche ayant la tête au-dessus de tout, couronnait l'édifice social de l'Inde. Comme cette caste, composée des brahmines, aurait seule le privilège des occupations intellectuelles, il était naturel de conclure que toutes les productions poétiques et tous les mouvements philosophiques, sortaient toujours de la race blanche aryenne.

Mais cette douce illusion dut prendre fin à la lumière de la critique contemporaine.

Quand on aborda l'étude sérieuse du boudhisme et qu'il fallut s'occuper de la personnalité même de Sakia-Mouni, on fut obligé de regarder les choses en face. Ce fut alors une grande surprise pour les savants que d'apprendre que le Boudha, d'après toutes les statues qui lui ont été élevées par ses sectateurs, était représenté comme un véritable nègre ; il était un peu rougeâtre, mais assez laid de visage, et portait des cheveux crépus. Les partisans de la légende indo-européenne, en furent d'autant plus scandalisés qu'ils avaient été les premiers à déclarer que Sakia-Mouni n'appartenait pas à la caste des *soudras*, ni même à celle des *vaycias*, mais était de la plus illustre origine, étant fils de Çuddhôdana, roi de Kapilavastu. L'agitation scientifique, pour être peu bruyante, ne fut pas moins grande. On essaya de tout réparer par une théorie ingénieuse, mais la vérité une fois lancée souffre-t-elle qu'on la farde ?...

D'ailleurs, dès le commencement de ce siècle, à peine une quarantaine d'années, après que la constance et le courageux dévouement d'Anquetil Duperron avaient tourné l'esprit de l'Europe vers les études sanscritiques, un savant modeste et consciencieux, Langlès, auteur des *Monuments anciens et modernes de l'Hindoustan*, avait déjà remarqué la vérité sur l'origine ethnique du Boudha et l'avait soutenue de toute son érudition. Mais qui voulut entendre de cette oreille ? De toutes parts, on protesta avec véhémence contre un fait dont la seule supposition parut une grande insulte à la race blanche. L'opposition ne vécut pas longtemps et l'intelligent Langlès passa sans doute pour un ignorant.

« Une hypothèse étrange, dit Ampère, avait prétendu faire de Boudha un nègre, arguant d'une disposition bizarre de la chevelure que présentent fréquemment les sta-

tues du Boudha, comme si la race nègre avait jamais
donné quelque chose à une race supérieure. Le détail de
coiffure pour lequel *on renversait aussi lestement et contre
toute analogie, l'ordre des familles humaines*, a été expliqué par un usage singulier de certains boudhistes... L'imagination minutieusement descriptive de ses sectaires a
fait de lui un signalement fantastique, il est vrai, mais où
la tradition a conservé les traits dominants de la race à
laquelle appartenait le promulgateur du boudhisme. Il est
dit positivement que le Boudha avait les cheveux bouclés,
et point crépus, les lèvres roses, le nez proéminent ; en un
mot, s'il y a eu un Boudha, il était beau comme l'ont été
tous les fondateurs de religion ; il n'était pas plus nègre
que la vierge Marie n'était une négresse, quoiqu'elle soit
représentée noire comme une africaine (1) dans les anciens tableaux dont les auteurs la confondaient avec
sainte Marie l'Egyptienne ; il appartenait à la race à
laquelle appartiennent les brahmes, race que la conformité
de sa langue et de ses traits rapproche des populations
grecques et germaniques, ainsi que des autres branches
de cette grande famille de peuples à laquelle nous tenons,
qu'on appelle caucasique et qu'on pourrait appeler,
Himalayenne (2). »

Indignatio facit versum : Junéval avait raison. Quand
on lit ces phrases où les mots semblent se précipiter sous
la plume du savant littérateur, on sent à quel point il
était touché dans sa dignité de Caucasien. Belle indignation, en vérité ! Mais dans la réalité, les plus magnifiques

---

(1) Cf. « On a trouvé dans le cimetière de Saint-Pontien un *portrait noir* de Marie. Quelques-uns ont cru que Salomon faisait allusion à la mère de Dieu, dans ces mots du *Cantique des cantiques ?*
« *Sum nigra, sed formosa* ». Cette couleur noire donnée à Marie a été
l'objet de longues dissertations. » (de Lagrèze, *Pompeï, les Catacombes
et l'Allaambra*).

(2) J.-J. Ampère, *La science et les lettres en Orient*, p. 131-132.

tirades n'empêchent point que les faits soient ce qu'ils sont ;
car ils ont une ténacité proverbiale. Aujourd'hui que la
science ethnographique a fait d'immenses progrès, on ne
peut plus douter de la différence ethnique qui existe entre
l'illustre Boudha et les peuples d'origine germanique ou
même celtique.

En étudiant les populations de l'Asie méridionale, on y
rencontre beaucoup de peuples noirs à cheveux crépus, semblables à de vrais Africains. Nous en avons fait la remarque
dans le cours de cet ouvrage. Il n'y a donc rien d'impossible que Sakia-Mouni fût de cette race. A l'inverse
de l'argumentation d'Ampère, on doit plutôt dire que
toutes les analogies historiques et philosophiques nous
induisent à croire que le promulgateur du boudhisme
n'était pas de la race brahmanique blanche et surtout
n'avait aucunement subi l'influence intellectuelle et morale
du brahmanisme. En acceptant même que le célèbre Boudha
ne fût pas un nègre proprement caractérisé, il faudrait au
moins le classer parmi les Dravidiens, noirs à cheveux lisses
de l'Inde méridionale, que tous les ethnographes placent
dans la catégorie des races les plus arriérées. L'orgueil de
la race caucasique n'aurait rien gagné au change.

Pour ce qui s'agit des lèvres roses et des cheveux bouclés que la tradition attribue au Boudha, il y a eu, sans
nul doute, une certaine confusion dans l'esprit du savant
Ampère entre la personne de Sakia-Mouni et la description vraiment fantaisiste que l'on faisait des enfants pré-
destinés à la dignité de boudha. Ces enfants devraient
avoir le teint clair, la peau de couleur d'or ; leur tête aurait
la forme d'un parasol ; leurs bras seraient démesurément
longs, leur front large, leurs sourcils réunis et leur nez
proéminent (1). Mais tous les indianistes savent aujour-

---

(1) Burnouf, *loco citato*, II, 237 et 314.

d'hui qu'il faut distinguer entre l'individualité de Sakia et cette description dont l'idéal, plus ou moins fantastique, ne fait que déterminer les signes auxquels se reconnaît le *boudha*, de même que l'islamisme donne les signes auxquels on doit reconnaître le *madhi* et le judaïsme, le *messie*.

On convient généralement, parmi les érudits les plus compétents, que la ville où Sakia-Mouni prit naissance portait le nom de *Kapila-vâstu*. *Kapila*, en sanscrit, signifie « basané » et *vâstu* « habitation ». Personne ne sait au juste dans quelle partie de l'Hindoustan était située cette ville. Il est rapporté qu'en l'an 400 de l'ère chrétienne, *Fa-hieu*, chinois célèbre, l'a visitée; au VIIᵉ siècle, un moine boudhiste, également chinois, s'y serait aussi rendu en pèlerinage. Ces vagues notions ne donnent pas une indication précise sur sa vraie place; mais l'étymologie même de *Kapila-vâstu*, ne semble-t-elle pas déclarer que c'était le *pays des hommes basanés*? Si on se rapporte à la tradition qui fait naître Sakya-Mouni dans le Dekkan, il faudra même le classer dans la population noire de l'Inde, loin de toute origine aryenne; car les Aryas, quels qu'ils fussent, n'avaient presque pas de colonie dans cette partie de l'Inde (1).

Concluons donc en affirmant que la civilisation hindoue, qu'on l'appelle aryenne ou non, n'est pas l'œuvre exclusive de la race caucasique, si tant est qu'elle y ait une part notable. La grande personnalité de Sakya-Mouni est un argument des plus considérables. Emergeant du monde indien, dès le septième siècle avant l'ère chrétienne (2), c'est-à-dire à une époque contemporaine de celle où la

---

(1) Lassen, *loco citato*, t. I, p. 391.
(2) L'époque de l'existence de Sakya-Mouni est aussi controversée que son lieu de naissance. J'ai adopté l'opinion de Burnouf qui est à peu près la moyenne entre les autres.

Grèce ancienne était à peine entrée dans sa période de civilisation positive, l'immortel Boudha prouve par son
existence que, depuis un temps immémorial, les hommes
d'extraction noire étaient parvenus à un développement
supérieur de l'esprit et influaient directement sur la
marche de la civilisation dans l'Inde.

Considérant l'étymologie comme une vraie source de
lumière dans l'obscurité qui règne sur tout le passé des
pays gangétiques, pays sans histoire écrite et où l'on est
fort embarrassé, toutes les fois qu'il faut étudier cette
question des castes tellement difficile et délicate, n'est-
il pas permis de croire que le chef de la fameuse école
philosophique connue sous le nom de *Sânkhya* (pensée
discursive, examen) était lui-même de couleur foncée? Il
portait, en effet, le nom de *Kapila*, lequel nous l'avons vu
plus haut, signifie « basané ». Ce serait donc à la race noire
d'Asie, à peine mitigée par le sang blanc, qu'il faut attribuer les premières lueurs du rationalisme manifestées
dans le monde oriental !

Plus on étudiera le passé, plus la vérité aura été dégagée de toutes les fausses couleurs sous lesquelles une
science de parti pris l'a continuellement montrée, mieux
on sera disposé à convenir de la réalité de ce fait éclatant:
l'humanité n'est pas composée de races supérieures et de
races inférieures ; tous les peuples peuvent, à la faveur
des mêmes circonstances et à certain moment de leur évolution sociale, accomplir des actes héroïques ou des œuvres
admirables qui leur assurent la gloire dans le présent et
l'immortalité dans l'avenir.

Telle n'est pas, assurément, l'opinion de bien des gens.
D'après ceux-là, certaines races humaines sont frappées
d'une déchéance radicale, irrémédiable. Ayant le front trop
étroit et le cerveau incomplet; n'ayant de réellement développés que les organes de la vie végétative, ces races, dont

le visage aux mâchoires monstrueuses et aux lèvres bour-
soufflées est un masque repoussant et hideux, ne sont
répandues sur différents points de la terre que pour prouver le trait d'union qui existe entre la bête et l'homme caucasique. Pas de rémission. Informes et laides elles ont
paru pour la première fois à l'Européen saisi d'horreur,
informes et laides elles resteront ; ignorantes et stupides
elles se sont montrées dès le premier jour, ignorantes et
stupides elles vivront, jusqu'au jour où la loi darwinienne
les aura condamnées à disparaître de la terre ! Terrible
ananké, feras-tu grâce aux reprouvés? N'auras-tu jamais
pour eux une main moins pesante et moins rude?

Nous allons voir jusqu'à quel point la science actuelle
autorise une conclusion si orgueilleuse et absolue, jusqu'à
quel point elle confirme cette voix fatidique qui semble
barrer la voie du progrès à toute une partie de l'humanité, et qui, en imitation du Dieu d'Israël apostrophant
l'abîme des mers, semble lui répéter : « Tu n'iras pas plus
loin ! »

CHAPITRE XI.

Perfectibilité générale des races humaines.

Sanabiles fecit omnes nationes terræ.
(*De Sapientiâ*, ch. I, v. 14).

I.

LE DARWINISME ET L'ÉGALITÉ DES RACES.

Cinquante ans après que Lamarck, dans sa *Philoso-phie zoologique*, eut formulé le premier doute sur la théorie de la fixité des espèces et proposé une conception nouvelle de l'ordre sériaire à établir dans leur classification, un des naturalistes les plus remarquables de ce siècle, Darwin, distingué tant par la hardiesse de ses idées, par l'éléva-tion de son intelligence, que par son esprit d'observation, publia un livre sur l'*Origine des espèces* qui ouvrit une ère nouvelle dans toutes les études biologiques. Il ne fit que reprendre l'idée de Lamarck, quelque peu oubliée, malgré la gloire éclatante qu'elle a eue d'avoir à son ser-vice l'illustre Etienne Geoffroy-Saint-Hilaire. Mais soit que l'esprit européen n'ait pu parvenir à une parfaite com-préhension des nouvelles théories que dans la deuxième moitié de ce siècle; soit que l'exposition de Darwin, appuyée par une grande masse de faits et par une mé-thode plus scientifique, attirât mieux les intelligences, le transformisme ne fut considéré comme une doctrine sé-rieuse que depuis sa seconde apparition sur le terrain de la science. On en conteste encore la plupart des conclu-sions, mais on compte avec elles. C'est que le transfor-misme s'est aujourd'hui développé avec tout un corps de principes, où des savants tels que Hœckel, Huxley, Carl

Vogt, Lanessan, Jacoby, Herbert Spencer, Mme Clémence Royer et foule d'autres dont les noms sont inscrits à l'avant-garde du mouvement intellectuel de notre époque, sont venus apporter à la théorie de Darwin et de Wallace un appoint considérable, s'élançant dans toutes les voies et adaptant leur méthode de démonstration à tous les genres de vérité. Une idée soutenue par tant et de si remarquables champions ne reste jamais dédaignée. Leur seul acquiescement, conditionnel ou absolu, équivaut à la meilleure présomption en faveur de sa justesse et de son efficacité scientifique.

Darwin, en expliquant les lois de transformation des êtres organisés, a eu particulièrement en vue d'étudier les questions relatives à l'origine des espèces, point capital, par lequel sa théorie a eu le plus de retentissement et qui lui a mérité aussi les plus énergiques protestations des naturalistes de l'école classique. Je n'ai pourtant pas l'intention de m'en occuper ici. J'ai déjà exprimé mon opinion sur l'origine des espèces. Je la rattache aux transformations successives que la terre a subies, depuis l'apparition de la vie dans l'évolution géologique jusqu'à la genèse de l'espèce humaine qui est le couronnement de la faune sublunaire. D'ailleurs, l'apparition successive des espèces avec les transformations de chaque habitat, — transformations qui se manifestent toujours d'une façon lente, suivant la théorie des causes actuelles, mais qui, à certains moments, sont subitement produites, — ne détruit absolument rien de ce qu'il y a d'essentiellement vrai dans la théorie darwinienne. Il est très possible qu'un phénomène cosmogonique, parmi les nombreux exemples qui ont dû se répéter dans l'histoire des évolutions du globe, ait eu la vertu d'imposer de telles conditions d'existence à une espèce simienne, qu'elle fût obligée d'évoluer vers la forme humaine, afin de se mieux adapter aux nouveaux accidents du milieû. Cette première transformation étant subie, rien ne s'oppose à ce que l'être humain, d'abord partout semblable en ses rares spécimens et partout inférieur à tout ce que nous pouvons nous figurer d'après les hommes actuels, ait continué à évoluer insensiblement, sous l'empire de conditions plus ou moins favorables à son développement spécifique, réalisant alors la distinction des races, distinction de nature absolument secondaire.

C'est à ce dernier degré que je voudrais reprendre la question. Là, elle est vraiment intéressante, au point de vue de mon argumentation. Darwin, tout en formulant les lois scientifiques à l'aide desquelles on peut y faire la lumière, ne l'a point abordée d'une manière directe et positive. Son ouvrage sur la *Descendance de l'homme* prouve qu'il s'en est préoccupé ; mais il semble que son esprit fût plus attiré vers les développements généraux de sa doctrine que vers une étude spéciale et approfondie des principes de l'ethnologie. Aussi dans cet ouvrage où il étudie surtout la *sélection sexuelle* dans toute la série animale, le sous-titre l'a-t-il emporté sur le titre principal. Cependant, dès sa première publication sur l'*Origine des espèces*, il voyait admirablement toute la lumière que sa doctrine pouvait apporter à l'étude philosophique du développement des races humaines. « Je vois dans l'avenir, disait-il, des champs ouverts devant des recherches bien plus importantes. La psychologie reposera sur une nouvelle base, déjà établie par M. Herbert Spencer, c'est-à-dire sur l'acquisition nécessairement graduelle de chaque faculté mentale. Une vive lumière éclairera alors l'origine de l'homme et son histoire (1). »

M. Herbert Spencer, sans s'y être appesanti d'une façon

_____

(1) Darwin, *De l'origine des espèces*, traduct. de Mme Clémence Royer, 4e édit., p. 504.

particulière, croit ou paraît croire à l'inégalité des races humaines. Un des écrivains qui a le plus contribué à faire connaître l'œuvre de Darwin en France, Mme Clémence Royer y croit positivement. « Enfin, dit-elle, la théorie de M. Darwin, en nous donnant quelques notions un peu claires sur notre véritable origine, ne fait-elle pas, par cela même justice de tant de doctrines philosophiques, morales ou religieuses, de systèmes et d'utopies politiques dont la tendance, généreuse peut-être, mais assurément fausse, serait de réaliser une égalité impossible, nuisible et contre nature entre tous les hommes? Rien n'est plus évident que les inégalités des diverses races humaines; rien encore de mieux marqué que ces inégalités entre les divers individus de la même race. Les données de la théorie de sélection naturelle ne peuvent plus nous laisser douter que les races supérieures ne se soient produites successivement; et que, par conséquent, en vertu de la loi du progrès, elles ne soient destinées à supplanter les races inférieures, en progressant encore, et non à se mélanger et à se confondre avec elles, au risque de s'absorber en elles par des croisements qui feraient baisser le niveau moyen de l'espèce. En un mot, les races humaines ne sont pas des espèces distinctes, mais ce sont des variétés bien tranchées et fort inégales; et il faudrait réfléchir à deux fois avant de proclamer l'égalité politique et civile chez un peuple composé d'une minorité d'Indo-Européens et d'une majorité de Mongols ou de Nègres (1). »

Mme Clémence Royer est une femme savante, mais une femme. Il y a des problèmes dont le caractère complexe ne saurait être bien étudié que par des hommes; car eux

_____

(1) Préface de la traduction de l'*Origine des espèces*, 4me édit., p. XXXVIII.

seuls peuvent les envisager sous toutes les faces, tant par
leur éducation particulière que par leur tempérament de
mâles. Bien que mon honorable collègue de la *Société
d'Anthropologie* ait solennellement déclaré qu'elle « croit
au progrès », on sait positivement que la femme a une tendance naturelle à perpétuer les idées reçues et courantes.
Or, malgré la haute valeur intellectuelle que je reconnais
tout le premier au traducteur de Darwin, on ne peut empêcher qu'elle ne soit de son sexe. C'est un beau privilège, d'ailleurs, puisqu'elle peut impunément ignorer les
nécessités impérieuses qui obligent les Européens à proclamer l'égalité politique et civile entre eux et les Mongols
ou les Nègres. En effet, il lui est bien permis d'oublier que
lorsque l'on n'accorde pas spontanément cette égalité politique et civile, qui est l'égalité juridique, il y a alors des
Nègres qui savent la prendre de force.

Mme Clémence Royer prétend que le croisement des races
dites supérieures et de celles considérées comme inférieures
ferait baisser le niveau moyen de l'espèce, et elle admet
pourtant la doctrine unitaire ! C'est une mathématicienne
de première force ; elle peut sans doute expliquer comment la moyenne de deux quantités est susceptible de varier, quand toutes les valeurs perdues par le plus grand
nombre passent au plus petit. On me répondra peut-être
qu'il ne s'agit pas ici d'une relation mathématique établie
entre les géniteurs; mais d'un fait d'ordre physiologique
ou d'ordre moral, qu'il faut contrôler par une tout autre
méthode que celle des sciences exactes. Je demanderai alors
par suite de quelle expérience ou de quelle démonstration on est parvenu à s'assurer de la réalité de ce fait, au
point de le citer absolument comme une vérité universelle.
Rien de plus confus que ces calculs arbitraires des aptitudes ethniques. A trop s'en occuper, on y perdrait son
barême. Mais est-ce la théorie du transformisme qui au-

torise ces conclusions si affirmatives sur l'inégalité des races humaines?

Plusieurs savants ont avancé cette assertion. Je crois cependant, qu'en étudiant sérieusement la théorie darwinienne, on peut constater qu'au lieu de sanctionner la doctrine de l'inégalité elle prouve plutôt que les races humaines sont constitutionnellement douées d'aptitudes égales; que des influences accessoires de milieu ou d'hérédité expliquent seules la différence de développement dont chaque groupe ethnique fait preuve dans la carrière relativement courte, déjà parcourue par l'espèce entière, dans son évolution historique. Cela pourrait être vrai à l'encontre même de l'opinion personnelle de l'éminent naturaliste anglais. En effet, le plus beau titre des vérités scientifiques, c'est qu'elles sont la manifestation de lois immuables et éternelles, ne se prêtant pas avec plus de complaisance aux savants qui les ont découvertes qu'au plus chétif des mortels. Newton a le premier énoncé la loi de l'attraction universelle; mais il eût été dans l'incapacité absolue d'en tirer une conclusion contraire à la règle des choses, sans qu'on pût le contredire par la loi même qu'il avait formulée. Haüy fut le premier à observer le phénomène du clivage et à formuler la *loi de symétrie* par laquelle les formes cristallines secondaires se déduisent des formes principales. On peut le considérer comme le créateur de la cristallographie; cependant il ne pourrait jamais, avec une structure cristalline donnée, obtenir un clivage autre que celui du système cristallin faisant l'objet de l'observation. Ainsi se présentent les choses dans le cas qui nous occupe. Je suis persuadé que toutes les fois qu'on voudra étudier consciencieusement les lois de la sélection, on verra qu'elles ne sont nullement favorables à la théorie qui admet une inégalité native et originelle entre les races humaines.

Dans la réunion de l'*Association scientifique des savants allemands* tenue à Magdebourg, le 23 septembre de l'année dernière, le docteur Kirchoff, de Halle, a fait une conférence remarquable sur le darwinisme et l'évolution des races. Toutes ces considérations confirment pleinement ma manière de voir. Voici comment en parle la « *Revue scientifique* » :

« D'après l'auteur, le développement physique des peuples dépend entièrement des conditions de milieu. Chez les habitants du nord, les poumons sont plus développés que chez les peuples des pays chauds. En revanche, chez ces derniers, les fonctions du foie sont beaucoup plus actives. L'adaptation au milieu n'est pas une question d'harmonie providentielle. C'est un fait de sélection naturelle; l'évolution du nègre, ce type parfait de l'homme tropical est là pour le prouver. Les exigences de la vie entraînent chez un peuple des particularités organiques spéciales. Les peuples pasteurs, les tribus de chasseurs, ont l'odorat, la vue et l'ouïe extrêmement développés. Ils peuvent supporter la faim, la soif et autres privations à un degré qui nous semble étonnant. La sélection sexuelle joue son rôle dans le caractère du corps, dans l'habillement et jusque dans le caractère du peuple : l'homme sauvage est courageux et cruel ; au contraire, chez l'homme civilisé on trouve l'économie et les vertus domestiques. Mais, en dehors de ces considérations, le principe de la sélection domine encore dans les caractères moraux d'un peuple. A l'habitant des régions glacées du pôle, il faut un caractère flegmatique qui lui permette de supporter la triste vie d'un hiver perpétuel. Aussi l'Esquimau a-t-il un caractère enjoué et pacifique, qui lui permet de vivre en communauté, seul régime possible dans un pays où le combustible est inconnu.

« L'excès de la population de la Chine a fait des habitants de ce pays les plus sobres et les plus industrieux des hommes. Ils émigrent à l'étranger et s'établissent chez des nations plus indolentes ou plus exigeantes (1). »

Ces idées très peu développées ne sont pas absolument neuves ; mais elles sont méthodiquement tirées de la théorie de Darwin et suffisent pour établir la justesse de mon opinion. En effet, si la simple adaptation au milieu, qui est un fait de sélection naturelle, peut expliquer la production dans une race de certaines aptitudes organiques entraînées par les exigences de la vie, n'y a-t-il pas lieu d'affirmer qu'aucune race n'est supérieure à une autre race et que les circonstances ambiantes ont seules amené les différences qu'on remarque parmi les divers groupes humains ? Avant donc de proclamer l'inégalité des races, il faudrait préalablement étudier les milieux dans lesquels elles se sont respectivement développées, ainsi que les difficultés plus ou moins grandes qu'elles ont eu à surmonter pour s'y adapter et déployer ensuite toute leur énergie naturelle, en évoluant vers une conformation supérieure du corps et de l'esprit. Mais jusqu'ici, peu d'études positives ont été faites en ce genre.

Plusieurs savants ont néanmoins senti l'importance d'un tel facteur dans la question. Carus, par exemple, affirme l'inégalité d'aptitudes des diverses races humaines au développement supérieur de l'esprit, mais il attribue à l'influence des milieux un rôle considérable dans la production des résultats, tels qu'il a cru devoir les interpréter. Il admet que des influences favorables, tels qu'un climat tempéré, la proximité d'un grand fleuve ou de la mer, les vallées propres à la culture et les grandes routes entraînent infailliblement la civilisation chez tous les peuples qui

(1) *Revue scientifique* du 1er nov. 1884, n° 18, 3e série, 2e semestre.

sont à même d'en profiter (1). Cette idée est d'ailleurs
beaucoup plus vieille qu'on ne pense. « La doctrine de
l'influence générale exercée par le sol et le climat sur les
dispositions intellectuelles et sur la moralité des races
humaines, dit Humboldt, est propre à l'école alexandrine
d'Ammonius Saccas et fut surtout représentée par Lon-
gin (2). » On n'a pas oublié les paroles de M. Georges
Ville. Le savant professeur a démontré d'une manière
positive que l'on peut changer non-seulement le physique
des races, mais encore leurs aptitudes morales et intellectuelles, en rendant le milieu qu'elles habitent plus propice
et favorable à leur développement. Un savant anglais
qui occupe une place éminente parmi les psychologues
contemporains, Galton, a fait les observations suivantes
sur la démographie sociologique de l'Afrique.

« La différence qui sépare, dit-il, sous le rapport du
moral et du physique, les tribus de l'Afrique australe, est
en rapport intime avec l'aspect, le sol et la végétation des
divers pays qu'elles habitent. Les plateaux arides de l'intérieur, couverts uniquement d'épaisses broussailles et
d'arbustes, sont occupés par les Boschimans à la taille
de nains et au corps nerveux; dans les contrées ouvertes,
montagneuses, présentant des ondulations, résident les
Damaras, peuple de pâtres indépendants, où chaque famille exerce l'indépendance dans son petit cercle ; les riches pays de la couronne, dans le nord, sont habités par
la tribu des Ovampo, la plus civilisée de toutes et de beaucoup la plus avancée (3). »

Ces faits rigoureusement constatés nous amènent à re-

---

(1) Carus, *Ueber die ungleiche Befähigung der verschiedenen Men-
schheitstœmme für hœtere geistige Entwickelung.*

(2) Alex. de Humboldt, *Kosmos.*

(3) Galton, in *London Journ. of the Royal Geograph. Society,*
vol. XXII.

connaître que toutes les races d'hommes, en fuyant les causes de dégénération qui les condamnent à l'abâtardissement ou les empêchent de se développer progressivement, peuvent et doivent arriver aux mêmes résultats que celles qui ont pu évoluer, se perfectionner au point de tenir une place supérieure dans le cercle des nations. On peut se soustraire de différentes manières aux influences défavorables du milieu : soit en abandonnant une terre reconnue ingrate et où l'inclémence de la nature rend l'existence tellement précaire que toutes les facultés de l'homme s'épuisent dans les difficultés de l'adaptation; soit en transformant par l'industrie humaine les conditions naturelles que l'on rend plus supportables, et qu'on tourne même en accidents avantageux pour le développement moral et matériel de la communauté. La première forme d'action est la plus commune pour toutes les nations qui n'ont pas encore franchi les premières étapes de la civilisation : c'est ainsi que s'expliquent toutes les grandes migrations de peuples dont l'histoire est, pour ainsi dire, parsemée. La seconde ne se manifeste que parmi les peuples déjà avancés en civilisation et complètement constitués : les immenses travaux de canalisation, d'assainissement, de reboisement ou d'amendement des terrains en sont les meilleurs exemples.

Il est impossible de rencontrer un peuple, quelle que soit la race à laquelle il appartienne, ayant développé des aptitudes supérieures de civilisation en des conditions nuisibles et défavorables à toute culture humaine. D'autre part, il semble nettement établi par l'histoire sociologique, que toutes les fois qu'un peuple a pu jouir de certains avantages naturels, provenant du milieu ambiant, il a toujours évolué spontanément vers un état de choses de plus en plus élevé. Là, les acquisitions matérielles concourent merveilleusement à son développement intellectuel et moral. Il s'approprie [de nouvelles forces chaque jour grandissantes et en faveur desquelles l'homme modifie non-seulement le monde extérieur, mais encore son propre être, par les réactions admirables du moral sur le physique et du physique sur le moral.

On peut bien objecter ici que bien des nations se sont trouvées dans les meilleures conditions d'évolution et sont restées dans un état patent d'infériorité, tandis que d'autres, moins bien favorisées par les circonstances, ont pu marcher de conquête en conquête, jusqu'à atteindre les plus hauts sommets de la civilisation. Ce sera le lieu de répondre que dans tout système il se présente toujours des faits en contradiction avec la loi générale qui régit la marche des choses, sans que ces exceptions nuisent jamais à l'excellence de la règle. Il faudrait de plus vérifier exactement si les conditions que l'on considère souvent comme nuisibles, ne constitueraient pas, à certain moment, un avantage capital dans la lutte pour l'existence. Car on doit se rappeler que dans ce rude combat, les qualités négatives peuvent, suivant un ensemble de circonstances, concourir plus efficacement que les qualités positives au bien de la communauté.

N'est-ce pas ainsi que la hardiesse, l'esprit d'initiative, le désir du changement, qui sont dans toute agglomération sociale les plus sûrs stimulants du progrès, deviennent parfois moins utiles à un peuple que la prudence, l'esprit de conservation et l'amour du repos? La nation que les circonstances extérieures obligeraient d'adopter un tempérament quelque peu inerte, juste au moment psychologique où l'activité serait pour elle un danger, n'en tirerait-elle pas le plus grand bien? En ce dernier cas, le hasard qui entre toujours pour une grande part dans le déroulement de toutes les choses humaines, expliquerait, à lui seul, les faits qui paraissent contradictoires ou plutôt nous dispenserait de toute explication.

Nous devons donc conclure, en admettant comme fondées les théories du transformisme qui dominent si généralement les spéculations scientifiques de notre époque, que toutes les races humaines non paralysées par la nocuité des influences extérieures sont essentiellement aptes à commencer l'évolution vers leur propre perfectionnement. Elles peuvent y persévérer et atteindre le plus beau résultat, à moins que des causes morales déprimantes et indépendantes de leur constitution ethnique ne viennent y opérer une réversion inopportune et enrayer périodiquement leur marche en avant. Mais la force virtuelle du progrès, beaucoup plus résistante qu'on ne croit, les ramène toujours dans la bonne voie, comme l'influx physiologique, *vis medicatrix naturæ*, tend à ramener la santé, partout où l'organisme n'est pas complètement empoisonné. C'est le premier pas qui coûte. Et que faut-il pour que cette transformation progressive se manifeste? Il suffit d'un ébranlement quelconque, accomplissant une différenciation avantageuse en quelques individus et même dans un seul. « La cause d'évolution que nous avons dit devoir être illimitée est celle-ci, dit M. Delbœuf, qu'entre tous les enfants d'une même famille, il y ait des différences intellectuelles et que l'un l'emporte nécessairement sur ses parents. Voilà le premier ferment. L'impulsion est donnée (1). »

II.

THÉORIE DE L'ÉVOLUTION HUMAINE.

Mais les anthropologistes protestent. Pour tous ceux qui entendent la science dans le sens étroit qu'on lui donne et

(1) J. Delbœuf, *Une loi mathématique applicable au transformisme*, in *Revue scientifique* du 11 août 1877.

comme on la définit, si les races humaines pouvaient, au point de vue esthétique, évoluer d'une forme inférieure à une forme supérieure ; si elles pouvaient passer d'un état d'ignorance profonde à un degré d'instruction qui ne reconnaît pas de bornes, l'anthropologie n'aurait plus rien à faire. En effet, les cent-cinquante mesures que Broca avait imaginées et qu'il réussissait à prendre sur le crâne et l'encéphale, deviendraient inutiles et sans aucune portée taxiologique, en présence d'une transformation progressive de toutes les races humaines, évoluant corrélativement à la civilisation. Les angles faciaux et tout ce qui s'y rapporte, rentreraient dans la destination modeste qui leur fut primitivement attribuée par Camper. Aussi, toutes les fois qu'on parle aux anthropologistes du transformisme et de l'application qu'on pourrait faire de ses théories dans les études anthropologiques, n'acceptent-ils ces idées que sous bénéfice d'inventaire !

Ils ne nient rien et n'approuvent rien. La théorie anthropogénique d'Hœckel n'est pas ce qui les effraie le plus. L'homme pourrait bien venir d'une famille de singes, pourvu que le *Satyrus* quelconque dont la déviation sélective a commencé l'évolution vers le type humain, eût donné naissance à des progénitures dissemblables, dont les unes feraient souche à la race blanche, les autres à la race mongolique, etc. Cependant qu'on veuille pousser le raisonnement jusqu'au bout ; qu'on veuille leur expliquer que, toutes choses égales, on doit supposer à chaque groupe particulier une puissance évolutive de même qualité que les autres groupes environnants, à moins que, sous le coup d'une fatalité incompréhensible, les unes n'aient eu une tendance innée à rétrograder ou stationner et les autres une propension naturelle à progresser ! Ils refusent alors d'entendre raison. Pour toute réponse, ils se contenteront de présenter des crânes soigneusement numérotés, tantôt montés sur le reste du squelette humain, tantôt alignés sur une table poussiéreuse, triste nécropole où notre vanité grimace en chœur. Voici l'Ethiopien au masque hideux : mâchoire prognathe, front déprimé, arcade dentaire oblique, indice nasal platyrrhinien, indice céphalique tombant jusqu'à 69 degrés ! Voilà le Caucasien au front proéminent, à la face orthognate, profil superbe, indice nasal leptorrhinien, indice céphalique mesurant 80 degrés, type représentant seul (1) la beauté humaine, par l'harmonie des lignes et l'élégance des formes ! La race jaune mongolique sera comme elle pourra, à travers Chinois et Tongouses, et les autres à l'avenant.

Cette manière d'argumenter semble être d'une dialectique irrésistible aux yeux de ces dignes savants. Mais les formes craniennes si délicatement mesurées et dans lesquelles on croit voir les signes indélébiles de la race, ne subissent-elles pas aussi l'influence de l'évolution ? Ne varient-elles pas constamment dans la même race, d'une époque à l'autre, selon la marche ascendante ou rétrograde de la civilisation ? C'est ce que nous pouvons facilement étudier. Chose curieuse, les anthropologistes qui sont obligés de compter avec la physiologie et les progrès qu'elle réalise, connaissent tous le phénomène de la variation des types ethniques, mais leur esprit est comme muré dans un système. Il leur faut diviser les races en brachycéphales, en dolichocéphales ou en d'autres catégories que nous avons déjà vues, sans pouvoir jamais comprendre une vérité que tout le monde constate autour d'eux. Cette vérité, c'est que les races humaines, sorties toutes d'un état

---

(1) Meiners, dans son *Précis de l'histoire de l'humanité* (*Grundriss der Geschichte der Menschheit*), partage les races humaines en deux catégories : la *belle* composée seulement de la race blanche, la *laide* qui comprend toutes les autres.

inférieur, évoluent ou doivent évoluer toutes vers les formes supérieures, dans le perpétuel *devenir* qui est la condition normale de toute nature organisée et surtout des organisations supérieures.

Cette obstination à ne point reconnaître un fait qui se déduit logiquement de tous les principes scientifiques servant de gouverne aux investigations modernes, ne peut provenir que d'un tempérament empirique, regardant les choses par leurs petits côtés et s'y crampronnant, sans même s'occuper des lois générales qui les régissent. La science vraiment expérimentale, procède-t-elle ainsi? Si les physiologistes, les chimistes et les physiciens ne parviennent jamais à dévoiler le pourquoi des choses que tout vrai savant, d'après Newton, doit écarter de ses recherches, ne tâchent-ils pas chaque jour d'en mieux découvrir le déterminisme et de resserrer de plus en plus les liens de concordance qui font de toutes les notions scientifiques un ensemble de vérités harmoniques? Sans demander à l'anthropologie cette rigueur de méthode, que l'on ne saurait exiger que dans les sciences opérant *in anima vili,* on a droit d'y rechercher cette hauteur de vue, cette analyse délicate et patiente des phénomènes qui aide à les interpréter et les ramener à des principes généraux, par une coordination synthétique de tous les éléments qui ont concouru à leur formation. Mais pour atteindre un tel but il faudrait que la science anthropologique s'émancipât de l'esprit fermé et du sentier étroit où l'ont dirigée les premiers maîtres et où elle se voit obligée de tourner sur elle-même, piétinant sur place, répétant les mêmes essais anthropométriques, qu'on ne saurait décorer du nom d'observation, accumulant toujours les résultats, sans pouvoir en tirer aucune déduction solide. Malheureusement les théories et les méthodes dont elle s'inspire actuellement, loin de conduire à des résultats scientifiques dignes d'être notés, semblent plutôt s'écarter systématiquement de la vraie interprétation des faits. C'est à ce point que cette science dont le titre seul promettait tant d'éclat commence déjà à perdre tout intérêt sérieux. Je crois qu'il est grand temps de réagir contre cette force d'inertie, en se dégageant de toutes les entraves auxquelles un respect exagéré de la tradition a, pour ainsi dire, rivé l'esprit des anthropologistes. Voyons donc comment l'évolution physiologique amène lentement l'amélioration et l'embellissement des formes dans toutes les races de l'espèce humaine, dont la perfectibilité incalculable est peut-être le meilleur signe de distinction que l'on doive reconnaître entre l'homme et es autres animaux de la création.

Qu'on prenne un peuple quelconque, dans les premières époques de son existence, on rencontre toujours en lui la grande majorité des individus avec des traits repoussants, une physionomie barbare, fidèle reflet de l'intelligence inculte, de la pensée nourrie de toutes les fausses conceptions. Les uns peuvent bien soutenir que l'homme est foncièrement bon; les autres pourront soutenir avec plus de véhémence que c'est plutôt un être pervers, que la civilisation seule l'améliore et le perfectionne : le fait indéniable, c'est qu'on n'a jamais découvert une peuplade à l'état sauvage où toutes les vertus qui sont admirées dans nos sociétés policées soient connues et cultivées. Ces vertus, fruits de la maturité, résultat d'une longue existence sociale, ne se manifestent que lorsque le développement intellectuel permet à chacun de se dédoubler, en quelque sorte, en étendant progressivement la puissance d'expansion que prennent les sentiments avec une grande habitude d'abstraire. Or, tout le temps que les conquêtes matérielles n'ont pas encore pris une importance décisive, ce qui préoccupe l'homme par dessus tout, c'est la lutte brutale pour la vie, lutte intense, horrible, insatiable, où tous

les éléments de la nature inanimée ou vivante s'entrechoquent dans une étreinte insensée.

La roche brute lutte contre les intempéries de l'air
qui la désagrègent et l'émiettent; le lichen lutte contre
la roche qui lui refuse son suc déjà si pauvre; l'arbre
lutte contre le parasite qui l'étouffe, la plante lutte contre
l'arbre qui lui vole sa part de lumière et contre l'insecte
qui la dévore; l'insecte lutte contre les oiseaux, les
reptiles ou d'autres insectes qui lui font la chasse; ceux-là
continuent à lutter contre les carnassiers ou contre
d'autres éléments du règne végétal ou animal. Continuellement, du faible au fort, du fort au faible, c'est un carnage
insensé dans toute l'échelle biologique. M. Coutance (1) a
décrit avec une ampleur et un talent saisissant ces rudes
combats où tout dans la nature ne semble vivre qu'en répandant la mort et la ruine autour de soi.

Toute cette guerre d'extermination vient aboutir à
l'homme contre lequel les organisations inférieures se coa-
lisent, encore qu'elles continuent à se combattre. C'est un
tableau terrifiant que celui de l'homme sauvage, désarmé et
nu, en face de toutes ces attaques. Son existence est incertaine; chaque pas qu'il fait peut en être le dernier. Surpris
à tout moment par les embûches que lui tend la nature, sa
vie est une malédiction : la ronce lui perce le pied, les
lianes le renversent, un insecte lui suce le sang, un autre
le pique de son aiguillon; des animaux voraces l'attaquent
et le poursuivent, effaré. N'est-ce pas un être condamné à
disparaître de la terre avant qu'il ait pu s'apercevoir de la
beauté de la nature et en jouir par la contemplation ? Il a
résisté pourtant. Mais c'était à la condition de devenir
féroce, de développer en son esprit tous les mauvais instincts, tels que la ruse, la méfiance, l'égoïsme. Ce qui devra

---

(1) A. Coutance, *La lutte pour l'existence*.

devenir en cet être, le premier de tous en dignité, la source des plus pures affections, le stimulant de tous les sentiments chevaleresques, n'est en ce moment là que la source des passions les plus brutales, des appétits les plus grossiers.

> Quod cuique obtulerat præde fortuna, ferebat,
> Sponte sua, sibi quisque valere et vivere doctus.
> Et Venus in sibis jungebat corpora amantum :
> Conciliabat enim vel mutua quamque cupido,
> Vel violenta viri vis atque impensa libido,
> Vel pretium, glandes, atque arbuta, vel pira lecta (1).

Les vers de Lucrèce sont une peinture fidèle, mais encore idéalisée de la vie que l'homme des temps préhistoriques était condamné à mener ici-bas. Plié sous le poids de la fatalité qui semblait conjurer tous les éléments pour faire de lui un être purement sensitif et rivé pour jamais à une existence végétative, il a trouvé dans la puissance mystérieuse qui est en lui, la force nécessaire pour se débarrasser de toutes ces chaînes et marcher, de triomphe en triomphe, à la conquête du monde. C'est un résultat si beau, si extraordinaire que, jouissant paisiblement de tous les raffinements de la civilisation, sentant s'épanouir en lui tous les sentiments de délicatesse, vraies fleurs du cœur, toutes les notions scientifiques, vraies fleurs de l'esprit, le successeur de l'homme antédiluvien, aujourd'hui transfiguré, ne peut croire à la réalité d'une telle métamorphose. Plus il se compare à ce type inférieur, ignorant et

---

(1) « Chacun ravissait la proie que la fortune lui offrait, et, sans autre maître que son instinct, usait de ses forces et ne vivait que pour soi. Point d'autres unions que celles que Vénus ménageait dans les forêts entre les amoureux. La femme y était amenée ou par la réciprocité des désirs, ou par la violence de l'homme qui n'écoutait que sa passion, ou par quelque présent tel que des glands, des arbouses, ou des poires choisies. » — Lucrèce, *De natura rerum*, liv. V, vers 959-963. — Traduction de M. Crouslé.

laid, féroce et vicieux, moins il veut croire à la possibilité
de son étrange filiation ; moins il comprend « comment en
or si pur un vil plomb s'est changé ! »

C'est pourtant par le jeu naturel des choses, par une
progression lente et se développant insensiblement à travers de longs siècles, que cette admirable transformation
s'est produite. Mouvement et repos, action et réaction, tout
a servi de force promotrice à l'organisme humain qui a commencé à se perfectionner dès le principe, qui marche encore et toujours vers un perfectionnement plus accentué.

L'intelligence et la beauté sont les deux qualités dont
les hommes s'enorgueillissent le plus. En fait, la seconde
de ces qualités, comme nous l'avons déjà remarqué, ne
constitue aucunement un caractère de préexcellence ; mais
elle acquiert un mérite réel dans le besoin inné de coquetterie qui fait le fond de la nature humaine et répond si bien
à la soif d'idéal dont elle est dévorée. Aussi ne conteste-
t-on pas beaucoup la possibilité qu'ont les races d'embellir
avec des circonstances favorables à leur épanouissement.
Ce qu'on refuse d'admettre, c'est qu'elles deviennent plus
intelligentes, plus aptes qu'elles n'étaient à leurs premières
phases évolutives. Mais il faut avouer qu'il n'y a rien de
scientifique dans une telle négation.

La faculté intellective n'a jamais été refusée à aucune
race humaine ; cela serait incompréhensible et souverainement illogique, puisque l'on reconnaît que tous les animaux en sont généralement doués, quoique à différents
degrés. Les partisans de l'inégalité n'affirment donc, pour
maintenir la distinction qu'ils ont établie et par laquelle
ils divisent les races humaines en supérieures et inférieures, qu'une simple différence de degrés dans la somme
d'intelligence où chaque race humaine est susceptible de
parvenir. Mais j'ai déjà posé l'objection : comment mesurer les degrés de l'intellection, en l'absence d'une science

noologique qui en trace les différents modes de manifestation? C'est une difficulté de premier ordre, un obstacle
infranchissable qui s'élève contre toute hiérarchisation
intellectuelle entre les races humaines. Cependant nous
ne pouvons pas nous contenter du silence de la science.
Puisque, à tort ou à raison, on tend à considérer la
matière cérébrale comme le *substractum* de l'intellect;
puisque l'on croit pouvoir, en étudiant la dimension et le
poids du cerveau, supputer le degré et l'énergie de l'intelligence, je vais avoir recours à la théorie transformiste qui
servira, encore une fois, à nous éclairer sur les différences
que l'on rencontre d'un cerveau à un autre, dans les
diverses races humaines ou dans les individus d'une même
race. D'ailleurs, le principe biologique qui explique le
mode de transformation du cerveau, ainsi que les conformations variées que l'on constate dans les crânes humains,
tout en concordant merveilleusement avec les données
générales du transformisme, existe indépendamment de
la doctrine de Darwin et la confirme d'autant mieux.

La fonction fait l'organe. C'est une loi physiologique qui
n'a jamais été contredite : par elle, toutes les évolutions
successives qui se réalisent dans l'économie organique d'un
même individu, prennent un caractère rationnel qu'on ne
concevrait jamais autrement. Tous les organes se transforment et augmentent de volume, en raison directe de
l'exercice qu'on leur impose. Cette vérité découle de la
grande loi de nutrition des tissus vivants, lesquels ne
s'assimilent les matériaux dont ils ont besoin pour se fortifier qu'autant que le sang, riche en substances plastiques,
vienne les baigner de son liquide réparateur et leur cède
ces substances qu'il charrie constamment dans sa course
circulatoire. L'afflux sanguin accomplit une double action
sur les organes : par l'une, il leur fournit les matières assimilables; par l'autre, il excite et active l'énergie vitale de

leurs tissus. Or, l'exercice, occasionnant une dépense de forces que l'organisme à l'état de santé tend toujours à réparer, établit un courant complexe d'assimilation et de désassimilation où la fréquence de l'excitation locale influe mécaniquement sur le champ d'opération et finit par en élargir les limites. C'est ainsi que la main qui agit toujours acquiert non-seulement de la souplesse et de l'habileté, mais encore un plus fort volume. Personne n'ignore la différence qui existe, à cet égard, entre la main gauche et la main droite chez tous les droitiers, qui forment la majorité des hommes.

Il en est ainsi pour tous les autres membres. La jambe du marcheur devient de plus en plus ferme et résistante : le tissu musculaire gagne en élasticité et en consistance ; ses fibres, riches de sang nourricier, se développent harmonieusement et tout le membre s'améliore. Tel est aussi le cas du bras pour celui qui s'exerce au pugilat. Nonobstant les membres, les organes de la vie végétative ou de la vie de relation subissent la même loi. L'estomac du gourmand augmente continuellement de capacité. Le chasseur qui s'exerce continuellement à discerner le cri du gros gibier ou le chant des divers oiseaux, ainsi que le bruit léger qui se produit à de longues distances, finit par acquérir une telle finesse de l'ouïe, qu'au milieu d'une foule de gens, lui seul distinguera mille sons qui n'éveillent chez les autres aucune sensation auditive. Chez lui, le nerf auditif, recevant du *sensorium commune* une tension continuelle sous l'influence d'une attention soutenue, excite constamment les organes de l'oreille interne. Tout l'appareil otique reçoit par conséquent une circulation supérieure ; les effets de la nutrition ainsi accélérée y amènent une plasticité plus grande, et ce que l'organe ne peut gagner en volume, à cause de ses limites anatomiques, il le gagne en sensibilité. Le pavillon extérieur de l'oreille, non emprisonné dans les espaces restreints qu'ouvre le rocher, augmente parfois de grandeur et prend une disposition qui perfectionne assurément ses qualités acoustiques, en s'érigeant de manière à chasser dans le labyrinthe toutes les ondes sonores qui viennent s'y réfléchir.

On pourrait faire le même raisonnement sur l'acuité visuelle que présente l'œil du vigiste consommé, sur la délicatesse palatine du gourmet ou les aptitudes vocales que développe l'exercice du chant ; mais ce sont des vérités si généralement connues dans la physiologie, qu'il est parfaitement inutile de les rappeler ici.

Un fait général et incontestable se dégage de toutes ces constatations. C'est qu'un membre, un organe quelconque contient toujours en lui-même les éléments nécessaires à sa transformation ; cachés dans sa contexture intime, ils n'attendent que l'action du stimulus sanguin pour se manifester. Le sang lui-même n'agit qu'en vertu de l'impulsion que lui communique la force excito-motrice des nerfs encéphaliques dont l'excitation, une fois produite, continue à se développer dans tout le système vaso-moteur. Le courant circulatoire est ainsi porté vers chaque organe mis en mouvement, par le phénomène bien connu de l'innervation. Ne semble-t-il pas en résulter que la volonté seule de l'individu suffit pour changer son état organique dans une proportion notable ? Quand bien même la volonté personnelle n'interviendrait pas toute seule, un concours de circonstances, amenant la répétition fréquente des mêmes exercices, ne pourrait-il pas réaliser le même résultat ? Ce qui est toujours vrai pour tous les membres du corps, pour tous les organes, en général, comporterait-il une exception à l'égard du cerveau ? L'organe encéphalique dérogerait-il à toutes les lois physiologiques que nous sommes habitués à considérer comme les régulatrices des forces intrinsèques de la vie ? Cela est positivement insoutenable, à moins qu'on ne cesse de voir dans le cerveau un organe soumis aux mêmes conditions que les autres organes dont il ne se distingue que par la spécialité de ses fonctions.

Un tel écart, contraire à tous les principes de corrélation que la science établit chaque jour d'une façon de plus en plus caractéristique, devrait s'appuyer d'une justification que nous ne trouvons nulle part. Pour l'accepter, il faudrait renverser toutes les acquisitions de la science expérimentale et revenir aux anciennes conceptions métaphysiques. Mais dans ce dernier cas, les anthropologistes se placeraient dans la plus flagrante contradiction, en ruinant leur propre doctrine. Car comment pourraient-ils jamais concilier le haut intérêt qu'ils mettent à rechercher le poids et le volume du cerveau avec une théorie qui serait la plus éclatante condamnation de ces mêmes recherches, devenues inutiles et même ridicules ?

Par bonheur, il n'est plus permis de douter que le cerveau ne soit un organe comme un autre. De même qu'un autre, il subit les effets de la loi physiologique qui veut que chaque partie du corps se développe et se transforme, selon l'usage qu'on en fait. Les plus grands maîtres de la science se sont prononcés. Ils ont généralement déclaré la parfaite similarité de conditions qui existe entre le cerveau et les autres organes, relativement à l'influence qu'y exerce la fonction. « Dans son développement anatomique, le cerveau suit la loi commune, dit Claude Bernard, c'est-à-dire qu'il devient plus volumineux quand les fonctions auxquelles il préside augmentent de puissance (1). » Depuis longtemps, Leuret et Gratiolet (2) avaient fait la

---

(1) Cl. Bernard, *La science expérimentale*, p. 373.
(2) Leuret et Gratiolet, *Anatom. comparée du système nerveux*. Paris 1839-1857.

même remarque ; et tous les physiologistes ou les anatomistes qui ont abordé ce sujet, de 1840 à nos jours, ont été
unanimes à reconnaître l'exactitude de cette observation.

Un physiologiste d'outre-Rhin dont les travaux sont
légitimement considérés comme réunissant la plus grande
valeur, tant par son esprit indépendant et éclairé que par
le nombre de ses recherches sur toutes les questions dont
il s'occupe, Hermann Wagner, après avoir étudié spécialement et consciencieusement le sujet qui nous intéresse
actuellement, a aussi conclu « que l'étendue du cerveau
augmente avec le développement de l'intelligence (1). » Telle
est encore l'opinion du professeur Vulpian (2). Non-seulement le cerveau croît avec l'intelligence, mais cette croissance, selon la remarque de l'éminent physiologiste, se
vérifie particulièrement dans la partie antérieure où se
trouvent les lobes cérébraux qui sont nos véritables centres de cérébration ou d'idéation. Enfin, suivant Abendroth,
« l'abbé Frère, de Paris, a prouvé après un grand nombre
d'expériences et de recherches, que les progrès de la civilisation ont eu pour résultat d'élever la partie antérieure du
crâne et d'en aplatir la partie occipitale (3). »

Dans la grande discussion entre les monogénistes et les
polygénistes dont j'ai longtemps entretenu le lecteur, on a
entamé cette question si intéressante de la relation qui
existe entre l'état psychologique et la conformation du cerveau. Les monogénistes qui n'eurent jamais une conviction
scientifique bien profonde, mais qui se préoccupaient plutôt
de l'orthodoxie religieuse et philosophique dont il fallait
défendre à tout prix l'honneur et l'intégrité, se montrèrent
mous et timides. Ils craignaient, en s'appesantissant trop

---

(1) Herm. Wagner, *Massbestimungen der Oberfläche der grossen Ge-
hirns.*

(2) Vulpian, *Physiologie du système nerveux.*

(3) Abendroth, *Origen del hombre segun la theoria descencional.*

sur la vérité scientifique, d'aboutir à des principes matérialistes ; ils craignaient surtout de ravir à Dieu la gloire
d'avoir tout prévu et tout réglé d'une façon indéfectible,
en moulant les créatures humaines d'après des types cir-
conscrits en chaque groupe, et en les marquant d'une
empreinte éternelle. Ils avaient pourtant risqué l'argument de la transformation des types sous l'influence de la
civilisation. Le savant Broca, en lutteur intrépide, entreprit de les réfuter sur ce point comme il avait essayé de
le faire sur tant d'autres. Ce fut, pour lui, très malaisé.
Embarrassé dans sa conscience de physiologiste éclairé,
mais voulant porter ses adversaires au silence, le grand
athlète de l'école polygéniste eut recours à une argumentation spécieuse et sophistique. « S'il était vrai, dit-il, que
l'état du cerveau fût déterminé chez les hommes par leur
état social, par l'usage qu'ils font de leurs facultés, par la
direction qu'ils donnent à la vie cérébrale, il faudrait en
conclure que l'habitude de faire fonctionner ou de laisser
en repos tel ou tel organe encéphalique a pour conséquence
de faire hypertrophier ou atrophier cet organe comme
s'atrophie un muscle longtemps immobilisé, comme s'hy-
pertrophie une glande qui fonctionne outre mesure ; et il
en résulterait que le cerveau est à l'âme ce que le muscle
est à la contractilité, ce que le rein est à la sécrétion uri-
naire. Conséquence inévitable, d'une doctrine qui a pu se
croire orthodoxe ! Il n'y a pas de milieu. Il faut se séparer
de cette doctrine ou prendre place parmi les matérialistes
les plus radicaux (1). »

Il faut rendre hommage à l'habileté du célèbre anthropologiste, qui eut l'art de mettre en déroute tous ses
contradicteurs, rien qu'en les menaçant de les considérer
comme des matérialistes ; on conviendra néanmoins que

---

(1) Broca, *Mémoires d'anthropologie*, t. III, p. 406.

le procédé n'est pas du meilleur aloi dans une discussion scientifique. Mais disons bien vite que Broca ne resta pas toujours sourd à la vérité. Il abandonna bientôt cette inflexibilité doctrinale, cette pertinacité bien belle dans le caractère de l'homme privé ou public, dont elle prouve la fermeté d'esprit et la haute moralité, mais qui est une pierre d'achoppement pour le savant. Celui-ci, en effet, ne doit point montrer une opiniâtreté si grande à soutenir une doctrine, qu'il en vienne à détourner systématiquement ses yeux de tout ce qu'il y a de plus clair et de plus évident dans la science qu'il étudie. Aussi quinze ans plus tard, verrons-nous l'illustre physiologiste, avec l'esprit naturellement plus éclairé, dégagé surtout de tout parti pris, discuter avec une largeur de conception remarquable la théorie de la *sélection naturelle*. Sa conclusion mérite d'être citée. Elle est bien éloignée de l'opinion exprimée plus haut, mais ce changement opéré dans les idées de Broca, à travers l'espace d'une quinzaine d'années, est lui-même un argument précieux en faveur de l'évolution intellectuelle qui se manifeste dans toute organisation cérébrale, sans exception de races ni de conditions, puisque blancs ou noirs, illettrés ou savants, tous les hommes en donnent chaque jour l'exemple.

« La civilisation, dit-il, admet donc « au banquet de la vie (1) » une nombreuse catégorie d'individus que la nature brutale en aurait exclus. Dans ces conditions, on conçoit que la valeur moyenne de la race puisse être relevée de deux manières : ou bien par l'élimination des faibles, ou bien par leur perfectionnement. La nature suivrait le premier procédé, la civilisation suit le second. La baisse de la

---

(1) Ces mots ainsi guillemetés font sans doute allusion à la phrase célèbre de Malthus que Mme Clémence Royer semble prendre un peu trop à la lettre dans la préface de sa traduction de l'*Origine des espèces* de Darwin.

moyenne, cette décadence apparente qui n'est qu'un effet
de la statistique, n'est que temporaire ; elle fait place à un
mouvement ascensionnel ; la société continue son évolution progressive, et la civilisation, après avoir accordé aux
faibles le bienfait de la vie, leur accorde un autre bienfait
plus grand encore : elle les perfectionne à leur tour. C'est
ainsi que la capacité moyenne du crâne des Parisiens s'est
accru de 35 centimètres cubes depuis le douzième siècle ; et,
chose remarquable, l'étude des mesures partielles prouve
que cet accroissement a porté *exclusivement* sur la région
frontale...

« Ces changements sont l'effet de l'éducation. Reprenant sur des bases plus étendues et plus naturelles les
études déjà commencées par Parchappe, j'ai prouvé que
les hommes de la classe éclairée ont la tête plus volumineuse que les illettrés et que cette différence est due au
plus grand développement, absolu et relatif, de la région
cranienne antérieure des premiers (1). »

Après Broca que tous les anthropologistes ont toujours
regardé comme le maître de la science et qui est mort entouré de l'estime et de l'admiration générale, on peut
encore citer M. Topinard dont l'opinion est d'une si haute
valeur dans toutes les questions d'anthropologie pratique.
« Les circonvolutions et le cerveau entier, dit-il, se perfec-
tionnent, s'accroissent et se compliquent en proportion
de l'activité que déploie l'organe. » Il répète plus loin :
« Le cerveau s'accroît, toutes choses égales, en proportion
de l'activité vasculaire dont il est le siège... Mais de tous
les genres d'activité, celui qui est le plus conforme à la
destination de l'organe a le plus d'efficacité. Telle est l'activité physiologique dont la résultante est l'intelligence.

---

(1) Broca, *loco citato*, t. III, p. 244-245.

Les pesées faites par Lelut, Parchappe, Wagner, le démontrent (1). »

En réfléchissant sur la portée philosophique et biologique d'un phénomène aussi bien reconnu, je comprends
difficilement, je l'avoue, la persistance que mettent les anthropologistes à fixer pour chaque race une mesure et une
conformation particulière de l'encéphale. Cet organe est
celui qui varie le plus entre les hommes de toutes les races,
parce que c'est par lui surtout que l'espèce humaine se distingue des autres êtres, parce que c'est celui qui agit le
plus dans le développement de notre personnalité; mais ces
variations sont plutôt individuelles que sériales. Ce qu'on
peut distinguer dans les diverses races humaines, c'est
une simple différence dans la proportion des types cra-
niens plus ou moins bien conformés chez les unes que chez
les autres. Le plus souvent, les écarts s'expliquent uniquement par le degré d'évolution que ces races ont respectivement atteint. Bien plus, en admettant la nature
évolutive de l'organe encéphalique, il est incontestablement illogique de s'appuyer sur les conformations craniennes pour diviser les hommes en races supérieures et
races inférieures. Car ces conformations, au lieu d'avoir
un caractère fixe et positif, susceptible d'offrir une base de
classification quelconque, ne sont alors que le résultat des
phénomènes accidentels de la vie. Elles doivent être essentiellement transitoires dans chaque race; il suffit, en
effet, qu'on veuille les changer par une application méthodique et constante de certaines règles, pour qu'elles
varient dans un sens ou dans l'autre. Au lieu donc de conclure, comme font la plupart, en certifiant que l'Africain
ne pourra jamais parvenir au grand développement intellectuel dont l'Européen a fourni des exemples célèbres,

(1) Topinard, *loco citato*, p. 106 et 123.

parce que la nature lui a donné un front étroit et déprimé, en exagérant la partie occipitale de sa tête, on doit renverser la proposition : il faut conclure que la forme du crâne nigritien est souvent dolichocéphale, parce qu'il n'a pas encore subi le degré d'évolution que doit y amener le développement intellectuel que l'Européen a déjà reçu et auquel il est redevable de cette brachycéphalie dont il est si fier.

En somme, il y a des nations sauvages et des nations civilisées. Naturellement, les premières sont inférieures et les secondes supérieures; mais la race n'y est pour rien, la civilisation y est pour tout. Ces races sauvages, malgré l'état de profond avilissement dans lequel on les croit plongées, n'ont aucunement perdu leur droit au patrimoine commun de l'humanité, c'est-à-dire au relèvement et au progrès. Elles peuvent commencer, si tard qu'il soit, l'ascension merveilleuse qui a conduit les peuples civilisés à leur degré de perfectionnement actuel. Elles n'ont qu'à trouver ou retrouver le secret qui a fait naître une si belle transformation dans la physionomie de ceux qui tiennent aujourd'hui la tête de l'humanité, parce qu'ils sont les gardiens de la civilisation. Ce secret n'est pas si difficile à découvrir. « L'éducation, l'éducation sous toutes ses formes, dit l'illustre Broca, voilà la force intelligente qui permet à la société d'améliorer la race, tout en luttant contre les sommaires procédés de la sélection naturelle. C'est certainement le plus efficace des moyens dont elle dispose. Joignez-y des institutions équitables permettant à chaque individu d'obtenir une position proportionnelle à son utilité et vous aurez plus fait pour la race que ne pourrait faire la sélection naturelle la plus impitoyable (1). »

---

(1) Broca, *loco citato*, p. 245.

Belles paroles ! en vérité. Je reconnais ici le grand savant, cette intelligence supérieure qui dominait tous ceux qui l'entouraient. Pour le coup, Broca franchit les limites étroites de l'anthropologie systématique ; il parle en vrai sociologue et laisse planer son esprit sur le plus beau côté des problèmes que doit soulever la véritable anthropologie. La contemplation de ces problèmes ne sera peut-être jamais autre chose qu'une aspiration vague et indécise vers un idéal de science et de bien-être dont la réalisation est très lointaine ; mais c'est la plus noble, la plus élevée, la plus digne des préocupations du génie !

III.

APPLICATION DU DARWINISME A L'ETHNOLOGIE DE L'ÉGYPTE, GRECS ANCIENS ET GRECS MODERNES.

Arrivé à ce point de ma démonstration, je suis obligé de revenir à l'étude consciencieusement faite sur l'ancienne race égyptienne que l'on a vainement essayé de séparer des autres races noires de l'Afrique.

Ce qui a paru autoriser la plupart des égyptologues qui ne s'occupent pas d'anthropologie et la grande majorité des anthropologistes qui se sont fort peu intéressés à l'archéologie égyptienne, à déclarer que les anciens riverains du Nil n'étaient pas de la race noire, c'est surtout une considération empirique. En comparant l'infériorité actuelle des Africains et la haute civilisation à laquelle avait pu atteindre la nation qui a construit les pyramides et le Rhamesséum, l'on s'est demandé comment une même race d'hommes serait capable d'exécuter de si grands travaux, à une époque si reculée, pour ne faire preuve aujourd'hui que de l'impuissance et de l'ignorance les plus accablantes. Sans aucune autre forme de procès, on a inféré de ce que l'on voit actuellement que la race blanche seule aura pu faire de si grandes choses. Mais comment prouver l'existence d'une race blanche en Egypte, sous le sceptre des Pharaons? Egyptologues et anthropologistes se servirent mutuellement d'appui. Il fut admis que depuis sept mille ans, rien n'a changé dans la physionomie de l'Egyptien. Le Rétou antique ne serait autre que le *fellah* d'aujourd'hui, lequel appartiendrait à la race blanche. Non-seulement cette assertion est contredite par toutes les lois de l'évolution organique et sociale que les nations subissent dans leur existence, mais elle repose en outre sur un fait de pure fantaisie, en considérant le *fellah* comme étant toujours un homme de race blanche.

En réalité, les *fellahs* ne représentent pas une race dans l'Egypte moderne ; mais bien une condition sociale. Cette classe qui réunit les paysans ou laboureurs (1), la plus malheureuse de la nation, est composée d'Arabes, d'Ethiopiens et de mille autres éléments disparates, issus des croisements de la race antique et des peuples de différentes régions, mais tous de race blanche, qui ont envahi l'Egypte à diverses époques de l'histoire. Lors donc qu'on annonce que telle statue ressemble à un *fellah*, vivant dans telle partie de l'Egypte, il reste encore à dire quelle est la race à laquelle appartient ce fellah. Ces petits détails ethnographiques dont l'incorrection passe inaperçue jettent souvent la plus grande confusion dans la science. C'est ainsi que dans plusieurs traités d'ethnographie, on voit figurer les Albanais comme une sous-race, comprenant les populations de l'Albanie, tandis que le plus souvent ce nom n'indique qu'une condition sociale. Grecs, Slaves ou Turcs peuvent se nommer Albanais, suivant l'emploi qu'ils occupent dans l'organisation si confuse des gouvernements de l'Europe sud-orientale.

---

(1) Fellah, vient de l'arabe *falaha* qui signifie : *fendre la terre, labourer.*

Mais revenons à la question de l'évolution. Le fait qui a
le plus influé sur le jugement des anthropologistes, c'est
qu'en mesurant les crânes des anciens Égyptiens, qu'ils
ont pu facilement rencontrer dans les nécropoles quarante
fois séculaires où dorment les momies, ils ont cru constater
que le caractère anthropométrique de ces crânes présentait
des différences trop notables avec celui du crâne éthiopien
moderne, pour qu'on puisse les confondre dans une même
race. Ainsi, l'indice céphalique des anciens Égyptiens
présente une moyenne de 75,58 (d'après Broca) tandis que
le crâne du Nigritien ne doit offrir qu'une moyenne de
73, d'après le même anthropologiste. Encore que nous
connaissions déjà le caractère illusoire des moyennes anthropométriques, qui varient si aisément au gré de l'expérimentateur, je veux bien accepter la justesse de ses résultats craniométriques. Envisagées, pourtant, à la lumière de
la théorie évolutionniste, ces différences ne s'expliquent-
elles pas sans effort ? N'est-il pas naturel que la race noire
de l'ancienne Égypte, cultivée et civilisée, présente une
conformation cranienne supérieure à ce que nous voyons
dans la même race replongée dans la barbarie, telle qu'on
la rencontre dans une grande partie de l'Afrique? Ce qui
a paru constituer le plus grand embarras pour concilier
l'unité de race entre les Nigritiens et les anciens Rétous
ne fait donc que sanctionner les principes de la science.
En effet, si l'on ne conteste plus que l'éducation et la civilisation aient une influence directe sur la constitution
organique des races humaines qu'elles améliorent et per-
fectionnent, ne serait-il pas étonnant et incompréhensible
que les Noirs de l'ancienne Égypte, intelligents et civilisés, eussent une conformation absolument semblable aux
Noirs encore incultes de l'Afrique contemporaine ?

Les anciens Égyptiens, quoique noirs, ont pu parvenir
à un degré d'évolution notable. Aussi, le type nigritique

admirablement affiné en eux, sans rien perdre de son caractère fondamental, avait embelli d'une manière surprenante. Il a pu même atteindre aux belles formes qu'on admire dans Rhâmes-sou II où Nofri-t-ari. Je joins intentionnellement ces deux types de l'ancienne race nilotique ou nigritique, parce qu'il n'est plus possible de nier aujourd'hui la communauté d'origine des anciens habitants de l'Égypte et de l'Ethiopie. Admirable harmonie de la science, où tout s'enchaîne et où chaque nouvelle vérité sert à rendre plus saisissante une vérité d'un autre ordre ! C'est ainsi que la théorie darwinienne, suffisamment étudiée, concourt à prouver l'origine purement africaine des Rétous. Cette même preuve, c'est-à-dire l'existence d'un peuple de race noire, ayant eu primitivement des formes grossières, mais ayant pu évoluer, avec la civilisation, vers des formes plus belles, confirme l'espérance de toutes les races arriérées. Elle leur montre un horizon bien vaste, où par la persévérance de la volonté, par la constance de leurs efforts, elles trouveront la voie qu'il leur faut pour suivre les sentiers du progrès et de la civilisation, et obtenir enfin leur régénération physiologique et morale.

Mais là ne s'arrêtent pas toutes les difficultés. On peut parfaitement formuler une autre objection : en admettant que l'ancienne race égyptienne était noire, comme tant de probabilités le font actuellement supposer, comment expliquer la dégénération dans laquelle sont tombées ses congénères ou ses descendants, au point de laisser disparaître entièrement la vieille civilisation qui florissait avec tant d'exubérance sur les bords du Nil ? Comment cette même race, dont les Coptes sont les représentants abâtardis par le mélange d'autres peuples et la décadence sociale, a-t-elle pu oublier sa gloire passée au point de n'offrir actuellement, dans les régions de l'Afrique, aucune trace des aptitudes merveilleuses de ses ancêtres ? Ne dirait-on pas que les vrais successeurs des Rétous et, par conséquent, leurs seuls congénères soient les peuples blancs de l'Europe? En considérant l'état de profonde dégradation où se trouvent les hommes de l'Afrique, comparativement à l'Européen, cette objection paraît avoir une valeur sérieuse. Il semble tout d'abord que, d'après les principes mêmes de la théorie sélective que je complète toujours dans ma pensée par la théorie évolutionniste, un peuple parvenu à un certain degré de civilisation ne peut que monter et monter toujours dans l'échelle de perfectionnement qu'il a commencé de gravir. Mais il faut aussi se rappeler qu'à côté des influences qui entraînent une sélection progressive, il y en a d'autres qui mènent à des transformations régressives, tant au point de vue matériel qu'au point de vue moral. Alors, au lieu d'une évolution, il s'accomplit une révolution pénible; au lieu de marcher en avant, on rétrograde. Ce sont des faits qui s'observent, tant dans la sélection naturelle que dans la sélection sociale.

L'invasion des peuples moins avancés et d'une race étrangère ont enrayé et renversé la civilisation égyptienne, en contrariant l'essor du monde éthiopien vers un état de perfectionnement définitif. Dans la lutte pour l'existence, n'arrive-t-il pas aussi que des parasites ou bien des espèces étrangères, plus vivaces ou plus nombreuses, s'attaquent à une espèce ancienne, la dépriment, l'obligent à restreindre son développement organique, à revenir peu à peu aux formes antérieures, les moins accomplies, à subir enfin tous les effets d'une réversion inéluctable? La civilisation égyptienne est-elle seule dans ce cas? La race noire est-elle seule susceptible de cette dégradation intellectuelle et morale? On ne saurait soutenir une telle opinion.

On a vu les anciens Grecs, après avoir été tour à tour soumis par les Romains et envahis par les Barbares du

moyen âge, se laisser assujettir par les Turcs; nous ne
faisons pas mention de la conquête macédonienne, puisque
Philippe et Alexandre étaient aussi de la race hellénique,
bien que les Athéniens les appelassent des barbares. Tombés dans une complète décadence, les petits-fils de Périclès, les descendants de la race qui a produit Homère et
Eschyle, Phidias et Praxitèle, Protagoras, Socrate, Platon
et Aristote, ont subi une dégénération si profonde, qu'un
appréciateur peu philosophe pourrait bien se demander,
vers le commencement de ce siècle, s'il restait en eux aucun sentiment généreux, aucune aspiration au relèvement.
On peut même affirmer que, sans la chaude sympathie,
excitée chez l'élite des grandes nations de l'Europe par
le souvenir captivant de l'antique Hellade, cette Grèce
mille fois célèbre par le génie immortel de ses poètes, de
ses guerriers, de ses philosophes et de ses artistes incomparables, dormirait encore courbée sous les humiliations
imposées par la grossièreté d'un pacha turc.

Sans doute, elle se montra héroïque et belle, au jour de
la revendication; mais le souffle qui a propagé l'idée de
l'émancipation nationale était parti des universités de
France, d'Angleterre et d'Allemagne, où l'on apprend le
culte de l'hellénisme en même temps que la littérature et
l'histoire grecque, avec un zèle, une ardeur qui laisse
souvent en arrière le patriotisme même. On ne peut nommer Botzaris sans nommer en même temps le chevaleresque Byron, poète capricieux qui n'a jamais eu qu'une
seule idée positive, l'émancipation de l'antique patrie de
Pindare et d'Euripide. On ne peut penser à la constance
admirable, à la foi intrépide de Kanaris, sans penser
immédiatement aux sociétés *philhellènes* dont les propa-
gandes et les quêtes ont si positivement contribué à l'affranchissement de la Grèce; sans penser aux éloquentes haran-
gues de Villemain, au dévouement de Chateaubriand dont

la voix précieuse était alors si sympathique, si écoutée parmi la génération brillante et généreuse qui venait d'éclore avec la floraison printanière des idées de 1789. Capo d'Istria, grec d'origine et de cœur, était russe par sa position officielle et européen par ses relations générales. Avec de tels éléments, en face de la Turquie, dont le croissant commençait à pâlir depuis la paix de Passarowitz, en 1718, pour perdre enfin son dernier éclat à la paix de Bukharest, en 1812, la cause de l'indépendance de la Grèce ne pouvait que triompher.

On aurait juré qu'une fois dégagés de l'oppression ottomane, les Hellènes allaient reprendre leur ancien lustre et faire briller mille qualités nationales dont leur nom seul inspire l'idée. Mais ce serait bien à tort.

Malgré plus d'un demi-siècle d'indépendance ; malgré tous les beaux souvenirs de leur histoire et le continuel contact de l'élite de l'Europe qui va dans leur pays admirer les ruines de la civilisation antique, étudier les arts qui ont fleuri avec une élégance incomparable sous le ciel clair et bleu de l'Attique, les Grecs restent encore, pour la meilleure partie, entièrement indifférents aux choses de l'esprit. Parmi eux le sentiment esthétique reste absolument en sommeil, sauf d'honorables, mais de fort rares exceptions. Archéologues et artistes des contrées civilisées de l'Europe s'attristent de voir jusqu'à quel point une coupable négligence laisse se détériorer les plus beaux produits de l'art, lorsque l'étroitesse de l'esprit national traduite en décision légale empêche que la science n'en profite. Les petits-fils des anciens Athéniens sont gourmandés par les arrière-neveux des anciens Celtes et en sont traités avec mépris. « Quod non fecere Barbari, fecere Græculi (1). »

(1) Voir Salomon Reinach, *Le vandalisme en Orient*, dans la *Revue des Deux-Mondes* du 1er mars 1883.

N'est-ce pas un fait curieux que cette oblitération profonde de toute aspiration élevée dans l'esprit du Grec moderne, quand ses ancêtres ont toujours mérité la réputation incontestable d'avoir été les premiers artistes et les premiers penseurs du monde entier? Ce fait est d'autant plus remarquable que la Grèce restaurée a été l'objet de l'encouragement continuel de toutes les puissances civilisées de l'Europe. Partout, elle a constamment rencontré des sympathies agissantes qui l'accompagnent et lui facilitent la voie. L'état actuel de l'esprit national dans la patrie de Démosthène prouve donc une vérité de premier ordre. C'est que le sentiment de l'art, le culte du beau, la production des plus belles œuvres littéraires, toutes ces qualités superbes qui florissaient chez les anciens Hellènes ne sont nullement un caractère distinctif de race. Elles constituent plutôt la fleur de l'esprit humain qui ne s'épanouit que là où la civilisation a fait pousser l'arbre de science qu'elles couronnent et embellissent. Cet état de choses démontre encore que toutes les races sont susceptibles de civilisation, mais que toutes sont aussi susceptibles de la plus profonde décadence. Pour se relever, quand elles sont tombées dans une voie de dégénération parcourue dans une longue mesure, il faut une somme de temps et des circonstances favorables, agissant lentement, mais constamment ; car c'est toujours paresseusement, avec des oscillations de vive ardeur et d'étonnante langueur qu'elles recommencent l'évolution. Certainement, la Grèce régénérée brillera dans l'avenir d'un lustre qui surpassera peut-être sa gloire antique, suivant la conception plus large que nous avons aujourd'hui du progrès. Une race humaine quelconque ne tombe jamais dans un état d'éternelle stérilité ; elle reprend tôt ou tard l'ascension magnifique qui conduit aux hauteurs de la civilisation. Mais si cette vérité indiscutable s'applique à toutes les branches de l'humanité, il n'est pas moins vrai que des causes accidentelles puissent survenir qui la mettent en évidence ou l'éclipsent pour un long espace de temps.

Les Grecs, de race blanche, à la faveur de circonstances heureuses, ont pu reprendre le fil du progrès qu'ils avaient perdu avec leur autonomie, durant plus de vingt siècles. Tel n'est pas le cas des noirs Égyptiens, créateurs de la civilisation nilotique. Devant l'envahissement de l'élément blanc, les uns se sont refoulés dans la Nubie, avec l'émigration des deux cent quarante mille soldats qui se dirigèrent vers les cataractes du Haut-Nil, sous le règne de Psaméthik ; les autres, continuellement croisés avec des peuples d'origine blanche qui ont fait irruption en Egypte à différentes époques de l'histoire, ont presque disparu par suite de ces croisements vingt fois séculaires. Il a fallu d'immenses recherches et de nombreux travaux d'érudition pour qu'on pût en recomposer la généalogie ethnique. C'est ainsi que les paléontologistes, à l'aide des pièces éparses et des inductions scientifiques, sont parvenus à reconstituer ces curieux animaux qui vivaient sur la terre à des époques lointaines et démesurément reculées, mais ont complètement disparu de la faune actuelle.

Cependant les noirs congénères de l'ancienne population égyptienne ne peuvent-ils pas tout aussi bien que les Grecs, remonter l'échelle lumineuse qui va de la sauvagerie à la civilisation, c'est-à-dire de la dégradation au perfectionnement de la race ? Rien n'indique que l'Ethiopie où s'est concentrée la force vive de la race noire, irradiant vers l'Afrique occidentale, ne reprendra pas dans l'avenir la suite des grandes traditions interrompues et déviées par plus de vingt-quatre siècles de rétrogradation. Le sang brûlé de l'Abyssin on du Yolof ne lui inflige aucune incapacité naturelle, insurmontable et dont la perennité soit une cause de désespérance pour

28

tous ceux qui croient à la possibilité du relèvement et de la rédemption morale et civilisatrice de toutes les races humaines.

Sans écouter la voix des savants qui prêchent une fausse doctrine, en affirmant l'inégalité native des races, la science, la vraie science proteste par chacune de ses acquisitions contre ces théories désolantes qui semblent condamner à l'abjection, et sans appel, toute une partie de l'humanité aussi fière de son titre que tous les autres hommes et aussi digne de le porter que quiconque. La conviction profonde de l'égalité que la nature a mise dans le cœur de chacun sera un éternel démenti à toutes les doctrines qui tâchent de diviser les hommes, en mettant les uns au-dessus des autres. Cette voix de la conscience n'a pu être oblitérée que par un calcul étroit, que par de fausses conceptions.

C'est en vain qu'on a essayé de les légitimer, en y édifiant un système sans base, incapable de résister à la moindre analyse. L'erreur ne peut durer éternellement. Du fond de la plus épaisse obscurité sort souvent une lumière, d'abord confuse; mais elle croît graduellement, brille soudain et éclaire enfin les choses qn'on a pris le plus de peine à dissimuler. La vérité éclate alors dans toute sa splendeur. Les moyens même dont on s'était servi pour la voiler et l'empêcher de se manifester, concourent mystérieusement à cette manifestation, espoir suprême de ceux qui y croient et l'attendent, impassibles ! C'est ainsi que de la race noire plongée dans la plus profonde dégradation, contaminée et flétrie par les chaînes de l'esclavage, courbée et brisée sous le bâton du contre-maître, démoralisée et abêtie par un travail excessif, considérée, en un mot, comme une race de brutes, devait jaillir le rayon intellectuel qui grandira, s'étendra, pour briller comme un astre et éclairer les faits, en prouvant l'égale aptitude de tous les hommes à la civilisation et aux conquêtes supérieures de l'esprit.

Pour constater la réalité du phénomène que j'indique, on n'a qu'à jeter un coup d'œil sur l'évolution qu'ont accomplie les hommes de la race noire tirés de l'Afrique et transportés comme esclaves dans les deux Amériques.

CHAPITRE XII.

—

L'évolution intellectuelle de la race noire en Haïti.

Ex fructibus eorum cognoscetis eos;
(SAINT-MATHIEU, ch. VII, v. 20).

Merses profundo, pulchrior evenit.
(HORACE).

Comme je veux donner à la démonstration de la vérité scientifique que je défends ici tout le poids d'une méthode rigoureuse, je me renfermerai toujours en Haïti pour tirer les exemples qui doivent corroborer et justifier les différentes propositions ci-dessus établies. De cette manière, cette seule petite République haïtienne, placée comme une épave brillante dans l'archipel des Antilles, aura suffi pour résoudre la question de l'égalité des races dans toutes ses principales ramifications. On y verra le mulâtre, le griffe, c'est-à-dire les différents types du métissage qui s'effectuent du noir au blanc, enfin le noir lui-même, faire preuve de toutes les aptitudes intellectuelles et morales que les Européens ont toujours attribuées, par une exclusion orgueilleuse et téméraire, aux seuls hommes de la race caucasique. Par là prendra fin une théorie qui n'a subsisté si longtemps dans la science, que faute d'être contredite d'une façon positive. En effet, la réfutation pour être valable devait surtout sortir de ceux mêmes qui réclament cette égalité instituée par la nature et revendiquée par la conscience ! Sans doute, l'abbé Grégoire, Schœlcher, Blumenbach, Humboldt, Bory de Saint-Vincent, suivis par un petit nombre d'Européens consciencieux, ont mis leur haute intelligence, ainsi que leur grandeur d'âme au service de la vérité et se sont admirablement évertués à convaincre leurs congénères de la réalité des faits.

Ils ont héroïquement travaillé à rabattre la prétention de l'homme blanc à une supériorité native sur l'homme noir, prétention injustifiable, mais passée à l'état de dogme chez le plus grand nombre des Européens et dirigeant leur conduite générale dans toutes leurs relations avec les fils de l'Afrique. Cependant la raison pure n'a pu, à elle seule, dominer sur les esprits encroûtés, de telle sorte qu'ils revinssent de leurs préjugés sans autre forme de discussion. Aux judicieuses observations de Blumenbach et de l'abbé Grégoire, il fut continuellement fait cette objection rétorsive : les noirs instruits ou d'une intelligence supérieure qu'on cite çà et là ne prouvent aucunement l'aptitude positive de la race éthiopienne au développement supérieur de l'esprit; ils constituent plutôt des cas exceptionnels dont l'existence confirme d'autant moins les qualités ethniques de leurs congénères, qu'ils ne se manifestent qu'à l'état d'isolement, éparses dans le temps et les lieux, véritables éclairs qui ne rayonnent dans la nuit sombre de l'ignorance nigritique, que pour y faire mieux sentir la profondeur de l'obscurité (1).

Que n'a-t-on pas dit !

Je ne m'occuperai pas de cet argument inepte par lequel on avance que les hommes de la race noire qui ont montré des aptitudes supérieures n'ont pu y parvenir que sous l'influence des blancs, dont le contact serait indispensable à leur développement mental. C'est là un pur paralogisme, à l'aide duquel on érige en règle spéciale un fait d'ordre général. La vérité est que les peuples arriérés ont besoin du contact des peuples avancés pour se développer et progresser; mais il n'y a nullement lieu de considérer en

---

(1) Voyez Carus, *Ueber die ungleiche Befœhigung, u. s. w.*, p. 24-25.

cela leur qualité ethnique. Les termes pourraient être renversés, c'est-à-dire le peuple arriéré serait de race caucasienne et le peuple avancé aurait une origine éthiopienne, que la vérité générale resterait encore intacte. Pour preuve, les anciens Grecs allaient puiser la science aux sources égyptiennes, sans qu'on ait jamais songé à leur en faire un titre d'infériorité naturelle vis-à-vis des noirs prêtres de Thèbes qui leur servaient d'instituteurs. C'est donc toujours le point de vue des faits actuels qui domine l'esprit des Européens, quand ils déduisent des règles aussi étranges de certains faits existants. Mais avant de procéder à une généralisation quelconque, la logique la plus élémentaire ne nous impose-t-elle pas l'obligation de passer en revue tous les cas particuliers qui ont pu se constater dans la manifestation d'un phénomène, à travers les temps et les lieux ? Sans plus nous attarder à ces subtilités, passons à l'étude qui fait le principal objet de ce chapitre.

Je veux bien accepter toutes les objections qu'on s'est ingénié à formuler contre les réclamations pourtant si justes de la philanthropie. Mais si, dans une petite nation qui n'a jamais eu la protection d'aucune puissance civilisée ; qui, au contraire, a toujours marché en butte à toutes sortes de difficultés intérieures et extérieures, on voit se manifester l'intelligence de l'homme noir avec tout l'éclat imaginable, s'attaquant à tous les genres et à tous les ordres de connaissances, ne faudra-t-il pas que l'on convienne du fait patent de l'égalité morale et intellectuelle de toutes les races humaines ? La validité d'un tel exemple souffre-t-elle aucune négation ? Nous allons donc voir ce qu'ont pu faire dans les hautes régions de l'esprit les arrière petits-fils des Africains tirés de la Côte-d'Or, du Dahomey, du pays des Aradas, des Mandingues, des Ibos et des Congos, pour être jetés en Haïti couverts de chaînes et maudissant leur destinée ! Peut-être, en constatant les faits, bien des esprits reviendront-ils à une meilleure appréciation de la vérité.

C'est, d'ailleurs, une revue intéressante à faire.

Pour la littérature, citons tout d'abord le nom de Ducas-Hippolyte. Ce jeune écrivain noir, enlevé trop tôt aux lettres haïtiennes, avait fait la meilleure partie de ses études à Paris, comme la plupart de ses compatriotes qui viennent en France compléter les connaissances qu'ils ont déjà acquises en Haïti. De retour dans sa patrie, il fut accueilli par l'admiration et la sympathie générales. C'est qu'il avait les qualités les plus brillantes et remarquables : un esprit ouvert, cultivé et fin; un charme de diction et une vivacité intellectuelle fort rares, le tout réuni à une exquise urbanité qui en rehaussait l'éclat. Il écrivait correctement, élégamment, tant en prose qu'en vers. Son style facile, mais d'une touche à la fois délicate et savante, saisit, captive l'attention et répand dans toutes ses compositions un je ne sais quoi de fin, de léger, qu'on serait tenté d'approcher de l'atticisme.

Malheureusement, il n'a pas assez vécu pour avoir eu le temps de composer une œuvre de longue haleine ; toutes ses productions consistent en des pièces éparses où il a déployé un talent prodigieux, mais avec la liberté capricieuse du poète qui n'a pas encore mêlé l'ambition de la gloire au culte de la muse adorée. Brillants essais qui ne font que rendre plus amère la disparition prématurée d'une si belle intelligence !

Ducas-Hippolyte, que l'on peut proposer comme un modèle aux jeunes noirs d'Haïti, n'avait pas seulement des qualités intellectuelles; il y réunissait, avec l'amour de la liberté, un cœur bien fait, des aspirations élevées et généreuses dont l'ensemble seul forme un esprit vraiment supérieur. Que le lecteur me permette de répéter ici les paroles que j'ai écrites, lors de l'apparition de l'ouvrage

publié par M. Frédéric Marcelin dans le but de consacrer
la mémoire de l'infortuné poète. M. Frédéric Marcelin est
aussi un Haïtien : quarteron de sang, il appartient encore
pour un quart à la race noire qu'il a toujours défendue et
aimée, comme tous les hommes de sang mêlé que les passions politiques ou un sot orgueil n'ont point aveuglés, en
les transformant en faux Yankees.

« Le nom de Ducas-Hippolyte éveille dans tous les esprits
des sympathies et des regrets. Ce jeune homme dont l'intelligence précoce ne laissait personne sans admiration,
mort plein d'une sève bien riche, a eu ce rare bonheur de
ne rencontrer que des éloges dans le cours de sa courte
carrière. Cet applaudissement unanime qu'il méritait bien
ne s'est pas anéanti devant sa tombe trop tôt ouverte.
Enlevé à l'existence dans la fleur de l'âge, n'ayant eu
que le temps de jeter quelques essais qui font présager
d'un avenir brillant, Ducas-Hippolyte a pourtant laissé
un nom immortel ; c'est que chacun de ces essais était
un chef-d'œuvre : malgré sa jeunesse, il était déjà un
virtuose de la plume. Son style léger, facile, élégant,
coloré, savait passer d'un ton à l'autre avec une finesse,
une délicatesse de touche d'autant plus admirable que
l'art ne s'y laisse jamais voir de prime abord. Ce qui
plaît surtout dans les créations de Ducas-Hippolyte,
c'est que tout y semble si naturel que le lecteur ne devine rien de tout le précieux travail qu'il a fallu pour
ciseler ainsi ces contours gracieux, ces formes capricieuses
répandues avec une proportion qui fait soupçonner la
main d'un maître. .

« Ces qualités du jeune poète expliquent l'enthousiasme
que réveille ordinairement son nom digne de passer à la
postérité avec l'expression admirative de ses contemporains. Sa carrière, pour être courte, n'a pas été moins bien
remplie ; et on peut, pour en parler, se servir de ces expres-

sions du poète latin : *Multis ille bonis flebilis occidit* (1).

« Voilà les raisons qui justifient l'utilité ou l'à-propos de l'ouvrage de M. F. Marcelin. Ami de Ducas-Hippolyte, ayant vécu avec lui de cette vie de poésie et de dévouement qu'il esquisse si bien dans son livre, M. Marcelin était mieux placé que personne pour vivifier à grands traits la mémoire de celui qui a tant de titres à la sympathie de la jeunesse haïtienne.

« Nous n'entrons pas dans les détails de l'ouvrage de M. Marcelin ; une critique rigoureuse pourrait bien y trouver quelques défauts qui en déparent l'ensemble, quelques faiblesses qui jettent sur le cadre général un décousu regrettable. L'art des transitions n'y est pas toujours ménagé ; les contours et les reliefs en perdent ainsi les teintes variées si nécessaires à une bonne perspective. Cependant des qualités visibles compensent ces défauts qu'on évite peu dans les œuvres humaines. M. Marcelin est jeune ; il ne fait que s'élancer dans la carrière et on peut bien espérer que son talent, mûri par le temps et la réflexion, lui apportera cette habileté et ce faire délicat qui sont les attributs d'un art avancé.

« Dans la première partie de l'ouvrage où il est question de « l'époque » de Ducas-Hippolyte, l'auteur trace le récit de tous les faits intéressants de là politique de Soulouque et de Geffrard. C'est de l'histoire contemporaine, écrite avec le feu d'un écrivain qui a tout vu, qui a participé aux émotions diverses de ces temps, souffrant de l'indignation ou jouissant de la joie qu'amenaient les péripéties des affaires d'alors. Cependant les souvenirs sont trop brûlants sous la plume de notre concitoyen. Il n'a ni l'impartialité ni le recueillement de l'historien qui domine une époque pour la mieux juger. Aussi préférons-nous la

_____

(1) Horace, liv. I, ode XXIV, v. 9.

deuxième partie où il s'agit des « œuvres » de Ducas-Hippolyte! Là, M. Marcelin, bien inspiré par son sujet, a eu des
touches heureuses; bien souvent le lecteur, se transformant
par la magie de l'écrivain, croit avoir vécu, lui aussi, dans
l'intimité de ce jeune poète qui avait à un si haut point le
don de se faire non-seulement admirer, mais aimer d'un
attachement que n'a pu vaincre la mort, après un intervalle de dix ans.

« Devenu le critique de son ami qui n'est plus, M. Marcelin, animé par le désir d'immortaliser un nom cher à son
cœur, a déployé un tact, une adresse admirable pour mettre
en relief les qualités indiscutables dont était doué le jeune
barde haïtien. Ici, le dévouement a servi l'art et l'a rehaussé
de tout l'éclat que le sentiment donne à la pensée. A ce
point de vue, M. Marcelin a plus que réussi, et c'était pour
lui l'essentiel; car quoi qu'on dise des caprices de l'art,
l'écrivain a un but vers lequel il tend par-dessus tout; tous
ses efforts ne se réunissent que pour produire certains effets arrêtés dans son esprit. Il s'agissait ici de faire partager son admiration et personne, après avoir lu son volume,
ne peut rester indifférent au souvenir de Ducas-Hippolyte.
Nous n'avons donc qu'à l'applaudir.

« Néanmoins, en ce moment où la lutte, si ardente dans
le pays, semble ne s'effectuer que dans le monde des idées,
il n'est pas inutile que l'on cherche à voir quelles étaient
les inclinations politiques de Ducas-Hippolyte. Cela est
d'autant plus exigible que M. Marcelin présente le poète
comme un type achevé de patriote éclairé, sincère et dévoué, voyant au-dessus des plus chères affections l'avan-
cement du pays pour lequel il était prêt à toutes sortes de
sacrifices.

« Ducas-Hippolyte, à la fin du règne de Geffrard est un
libéral convaincu; dans son enthousiasme pour la liberté
et le progrès, il était arrivé à vouer un culte à tous les

hommes qui, dans le temps, s'en faisaient les interprètes.
Il voit tomber Geffrard et entonne un hymne où il glorifie
la révolution du 8 mars. Le poète chante le réveil, il chante
l'espérance. Mais arrive le général Salnave à Port-au-
Prince! arrive la fin tragique du général Montas! et son
âme s'assombrit; de sa lyre muette il ne s'échappe plus
d'accent. A la place de l'ardeur vient une prostration, un
découragement concentré qui le mine insensiblement et le
mène au tombeau, en proie à une fièvre ardente où la désillusion et la défaillance réduisent à l'impuissance l'art des
plus habiles médecins...

« Quelle leçon pour la génération présente ! En effet, si
les idées libérales ont eu une influence si malheureuse
sur la destinée de ce jeune homme intelligent, à l'esprit si
précoce, au cœur si vivace, c'est qu'il avait mal compris
le libéralisme. Dans son élan de poétique patriotisme, il a
trop attendu de certains hommes ; et quand il fut trompé
dans sa confiance, au lieu d'abandonner ses anciennes
idoles pour ne s'attacher qu'aux idées qu'il croyait sincères
en elles, il aima mieux douter de tout.

« Fatal attachement ! La politique, quoi qu'on en dise,
n'est pas une affaire de cœur et de sympathie personnelle,
mais de raisonnement. Ce qu'on doit aimer dans un
homme politique, ce n'est pas sa personne, mais bien ses
idées ; cet amour des idées doit être entretenu avec un tel
esprit de contrôle que l'on soit toujours prêt à condamner
l'homme pour le salut des principes qu'on aime. Si Ducas-
Hippolyte pensait ainsi, l'affaire Montas, au lieu de porter
une atteinte funeste à son patriotisme blessé, l'eût encou-
ragé dans la lutte ; il eût pu mépriser les parjures sans être
assujetti par cet orgueil malheureux dont parle M. Marcelin, lequel nous empêche de brûler au besoin le dieu que
nous avons adoré, quand nous en reconnaissons la fausseté et la trahison. Mais ne condamnons pas le poète. A

l'époque où il s'occupait de politique, les choses étaient couvertes d'une ombre qui ne permettait guère à l'esprit novice de bien distinguer la vraie route à suivre. Il a fallu mille leçons sanglantes et terribles pour faire germer la moralité des hommes aux prises avec l'action, en face des idées que l'on préconise.

« Autre est maintenant notre situation. Personne n'est sans expérience. Comme dit l'immortel Gœthe :

> « *Wer gestern und heut 'in diesen Tagen gelebt hat,*
> *Hat schon Jahre gelebt : so drangen sich alle Geschichten.*

« Oui, celui qui dans les temps actuels a vécu hier et aujourd'hui, a vécu des siècles, tant les évènements se pressent.

« Il nous a été donné de tout voir, de tout comparer. Si jamais Ducas-Hippolyte, avec sa grande âme, avait résisté à cette affection morale qui l'a ravi au pays, à l'époque où il promettait tant de gloire à sa patrie, il pourrait devenir aujourd'hui un vrai libéral, c'est-à-dire il mettrait sa conviction non dans la loyauté ou l'infaillibilité d'un homme, mais dans la vérité même, dans l'immortalité des principes que proclame le libéralisme (1). »

Dans cette citation un peu longue, ayant peut-être le caractère d'une digression, mais que j'ai préféré faire dans la crainte de me répéter inutilement, on trouve tous les détails propres à faire juger du caractère de Ducas-Hippolyte. Pour moi, j'admire jusqu'à quel point cette nature de l'homme noir qu'on dit complètement abrutie, a pu s'affiner, se transformer et devenir cette belle personnalité intellectuelle et morale, dont l'immortel jeune homme offrait l'exemple. La race capable de produire une telle organisation si fine et délicate, si bien adaptée aux nobles

---

(1) *Le Messager du Nord*, n° 39, 16 novembre 1878.

aspirations et aux grandes pensées, a bien le droit d'en être fière. Elle a bien le droit de se croire l'égale de toutes les autres, sans aucune fausse modestie et sans vanterie aucune. Dans ces temps-ci, où l'on voit tant de gens buvant à longs traits la honte et l'humiliation, sans une indignation virile, sans nul souci de la dignité humaine, il est bon de reposer ses regards sur cette belle conscience sereine, dévorée plus tard par la tristesse déprimante, engloutie dans le désespoir, mais planant toujours sur les hauteurs de l'idéal !

Un jeune noir qui est en ce moment à Paris, M. Emmanuel Édouard, écrit admirablement. Maniant la langue française avec un rare talent, tout ce qu'il produit est empreint d'un cachet d'originalité, de finesse et de facile élégance. Aussi peut-on le compter parmi les écrivains du plus bel avenir. Encore qu'il n'ait atteint que sa vingt-sixième année et ne soit venu en France qu'assez tard, il a déjà écrit plusieurs opuscules du plus vif intérêt. Les journaux les plus difficiles de Paris lui ouvrent leurs colonnes. Le *Figaro* dont la rédaction se compose d'une pépinière d'écrivains d'élite donne la meilleure preuve de l'estime qu'il fait des articles de M. Édouard, en leur accordant parfois l'honneur du premier Paris. Le fait est d'autant plus notable que le journal de M. Francis Magnard, ayant perdu quelque peu de son ancienne importance politique, est devenu, par contre, le plus littéraire des organes de la presse quotidienne de France.

Ce n'est pas seulement en prose que la plume du jeune écrivain s'exerce. Il a également essayé la lyre du poète et, là aussi, il a deviné tous les secrets de l'instrument merveilleux qui est le vers français. Toutes les pensées les plus élevées ou les plus tendres, toutes les émotions les plus délicates du cœur, joie ou tristesse, enthousiasme ou défaillance, y trouvent un accent qui les traduit et les idéalise. Sans doute, on ne découvre dans les poésies de M. Edouard aucune de ces inspirations purement nationales, qui reflétent les images du pays natal ou les premières impressions qui ont agité l'âme du poète. Dans toutes ses compositions il reste toujours européen; cela est si vrai qu'en le lisant, on ne se rappelle plus qu'on a entre les mains l'œuvre d'un petit-fils d'Africain.

Malgré le charme d'hilarité que l'étranger éprouverait à le voir imiter en ses vers le son du bamboula et décrire l'agilité de la fringante créole, dont « la croupe se recourbe en replis gracieux », le poète noir n'a pas cherché ce genre de succès. Peut-être y aurait-il trouvé des notes admirables de fraîcheur et de coloris, où son talent poétique se montrerait en plein relief; mais il n'a pas voulu. Est-ce pudeur ou plutôt est-ce oubli ? Personne ne prononcera. Si toutes les libertés sont respectables, celle du poète est surtout sacrée. La pensée doit être libre comme l'air. *Spiritus flat ubi vult.*

M. Léo Quesnel, qui soutient d'une manière spéciale et personnelle la thèse de l'inégalité des races humaines, tout en reconnaissant le mérite de notre jeune poète, lui reproche cette absence de couleur locale que notre critique confond avec le manque d'originalité. En citant une phrase où l'un des Haïtiens les plus intelligents, Geoffrin Lopez, critiquait avec exagération le peu de goût que montrent ses compatriotes pour les études sérieuses, l'écrivain de la *Revue politique* ajoute en note : « A tout il y a des exceptions. Un jeune Haïtien, M. Emmanuel Edouard, vient de publier chez Dentu les *Rimes haïtiennes* qui sont empreintes d'une sensibilité profonde; la facture est harmonieuse. On n'y trouve pas la saveur d'originalité qu'on aurait pu désirer; mais on le sait, il ne faut pas demander cette qualité aux nègres. M. Emmanuel Edouard n'en a pas moins un talent véritable, fait de tristesse et de facilité (1). »

Je ne sais jusqu'à quel point on peut rencontrer de l'originalité dans les productions variées de M. Quesnel ; mais il est certainement un original. Aussi, sans faire de son suffrage plus de cas qu'il ne faut, je remarque simplement l'hommage qu'il a été forcé de rendre au talent du poète haïtien. Au surplus, cette *saveur d'originalité* qu'aurait pu désirer le lecteur français n'est nullement absente du recueil de poésie publié par M. Edouard. Sans le céder en rien pour la facture savante et harmonieuse du vers français qu'il sait tourner merveilleusement, le poète ne se laisse jamais prendre en flagrante imitation d'un maître quelconque de l'art, pas plus Théodore de Banville que Coppée ou Victor Hugo. Ses petites poésies fugitives, où la muse insouciante et légère joue à la désillusion et à l'ennui précoce de la vie, tout en ayant un vague reflet de Musset ou de Byron, sont plutôt faites à la manière spirituelle et délicate des odes d'Horace. Courtes, gentiment ciselées, d'une accortise parfaite dans leur allure, elles font bien l'effet de ces petites compositions poétiques, au mètre varié, que burinait de son fin stylet l'amant de l'inconstante Néère ou de la pétulante Lydie.

Le poète se plaint de l'infidélité de ses maîtresses et dépeint son désespoir avec des accents qu'on dirait sortis d'un cœur à jamais brisé. Tout cela se colore en teinte sombre et prend tous les dehors d'une profonde tristesse. Mais qu'on ne s'y trompe pas ! Ce n'est pas cette tristesse accablante et maladive que l'on trouve dans les poésies de Gilbert, ou même de Millevoye et d'Hégésippe Moreau. Il chante ses douleurs pour se distraire ; sa souffrance parfois vibrante et sincère est le plus souvent un jeu d'artiste.

(1) *Revue politique et littéraire*, n° 3, 21 janvier 1882, p. 86.

Il la caresse délicatement, en jouissant de ses propres émotions ; il le dit bien :

> «.... Toutes les souffrances
> Que j'éprouve en voyant crouler mes espérances,
> Je sais les transformer en vers mélodieux. »

Choisissons plutôt dans la corbeille poétique de M. Emmanuel Edouard quelques bouquets qui feront mieux apprécier son talent que la meilleure analyse.

Il faut prendre, par exemple, la gentille pièce intitulée *Etrennes* et adressée à Félicie. Elle n'est pas bien longue : douze vers seulement ; mais la touche en est si légère, la facture si élégante qu'elle suffirait seule pour faire pressentir le talent du jeune poète :

ÉTRENNES.

A FÉLICIE.

> « Rossignol, je voudrais, à l'heure où tout sommeille,
> D'accords mélodieux réjouir ton oreille ;
> Cygne, au lieu de chanter aux seuls bords du tombeau,
> Je charmerais tes jours de mon chant le plus beau ;
>
> Abeille, on me verrait, sur ta bouche mi-close,
> Déposer triomphant les parfums de la rose ;
> Luciole, j'irais, d'un vol capricieux,
> M'offrir comme flambeau, la nuit, à tes beaux yeux ;
>
> Roi, pour te voir sourire, ô ma trop belle idole,
> J'arroserais tes pieds des flots d'or du Pactole ;
> Dieu, pour te disputer au sombre esprit du mal,
> Oh ! je prodiguerais mon tonnerre fatal !

Notre jeune compatriote excelle dans ce genre où il reste toujours poète. Il ne prend jamais le ton du barde inspiré, ton qui a sans doute sa grandeur, mais qu'il est si difficile de soutenir avec quelque originalité, à côté des superbes et magnifiques coups d'aile d'Hugo. Plus humble, il ne fait que s'amuser dans ces riens adorables qui ont un charme profond et pénétrant, quand l'imagination sait si bien les transformer en mille fantaisies brillantes.

Voici la poésie qui ferme le petit volume de M. Edouard. C'est une postface si élégamment tournée qu'elle donne l'envie de recommencer la lecture du précieux ouvrage que l'on a déjà parcouru sans fatigue, d'un bout à l'autre.

FEMMES ET POÈTES.

AU LECTEUR.

Les femmes ou brunes ou blondes,
Savent, en tout pays, presque sans nul effort,
De certaines mines profondes
Tirer le diamant et l'or.

Chaque fois qu'à ces jeux, experte, incomparable,
Une d'elles se livre, on voit, suivant ses pas,
Quelque poète misérable
Ensorcelé par ses appas.

Tout en la contemplant, le poète ramasse
Le métal précieux que sa petite main
Ne peut pas contenir, et tout ce qu'elle casse
Et jette, pour jouer, tout le long du chemin.

Quand le jour arrive où la mine
Ne produit plus grand'chose, elle court, en riant,
Chercher une autre mine ou lointaine ou voisine.
Rien ne vaut à ses yeux ce manège charmant.

Le poète alors seul admire les richesses
Qu'il se fit, en suivant les vierges sans soucis,
Fatales, dont il faut redouter les tendresses;
Il les cache ou, tout fier, les montre à ses amis.

Toutes ces mines que les femmes
Vont ruinant, pour s'amuser,
Ce sont nos cœurs, ce sont nos âmes !
O femme ! de quel prix payons-nous ton baiser !

Ces vers qu'avec amour je regarde et caresse,

De mon cœur, tout vidé, c'est ce qui m'est resté :
Ce livre qu'au hasard vous avez feuilleté
Peut-être avec ennui, lecteur, c'est ma jeunesse.

A part Ducas-Hippolyte et Emmanuel Edouard, on compte en Haïti toute une pléiade de jeunes poètes dont le front noir est tout aussi gracieusement caressé par la muse que le front blanc du chantre caucasien. Mais ils se croient si peu des Victor Hugo que, le plus souvent, ils sont incapables de surmonter la timidité que l'on éprouve à affronter la rude épreuve de la publicité. La plupart ont pourtant un talent reel et on ne s'aventure aucunement en affirmant que, s'ils avaient le courage d'oser, le plus grand succès couronnerait parfois leurs essais.

Citons, entre autres, M. Tertulien Guilbaud : c'est un esprit distingué, une organisation d'élite.

Ce jeune noir dont le goût littéraire s'est développé dans la meilleure proportion, réunit à une grande pureté de diction des pensées délicates, une expression à la fois claire, précise et gracieuse. Aussi son style est-il un vrai modèle. Ces qualités sont tellement saillantes dans tout ce qu'écrit M. Guilbaud, que tous ses émules, anciens condisciples ou amis de jeunesse, ont toujours fait de lui leur Aristarque écouté.

Jusqu'ici, notre sympathique compatriote ne connaît point l'Europe (1). Il a fait toutes ses études en Haïti, mais il les a faites complètement, consciencieusement. Un trait distinctif en lui, c'est le besoin de perfection qui ne le laisse jamais tranquille. Il s'en occupe à ce point qu'il travaille constamment, étudiant les maîtres de la langue dans leurs procédés les plus intimes, s'ingéniant toujours à sur-

---

(1) M. Guilbaud est arrivé à Paris ces jours-ci. Cet ouvrage était déjà sous presse et nous ne pouvons que nous féliciter ici de voir notre intéressant compatriote au sein de la grande cité, centre des sciences et des arts.

prendre leurs secrets, afin de s'assimiler tous les moyens
à l'aide desquels ils produisent ces effets de style magnifiques qui portent le comble à notre admiration et semblent défier toute imitation. Par cette étude persévérante,
soutenue, M. Guilbaud est parvenu à se rendre familiers
les tours les plus difficiles et les plus délicats de la phraséologie française qu'il manie avec une parfaite aisance. Il
a été le rédacteur en chef d'un journal paraissant à Port de
Paix, sa ville natale. Encore bien que cette publication
n'ait pas eu une longue durée, elle a suffi pour mettre en
évidence toutes les aptitudes du jeune écrivain. Du premier
coup, il avait montré avec quelle adresse il sait tenir une
plume et quelle ressource il sait en tirer. Merveilleuse,
en effet, était la forme de tous ses articles. Tous ceux qui
savent apprécier l'art de bien dire, art si précieux et rare,
eurent l'attention tournée vers cette nouvelle intelligence
qui venait de se manifester avec une exubérance harmonieusement tempérée par le travail et l'étude.

Depuis, M. Guilbaud a beaucoup écrit : ce sont des
discours ou d'autres compositions littéraires où brille toujours sa plume si élégante; mais il n'y a jusqu'ici que ses
intimes qui aient le bonheur de jouir du charme exquis de
ces diverses productions.

Je l'avoue volontiers, j'ai toujours vu avec un vrai sentiment d'orgueil ce jeune écrivain dont les talents incontestables, l'esprit charmant et fin sont une protestation si
éloquente contre la doctrine de l'inégalité des races humaines. Pour qu'une doctrine tellement ridicule, même
comme simple opinion, ait pu se perpétuer au milieu de
tant d'hommes décorés du titre de savants, il faut bien
qu'ils n'aient jamais eu en présence de tels exemples.
Aussi fais-je le vœu que se réalise la décision qui a été
prise par les Chambres d'Haïti d'envoyer en Europe
M. Guilbaud et M. Magloire, un autre jeune noir dont

j'aurai l'occasion de parler (1). Sans doute, tous ces échantillons de la race noire d'Haïti, dont les apparitions successives et multipliées sont un signe visible de la régénération du sang africain, viendront se perdre dans les flots de l'immense population parisienne où tout le monde s'agite, remue la matière et les idées dans un labeur sans fin. Mais qui sait quelle révolution ne s'accomplirait pas dans l'esprit du monde européen si, de temps à autre, on rencontrait des Noirs tels que ceux-là, si bien faits pour détruire les prétentions que la race caucasique affiche au monopole de l'intelligence et de toutes les aptitudes supérieures ?

On assure, dans les journaux d'Haïti, que M. Guilbaud va publier prochainement un volume de poésies et d'autres travaux littéraires en prose (2). Qu'il le fasse donc ! En agissant ainsi, il trouvera le meilleur moyen de juger de ses forces et d'apprécier le résultat obtenu dans le travail solitaire du cabinet. La publicité est une grande épreuve; mais c'est aussi une grande école. Lorsqu'on a les qualités solides que fait briller l'esprit de notre jeune écrivain, on gagne certainement à affronter ces passes difficiles où les faibles succombent, mais d'où sortent les forts avec la palme du triomphe et de la gloire.

Je serais particulièrement heureux d'avoir sous les yeux le recueil de poésies ou les compositions en prose de M. Guilbaud. Ne pouvant choisir, je suis obligé de me contenter de ce qui me tombe sous la main. Ce sont des vers écrits en 1883 et adressés à M. J.-J. Chancy, un autre jeune

---

(1) Voir la note précédente. M. Guilbaud est venu en Europe par ses propres efforts. Mais, maintenant qu'il est à Paris, le Gouvernement d'Haïti peut-il reculer devant l'obligation de l'y maintenir pendant quelques années, en lui accordant une bourse? Il serait malheureux de pouvoir même en douter.

(2) C'est pour mettre ce dessein à exécution que M. Guilbaud est maintenant à Paris.

Haïtien des plus intelligents. Encore que cette poésie ne soit pas très brillante par la facture et donnerait une idée fort insuffisante du talent de M. Guilbaud, dont le faire est vraiment merveilleux dans toutes les pièces où il veut se montrer artiste, le fond me plaît infiniment. Ce sont les paroles prononcées par Toussaint-Louverture, en 1802, à l'aspect de la flotte française, transportant en Haïti l'expédition Leclerc. Sa qualité supérieure consiste dans la précision et la couleur historique qu'y a répandues le jeune poète. Aucun historien ne présenterait autrement cette grande figure de Toussaint-Louverture, dominant l'Océan, dévorant dans son cœur les angoisses du patriotisme. C'est un tableau saisissant qu'un de nos peintres d'avenir aura un jour à fixer en traits superbes sur sa toile d'artiste.

TOUSSAINT-LOUVERTURE
A l'aspect de la flotte française (1802).

A MON AMI J.-J. CHANCY.

« Pleurer lorsque tout rit, pleurer lorsque tout chante;
Comprimer dans son cœur les grands, les fiers élans,
Sentir toujours du fouet la morsure à ses flancs,
Sous la main du bourreau si froidement méchante!

« Pleurer en étouffant jusqu'au moindre sanglot,
— Car du maître la joie en fut empoisonnée, —
De l'esclave africain telle est la destinée
Et, je m'en souviens bien, tel fut aussi mon lot!

« Alors que tout redit la chanson de la vie,
Lui, chante à demi-voix le refrain de la mort;
Être dégradé, rien, ni vertu ni remord,
N'élève plus la voix dans son âme asservie.

« Qu'est-ce pour lui mourir, lui qui meurt tant de fois
En un jour?... Dans sa femme aux durs labeurs rivée,
Dont le sein fécondé, sous la rude corvée
Voit tomber son doux fruit non mûri par les mois;

« Dans sa fille qu'il voit, sous ses yeux avilie,
Perdre aux baisers impurs sa native couleur,
Son sourire divin, comme une exquise fleur,
Sous le souffle brutal chiffonnée et pâlie !

« Jamais la douce voix de la fraternité
Ne vient d'un mot d'espoir consoler sa tristesse ;
Pour lui n'existe point cette suave ivresse,
Ces longs ravissements de la paternité !...

. . . .

« Le seigneur me tira, comme autrefois Moïse,
De ces bas-fonds impurs où l'esclave croupit ;
Et j'ai pour mission, dans son cœur assoupi,
D'éveiller ces vertus dont la flamme électrise.

« J'ai déjà vu finir les injustes tourments ;
Déjà j'ai vu les miens redresser haut la tête :
Déjà la liberté, leur sublime conquête,
Trouble leur sein ravi de longs frémissements...

« Et quel tyran, frappé d'une étrange démence,
Pense encor retrouver des êtres tout tremblants
Dans un peuple grandi jusqu'au niveau des blancs,
Rêvant un destin grand comme le ciel immense ?...

« Ah! ce n'est que trop vrai, ces vaisseaux que je vois,
Ces vaisseaux dans leurs flancs ramènent l'Esclavage...
Se peut-il qu'en nos champs du commandeur sauvage
Vienne encore tonner l'épouvantable voix ?

« Se peut-il que du bruit des chaînes que l'on rive
Résonne encor l'écho de nos vallons en fleurs ?
Se peut-il que devant un destin gros de pleurs
Mon esprit flotte, ainsi qu'un navire en dérive ?

« Oh! non, je combattrai. Les despotes m'ont dit :
— « Sur votre front pleuvront les faveurs de la France »...
Mais des Noirs dans ma main je tiens la délivrance :
Si je trahis leur droit, je veux être maudit !

« Rangez-vous sous mon bras, nobles fils de l'Afrique !
Dites si vous voyez pâlir notre flambeau :
— « Non, ce n'est qu'une éclipse, il renaîtra plus beau ! »...
Oh! je sais que grande est leur force numérique,

« Grande aussi leur valeur! Ces farouches guerriers
Qui savent à les suivre obliger la victoire,
Sans doute, en s'éloignant des rives de la Loire,
A leur patrie ont dit : — « Tressez-nous des lauriers ! »

« Pourtant je ne crains pas, en leur livrant bataille,
De hâter pour les Noirs l'heure du talion,
D'opposer ma poitrine à ces cœurs de lion,
A ces soldats géants de mesurer ma taille !

« J'ai foi dans mon étoile, et je serai vainqueur.
Quand le péril lui jette un défi gros d'orages,
L'homme dont le cœur passe en hauteur les outrages,
Voit sa taille grandir au niveau de son cœur...

« Malheur à qui s'avance en nos gorges profondes !
Dans nos vastes projets, j'ai pour complice... Dieu !
Et je sens bouillonner dans mes veines en feu
Ce pouvoir créateur qui fait surgir des mondes ! »

Plusieurs jeunes noirs tels que Turenne Lecomte,
Jean Simon, du Cap-Haïtien, Dantès Dujour, Innocent,
M. Pierre fils, du Port-au-Prince, et tant d'autres dont
le nom m'échappe, ont publié des essais où se découvre
le germe de bien des talents destinés à se développer dans
l'avenir ; mais il leur manque encore cette maturité ou bien
cette entière floraison de l'esprit qui donne les signes certains auxquels se devinent les qualités de l'arbre ; aussi
n'en fais-je mention ici que pour les engager à travailler et
à répandre autour d'eux cette émulation généreuse qui
pousse aux efforts et développe le mérite. Que chacun
d'eux se rappelle qu'une race ne monte, ne grandit que par
la vertu, les talents et la science de ceux qui en sont les
représentants !

A part la littérature, les noirs d'Haïti se sont exercés
dans presque tous les genres de travaux intellectuels ;
aussi dans une dizaine d'années, y rencontrera-t-on
des spécialistes distingués dans chaque branche de la
science. Je passerais volontiers des littérateurs aux jurisconsultes, mais il faut avouer que, pour le droit, on ne
peut citer beaucoup de noirs haïtiens ayant une vocation
sérieuse. Cependant M. Emmanuel Edouard, le jeune et
sympathique poète que le lecteur connaît déjà, est un

étudiant en droit de la Faculté de Paris, où il prépare actuellement son examen de licence. Cette rareté des noirs haïtiens à l'École de droit est infiniment regrettable; mais elle ne prouve nullement que l'étude des lois soit inaccessible à leur intelligence. C'est une simple question de circonstances. La plupart des familles noires qui auraient pu envoyer leurs enfants en France, dans le but d'en faire des avocats ou des juristes, n'ont pas jusqu'ici pensé à l'excellence d'une telle carrière.

C'est ainsi que plusieurs noirs qui ont achevé leurs études classiques à Paris, ayant pu obtenir le diplôme de bachelier ès-lettres, en sont restés là, encore que toutes leurs aspirations dussent les amener à cultiver la science du droit, où ils remporteraient certainement les mêmes palmes déjà cueillies dans les champs de l'enseignement secondaire. Citons, entre autres, MM. Guillaume Manigat et François Manigat, bacheliers ès-lettres, dont l'intelligence a reçu tout le développement qu'il est logique d'attendre des connaissances classiques. Ils se sont malheureusement arrêtés à cette première étape, sans penser à aborder les études de l'enseignement supérieur. Il est pourtant certain, que leur esprit déjà ouvert à toutes les conceptions, par les études philosophiques qui ferment le programme des lycées, n'éprouverait aucune difficulté à s'assimiler les connaissances nécessaires pour se présenter aux examens de l'Ecole de droit.

Je souhaite que mes compatriotes de la race noire d'Haïti tournent leur activité intellectuelle vers cette branche des connaissances humaines qui est, pour ainsi dire, le couronnement de toutes les autres. La chose est d'autant plus digne de leur ambition, que pour bien posséder la science du droit et en tirer tous les fruits possibles, il faut avoir parcouru toutes les autres sphères de la connaissance, ainsi que l'illustre Lachaud en a pu fournir l'étonnant et magnifique exemple. C'est ce qui découle, d'ailleurs, de la hiérarchisation positive des embranchements scientifiques où la sociologie vient au-dessus de toutes les autres sciences. Or, le droit domine la sociologie elle-même, en lui imprimant une direction constante et générale.

C'est surtout à ceux qui ambitionnent la gloire de conduire les peuples à la réalisation de leur destinée que l'étude du droit est indispensable. Elle seule forme l'éducation de l'esprit, telle qu'on l'attend des vrais hommes d'État; car elle apprend naturellement, sans qu'on y pense, le respect de la personnalité humaine, la valeur de la liberté individuelle et la nécessité d'un ordre de choses où règne la légalité, base sans laquelle il n'y a aucune sécurité ni pour les personnes, ni pour les intérêts. C'est à l'ombre des ces principes de justice éternelle que les peuples édifient une civilisation solide et accomplissent leur régénération. En leur absence, c'est l'arbitraire qui règne; et l'arbitraire n'a jamais créé rien qui fût capable de survivre à la force brutale qui l'avait imposé!

Haïti est, selon l'expression un peu forte du docteur Janvier, « un champ d'expérimentation sociologique ». C'est donc là que l'on doit essentiellement se préoccuper de tous les moyens qui concourent au développement intellectuel, moral et physique d'une race. Parmi ces moyens, y en a-t-il de plus salutaires que les mœurs légales, la pratique régulière de la justice distributive qui fait traiter chacun selon son mérite? Y en a-t-il de meilleurs qu'un régime de liberté pondérée qui laisse aux caractères indépendants toute la faculté de s'affirmer, sans qu'un despotisme inconscient vienne leur imposer un moule commun qui est la négation de toute individualité, l'effacement de toute responsabilité morale et, par conséquent, la mutilation de tout organisme social? On ne peut concevoir une évolution naturelle, sans que l'énergie orga-

nique qui y préside soit dégagée de tout obstacle extérieur; on ne conçoit pas davantage une évolution sociale
sans la liberté. Évoluer, c'est se différencier ; c'est passer
d'un état inférieur à un autre plus élevé, par l'action d'une
force interne, inhérente à la nature de tout être animé.
Dans l'homme qui évolue socialement, cette force interne
n'est autre chose que la volonté.

Comment cette volonté persévérante et autonome
pourrait-elle jamais se concilier avec la compression systématique qui brise et annule toute activité morale ?...
Haïti est « un champ d'expérimentation sociologique » :
peut-être vaudrait-il mieux dire *observation!* Car en sociologie, les choses ne se passent pas comme dans les
sciences naturelles et biologiques, où l'expérimentateur
est un autre que l'expérimenté et opère sur des êtres
inférieurs. L'erreur sur les termes, déterminant l'erreur
sur les méthodes, est parfois de la plus malheureuse
influence sur la logique de l'esprit. Si on veut expérimenter en politique, au lieu d'observer, on tombe immédiatement dans les aberrations phalanstériennes où
le niveau égalitaire ne remplace la liberté absente que
par les caprices tyranniques de l'organisateur. Qu'il
soit un Fourrier ou un Bonaparte, peu importe. En un
mot, la méthode biologique, transportée dans le régime
politique et administratif d'une société humaine, serait
destructive de toute spontanéité, de tout progrès et hautement nuisible à ce besoin d'expansion et de transformation
que tout peuple jeune ressent invinciblement à certaine
heure de son développement national. Je crois fermement
que la race noire d'Haïti est destinée à s'améliorer, à
grandir sans cesse en beauté et en intelligence. Tout effort
qui tend à son relèvement est pour moi deux fois sacré,
parce qu'il répond à mes convictions scientifiques, à mes
aspirations politiques et patriotiques. Mais qu'on se le

rappelle donc ! Il n'y a de relèvement réel que celui qui
s'opère par l'affranchissement de la pensée et la libre manifestation des grands caractères.

« On n'élève pas les âmes sans les affranchir », dit
Guizot. Voilà des paroles sur lesquelles je demande qu'on
réfléchisse en Haïti, et je le dis avec toute la droiture de
mon esprit et toute la sincérité de mon cœur. Or, c'est par
l'étude du droit, c'est à l'aide des principes supérieurs
qu'elle développe dans l'intelligence avide de lumières,
qu'on arrive à se familiariser avec ces idées vraiment
civilisatrices.

Le cœur éclate parfois ; alors on se laisse aller à des
mouvements irrésistibles. Mais en m'appesantissant sur
ce point, je n'ai nullement l'intention de sortir de l'esprit
dans lequel cet ouvrage a été conçu, pour faire une
course insolite dans un domaine étranger à l'objet de ma
thèse. Il faut que les Noirs d'Haïti sachent que ceux qui
argumentent contre l'égalité des races ne nient pas seulement l'aptitude de l'Ethiopien à s'occuper des sciences
transcendantes ; mais aussi et surtout, ils lui reprochent
une incapacité organique de s'élever aux idées du juste et
de l'injuste, incapacité qui se traduirait en mépris habituel
du droit et des conventions, dans les relations civiles et
internationales, et en despotisme systématique, dans les
relations politiques. Cette prévention enracinée dans l'esprit des Européens explique bien des procédés sommaires
qu'ils emploient au lieu des mesures diplomatiques,
toutes les fois qu'ils se trouvent en face d'un peuple qu'ils
considèrent comme d'une race inférieure. Aussi leurs historiens ou leurs publicistes manquent-ils rarement de présenter l'argument de l'inégalité des races comme justifiant
la conduite irrégulière qu'ils tiennent en pareil cas. Sans
doute y a-t-il là une logique fausse, abusive et dont l'inconséquence saute aux yeux ; mais aussi n'est-ce pas une rai-

son pour qu'un tout jeune peuple fasse disparaître complètement de ses mœurs politiques les coutumes qui ne sont
souvent que la tare d'une malheureuse hérédité (1).

Certainement, tout le temps que le monde existera
et que les opinions pourront s'exprimer librement, la
vieille controverse de la liberté et de l'autorité continuera
à défrayer les discussions spéculatives ou politiques, sans
que l'un des deux principes soit complètement annulé par
l'autre. C'est là une antinomie nécessaire et dont résulte
la plus grande harmonie sociale ; car les tendances divergentes finissent toujours par se faire équilibre. Mais la
philosophie de l'histoire prouve que c'est vers la liberté
que penche la balance, à mesure que l'on grandit en civilisation ; aussi bien, chaque fois qu'un recul vers l'autori-

---

(1) Les représentations extérieures, les vaines parades ne manquent
jamais de produire sur lui (le noir) une profonde impression. Celui-là
le soumet aisément qui sait en imposer sous ce rapport. Par contre,
avec ses semblables ou ses inférieurs, il est plein de vantardise.
« Chaque nègre croit avoir le droit de se faire servir par les autres... »
(Fr. Muller, *Allegemeine Ethnographie*.)
— C'est une organisation également despotique qui règne dans la vie
sociale. Le gouvernement est patriarcal, dans certaines régions du
Nil, mais en d'autres contrées, par exemple dans l'Afrique centrale et
le Dahomey, domine la tyrannie la plus odieuse. La puissance des rois
ne connaît point de limite ; ils ont tous les droits et usent avec le
plein assentiment de leurs sujets, de l'arbitraire le plus complet.
C'est le patriarcat poussé à sa dernière limite : point d'autre droit
que la volonté du despote. (Abel Hovelacque, *Les races humaines*).
— L'impression la plus saillante que je rapporte de mon voyage
et, dans le cours de mon récit, je suis revenu là-dessus, c'est l'état de
misère extrême dans lequel vit l'indigène du centre de l'Afrique, misère provenant et de son apathie naturelle et aussi, il faut le dire, de
la stérilité du sol. — Il habite de préférence un petit hameau d'une
centaine de huttes au maximum : dans un grand village, il lui faudrait obéir à l'autorité tyrannique d'un chef. Son isolement ne lui
permet pas à vrai dire, de se défendre contre ses voisins ; mais, pour
lui, le grand chef dont il serait l'ESCLAVE est cent fois plus redoutable
que ses voisins qui se contenteront de piller ses cultures. (V. Giraud,
Deux ans aux lacs de l'Afrique australe, dans la *Revue scientifique*,
n° 15, 11 avril 1885).

tarisme despotique se manifeste au sein d'une société grandissante, il s'ensuit fatalement une dépression pénible de l'organisme social qui est comme brisé et endolori.

Que l'on se passionne donc pour le droit, et qu'on s'en occupe plus soucieusement, en l'étudiant avec autant de soin, autant d'assiduité que les autres branches des connaissances humaines ! Je le répète, ce n'est pas le sens juridique qui manque au noir. Comme l'homme de toutes les autres races, il conçoit le juste et l'injuste ; et son esprit est capable de s'ouvrir à toutes les distinctions délicates qui peuvent lui être présentées dans les controverses les plus ardues de la jurisprudence. C'est plutôt la culture, la vulgarisation des notions juridiques qui manquent à ces têtes brûlées, lesquelles voudraient tout ajuster à leurs conceptions ou à leurs volontés, sans se rappeler les tempéraments qu'il faut avoir en face de conceptions ou de volontés tout aussi respectables, étant la manifestation de la personnalité humaine !

Pour preuve, on n'a qu'à nommer les noirs de la République haïtienne qui, sans être venus s'initier aux savantes leçons des Facultés de droit de l'Europe, sont parvenus à une compétence supérieure dans la science qui nous intéresse actuellement.

Je citerai M. Boco, né en Afrique, élevé en Angleterre et naturalisé haïtien depuis une cinquantaine d'années. Il est un exemple frappant de l'aptitude merveilleuse de l'homme noir à s'assimiler des connaissances spéciales dans toutes les sphères intellectuelles. Ayant parcouru tous les degrés de la carrière judiciaire, il est arrivé à présider le tribunal de cassation de la République, poussé par les seuls titres de son savoir qui grandissait avec ses différentes positions.

On pourrait placer tout près de lui un magistrat qui

était aussi capable que modeste ; c'est feu Desravines, ancien juge au tribunal de cassation de la République, dont la vie s'est éteinte dans le silence, après une carrière des mieux remplies.

Je connais personnellement un magistrat noir du plus beau caractère, c'est M. Delord Étienne, président du tribunal civil du Cap-Haïtien. Avocat au barreau de cette dernière ville, où j'ai exercé pendant plus de cinq ans, j'ai pu apprécier, d'une façon directe et positive, la haute intelligence que ce juge déploie dans la solution de toutes les difficultés doctrinales ou jurisprudentielles qui peuvent se présenter dans les débats qu'il préside.

M. Delord Etienne ne se contente pas de ces connaissances pratiques qui suffisent au juge pour s'orienter à travers les controverses et les argumentations des parties. Il travaille à l'égal des avocats eux-mêmes, remuant les principes de droit et discutant les théories avec une aisance étonnante, quand on pense qu'il n'a jamais eu de maître et qu'il a dû, en travaillant dans la sphère de la philosophie du droit, se heurter à chaque instant contre des notions de métaphysique qu'il faut élucider avant de continuer. Mais aussi est-il constamment à la tâche, sans fatigue ni dégoût, faisant dix fois plus qu'on ne pourrait lui demander, afin d'être sûr de tenir haut et respecté son caractère de magistrat. C'est peut-être une affaire de vocation ; mais elle est fièrement belle, ainsi agissante et fructueuse. Il m'est bien doux de citer ici, comme exemple, cet homme honorable et intelligent, dont les pareils font à eux seuls la gloire et l'espérance de la race à laquelle ils appartiennent. Puissent ces paroles lui arriver comme une faible compensation de tant d'efforts et de noble constance consacrés à une carrière épineuse, où toutes les joies et toutes les satisfactions se concentrent dans le seul témoignage de la conscience !

On ne peut citer qu'un seul essai tenté par un noir d'Haïti dans le genre historique. C'est la *Vie de Pétion* écrite par Saladin Lamour. Cette biographie est bien loin d'avoir la perfection de style et la savante disposition qu'on trouve dans l'ouvrage de M. Saint-Rémy, homme de couleur dont j'ai déjà fait mention. Le biographe noir n'avait d'ailleurs pas reçu une instruction classique bien étendue ni bien soignée. Recruté pour le service militaire à l'âge de dix-sept ou dix-huit ans, il n'a été mis à même de cultiver et développer son esprit qu'avec la protection de Pétion qui, ayant remarqué sa vive intelligence, le détacha de l'armée et fit soigner son éducation. Or, en ces temps-là, le pays n'avait que rarement des maîtres d'une capacité supérieure. Mais si l'on ne peut citer l'œuvre de Saladin Lamour comme un modèle remarquable au point de vue du talent, on doit la mentionner comme un bel exemple de la reconnaissance qu'un écrivain spirituel a nommée une « vertu noire ». Il avait aussi parcouru la carrière de la magistrature et fut un homme politique d'une tenue irréprochable.

Il faut ajouter, pour les sciences historiques, le nom de M. Dantès Fortunat, jeune noir écrivant parfaitement bien, mais s'occupant exclusivement des études géographiques. C'est une branche du savoir humain qui réclame la réunion de nombreuses connaissances, acquises tant dans les écoles que dans les voyages; mais quand on a l'âge de M. Fortunat et que l'on se sent une vocation décidée, ce ne sont pas les difficultés qui attirent le moins.

A Port-au-Prince, on rencontre plusieurs noirs docteurs en médecine de la Faculté de Paris. M. Coicou, noir aussi, a étudié dans les écoles supérieures de pharmacie de Paris, d'où il est sorti pharmacien de première classe.

Il faut faire une mention particulière de M. Tacite Lamothe. Ce médecin noir, d'une intelligence fort remarquable, est aussi bon clinicien qu'il est entendu dans toutes les questions théoriques, sans lesquelles on tombe forcément dans l'empirisme et procède à l'aveuglette dans une profession où la science ne peut jamais s'élever trop haut. Abonné à toutes les publications médicales de la France, il suit avec attention les progrès de sa science et ne néglige aucun fait digne d'être étudié. Ajoutant à ce travail consciencieux l'habitude de revenir tous les deux ans à Paris, après y avoir couronné ses études, il se tient facilement au courant des nouvelles applications soit de la thérapeutique, soit de la chirurgie.

Tous les émules du docteur Baron, également noir et médecin de la Faculté de Paris, se réunissent à certifier ses belles aptitudes ; mais n'ayant pas l'honneur de le connaître plus particulièrement, je n'en puis faire une appréciation positive. Combien d'autres n'en offrent pas le même exemple ! Mais il est impossible de les nommer tous.

Quant à M. Janvier, il suffirait, à lui seul, pour prouver à quel point l'intelligence de l'homme noir peut s'élever dans les hautes régions de l'esprit.

Envoyé à Paris par le gouvernement haïtien pour continuer les études médicales commencées dans son pays, il a fait preuve d'une application et d'une vivacité de conception qui étonnèrent ses maîtres, dès sa première année scolaire. Sans avoir manqué un seul de ses examens, il fut reçu docteur en médecine de la Faculté de Paris, en 1881. Dans la soutenance de sa thèse, qui se déroule sur la prophilaxie de la phtisie pulmonaire, il déploya une telle érudition et fit preuve d'une si parfaite intelligence du sujet, que la Faculté dut lui décerner une mention honorable.

M. Janvier ne quitta les amphithéâtres de l'École de médecine que pour aller se mettre sur les bancs de l'*École libre des sciences politiques*, où il obtint les mêmes succès

que dans les sciences médicales. Aux époques réglemen-
taires, il s'est présenté aux examens et en est sorti avec
un diplôme qui justifie de ses aptitudes dans les sciences
administratives. Je crois qu'il suit en ce moment les
cours de la section de diplomatie où il aura sûrement les
mêmes résultats.

M. Janvier a ce caractère particulier : il semble qu'il
voudrait rester toute sa vie à l'école; pourtant, dans ses
écrits, il ne respire que l'action. D'aucuns peuvent y voir
la manie des diplômes poussée à une certaine exagération;
mais c'est à un autre point de vue que je considère sa
conduite. Il a sans doute pour objectif de prouver, par son
exemple, la grande élasticité qu'a le cerveau de l'homme
noir et la facilité qu'a son esprit de se plier à tous les
genres de connaissances, sans aucune fatigue. Comme
telle, son expérience a une haute et incontestable valeur ;
et son pays n'a pas à regretter les dépenses faites pour
l'entretenir à l'étranger. Au contraire, je voudrais voir le
gouvernement d'Haïti appliquer la même mesure en faveur
de quantité de jeunes gens noirs qui n'ont pas les moyens
suffisants pour se rendre en Europe, mais qui, avantagés
comme notre remarquable compatriote, offriraient certainement un résultat notable, en élargissant le champ
de l'observation! Ce vœu est un hommage rendu à l'activité intellectuelle de M. Janvier. Je ne doute nullement
qu'il ne fût heureux d'avoir beaucoup plus d'émules noirs
dans la carrière studieuse qu'il parcourt si brillamment;
car personne, mieux que lui, ne donne un démenti formel
à toutes les doctrines qui tendent à établir une hiérarchie
basée sur la différence intellectuelle des races humaines.

A part sa thèse doctorale, M. Janvier a écrit plusieurs
ouvrages où il fait toujours preuve de connaissances variées et d'une érudition peu commune.

Il a collaboré, en 1882, à la rédaction d'un petit volume

30

remarquable, précieux et qui doit faire époque. Je veux
parler des « Détracteurs de la race noire ». Ce livre qui est
une improvisation écrite avec le feu du patriotisme et la
confiance imposante qu'inspire la conviction du droit et de
la raison, est par-dessus tout une œuvre méritoire; il fait
infiniment d'honneur à tous ceux qui y ont concouru. C'est,
avec M. Janvier, MM. Justin Devost, Jules Auguste, Clément Denis et Arthur Bowler, pléiade d'intelligences, où
Haïti trouvera les meilleurs ouvriers pour l'œuvre de
progrès et de civilisation qu'elle doit réaliser dans l'archipel antillien. Hélas ! Clément Denis ne devait pas vivre
longtemps, lui, dont l'esprit pétulant électrisait toute la
fière milice dans ce bon combat qu'elle a combattu au nom
de la vérité et de la justice!

Plus tard, vers la fin de la même année, M. Janvier a
publié, seul, un volume de plus de six cents pages in-8°,
Haïti et ses visiteurs, dont plusieurs journaux parisiens
ont parlé en termes fort élogieux. Là, profitant de quelques
articles maladroits de M. Cochinat, il entreprit de justifier son pays de toutes les calomnies dont il a été l'objet
et dont le principal mobile est ce sot préjugé par lequel
on prétend qu'un peuple noir est incapable de se civiliser
à l'état indépendant, vu l'infériorité morale et intellectuelle
de la race africaine. La leçon fut rude, excessive ; mais la
fibre patriotique, mise en branle, montra en M. Janvier un
lutteur habile et terrible, se servant de toutes les armes,
frappant sans pitié ni mesure l'adversaire éreinté.

Après ce volume, notre intelligent champion a écrit de
nombreux articles tant politiques que littéraires dans les
divers organes de la presse, parisienne. Il a publié une
suite de petites brochures d'un style acéré et souvent
acerbe, en forme de pamphlet, où il développe des théories que je n'ai pas à analyser ici. Quelle que soit l'opinion
que l'on ait de ses idées, il faut admettre qu'il sait les

défendre avec adresse et met à leur service autant de talent que d'activité.

M. Janvier n'a que trente ans et c'est déjà un des Haïtiens qui ont le plus écrit. Il ne perd pas une ligne de ses productions et met un soin particulier à les faire rééditer. C'est ainsi qu'il a collectionné tous ses articles publiés dans les différents journaux de Paris, lors de la dernière insurrection haïtienne, en faisant une brochure assez volumineuse intitulée : *Les affaires d'Haïti !*.... Je cite tous ces faits pour mieux mettre en saillie le caractère de mon intéressant compatriote et congénère. C'est qu'il ne travaille pas à la légère, mais vise surtout à conquérir une situation à laquelle ses capacités lui donnent d'ailleurs droit d'aspirer. Quelle que soit l'appréciation qu'on puisse en faire, j'y trouve la manifestation d'un caractère absolument européen, sachant bien tirer parti de tout : de la réclame comme du travail réel et sérieux. Au point de vue où je me place, il était nécessaire de le faire remarquer. Cet égoïsme intelligent, si je puis ainsi dire, en parlant du tempérament moral de M. Janvier, n'est-il pas purement anglo-saxon? L'exemple est magnifique ; il prouve que les hommes de toutes les races se ressemblent étonnamment, quand ils se trouvent dans les mêmes conditions de développement intellectuel et agissent dans un but semblable.

Disons, pour terminer, que M. Janvier est membre de plusieurs sociétés savantes de Paris ; *Société d'anthropologie, Société de législation comparée, Société littéraire internationale*, etc. En m'arrêtant à sa brillante personnalité je pourrais facilement me reposer sur la suffisance de mes preuves. Mais il y a toute une pépinière d'hommes noirs d'Haïti qui, sans avoir jamais quitté l'île, n'offrent pas moins un exemple frappant de la riche intelligence de la race éthiopienne, à laquelle un préjugé trop longtemps entretenu refuse toute aptitude supérieure. Il est nécessaire à notre thèse, qu'il en soit fait mention.

Désilius Lamour, d'une intelligence de premier ordre, d'une capacité incontestable, était noir. Cet homme dont la modestie rare faisait ressortir d'autant mieux le grand mérite, ayant travaillé presque seul, avait pu parvenir à la plus haute culture de l'esprit, sans quitter sa ville natale, la vaillante cité de Jacmel.

Versé dans toutes les questions de droit public et d'économie politique, d'une humeur toujours calme et modérée, il a été l'un de nos parlementaires les plus corrects, ne prenant la parole que pour élucider les questions ou les ramener aux principes de droit constitutionnel qui aident à les bien embrasser. C'était un noble et beau caractère, un vrai modèle de courage civique, incapable de trahir aucun devoir, mais inaccessible aux passions politiques d'un courant quelconque! En effet, avec son tempérament bien équilibré, cette clairvoyance supérieure qui était en lui le fruit de fortes études consciencieusement dirigées et contrôlées par le bon sens, il a été en Haïti le meilleur échantillon du politique éclairé, sachant se dévouer pour toutes les idées justes et progressives sans y mettre aucun regrettable excès. Calme et digne durant toute sa belle carrière publique, à son bureau de journaliste, au banc du ministère comme à la tribune du Sénat, calme et digne il est tombé, accomplissant héroïquement mais paisiblement son devoir de parlementaire. On ne saurait imaginer une plus belle figure d'homme public. La génération grandissante aura intérêt à l'étudier, lorsqu'après avoir vainement essayé des moyens arbitraires et empiriques, on se sera convaincu que la science et le droit sont les seuls instruments infaillibles pour la réalisation du progrès et de la vraie civilisation.

En nommant Désilius Lamour, si digne de vivre dans la mémoire de tous les Haïtiens, on ne peut oublier le nom

de M. Dulciné Jean-Louis, noir aussi, son collaborateur et
son émule respectueux. M. Jean-Louis, dans la rédaction du journal « *L'Indépendance* », a fait preuve du plus
grand mérite; mais son plus beau titre est la production
d'une œuvre dont l'utilité est infiniment considérable pour
son pays. *La Bibliothèque de l'agriculteur haïtien*, écrite
en plusieurs volumes in-12, est un traité d'agronomie pratique où tous ceux qui s'occupent du travail agricole, en
Haïti, trouveront les renseignements techniques les plus
profitables. Le style en est clair, correct et précis. En se
rappelant combien peu les hommes qui se dédient à la politique pensent à ces questions spéciales, encore qu'elles
soient d'une importance capitale, on ne peut assez admirer la belle et consciencieuse publication de M. Jean-
Louis.

Mais combien d'autres noirs ne pourrait-on pas nommer,
si cette revue ne s'allongeait pas outre mesure! Il faudrait encore citer MM. Augustin Guillaume et Arteaud,
deux hommes d'une instruction solide et d'un esprit fort
bien cultivé. Ils sont au nombre de ces pionniers de l'avenir qui doivent montrer la voie du progrès à la génération qui grandit. Ceux qui, comme eux, ont des talents
remarquables et des facultés intellectuelles supérieurement développées, ne seront jamais trop nombreux parmi
la jeunesse haïtienne.

Aussi, combien ne faut-il pas regretter la mort de Berthaud, avocat intelligent, tribun éloquent, tombé si jeune
dans nos discordes civiles, gouffre où disparaissent tant
d'Haïtiens, tous pleins d'avenir! Berthaud, esprit ouvert,
amant passionné du juste et du beau, promettait de
devenir une des gloires de la race noire, si, échappant
à une cruelle destinée, il ne se fût pas éteint, hélas! comme
Brutus à Philippe, dans l'horreur du doute et du désespoir.

Mais pourquoi émettre ces notes douloureuses dans le cours d'une démonstration où il faut tout le calme et toute la sérénité de l'esprit ?

Parlons plutôt de l'un des plus intéressants parmi nos jeunes noirs d'Haïti, de M. Magloire. Intelligence d'élite, égalant tous ceux que l'on connaît déjà, par la vivacité de compréhension qui est spéciale à la race éthiopique, M. Magloire est surtout remarquable par sa grande aptitude pour les sciences mathématiques qu'il mène de front avec l'étude des lettres, des sciences philosophiques et historiques. Ayant achevé ses humanités et fait sa philosophie au lycée de Port-au-Prince, il a continué à travailler sans relâche et complète chaque jour les notions acquises par les travaux de l'école.

M. Robelin, un Français, licencié ès-sciences et professeur de mathématiques au lycée du Cap-Haïtien, m'a constamment parlé des aptitudes supérieures de M. Magloire, qui travaille souvent avec lui et fait preuve d'une vivacité d'esprit peu ordinaire. A cette occasion, M. Robelin dont la science solide et le caractère indépendant sont un titre excellent, m'a communiqué l'observation qu'il a faite bien des fois, soit au Cap-Haïtien, soit à Port-au-Prince, de la grande facilité de conception que montrent la plupart des jeunes lycéens noirs dans les mathématiques, où ils ne semblent jamais rencontrer de difficultés insurmontables. La confidence ne m'a nullement étonné ; car M. Roulier, Français et licencié ès-sciences aussi, mon ancien professeur de mathématiques, n'avait jamais qu'à se louer des dispositions heureuses de la majeure partie des élèves qui composaient les classes supérieures du lycée du Cap-Haïtien, à l'époque où j'en suivais les cours.

M. Magloire, qui est encore bien jeune, poursuivra, sans nul doute, ses études de mathématiques et augmentera ses aptitudes dans cette sphère intellectuelle. Ce sera une action méritoire en faveur de sa race ; elle aidera particulièrement à affirmer que les noirs sont aussi aptes à s'occuper des mathématiques (1) que des lettres, de la philosophie, ou des sciences biologiques. Nous avons déjà montré, appuyé sur la grande autorité d'Auguste Comte, que c'est une conception fausse que celle qui considère les mathématiques comme l'application la plus élevée de l'intelligence, établissant en leur faveur une espèce de prévallence sur d'autres sciences autrement difficiles et complexes. En supposant même qu'on fût autorisé à voir dans l'arithmétique, l'algèbre, la géométrie et la mécanique analytique, les connaissances où se développe le plus haut degré de l'intelligence, la parfaite aptitude des noirs à l'étude de ces différentes sciences viendrait encore une fois, infirmer la théorie de l'inégalité des races.

Je voudrais m'arrêter ici ; mais il m'est impossible de fermer ce chapitre sans citer un Haïtien des plus remarquables. C'est M. Légitime. En lui, nous avons en présence non-seulement une intelligence, mais encore un tempérament moral profondément intéressant à étudier.

M. Légitime, né d'un ouvrier, comme il en est le plus souvent de nous tous, noirs d'Haïti, avait fait des études fort incomplètes dans sa première jeunesse. Il dut quitter les classes plus tôt qu'il ne faudrait. Enrôlé dans un des régiments du pays, il commença la carrière militaire avec l'expansion printannière du cœur et de l'esprit, en se

_____

(1) Si on voulait sortir d'Haïti, on trouverait beaucoup de noirs, soit des États-Unis, soit des colonies européennes, qui sont des mathématiciens fort distingués. Sans avoir besoin de rappeler l'exemple de Lislet-Geoffroy, on compte en ce moment plusieurs polytechniciens noirs, à Paris. M. Xavier Latortue, jeune noir haïtien, se prépare pour l'École polytechnique où il se présentera bientôt, si l'accès lui en reste ouvert, encore qu'étranger. Son aîné, M. Léon Latortue, est un élève de l'École des mines dont il suit les cours avec succès.

passionnant quelque peu pour le métier des armes.

Sous le gouvernement de Geffrard, où l'on était souvent soldat et employé, à la fois, il fut remarqué par sa bonne tenue et placé à la douane de Port-au-Prince, sans cesser son service militaire. Mais à mesure que son âge augmentait, s'augmentait aussi en lui la soif ardente du savoir. Tandis que beaucoup d'autres, à sa place, Européens ou Africains, se seraient contentés de cette demi-éducation avec laquelle on s'acquitte rondement de ses devoirs d'homme du monde, ce noir affamé de lumière se mit à travailler, à piocher, vivant comme un philosophe, méprisant tous les plaisirs faciles de la jeunesse, pour ne s'occuper que de compléter ses connaissances et combler les lacunes de son esprit. C'est ainsi qu'il est parvenu à se frayer le chemin, en surmontant tous les obstacles, et à percer enfin comme une des intelligences les plus cultivées du pays !

J'ai connu M. Légitime en 1872. Je l'ai revu, en 1873, déjà bien changé ; mais quand je l'ai rencontré en 1876, c'était encore un autre homme. Son horizon intellectuel s'ouvrait sans cesse, dans une progression continuelle. Impossible de s'imaginer ce labeur quotidien, assidu, conduit de front avec tous les devoirs d'une famille à entretenir ! Aussi a-t-il fini par maîtriser toutes les difficultés tant de la langue que des notions abstraites de toutes les études qu'il a eu le courage d'embrasser. Aujourd'hui, il fait preuve d'un style élégant et chatié, avec un fond de connaissances solides et variées.

M. Légitime avait déjà publié plusieurs opuscules d'un intérêt restreint ou général ; mais c'est en écrivant, en 1878, sa brochure l'*Armée haïtienne, sa nécessité, son rôle*, qu'il a pris place parmi nos meilleurs écrivains, tout en montrant une largeur de conception dont n'approche aucun de ceux qui, avant lui, avaient abordé le même sujet,

en Haïti. D'une part, tous ceux qui défendaient l'institution de l'armée, le faisaient avec une aigreur mal déguisée
contre le régime parlementaire et les doctrines libérales ;
d'autre part, les partisans des principes libéraux voyaient
dans l'armée un continuel danger pour les libertés publiques. Il faut avoir suivi toute l'histoire du développement
national de la République haïtienne, pour pouvoir se faire
une juste idée de l'importante sociologique d'une telle
controverse. Il s'agit de deux attractions, entraînant les
esprits en sens contraire. Ceux qui veulent suivre les progrès du siècle et se mettre sur la voie des peuples complètement civilisés, tirent d'un côté ; de l'autre, résistent ceux
qui veulent retenir le char national dans les ornières du
passé, poussant le conservatisme jusqu'à l'outrance. En
pareil cas, il n'y a rien de meilleur que les transactions
opportunes, à l'aide desquelles on tourne les difficultés et
mine les obstacles, sans les heurter de front.

L'intelligent écrivain avec un talent et une hauteur de
vue qui planent sur les petites considérations, a fait voir
que des deux côtés on a donné dans une erreur d'appréciation, qui ne s'explique que par l'esprit d'exclusion avec
lequel on a respectivement traité la question. En une centaine de pages d'un style tantôt soutenu, tantôt léger, mais
toujours tempéré par une élégante clarté, la matière est
étudiée en maître. Tous les détails techniques sur les différentes armes de l'armée sont examinés avec une compétence indiscutable. Non-seulement il faut avoir été soldat
comme M. Légitime, pour s'y entendre à ce point, mais il
faut en outre avoir rudement étudié pour en parler avec
cette précision et cette aisance.

M. Légitime, se passionnant beaucoup pour les questions qui se rapportent aux sciences politiques et administratives, a publié, depuis cette dernière brochure, plusieurs
autres qui traitent des finances, du commerce ou de l'in-

dustrie nationale. On annonce la prochaine apparition de
deux de ses ouvrages, l'un déjà imprimé concernant sa
gestion ministérielle, comme secrétaire d'Etat de l'Intérieur
l'autre beaucoup plus important, intitulé : *La politique
haïtienne.*

N'est-ce pas là un homme digne de la plus haute attention et d'une estime méritée, que celui dont la constance
au travail, la force de volonté et la vigueur intellectuelle
excellent à ce point ? Je puis m'arrêter à M. Légitime,
dans la série de citations que j'ai voulu faire pour montrer que, malgré toutes les théories contraires, les Noirs
d'Haïti fournissent la preuve la plus convaincante de
l'égalité des races humaines. C'est un fils de ses œuvres,
un *self made man*, comme disent les Américains qui,
sous ce rapport, ressemblent plus aux Haïtiens qu'aux
Européens. Eh bien, réunissant aux travaux intellectuels tous les détails secondaires pouvant mettre l'intelligence en relief, dans le même temps qu'il étudiait
les sciences d'une acquisition plus difficile, il a appris
la musique ou y a perfectionné ses connaissances ; il a fait
de l'escrime et du dessin, avec des professeurs spéciaux :
en sorte qu'on peut encore trouver en lui un homme du
monde aux manières les plus distinguées, s'imposant autant par sa tenue correcte que par son savoir laborieusement acquis !

Peut-être, en revenant sur la question de l'évolution
des races, aurai-je à citer d'autres noms dignes de figurer
dans la liste des noirs les plus remarquablement doués ;
cependant, sauf un seul qui plane au-dessus de tout et
brille d'un éclat immortel, aucun d'eux n'aura à mes
yeux une signification d'aussi haute valeur que celui de
M. Légitime. Ce que j'admire en lui, ce n'est pas seulement sa capacité intellectuelle qui, pour sûr, pourrait
s'éclipser devant bien d'autres, sans même quitter Haïti ;

mais c'est encore sa haute moralité, se traduisant en une persévérance énergique et vraiment rare, le portant à recommencer, âgé de plus de vingt-cinq ans, des travaux qui n'ont d'attrait que dans la première jeunesse. Aussi, son mérite est-il sans égal, et surpasse-t-il même celui du docteur Janvier. Ce dernier, pour développer sa vaste intelligence, a travaillé sous la direction de maîtres éclairés et a fait toutes ses classes : il a continué à Paris, dans un milieu spécialement favorable, son épanouissement intellectuel. M. Légitime, livré à lui-même, n'a jamais quitté Haïti : le secret de ses brillants succès est donc dans sa propre organisation intellectuelle et morale.

Sans doute, ai-je oublié ou négligé bien des noms tout aussi dignes d'être remarqués ; cependant le nombre des noirs éclairés et cultivés que j'ai offert à l'édification du lecteur suffit amplement, je pense, pour fournir à ma thèse le plus irrésistible argument. Cette considération, réunie à tout ce qui a été précédemment démontré, y porte un tel appui qu'il semble inutile de continuer.

Comment, devant de tels exemples, peut-on soutenir encore que les races humaines sont inégales ? Est-il un seul homme, sain d'esprit et de conscience, capable d'admettre une doctrine si absurde et illogique, en considérant la réalité de tous ces faits d'une éclatante certitude ? On pourrait bien se le demander, et ceux qui ne s'occupent pas assez de ces questions, pour savoir tout ce qu'on a écrit et répété sur l'infériorité native et irrémédiable des noirs, dans les ouvrages les plus importants, dans les revues les plus autorisées, comme dans les discussions des sociétés les plus savantes de l'Europe, pourraient facilement croire que nous nous donnons une peine inutile, en insistant, par tant d'arguments divers, sur la preuve d'un fait dont l'évidence n'a jamais été niée par aucun esprit éclairé et sérieux. Pour avoir le droit

de continuer la discussion, pourrai-je jamais mieux faire
que de mettre sous les yeux du lecteur les sentences
ou les opinions émises sur le fait de l'inégalité des races, par un grand nombre d'hommes regardés généralement comme les grandes voix de la science ou de la philosophie ?

CHAPITRE XIII.

Préjugés et vanités.

הֲבֵל הֲבָלִים

Vanitas vanitatum.
(L'Ecclésiaste).

Das Herz, in kalter, stolzer Ruh,
Schliesst endlich sich der Liebe zu.
(Schiller).

« Les Nègres d'Afrique n'ont reçu de la nature aucun sentiment qui s'élève au-dessus de l'insignifiant. Hume défie qui que ce soit de lui citer un seul exemple d'un nègre qui ait montré des talents et il soutient que parmi les milliers de noirs qu'on transporte loin de leurs pays et dont un grand nombre ont été mis en liberté, il ne s'en est jamais rencontré un seul qui ait produit quelque chose de grand dans l'art ou dans la science, ou dans quelque noble occupation, tandis qu'on voit à chaque instant des blancs s'élever des rangs du peuple et acquérir de la considération dans le monde par des talents éminents. Tant est grande la différence qui sépare ces deux races d'hommes aussi éloignées l'une de l'autre par les qualités morales que par la couleur. » (Kant, *Critique du jugement*).

« Il est à remarquer que dès que l'on étudie avec plus de soin les peuples noirs qui se sont fait une réputation par leurs conquêtes ou par une certaine aptitude à la civilisation, on est tenté de la retirer du groupe des Nègres proprement dits. » (D'Omalius d'Halloy, *Les Races humaines*).

« Qui ne connaît l'infériorité intellectuelle innée des

noirs? Qui ne sait que ce sont des enfants en comparaison des blancs et, qu'*il en sera toujours ainsi ?* Le cerveau du nègre est plus petit, plus fortement empreint du caractère de l'animalité, moins riche en circonvolutions que celui de l'Européen. » (L. Büchner, *Kraft und Stoff*).

D'après M. de Gobineau, Francklin définissait ainsi le Nègre : « C'est un animal qui mange le plus possible et travaille le moins possible. (*De l'inégalité des races humaines*).

« La vie du Nègre se passe dans des contrastes perpétuels et les sentiments les plus opposés trouvent place dans son cœur. La gaîté la plus folle et la plus insensée fait place au désespoir amer, l'espérance sans bornes à l'extrême terreur, la prodigalité inconsidérée à la sordiderie.

« Les dispositions intellectuelles vont de pair avec ce tempérament tout d'impression ; le Nègre excelle à imiter, mais il est dans un état complet d'infériorité, s'il doit faire appel à son initiative intellectuelle. » (F. Müller, *Allgemeine Ethnographie*).

« Le goût et l'odorat sont chez le Nègre, aussi puissants qu'informes. Il mange tout, et les odeurs les plus répugnantes, à notre avis, lui sont agréables. » (Pruner, *der Neger, eine aphoristische Skizze*).

« L'infériorité intellectuelle du Nègre se lit sur sa physionomie sans expression ni mobilité...

« Les peuples de race nègre qui existent à l'état de liberté à l'intérieur de l'Afrique, nous montrent par leur habitude et l'état de leur esprit qu'ils ne peuvent pas dépasser le niveau de la vie de tribu. D'un autre côté, on a tant de peine, dans beaucoup de colonies, à tirer bon parti des Nègres, la tutelle des Européens leur est tellement indispensable pour maintenir chez eux les bienfaits de la civilisation, que l'infériorité de leur intelligence comparée à celle du reste des hommes est un fait incontestable.

« Sans doute, on pourrait citer beaucoup de Nègres qui ont dépassé les Européens par la portée de leur esprit. Les généraux Toussaint-Louverture, Christophe et Dessalines, n'étaient pas des hommes ordinaires, et Blumenbach, nous a conservé les noms de beaucoup de Nègres illustres, parmi lesquels il cite Jacob Captain, dont les sermons, les écrits théologiques, en latin et en hollandais sont vraiment remarquables. Il ne faut pas cependant juger ici par des cas individuels, mais par l'ensemble. Or, l'expérience a prouvé que les Nègres sont inférieurs en intelligence à tous les peuples connus, même aux peuples sauvages de l'Amérique et des îles de l'Océanie. » (Louis Figuier, *Les Races humaines*).

« Il est certain que la race nègre, en *intelligence* comme en activité est *inférieure* (1) à ses deux sœurs; mais il suffit de lire les récits des voyageurs, pour être non moins sûr qu'elle les surpasse en capacité affective. » (Pierre Lafitte, *Conférence sur Toussaint-Louverture*).

---

(1) Je dois avouer que je ne crois pas que le savant continuateur d'Auguste Comte ait voulu abaisser la race noire, dont il fait un si bel éloge dans la personne de Toussaint-Louverture. C'est ici l'effet d'un système toujours forcé, par lequel on veut distinguer certaines qualités morales et intellectuelles des races humaines, distinction qui n'existe nullement dans la nature. Comme la majeure partie des savants nient catégoriquement les aptitudes intellectuelles de la race noire, M. Pierre Lafitte a suivi le torrent, en lui accordant en compensation la supériorité des aptitudes affectives. Voilà tout. Il faut ajouter qu'aucun des principes de la philosophie positive n'autorise une telle généralisation, en dehors des bases scientifiques qui y font entièrement défaut.

« La variété mélanienne est la plus humble, et git au bas de l'échelle. Le caractère d'animalité empreint dans la forme de son bassin lui impose sa destinée, dès l'instant de la conception. Elle ne sortira jamais du cercle intellectuel le plus restreint. » (DE GOBINEAU, *De l'inégalité des races humaines*).

« Par là que le Nègre appartient au genre humain, l'esclavage est irrationnel et illégitime. Mais il ne suit nullement de là que la race nègre soit égale à la race blanche et que, comme telle, doive être admise avec elle au partage des mêmes droits et à l'exercice des mêmes fonctions, ou qu'elle ait la même importance et puisse jouer le même rôle dans l'histoire. » (Dr VERA, note de la *Philosophie de l'esprit* de Hegel).

« L'ensemble des conditions qui a fait les races a eu pour résultat d'établir entre elles une inégalité *actuelle* qu'il est impossible de nier. Telle est pourtant l'exagération dans laquelle sont tombés les *négrophiles* de profession, lorsqu'ils ont soutenu que le Nègre *dans le passé et tel qu'il est* est l'égal du blanc...

« Or, tant qu'il existera des pôles et un équateur, des continents et des îles, des montagnes et des plaines, il subsistera des races distinguées par des caractères de toute nature, des races supérieures et des races inférieures au point de vue intellectuel et moral. En dépit des croisements, la variété, l'inégalité persisteront sur la terre. » (DE QUATREFAGES, *L'espèce humaine*).

« Les hommes ne sont pas égaux, les races ne sont pas égales. Le Nègre, par exemple, est fait pour *servir* aux grandes choses voulues et conçues par le blanc. » (Ernest RENAN, *Dialogues philosophiques*).

On pourrait citer une foule d'autres auteurs d'une importance de premier ordre, philosophes ou savants, ayant la même opinion sur l'infériorité native de la race noire et la profonde différence morale et intellectuelle qui la sépare, pour ainsi dire, de l'humanité blanche. Cette opinion se complète par une conviction non moins catégorique de la médiocrité de la race jaune et de la supériorité incontestable de la race caucasique. Mais comme les noirs et les blancs occupent les deux extrémités de l'échelle ethnologique, ce sont ceux-là qui font constamment l'objet des comparaisons anthropologiques.

En mettant de côté toute considération secondaire, il y a à se poser les questions suivantes : Comment tant d'hommes éminents, d'une indépendance d'esprit indiscutable, savants aux théories hardies ou philosophes libres-penseurs, ont-ils pu adopter cette idée étrange de l'infériorité naturelle des noirs. Cette idée n'est-elle pas reçue à l'égal d'un dogme, lorsque, au lieu de l'étayer d'une démonstration sérieuse, on se contente de l'affirmer comme s'il s'agissait d'une vérité justifiée par le sens commun et la croyance universelle? Dans un siècle où toutes les questions scientifiques sont étudiées, soit par la méthode expérimentale, soit par l'observation, le jugement par lequel on établit que la race noire est inférieure à toutes les autres resterait-il sans aucune autre base que la foi des auteurs qui l'avancent, pareil à ces propositions apodictiques si bien démontrées qu'elles ne souffrent point de contradiction? C'est une chose impossible. Aucun ordre de vérité ne peut échapper aux lois de la logique ; et toutes les fois qu'on se trouve en face de ces opinions qui circulent dans le monde et obscurcissent l'intelligence, sans avoir d'autre prestige que leur vulgarisation, on doit leur refuser toute confiance comme toute importance sérieuse.

Or, malgré tous les faits considérés jusqu'ici, malgré

31

tous les arguments qui lui sont contraires, le préjugé de l'inégalité des races est tellement ancré dans l'esprit des hommes les plus éclairés de l'Europe qu'ils semblent ne pas pouvoir s'en départir. Il faut donc croire à l'**existence** de certaines causes extrinsèques, étrangères à la question scientifique, mais dont l'empire est tel qu'elles tiennent les plus belles intelligences subjuguées et paralysées par leur prestigieuse influence. Afin de faire une lumière définitive sur le fait de l'égalité des races humaines, — quelque tortueuse et difficile que soit la voie, — il faut aller à la recherche de ces influences assez puissantes pour donner à l'erreur une consécration capable de la maintenir avec tant d'opiniâtreté, en face de l'évidence même.

CHAPITRE XIV.

Les comparaisons.

> Pour l'Européen primitif, comme pour beaucoup
> de sauvages de nos jours, manger et ne pas être
> mangé fut longtemps la principale affaire.
> (LYELL).
>
> Partout, dans l'Humanité, il paraît avoir existé
> une période d'anthropophagie suivie d'une période
> d'esclavage, suivie elle-même d'une période de
> servage.　　　(CLAVEL).

I.

PREMIÈRES CAUSES D'ERREUR.

Toute science subit invinciblement l'influence du temps
et du milieu dans lesquels elle a été constituée : non que
la vérité scientifique dépende d'un accident ou des circonstances contingentes ; mais parce que les sciences s'édifient
toujours sur un ensemble de faits préalablement étudiés et
desquels on tire les premiers éléments de généralisation
transformés plus tard en lois, quand on a suffisamment
constaté les rapports nécessaires qui en dérivent. Ces faits
peuvent avoir été mal étudiés, les éléments de généralisation peuvent avoir été insuffisants ou les rapports mal
appréciés ; alors la science s'établit sur des bases instables,
invraies, donnant à l'erreur une telle force dans la croyance
universelle, qu'elle devient pour longtemps un obstacle positif à la manifestation de la vérité. Celle-ci n'éclate enfin
qu'au prix de mille travaux et exige même des dévouements
qui aillent jusqu'au martyre ! On peut citer l'exemple des
premières généralisations absolument hâtives, auxquelles
se buta la science astronomique dans sa première période,
et dont l'erreur sur le mouvement diurne a écarté pour

longtemps toutes les inductions de la mécanique céleste devenues les belles lois de Kepler et de Newton. Ce n'est pas que Ptolémée, pour formuler son système, ait eu l'esprit moins vif, l'intelligence moins claire que ceux qui ont, dans la suite, révolutionné la science, en revenant sur les idées de Pythagore qu'ils ont consolidées par une démonstration qui leur manquait ; cependant la connaissance insuffisante qu'on avait du monde en son temps et l'absence des procédés analytiques, employés beaucoup plus tard, le mirent dans l'incapacité absolue d'atteindre à la vérité si solidement établie par Copernic, si solennellement-éprouvée dans la personne de Galilée.

Les mêmes causes d'erreur qui ont influencé l'esprit du célèbre continuateur d'Hipparque, ont grandement influé sur les premiers essais de classification anthropologique et sur les idées erronées qui leur servent de corollaires. Pour en bien comprendre la nature, il faut se figurer l'époque où l'anthropologie a pris naissance et l'état respectif des races humaines qu'il fallait alors étudier, chacune dans ses qualités physiques, intellectuelles et morales.

Lorsque Blumenbach commença de s'occuper de l'étude de l'homme au point de vue des sciences naturelles et qu'il dut considérer les divers groupes ethniques qui forment l'humanité, — suivant leurs aptitudes spéciales, — la race blanche, après un travail persévérant et soutenu, avait déjà atteint un degré supérieur de développement. L'histoire industrielle, scientifique et littéraire des peuples européens était remplie des plus beaux faits. Une civilisation raffinée avait si bien transformé la plus grande partie des nations d'origine caucasique que, là où l'on voyait naguère des Celtes, des Cimbres, des Goths, des Vandales ou des Suèves, c'étaient déjà les Français, les Allemands, les Anglais, etc., qui s'exhibaient aux yeux du monde, ayant produit les plus grands savants et les plus brillants artistes dont une race peut s'enorgueillir.

D'autre part, la race noire, après des siècles d'une décadence profonde, était tombée dans un état de complet abâtardissement. Au lieu de cette évolution progressive qui a conduit la race blanche à de si belles formes physiques et à une si grande puissance intellectuelle, il semblait que l'Ethiopien fût travaillé par une force toute contraire, l'attirant vers les formes primitives de l'espèce. Il faut avouer qu'un tel état de choses n'était pas fait pour donner les meilleurs éléments d'appréciation.

La race noire était, de plus, fort mal connue en Europe. Il est vrai que les grands voyages autour du monde, qui ont de mieux en mieux complété les notions géographiques, étaient en majeure partie exécutés. Mais on tombait, sans aucune préparation d'esprit, au milieu de peuples étrangers, différant des Européens tant par la coloration, par les traits du visage que par leurs mœurs sauvages; on ignorait leurs langues et leurs habitudes. Tout fut donc un obstacle pour qu'on arrivât à les étudier rationnellement. Cette étude était d'autant plus impossible que les voyageurs, sans être des ignorants, étaient le plus souvent dénués de toutes les connaissances spéciales qu'il faudrait réunir pour la bien faire. Les savants qui étaient à même de voir des hommes noirs et de les étudier personnellement, ne les rencontraient que dans les colonies européennes, à l'état d'esclaves. Pouvait-on imaginer de plus mauvaises conditions? Qu'on prenne la plus intelligente des nations de l'Europe moderne; si, par un concours de circonstances difficiles à réaliser, on se la figure réduite en esclavage, avilie par un long régime de dégradation morale, éreintée, abrutie par un travail excessif, maltraitée à l'égal de bêtes de somme, croit-on qu'elle paraisse encore douée des aptitudes supérieures qui distinguent les hommes libres et instruits de la même race? Assurément, non. Mais alors a-t-on pensé aux effets déprimants qu'a dû produire l'esclavage sur les hommes qu'on examinait dans le but de fixer une mesure à l'intelligence des noirs ?

Je ne veux pas m'abandonner à une sentimentalité exagérée, en renouvelant toutes les complaintes qui ont été faites sur le sort déplorable de l'esclave noir, si inhumainement traité par la cruauté et la rapacité des Européens. « *La case de l'oncle Tom* » a suffisamment dramatisé ces scènes horribles de la servitude, pour qu'on se contente d'y renvoyer le lecteur, sans disputer à Miss Beecher Stowe le succès consolant qu'elle a eu dans ce genre de littérature qui est un vrai sacerdoce. Mais veut-on avoir une idée plus saisissante de l'influence dépressive de l'esclavage sur l'esprit et le cœur de l'homme ? Qu'on lise alors le livre amèrement sombre mais plein de faits, que Fréderik Douglass a intitulé : *Mes années d'esclavage et de liberté !* L'auteur est un homme de couleur d'une intelligence considérable. Si, au lieu de naître esclave, il avait été, dès son enfance, élevé dans les universités de Wespoint ou d'Oxford, il eût sans nul doute obtenu toutes les palmes qui font la réputation des plus savants. Aussi, ses maîtres ayant remarqué en lui ces aptitudes et ces aspirations qui sont des crimes quand elles se montrent dans un esclave, résolurent-ils d'éteindre en son âme l'étincelle sacrée, d'en effacer toute énergie morale, pour ne laisser vivre que la brute, la machine passive dont seule ils avaient besoin. Il y avait des blancs spécialement organisés pour cet éreintement et qui jouaient supérieurement leur rôle de bourreaux. Ils se nommaient les *rompeurs de nègres*. Douglass fut remis à l'un de ceux-là, portant le nom de Covey. La première correction qu'il en reçut fut sanglante; quoique tout jeune et faible, il voulut résister, mais c'était déchaîner la fureur du monstre.

« Covey bondit, raconte Douglass, arrache mes vêtements ; les coups pleuvent, ma chair lacérée saigne à flots !
Il fallut des semaines pour sécher les plaies, sans cesse ra-
nimées par la rude chemise qui les frottait jour et nuit....

« Les mauvais traitements, pas plus que le fouet, ne
firent défaut pendant que me *rompait* messire Covey. Mais
comptant plus, pour arriver à son but, sur l'excès de travail, il me surmenait sans pitié.

« Le point du jour nous trouvait aux champs ; minuit
nous y retrouvait en certaines saisons. Pour stimulants,
nous avions la courbache ; pour cordiaux, les volées de bois
vert. Covey, surveillant jadis, s'entendait au métier. Il
avait le secret de la toute présence. Eloigné ou proche,
nous le sentions là. Arriver franchement ? Non. Il se cachait, il se dérobait, il se glissait, il rampait, et tout à coup
émergeait. Tantôt, enfourchant son cheval, il partait à
grand fracas pour Saint-Michel ; et trente minutes après,
vous pouviez voir le cheval attaché dans la forêt, Covey
aplati dans un fossé ou derrière un buisson, guettant ses
esclaves.... Astuce, malice empoisonnée, il avait tout du
serpent.....

« Brutalités, dégradations, travail aidant, les plus longs
jours étaient trop courts à son gré, les plus courtes nuits
trop longues, le dompteur accomplissait son œuvre. Rompu, je l'étais. Ame, esprit, corps, élasticité, jets d'intelligence : tout brisé, tout écrasé ! Mes yeux avaient perdu
leur flamme, la soif d'apprendre s'était évanouie, l'homme
avait péri ; restait la brute. Et si quelque éclair de l'ancienne énergie, quelque lueur d'espoir se rallumait soudain,
c'était pour me laisser plus dévasté (1). »

Cette peinture horrible que *l'honorable Marshal de Colombie* fait avec tant de simplicité, presque sans colère,

(1) **Fred. Douglass**, *loco citato*, p. 85, 87.

des misères de l'esclavage, c'est l'histoire de tous les
jaunes et les noirs, grandis sous le fouet et dans le caba-
non de l'esclave; c'est l'histoire de la perversité diabolique
du commandeur, partout où l'on puisse le rencontrer.
Les Européens qui ont le courage de reprocher à l'esclave
noir son infériorité intellectuelle ne se rappellent-ils donc
pas d'avoir employé tous les artifices pour empêcher que
l'intelligence ne se développât jamais en lui. Après avoir
brisé tous les ressorts de la volonté, toute énergie morale,
toute élasticité de l'esprit, ne laissant que la brute là où
l'homme menaçait de s'affirmer, ne savait-on pas, sans
l'ombre d'un doute, qu'il ne restait plus rien d'élevé dans
cet être méthodiquement dégradé? C'est pourtant en s'a-
dressant à lui, le prenant comme terme de comparaison
qu'on a établi les bases du jugement par lequel on déclare
que les races ne sont pas égales, que les Nigritiens sont
au-dessous de l'échelle et les Caucasiens au-dessus! Une
science qui s'est édifiée au milieu d'un tel renversement de
la nature et qui y a cherché ses règles d'appréciation et
de raisonnement ne pouvait offrir rien de sérieux, rien de
solide.

Quelques hommes consciencieux ont voulu réagir contre
la tendance générale et protester au nom de la vérité et de
la justice; mais leur voix fut impuissante. Aussi bien, il
ne saurait y avoir de doute pour aucun esprit sensé:
toutes les doctrines anthropologiques et les déductions
pseudo-philosophiques qu'on en a tirées n'ont eu pour
base qu'un vulgaire empirisme. Les faits qui seront dans
l'avenir un motif de honte et de regret pour la race blanche,
prouvant à l'excès son égoïsme et son immoralité, ont été
tacitement acceptés comme réguliers; mais devait-on en
considérer les résultats comme la manifestation naturelle
des choses? C'est pourtant ce qui est arrivé.

En général, les savants conclurent, sans aucun examen

préalable, de ce qu'ils voyaient ou de ce qu'on leur disait à ce qui doit être, selon la nature. Cette conclusion aprioristique, contraire à tous les principes scientifiques, suivant lesquels on ne doit se prononcer qu'après des investigations méthodiques et controlées, fut répétée et propagée par tous ceux qui avaient intérêt à se servir des noirs comme des machines. Dans cette pénible occurrence, la science, par une lâche complaisance ou par insuffisance d'observation, s'est rendue complice du plus sot des préjugés et du plus inique des systèmes.

D'ailleurs, dans les premiers jours voulût-on sincèrement essayer une classification rationnelle des races humaines, établissant par surcroît une hiérarchie intellectuelle et morale entre elles, qu'il serait impossible de réaliser une pareille tentative, dans l'ignorance où l'on était de toutes les données nécessaires pour parvenir à une telle systématisation. En effet, pour affirmer qu'une race est supérieure ou inférieure à une autre, il ne suffit point de les étudier à un moment isolé de leur histoire et de conclure précipitamment, en appuyant son raisonnement sur l'ordre des faits actuels. Beaucoup plus complexe est le problème. Il faut de plus étudier l'histoire complète de chacune d'elles ; les suivre depuis les temps les plus reculés jusqu'à l'époque où l'on se trouve ; noter leur progrès comme leur recul, leur crise de croissance ou de défaillance, les difficultés naturelles ou morales qu'elles ont eu respectivement à surmonter, de même que la durée de leur évolution ascendante et continue. Ces différentes notions font l'objet de plusieurs sciences dont la création est absolument récente, telles que la sociologie, l'histoire comparée, la préhistoire, la mythologie comparée, et foule d'autres connaissances qui nous aident à nous rendre compte des origines de la civilisation et de son développement. Ce genre d'études, si intéressant et instructif, n'a commencé d'attirer sérieusement l'attention qu'avec la deuxième moitié de ce siècle.

Privée de tous ces auxiliaires puissants, capables de l'éclairer dans l'interprétation des faits, l'anthropologie se vit condamnée à marcher dans la plus grande obscurité. Si les anthropologistes, qui se sont occupés de l'étude difficile des aptitudes diverses des races humaines, avaient procédé consciencieusement, afin d'arriver à une conclusion rigoureuse, comme les chimistes qui s'occupent d'analyser les propriétés diverses des substances organiques ou inorganiques, ou bien les physiologistes qui étudient le mode de fonctionnement de chaque organe, suivant les processus de la vie, il n'est nullement douteux que la science ne fût revêtue de plus de prestige et les faits autrement jugés. Mais n'ayant aucun principe général, aucune méthode supérieure, ils n'ont pu aboutir qu'à des résultats empiriques, conformément à l'esprit de système, aux préjugés invétérés qui leur servaient de guide dans leurs investigations.

. C'est ainsi que l'esclavage des noirs, au lieu de modifier l'opinion de ceux qui croient à l'infériorité de la race éthiopienne, n'a fait que servir de prétexte à leur système. A ceux qui leur en parlent, ils répondent avec suffisance : — Si le noir n'était pas un être inférieur, il ne supporterait pas si bien le joug de l'esclavage, dont l'idée seule fait horreur aux hommes les moins intelligents de la race européenne.

Mais les hommes d'origine nigritique ont-ils seuls vécu dans l'esclavage ? Non. Le coup d'œil le plus rapide et le moins attentif sur l'histoire nous prouve que l'esclavage a été un fait universel, ayant existé dans tous les pays et dans toutes les races. Il n'y a pas un seul peuple européen auquel l'état de servitude soit resté inconnu dans le cours de son évolution nationale. Fruit de l'instinct égoïste qui prédominait chez l'homme dans les époques de barbarie, l'esclavage a succédé à un état de choses pire : l'immolation sans pitié des vaincus. Avant même que les peuples de races différentes se fussent rencontrés en compétition sanglante, les voisins les plus proches avaient commencé à guerroyer les uns contre les autres. Aussi la pratique de l'esclavage a-t-elle pris naissance entre les hommes de la même origine ethnique. En remontant au temps de la civilisation patriarcale, on trouve toute la famille constituée comme une troupe d'esclaves dont le père disposait à son gré, ayant sur tous les membres le droit d'user et d'abuser : droit de vente, droit de vie ou de mort.

L'esclavage se perpétuant, malgré le développement de l'organisme social dont la principale tendance est de donner à chacun une plus grande somme de liberté, est devenu peu à peu une institution intolérable et justement réprouvée. Cependant les peuples de la race blanche l'ont subi dans toute sa rigueur, avec une résignation qui dénoterait l'absence de tout sentiment de liberté et de dignité humaine, si la suite des temps n'avait pas amené un changement radical dans leur sort. Les Hilotes si maltraités et si méprisés par les Lacédémoniens n'étaient-ils pas de race blanche ? Toutes les catégories d'esclaves qui servaient de marchepied au citoyen romain, n'étaient-ils pas de la race caucasique ? Les fils d'Israël, le peuple élu de Dieu, n'ont-il pas constamment vécu sous le joug de l'esclavage? Il faut aussi remarquer que l'Israëlite est assujetti tantôt par les uns, tantôt par les autres. « Le peuple hébreu, dit M. Pompeyo Gener, est le peuple esclave par excellence. Opprimé aujourd'hui par un Pharaon, il le sera demain par un Nabuchodonosor. En Égypte, c'est sous le fouet d'un Éthiopien qu'il édifie les pyramides(1)...»

_____

(1) Pompeyo Gener, *La mort et le diable*, p. 72.

Le vocable même par lequel on désigne l'*esclave* prouve que les peuples noirs ne furent pas les seuls ni les premiers à subir le joug avilissant de l'esclavage. Esclave vient du mot *slave* et fait rappeler l'état de servitude de la plus notable partie de la race blanche. Dans tout l'Orient, on rencontre des esclaves noirs, mais des esclaves blancs aussi. La couleur n'y fait rien.

Dans l'Europe occidentale, l'institution de l'esclavage que les Barbares avaient héritée de la civilisation romaine resta consacrée par les lois et se perpétua fort longtemps dans les mœurs. Bristol, Londres, Lyon et Rome eurent leurs marchés à esclaves où les blancs achetaient leurs semblables et les soumettaient au même régime qui fut appliqué plus tard, avec un plus grand raffinement de cruauté, aux Africains enlevés de leur terre natale pour passer de l'ignorance à l'abrutissement le plus complet.

La religion même du Christ, qui a contribué, dans sa première époque de prosélytisme et de sublime dévouement, à soulager tant de misères, à fermer tant de plaies vives, n'a jamais rien tenté contre l'esclavage. Quand les pères de l'Église en parlaient, ce n'était que pour en demander l'adoucissement, sans oser s'attaquer au principe que ni les évangiles, ni les apôtres ne condamnent. Voici comment en parle Bossuet, l'un des plus savants évêques de France, à la fois profond théologien, fin politique et historien brillant : « L'esclave ne peut rien contre personne qu'autant qu'il plaît à son maître ; les lois disent qu'il n'a point de tête, *caput non habet*, c'est-à-dire que ce n'est pas une personne dans l'État. Aucun bien, aucun droit ne peut s'attacher à lui. Il n'a ni voix au jugement, ni action, ni force qu'autant que son maître le permet ; à plus forte raison n'en a-t-il point contre son maître. De condamner cet état (l'esclavage) ce serait non seulement condamner le droit des gens où la servitude est admise, comme il paraît par toutes les lois; mais ce serait condamner le Saint-Esprit qui ordonne aux esclaves par la bouche de Saint-Paul de demeurer en leur état, et n'oblige point les maîtres à les affranchir. » (I. Cor. VII, 24, Ephés. VI, 7, etc.) (1).

Ces principes qui nous étonnent profondément, étant si contraires à nos convictions, sont soutenus par l'immortel évêque de Meaux avec une telle fermeté, une telle assurance, que l'on ne saurait douter de la sincérité de ses expressions. C'est le canoniste qui parle par sa voix ; c'est au nom du droit des gens et du Saint-Esprit qu'il déclare inattaquable l'institution de l'esclavage ! Et notez qu'il ne fait aucune exception. Il est vrai qu'au moment où il écrivait, le mot d'esclave n'était cité dans la législation française que pour désigner les noirs transportés dans les colonies d'Amérique et en règlement de la condition desquels Louis XIV venait de promulguer le fameux *Code noir*. Mais un théologien n'admet pas de principes de circonstance : pour lui, cela seul est vrai qui est reconnu généralement, en tout lieu et en tout temps, *quod ab omnibus, quod ubique, quod semper confessum est.*

En réalité, si l'esclavage n'existait plus en France avec sa dénomination moderne, il n'était pas moins conservé sous le nom de *servage*, dont l'étymologie plus savante n'y avait rien changé au fond, sauf les améliorations amenées avec le temps dans le système social, par le développement de la civilisation et l'adoucissement des mœurs. Les *serfs de la glèbe* étaient tout aussi bien la chose du propriétaire que l'esclave fut la chose de son maître. Le changement de condition légale ne consistait qu'en une simple distinction de droit civil; au lieu d'être considérés comme des biens meubles, pouvant être vendus partout,

_____

(1) Bossuet, 5ᵉ avertiss. sur les lettres de M. Jurieu (édit. Didot, 1841, t. IV, p. 404).

à n'importe quelle valeur, selon le bon plaisir du propriétaire, ils étaient devenus des immeubles par destination ;
l'on ne pouvait les déplacer de la terre à laquelle ils étaient
attachés pour les transporter ou les vendre ailleurs. Sans
doute était-ce une amélioration à leur sort ; mais ils étaient
encore souverainement misérables, abreuvés de toutes les
humiliations. Tous ceux qui ont quelques notions de l'histoire européenne savent combien exorbitants étaient les
droits du seigneur sur la gent *mainmortable, taillable et
corvéable à merci.*

Ce n'est que la Révolution de 1789 qui est venue mettre
fin à cet état de choses écœurant. En feuilletant les com-
pilations savantes de M. Taine sur « l'ancien et le nouveau
régime », on peut voir jusqu'à quel point le peuple français contenait de gens abrutis, misérables et affamés, à
côté de toute cette noblesse flamboyante, aimable et délicate qui représentait la France aux yeux de l'étranger et
la montrait au faîte de la plus belle et de la plus brillante
civilisation !

Qu'on ne reproche donc pas à la race éthiopienne son
existence dans la servitude, comme si un tel fait pouvait
jamais constituer la preuve de son infériorité ! Il est inutile
de réveiller dans certains cœurs des colères endormies et de
contrarier par de tristes souvenirs le mouvement de sympathique attrait que les fils des anciens esclaves éprouvent
pour les fils des anciens maîtres ; mais faut-il, au moins,
que ceux-ci ne s'autorisent point de ces souvenirs, interprétés à leur façon, pour se prétendre supérieurs à ceux-là !

« Les détails de la traite, n'appartenant pas à l'histoire
de l'humanité, dit Bory de Saint-Vincent, nous aurons
garde d'en attrister nos pages, mais que les oppresseurs
se souviennent que la pesanteur du joug n'a point écrasé
les Africains martyrisés dans Haïti ; ils se sont redressés,
ils se sont fait une patrie, ils y ont prouvé que pour être

des Noirs, ils n'en étaient pas moins des hommes; ils ont vengé l'espèce africaine de la réputation d'invalidité qu'on lui avait établie; ils ont, au tribunal de la raison, protesté contre cette prétention de supériorité qu'affectait sur eux des maîtres qui ne les valaient pas; puisqu'ils étaient sans humanité et qu'ils continuent à les calomnier (1). »

Oui, on doit le répéter, de toutes les races humaines la race noire est la seule qui ait donné l'exemple d'une multitude d'hommes plongés dans la plus cruelle servitude et conservant dans leurs âmes l'énergie nécessaire pour briser leurs chaînes et les transformer en autant d'armes vengeresses du droit et de la liberté. On oublie tout cela, et systématiquement. Mais que n'oublie-t-on pas, quand l'orgueil et l'intérêt sont coalisés pour étouffer la vérité? Pourtant il faut que cette vérité triomphe; car elle est plus forte que les savants, plus forte que tous les préjugés.

Je crois qu'il est bien établi que le mode de comparaison qu'on a choisi pour étudier les aptitudes respectives de la race blanche et de la race noire est positivement défectueux. En effet, d'une part, on a pris les Européens dans le plus grand épanouissement de la personnalité humaine; de l'autre, on a choisi les Ethiopiens dans la plus profonde dépression morale. Malgré tout, la race noire a prouvé que la défaveur de la situation ne l'a pas empêchée de couper le câble qui la rivait à une existence d'abjection et d'opprobre.

Néanmoins on avance encore que les noirs sont incapables d'aucune civilisation, qu'ils manquent de conception, de jugement et de la moralité la plus élémentaire; tandis que l'homme blanc, exempt de superstition, a l'esprit élevé, le cœur à la hauteur de son intelligence suréminente! Comment établir ce parallèle des races? Les pren-

(1) **Bory** de Saint-Vincent, *loco citato*, tome II, p. 61-62.

dra-t-on dans un moment de leur histoire, où elles montraient respectivement un degré assimilable d'évolution
sociale? Non; on compare des peuples encore barbares à
des peuples longtemps civilisés, sans considérer le passé
certain des uns ni l'avenir probable des autres. Il semble
qu'on ne se rappelle plus les anciennes mœurs et les
croyances ancestrales de ces mêmes Européens qui se
croient sortis de terre tout armés de la civilisation, comme
sortit Minerve de la tête de Jupiter. Mais tout ce qu'on reproche aux Nigritiens, ne peut-on pas aussi le reprocher
à ceux qui furent les pères de leurs accusateurs? Pour
nous en convaincre, il est bon d'étudier quelques faits historiques.

II.

SUPERSTITIONS ET RELIGIONS.

Tout d'abord, on s'est servi d'un argument qui semblait
capital dans la preuve à établir de l'infériorité des Noirs.
Suivant une certaine école anthropologico-philosophique,
ce qui distingue l'homme du reste des animaux, ce n'est
pas l'intelligence, mais la moralité et la religiosité. En
étudiant attentivement certaines espèces animales, telles
que l'abeille, la fourmi, le castor, on est arrivé à se persuader qu'elles ont une somme d'intelligence supérieure
et qu'on ne saurait confondre avec le simple instinct. Cette
révolution philosophique et scientifique, qui a renversé de
fond en comble l'ancienne théorie cartésienne sur l'auto-
matisme des animaux, a, pour ainsi dire, jeté un pont
sur l'abîme qui séparait l'homme des autres créatures
animées, en démontrant d'une façon positive ce que le bon
Lafontaine avait indiqué en riant. Il y eut des incrédules.
Isidore Geoffroy persista toujours à n'accorder aux animaux que l'instinct; d'autres naturalistes, quoique parti-

sans comme lui du *règne humain*, convinrent de l'intelligence des animaux, mais en signalant entre eux et
l'homme une différence psychologique de première importance, à savoir la religiosité. M. de Quatrefages, le plus remarquable de son école, a formulé cette théorie avec une
précision admirable.

La théorie une fois établie, on conçoit immédiatement
que ceux qui cherchaient à prouver l'inégalité des races
aient pensé à comparer les pratiques et les croyances religieuses de chaque groupe ethnique, afin de pouvoir juger
de leurs aptitudes par l'élévation plus ou moins grande
des idées que chacun d'eux y attachait. Cependant ici encore se présentait une difficulté de premier ordre. Comment distinguer les actes religieux des actes ordinaires ou
même des superstitions vulgaires? Quelles sont les formes
supérieures de la religion? N'y a-t-il pas des peuples, des
races entières qui n'ont aucune idée religieuse? Autant de
questions qui mirent les théoriciens dans le plus grand
embarras; mais ce ne fut pas pour une bien longue durée.
La science des religions, qui n'avait jamais été embrassée
dans un ensemble de connaissances positives, fut enfin
constituée par les travaux de Max Müller et de ses émules.
On se mit donc à étudier les traditions mythologiques de
tous les peuples; et leurs usages les plus bizarres parurent
pleins d'intérêt à l'analyse des savants. A la grande surprise de bien des esprits, on s'aperçut bientôt que tous les
peuples avaient conservé certaines coutumes qui dénotent
la croyance au surnaturel, c'est-à-dire à l'existence d'un
ou de plusieurs êtres supérieurs et invisibles, avec lesquels les hommes sont dans une relation mystérieuse.
L'idée religieuse, ainsi réduite à sa plus simple manifestation, fut reconnue comme un apanage général de l'espèce,
un caractère commun à toutes les races humaines. En
effet, la religion entendue de cette façon est une simple

32

expression de la nature émotionnelle de l'homme et de la
faculté d'abstraire qui est une des qualités inhérentes à
l'esprit humain. Il n'était donc plus possible d'en supposer
la complète absence chez aucune créature humaine.

On ne s'arrêta pas à cette première constatation! Par
une méthode minutieuse, on se mit à chercher par quelle
voie les idées religieuses se développent, se transforment
et passent des pratiques superstitieuses à une conception plus élevée de la divinité, considérée comme puissance unique, à la fois créatrice et conservatrice du monde,
source de tout bien et de toute justice, placée en face de
l'homme comme un archétype dont la perfection défie ses
efforts, mais lui inspire le désir inextinguible de monter
sans cesse, de monter toujours dans l'échelle des perfec-
tions !

Dans cet ordre d'idées, on trouva de nouveaux moyens
pour établir des catégories hiérarchiques dans les races
humaines, en étudiant leurs conceptions religieuses et en
les comparant les unes aux autres. C'est ainsi qu'on est
parvenu à admettre que les Africains ont, comme les autres
membres de l'espèce humaine, une vague notion de la divinité ; mais qu'ils ne l'adorent que sous une forme grossière
ne décelant que la plus vile superstition. En un mot, ayant
divisé les croyances religieuses en fétichisme, totémisme,
polythéisme et monothéisme, on assure que la race noire
est incapable de s'élever au-dessus du fétichisme et du totémisme, c'est-à-dire de l'adoration des animaux, des pierres brutes ou taillées et de la croyance aux grigris accompagnée de rites plus ou moins répugnants et sanguinaires.
Quant à la race blanche, dès les premiers temps de son histoire, elle aura pu s'élever à une conception supérieure
de la divinité à laquelle elle a toujours rendu un culte
épuré, exempt de toute pratique superstitieuse !

Mais quelle confiance doit-on accorder à une telle doctrine ? Aucune. Il nous sera facile de constater que ces pratiques grossières qu'on signale chez la plupart des peuplades de la race nigritique, se retrouvent actuellement au milieu de plusieurs nations arriérées des autres races et se rencontraient, jusqu'à une époque fort avancée, au milieu des peuples qui figurent aujourd'hui parmi les plus hauts et les plus dignes représentants de la civilisation moderne.

Sans excepter le peuple hébreu, qui est parvenu le premier à la conception du monothéisme, tous les peuples de la race blanche ont eu dans leur existence une période où ils pratiquaient le fétichisme comme manifestation publique et privée du culte extérieur. Quand, durant son voyage dans le désert, après la captivité d'Egypte, Moïse voulut porter le peuple de Dieu à rompre avec l'idolâtrie, il eut à surmonter toutes sortes de difficultés. Les Hébreux avaient peut-être oublié le culte des pierres sacrées qu'ils adoraient sous le nom de *Bethel* ou « demeure de Dieu »; mais ils avaient gardé le souvenir du culte égyptien avec assez d'obstination pour tenter de revenir à la religion du bœuf Apis, en sacrifiant au veau d'or si connu dans le récit de l'Exode.

Ce culte fétichique a été connu de toutes les races humaines; car elles ont toutes accompli leur première évolution morale et religieuse sous l'influence de la crainte que l'état sauvage inspire devant toutes les forces aveugles et cachées de la nature, dont on ignore encore les plus simples lois. Or les habitudes religieuses sont les dernières à s'effacer dans la vie sociale. Longtemps après la disparition des causes morales qui ont inspiré les pratiques du fétichisme, on continua à les exercer. Aussi les exemples s'offrent-ils avec profusion pour nous signaler dans la vie des peuples blancs mille traces précises du fait que nous étudions. « Les Arabes, dit Sir John Lubbock, adoraient

une pierre noire jusqu'au temps de Mahomet. Les Phéniciens adoraient aussi une divinité sous forme d'une pierre
taillée. — Le dieu d'Héliogabale était simplement une
pierre noire de forme conique. — Les Grecs et les Romains
adoraient les pierres levées sous le nom d'Hermès ou de
Mercure. Les Thespiens possédaient une pierre grossière
qu'ils regardaient comme un dieu et les Béotiens adoraient
Hercule sous la même forme. Les Lapons avaient aussi
des montagnes et des rochers sacrés (1). »

Non-seulement ces supertitions ont eu cours dans toute
l'antiquité, sans excepter les Grecs et les Romains, les
deux nations les plus intelligentes qui aient figuré dans
l'histoire ancienne; non-seulement elles ont longtemps
duré en Orient, puisque jusqu'à l'ère de l'*hégire,* c'est-à-
dire au septième siècle après Jésus-Christ, les Arabes les
pratiquaient encore, mais l'Europe occidentale n'a pas
échappé à la règle. Malgré la propagation active de la foi
chrétienne, les esprits ne s'empressèrent nullement d'abandonner des croyances consacrées par une durée immémoriale. « Dans l'Europe occidentale, dit encore Sir John Lubbock, pendant le moyen âge, le culte des pierres est souvent condamné, ce qui prouve combien il était répandu.
Ainsi, Théodoric, archevêque de Cantorbéry, condamne le
culte des pierres au VIIᵉ siècle; le même culte se trouve au
nombre des actes du paganisme défendus par le roi Edgard,
au Xᵉ siècle, et par Canut, au XIᵉ. — Un concile tenu à
Tours, en 567, ordonna aux prêtres de refuser l'entrée des
églises à toutes les personnes adorant les pierres levées.
Mahé constate que les registres des séances d'un concile
tenu à Nantes, au VIIᵉ siècle, parlent du culte des pierres
chez les Armoricains (2). »

(1) John Lubbock, *On the origin of civilisation and primitif condition of man.*
(2) John Lubboch, *ibidem.*

C'est donc une vérité incontestable que le fétichisme
n'est pas un produit spécial à l'esprit de l'Africain. Mais
j'irai plus loin. Si, en étudiant les choses sous un point
de vue vraiment philosophique, nous voulons considérer
la valeur intellectuelle de chaque race, en prenant le fond
de ses idées religieuses comme base de comparaison, nous
ne tarderons pas à nous apercevoir que les Nigritiens, tout
en s'arrêtant à l'état fétichique, font preuve d'une tour-
nure d'esprit des plus saisissants.

Un fait qu'on ne saurait dissimuler, c'est l'indifférence
sereine que tous les hommes d'une haute intelligence, dans
tous les temps et dans toutes les civilisations, ont toujours
témoignée à l'égard des pratiques religieuses. Cette indifférence ne pouvait s'avouer sans danger dans les époques
d'intolérance, où les intérêts de la foi semblaient tellement
liés aux intérêts de l'État, que le glaive de la loi se ven-
geait non-seulement de l'irrévérence de l'athée, mais encore de l'insuffisance de la grâce qui le rendait incapable
de comprendre les vérités suréminentes de la religion.
Depuis que le progrès des idées et les luttes de la conscience ont réduit au silence la voix accusatrice des in-
quisiteurs et fermé à jamais le martyrologe des auto-da-fé,
chaque jour constate une nouvelle défection à la foi
antique. Les cathédrales se vident peu à peu. La déser-
tion des fidèles, qui abandonnent le temple du Seigneur
et l'autel des saints sacrifices, pour recourir après les
attrayantes lumières d'une science purement humaine,
contriste et endolorit tous les cœurs pieux, en lesquels vit
encore la semence de la foi. Jamais crise n'a été plus longue et n'a fait plus de ravage parmi le troupeau béni de
Dieu. Tout ne semble-t-il pas annoncer la venue des jours
suprêmes où les cieux seront ébranlés à l'approche du
Saint des Saints? Ne sent-on pas souffler sur le monde
l'abomination de la désolation?

Je déplore cette crise émouvante de la religion et compatis au deuil de la chrétienté aux abois. Il faut néanmoins le reconnaître, la foi se meurt. Sans doute, il ne s'agit pas d'une rupture brutale et absolue de tout lien idéal entre l'homme et Dieu. M. Caro pense avec infiniment de raison qu'il y aura, de longtemps et peut-être toujours, des âmes aux aspirations ambitieuses, qui auront besoin de croire à quelque chose au-delà de cette terre, où la matière paraît si vide et chétive en face de l'esprit. Dans cet *au-delà*, il y aura certainement une place, un point, auguste sanctuaire! où le Dieu de nos pères pourra résider tranquille et serein, dans la plénitude de l'être. Mais il sera comme un souverain constitutionnel, acceptant enfin la science pour ministre et la laissant faire à sa responsabilité. De ce jour, sa divinité deviendra inattaquable et il règnera sans effort; car n'ayant rien à faire, il n'aura à répondre de rien. Qu'on proteste contre ce courant de l'esprit humain ou qu'on se laisse entraîner, il faut bien convenir de son existence et de son intensité. En vérité, il fait de tels ravages et se précipite avec tant d'impétuosité que ses flots semblent devoir s'étendre au loin, après avoir tout renversé sur leur passage.

Eh bien, cette révolution si douloureuse que commencent actuellement les races européennes, dans ce qu'elles ont de plus élevé comme intelligence, et qui rallie à sa cause beaucoup plus d'adhésions qu'on ne suppose, sera faite sans déchirement ni commotion pour la race noire. N'ayant jamais conçu le fanatisme religieux et l'esprit dogmatique, dans les entraves desquels se débat péniblement la race caucasienne, les Noirs se trouvent tout prêts à évoluer vers des conceptions rationnelles et positives, conformes au système de l'univers et de l'ordre moral qui en découle. Dans leur intelligence, il n'y a nullement besoin qu'on détruise des influences héréditaires, réfractaires à tout esprit vrai-

ment philosophique; on n'a qu'à semer les idées justes.
Cependant cette indifférence même touchant les pratiques
extérieures du culte religieux a été citée comme une
preuve de l'infériorité des Africains. Il a fallu qu'ils fussent
longtemps étudiés par des voyageurs intelligents et instruits, pour qu'on pût voir combien on s'était trompé, en ne
leur reconnaissant que les simples conceptions des idées
fétichiques. Suivant ces voyageurs, au-dessus et à côté du
fétiche dont le culte provient d'anciens rites et d'habitudes
ancestrales perpétuées par la tradition, la religion de la
plupart des peuples de l'Afrique est une sorte de rationalisme pratique, comme on oserait l'appeler, s'il était
question d'une conception européenne. « Les Nègres
mêmes qui conçoivent une divinité supérieure, dit Bosman,
ne la prient jamais et ne lui offrent jamais de sacrifices,
cela pour les raisons suivantes : « Dieu, disent-ils, est trop
« au-dessus de nous, et est trop grand pour condescendre
« à s'inquiéter de l'espèce humaine ou même pour y pen-
« ser (1). »

Assurément, des hommes dénués de toute éducation
philosophique et qui, sur la simple exposition faite par un
missionnaire des qualités ou attributs qui distinguent
l'être suprême, arrivent à une conclusion si logique, ne
sont nullement des cerveaux ineptes. Park, cité par Sir
John Lubbock, répète que la même réflexion a été faite par
les Mandingues sur l'efficacité de la prière. « Les Mandingues, dit-il, pensent que Dieu est si loin, que sa nature est
tellement supérieure à celle des hommes, qu'il est ridicule
de s'imaginer que les faibles supplications des malheureux
mortels puissent changer les décrets ou le but de la sa-
gesse infaillible (2). »

(1) Bosman, *Pinkerton Voyages*, p. 493.
(2) Park, *Travels*, vol. I, p. 267.

Chose curieuse ! Cette façon de concevoir Dieu est justement celle des anciens philosophes qui vivaient au milieu
des superstitions du paganisme. Cicéron (1) cite deux vers
d'Ennius qui en sont une interprétation expresse :

Ego Deûm genus esse semper duxi et dico cœlitum,
Sed eos non curare opinor quid egat hominum genus.

Quoi qu'on ait voulu dire de l'infériorité intellectuelle
et morale de l'Éthiopien, au point de vue des conceptions
religieuses, il est impossible de ne pas convenir aujourd'hui
que l'état mental où se trouvent les hommes de cette race,
qui n'ont pas encore subi l'influence du fanatisme musul-
man, est hautement préférable à la disposition spirituelle
de l'immense majorité des Européens. Une fausse éducation religieuse a invinciblement attaché ces derniers à la
défense et au maintien des plus graves erreurs; elle constitue ainsi l'obstacle le plus sérieux au progrès, à la vulgarisation scientifique et à l'émancipation de la raison.
Peut-être est-ce en réfléchissant sur ce cas digne de remarque, que l'illustre Auguste Comte a déclaré que l'état fétichique est plus favorable que l'état théologique, et même
métaphysique, au développement de la philosophie positive. Cette nouvelle philosophie est destinée à raffermir et
à fortifier la raison humaine, en ne lui reconnaissant d'autre gouverne que la science, dont les résultats compétemment obtenus sont les seules vérités infaillibles, auxquelles on doive conformer sa conduite. Une confirmation
éloquente des prévisions du grand positiviste, c'est l'exemple important que donne l'évolution spirituelle des noirs
d'Haïti. N'ayant eu aucune de ces croyances héréditaires
qui entravent l'esprit et l'empêchent d'évoluer spontanément vers des horizons scientifiques plus larges que ceux
entrevus dans le passé, ils adoptent généralement, sans

(1) Cicéron, *De divinatione*, II, 56.

aucun effort pénible, les idées les plus avancées de la science moderne, ainsi que les conceptions positives qui en découlent.

En choisissant donc la manifestation des idées religieuses comme moyen de comparaison pour établir une division hiérarchique entre les divers groupes de l'humanité, on est loin d'avoir trouvé un argument favorable à la thèse de l'inégalité des races. Car ici, la conclusion à laquelle on visait pourrait être renversée du tout au tout. Je suis pourtant loin d'épuiser la série d'accusations que l'on porte contre la race noire et dont on semble s'autoriser pour proclamer son infériorité intellectuelle et morale. Outre qu'on en fait un être stupide, à entendre la plupart des savants, jamais race n'aurait fait preuve de plus de cynisme et d'une absence plus marquée des sentiments de la pudeur. Il s'agit d'étudier la véracité de telles assertions et de voir si les noirs seuls en ont donné l'exemple.

III.

LA MORALITÉ DANS LES RACES HUMAINES.

Avant d'entamer aucune recherche sur les mœurs des peuples de race blanche ou de race noire, parmi les anciens et les modernes, il est bon de se demander si la pudeur est plus naturelle à certaines races qu'à certaines autres, ou bien si les circonstances spéciales du milieu n'ont pas plutôt une influence capitale sur le développement de cette belle et délicate vertu. On ne saurait hésiter à reconnaître le déterminisme extérieur qui agit ici sur la conduite humaine. A tous ceux qui ne sont pas aveuglés par des idées préconçues ou qui ne tendent pas à profiter de l'absence des contradictions pour débiter à l'aise les fantaisies de leur imagination, il paraîtra souverainement illogique de soutenir que la race blanche, vivant sous les parallèles les plus voisins des régions polaires, se soit trouvée dans les mêmes conditions psychologiques que la race noire, placée sous les rayons brûlants du soleil tropical, à l'égard de la première idée qu'on dût avoir de se vêtir.

Pour les uns, exposés la plus grande partie de l'année aux rigueurs d'un froid impitoyable, ce fut une question d'impérieuse nécessité que de s'abriter sous des couvertures protectrices, afin de pouvoir résister à l'engourdissement et à la mort. Avant qu'ils aient pu inventer les tissus, ils ont eu à lutter contre les animaux les plus farouches, au prix des plus grands périls ; mais dans ces luttes fabuleuses, le désir de la chair fraîche qui leur servait de nourriture ne fut pas plus intense que le besoin de ces fourrures qui les protégaient contre la neige et les pluies de l'hiver. C'est donc poussés par l'aiguillon de la misère et par l'instinct de la conservation qu'ils ont adopté l'habitude de se couvrir. Ils ne pensaient aucunement au devoir de cacher leurs nudités !

Pour les autres, non-seulement le besoin de se vêtir n'a jamais existé, mais toutes les influences naturelles en éloignaient même le désir. Vivant dans une atmosphère qui brûle son sang à chaque fois qu'il respire, l'Africain a besoin que de tous les points de son corps l'exhalation cutanée puisse s'effectuer librement, afin de rafraîchir sa peau littéralement brûlée par les ardeurs du soleil. Le vêtement qu'il essaye d'ajuster est, en un instant, transformé en une fournaise dont la chaleur concentrée le dévore, lui fait perdre haleine et l'anéantit par le bouillonnement de tout son sang. Combien ne sera-t-il pas mieux à son aise, libre et nu, cherchant le frais sous les branches à large envergure des arbres tropicaux ! Le corps brisé, tel qu'un malade en supination, après un accès de fièvre ardente, combien ne se trouvera-t-il pas heureux, étendu à

l'ombre, sentant la vie lui revenir et ses membres reprendre leur élasticité, tandis que sa peau halitueuse,
caressée par une brise légère, recouvre peu à peu de la
tonicité, que tout son organisme se remonte enfin, en se-
couant sa torpeur !

Autant il paraît drôle de concevoir le Sibérien sauvage
ou même les ancêtres préhistoriques de l'Européen méri-
dional, se complaisant à une complète nudité ou se costu-
mant légèrement, au milieu des frimas ou des neiges éternelles, autant il serait curieux de rencontrer l'Africain
inculte, s'imposant des vêtements sous le ciel brûlant de
la ligne équinoxiale, sans qu'une longue excitation morale
soit déjà venue le contraindre à cette gêne évidente. Partout donc où l'on trouve des Nigritiens habillés, quelque
primitif que puisse être leur costume, on peut certifier
qu'ils ont accompli une certaine évolution morale, poussés
par le désir de plaire ou d'être décents. Pourrait-on en
dire autant des Européens ? Certainement non. Partout on
les rencontre couverts; aux époques les plus reculées et
parmi les plus sauvages de leurs ancêtres. Ce qui est chez
l'Africain la recherche d'une satisfaction immatérielle,
n'est chez ces derniers qu'une nécessité, qu'un besoin matériel.

Aussi, en comparant le développement des sentiments de
la pudeur dans les diverses races humaines, doit-on soigneusement écarter ces amplifications stupides où l'on
montre les noirs comme des êtres inférieurs, parce qu'ils
vivent nus, au milieu de leurs forêts vierges, sans s'occuper
de cacher ce que le blanc éprouverait une honte indicible
à laisser voir ! Mais ce n'est pas le seul reproche qu'on
adresse à ceux qu'on veut classer comme les membres
d'une race inférieure. Ils n'ont, dit-on, aucun souci des
spectateurs dans l'accomplissement des actes les plus
impudiques et démontrent, par là, un degré d'avilissement

tel que les animaux en donnent seuls l'exemple. On s'en
scandalise et on se récrie. Comme si l'impudicité n'était
pas le fait le plus vulgaire dans l'existence et dans l'histoire de tous les peuples de race blanche, avant que l'institution de la police et la propagation de l'instruction
publique fussent venues les corriger de ces inclinations
purement animales!...

Dans l'antiquité grecque et romaine, la prostitution
était si bien reçue; l'impudeur des hétères de la classe
inférieure était si dégoûtante, qu'avec nos idées modernes
il est impossible de comprendre comment de telles institutions ont pu coexister avec les raffinements des civilisations qui les toléraient. Pour se rendre compte de ces
faits, il faut savoir que, dans toute l'antiquité, les cultes
phalliques ont toujours été en grand honneur et que la
majeure partie des divinités qu'on adorait chez les peuples
civilisés étaient d'origine chthonienne. En étudiant l'intéressant ouvrage de M. Jules Baissac, que j'ai déjà cité, on
peut voir se dérouler cette longue histoire de l'impudicité
passée à l'état de religion, honorée partout, parmi les
Israélites, comme parmi les Grecs; les *cadeschot* et les
hétères également estimées, également sacrées aux yeux de
la société. Bachofen (1) a aussi étudié ce sujet avec une
science profonde, montrant que l'hétérisme a dominé une
des phases les plus remarquables du développement de
la civilisation. Mais il faut citer quelques exemples que
je prends çà et là, dans la race blanche, et qui prouvent à
quel degré les Européens abusent de la science et de l'histoire, quand ils parlent de l'immoralité des noirs d'Afrique
comme d'un signe d'infériorité de race.

Les Mossinèques cherchaient à avoir commerce publiquement avec les courtisanes que les Grecs menaient à

(1) Bachofen, *Das Mutterrecht.*

leur suite, lors de la campagne de Cyrus. Pourtant ils étaient des blancs et Xénophon a eu soin de le faire remarquer (1).

Chez les Massagètes (2), peuple de race tartare ou scythique, lorsqu'un homme désirait une femme, il n'avait qu'à pendre son carquois au chariot de celle-ci; il cohabitait publiquement avec elle, parfois sur la grande route, sans que personne en fût scandalisé.

On connaît l'histoire de la prostituée juive, Thamar, qui vendait ses faveurs pour un chevreau, à l'embranchement d'une grande route. A certains jours de l'année, plusieurs villes de la Grèce, pour célébrer le rite religieux du culte qu'elles rendaient à Vénus, laissaient voir dans les rues, à la tombée de la nuit, les scènes les plus scandaleuses.

Et qu'a-t-on besoin de remonter si haut? C'est un fait que, dans certains recoins des grandes villes européennes, il se passe en plein air des actes d'une révoltante immoralité. N'était la présence d'une police active, toujours prête à y mettre bon ordre, je ne sais à quelle exhibition malsaine on ne se livrerait pas en pleine lumière du jour et dans les rues mêmes de Paris! Jamais on ne pourra s'imaginer toute l'impudeur dont est capable la fille européenne dont la robe de soie frôle le passant sur les grands boulevards. La prostitution, pour être devenue plus circonspecte, n'est pas moins cynique dans l'Europe contemporaine que dans l'Europe des anciens Grecs et des anciens Romains. Il faut s'armer d'un rude courage pour lire seulement tout ce qu'en dit M. Léo Taxil, en historien exact et véridique. « En Angleterre, des ouvrages très sérieux

---

(1) Ἐζήτουν δὲ καὶ ταῖς ἑταίραις αἷς ἦχον οἱ Ἕλληνες, εμφανῶς ξυγγίγεσθαι· νόμος γάρ ἦν οὗτος σφίσι. Λευχοί δε παντες ὅτι ἄνδρες καί γυναῖκες.
(XÉNOPHON, Anabase, liv. V, ch. IV).

(2) Hérodote, I, 203; — Strabon, XI, 513.

ont été publiés sur cette question. On a supposé à la prostitution une très noble origine : on a prétendu que la prostituée, c'était la citoyenne, tandis que l'épouse, c'était la
femme conquise et esclave (1). » Le dernier roman de
M. Zola, *Germinal*, offre de la prostitution de certaines
classes ouvrières un tableau poignant, vertigineux, mais
absolument peint au vif. Dans la fine analyse qu'il en a
faite, M. Jules Lemaître (2), exprime ainsi ses impressions.
« Souffrance et désespoir en haut et en bas ! Mais au moins
ces misérables ont pour se consoler la Vénus animale. Ils
« s'aiment » comme des chiens, pêle-mêle, partout, à toute
heure. Il y a un chapitre où on ne peut faire un pas sans
marcher sur des couples. » Qu'il y ait une certaine exagération dans les descriptions du romancier naturaliste,
c'est possible ; mais en réduisant à la moitié la réalité
de ce qu'il en dit, le tableau reste encore horriblement
chargé !

Il est donc faux d'avancer que la race blanche est
douée d'une plus grande moralité que la race noire, au
point de vue de la pudeur. Si on voulait étudier froidement
les faits, c'est plutôt à la race noire qu'il faudrait donner la
palme, sous ce rapport ; car jamais elle ne pourra égaler
sa noble rivale dans le genre d'aptitudes nerveuses dont
une Messaline a pu offrir l'exemple nullement isolé dans
le passé et le présent des nations européennes. *Et lassata
viris, necdum satiata, recessit*, dit Juvénal, dont le vers
fume comme un fer chaud sur la chair libidineuse de la
femme des Césars ?...

On a encore prétendu que jamais race humaine n'a
montré plus de penchant à la malpropreté et ne s'y com-

---

(1) Mme Clémence Royer, *Congrès int. des scien. ethnog.*, etc. p. 575.
(2) *Revue politique et littéraire*, n° 11, 1er sem., 3e série, p. 329.

plaît mieux que les Noirs. Nous avons déjà vu le témoignage de Moreau de Saint-Méry, dépeignant la propreté remarquable des femmes noires transportées comme esclaves en Haïti. Mais supposons qu'à l'intérieur de l'Afrique les Nigritiens se montrent peu soucieux de la toilette et ne sont nullement affectés des émanations les plus dégoûtantes, sont-ils les seuls à faire preuve de cette perversion du sens de l'odorat ?

Voici ce que dit M. Louis Figuier d'un peuple qu'on place parmi les nations de race mongolique, parce qu'elle est dans un état qui touche à la barbarie, mais dont la couleur, sinon les traits, est bien celle de la race blanche, dans laquelle on admet si complaisamment les Guanches et les Kabyles bronzés. « Madame Eve Félinska, exilée en Sibérie, a visité, autant que cela se pouvait, les huttes des Ostiaks. Notre voyageuse ne put, malgré l'intérêt de la curiosité, rester plus d'une minute dans ces habitations, tant elles exhalaient des miasmes putrides. — Les Ostiaks ont pour premier vêtement une couche de graisse rance qui recouvre leur peau, et par-dessus une peau de renne. Ils mangent tout au poisson et au gibier ; c'est leur nourriture ordinaire. Mais de temps à autre, ils viennent à Berezer avec de grands seaux d'écorce d'arbre pour recueillir le rebut des cuisines dont ils font leurs délices (1). »

D'après M. Büchner, ils pousseraient la malpropreté jusqu'à l'idéal. « L'Ostiaque, dit-il, barbouille ses idoles de sang et de graisse et leur bourre le nez de tabac (2). »

Hérodote rapporte que les Boudini, tribu slave, étaient des mangeurs de vermine (φθειροτραγέοντες). En effet, on n'a qu'à lire les écrits de ceux qui ont voyagé en Russie pour se faire une idée de l'abjection dans laquelle se trouvait, il

---

(1) Louis Figuier, *Les races humaines.*
(2) L. Büchner, *Krafft und stoff.*

y a un demi siècle, le savoska ou paysan russe. Jusqu'ici, malgré l'adoucissement du régime féodal établi dans le pays aux steppes désertes et stériles, le sort de ces misérables n'a guère changé.

Strabon dit que les Celtes conservaient leur urine et la laissaient se corrompre dans des réservoirs spéciaux, puis s'en servaient après pour se laver le corps et se nettoyer les dents (1)!

En lisant dans le *Lévitique* (ch. XV) la sévérité de la peine établie contre ceux qui n'auraient pas obtempéré aux prescriptions d'hygiène que le Seigneur daigna imposer à son peuple de prédilection, on peut se faire une juste idée de la saleté qui dut prédominer dans les coutumes des anciens Hébreux. Aussi doit-on peu s'étonner que la *piscine brobatique* ait vu s'opérer tant de miracles!

Je n'en finirais pas, s'il fallait fouiller toutes les sources d'érudition, afin d'étaler au grand jour les preuves des habitudes de malpropreté invétérées dans diverses nations de race blanche. Elles n'abandonnent que lentement ces coutumes. Encore est-ce l'effet d'un effort inspiré par les idées civilisatrices qui germent actuellement en leurs cerveaux.

La vérité point, de plus en plus, éclatante et belle. Partout où nous pouvons porter nos regards, pour découvrir dans la race noire des défauts ou des vices qui ne se rencontrent jamais dans la race blanche, les faits viennent nous démontrer d'une façon indéniable que les fils de l'Ethiopien n'ont jamais rien pratiqué qui n'ait été pratiqué aussi par le superbe Caucasien, dans toutes les ramifications de sa grande lignée. Comment soutenir le contraire? C'est en vain que ceux qui soutiennent la thèse de l'inégalité des races humaines s'ingénient à cacher les plus grandes

---

(1) Strabon, libr. III, p. 164.

vérités de l'histoire sous un amas de sophismes, afin d'établir leur paradoxe sur des preuves non contredites. L'érudition dont ils abusent ne refuse point ses armes à celui qui les réclame pour la défense du droit et de la justice éternelle. Qu'on le veuille ou non, il est écrit que le XIX⁰ siècle ne s'écoulera pas tout entier, sans que le fait de l'égalité des races humaines devienne une vérité consacrée par la science et rendue aussi sûre, aussi inattaquable que toutes les grandes vérités d'ordre moral et matériel qui font de notre époque la plus brillante phase que l'humanité ait traversée dans sa course progressive. C'est en moi une conviction profonde. Chaque jour, chaque événement nouveau ne font que la confirmer. Aussi continuerai-je, sans jamais me fatiguer, cette réfutation où je défends ce qu'il y a de plus sacré pour l'homme, c'est-à-dire l'honneur et la réputation d'une race à laquelle il appartient.

Je sais que la race noire n'est pas seulement accusée d'immoralité et de superstition. On en a encore fait une race cruelle et sanguinaire, par tempérament; on parle de son cannibalisme, comme un des caractères qui la distingue des hommes blancs. Sans nier l'existence de plusieurs faits, souvent exagérés par des ignorants ou des gens de mauvaise foi, il est nécessaire de savoir si les noirs sont tellement cruels et féroces qu'on ne puisse rien trouver parmi les autres races humaines qui égale leur prétendue scélératesse.

La tâche ne sera pas difficile.

L'histoire est là pour répéter la vérité à ceux qui l'oublient ou l'ignorent. Ce que les hommes blancs ont imaginé de tortures pour martyriser leurs congénères, pendant les époques de fanatisme politique ou religieux, est un sujet d'épouvante pour l'esprit. Rien qu'en y pensant, on se sent pris d'horreur. Les pages de l'Inquisition offrent des souvenirs si noirs et de tels raffinements de cruauté, qu'ils restent dans notre cerveau comme un pénible cauchemar. Dans la seule guerre contre les Albigeois, il y eut plus de férocité qu'on ne pourra jamais en rencontrer dans les annales d'aucun peuple noir. Il n'y a personne à ignorer la perversité et le tempérament froidement sanguinaire d'un Simon de Montfort ou d'un Torquemada; eh bien, les gens de leur espèce ne furent nullement des exceptions, à l'époque où ils ont vécu.

Pour ce qui s'agit des relations des Européens avec les hommes d'une autre race, avec les noirs surtout, il n'y a rien de plus affreux, rien de plus barbare. Toute l'histoire de la traite est maculée de pages sanglantes, où les crimes de toutes sortes s'échelonnent avec tant de fréquence qu'on dirait les possesseurs d'esclaves en proie à une cruelle folie. Quelquefois c'est gratuitement, pour le plaisir de tuer que les Européens assassinent d'autres hommes qu'ils appellent des sauvages. « A Florida, dit M. de Quatrefages, une des îles Salomon, un brick vint s'arrêter à quelque distance de la côte. Un canot chargé de naturels s'en étant approché, une manœuvre en apparence accidentelle, le fit chavirer. Les chaloupes furent immédiatement mises à la mer comme pour porter secours aux naufragés. Mais les spectateurs placés sur les récifs ou sur d'autres canots, virent les matelots européens saisir ces malheureux, leur couper la tête avec un long couteau sur le plat-bord des chaloupes. L'œuvre accomplie, celles-ci retournèrent au brick qui prit immédiatement le large (1). »

J'avoue que je n'ai jamais pu lire ce passage sans éprouver un profond sentiment d'horreur. En effet, devant de tels forfaits, il semble que l'esprit humain s'égare. On voudrait ne pas croire à la véracité de l'écrivain, on sent

---

(1) De Quatrefages, *L'espèce humaine.*

le besoin de protester tout haut; mais la parole reste étouffée dans notre poitrine oppressée...

Qu'après cela on vienne me parler de la cruauté des noirs, je ne répondrai point; mais ce ne sera pas faute d'argument. Cependant ce n'est pas encore tout. La grande accusation qu'on soulève contre la moralité de l'Éthiopien sauvage, ce n'est pas cette cruauté où l'on tue les hommes pour abandonner leurs membres pantelants à la voracité des carnassiers aquatiques ou terrestres, c'est surtout le fait horrible de tuer son semblable pour se faire un régal de sa chair.

A entendre tous les concerts de malédiction qui s'élèvent contre la sauvagerie de l'Africain et proclament sa déchéance irrémédiable, toutes les fois que l'on raconte un acte d'anthropophagie accompli par les Nigritiens du Loango ou par quelques-uns de leurs descendants de la deuxième génération, on pourrait bien s'imaginer que les peuples de race blanche n'ont jamais traversé une époque où ils fussent également anthropophages; mais combien profonde serait l'erreur! En souhaitant pour l'honneur de l'humanité que les dernières traces de l'anthropophagie disparaissent bientôt de toute la surface du globe, à l'aide de la propagation des principes de moralité et des lumières intellectuelles dans les plus petits recoins de la terre, il faut tout aussi bien reconnaître que cette affreuse coutume, — preuve de la nature animale et de l'instinct carnassier de l'homme primitif, — a été la pratique générale de toutes les races qui composent l'espèce humaine. Ce n'est que par la civilisation développant en chacun, avec le bien-être et la sécurité, des instincts supérieurs à ceux de la brute, qu'on a pu graduellement abandonner ces appétits sanguinaires.

Plus la science réalise de progrès, plus nos recherches s'étendent, mieux on se convainc aussi que l'homme n'est pas sorti tout achevé des mains du créateur. « L'histoire, dit M. Clavel, montre l'homme primitif de tous les temps et de tous les lieux, soit qu'il appartienne à la sauvagerie passée, soit qu'il appartienne à la sauvagerie présente, livré à un égoïsme dominateur, tandis que l'altruisme grandit nécessairement avec le progrès social. Mieux on connaît les mœurs des Européens de l'âge de pierre, et plus on les trouve conformes aux mœurs de certains Polynésiens ou Australiens actuels. Partout, dans l'humanité, il paraît avoir existé une période d'anthropophagie, suivie d'une période d'esclavage, suivie elle-même d'une période de servage (1). »

Ces vérités sont bonnes à méditer pour donner à l'intelligence toute l'ampleur qu'elle doit avoir dans l'étude de l'évolution sociale. Mais pour qu'elles produisent tous leurs fruits, il faut les répandre dans toute leur extension; il ne faut pas les concentrer sur un seul point, ni les envisager sous une seule face, dans le but de s'en servir pour le besoin d'un système ou d'une doctrine. Voyons donc quelle part l'anthropophagie a eue dans l'histoire de l'humanité et surtout parmi les nations de la race caucasique.

« Pour l'Européen primitif, comme pour beaucoup de sauvages de nos jours, dit Lyell, manger et ne pas être mangé fut longtemps la principale affaire (2). » Mais aujourd'hui qu'une vingtaine de siècles de civilisation ont complètement transformé le caractère et les appétits de l'Européen, sa répugnance est au plus haut point excitée, rien qu'à entendre parler d'un tel fait si repoussant et si abominable. Quand on constate ces sentiments de répulsion, ne semblerait-il pas que les blancs n'ont jamais eu les penchants qu'ils condamnent si légitimement? Ne croi-

(1) Clavel, *La morale positive.*
(2) Lyell, Article *homme* dans le Dict. de médecine de Littré et Charles Robin.

rait-on pas que les conjectures scientifiques et l'histoire positive aient fait fausse route, en attribuant aux ancêtres des peuples civilisés un tempérament si sauvage? Il a fallu de bien longues années avant qu'on en soit venu à proclamer tout haut la vérité toute nue. Bien des résistances, bien des dénégations accueillirent les premières affirmations des savants indépendants et consciencieux; mais ils n'en furent pas influencés. Plus les incrédules s'obstinaient dans leur doute, plus la science mettait de persévérance à s'éclairer. On procéda si bien que la vérité se manifesta aux esprits les plus rebelles. Toute une suite de travaux et de patientes recherches établissent aujourd'hui, d'une façon indiscutable, le fait de l'anthropophagie généralement pratiquée dans toutes les populations de l'Europe, au commencement et dans le cours de leur évolution sociale.

« L'anthropophagie, a existé à l'état d'institution chez presque tous les peuples, dit le Dr Saffray : dans l'Inde, dans l'Afrique, l'Australie, les deux Amériques, la Polynésie. Les anciens historiens la dénoncent chez les Scythes, les Scandinaves, les Germains, les Celtes, les Bretons. Au temps de César, les Vascons mangeaient encore de la chair humaine. Nos ancêtres n'ont pas échappé à cette coutume déplorable, car dans plusieurs stations de l'époque du renne, notamment à Saint-Marc, près d'Aix, on découvre des restes d'ossements humains entaillés et fendus comme ceux des animaux, pour en manger la moelle. On a même retrouvé l'ustensile spécial destiné à extraire ce mets favori : c'est une longue et étroite cuiller en bois de renne, très bien adaptée à sa destination. Les fouilles pratiquées en Écosse, en Belgique, en Italie, ne laissent aucun doute sur les habitudes anthropophages des hommes de l'âge de la pierre (1). »

_____

(1) Saffray, *Histoire de l'homme*, Paris, 1881, p. 111.

Il est certain que l'anthropophagie subsista dans les
mœurs européennes beaucoup plus longtemps qu'on ne
semble le croire. Longtemps après que les principales con‑
trées de l'Europe furent entrées dans les phases décisives
de la civilisation, des cas isolés se montraient çà et là,
dénonçant que les appétits anthropophages n'avaient pas
complètement disparu des habitudes des peuples blancs.

Cela s'explique d'autant mieux que, jusqu'à une époque
fort avancée de l'histoire européenne, l'institution de la
police, quoique connue et pratiquée depuis Charlemagne,
ne fut jamais appliquée d'une manière méthodique et sé‑
rieuse. Ce n'est qu'à partir de la consolidation du pou‑
voir royal, en France, après l'abaissement de la féodalité
si persévéramment poursuivi, de Louis XI à Louis XIV,
que cette institution prend un caractère régulier. Et la
plus ancienne organisation de police, en Europe, est celle
de la police française. Or, quand une habitude s'est enra‑
cinée, conservée durant une longue période dans une race
ou dans une nation, il n'y a qu'une seule chose qui soit
capable de la refréner et de modifier les mœurs qu'elle en‑
traîne, en dehors de l'éducation intellectuelle et morale,
c'est la vigilance de la police.

Sans police, sans instruction, n'ayant pour tout moyen
de moralisation que les principes du christianisme, infi‑
niment trop élevés pour agir pratiquement sur l'esprit du
vulgaire, on comprend aisément que les penchants héré‑
ditaires aient persisté d'une manière occulte et durant des
siècles, chez ces populations négligées, ignorantes et mi‑
sérables qui formaient l'immense majorité des pays de
l'Europe. Pour n'en avoir aucun doute, on n'a qu'à se rap‑
peler la croyance aux *loups-garous*, anciennement répan‑
due dans l'Europe entière et conservée traditionnellement
jusqu'à ces temps-ci, chez la plupart des paysans, no‑
tamment ceux de la Saintonge, de la Bretagne, du Limou‑

sin et de l'Auvergne, en France. On aura beau attribuer à
une maladie mentale, à la *lycanthropie*, la production de
ces phénomènes anormaux dont l'histoire du moyen âge est
pleine; il suffit de connaître les antécédents sociologiques
des populations où ils se sont manifestés, pour n'y voir que
des aberrations du sens moral, résultant naturellement
des impulsions ataviques, encore agissantes sur le tempérament moral de l'Européen incomplètement civilisé.

D'ailleurs, l'étude expérimentale des maladies mentales
tend à cette conclusion : ceux qu'on appelle des fous ne
seraient autre chose que les victimes d'une lésion organique de l'encéphale. Ces cerveaux, comme frappés d'un
arrêt de développement ou d'une perturbation des centres
de cérébration, seraient incapables de s'adapter au mode
d'existence généralement admis autour d'eux. Dans l'abîme
insondable que présentent encore à la science la nature et
les lois de développement des centres nerveux encéphaliques, rien n empêche que les aberrations les plus curieuses
soient la fidèle représentation d'un état psychique anté-
rieurement normal, commun, adaptable à d'autres temps
et à d'autres mœurs que les nôtres. L'hypothèse paraîtra
d'autant plus probable que tous ceux qui s'occupent de
l'histoire des névroses savent, d'une manière certaine, que
l'on constate beaucoup moins de genres de folie dans un
groupe d'hommes lorsqu'il est plus proche de l'état sauvage. C'est à mesure que l'évolution sociale franchit les
étapes variées de la civilisation et qu'il se produit des différenciations morales de plus en plus saillantes et distinctes,
que nous voyons aussi les maladies mentales se multiplier,
se diversifier à l'excès. N'est-il pas raisonnable d'en inférer
que la science de l'avenir parviendra à créer une classification des névroses, basée sur les évolutions sociologiques
et morales de l'espèce humaine, en étudiant les caractères
ataviques, dont la folie n'est souvent que la reproduction

anormale? Les choses étant ainsi interprétées, que les *loups-garous* aient été des maniaques ou non, leurs cas ne présenteraient pas moins les formes aberrantes de l'anthropophagie de l'âge de la pierre. La cause de l'horreur et de la crainte que leur nom seul inspirait, c'est que, suivant la tradition qu'en a conservée la croyance populaire, ils enlevaient les enfants et les dévoraient, comme de vrais loups.

Il est certain que, jusqu'au XV⁰ siècle, les tribunaux continuaient à condamner au feu et on brûlait des gens accusés de cette sorcellerie sanglante. Une réunion de théologiens consultés sur le cas, pendant le règne de Sigismond, empereur d'Allemagne, roi de Hongrie et de Bohême, affirma la réalité des loups-garous.

Ce qui cause l'incrédulité de la plupart des historiens quand il s'agit de se prononcer sur l'existence des loups-garous, tels que la légende populaire les dépeint, c'est-à-dire comme de vrais anthropophages, c'est qu'il leur répugne souverainement d'avouer que, plus de quatorze cents ans après la fondation de la religion chrétienne et près de mille ans après qu'elle fut répandue dans les principaux pays de l'Europe, il pouvait y avoir, parmi leurs ancêtres, des hommes capables de porter à leur bouche un morceau de chair humaine, sans éprouver cette sainte horreur que nous inspire le sacrilège. Je comprends parfaitement la délicatesse de cette incrédulité. Mais les faits, si déplaisants qu'ils soient, ne perdent jamais leur droit à l'observation; et quelque contrariété que nous ayons à les considérer, on est forcé d'y recourir toutes les fois qu'il faut se faire une conviction sérieuse dans une branche quelconque de la science. Rien n'empêchera donc de croire à la permanence de mœurs anthropophages en Europe, jusqu'au déclin du moyen âge, si on peut se convaincre que vers la fin du XII⁰ siècle, des hommes d'un rang infiniment élevé n'éprouvaient aucune répugnance à se régaler de la chair humaine. C'est pourtant ce qui peut être facilement établi. On va voir, sur le fait, non un vilain, un malotru ou un mécréant, mais un roi, un guerrier, défenseur éminent de la foi chrétienne !

Il ne s'agit pas d'un autre moindre que Richard-Cœur-de-Lion, le plus grand héros des Croisades.

D'après un article fort savant, publié dernièrement par M. de Nadaillac dans la *Revue des Deux-Mondes*, ce monarque guerrier, relevant d'une fièvre ardente qu'il eut à Saint-Jean d'Acre, désirait, avec l'insistance d'un convalescent et le goût capricieux d'un roi, qu'on lui servît de la chair de porc. Malgré les plus minutieuses perquisitions, il fut impossible d'en trouver; car les porcs, étant regardés comme impurs, étaient bannis de ce pays. Comme il fallait à l'appétit royal autre chose que les mets ordinaires, on remplaça la chair de porc par une tête de Sarrasin bien assaisonnée, que Richard-Cœur-de-Lion mangea avec délice !

Non-seulement la chronique des Croisades rapporte clairement le fait, mais M. de Nadaillac (1) cite encore les vers suivants, écrits en vieux anglais, qui en perpétuent le souvenir :

> King Richard shall warrant
> There is no flesch so nourrissant
> Unto an English man,
> Partridge, plover, heron ne swan
> Cow no ox, sheep ne swine,
> As the head of a Sarazine.

> « Le roi Richard garantira
> Qu'il n'y a pas de chair aussi succulente,
> Pour un Anglais,
> — Perdrix, pluvier, héron ni cygne,
> Vache ni bœuf, mouton ni porc, —
> Que la tête d'un Sarrasin. »

---

(1) De Nadaillac, *L'anthropophagie et les sacrifices humains*, in *Revue des Deux-Mondes*, n° du 15 nov. 1884.

Cet acte d'anthropophagie, commis par un des rois les plus remarquables du temps, suffira sans doute pour assurer aux plus incrédules que leurs ancêtres, relativement civilisés, continuèrent fort longtemps à trouver un plaisir délicieux dans la chair de leurs semblables (1). Là même où l'anthropophagie ne se montrait pas d'une façon évidente, chez les Européens, on rencontrait cependant la coutume barbare des sacrifices humains, qui en est le corollaire habituel. Cette pratique épouvantable de sacrifier des êtres humains dans les cérémonies religieuses ou ailleurs, s'observe d'ailleurs dans l'histoire de tous les peuples de race blanche, avec la même fréquence que dans les races prétendues inférieures.

Les sacrifices humains paraissent avoir été d'un usage régulier chez les Hébreux. L'histoire d'Abraham, résolu à sacrifier son fils Isaac pour plaire aux caprices de Jéhovah, et l'immolation de la fille de Jephté en sont des indices positifs. En Grèce, la fille d'Aristodème, roi des Messéniens, fût sacrifiée par ordre de l'oracle, pour décider les dieux en faveur de son peuple. L'histoire d'Iphigénie est encore plus célèbre. Selon quelques érudits, elle allait être immolée en deux circonstances, une fois à Aulis et l'autre en Tauride, quand la protection de Diane, d'abord, et l'apparition inopinée d'Oreste, ensuite, la sauvèrent d'une mort certaine. Suivant la version de Lucrèce, elle a été égorgée sur l'autel de Diane par l'élite des guerriers grecs :

> Aulide quo pacto Triviai virginis aram
> Iphianassai turparunt sanguine fœde
> Ductores Danaum delicti, prima virorum (2).

---

(1) M. Spencer St-John, anglais de sang et de cœur, y aura-t-il réfléchi avant de jeter la pierre à ceux qu'il accuse d'infériorité, en excipant des cas sporadiques et exceptionnellement rares de cannibalisme qu'on peut leur reprocher ?

(2) Lucrèce, *De naturâ rerum*, liv. I, v. 78-80.

Le poète attribue à la superstition seule cette coutume
horrible et pétrifiante; mais il est plus que probable qu'a-
vant de consacrer aux dieux ces victimes humaines auxquelles on accordait ensuite les honneurs de la sépulture,
on en faisait une vraie *hostie* que les assistants se parta-
geaient et dévoraient, croyant accomplir une œuvre méritoire, d'autant plus que la victime était le plus souvent un
prisonnier de guerre, un ennemi (*hostis*).

Sir John Lubbock rapporte des cas nombreux où les sacrifices humains furent pratiqués dans les époques les plus
avancées de la civilisation romaine. « En l'année 46, avant
J.-C., dit-il, César sacrifie deux soldats sur un autel élevé
dans le Champ-de-Mars. Auguste sacrifie une jeune fille
nommée Grégoria. Trajan lui-même, quand fût rebâtie la
ville d'Antioche, sacrifie Calliope et place sa statue dans
le théâtre. Sous Commode, Caracalla, Héliogabale et quelques autres empereurs, les sacrifices humains semblent
avoir été assez communs (1). » En passant du peuple Romain aux barbares du moyen-âge, on rencontre toujours
les mêmes pratiques dans la race blanche. « Dans l'Europe
septentrionale, dit le même auteur, les sacrifices humains
étaient très-communs. Le yarl des Orkneys sacrifia, dit-
on, le fils du roi de Norwège en l'honneur d'Odin, en l'an
873. — En 993, Hakon, yarl, offrit son propre fils en sacrifice aux dieux. Donald, roi de Suède, est offert en sacrifice
à Odin et brûlé par son peuple, à la suite d'une terrible fa-
mine. A Upsala se trouvait un temple célèbre, et un témoin
oculaire assura à Adam de Brême y avoir vu les cadavres
de soixante-douze victimes. »

Pourquoi négliger systématiquement des faits d'une si
éloquente signification, lorsqu'on veut bien parler des
instincts superstitieux et sanguinaires des races qui n'ont

(1) John Lubbock, *loco citato*, p. 364.

pas encore rompu avec les coutumes sauvages, coutumes
que les hommes cultivés ont tant de motifs d'abhorrer? Ne
serait-il pas plus loyal et plus correct de considérer les
choses d'une manière générale? Ne faudrait-il pas les dominer par un esprit vraiment philosophique, qui ne blâme,
ne réprouve les infériorités et les vices des nations incultes,
qu'en reconnaissant que les plus avancées ont traversé
les mêmes étapes, ont été fatalement féroces et vicieuses,
avant d'évoluer vers une existence meilleure, plus noble
et plus décente? Combien plus logique ne serait pas cette
façon d'envisager les faits ! Elle est assurément pleine de
consolation, pleine de salutaire espérance pour ceux qui
sont encore aux échelons inférieurs de la civilisation; elle
est, de plus, une leçon qui leur indique la voie à suivre.
Cette leçon leur fait voir que toutes les races, — blanches,
noires ou jaunes, — ont longtemps pataugé dans les ornières du crime et de la superstition, avant d'atteindre un
degré supérieur de développement social. Les races humaines, qu'elles soient blanches ou noires sont donc égales
entre elles. Aucune d'elle n'a reçu de la nature un organisme supérieur ou des dons spéciaux qui n'aient pas été
accordés aux autres. Toutes les différences qu'il est possible d'observer entre leur physionomie respective, au
point de vue intellectuel et moral, sont des différences
accidentelles et non constitutionnelles, passagères et non
permanentes. Le devoir de celles qui sont encore arriérées
est donc de s'efforcer d'atteindre leurs devancières dans
les progrès que celles-ci ont déjà effectués, sans hésitation
ni découragement. Les mêmes lois en faveur desquelles les
peuples civilisés ont marché vers la lumière et la perfection, sont celles qui conduiront les peuples attardés dans
la route de la civilisation à la réalisation de leurs rêves de
gloire et d'agrandissement.

Mais, demande-t-on, comment faire la preuve que la

race noire, de même que la race blanche, atteindra un jour ces sommets de l'esprit et de la puissance matérielle, d'où l'on voit rayonner aujourd'hui le génie européen avec un tel éclat, que nul rêve n'a pu le concevoir ni plus grand ni plus beau? Personne ne peut répondre de l'avenir avec une autorité infaillible. La nature a voulu que notre intelligence restât comme désorientée, toutes les fois que nous nous efforçons de décacheter le secret des choses futures. Il est permis, pourtant, de s'approcher bien près de la vérité, en étudiant les lois sous l'influence desquelles fonctionnent toutes les activités individuelles et sociales; en s'étayant surtout des principes de la méthode inductive, méthode si puissante et si efficace dans la recherche de toutes les vérités d'un ordre élevé!

Avant de pouvoir répondre à la question posée plus haut, il faudrait, d'abord, avoir résolu celle-ci : les aptitudes évolutives de la race noire sont-elles comparables à celles de la race blanche? — En effet, tout en prouvant que les hommes du type caucasique ont tous passé par les étapes inférieures où nous voyons maintenant la plus grande partie des autres races, on ne saurait nier qu'ils n'aient enfin produit les plus beaux échantillons de l'espèce humaine; qu'ils n'aient fait preuve d'aptitudes éminentes tant dans les arts que dans les sciences et constitué, pour ainsi dire, une morale supérieure à tout ce que l'histoire des autres types ethniques nous a fourni d'exemple. Ces résultats considérables placent actuellement la race blanche sur un piédestal grandiose, à la tête de toutes les autres races humaines. Ce n'est pas qu'il y ait en elle une vertu particulière; mais, par un épanouissement régulier de ses aptitudes naturelles, elle a pu réaliser un degré de développement que ses émules n'ont jamais connu. Elle a évolué activement et merveilleusement; elle a franchi de longs espaces dans la voie que doivent suivre tous les groupes

humains, allant du mal au bien et du bien au mieux.
Cependant il suffit qu'on suppose à une aucune autre race
la même énergie évolutive, pour s'imaginer, sans effort,
que cette dernière parviendra aussi à ces brillants résultats
que nous ne saurions trop admirer. Cela est d'autant plus
rationnel que l'ordre hiérarchique où nous voyons les diverses races humaines, au point de vue de leur développement social, n'a pas toujours existé tel qu'il est aujour-
d'hui. Il y eut un temps où les Noirs de l'ancienne Egypte
traitaient en sauvages les blancs *Tahamou*, grossiers représentants de la race européenne actuelle. Les derniers
ont pourtant pris le dessus ; ils ont poussé beaucoup plus
avant le char de la civilisation. Mais toute l'humanité
marche ! Les races se développent éternellement. Tout fait
augurer que celles qui sont tombées de fatigue, ou sont paralysées par un obstacle passager, se relèveront et réagi-
ront, pour recommencer la course ardente qui est la réalisation du progrès. Tels l'on voit des coursiers s'élancer dans
le cirque : les uns sont vifs et partent comme l'éclair, les
autres avec moins d'entrain les suivent à distance ; cependant les premiers se lassent parfois et les retardataires,
sous une influence subite, accélèrent leurs pas. Il arrive
un moment où tous vont leur train sur une seule et même
ligne, se dépassent, se rejoignent encore, mais dans une
noble émulation !

Pour nous rendre compte de l'avenir de la race noire et
des hautes destinées qui lui sont réservées dans la carrière
de la civilisation, nous tâcherons donc d'étudier la promptitude avec laquelle s'accomplit l'évolution progressive du
Nigritien, toutes les fois qu'il trouve un terrain propre à
son développement matériel, intellectuel et moral.

CHAPITRE XV.

Rapidité de l'évolution dans la race noire.

> Aux âmes bien nées
> La valeur n'attend pas le nombre des années.
> (CORNEILLE).

> Ainsi, en résumé, quand l'esclave de l'habitation Bréda eut brandi le casque et groupé autour de lui tous les nègres épars qui venaient de briser leurs chaines, il personnifiait la première épopée militaire de la vieille Saint-Domingue, et de ce jour notre nation datait.
> A cette nation il fallait un but.
> Ce fut celui de prouver l'aptitude de toute la race noire à la civilisation qui fut posé. — But puissant, gigantesque, capable de dévorer des générations, toutefois, digne de contenir et d'exercer notre activité !
> (EDMOND PAUL).

I.

LES THÉORIES ET LES FAITS.

Toutes les pages qui précèdent ont eu principalement pour but de mettre en évidence une vérité indéniable, à savoir que les hommes, quelle que soit la race à laquelle ils appartiennent, sont sortis de la nature, faibles, laids, ignorants et vils. L'état de nature si éloquemment préconisée par Rousseau, comme l'âge de toutes les vertus, est reconnu aujourd'hui comme l'opposé de toutes les utopies que l'on s'était plu à y bâtir. La société du XVIIIe siècle, fatiguée d'une existence de sèche politesse où tous les ressorts de l'activité humaine étaient réduits en purs jeux de mécanique, tant les manières conventionnelles et une étiquette guindée prévalaient dans toutes les relations, trouva un charme profond à ces tableaux enchanteurs où l'homme sauvage était représenté comme le type de la loyauté. On était persuadé qu'il avait conservé intact en son cœur le rayon de la bonté naturelle reçue du Créateur avec le souffle même de la vie. C'est l'histoire de toutes les décrépitudes, à la veille des grandes rénovations sociales et morales. Ainsi, la société usée à Rome, après une longue période d'énervement, a dû éprouver un plaisir délicat à savourer la lecture des *Bucoliques* de Virgile. Elle dut trouver dans la description des mœurs primitives je ne sais quelle fraîcheur d'esprit et quelle ingénuité, bien faite pour tempérer l'excès de corruption morale où elle était plongée !

Mais il y a bien longtemps qu'on s'est détaché de ces vains rêves. Au lieu de placer l'âge d'or dans le passé, la sagacité moderne le place dans l'avenir. C'est qu'il arrive une époque où, de même que l'individu, l'humanité devenue majeure a besoin de toucher à la réalité, sans se laisser fasciner par le prestige de l'imagination. C'est alors à la science, à l'observation qu'on s'adresse pour étudier chaque phénomène. Cette rigidité de méthode est le résultat d'une longue éducation intellectuelle qui a gagné insensiblement les esprits et les conduit aujourd'hui à ne reconnaître pour vrai que ce dont la preuve peut être administrée d'une façon rationnelle. Elle offre une garantie positive à la majorité de ceux qui sont obligés de se rapporter à l'autorité des savants, ne pouvant poursuivre eux-mêmes les investigations qui mènent à la vérité. Appliquée à l'anthropologie, cette méthode ne peut qu'y projeter une éclatante lumière, aussi est-ce pourquoi nous y reviendrons, à chaque fois qu'il s'agira d'éclaircir les faits dont la fausse interprétation accréditerait éternellement les plus désolantes erreurs, si on n'y prenait garde.

Quand on considère bien l'histoire de l'évolution sociale, on voit immédiatement que la réalisation du progrès est attachée à deux conditions essentielles : l'aptitude native de l'homme et les influences du milieu. Pour établir un jugement sûr et impartial à l'égard des qualités morales et intellectuelles de chaque groupe humain, il est essentiel d'examiner les milieux où elles se manifestent, en tenant compte des difficultés comme des avantages que ces milieux offrent à l'évolution. Sans cette première opération, le résultat de la comparaison sera évidemment faux.

Ce motif m'empêche de comparer les races noires de l'Afrique avec les races blanches de l'Europe, telles qu'elles sont placées actuellement, dans l'étude à faire de leur facilité de développement intellectuel et moral. L'évolution géologique de notre globe a certainement amené des avantages marqués dans la température moyenne de la majeure partie du climat européen ; tandis que les conditions climatologiques de l'Afrique sont aujourd'hui une cause visible de retardement pour ceux qui voudraient s'y élancer, tout seuls, dans la route du progrès. Toutes les fois que l'on aura à envisager la lenteur que mettent les Africains à sortir de leur état d'infériorité actuelle, il faut donc se garder de croire que cette longue incapacité est le signe d'une infériorité organique et fatale. Il suffira de se rappeler que si les hommes de la race européenne, — livrés à leurs propres efforts, privés de la longue expérience d'une civilisation vieille d'années et surtout de la culture héréditaire d'une longue suite de générations, — étaient condamnés à vivre sous les influences dépressives du climat tropical, ils ne pourraient jamais surmonter les difficultés contre lesquelles ont à lutter les noirs Africains. « L'infériorité intellectuelle du nègre et son défaut d'initiative sont des faits relatifs, vrais à différents degrés, mais ni plus vrais, ni plus frappants que l'infériorité intellectuelle et le défaut d'initiative de tout peuple ou de toute classe qui vivent encore sous la pression des premiers besoins de la vie animale, surtout quand la nature, plus puissante en-

core que l'homme, le domine et, tenant en éveil ses appétits, endort ses plus nobles facultés; c'est là ce qui a lieu
sous les feux des tropiques (1). »

Par conséquent, c'est lorsqu'ils se trouvent dans un milieu, sinon aussi favorable que celui de l'Europe, mais
exerçant une influence beaucoup moins nuisible sur leurs
facultés supérieures, que les Noirs doivent être étudiés, si
l'on tient à se faire une juste idée de leurs aptitudes. Aussi
les choisirai-je tels qu'ils se sont montrés dans l'île d'Haïti
devenue, depuis environ quatre-vingts ans, le plus beau
champ d'observation qui ait été donné pour étudier cette
fameuse question de l'égalité des races humaines.

Après la découverte de l'Amérique par l'immortel Colomb, les Espagnols avides de l'or qu'ils rencontraient en
abondance dans les riches filons de la terre antilléenne,
n'épargnèrent aucune cruauté pour forcer les indigènes à
leur extraire le prestigieux métal. C'était au prix des travaux les plus abrutissants qu'il fallait y parvenir. Les
Caraïbes, comme tous les peuples de la race américaine,
étaient certainement des hommes énergiques; mais ils furent impuissants à lutter contre la force que la civilisation
avait mise entre les mains de leurs oppresseurs. Malgré
mille tentatives de secouer leur joug, ils furent obligés de
se soumettre, terrassés par les armes européennes. C'é-
taient des gens capables de résister contre un choc, mais
incapables de supporter longtemps le régime d'épuisement
qu'on leur imposait. Surmenés, harassés, rompus dans
une corvée sans trêve, plongés dans les mines, faisant à
eux seuls l'office et des machines et des bêtes de somme,
ces pauvres êtres furent bien vite décimés. Naturellement
anémiques, cet excès de travail usait en peu de temps leurs
corps, après avoir brisé le ressort de leurs âmes.

---

(1) Hollard, *loco citato*, p. 164.

Il devint indispensable de pourvoir au repeuplement de l'île, rendue chaque jour plus déserte et veuve de ses premiers habitants. C'est alors que l'on pensa à utiliser l'exemple que les Portugais avaient donné, en allant, sur les côtes d'Arguin, s'emparer des Maures récemment chassés de l'Espagne pour les amener comme esclaves à Lisbonne. C'était au milieu du XVIe siècle. Déjà les souverains de l'Espagne s'étaient laissés persuader de l'utilité de l'esclavage des Nègres. On leur avait facilement fait comprendre que c'était le seul moyen de retirer les Africains des pratiques de l'idolâtrie et de leur inculquer les principes de la vraie religion, en leur enseignant les vérités de la foi chrétienne. Sous les mêmes prétextes, la reine Élisabeth, en Angleterre, et Louis XIII, en France, permirent aussi l'usage de la traite à leurs sujets respectifs.

Pour opérer le salut de leurs âmes, on prenait ces hommes ; on les séparait de leurs pénates sauvages, de leurs affections de famille, sans aucun souci de leurs souffrances matérielles et morales, et on les jetait dans un navire approprié à l'infâme trafic! Bâtiment spécial, le négrier était un cachot horrible. « L'entrepont était dégagé, afin qu'on pût y entasser les esclaves ; le pont qui recouvrait l'emplacement qu'ils occupaient, était percé de meurtrières pour tirer sur ces malheureux en cas de révolte. »

Et qu'on ne croie pas que la vie de ces hommes, en qui l'on voulait infuser les lumières de la foi, fût considérée assez précieuse pour qu'on usât de tempérament, avant de l'éteindre, au risque de voler à Dieu ces âmes destinées à proclamer sa gloire! Il suffisait que les négriers y vissent briller le moindre éclair de la liberté, pour que les meurtrières fussent immédiatement utilisées. Des faits d'une date récente font voir avec quelle constance la cruauté européenne se perpétue dans l'exercice du métier où l'on trafique de la chair humaine. Reproduisons surtout un récit émouvant que l'on rencontre dans le remarquable ouvrage de M. de Quatrefages, *L'espèce humaine.*

« *Le Carl* quitta Melbourne, en 1871, dans le but avoué d'aller engager des travailleurs noirs. Il amenait à titre de passager un certain docteur James Patrick Murray, intéressé dans l'entreprise et qui semble y avoir joué le rôle de chef. Arrivé aux Nouvelles-Hébrides, les *Kidnappers* paraissent avoir tenté d'abord inutilement de se procurer des travailleurs par des moyens licites. Ils eurent bientôt recours à d'autres procédés. A l'île Palmer, l'un d'eux s'habilla en missionnaire, espérant attirer ainsi à bord les insulaires qui éventèrent le piège. Dès ce moment, les négriers n'eurent recours qu'à la violence. Leur procédé consistait à approcher des canots montés par les Papous, à les briser ou à les faire chavirer, en y lançant quelques-uns de ces gros saumons de fonte qui servent de lest. On capturait ensuite aisément les équipages.

« *Quatre-vingts* noirs avaient été ainsi réunis. Pendant le jour, on les laissait monter sur le pont, les soirs, on les entassait dans la cale. Dans la nuit du 17 septembre, les prisonniers firent quelques bruits, on les fit taire en tirant un coup de pistolet au-dessus de leurs têtes. La nuit suivante, le bruit recommença et on essaya de l'arrêter par le même moyen. Mais les noirs s'étaient mis à briser les lits de camp et, ainsi armés, ils attaquèrent l'écoutille. L'équipage entier, matelots et passagers, se mit à tirer dans le tas. Le feu dura huit heures. On le suspendait par moment, mais il recommençait au moindre bruit.

« Le jour venu et tout paraissant tranquille, les écoutilles furent largement ouvertes et l'on invita à sortir ceux qui pourraient le faire. Il en vint *cinq* : tout le reste était mort ou blessé. On se hâta de jeter à la mer les cadavres et l'on y jeta en même temps *seize individus vivants* qui avaient été gravement atteints. »

Cette sombre et horrible histoire est celle de toute la traite. Le plus souvent les esclaves transportés aux Antilles furent aussi témoins de ces sanglantes exécutions. Ils n'arrivèrent sous le nouveau ciel, où les avait transportés la rapacité sanguinaire des négriers, qu'avec une terreur qui avait réduit à moins que rien leurs aspirations vers la liberté perdue. Par le tableau saisissant qu'a fait Frédérick Douglass de la vie de l'esclave, en qui l'on devine le moindre indice d'intelligence, nous savons déjà que cette crainte profonde inspirée par le maître est entrenue par un traitement infernal, inouï. Lorsque, par un effort d'imagination, on se figure l'esclave jeté comme une marchandise avilie sur des rives étrangères et lointaines; abruti et terrasé avant qu'il ait touché à cette terre où tout lui est inconnu; battu et plié sous le faix, mal nourri et travaillant sans relâche, on se demande involontairement comment un être aussi abaissé, aussi dégradé peut conserver la moindre étincelle d'esprit, la moindre idée de liberté, le moindre sentiment de cette fierté naturelle qui nous fait sentir, chacun au fond de sa conscience, que nous sommes faits pour dominer le reste de la création!

Pour moi, j'avoue bien franchement que je ne puis m'empêcher d'être fier de mes pères, quand je me reporte par la pensée à cette époque de misère où, rivés à une existence infernale, ayant le corps brisé par le fouet, la fatigue et les chaînes, ils gémissaient en silence, mais conservaient dans leur poitrine haletante le feu sacré qui devait produire l'explosion superbe de la liberté et de l'indépendance! Mais il y a bien plus. A peine deux générations après la proclamation de la liberté des noirs, en Haïti, une transformation complète s'était opérée dans la nature de ces hommes. C'est en vain que tout semblait les condamner à vivre éternellement dans l'état d'infériorité auquel ils étaient réduits et qu'on empirait chaque jour.

Dans les premiers temps de l'indépendance, les noirs haïtiens, n'ayant aucune culture intellectuelle, n'ont pu manifester des aptitudes supérieures dans les travaux de l'esprit. Jusque vers l'année 1840, toutes les grandes intelligences de la jeune République se trouvaient concentrées parmi les hommes de couleur, beaucoup mieux favorisés par les circonstances. Mais dès cette époque, on vit paraître des hommes noirs d'un esprit fort distingué. On peut citer le général Salomon qui, presque seul, est parvenu, à force de travail, à développer un rare talent d'écrivain. Jean-Baptiste Francisque, victime du régime impérial de 1849 qu'il avait accepté de servir, sans pouvoir s'en accomoder, était aussi d'une intelligence remarquable. Forme correcte, esprit délicat, il a été un des produits hâtifs de la race noire d'Haïti, évoluant vers les belles facultés intellectuelles et morales qui sont la gloire de l'humanité.

Malheureusement, dans cette première floraison de l'intelligence des Noirs, on ne s'occupa que de la littérature. On aima mieux cultiver la forme dans laquelle les idées doivent se présenter que d'étudier le fond même de ces idées. Beaucoup de brillant littéraire et presque pas de science. Louis-Philippe disait de Villemain qu'il faisait ses phrases tout d'abord et cherchait ensuite l'idée qu'on pouvait y mettre. C'est une saillie qui contient plus de finesse que de vérité ; mais il n'est pas moins vrai que les hommes de 1830, en France, sacrifiaient souvent trop à la forme. Imitant donc l'éloquence fleurie avec laquelle les doctrinaires français parlaient de la liberté et des principes, les Haïtiens se mirent à parler admirablement du droit, sans y croire aucunement, sans même s'occuper de ce qui le constitue, ni dans quelles limites il doit s'exercer, ni à quel point il est respectable.

Mais un homme beaucoup mieux organisé, sous ce rapport, fut un autre noir que j'ai particulièrement connu, M. Saint-Ilmont Blot. Comme tous ces congénères d'alors, il avait étudié presque seul. A lui ne suffirent point les qualités de littérateur ou d'écrivain qu'il possédait aussi bien que les autres célébrités de l'époque. Il y ajouta diverses sciences qu'il aima et cultiva avec passion. Il s'était adonné à l'étude du droit comme à celle des sciences naturelles et des sciences mathématiques. Toujours au travail, sans aucune autre ambition que celle d'étendre son horizon intellectuel qu'il poussait de plus en plus loin, cet homme offrait un admirable exemple d'application aux choses de l'esprit.

Il est certain qu'il se trouve dans ses papiers des manuscrits qui verront un jour la lumière de la publicité. Toute cette activité de l'intelligence n'a pas dû s'épuiser chez lui dans un pur dilettantisme, sans laisser aucune trace.

M. Blot était surtout passionné pour les études astronomiques. Passion curieuse, quand on pense qu'en Haïti on n'a encore aucun monument public, aucun établissement destiné à l'observation des phénomènes célestes ! Mais, ami de tous les étrangers, qui prenaient toujours plaisir à jouir de son agréable commerce, il profitait de ses relations pour se mettre en possession de plusieurs petits instruments propres à l'aider dans les observations faciles. Aussi son cabinet de travail était-il rempli de divers modèles de ces instruments de modeste dimension, tels que thédolithes, cercles muraux, globes célestes mobiles et cartes astronomiques de différents systèmes. Réunis à mille autres curiosités qu'il collectionnait avec soin, ces objets formaient un petit musée propret, caractéristique, où l'on n'avait jamais à s'ennuyer. J'en ai gardé un souvenir persistant ; et je me rappellerai toujours avec quel bonheur je pénétrais dans ce sanctuaire de l'étude, combien j'ai profité des conversations sérieuses et modestement savantes qu'on y trouvait avec l'urbanité incomparable de feu M. Blot. Sans doute, dans les derniers temps il ne montrait plus le même enthousiasme pour la science et semblait tout prendre en dégoût. Des chagrins avaient envahi son cœur et assombri son esprit; pourtant il suffisait de l'entraîner sur le terrain qu'il aimait, pour faire revivre toute son ardeur intellectuelle!

Le nom de cet homme de bien et de travail n'a pas disparu avec lui. Il a laissé des fils qui s'efforceront certainement de le maintenir et d'en augmenter même le prestige. Là où les fils ne valent pas mieux que leurs pères, il n'y a pas de progrès. Ce n'est pas l'intelligence qui leur manque, d'ailleurs : M. Saint-Cap Blot s'est lancé dans la politique et aime la vie orageuse de la tribune où il se fait remarquer avec avantage parmi ceux qui l'entourent; M. Saint-Firmin Blot occupe une chaire supérieure dans le lycée de sa ville; M. Saint-Amand Blot a choisi le journalisme où il fait ses premières armes de manière à autoriser les plus légitimes espérances. Ils n'ont qu'à persévérer.

Il faut citer encore, parmi cette première génération de noirs, le nom d'Hippolyte Gelin, homme d'une valeur positive, ayant autant de distinction que d'intelligence. Il avait été élevé en France avec les Granville, les Télémaque et plusieurs autres Haïtiens remarquables qui furent envoyés en Europe, pendant la domination française, afin de recevoir une éducation soignée et une instruction solide. Cet essai qui s'effectua sous l'inspiration généreuse des idées de 1793 avait admirablement réussi. Hippolyte Gelin était un esprit éclairé, mais calme et rempli de bon sens. Toute sa personne inspirait ce respect et cette déférence involontaire qu'on éprouve toujours devant une nature d'élite, unissant la dignité au calme et à la sérénité des manières. C'est un trait de famille qui a passé à tous ses fils.

Le général Prophète, sans avoir l'instruction de ces derniers, avait un caractère si bien fait, un esprit si ouvert, qu'il a pu figurer dans les meilleurs milieux, sans jamais paraître au-dessous de ceux qui l'entouraient. Ayant reçu dans sa première jeunesse cette légère culture, absolument élémentaire, dont se contentaient pour leurs fils la majeure partie des familles haïtiennes d'alors, il eut assez d'amour-propre pour ne pas rester stationnaire. Aussi s'efforçait-il chaque jour à augmenter ses facultés. Exilé en France, après avoir été ministre dans son pays, il prit passion pour tout ce qui est beau et grand dans la civilisation. Cet homme qui avait vécu cinquante et quelques années, sans songer à l'existence des universités, se mit à suivre avec assiduité les conférences et les cours publics, tirant de-ci, de-là, tout ce qui pouvait être saisi par son intelligence.

Je n'ai connu intimement le général Prophète qu'en 1875. Je fus surpris de remarquer qu'il ramenait constamment nos conversations sur des controverses de critique littéraire, qu'il ébauchait avec peine, sans doute, mais où il citait des bribes d'un assez grand à-propos. Je lui fis part de mon étonnement. C'est alors qu'il me conta qu'étant à Paris, il allait écouter régulièrement les leçons du collège de France !...

Je cite tous ces petits faits avec une certaine complaisance, peut-être. C'est qu'ils décèlent une vérité constante et positive : la soif du savoir et le goût de l'instruction qui est caractéristique chez le noir. Le général Prophète qui s'exprimait avec difficulté, mais écrivait assez bien, n'était certainement pas une très forte tête ; cependant rien ne m'ôtera de l'esprit que si, dans sa première jeunesse, il avait travaillé comme il le faut, il ne fût devenu une des plus brillantes intelligences que l'on puisse rencontrer. Il avait toutes les meilleures dispositions naturelles. En écrivant ces derniers mots, je me rappelle encore qu'il aimait à citer ces vers de La Fontaine qui revenaient toujours sur ses lèvres :

> Travaillez, prenez de la peine,
> C'est le fonds qui manque le moins.

Il les mettait bien en pratique. En effet, à l'époque dont je parle, il venait d'être nommé commissaire du Gouvernement d'Haïti, pour la délimitation des frontières dominicano-haïtiennes. Je l'ai vu s'exténuer à la peine, feuilletant Vattel et Martens, Calvo et de Garden, avec une ardeur qui s'augmentait en raison même des difficultés qu'il éprouvait. Il était, à toute heure, dissertant, discutant sur les différents points de sa mission. Il fit si bien qu'à la fin il se mit au courant de tout ce qu'il avait à faire, au point de vue pratique ; ayant des armes pour les objections, comme pour la défense des intérêts qu'il était chargé de défendre !

II.

LES ACTEURS DE L'INDÉPENDANCE D'HAÏTI.

Mais pourquoi ai-je attendu jusqu'à 1840 pour signaler cette évolution progressive qui a commencé de s'opérer dans la race noire d'Afrique transportée en Amérique? Les mérites de l'homme consistent-ils seulement à faire preuve d'une grande culture intellectuelle, sans que l'on compte pour rien toutes les vertus morales, telles que la bravoure, la volonté énergique, la constance dans la lutte, toutes ces forces actives qui font dominer les hommes supérieurs? Non, certainement. On pourrait, en descendant même dans les cabanons de l'esclave, retrouver les traces de ce travail de transformation qui s'affirma bien vite dans le tempérament de l'Africain, une fois soustrait aux influences délétères d'un climat malfaisant.

Tout d'abord, c'est la transformation physique qui

s'opère. « Les négrillons nés dans notre colonie, qui ont la
même éducation physique et les mêmes aliments qu'en
Afrique, dit Moreau de Saint-Méry, ont en général le nez
moins épaté, les lèvres moins grosses et les traits plus
réguliers que les nègres africains. Le nez s'allonge, les
traits s'adoucissent, la teinte jaune des yeux s'affaiblit, à
mesure que les générations s'éloignent de leur source primitive, et ces nuances d'altération sont très sensibles.
J'ai vu des nègres avec un nez aquilin et fort long, et ces
traits passer à tous les individus de la même famille. »

Ce changement étonnant qui est cause qu'aujourd'hui on
ne saurait reconnaître un noir haïtien dans le tableau fantaisiste qu'on fait du nègre au nez épaté et au visage prognathe, a été déjà noté dans cet ouvrage, quand il s'est agi
d'étudier les races humaines sous le rapport de la beauté.
Mais ce ne fut pas seulement dans le facies de l'homme
noir qu'il s'opéra. Tout son être avait reçu une vie nouvelle, vie résistante et d'une force admirable, quand on
pense à quelle épreuve elle fut mise, sans perdre l'élasticité qui en fait le ressort particulier. La nature fut plus
forte que les hommes. Malgré toutes les précautions du
maître, toujours en éveil pour empêcher que le souffle
divin de la liberté ne trouvât jamais dans la tête du Nigritien un rayon d'intelligence, seule ressource qui nous met
à même de triompher de la force, le miracle s'opéra juste
au moment où l'on pouvait le moins s'y attendre. Au
branle magique que communiqua au monde la Révolution
française, on vit bientôt les Africains asservis se transformer en héros et relever la tête vers la lumière.

D'autres ont tracé à grandes lignes les faits glorieux par
lesquels nos pères ont signalé à l'univers entier leur courage et leur héroïque résolution, en effaçant à jamais sur la
terre d'Haïti, jusqu'aux derniers vestiges de l'esclavage.
Pour buriner en caractères indébiles les fastes de la liberté,

ils ont trouvé dans leurs cœurs toutes les sublimes inspirations que transmettent à l'esprit de l'homme les grandes
actions sur lesquelles il médite. Aussi est-il inutile de remémorer ces scènes magnifiques, imposantes, où d'une
masse d'esclaves courbés sous la plus odieuse oppression
sortit, comme les légions de Pompée, une armée compacte
et solide, composée d'hommes infatigables, de lutteurs in-
vincibles, toujours prêts à voler à la victoire! Jamais dans
une foule ainsi humiliée on n'avait trouvé d'aussi beaux
élans. L'histoire de l'indépendance d'Haïti, la plus émouvante, la plus dramatique que l'on connaisse, est pleine de
faits de toutes sortes, prouvant jusqu'à l'évidence que la
race noire a reçu de la nature les meilleures et les plus belles dispositions. Il a fallu aux fils de l'Afrique une perspicacité, une adresse inimaginables, pour tirer de leur situation
précaire tant de merveilleuses ressources. Leurs combinaisons toujours efficaces changeaient avec les circonstances,
suivant les péripéties de la lutte, et s'y adaptaient si bien
que tous les accidents tournaient à leur avantage. Prompts
à s'assimiler toutes les connaissances, toutes les aptitudes
pratiques, on les a vus déployer, tant dans les batailles
rangées que dans les combats de siège, à l'attaque ou à la
défense, toutes les qualités que peuvent joindre à la science
stratégique l'art de la castramétation et le génie militaire
le mieux cultivé! Ils savaient profiter des retranchements
naturels, comme au besoin ils retranchaient leurs camps
avec une habileté consommée.

La seule défense de la Crête-à-Pierrot par Dessalines,
suivie de la belle retraite de Lamartinière, suffirait pour
immortaliser une armée.

L'histoire conservera surtout la mémoire immortelle du
vaillant capitaine qui se distingua si brillamment dans les
superbes attaques de Verdières et de Belair, à l'entrée de
de la ville du Cap. Oui, Capoix, le brave Capoix, était

digne de figurer parmi les plus remarquables de ces jeunes généraux qui parcouraient l'Europe, enchaînant la victoire à la hampe du drapeau tricolore. Hoche, Marceau, Moreau, transfigurés par le rayonnement des grandes idées que projetait au loin la Révolution, foulaient les champs de bataille avec l'éclat des demi-dieux ; non moins rayonnante était la figure du noir héros illuminée par l'idée sainte de la liberté ! Luttant contre une armée instruite, disciplinée et retranchée dans les meilleures fortifications du pays, il sut montrer dans ses assauts irrésistibles, une intelligence, une énergie, une intrépidité qui portèrent le plus orgueilleux des adversaires à rendre hommage à son mérite et à son courage. Rochambeau, dont le cruauté et le mépris contre les noirs sont légendaires en Haïti, étonné de la vigueur et des savantes dispositions stratégiques que Capoix avaient mises en œuvre pour le culbuter des hauteurs du Cap, ne put s'empêcher de lui envoyer des félicitations. Mais laissons la place aux expressions ardentes et admiratives du magnanime Schœlcher.

Voici comment l'illustre négrophile dépeint le fait d'armes fameux auquel je fais allusion. Capoix avait livré trois assauts sans pouvoir s'emparer des positions fortifiées de ses terribles adversaires. Ses soldats, foudroyés par la mitraille, jonchaient le sol de leurs cadavres. — « Il frémit, il les exhorte, les presse, et les entraîne une quatrième fois, dit Schœlcher. Un boulet tue son cheval, il tombe ; mais bientôt dégagé des cadavres abattus avec lui, il court se replacer à la tête des noirs. « En avant ! en avant ! » répète-t-il, avec enthousiasme. Au même instant, son chapeau tout garni de plumes est enlevé par la mitraille. Il répond à l'insulte en mettant le sabre au poing, et se jette encore à l'assaut. « En avant ! en avant ! »

« Alors partirent du haut des remparts de la ville de grandes acclamations : Bravo ! bravo ! vivat ! vivat ! crient

Rochambeau et sa garde d'honneur qui considéraient cette belle attaque. Un roulement se fait entendre, le feu de Verdières se tait, un officier sort des murs du Cap, s'avance au galop jusqu'au front des indigènes surpris, et dit en saluant : « Le capitaine-général Rochambeau et l'armée fran- « çaise envoient leur admiration à l'officier général qui « vient de se couvrir de tant de gloire. » L'heureux cavalier chargé de ce magnifique message, tourne bride, calme son cheval, rentre au pas, et l'assaut recommence... Rochambeau, malgré sa férocité était un homme de grand courage. Le lendemain, un écuyer amena au quartier-général des indigènes un cheval richement caparaçonné que le capitaine-général offrait en signe d'admiration à l'Achille nègre « pour remplacer celui que l'armée française regret- « tait de lui avoir tué (1). »

La preuve de l'égalité des races pourra-t-elle jamais être mieux faite, ni plus éloquemment démontrée que dans cet hommage solennel rendu par l'armée française à la valeur guerrière des noirs haïtiens ? Cependant, tout ce déploiement d'habileté militaire dans les choses de la guerre, soutenu par la plus émouvante bravoure, n'est absolument rien en comparaison de la forte dose de moralité qu'il fallait à ces hommes pour continuer cette lutte acharnée, d'où devait sortir pour eux la plus glorieuse des conquêtes, celle de la liberté et d'une patrie !

On a souvent fait l'éloge des armées révolutionnaires de la France de 1793, lesquelles soutinrent les plus grands chocs et obtinrent les plus brillantes victoires dont puisse s'enorgueillir une nation, privées de tout, n'ayant parfois ni chaussures ni manteaux. Sans doute, il faut rendre un tribut d'admiration à ces braves légions tirées du peuple

(1) Victor Schœlcher, cité par Emm. Edouard, dans « Le Panthéon haïtien. »

français en travail de rénovation sociale. Elles en étaient incomparablement dignes, dans leur héroïque valeur comme dans leur stoïque constance. Mais que doit-on penser de ces hommes qui, privés aussi de tout, même des armes de combat, n'ayant ni arsenal, ni magasin, ni ambulance, faisant des trentaines de kilomètres par jour, sans ration, le plus souvent déguenillés, disputant aux ronces les lambeaux de leur chair, trouvèrent pourtant en leurs âmes la force de persévérer dans leur noble entreprise, de résister aux meilleures troupes de l'Europe et de les chasser enfin du sol haïtien lavé pour jamais de la souillure de l'esclavage ! En considérant le côté moral de leur conduite, il me semble que devant l'histoire et la philosophie, ces Africains ont grandi au-dessus de tout éloge. Aucun hommage ne peut égaler leur magnanimité.

Dès leur apparition sur le théâtre de l'histoire, les Noirs avaient donc fait preuve d'une évolution admirable. Cette évolution, qui s'est d'abord manifestée par leur bravoure sur les champs de bataille et leur constance dans la lutte, devait continuer sa marche ascendante jusqu'à nos jours, produisant des effets de plus en plus remarquables.

Christophe pourrait être nommé à côté de Capoix, comme courage et aptitude militaire, et il lui a été de beaucoup supérieur par son intelligence et son esprit d'organisation. Cet homme, à peine sorti de l'esclavage, a développé un génie d'administration qui étonne encore ses congénères mêmes. Conception vive, volonté inébranlable, il réunissait tout ce qu'il faut pour le commandement. Il a laissé les traces de son règne mémorable dans les ruines grandioses de ses palais et surtout de cette forteresse de Sans-souci, jetée comme un nid d'aigle sur un des pics les plus élevés des montagnes d'Haïti, dominant plus de trente kilomètres à la ronde! Pouvait-on imaginer un meilleur centre de résistance, dans le cas possible d'une nouvelle invasion française ?

Néanmoins, avant Christophe, il faudrait nommer Dessalines, complètement illétré, il est vrai, mais doué d'une énergie, d'un talent militaire dont aucun de ses antagonistes, aucun de ses adversaires les plus décidés n'a contesté le mérite. Cet homme à qui fut confiée la tâche aussi difficile que glorieuse de diriger souverainement le mouvement révolutionnaire dont est sorti l'indépendance haïtienne, a conduit son œuvre avec un tact merveilleux, sans jamais se montrer au-dessous de la confiance des siens. Tout, en lui, répondait aux nécessités de la situation. Là où la plupart auraient molli et donné l'exemple d'une sentimentalité positivement déplacée, avec un ennemi qui ne voyait pas des hommes comme lui dans les légions africaines, il resta ferme et inflexible, rendant outrage pour outrage, procédé pour procédé ! Que d'autres y voient de la férocité, considérant pour rien les crimes atroces commis par ses adversaires et qui transformaient les siens en simples représailles, ce sera faire preuve d'une partialité qui fausse la voix de l'histoire et voile sa majesté. Pour nous, fils de ceux qui ont souffert les humiliations et le martyre de l'esclavage, nous ne pouvons y voir que la première manifestation du sentiment de l'égalité des races, sentiment dont Dessalines est resté la personnification symbolique en Haïti.

Il faut bien honorer la mémoire de cet homme de fer qui unissait à une bravoure sans égale le tempérament du justicier et l'héroïsme du libérateur. Dans le culte patriotique des Haïtiens, culte que toutes les nations doivent aux grands hommes qui leur ont procuré une gloire ou un bienfait inappréciable, son nom doit briller au-dessus de tous ses compagnons de gloire, car son rôle historique a été démesurément plus grand, puisqu'il fut au premier poste dans les moments les plus critiques. Il a été le premier à la peine, il doit être le premier à l'honneur. Mais au-dessus de tous, de Dessalines lui-même, il y a un autre nom plus grand, plus vénérable, à jamais glorieux et illustre, dans les annales de l'île d'Haïti qu'il a couverte de ses lauriers ; cependant plus glorieux et plus illustre encore, pour avoir fourni la preuve la plus éloquente, la plus évidente de la supériorité native de la race noire. Je veux nommer Toussaint-Louverture.

III.

TOUSSAINT-LOUVERTURE.

En ce Noir dont la grande personnalité doit rester comme un modèle impérissable, destiné à vivre éternellement dans le souvenir et l'admiration de sa race entière, on rencontre le plus merveilleux exemple de l'étonnante et prompte évolution qu'avaient subie les Africains-transportés en Haïti. Né esclave, partageant l'existence misérable de tous les hommes de sa couleur que le sort avait jetés sur les côtes de Saint-Domingue, il trouva en son âme seule les aspirations supérieures qu'on verra se développer en lui avec tant d'éclat. Dévoré de la soif du savoir, mais dépourvu de moyens ; désirant déployer la plus grande somme d'activité et de vigueur corporelles, mais accablé d'une complexion débile, il a tenté sur lui-même un travail titanique. Il a mené de front deux grandes entreprises des plus difficiles : il voulut corriger et les imperfections de son esprit et les vices de conformation de son corps. Comment a-t-il pu parfaire cette tâche si délicate et si pénible pour ceux-là même qui jouissent de la liberté et qui ont hérité des dispositions heureuses de vingt générations déjà transformées par une longue culture ?

Tout en montrant dans l'exécution de ses travaux d'esclave une ponctualité qui obligeait ses maîtres à tenir compte de ses efforts, il s'exerçait, par la gymnastique de la course et de la lutte, à assouplir ses membres, à raffermir son tempérament. Ce fut si bien conduit qu'il parvint enfin à se transformer complètement. Au lieu de l'enfant rabougri et souffreteux, il devint le jeune homme le plus dispos et ensuite l'homme le mieux fait pour résister à toutes les fatigues corporelles, aux exercices les plus rudes.

Non content de cette force physique qui lui était nécessaire au premier chef, dans le rôle qu'il eût à remplir en faveur de sa race, rôle qu'il a dû avoir constamment en vue, comme le prouve sa longue, patiente et savante préparation à s'en bien acquitter, il voulut encore s'éclairer. Son génie lui fit deviner que sans les lumières de l'esprit, la meilleure volonté ne suffit pas pour conduire à bonne fin une œuvre délicate et importante. Agé de plus de vingt ans, il commença à apprendre les premières lettres de l'alphabet! Pour un autre, le succès serait impossible, tant difficile était l'entreprise ; mais pour lui, ce fut un jeu. Enseigné par un vieux noir du nom de Baptiste, il fit des progrès si hâtifs qu'il acquit, en peu de temps, toutes les connaissances de son maître beaucoup plus dévoué que savant. Mais il ne s'arrêta pas là. Tous les ouvrages qu'il rencontrait lui étaient une bonne aubaine dont il profitait. Il travaillait sans méthode, sans principe général, il est vrai ; mais les moindres notions devenaient une semence qui germait dans son intelligence et y fructifiait. « Ses livres préférés, dit Wendell Phillips, étaient *Épictète*, *Raynal*, les *Mémoires militaires*, *Plutarque*. Il avait appris à connaître dans les bois les vertus de certaines plantes et était devenu médecin de campagne (1). »

---

(1) Wendell Phillips, *Discours sur Toussaint-Louverture*, trad. du Dr Bétancès.

Plus heureux que Douglass et d'autres esclaves, il eut un maître qui ne fit rien pour contrarier ses progrès. Le colon français de Saint-Domingne était d'ailleurs un homme aimant le luxe et la distinction. Celui dont Toussaint-Louverture était l'esclave ne fut donc pas peu flatté d'avoir un tel nègre : il en fit un cocher, dont l'habileté et les manières étaient une cause de légitime orgueil pour son maître.

Ce fut à cinquante ans que notre héros commença sa carrière active, en qualité de médecin, dans les colonnes de Jean-François et de Biassou. Déjà toute la partie septentrionale de Saint-Domingue était à feu et à sang. Les Noirs, répondant partout au cri de la révolte, s'étaient insurgés, décidés à disparaître en même temps que l'île, plutôt que de continuer à vivre sous le joug ignominieux de l'esclavage. Ils brûlaient tout devant eux. Terrible, mais nécessaire dévastation! Ils avaient compris que l'amour des colons n'était pas positivement pour une terre dont les sites pittoresques et enchanteurs sont une captivante jouissance pour les yeux et pour l'âme ; mais bien plus pour les immenses richesses, habitations somptueuses, vastes plantations, tous les raffinements du luxe entretenus par la sueur et les tortures de l'esclave! Tous ceux dont la froide cruauté et la brutalité cynique avaient fait germer dans le cœur du noir la haine amère et la soif inextinguible de la vengeance, durent fuir, épouvantés, ces lieux où se prélassait naguère leur orgueilleuse paresse. Tel dont les pieds ne foulaient que les tapis moelleux, dont les lèvres n'abordaient que les coupes d'or payées par le sang et les larmes de l'Africain flagellé, surpris en plein sommeil par la flamme sinistre et crépitante de l'incendie vorace, courait, nu et désespéré, se jeter dans une embarcation fugitive, trop heureux de trouver une écuelle qui le dispensât de boire dans le creux de sa main! Partout, l'horizon était rouge et flambait avec des lueurs infernales. Affreuse avait été l'inhumanité des maîtres, terrible était la vengeance de l'esclave. Heureux, alors, mille fois heureux était celui dont la conduite n'avait pas brisé dans l'homme noir courbé sous sa domination jusqu'à la dernière fibre du cœur, pour n'y cultiver que le farouche instinct du mal ! Ce fût le cas de Baillon de Libertas, l'ancien maître de Toussaint-Louverture. Quand l'heure était sonnée et qu'il fallait se joindre aux siens, afin de coopérer à l'œuvre sainte de la liberté, il ne voulut rien faire sans s'acquitter auparavant d'une dette de gratitude. « Avant de partir, il fit embarquer son maître et sa maîtresse, chargea le navire de sucre et de café et l'envoya à Baltimore (1). » Digne action tout aussi remarquable que les plus hauts faits du grand capitaine, mais qui ne fut nullement isolée parmi ces Noirs dont la reconnaissance est une vertu spéciale !

Une fois lancé dans la nouvelle carrière où il devait cueillir tant de lauriers, pour le plus grand honneur de sa race et la plus belle des causes, il sut déployer une aptitude rare à profiter de tous les événements pour grandir et augmenter son prestige, sans se laisser briser ou diminuer par aucun. Un autre moins habile, moins intelligent, se croirait tout d'abord appelé, par sa supériorité, à réclamer la première place parmi ces hommes dont pas un seul ne le valait; cependant il se renferma plutôt dans son rôle de médecin, étendant peu à peu son influence, agissant de telle sorte qu'il devint insensiblement, mais sûrement, la voix la plus écoutée. A la fin aucune décision importante ne pouvait être prise sans lui.

Nous ne faisons pas ici de l'histoire. Il est donc inutile de rapporter tous les faits dont l'ensemble montre dans Toussaint-Louverture l'organisation la plus heureuse dont

---

(1) Wendell Phillips, *loco citato.*

la nature a pu douer un mortel. D'autres se sont acquittés de cette tâche avec une science et un talent qui ne laissent rien à faire après eux (1). Pour devenir le premier des Noirs par sa vertu, par son intelligence, par ses talents et sa bravoure, il avait grandi si bien, à mesure que sa carrière se développait en importance et en grandeur, qu'en lisant sa vie, on se rappelle difficilement sa modeste et humble extraction.

Cependant, il eut à lutter contre tous les éléments. Parmi les siens, il s'éleva contre lui le cancer de l'envie et de l'orgueil, envenimé par un malheureux dépit. Le général Rigaud, homme de couleur, furieux d'obéir à cet ancien esclave, parvenu au plus haut grade de l'armée de Saint-Domingue, après une suite d'actions éclatantes dont aucun autre n'avait offert pareil exemple, se laissa tromper par la duplicité d'Hédouville et ouvrit contre Toussaint-Louverture une rébellion fatale, qui fit couler le sang de milliers de frères, dans une guerre insensée. Action regrettable s'il en fût! Car Rigaud vaincu, le pays rentra dans l'ordre; mais le souvenir en est resté brûlant. C'est à peine si quatre-vingts ans écoulés l'ont effacé de certains esprits.

Contre les Européens, la lutte ne fut pas moins pressante, moins difficile à soutenir. Déployant sur le terrain de la diplomatie un tact, une habileté indéniable, il eut le talent de réduire à l'impuissance tous ceux qui, effrayés de

(1) Quantité d'ouvrages ont été écrits sur Toussaint-Louverture, à part les histoires d'Haïti où son nom joue un si grand rôle. Il faut citer la *Vie de Toussaint-Louverture* par M. Saint-Rémy et la conférence sur *Toussaint-Louverture* par M. Pierre Lafitte; mais au-dessus de tout, c'est dans l'œuvre de M. Gragnon-Lacoste, *Toussaint-Louverture*, que l'on doit étudier cette grande figure qu'il a mieux mise en relief qu'aucun de ses émules. C'est ici l'occasion d'exprimer à M. Gragnon-Lacoste le tribut de gratitude et d'admiration que lui doivent tous les hommes de la race noire.

son prestige, tâchaient de l'atténuer en diminuant son ascendant et son autorité sur l'armée et le peuple. Des hommes comme Sonthonax, Polvérel et plusieurs autres commissaires français furent expédiés à Saint-Domingue. La plupart avaient fait preuve de grande capacité parmi les plus éminents de leurs compatriotes, à l'époque de cette Révolution immortelle où la France, *magna virum*, semblait prodiguer sa plus riche sève ; mais arrivés en Haïti avec les instructions avouées ou déguisées d'affaiblir les pouvoirs de Toussaint-Louverture, par un contrôle méticuleux et des manœuvres habiles, ils furent complètement annulés. Au lieu de les enrayer, ils furent obligés de servir d'instruments aux desseins de ce Noir sur le front de qui brillait la vraie auréole du génie !

Quelques-uns, débarqués à Saint-Domingue avec des idées positivement hostiles contre lui, partirent de l'île fascinés et transformés en admirateurs enthousiastes de ses qualités. Tout lui réussissait, parce qu'en tout il montrait une intelligence supérieure, une entente extraordinaire des hommes et des choses, faculté qui est le secret du succès dans toutes les grandes affaires. Il grandit à ce point que, tout en restant Français, il était arrivé à ne plus rencontrer sur ses pas, à Saint-Domingue, un seul Français, noir, jaune ou blanc, capable de faire équilibre à sa haute et puissante personnalité. Son plus beau triomphe moral est la retraite du général Laveaux, gouverneur de l'île, qui, se sentant tellement et si naturellement annulé, lui céda le commandement en chef de la colonie et se retira en France, trop heureux d'avoir toujours pu compter sur son amitié et son appui !

Etonnante histoire, vraiment, que celle de ce Noir sorti de l'esclavage avec toute l'étoffe d'un grand homme d'Etat ! « La nature avait fait de cet homme, dit Wendell Phillips, un Metternich, un diplomate consommé. »

A ces qualités de politique habile, il réunissait le sens profond de l'homme destiné à gouverner ses semblables. Il s'y faisait remarquer par l'application raisonnée des institutions qui sont le mieux adaptées à leur état social. Il avait compris que ses frères, à peine sortis de l'esclavage; n'ayant pas, comme lui, cette lumière supérieure qui indique à l'homme ses premiers devoirs, auraient bien vite annulé les effets salutaires de la liberté par la pratique de la licence et du vagabondage, si on les abandonnait immédiatement à eux-mêmes. Il fit donc promulguer des institutions destinées à servir de transition entre leur ancien état d'esclaves et celui de citoyens appelés à contrôler les actes de l'Etat, parfaitement libres de diriger leurs propres activités. C'est que, comme tous les grands fondateurs de nations, il sentait que certaines conquêtes sociales ne se font que lentement et par une suite de transformations opportunes, indispensables. Ce ne fut pas la moindre de ses gloires. D'une main ferme, il dirigea vers le travail l'esprit de ces hommes qui venaient de conquérir la liberté sur ces mêmes terres où ils avaient horriblement peiné. Autrement, leur premier mouvement ne serait-il pas d'abandonner ces sillons qui leur rappelaient si amèrement le fouet du commandeur ? Ne fallait-il pas qu'une intelligence supérieure, une volonté irrésistible vînt les y maintenir. A cette tâche ne faillit aucunement le génie de Toussaint-Louverture.

Quelques écrivains peut-être sincères, mais ne connaissant pas assez les règles de la critique historique, ont fait un crime au chef noir de ce qu'ils appellent son régime tyrannique ; d'autre part, des politiciens à courte vue s'autorisent parfois de son nom prestigieux pour essayer de justifier le plus injustifiable despotisme. Mais aux uns comme aux autres, il faut le rappeler. Un homme d'Etat de génie n'est si grand, si apprécié que parce que, dans sa large conception, il applique à chaque situation la mesure qui y convient le mieux, au point de vue du bien-être et du développement moral de la communauté dont il dirige les destinées. C'est cette vérité de la plus haute philosophie politique que l'illustre Gambetta a traduite dans la célèbre formule de l'opportunisme. Si Toussaint-Louverture vivait à notre époque, avec sa grande intelligence, son tact réel, sa prévoyance de régénérateur social, il est certain que toutes ses actions tendraient plutôt à développer dans sa race cet esprit de liberté raisonnée et de légalité inflexible qui est le besoin actuel de l'évolution morale des Noirs en Haïti. Il aurait compris qu'après s'être constituée matériellement comme nation indépendante, il faut que la race dont il était un si noble et incomparable échantillon fasse preuve de la moralité la plus élevée, comme de la plus large intelligence. Or, pour faciliter cette dernière évolution, si délicate et si difficile dans l'espèce humaine, il est indispensable de favoriser le développement des caractères fermes et saillants, la manifestation des fières personnalités particulièrement trempées. Toutes ces choses ne se réalisent sincèrement et pleinement que là où se trouvent dignité et liberté. Les grandes âmes, comme les fleurs délicatement épanouies, se meurtrissent et se fanent inévitablement au contact brutal du despotisme. Non, Toussaint-Louverture n'eût jamais travaillé à rabaisser systématiquement le niveau moral des siens, pour la satisfaction éphémère et vaine de briller, isolé, dans le silence d'un pénible servilisme !

Dans toutes les grandes lignes de sa politique, il montrait, d'ailleurs, cette sagacité particulière aux hommes d'élite et qui les porte naturellement, spontanément, à la conception de toutes les idées justes et rationnelles, sans attendre que les spéculations philosophiques viennent les ériger en principes, après une longue suite de tâtonnements et de dissertations. C'est ainsi que dans la constitution qu'il fit élaborer en 1800, — constitution dont le seul projet était d'une audace superbe, jetant le premier pont qui devait infailliblement conduire à l'indépendance de l'île, — les principes les plus élevés, et alors absents dans les institutions des plus grandes puissances de l'Europe civilisée, furent reconnus et consacrés comme les prescriptions du droit positif.

Si nous laissons le terrain de la législation, de la diplomatie et de l'administration, pour suivre Toussaint-Louverture sur les champs de bataille, nous le rencontrerons encore supérieur à tous ceux qui l'entourent, supérieur à tous ceux qui se trouvent en face de lui. Activité extraordinaire, sang-froid étonnant, conception vive des plans de guerre, fermeté d'exécution, courage, l'intrépidité chevaleresque unie à la prudence raisonnée, il avait toutes ces qualités qui font un grand capitaine. Aussi n'avait-il jamais entrepris une campagne sans parvenir au but désiré, sachant mener les choses de manière à ce que le dernier mot de la victoire lui restât toujours. Citons plutôt Wendell Phillips, cet Américain illustre, digne ami de Lincoln, mais surtout ami infatigable de la vérité, du droit et de la justice.

« Qu'a fait Toussaint ? dit-il. Il a repoussé l'Espagnol sur son territoire, l'y a attaqué, l'a vaincu et a fait flotter le pavillon français sur toutes les forteresses espagnoles de Santo-Domingo. Pour la première fois peut-être, l'île obéit à une seule loi. Il a remis le mulâtre sous le joug. Il a attaqué Maitland, l'a défait en bataille rangée et lui a permis de se retirer vers la Jamaïque, et lorsque l'armée française se souleva contre Laveaux, son général, et le chargea de chaînes, Toussaint réprima la révolte, fit sortir Laveaux de prison et le mit à la tête de ses propres troupes. Le Français reconnaissant le nomma général en chef. « *Cet homme fait l'ouverture partout,* » dit quelqu'un. De là le nom de L'Ouverture, que lui donnèrent ses soldats. »

Après avoir admis le raisonnement qui a conduit Macaulay à déclarer que Cromwell était supérieur à Napoléon, au point de vue du génie militaire, en comparant leur éducation respective et les moyens dont chacun disposait, le grand orateur américain établit le parrallèle suivant entre Cromwell et Toussaint-Louverture.

« Cromwell, dit-il, n'avait jamais vu une armée avant l'âge de quarante ans; Toussaint ne vit pas un soldat avant cinquante. Cromwell créa lui-même son armée, avec quoi? Avec des Anglais, le meilleur sang de l'Europe, avec les classes moyennes de l'Angleterre, le meilleur sang de l'île. Et avec cela, qui parvint-t-il à vaincre? des Anglais, ses égaux. Toussaint créa son armée, avec quoi? Avec ce que vous appelez la race abjecte et méprisable des nègres, avilie par deux siècles d'esclavage. Cent mille d'entre eux avaient été importés dans l'île depuis quatre ans et parlaient des dialectes distincts; ils étaient à peine capables de s'entendre. Avec cette masse informe et dédaignée, comme vous dites, Toussaint forgea pourtant la foudre et la déchargea, sur qui? Sur la race la plus orgueilleuse de l'Europe, les Espagnols; et il les fit rentrer chez eux, humbles et soumis (*Applaudissements*); sur la race la plus guerrière de l'Europe, les Français, et il les terrassa à ses pieds; sur la race la plus audacieuse de l'Europe, les Anglais, et il les jeta à la mer, sur la Jamaïque (*Applaudissements*). Et maintenant je le dis; si Cromwell fut un grand capitaine, cet homme fut pour le moins un bon soldat.

« Le territoire sur lequel ces événements avaient lieu était étroit, je le sais; il n'était pas vaste comme le continent; mais il était aussi étendu que l'Attique qui, avec Athènes pour capitale, remplit la terre de sa renommée pendant deux mille ans. Mesurons le génie non par la quantité mais par la qualité (1). »

Assurément, quand une race a produit une individualité aussi merveilleusement douée que l'était Toussaint-Louverture, il est impossible d'admettre qu'elle est inférieure à d'autres, sans démontrer un aveuglement ou une absence de logique inconcevable. Néanmoins, pour bien apprécier la grandeur de cet homme dont les actions mémorables ont excité l'admiration significative de ceux-là mêmes qu'il eut à combattre, il faut se rappeler les conditions où se sont développés ses talents et son intelligence.

Dénué de tous les moyens que l'Européen trouve à sa disposition, quand il est mu par les nobles aspirations de la gloire et de la renommée, il a fallu à ce fils de l'Afrique tirer tout de son propre fonds. Mais il y trouva une si riche étoffe, de telles aptitudes, qu'aucun autre n'a pu l'égaler en mérite, encore bien que la pénurie de ses premières ressources semblât le condamner à une irrémédiable impuissance. Plus on étudie cet homme, plus il grandit. Il y a des noms historiques que les années diminuent. Souvent ils n'ont été revêtus des premiers éclats qui conduisent à l'immortalité, que par la dévotion d'un parti qui exalte en eux des tendances, des inclinations politiques ou religieuses dont il adopte l'enseigne. Celui du chef noir brille de lui-même; et lorsque, dans un siècle, la race noire aura entièrement accompli son évolution intellectuelle, il reluira encore mieux dans le Panthéon de l'histoire, où les grands hommes immortalisés par l'admiration de la postérité, rayonnent comme autant de constellations dans le ciel de l'humanité !

Mais revenons à Wendell Phillips.

« Et maintenant, dit-il, Saxon aux yeux bleus, orgueil-

---

(1) Wendell Phillips, *loco citato*, p. 37-40.

leux de ta race, reviens avec moi sur tes pas vers le commencement du siècle et choisis le peuple qu'il te plaira. Prends-le en Amérique ou en Europe; cherche chez lui un homme au cerveau formé par les études de plus en plus élevées de six générations ; retire-le des écoles strictement façonnées aux règles de l'entraînement universitaire; ajoute à ses qualités l'éducation la mieux entendue de la vie pratique; dépose sur son front la couronne argentée du septuagénaire, et alors montre-moi l'homme de race saxonne pour qui son plus ardent admirateur aura tressé des lauriers aussi glorieux que ceux dont les plus implacables ennemis de ce noir ont été forcés de lui couronner la tête. Habileté militaire rare, connaissance profonde du cœur humain, fermeté pour effacer les distinctions des partis et confier la patrie à la volonté de ses enfants, tout cela lui était familier. Il précéda de cinquante ans Robert Peel; il prit place auprès de Roger Williams, avant qu'aucun Anglais, qu'aucun Américain n'eussent conquis ce droit, et cela se trouve écrit dans l'histoire des États qui furent les rivaux de celui que fonda le noir inspiré de Santo-Domingo (*Applaudissements*). »

Ces paroles éloquentes et savantes à la fois, dites avec une conviction ardente, persuasive et émue, par un homme tel que le l'éminent Américain qui fut une des plus belles lumières des États-Unis, ces paroles, disons-le, sont le plus brillant éloge que l'on pourra faire non seulement de Toussaint-Louverture, mais encore de toute la race noire. A elles seules, elles la sauveraient de la sotte accusation d'infériorité qu'on s'est trop obstiné à lui infliger. Cependant Wendell Phillips, homme d'une logique inflexible et incapable de se laisser dominer par les préjugés vulgaires, est allé jusqu'au bout, dans cette grande protestation de la vérité placée plus haut que les conventions mesquines, plus haut que l'orgueil de race, plus haut enfin qu'un patriotisme étroit qui voudrait fausser le verdict de l'histoire! Sa voix fut aussi grande que celle de la conscience universelle. Entraîné par cette admiration enthousiaste à laquelle résistent difficilement les âmes généreuses, toutes les fois qu'elles se trouvent en présence d'un rare génie, il a mis Toussaint-Louverture à la place que les siècles futurs, de plus en plus éclairés, lui consacreront à jamais. Sans doute, le grand orateur s'illusionnait, quand il reculait, à cinqnante ans seulement de l'époque où il parlait, cette grande et définitive restauration de la vérité dont il a commencé l'œuvre en faveur de la mémoire du général noir; mais qu'il faille doubler ou tripler le délai, sa prédiction doit infailliblement se réaliser. Laissons-le parler.

« Vous me prendrez sans doute ce soir pour un fanatique, dit-il, parce que vous lisez l'histoire moins avec vos yeux qu'avec vos préjugés; mais dans cinquante ans, lorsque la vérité se fera entendre, la Muse de l'histoire choisira Phocion pour les Grecs, Brutus pour les Romains, Hampden pour l'Angleterre, Lafayette pour la France, elle prendra Washington comme la fleur la plus éclatante et la plus pure de notre civilisation naisssante et John Brown, comme le fruit parfait de notre maturité (*Tonnerre d'applaudissements*); et alors, plongeant sa plume dans les rayons du soleil, elle écrira sur le ciel clair et bleu, au dessus d'eux tous, le nom du soldat, de l'homme d'État, du martyr Toussaint-Louverture! (*Applaudissements longtemps prolongés*). »

Après un quart de siècle, il me semble entendre ces applaudissements se prolonger encore. Ils retentissent dans mon cœur et réconfortent ma foi dans l'avenir de ma race, de la race noire dont la gloire incomparable, éternelle, est d'avoir produit un tel homme, là où tant d'autres races n'auraient offert qu'une brute à face humaine. Oui, ému jusqu'aux larmes, je sens le besoin de m'incliner et de saluer cette grande et noble figure de Toussaint-Louverture. Elle est frappée au coin de l'histoire avec l'empreinte du génie et de l'immortalité! Lors même que toutes les universités européennes se réuniraient pour soutenir la théorie de l'inégalité des races, l'infériorité native et spéciale du Nigritien, je n'aurais qu'à détourner la tête. Pour tout argument, je chercherais dans le ciel bleu et clair, à travers les rayons du soleil, ce nom que la Muse de l'histoire y a buriné, suivant les poétiques expressions de Wendell Phillips et je leur opposerais l'exemple de ce soldat illustre. Cela suffirait.

Les faits parleront toujours plus haut que toutes les théories. Et qu'enseignent-ils? Ils nous ont montré ce noir abandonné à lui-même, courbé sous le joug de l'esclavage, n'ayant pour toutes ressources que ses qualités natives. Ne l'avons-nous pas vu pourtant lutter d'intelligence et d'énergie contre tous les éléments, hommes et choses; surmonter les imperfections de sa propre constitution, en les corrigeant à son avantage; triompher enfin de l'antagonisme des Européens formés par la meilleure éducation universitaire, en prouvant partout qu'il leur était supérieur?

En sortant de l'île d'Haïti, on pourrait encore rencontrer bien d'autres noirs illustres et qui, par leur personnalité remarquable, ont été ou sont encore une protestation éloquente contre la doctrine surannée et anti-scientifique de l'inégalité des races. Aux États-Unis comme à Libéria, dans maintes petites républiques de l'Amérique méridionale ou centrale, on peut remarquer des noirs dont la brillante intelligence est un signe irréfragable du sceau de l'égalité que la nature a imprimé sur le front de toutes les races humaines. Même à l'intérieur de l'Afrique, il surgit parfois des individualités puissantes, dignes de disputer la palme à tous les individus de la race caucasique, sous le rapport de l'initiative intellectuelle, si on veut prendre en considération la différence des milieux et de l'éducation. Plus d'un exemple s'offrirait à ma plume et viendrait démontrer que partout où les noirs ont pu se constituer en société, quelque élémentaire que soit leur organisation politique et religieuse, ils manifestent le germe de toutes les grandes qualités qui, pour grandir et s'étendre, n'attendent qu'une transformation heureuse. Mais à quoi bon! Après la figure de Toussaint-Louverture, toutes les autres deviennent insignifiantes et s'éclipsent par l'éclat même qu'elle projette. Conservons *au premier des Noirs,* le titre qu'il a choisi comme le plus beau et le plus expressif. Sa gloire appartient à l'humanité noire entière. Elle suffit amplement pour enorgueillir et ennoblir tous les descendants de la race africaine, dont il a démontré à un si haut point les merveilleuses aptitudes!

Tous les faits qui viennent d'être cités nous permettent d'affirmer que lorsqu'on étudie impartialement la rapidité de l'évolution de la race noire, il est impossible de ne pas avouer qu'elle possède une spontanéité admirable pour la réalisation de toutes les conquêtes intellectuelles et morales. En recourant toujours — pour l'interprétation des phénomènes historiques — à la théorie de l'évolution, vraie dans la sociologie comme dans la biologie, il est donc permis de soutenir de la façon la plus catégorique et la plus légitime que cette race est l'égale de toutes les autres, et que de toutes les autres elle est la plus résistante contre les influences dépressives. N'est-ce pas assez pour chasser des esprits incrédules ou attardés l'étrange prétention par laquelle une foule d'hommes, ignorants ou savants, en sont venus à se persuader que leur peau plus ou moins blanche, une chevelure plus ou moins lisse, est la marque incontestable de leur supériorité native sur

tous ceux que la nature, dans son œuvre sublime, a décorés d'une couleur foncée et de cheveux crépus? Quelle
autre preuve faudra-t-il pour donner un caractère plus as-
sertoire au principe de l'égalité des races humaines, si la
comparaison de l'état initial et du développement sociologique de chacune de ces races reste pour nous sans aucune
signification philosophique et scientifique? Il me semble
que la démonstration, ainsi faite de la vérité que je défends, ne souffre aucune objection. Aussi la doctrine de
l'inégalité des races humaines, à ce point contredite par la
science et l'histoire, aurait-elle été bien vite rejetée par
toutes les intelligences saines, si diverses causes ne l'y
maintenaient d'une façon subreptice. C'est qu'aux erreurs
provenant d'une fausse judiciaire, il faut ajouter celles qui
se perpétuent par des motifs absolument étrangers à la
science et à la logique, mais dont l'influence pratique et
journalière est on ne peut plus réelle et agissante dans le
maintien du plus sot, du plus ridicule des préjugés.

C'est un point infiniment digne d'être étudié.

CHAPITRE XVI.

La solidarité européenne.

No hay quien desconozca, no, como la
idea de raza completa la idea de patria.
(EMILIO CASTELAR).

I.

INFLUENCE DE L'UNION CAUCASIQUE SUR LA THÉORIE
DE L'INÉGALITÉ DES RACES.

Il est certain que la civilisation, en se perfectionnant,
développe parmi les hommes un sentiment de solidarité
chaque jour plus vif. Des peuples, éloignés les uns des
autres par des distances considérables, se prennent réci-
proquement d'une sympathie profonde, agissante, qu'on
découvrirait avec peine, naguère, parmi les gens de la
même nation mais de province distincte. Ce sentiment
n'existe pas lorsque, l'unité morale n'étant pas encore
complète, on porte le même drapeau sans être inspiré
des mêmes idées, sans vivre des mêmes émotions, plaisir
ou souffrance qui se ressentent ensemble dans la société,
par ce sens élevé qu'on pourrait nommer le sens patriotique, et qui réunit en un lien ineffable tous les ressorts de l'organisme social. Cet altruisme progressif, qui
est une preuve évidente de l'amélioration morale des
hommes policés, ne règne pas pourtant sans contre-poids
dans les actions individuelles ou collectives de l'humanité.
Il y a partout des antinomies. Avec l'idée de patrie se
développe aussi de plus en plus, dans l'espèce humaine,
un égoïsme supérieur, transcendant, et dont l'effet est de
désirer, de rechercher même pour sa communauté politique

36

tout ce qu'il paraîtrait insensé de rechercher pour soi-
même. Pourvu qu'il s'agisse d'un but patriotique à
atteindre, il semble que tous les moyens deviennent légitimes; toutes sortes d'habiletés, justifiables. Scipion l'Africain, accusé de corruption, se contenta, pour toute défense,
de dire à la foule réunie au forum : « Romains, c'est à
pareil jour que j'ai vaincu Annibal à Zama; allons au
Capitole en rendre grâce aux dieux. » De même fait aujour-
d'hui le politicien qui a commis les plus grands forfaits
contre la morale et le droit; il se contente de répondre à
toutes les accusations : « J'ai agi en patriote, je ne puis
être jugé que par mes pairs! » En se défendant ainsi, on
obtient infailliblement les applaudissements de la foule,
toujours impressionnable, toujours prête à se laisser entraîner par les grands mouvements de l'âme.

L'empire que prend actuellement sur les esprits l'idée
de la patrie, si bien faite pour inspirer à l'homme les actions
éclatantes comme les grandes pensées, s'explique d'ailleurs facilement. C'est une conception de plus en plus
claire, de plus en plus large des devoirs auxquels chacun
est moralement assujetti envers le pays où il est né, où il
s'est développé, en y prenant tout : ses habitudes, son
éducation, son esprit. Mais quelque élevée, quelque abstraite que soit cette idée, elle ne pourrait subsister longtemps si elle ne s'adaptait à des formes tangibles qui en
constituent la représentation concrète et lui donnent un
caractère pratique à l'aide duquel on puisse vérifier ses
manifestations, sans aucune équivoque. Le patriotisme devait donc se traduire naturellement par une affection sans
égale pour la terre natale. Mais, en elle, on ne voit surtout
que ceux qui ont joui et souffert avec nous ou dont les
pères ont eu à conjouir et condouloir avec les nôtres;
ceux qui forment avec nous une réunion où les aspirations communes sont soutenues par un ensemble de

coutumes identiques, par un tempérament physiologique et psychologique dont la moyenne est commune, ou bien est toujours considérée comme telle, toutes les fois qu'il s'agit de la comparer à celle que semble présenter le tempérament d'un autre groupe. C'est par ce côté que l'idée de race fait son entrée dans les actions d'un peuple et y influe à l'égal même du patriotisme avec lequel elle se confond, en le complétant. L'influence ethnique ainsi entendue ne saurait être niée dans les actes politiques des nations, voire dans les appréciations qu'elles font de toutes les questions à éclaircir, même au point de vue rationnel. Alors même qu'on n'en dise mot, elle reste encore infiniment puissante, étant si positive et agissante dans les événements qui se déroulent comme dans les théories qui s'élaborent.

C'est un fait. On peut remarquer dans le cours de l'histoire contemporaine que toutes les compétitions internationales, qui ont conduit les peuples à s'entrechoquer sur d'immenses champs de bataille, en des guerres horribles, exterminatrices, proviennent, pour la meilleure partie, des rivalités de race. Sans doute, la collision n'a pas toujours lieu entre des races franchement distinctes. C'est le plus souvent entre les sous-races de l'Europe que l'on voit surgir ce déchaînement affreux de l'instinct belliqueux, où chacun ne songe qu'aux moyens les plus meurtriers, les plus expéditifs, pour réduire à l'impuissance et dominer son adversaire, transformé en ennemi implacable dans la terrible mêlée. Des hommes qui semblaient nés pour s'entendre et évoluer ensemble vers un progrès réalisé en commun, se trouvent gênés de marcher, les uns à côté des autres, sur le même continent. C'est qu'une cause mystérieuse les pousse à cette conflagration périodique. L'amour de la patrie, de plus en plus vif, poussé jusqu'à une dévotion étroite, leur inspire des préoccupations qui ne permettent pas de repos, tant que la nation à laquelle ils appartiennent n'occupe pas le premier rang et ne préside pas, pour ainsi dire, aux destinées des autres, avec une hégémonie incontestée. Aussi, toute la somme d'ambition et d'égoïsme mesquin qu'il est devenu honteux à un homme de concevoir pour lui-même, tend-on à la déverser en faveur de sa patrie, ou de sa race pour lesquelles on ne peut jamais être trop ambitieux. Bien plus, ces préoccupations ne se limitent pas aux temps présents ; elles vont plus loin : elles visent même l'avenir le plus éloigné possible. De là une agitation incessante, où l'on se talonne, toujours prêt à en venir aux mains, lorsque dans cette soif de grandeur et de prééminence, l'un persiste à ne rien céder à l'autre qui affiche des prétentions altières ! Bien souvent, par un pénible exemple, on voit les plus forts s'empresser de briser les plus faibles, avant même que ces derniers soient parvenus à un degré de puissance qui fasse ombre à leur orgueil ou contre-poids à leur prépondérance.

Or, si parmi les hommes de la race caucasique, il se rencontre une pareille rivalité, que sera-ce entre ces mêmes hommes et ceux d'une autre race bien distincte, étrangère à la leur, tant par le tempérament, par la physionomie et la couleur, que par la différence des climats et de la culture intellectuelle ? Qu'on en juge !

Nous avons fait cette observation. Le sentiment de la solidarité humaine prend une extension d'autant plus grande que la civilisation est mieux implantée dans l'esprit et les mœurs des nations. Mais cette solidarité d'abord plus étroite, plus intime pour ainsi dire, se développe insensiblement pour embrasser, avec le temps, l'humanité tout entière. Commencée dans le cercle le plus concentré qui est la famille, elle s'étend du foyer domestique au clan, du clan à la commune, puis à la province, à la contrée, à tout le continent que l'on habite. Elle passe par les groupements les plus resserrés, pour continuer à s'étendre à la plus large collection d'individus pouvant se remuer ensemble dans un cercle d'idées communes. C'est ainsi qu'on est membre d'une famille, ensuite Nantais, puis de la Loire, Français, Européen, élargissant sans cesse la sphère d'activité et de sympathie qui nous tient le plus étroitement lié à la destinée des autres hommes. Encore, avant de penser qu'il est Européen, le Français, se rappelle-t-il qu'il appartient davantage au groupe des peuples d'origine latine, toutes les fois que ce groupe veut s'affirmer en face des nations slaves ou germaniques! Cela est si vrai que lorsque, par une raison quelconque, un souverain ou un ministre tâche de rompre ces alliances naturelles, pour rechercher des forces plus avantageuses dans les compromis diplomatiques qu'une politique à courte vue justifie ostensiblement, les peuples protestent, résistent et ruinent par leur force d'inertie tous les projets construits sur ces bases anti-historiques.

Alphonse XII aura beau vouloir se faufiler avec l'Allemagne, que le peuple espagnol penchera du côté de la France. Quand bien même le gouvernement allemand lutte contre l'Autriche, le peuple allemand, placera les Autrichiens avant toutes les autres nations dans ses affections. Cette inclination naturelle à se grouper suivant que l'indique l'inspiration d'une parenté ethnique plus étroite peut ne pas se manifester invariablement. L'Italie, quoique de race latine et malgré tous les devoirs de la gratitude, peut, à un certain moment, s'ériger en antagoniste de la France et se montrer prête à se jeter dans les bras de l'Allemagne ou de l'Angleterre, toutes les fois qu'il faut se dessiner dans la politique internationale de l'Europe; les ouvriers de Londres ont pu, dans un éclair de rapide générosité, demander que le gouvernement anglais vînt au secours de la France envahie par les Prussiens. Mais ces faits ne changent rien aux lois de l'histoire. Ils n'empêchèrent point que l'Angleterre et la Russie ne restassent sourdes aux pressantes et patriotiques prières de Thiers, en laissant faire les Prussiens; et lorsque l'Italie aura compris la coûteuse vanité des rêves de suprématie européo-latine qu'elle nourrit, à la remorque de M. Mancini et du roi Humbert, elle reviendra paisiblement à ses traditions séculaires.

Tout cela est presque aussi certain que le résultat d'un problème de mathématique; et il en sera ainsi de longtemps.

Mais de cet ordre de choses même découle un fait plus général, qui nous intéresse particulièrement. Il en résulte que toutes les nations européennes, de race blanche, sont naturellement portées à s'unir pour dominer ensemble le reste du monde et les autres races humaines. Si on dispute à savoir qui dominera en Europe et laquelle des civilisations slave, germanique ou latine, doit donner le ton dans l'évolution commune de la race caucasique, on est au moins unanime à reconnaître le droit qu'a l'Europe d'imposer ses lois aux autres parties du globe. Aussi, toutes les fois qu'une puissance européenne prête son concours ostensible ou caché à un peuple d'Asie ou d'Afrique, est-ce mieux pour paralyser les progrès d'une rivale, dont elle est jalouse ou redoute la grandeur, que pour favoriser ce peuple auquel on ne vient en aide qu'avec l'arrière-pensée de pouvoir l'exploiter à son tour !

C'est un caractère particulier de la civilisation moderne que les actions politiques et nationales, de même que les actions individuelles et privées, ont communément besoin d'une justification morale ou scientifique, sans laquelle les acteurs ne se sentent pas la conscience tranquille. Hypocrite, subtil parfois est le raisonnement dont ils tirent leurs règles de conduite; mais est-ce moins l'indice d'un certain respect de la justice et de la vérité éternelles, aux-

quelles on rend hommage alors même qu'on les élude?
Pour légitimer les prétentions européennes, il a bien fallu
mettre en avant une raison qui les justifiât. On n'a pu en
imaginer une meilleure que celle qui s'appuie sur la doctrine de l'inégalité des races humaines. D'après les déductions tirées de cette doctrine, la race blanche, étant unanimement reconnue supérieure à toutes les autres, a pour
mission de dominer sur elles, car elle est seule capable de
promouvoir et de maintenir la civilisation. Elle en est devenue le porte-étendard élu et consacré par les lois mêmes
de la nature!

Cette doctrine est-elle née d'une inspiration purement
platonique? Nullement. Elle est le résultat du plus affreux
égoïsme, usurpant le nom de la civilisation, adultérant les
plus belles notions de la science, pour en faire les soutiens
des convoitises matérielles, les moins respectables du monde.
Les peuples européens, heureux d'être parvenus les premiers à un degré de développement qui leur garantit
actuellement une supériorité incontestable sur le reste des
nations, ne voient en dehors de l'Europe que des pays et
des hommes à exploiter. Trouvant trop étroit le terrain où
ils sont nés et doivent vivre, ils recherchent, avec une insatiable ardeur, des territoires plus vastes, où puissent se
réaliser leurs rêves de déployer à l'infini leurs immenses
ressources et d'augmenter de plus en plus leurs richesses,
sans qu'aucune difficulté les vienne contrarier. Partout et
chaque jour, se manifeste davantage en Europe cette soif
de coloniser qui est devenue insensiblement la passion
dominante de la politique. Cette aspiration grandissante à
s'emparer de territoires étrangers, habités par des regnicoles qui ont possédé depuis une époque immémoriale la
terre où sont plantées leurs tentes, où sont établies leurs
huttes, terre mille fois sacrée pour eux, parce qu'elle contient le dépôt précieux des cendres de leurs pères, a

quelque chose de souverainement brutal. Elle ne cadre pas
le mieux du monde avec la moralité du siècle et les prescriptions du droit des gens dont elle est la négation positive.
De là la nécessité de recourir à la casuistique et d'éluder
le droit par une considération arbitraire des faits.

Le droit naturel, le droit des gens ne s'élève contre les
usurpations politiques ou sociales, que parce qu'il admet
comme premier principe l'égalité de tous les hommes, égalité théoriquement absolue, intégrale, qui impose à chacun
l'obligation de respecter aussi religieusement son semblable
qu'il se respecte lui-même, tous ayant la même dignité
originelle attachée à la personne humaine. L'égalité de
droit ne pourrait se maintenir comme une pure abstraction,
n'ayant aucune corrélation avec les faits. Toutes les lois générales de la sociologie, quelque élevée qu'en puisse être la
notion, doivent infailliblement se relier à une loi biologique qui leur serve de base et leur crée une racine dans
l'ordre des phénomènes matériels. Ainsi que nous l'avons
vu ailleurs, la base de l'égalité de droit, entre les hommes,
ne saurait être autre chose, que la croyance aprioristique
en leur égalité naturelle. Il a donc suffi à la conscience européenne de supposer les autres races humaines inférieures
à celles de l'Europe, pour que tous les principes de justice
aient perdu leur importance et leur mode d'application ordinaire, à chaque occasion où il s'agit d'empiéter sur les do-
maines de ces races déshéritées. Ce biais est d'une commodité incomparable et prouve la fine adresse du Caucasien.
Sans doute, les choses ne se divulguent pas clairement.
Ceux qui s'occupent des questions anthropologiques, ou
même philosophiques, semblent ne se préoccuper aucunement de la portée juridique des théories ou des doctrines
qu'ils préconisent; mais au fond tout s'enchaîne. Plus
d'une fois, l'homme d'Etat, acculé par des interpellations
difficiles et pressantes, s'abattra soudain sur ces théories

scientifiques qui semblent être si étrangères à sa sphère d'activité.

Toutes les fois qu'on se trouve donc en présence d'Européens discutant la question scientifique de l'égalité ou de l'inégalité des races humaines, on a en face des avocats défendant une cause à laquelle ils sont directement intéressés. Encore bien qu'ils aient l'air de se placer sous l'autorité de la science et de ne plaider qu'en faveur de la pure vérité ; alors même qu'ils se passionnent pour leur thèse jusqu'à faire abstraction du mobile positif qui les y maintient, leurs argumentations se ressentent toujours de l'influence que subit l'avocat plaidant *pro domo sua*. Argumentant dans un sens contraire, peut-être ne fais-je rien autre chose que céder à la même impulsion. La réciproque est vraie, pourrait-on dire ; mais cela ne détruit point le fait à démontrer. Or, il est constant que l'une des causes d'erreur qui agit le plus puissamment sur l'intelligence des philosophes et des anthropologistes, soutenant la thèse de l'inégalité des races, c'est l'influence ambiante qu'exercent sur elle les aspirations envahissantes et usurpatrices de la politique européenne, aspirations dont l'esprit de domination et la foi orgueilleuse en la supériorité de l'homme de type caucasien sont la source principale.

La plupart de ceux qui proclament doctoralement que les races humaines sont inégales, — que les Noirs, par exemple, ne parviendront jamais à réaliser la civilisation la plus élémentaire, à moins qu'ils ne soient courbés sous la férule du Blanc, — arrondissent le plus souvent leurs phrases aux périodes sonores, en pensant à une colonie qui leur est échappée ou à une autre qui ne leur reste qu'en réclamant audacieusement l'égalité de conditions politiques entre noirs et blancs. On ne renonce pas facilement à l'antique exploitation de l'homme par l'homme : tel est pourtant le principal mobile de toutes les colonisations, soutenu par le besoin que les grandes nations industrielles éprouvent d'étendre sans cesse leur rayon d'activité et d'augmenter leurs débouchés. Économistes, philosophes et anthropologistes deviennent ainsi des ouvriers de mensonge, qui outragent la science et la nature, en les réduisant au service d'une propagande détestable. En fait, ils ne font que continuer dans le monde intellectuel et moral l'œuvre abominable que les anciens colons exerçaient si bien, en abrutissant l'esclave jaune ou noir par l'éreintement matériel. Combien de travailleurs, en effet, ne se laisseront pas gagner par un pénible et sombre découragement, en lisant les sentences absolues prononcées par les plus grands esprits contre les aptitudes du Nigritien! Combien d'intelligences naissantes, au sein de la race éthiopique, ne se laisseront pas endormir au souffle mortifère des phrases sacramentelles d'un Renan, d'un de Quatrefages ou d'un Paul Leroy-Beaulieu! Ces savants ont-ils conscience de leur malheureuse complicité? Personne ne le sait, personne ne peut le savoir. Ce que l'homme pense dans son for intérieur sera éternellement un mystère pour les autres hommes. Cependant il y a un fait positif, c'est que toutes les tendances colonisatrices de la politique européenne les entraînent dans un courant d'idées où l'égoïsme de race doit dominer fatalement, de plus en plus, les pensées et les inspirations individuelles. Ces tendances renforcent chaque jour les préjugés d'une sotte hiérarchisation ethnique, plutôt que de les laisser tomber dans un relâchement que l'absence de tout intérêt actuel produirait infailliblement et naturellement. De même que la majorité de leurs congénères, ils ne pourraient s'affranchir d'une telle influence qu'en tant que leur esprit serait suffisamment prémuni contre elle. Pourtant tout se réunit de manière à ce qu'ils soient difficilement désabusés.

En effet, l'axe de la politique européenne semble tourner vers l'Asie et l'Afrique. Toutes les ambitions s'entrechoquent, allant à la recherche d'un terrain propre à leur agrandissement commercial, c'est une course insensée et bizarre, bien ressemblante à celle de Jérôme Paturot à la recherche d'une position sociale! C'est à qui, des peuples de l'Europe, aura la plus grande part dans cette curée où l'on se précipite avec avidité. L'Afrique, peuplée de Noirs, semble être de si bon droit accessible aux conquêtes de l'Européen, que rien ne repousse les prétentions de ceux qui veulent s'y procurer un lopin de terre, au détriment de l'indigène. L'homme noir n'est-il pas d'une race inférieure? N'est-il pas destiné à disparaître de la surface du globe, afin de faire place à la race caucasique, à laquelle Dieu a donné le monde en héritage, comme, dans le mythe biblique, il le donna aux descendants d'Israël? Tout se fait donc pour le mieux, à la plus grande gloire de Dieu!

Les idées que j'esquisse légèrement ici ne sont nullement le produit de ma seule imagination. C'est le résultat d'une théorie qui est tellement répandue parmi les Européens que les esprits les plus philosophiques n'ont pu échapper à sa prestigieuse inspiration. Il serait peut-être étonnant de voir un homme de la trempe de M. Herbert Spencer y céder comme tous les autres et y compromettre, sans hésiter, sa réputation de profonde clairvoyance. Cependant, il va plus loin que personne, en affirmant le droit d'extermination qu'a l'Européen contre tous ceux qui résistent à son envahissement. Dans son traité de *Morale évolutionniste*, qui est le couronnement de ses principes philosophiques et scientifiques, on lit les paroles suivantes : « Si l'on dit qu'à la manière des Hébreux qui se croyaient autorisés à s'emparer des terres que Dieu leur avait promises, et dans certains cas, à en exterminer les habitants, nous aussi, pour répondre à « l'intention manifeste de la Providence », nous dépossédons les races inférieures, toutes les fois que nous avons besoin de leurs territoires, on peut répondre que, du moins, nous ne massacrons que ceux qu'il est nécessaire de massacrer et laissons vivre ceux qui se soumettent (1). »

Il est curieux de constater à quelle conséquence la doctrine de l'inégalité des races a pu amener l'esprit le mieux fait, l'intelligence la mieux équilibrée ; mais c'est une nouvelle preuve de la puissance de la logique. On ne s'en écarte, dans la science comme en tout, que pour tomber dans les erreurs les plus grossières, les théories les plus insensées !

L'Asie, avec des peuples en possession d'une civilisation mille fois séculaire, mais vieillie et décrépite dans une stagnation malheureuse, ne tente pas moins les convoitises de la race caucasique. Là aussi, elle se croit appelée à tout régénérer ; non par un commerce régulier, non par un échange d'idées et de bons procédés qui profiteraient admirablement aux fils de l'extrême Orient, mais en s'imposant comme des maîtres, de vrais dominateurs. Pour encourager l'esprit public dans l'acceptation et l'exécution de ces entreprises lointaines et chanceuses, n'y a-t-il pas la théorie de l'inégalité des races ? N'est-ce pas la destinée des peuples blancs de gouverner le monde entier ? Toute l'Europe n'est-elle pas devenue héritière des grandes destinées de Rome ?...

Tu regere imperio populos, Romane, memento!

Aussi combien enchevêtrée ne se trouve pas la politique européenne dans toutes ces convoitises sur l'Asie et l'Afrique, que le langage parlementaire a décorées du nom élégant de *question d'Orient*! C'est la civilisation occidentale qui agit, mais tous ses efforts sont tournés vers le monde oriental. Chaque incident qui se produit en Asie ou

---

(1) Herbert Spencer, *Les bases de la morale évolutionniste*, p. 206.

en Afrique a son contre-coup parmi les nations de l'Europe
qui, chacune pour un motif, y sont directement ou indirectement intéressées. La seule question égyptienne, par
exemple, réunit les intérêts les plus complexes, tenant en
haleine le monde ottoman, le monde slave, le monde germanique, ainsi que le monde latin.

« L'Égypte, dit Emilio Castelar, est pour les Turcs une
portion de leur empire ; pour les Autrichiens, une ligne
qu'il leur convient d'observer à cause de leurs possessions
dans la mer Noire et dans la mer Adriatique ; pour les
Italiens, c'est une frontière que la sécurité indispensable
de leur belle Sicile et leur constante aspiration à revendi-
quer Malte et à coloniser ainsi Tripoli et Tunis leur font
l'obligation de tenir à l'abri de tout obstacle ; pour la
grande et puissante Allemagne, dont l'orgueil ne veut point
perdre son hégémonie dans le monde européen, elle est
une question continentale et extra-continentale ; pour la
Russie, qui songe, en Europe, à une Bizance grecque et, en
Asie, à une route terrestre vers l'Inde, c'est une question
européenne ; pour l'Espagne, le Portugal, la Hollande,
c'est la clef de leurs voyages aux divers îles et archipels où
flottent encore leurs drapeaux respectifs ; pour tous, en ce
moment d'horrible angoisse, c'est la question par excellence, puisqu'elle porte dans ses innombrables incidents la
paix à la chaleur de laquelle fleurissent le travail, le commerce et la liberté, ou la guerre implacable dont les commotions épouvantables entraînent et répandent dans le
monde la désolation et l'extermination avec leur funèbre
cortège de catastrophes.

« Mais, à la vérité, la question égyptienne est plus spécialement une question anglo-française (1)..... »

---

(1) Emilio Castelar, *Las guerras de América y Egypto*. Madrid,
1883, p. 120-121.

Le Madhi ne se figure pas le rôle qu'il joue dans les ressorts de la politique européenne, avec sa propagande religieuse et l'esprit de fanatisme qu'il inspire à ses adeptes du Soudan. A la prise de Kartoum et à la nouvelle de la mort du général Gordon, les journaux de l'Europe (1) n'ont-ils pas déclaré que, tout en reconnaissant les fautes du gouvernement britannique et la grande part de responsabilité de l'illustre M. Gladstone, le vétéran du parti libéral anglais, il fallait agir de manière à sauver le prestige de la civilisation, en venant en aide à l'égoïste Albion? N'est-ce pas toujours la question de race qui domine en ces élans de solidarité, mais qui, édulcorée par le miel du parlementarisme, se change en question européenne, en la cause de la civilisation? L'Angleterre a dû évacuer le Soudan, car la France est occupée ailleurs; l'Italie est plus présomptueuse que puissante; l'Allemagne ruse; la Russie se heurte aux frontières de l'Afghanistan : mais on est tellement contrarié, que chacun menace de reprendre l'œuvre qui s'est brisée entre les mains de l'Anglais. Aussi comprend-on bien que la théorie de l'inégalité des races humaines ait facilement trouvé dans un tel état des esprits un ensemble de raisons, un appui qui ne se dément jamais !

II.

HAUTE SITUATION DES RACES EUROPÉENNES.

Au fond, il ne serait pas logique de faire un crime irrémissible à la race caucasique, représentée par les nations européennes, de nourrir certaines prétentions de suprématie sur le reste du monde. Dans toute leurs actions, elles sont

---

(1) « Que l'Occident serre les rangs! » s'écrie M. John Lemoine dans le *Journal des Débats* du 10 fév. 1885. Toute la presse européenne a fait écho à cette espèce de consigne.

sincèrement inspirées par la conviction profonde de leur
supériorité. De fait, et actuellement, cette supériorité est
incontestable. Elles ne pourraient donc guère, tout en
ayant conscience, penser différemment qu'elles ne font
dans leurs relations avec les autres peuples de l'univers.

« Autant vault l'homme comme il s'estime, » a dit Rabe-
lais, le gai philosophe dont la fine observation perce à travers les gauloiseries, comme un diamant merveilleusement
enchâssé brille au milieu des grains de béryl qui le dissi-
mulent. Cela est vrai d'un homme comme d'une nation,
comme d'une race. Cette haute estime qu'on a de soi est
peut-être le meilleur ressort pour tenir le caractère en
éveil : elle érige en principe la confiance en ses propres
forces qui est le secret de la domination. Aussi la race
blanche domine-t-elle partout. Fière d'une situation
qu'aucune autre n'a occupée avant elle, vu l'éclat qu'elle
répand sur le globe entier, elle doit trouver naturel que
toutes les autres acceptent ses lois et obéissent à sa volonté. Pourquoi en serait-il autrement ? C'est elle qui dirige la science, cette science devenue la plus grande autorité, la moins discutée et la plus respectable de celles auxquelles on puisse en appeler. Par elle, les forces secrètes
de l'univers, qui paraissaient aux anciens comme autant
d'agents surnaturels, produits par une main invisible à
l'aide d'un simple *fiat*, ces forces cachées dans la majesté
de la nature ont été une à une découvertes, analysées,
discutées, expliquées. L'homme des temps modernes ne
désespère nullement d'arriver à une conception exacte de
tout ce qu'il voit et touche. Il veut marcher sans évoquer
le secours d'aucune lumière divine ; il la relègue dans les
rêves de l'absolu !

Avoir produit Newton et Shakespeare, Humboldt et
Schiller, Voltaire, Arago, Littré et Lamartine, c'est une
gloire qui ne périra pas. Je conviens qu'on a le droit d'en

être mille fois plus fier que de l'érection de toutes les pyramides et de tous les Rhamesséums imaginables. Mais là
ne s'arrête pas le mérite de la race caucasique. Elle a, de
plus, poussé son activité à un degré incalculable dans
toutes les conquêtes du monde matériel. Devant elle,
les distances se raccourcissent chaque jour. Le fameux pé-
riple de Hannon, où il a fallu mettre une année, peut se
faire aujourd'hui en moins de quinze jours. A l'aide de la
vapeur, cet agent merveilleux qui vient centupler les forces
de l'homme, elle a soumis la nature à toutes les expériences
qui se peuvent concevoir. Elle perce les montagnes pour y
faire passer les trains empanachés, coureurs fous qui vous
éblouissent par leur vitesse, emportant hommes et choses
avec une rapidité échevelée! Déjà, par les travaux de
Gramme, les expériences des frères Siemens à Berlin, les
inventions de M. Trouvé, et tous les essais qui se font en
France, en Angleterre, en Allemagne et surtout aux Etats-
Unis, on peut pressentir le moment où l'électricité, employée comme force motrice, réalisera des vitesses monstrueuses. Elle va encore plus loin, elle monte plus haut.
MM. Renard et Krebs semblent avoir résolu la question
si épineuse de la direction des ballons. Les fiers aéro-
nautes, *audax Japeti genus*, vogueront dans le ciel avec
plus de sûreté que le fils de Dédale; ils s'y dirigeront
mieux que les antiques Argonautes dans la mer Egée!

Les succès réalisés par l'intelligence et l'activité de la
race caucasienne ne se limitent pas à ces entreprises hardies, à ces découvertes sublimes. Elle attaque la terre en
vraie progéniture des géants. Elle défait la géographie du
globe pour l'accommoder aux besoins de la civilisation. Elle
creuse les isthmes et les transforme en détroits, avec moins
d'efforts et en moins de temps que l'homme des temps anciens et des pays arriérés ne met à jeter un pont solide
sur une rivière de quelque importance. Par le canal de

Suez, l'Afrique est devenue une île géante ; par le canal de Panama, qui se creuse actuellement, il en sera de même des deux Amériques. Elles vont se détacher matériellement l'une de l'autre, comme elles le sont déjà moralement, depuis un laps de temps séculaire, ayant deux civilisations d'une physionomie distincte : anglo-saxone, d'une part ; latine, de l'autre. Le Mexique restera longtemps encore comme la zone intermédiaire de ces deux courants intellectuels, divers mais non opposés ; mais elle évoluera plus rapidement vers le *yankisme* américain.

On peut dire hardiment que si la science a deviné une époque reculée, qui a précédé toute les traces historiques et toutes les traditions, où la configuration du globe — transformée subitement par des cataclysmes géologiques ou insensiblement modifiée par la succession des causes actuelles, — présentait d'autres reliefs, d'autres contours dans la délinéation des mers et des continents, nous assistons aujourd'hui à un travail tout aussi gigantesque, mais opéré scientifiquement, volontairement, par la main de l'homme ! Tout cela est l'œuvre des Papin, des Fulton, des Watt, des Stephenson, des Brunel, des Sommeiller et, au-dessus de tous, de Ferdinand de Lesseps, légion fulgurante, éclatant de génie et d'inébranlable audace, appartenant entièrement à la race blanche.

Ce n'est pas tout. Il faut joindre à ces merveilles incomparables un accroissement de richesses dont on ne pouvait avoir idée à aucune époque et dans aucune autre race, avant les temps modernes et la complète évolution du groupe européen. Qu'on parcoure un seul quartier ou arrondissement de la ville de Paris, le rayon qui embrasse le Palais-Royal et les grands magasins du Louvre, par exemple, on est sûr de trouver plus de richesses qu'il n'en existe dans l'Afrique entière ! Je ne parle pas de ces richesses naturelles encore enfouies, inemployées, d'où

l'Éthiopien de l'avenir pourra tirer d'incalculables ressources pour accélérer son évolution régénératrice ; je vise
plutôt les richesses ayant une valeur d'échange et actuellement utilisables, selon la savante distinction des économistes ; car la plus riche mine d'or non exploitée, non
appropriée à l'usage de l'homme, est une non-valeur économique. Cependant à tout cela, il faudrait mentionner
mille autres avantages.

Continuez encore. Ajoutez à tous ces titres, les noms
d'Homère, d'Haller, d'Eschyle, de Virgile, de Dante, de
Milton, de Gœthe, de Victor Hugo, de Raphaël, de Michel
Ange, de Rembrandt, de Delacroix, de Bartholdi, de Mo-
zart, de Rossini, de Meyerbeer, de Gounod, de toute une
phalange d'esprits superbes, d'organisations géniales qui
brillent comme autant de constellations dans l'histoire de
la race européenne ! Ajoutez Kant après Descartes, Locke
après Pascal, César Cantu avec John Stuart Mill, Spal-
lanzani, Claude Bernard, Koch, Pasteur, Helmholtz, Paul
Bert ; ajoutez, ajoutez encore !... Vous n'aurez jamais fini
ce dénombrement magnifique, liste vraiment glorieuse où
l'esprit humain compte ses plus hauts représentants ;
revue imposante où l'on sent le besoin de s'incliner devant
chaque figure, altière ou modeste, en proclamant sa grandeur, morte ou vivante, en proclamant son immortalité !

En considérant abstraitement cet ensemble de faits et
de circonstances, on parvient aisément à se faire une idée
de l'impression psychologique de la race blanche, toutes
les fois qu'elle se compare aux hommes de la race mongolique ou de la race éthiopique. Rien de plus naturel que le
sentiment de légitime orgueil qu'elle en tire. L'on ne conçoit pas qu'il en fût différemment, dans une conception
aprioristique de l'ordre de choses actuel. Aussi est-ce par
cette fascination involontaire que certains esprits, d'ailleurs très éclairés, en sont venus à croire que les hommes

de la race qu'ils représentent sont organiquement supérieurs à tous les autres. Cette croyance a été se vulgarisant de plus en plus. Elle a gagné la grande majorité des savants et des philosophes, qui en acceptent la doctrine comme une vérité suffisamment démontrée par l'évidence des faits : ceux-ci, au lieu de la soumettre à une critique méthodique, ne se sont complus qu'à la recherche des moyens propres à la justifier.

Mais tout en reconnaissant la supériorité indéniable de la race caucasique, dans la phase historique que traverse actuellement l'humanité, la science ne saurait accepter comme une loi positive des faits qui ne sont que le résultat d'une série d'événements d'ordre contingent, et qui ne se sont constitués que graduellement, avec des oscillations intermittentes et fréquentes. A celui qui veut s'y appuyer, elle fait l'obligation d'étudier les choses plus longuement, plus rationnellement, en suivant la série des transformations par lesquelles ont passé les peuples les plus avancés de ce siècle, avant d'atteindre à leur civilisation contemporaine. Elle ordonne de chercher si, dans le long enchaînement des phénomènes historiques et sociologiques qui retracent l'existence de l'espèce humaine, les faits ont toujours été tels et dans le même ordre que nous les voyons aujourd'hui. Une fois dans cette voie rationnelle, on rencontre immédiatement les vrais principes de critique, le meilleur mode d'appréciation et le plus propre à prémunir l'esprit contre toute conclusion empirique et fautive.

En admirant le superbe faisceau de progrès matériels, intellectuels et moraux réalisés par les peuples de l'Europe ; en contemplant leurs richesses, leurs monuments, les travaux herculéens qu'ils ont accomplis comme autant de merveilles de la civilisation occidentale, plus belle, plus majestueuse que n'a jamais été aucune autre avant elle, le Caucasien peut se croire né pour dominer l'univers. Mais que faut-il pour le ramener au sentiment de la réalité. Il suffira de lui rappeler combien chétifs, ignorants et vicieux ont été ses ancêtres sur cette même terre devenue aujourd'hui le centre des lumières. *Quam pater habuit sortem, eam tibi memoret!* pourrait-on lui répéter. C'est à quoi devait consister l'œuvre des savants et surtout des philosophes. Ils sont appelés à savoir qu'il n'y a pas de solution de continuité dans l'œuvre de la civilisation de notre espèce. Chaque race porte sa pierre à l'édifice. Seulement les unes surpassent les autres en génie et en grandeur, dans les époques successives de l'histoire, à mesure que se développe la longue évolution que l'humanité poursuit depuis des centaines de siècles. Malheureusement, ils n'y ont point pensé. L'excès d'orgueil, la présomption hâtive d'une science encore imparfaite, pour admirable qu'elle soit, ont conduit les uns et les autres à se faire le triste écho des opinions vulgaires, dont ils subissent inconsciemment l'influence. Pour ne point se ranger à la vérité, ils aimeront mieux déclarer que les Noirs n'ont point d'histoire sociale et par conséquent n'ont jamais influé sur la marche de l'humanité. Mais telle vérité qui est niée au XIXe siècle éclatera rayonnante au XXe siècle. Quand bien même elle ne serait pas universellement reconnue, elle attendra encore, sans cesse, sûrement, sans précipitation. Elle est patiente, parce qu'elle est éternelle.

Toutefois, il faut que dès maintenant l'on convienne de la réalité. La race noire qu'on a systématiquement déclarée inférieure à toutes les autres et frappée, dès le principe, d'une nullité patente et radicale, au point de vue moral comme au point de vue intellectuel, cette race noire a joué au contraire un rôle signalé et décisif dans la destinée de l'espèce humaine, dont elle fut la première à commencer l'évolution civilisatrice et sociale. En un mot, les

Noirs, comme toutes les races humaines et mieux que la plupart, ont une histoire pleine de péripéties, il est vrai, mais ayant positivement influé, comme elle influe encore sur la marche de l'humanité. C'est ce qui n'est nullement difficile à prouver.

CHAPITRE XVII.

Rôle de la race noire dans l'histoire de la civilisation.

> Et le génie m'indiquant du doigt les objets :
> « Ces monceaux, me dit-il, que tu aperçois dans
> l'aride et longue vallée que sillonne le Nil, sont
> les squelettes des villes opulentes dont s'enor-
> gueillissait l'ancienne Ethiopie ; voilà cette *Thèbes*
> *aux cent palais*, métropole première des sciences et
> des arts, berceau mystérieux de tant d'opinions
> qui régissent encore les peuples à leur insu. »
>
> (VOLNEY).

I.

ÉTHIOPIE, ÉGYPTE ET HAÏTI.

Pour répondre à ceux qui refusent à la race éthiopique
toute part active dans le développement historique de
notre espèce, ne suffit-il pas de citer l'existence des anciens
Égyptiens ? On a pu soutenir la thèse curieuse de l'infériorité radicale des peuples noirs, tout le temps qu'une
science de faux aloi et d'une complaisance coupable a
maintenu l'opinion que les *Rétous* étaient de race blanche ;
mais aujourd'hui que la critique historique, parvenue à
son plus haut degré d'élaboration, met tous les esprits
perspicaces et sincères à même de rétablir la vérité sur ce
point d'une importance capitale, est-il possible de fermer
les yeux à la lumière et de continuer la propagation de la
même doctrine ? Rien ne serait plus malaisé pour les
partisans de la théorie de l'inégalité des races humaines.
En effet, les anciens riverains du Nil ayant été reconnus
de race noire, comme je me suis évertué pour l'établir, avec
surabondance de preuves, voyons ce que l'humanité doit
à cette race.

Une longue énumération n'est aucunement nécessaire. Pour ce qui a trait aux conquêtes matérielles réalisées sur notre globe, nul de ceux qui ont étudié l'archéologie et les antiquités égyptiennes n'ignore la grande part d'initiative que ce peuple industrieux a eue dans tous les genres de travaux. Les différentes sortes de fabrications manuelles dont la connaissance a été de la plus grande utilité pour le développement des sociétés humaines ont été généralement inventées en Égypte ou en Éthiopie. L'on y découvre les traces de tous les métiers, de toutes les professions. Jamais le génie des constructions n'a été porté plus loin; jamais avec des moyens aussi élémentaires on n'a tiré des effets aussi magnifiques dans le domaine de l'art. Les monuments de l'Égypte semblent braver le temps pour immortaliser le souvenir de ces populations noires vraiment remarquables par leurs conceptions artistiques. Là, l'imagination, planant dans un océan de lumière, a enfanté tout ce qu'on a vu de plus splendide, de plus grandiose dans le monde. Il est bien établi qu'aucune école sculpturale ou architectonique n'égalera jamais la hardiesse de l'ancien canon égyptien, dont les proportions gigantesques et la netteté des lignes défient toute imitation. Sous le ciel clair de l'Attique, on rencontrera sans doute des formes délicates et pures où le fini de l'exécution excite dans l'âme une douce impression de sérénité; mais ce n'est plus cette grandeur majestueuse qui vous écrase l'esprit, tout en vous inspirant un sentiment d'invincible fierté, à la contemplation de ces masses colossales que la volonté humaine a su plier à ses caprices!

Pour ce qui s'agit du développement intellectuel de l'humanité, il n'existe de doute dans l'esprit de personne là-dessus : nous devons à l'Égypte tous les rudiments qui ont concouru à l'édification de la science moderne. La seule chose que l'on pourrait croire étrangère à la civilisation égyptienne, c'est l'évolution morale que les peuples occidentaux ont commencée avec la philosophie grecque et ont continuée jusqu'à nos jours, avec des crises plus ou moins longues, plus ou moins pertubatrices. Mais mieux on découvre le sens de ces vieux manuscrits couverts d'hiéroglyphes, conservés par la solidité du papyrus égyptien ou burinés sur les stelles et les bas-reliefs antiques, plus on se convainc du haut développement moral auquel étaient parvenues les populations nilotiques de l'époque des Pharaons. C'est toujours cette même morale douce, humaine, très sobre de métaphysique et d'idées surnaturelles, indépendante de toute superstition religieuse, que l'on retrouve à l'état rudimentaire chez toutes les peuplades noires de l'Afrique soudanienne, jusqu'à l'invasion du grand courant islamique dont le fanatisme est un caractère essentiel, permanent.

Les Grecs qui ont été les éducateurs de toute l'Europe, par l'intermédiaire de l'influence romaine, ont dû prendre de l'Égypte les principes les plus pratiques de leur philosophie, comme ils en ont pris toutes les sciences qu'ils ont cultivées et augmentées, plus tard, avec une intelligence merveilleuse. Cela peut-il même être mis en question, lorsqu'on sait que tous leurs grands philosophes, les principaux chefs d'école, ceux qu'on pourrait nommer les maîtres de la pensée hellénique, ont, depuis Thalès jusqu'à Platon, plongé continuellement leurs coupes aux sources égyptiennes, ayant tous voyagé dans la patrie de Sésostris avant de commencer la propagation de leur doctrine? Je n'insisterai pas sur l'influence du boudhisme ou de la manifestation de la pensée des noirs Indiens sur l'esprit philosophique de tout l'Orient. Non-seulement la thèse historique soutenue sur l'importance des noirs dans le monde hindou ne comporte pas autant de clarté que celle de l'origine des anciens Égyptiens, mais encore le courant de civilisation qui sort de l'Orient n'a jamais influé d'une manière directe sur le développement des races occidentales. Quoi qu'on en ait prétendu, avec le mythe aryen, à l'époque où l'Europe en montrait un si grand engouement, aucun savant ne peut insister sur une telle influence. Il suffirait de se rappeler le peu de succès que les doctrines de la gnose ont eu parmi les occidentaux dans les premiers siècles du christianisme.

Mais en dehors de l'antique race éthiopico-égyptienne, ne peut-on point présenter une nation noire, grande ou petite, ayant par ses actions influé directement sur l'évolution sociale des peuples civilisés de l'Europe et de l'Amérique ?

Sans vouloir céder à aucune inspiration de patriotisme excessif, il faut que je revienne, encore une fois, sur la race noire d'Haïti. Il est intéressant de constater combien ce petit peuple, composé de fils d'Africains, a influé sur l'histoire générale du monde, depuis son indépendance. A peine une dizaine d'annés après 1804, Haïti eut à jouer un rôle des plus remarquables dans l'histoire moderne. Peut-être des esprits d'une philosophie insuffisante ne sentiront pas toute l'importance de son action. Ceux-là s'arrêtent à la surface des choses et ne poursuivent jamais l'étude des faits, au point de saisir leur enchaînement et de voir où ils aboutissent. Mais quel penseur ne sait comment les petites causes, ou celles qui semblent telles, amènent de grands effets, dans la succession des événements politiques et internationaux, où se déroule la destinée des nations et des institutions qui les régissent ! Une parole éloquente, une action généreuse et noble, n'ont-elles pas souvent plus d'importance sur l'existence des peuples que la perte ou le gain des plus grandes batailles ? C'est à ce point de vue moral qu'il faut se placer pour juger de la haute influence qu'a exercée la conduite du peuple haïtien dans les événements que nous allons considérer.

L'illustre Bolivar, libérateur et fondateur de cinq républiques de l'Amérique du Sud, avait failli dans la grande œuvre entreprise en 1811, à la suite de Miranda, dans le dessein de secouer la domination de l'Espagne et de rendre indépendantes d'immenses contrées dont s'enorgueillissait la couronne du roi catholique. Il se rendit, dénué de toutes ressources, à la Jamaïque où il implora en vain le secours de l'Angleterre, représentée par le gouverneur de l'île. Désespéré, à bout de moyens, il résolut de se diriger en Haïti et de faire appel à la générosité de la République noire, afin d'en tirer les secours nécessaires pour reprendre l'œuvre de libération qu'il avait tentée avec une vigueur remarquable, mais qui avait finalement périclité entre ses mains. Jamais l'heure n'avait été plus solennelle pour un homme, et cet homme représentait la destinée de toute l'Amérique du Sud! Pouvait-il s'attendre à un succès? Lorsque l'Anglais, qui avait tous les intérêts à voir ruiner la puissance coloniale de l'Espagne, s'était montré indifférent, pouvait-il compter qu'une nation naissante, faible, au territoire microscopique, veillant encore avec inquiétude sur son indépendance insuffisamment reconnue, se risquerait dans une aventure aussi périlleuse que celle qu'il allait tenter? Il vint peut-être avec le doute dans l'esprit; mais Pétion qui gouvernait la partie occidentale d'Haïti, l'accueillit avec une parfaite bienveillance.

En prenant des précautions qu'un sentiment de légitime prudence devait lui dicter, à ce moment délicat de notre existence nationale, le gouvernement de Port-au-Prince mit à la disposition du héros de Boyaca et de Carabobo tous les éléments qui lui faisaient besoin. Et Bolivar manquait de tout! Hommes, armes et argent lui furent généreusement donnés. Pétion ne voulant pas agir ostensiblement, de crainte de se compromettre avec le gouvernement espagnol, il fut convenu que les hommes s'embarqueraient furtivement, comme des volontaires, et qu'il ne serait jamais fait mention d'Haïti dans aucun acte officiel de Vénézuéla.

Bolivar partit, muni de ces ressources, confiant dans son génie et son grand courage. Les aspirations générales de ses compatriotes conspiraient en faveur de son entreprise; car on n'attendait pour se manifester efficacement qu'un coup hardi, un acte d'audacieuse résolution. Il opéra donc héroïquement son débarquement sur les côtes fermes de Vénézuéla. Après avoir battu le général Morillo qui voulut lui barrer le passage, il marcha, de triomphe en triomphe, jusqu'à la complète expulsion des troupes espagnoles et à la proclamation définitive de l'indépendance vénézuélienne, qui fut solennellement célébrée à Caracas.

Mais là ne s'arrêta pas l'action de l'illustre Vénézuélien. Il continua la campagne avec une vigueur et une activité infatigables. Par la célèbre victoire de Boyaca, il conquit l'indépendance de la Nouvelle-Grenade et la réunit à Vénézuéla pour former la république de Colombie, digne hommage rendu à la mémoire de l'immortel Colomb. Incapable de se reposer dans la contemplation de ses succès, il ne perdit pas haleine avant que son entreprise fût menée à terme. Il donna la main aux habitants du Haut-Pérou qui, à l'aide des Colombiens commandés par le général Sucre, défirent les Espagnols dans une bataille décisive livrée aux environs d'Ayacucho, et fit proclamer la république de Bolivie. Par la victoire de Junin qu'il remporta sur les armées espagnoles, l'indépendance du Pérou fut complètement raffermie et la puissance coloniale de l'Espagne à jamais ruinée !...

L'influence de tous ces faits sur le régime politique de la Péninsule est incontestable. Après avoir déployé une énergie indomptable pour repousser l'avénement d'un prince français au trône des rois d'Espagne et combattre les prétentions de souveraineté que Napoléon Ier affichait sur l'Europe entière, en remplaçant toutes les anciennes dynasties par les membres de sa famille, les Cortès montrèrent que le peuple espagnol, tout en résistant à la violence, n'avait pas moins compris la grandeur des idées qui avaient surgi avec la Révolution de 1789. La constitution qu'ils élaborèrent, en 1812, en est la preuve évidente. Mais advint le retour des Bourbons. Le colosse impérial, étant renversé par la coalition de l'Europe monarchique et disparu de la scène, Ferdinand VII voulut monter sur le trône de ses pères, tel qu'il devait lui échoir par droit de naissance, sans aucun amoindrissement des prérogatives royales. Comme les Bourbons de France, ceux d'Espagne ne comptaient pour rien le temps écoulé entre leurs prédécesseurs et la restauration monarchique : ils n'avaient rien appris ni rien oublié !

Sans le bouleversement des colonies de l'Amérique du Sud, qui s'émancipèrent, les unes après les autres, du joug de l'Espagne, la monarchie pourrait être assez puissante pour étouffer toutes les protestations de la liberté ; mais affaiblie par les efforts qu'elle dut faire pour éviter la désagrégation de l'empire qui s'en allait en lambeaux, elle ne put rien contre l'opposition, de plus en plus hardie et exigente. L'appui qu'elle réclama de la France, pour le rétablissement de ses prérogatives, en 1823, n'eut qu'un résultat extérieur et temporaire. Ce résultat forcé devait tourner plus tard contre le principe même qu'on voulait sauver, en ruinant complètement le peu de popularité dont jouissait en France le drapeau légitimiste !

Qu'on suive avec quelque attention toutes ces péripéties de l'histoire européenne, à l'époque où ces divers événements se déroulaient ; on sera étonné d'y voir à quel degré tous ces faits s'enchaînent. Les contre-coups des actions héroïques que Bolivar accomplissait, dans les gorges ombreuses ou sur les plateaux enflammés des Cordillères, ricochaient sur les institutions séculaires de l'Europe; ils secondaient le courant des idées révolutionnaires qui, comme une avalanche, ébranlaient de plus en plus les rouages usés de l'ancien régime. Par toute l'Amérique, c'est le nom de la République qui prédominait. On dirait que le nouveau monde sentait la sève de l'avenir bouillonner dans les idées de liberté et d'égalité! Ne sont-elles pas, en effet, indispensables au développement des jeunes générations? En lisant les *Mémoires* du prince de Metternich, on voit que sa perspicacité d'homme d'Etat ne s'était pas complètement méprise sur l'importance de ces crises que subissait toute l'Amérique du Sud, adoptant l'idéal du pavillon étoilé; mais par son bon sens et sa grande pénétration, il sentait qu'il n'y avait rien à faire de ce côté. Le câble était coupé!

Sans doute, il y a une époque précise où les grands événements politiques se réalisent fatalement, qu'on s'y oppose ou non. L'esprit humain, ayant progressé, accomplit souvent un travail interne qui remue les nations, les agite et les pousse à des commotions inéluctables, d'où sort une ère nouvelle avec des institutions plus conformes au mode d'évolution réclamé par les temps. Mais ces événements ont leurs facteurs, comme toutes les forces produites ou à produire. Pour en considérer la nature, il ne faut en rien négliger. Eh bien, qu'on prenne en considération l'influence que Bolivar a exercée directement sur l'histoire d'une partie considérable du nouveau monde et indirectement sur le mouvement de la politique européenne, est-il possible de ne pas admettre en même temps que l'action de la République haïtienne a moralement et matériellement déterminé toute une série de faits remarquables, en favorisant l'entreprise que devait réaliser le génie du grand Vénézuélien?

A part cet exemple, qui est un des plus beaux titres de la république noire à l'estime et à l'admiration du monde entier, on peut affirmer que la proclamation de l'Indépendance d'Haïti a positivement influé sur le sort de toute la race éthiopienne, vivant hors de l'Afrique. Du même coup, elle a changé le régime économique et moral de toutes les puissances européennes possédant des colonies; sa réalisation a aussi pesé sur l'économie intérieure de toutes les nations américaines entretenant le système de l'esclavage.

Dès la fin du XVIIIe siècle, un mouvement, favorable à l'abolition de la traite s'était manifesté. Wilberforce en Angleterre et l'abbé Grégoire, en France, furent les modèles de ces philanthropes qui se laissèrent inspirer par un sentiment supérieur de justice et d'humanité, en présence des horreurs dont le commerce des négriers donnait l'exemple. Raynal avait prédit dans un langage prophétique la fin de ce régime barbare. Il avait prévu l'avènement d'un Noir de génie qui détruirait l'édifice colonial et délivrerait sa race de l'opprobre et de l'avilissement où elle était plongée. Mais ce n'était que d'éloquentes paroles qui, répandues aux quatre coins de la terre, jetaient l'émotion dans les âmes élevées, sans parvenir à convaincre ceux dont l'incrédulité égalait l'injustice, le dédain et l'avidité. Quand on eut vu les Noirs de Saint-Domingue livrés à leurs propres ressources, réaliser ces prophéties que personne n'avait voulu prendre au sérieux, on se mit à réfléchir. Ceux dont la foi ne demandait que des faits pour se raffermir et prendre la force d'une conviction, persévérèrent dans leurs principes; ceux en qui la rapacité et l'orgueil étouffaient toute clairvoyance et toute équité furent ébranlés dans leur folle sécurité. L'inquiétude ou l'espérance agitait les uns ou fortifiait les autres, selon leurs inclinations.

La conduite des Noirs haïtiens apportait, en effet, le plus

complet démenti à la théorie qui faisait du Nigritien un
être incapable de toute action grande et noble, incapable
surtout de résister aux hommes de la race blanche. Les
plus beaux faits d'armes enregistrés dans les fastes de la
guerre de l'Indépendance avaient prouvé le courage et
l'énergie de nos pères : cependant les incrédules doutaient
encore. Ils se disaient que l'homme de race éthiopienne,
enhardi par le premier coup de feu, avait bien pu se battre
et prendre un plaisir acoquinant à culbuter les Européens
de l'île, tel que des enfants qui s'exercent à un jeu nouveau et, par cela même, infiniment attrayant. Qui pouvait mettre en doute que, la guerre une fois finie, les anciens esclaves, abandonnés à eux-mêmes, ne fussent
effrayés de leur audace et ne fussent venus offrir leurs
mains aux menottes de leurs anciens contre-maîtres ? Ces
êtres inférieurs pouvaient-ils maintenir durant deux mois
un ordre de choses où le blanc n'eût aucune action, aucune
autorité ? Non, il n'y eut personne qui ne se moquât de
l'idée de Dessalines et de ses compagnons, voulant créer
une patrie et se gouverner indépendamment de tout contrôle étranger. Qu'on ne pense pas qu'il s'agisse ici de
simples suppositions ! Ce sont là des pensées qui ont été
imprimées dans des mémoires savants; elles ont été généralement partagées, en Europe, dans les premiers temps
de l'indépendance d'Haïti. Aussi les hommes d'Etat français, confiants dans ces absurdes théories qui ne prennent
leur source que dans la croyance à l'inégalité des races humaines, ne désespérèrent-ils pas de ressaisir l'ancienne colonie dont les revenus étaient une si claire ressource pour
la France. En 1814, sous le gouvernement provisoire de
Louis XVIII, des démarches furent positivement faites,
tant auprès de Christophe, dans le Nord, qu'auprès de
Pétion, dans l'Ouest, pour leur proposer de remettre l'île
sous la domination française. Il leur fut offert la garantie

d'une haute situation pécuniaire et le plus haut grade
militaire qu'on pouvait avoir dans l'armée du roi. Ces propositions furent repoussées avec une indignation d'autant
plus respectable et imposante que la contenance des deux
chefs fut aussi calme que digne et ferme. Les démarches
furent dirigées sous l'inspiration et d'après les conseils de
Malouet. Ces faits ne sont-ils pas de nature à augmenter
considérablement les droits de la petite république au
respect universel?

Oui, dans ces temps difficiles, Haïti avait fait preuve
d'un tel bon sens, d'une telle intelligence dans ses actes
politiques, que tous les hommes de cœur, émerveillés d'un
si bel exemple, ne purent s'empêcher de revenir sur les
sottes préventions qu'on avait toujours nourries contre
les aptitudes morales et intellectuelles des noirs. « Dans
une seule Antille encore, dit Bory de Saint-Vincent, faisant
allusion à Haïti, on voit de ces hommes réputés inférieurs
par l'intellect, donner plus de preuves de raison qu'il
n'en existe dans toute la péninsule Ibérique et l'Italie
ensemble (1). »

L'expérience la meilleure, l'observation la plus précise
était donc faite d'une manière irréfutable. Les hommes
d'Etat les plus intelligents, réunis aux philanthropes européens, comprirent que l'esclavage des Noirs était à jamais
condamné; car l'excuse spécieuse qu'on lui avait longtemps
trouvée, en décrétant l'incapacité native de l'homme
éthiopique à se conduire comme personne libre, recevait
par l'existence de la république noire la plus accablante
protestation. Macaulay, en Angleterre, et le duc de Broglie, en France, se mirent à la tête d'une nouvelle ligue
d'anti-esclavagistes. En 1831, un homme de couleur, libre,
occupant une position sociale à la Jamaïque, Richard Hill,

---

(1) Bory de Saint-Vincent, *loco citato*, t. II, p. 63.

fut chargé de visiter Haïti et de faire un rapport sur ses impressions. Par lui, les progrès rapides réalisés par les fils des Africains furent constatés avec bonheur, quoique avec impartialité. Déjà quelques années auparavant, au dire de Malo (1), John Owen, ministre protestant, qui y passa vers 1820, avait su remarquer le développement subit de la société et de l'administration. Les faits portèrent leurs fruits. En 1833, l'Angleterre résolut d'abolir l'esclavage dans toutes ses colonies; en 1848, sous l'impulsion du vaillant et généreux Schœlcher, le Gouvernement provisoire décréta la même mesure qui fut inscrite dans la constitution même de la France.

Par les citations que nous avons déjà faites du discours de Wendell Phillips on peut se convaincre facilement de quelle importance a été l'exemple d'Haïti en faveur de la cause de l'abolition de l'esclavage aux États-Unis d'Amérique. Cette vaste contrée est destinée, malgré toutes les apparences contraires, à porter le dernier coup à la théorie de l'inégalité des races. Dès maintenant, en effet, les Noirs de la grande République fédérale ne commencent-ils pas à jouer le rôle le plus accentué dans la politique des divers États de l'Union américaine? N'est-il pas fort possible, avant cent ans, de voir un homme d'origine éthiopique appelé à présider le gouvernement de Washington et conduire les affaires du pays le plus progressiste de la terre, pays qui doit infailliblement en devenir le plus riche, le plus puissant, par le développement du travail agricole et industriel? Certes, ce ne sont point ici de ces conceptions qui restent éternellement à l'état d'utopie. On n'a qu'à étudier l'importance chaque jour grandissante des Noirs dans les affaires américaines pour que tous les doutes disparaissent. Encore faut-il se rappeler

(1) Malo, *Histoire d'Haïti depuis sa découverte jusqu'à* 1824.

que l'abolition de l'esclavage ne date que de vingt ans aux États-Unis !

Sans pouvoir être accusé d'aucune exagération dans la soutenance de ma thèse, je puis donc certifier, en dépit de toutes les assertions contradictoires, que la race noire possède une histoire aussi positive, aussi importante que celle de toutes les autres races. Arriérée et longtemps contestée par la légende mensongère qui faisait des anciens Égyptiens un peuple de race blanche, cette histoire reparaît de nouveau, avec le commencement de ce siècle. Elle est pleine de faits et d'enseignements; elle est absolument intéressante à étudier à travers les résultats significatifs qu'elle signale dans chacune de ses pages.

II.

LE CŒUR DE L'AFRIQUE.

On remarquera sans doute que dans tout le cours de ma démonstration, j'ai fait le moins d'usage possible des notions que l'on a des peuples de l'Afrique centrale et qui atténuent considérablement les préjugés qu'on s'est toujours plu à entretenir sur la prétendue sauvagerie absolue des Africains. En agissant ainsi, j'ai obéi à un scrupule imposé par la science que je vénère au-dessus de tout. J'ai voulu me renfermer sur des terrains généralement connus et où des discussions sérieuses peuvent être établies avec tous les moyens de contrôle imaginables. Encore bien que les influences du climat d'Afrique paralysent certainement l'essor de l'homme noir qui aspire à la civilisation, on peut bien le voir accomplissant dans ces conditions mêmes une somme d'évolution hautement appréciable. Pour en bien juger, on n'a qu'à tenir compte et des lieux et des éléments qui lui sont disponibles.

Malgré les ardeurs du soleil tropical qui les accable et

les consume de ses rayons enflammés, les habitants de
l'Afrique équatoriale sont loin de mener généralement
cette vie purement animale que l'on imagine trop souvent
dans l'Europe moderne. Leur activité mal dirigée n'a
encore rien produit qui leur fasse un titre à la gloire ou à
l'admiration des peuples civilisés, si difficiles à étonner ;
mais ne suffit-il pas qu'ils en fassent preuve pour qu'on
ait droit d'espérer en leur avenir ? « Des hauteurs de la
culture moderne, dit Hartmann, on se figure que la vie
de l'indolent Niger coule stérile et uniforme, comme une
rivière fangeuse à travers un lit bourbeux. Dans ces régions
de haute civilisation où cependant la demi-science et même
l'ignorance trouvent encore place, on ne peut se faire une
idée de la vie singulière et restreinte, il est vrai, mais
pleine d'activité politique, religieuse et sociale des habitants du Soudan. Il faudrait que les psychologues vinssent voir (1). »

Il y a donc beaucoup à rabattre de toutes ces expositions
demi savantes où l'on parle des Nigritiens comme des gens
qui ne font signe que de la vie matérielle et végétative de
la brute. En effet, à mesure que les voyageurs éclairés et
consciencieux se dirigent en plus grand nombre dans cette
Afrique mystérieuse, qui reste encore pour nous comme
le sphinx colossal de l'antique Égypte, on revient insensiblement sur les erreurs longtemps accréditées et dont
l'influence a été de maintenir si longtemps les théories
ineptes que je combats ici. Non-seulement les Nigritiens
pensent et agissent comme tous les autres hommes, selon
le degré d'instruction et d'éducation de chacun, mais il est
évident que leur existence ne s'écoule point dans un dénû-
ment complet du confort indispensable à la vie européenne. « Les villes habitées par les Nègres, dit M. Louis

---

(1) Hartmann, *loco citato*, p. 47.

Figuier, ressemblent quelquefois à s'y méprendre à des villes européennes. Il n'y a qu'une différence de degrés dans leur civilisation et leur industrie comparées à celles de l'Europe. Non-seulement les villes proprement dites sont très espacées dans l'intérieur de l'Afrique; mais les voyageurs en signalent tous les jours de nouvelles, et l'avenir nous révèlera peut-être sur la civilisation de l'Afrique centrale des particularités que nous soupçonnons à peine (1). »

Ces paroles cadrent mal sans doute avec l'opinion que nous avons vu M. Louis Figuier exprimer sur l'infériorité radicale de la race noire. N'est-ce pas la preuve irrécusable que les savants qui prêtent encore leur autorité à la théorie de l'inégalité des races ne le font avec aucune conviction raisonnée? N'y a-t-il pas dans ces contradictions flagrantes, entre les faits et la conclusion qu'on en tire, le signe indéniable d'une convention ou d'un préjugé invétéré qui empêche les ethnographes et les anthropologistes de proclamer la vérité, telle qu'elle paraît à leurs yeux? Rien de plus évident. Ceux qui répètent que les Nègres sont inférieurs à toutes les autres races humaines savent péremptoirement qu'il y a foule de nations mongoliques et même blanches cent fois plus arriérées que la plupart des peuples de l'Afrique centrale ; mais, pour comparer les races, ils mettront continuellement les plus sauvages d'entre les Africains en parallèle avec les plus cultivés des Européens. Ils ne jugeront que sur ces bases artificielles et fausses! Cela n'a-t-il pas l'air d'un mot d'ordre que l'on se passe à l'oreille l'un de l'autre et qui se propage à la ronde, sans qu'on en cherche le sens ou qu'on en interroge la nature?

Mais la lumière se fait, il faut qu'elle se fasse. L'avenir

(1) Louis Figuier, *Les races humaines.*

dira combien inutiles ont été tous ces subterfuges destinés à cacher la réalité. D'ores et déjà, les faits se sont manifestés avec un tel caractère d'évidence, que l'on ne saurait isoler l'élément nigritique de l'histoire contemporaine. Déjà son action, favorable ou nuisible, pèse ostensiblement dans la balance politique de l'Europe même.

Il importe donc de patienter et d'étudier mieux qu'on ne l'a fait cette importante question de l'évolution des races humaines. N'a-t-on pas été surpris, en pénétrant au fond du continent noir, de trouver une foule de choses que l'on croyait le produit exclusif de la civilisation européenne ? Ne sait-on pas aujourd'hui que les industries les plus délicates, telles que la fabrication des tissus et le travail des métaux où brillent tous les raffinements du luxe, y sont exercées avec un goût et un talent supérieurs, malgré les moyens élémentaires dont on fait usage ? C'est bien là le génie africain, si distingué dans l'Égypte ancienne, qui avec de grossiers outils façonne les plus belles œuvres !

La plupart des langues africaines, telles que le *haoussa* et le *kanouri*, deviennent de plus en plus souples, gracieuses et grammaticales à la fois ; elles pourront bientôt produire des œuvres littéraires destinées à porter le dernier coup à d'anciens préjugés. En attendant, l'arabe est cultivé avec un grand et admirable succès par la meilleure partie de ces peuples que l'on appelle encore sauvages, en leur inventant un facies de fantaisie, le plus repoussant qu'on ait pu imaginer.

Je fermerai ce chapitre, en citant la conclusion d'une étude sur la civilisation des peuples nigritiques, faite par M. Guillien et communiquée au *Congrès international des sciences ethnographiques* tenu à Paris en 1878. Après avoir analysé tout ce qui a été rapporté par les voyageurs les plus compétents, tels que Caillé, Moore, Barthe, Raf-

fenel, etc., sur les villes, les routes publiques, les industries et le commerce de l'Afrique, il conclut ainsi :

« Ces renseignements sont très incomplets, quelques-uns
mêmes ne sont pas prouvés; mais ils montrent suffisamment que ce qui manque aux Nègres, ce n'est ni l'intelligence, ni l'activité, mais plutôt la culture et la civilisation.
N'en doutons pas, le jour n'est pas éloigné où cette
maxime des ethnographes : *Corpore diversi sed mentis
lumine fratres*, se trouvera justifiée et où les hommes à
peau noire pourront marcher de pair avec ceux à peau
blanche (1). »

J'éprouve une exultation bien compréhensible à lire de
telles pensées. Je voudrais citer tout au long l'étude à
laquelle elles servent de conclusion; mais je suis heureux
surtout de rencontrer dans les idées de M. Guillien une
vérité morale que les inégalitaires, monogénistes et religieux, ont constamment négligée : c'est qu'on ne peut proclamer la fraternité universelle des hommes sans proclamer en même temps leur égalité.

Oui les hommes peuvent différer par leur physionomie
ou leur couleur; mais ils sont tous frères, c'est-à-dire égaux
par l'intelligence et la pensée. Il a fallu une longue perversion de l'esprit, des influences bien puissantes sur le
cerveau de l'homme blanc, pour le porter à méconnaître
cette vérité tellement naturelle que pour en opérer la conception la science est même inutile. Ces influences ont-
elles toujours existé? Celles que nous avons déjà étudiées
ont-elles été les seules à inculquer chez les peuples de race
blanche le préjugé de l'inégalité des races? Autant de
questions qui méritent d'être complètement éclaircies. C'est
en montrant par quelle voie factice, par quelle suite de
fausses croyances ce préjugé s'est infiltré dans les intel-

_____

(1) *Congrès internat.*, etc., p. 245.

ligences, que nous aurons la chance de le mieux extirper des esprits qui en sont encore imbus. C'est par ce moyen que nous parviendrons surtout à rabaisser les prétentions d'une science incomplète, mal faite, et qui continue, inconsciemment, à accréditer les plus pénibles erreurs par des affirmations aussi louches que perverses !

CHAPITRE XIV.

___

Légendes religieuses et opinions des anciens.

Oportet hœreses esse.
(SAINT-PAUL).

I.

ANGE ET DIABLE.

Si les causes d'erreur, qui ont été jusqu'ici signalées comme pouvant influer sur l'intelligence de l'Européen dans l'opinion erronée de l'infériorité de la race noire, sont d'une importance incontestable, il s'en trouve d'autres de beaucoup plus agissantes et plus influentes. Telles sont celles qui prennent naissance dans l'aberration des croyances religieuses ou dans un jugement *à priori*, facilement établi par le vulgaire, confondant les apparences extérieures et la nature même des choses. Dans cet ordre d'idées il faut tout d'abord étudier l'influence que les doctrines théologiques ont exercée dans la vulgarisation de la théorie inégalitaire.

Nul n'ignore combien la foi religieuse est puissante sur l'évolution des esprits qui se sont développés à son ombre. Le fidèle qui reçoit de la bouche du prêtre, savant théologien, une parole vague ou précise, ne se contente pas de la simple conception de l'idée qu'on lui suggère. Il la tourne et retourne, cherchant à en saisir les sens les plus cachés comme les plus pratiques ; dans son âme en peine, il n'obtient de repos que lorsqu'il parvient à réduire la pensée abstraite en une forme concrète ou à prêter à la tradition, si c'en est une, la réalité actuelle qui l'aide à se la figurer matériellement. C'est par cette tendance que s'infiltrent goutte à goutte, dans toute religion, des légendes burlesques, voire des superstitions. Elles finissent par s'y adapter tellement bien qu'on ne peut les séparer, sans retirer à cette religion qu'on veut épurer ce qui fait sa principale force ou son principal attrait aux yeux de la multitude.

Bien entendu, il s'agit du commun des fidèles ; car pour ceux qui, doués d'une sensibilité exquise, sont ineffablement imprégnés des effluves de la grâce et ne vivent que de la vision des choses célestes, ils trouvent tout leur bonheur à s'abîmer en Dieu, sans érailler leur esprit aux angles de la contingence. C'est à l'aide de cette contemplation perpétuelle des vérités divines que l'âme se purifie et se transforme. Aussi les théologiens la définissent-ils en des termes quintescenciés et troublants. C'est « une vue de Dieu ou des choses divines, simple, pénétrante, certaine, qui procède de l'amour et tend à l'amour. » Mais il n'est point question ici de cet état de grâce à la fois prévenante et efficace. Toutes ces subtilités solennelles et fort respectables n'ont jamais effleuré la tête du vulgaire, lequel laisse aux Saint Anselme, aux Saint Thomas d'Aquin et aux Sainte Thérèse le soin de dogmatiser et d'expérimenter dans la science par excellence, *scientia Dei, hominis et mundi.*

Pour la foule, il faut des emblèmes qu'on peut voir et toucher. Dans tout ce qu'on lui prêche ou qu'on lui explique, il lui faut aboutir à cette matérialisation de l'idée ou tomber dans la plus complète indifférence. De là, l'universalité de l'anthropomorphisme dans tous les systèmes religieux. C'est l'action de l'homme rapetissant instinctivement la divinité à des proportions humaines, pour en mieux saisir le concept. Les faiseurs de religions, qui sont toujours de fins politiques, ne le savent que trop ; et leurs ministres suivent impertubablement les mêmes procédés. Dans toutes leurs prédications, ils se servent de figures et d'images délicatement appropriées à la propagation de la foi. Le tout est mené avec une prudence de colombe; sans rien avancer de manière à compromettre le prestige de la parole révélée, mais usant de tous les à-propos pour la rendre saisissante et fructueuse dans la récolte des âmes !

C'est ainsi que dès la première époque du christianisme, on inventa mille combinaisons propres à frapper les esprits et à diriger leur attention sur les choses de la religion chrétienne. Tous les peuples européens, au milieu desquels devait se répandre la foi, avaient des superstitions qu'il fallait respecter jusqu'à un certain point. Il y eut donc des accommodements; car il y en a toujours avec le ciel. De toutes les inventions de la propagande ecclésiastique, celle du diable était la plus ingénieuse et la moins négligeable. En dehors du courant d'idées que soufflèrent sur le monde catholique les doctrines de Manès, savant hérésiarque qui eut l'idée de fondre avec le christianisme les principes du mazdéisme, le principal dogme de la religion du Christ, celui du péché originel et de la rédemption, devait infailliblement conduire les théologiens à la conception d'un mauvais génie, un démon représentant l'esprit du mal. Aussi, suivant la tradition biblique, le mythe du diable prend-il naissance avec la genèse même de l'humanité. Dès que Dieu eut créé l'homme, le seul être capable de lui rendre témoignage, à ne considérer que notre globe terraqué, le diable apparaît dans l'éden, berceau de l'innocence et du bonheur pur, et commence sa malfaisante besogne contre la destinée humaine. Il agit surtout en haine du Tout-Puissant et inspiré par un orgueil infernal.

He trusted to have equalled the Most-High,
If the opposed (1).

(1) Milton, *The paradise lost.*

Job en est obsédé; Jésus en est encore tenté. L'Apocalypse lui fait une place tellement saillante dans le jugement dernier, qu'on se demande parfois s'il ne joue pas dans ce drame suprême un rôle aussi grandiose, aussi puissant, sinon aussi attrayant que celui du divin agneau. Partout où le Dieu chrétien se manifeste pour la réalisation d'un bien quelconque, Satan s'érige, invincible, avec une volonté indomptable, une persévérance infatigable de détruire l'œuvre de son éternel antagoniste et de le remplacer par le mal. Les deux principes, ou, si l'on veut mieux, les deux forces subsistent l'une à côté de l'autre, dans une lutte qui ne finira pas. Le sacrifice du calvaire, en ouvrant une voie vers le ciel, n'a point ruiné l'influence du tentateur sur la terre qui reste toujours livrée à l'abomination de la désolation. En dehors du petit nombre des élus, auxquels un rayon de la grâce a été communiqué d'en haut, tous les mortels sont exposés à ses attaques!

On conçoit la répulsion et la détestation qu'un tel être inspire naturellement aux chrétiens. Ils doivent observer une vigilance incessante, afin de lui fermer tout accès dans leur cœur et même dans la nature entière. Le grand triomphe de l'Église serait de briser à jamais la trame du mal, afin de ravoir ici-bas le bonheur que nos premiers parents avaient connu, avant qu'Eve se fût montrée si friande de la fameuse pomme. Mais au prix de quelle lutte! Le baptême chrétien ne se donne qu'au préalable on ait renoncé à Satan; les exorcismes de l'église sont encore l'expression de l'empire qu'on lui suppose. Il n'y a pas un seul vrai fidèle qui, sentant un frisson étrange lui agacer la chair, ne s'empresse de crier : *vade retro Satanas!*

L'idée de l'existence du diable est donc une partie intégrante de la religion catholique. Mais pour que le mythe s'adaptât si bien à l'esprit de la foule et devînt à ce point populaire, il fallait qu'il fût présenté sous une forme matérielle. Il en fut ainsi.

La majeure partie des gentils, parmi lesquels la religion chrétienne devait se propager, conservaient obstinément leurs habitudes idolâtriques. Afin de rendre Jésus aimable, on en avait fait un portrait idéalisé, où l'anthropomorphisme grec se prêta merveilleusement aux aspirations naturalistes des chrétiens encore barbares. En effet, la figure classique de Jésus est le symbole de la douceur, de la résignation et de la bonté infinies; toutes ces vertus que le christianisme avait mission de répandre sur la terre, afin d'acheminer les hommes dans la voie du salut. Comme, dans la race caucasique, le blond répond parfaitement à ce caractère d'agneau sans tâche, on fit Jésus généralement blond, avec une physionomie pleine de vague onction, encore que toutes les probabilités laissent à croire qu'il était plutôt brun et avait les traits fortement accusés qui caractérisent la race sémitique (1).

Au type blanc de Jésus, sur le front duquel se reflètent

---

(1) « La population de Galilée était fort mêlée, comme le nom même du pays l'indiquait *, dit M. Renan. Cette province comptait parmi ses habitants, au temps de Jésus, beaucoup de non-juifs (Phéniciens, Syriens, Arabes et même Grecs). Les conversions au judaïsme n'étaient point rares dans ces sortes de pays mixtes. Il est donc impossible de soulever ici une question de race et de rechercher quel sang coulait dans les veines de celui qui a le plus contribué à effacer dans l'humanité les distinctions de sang. » (Vie de Jésus).

Il ressort clairement de ce passage que de toutes les branches ethniques de l'humanité représentées à Galilée, au temps de Jésus, il n'y en a aucune qui ait eu pour caractère commun le type blond. C'était plutôt des bruns et même des peuples assez foncés, à l'exception des Grecs dont la personnalité de Jésus s'écarte positivement par sa complexion intellectuelle et morale. — C'est encore une erreur de croire que la religion du Christ a contribué à effacer les distinctions de sang parmi les races humaines. Les préoccupations de la couleur ne se sont jamais mieux développées qu'avec la civilisation moderne.

* Gelil haggoyan « cercle des gentils ».

l'intelligence calme et sereine, la morale douce et avenante, dont l'ensemble concourt à former je ne sais quel charme de divine beauté, il en fut opposé un autre, ayant tous les contraires de ce qui plaît et attire dans l'image du Sauveur. Le diable est le symbole de la brutalité, de l'esprit de révolte et de la perversité. Pour mettre en relief l'opposition tranchée, profonde, inconciliable, qui existe entre les deux symboles, on pensa naturellement à faire du diable un nègre.

« De sa large bouche et de ses narines sortaient la flamme et une fumée sulfureuse. Par son *noir visage*, il ressemblait à un Ethiopien féroce : ses cheveux et sa barbe se hérissaient, tordus comme des serpents; ses yeux rouges comme le feu lançaient des éclairs. »

Les traits et la couleur sous lesquels je présente ici Satan, et qui lui font une physionomie bien peu flatteuse, j'en conviens, ne sont pas une fantaisie imaginée pour le besoin de ma thèse, comme on serait tenté de le croire. Je ne fais que reproduire autant qu'il m'a été possible, une description du diable faite par un certain Blasius Melanès, qui vivait, je crois, vers le commencement du moyen âge. Son nom, peu cité et même absent dans les meilleurs dictionnaires d'histoire, me fait croire que nous avons affaire à un pseudonyme. En tous cas, il fait bon de voir le texte de ce Blasius, latin quelque peu barbare, mais qu'on ne s'étonne guère de rencontrer dans cette époque de décadence, où la langue de Cicéron fut si maltraitée par les cuistres de haute et basse volée. Il dépeint ainsi le diable :

..... *Cui visus ore vastum, flammam naribus, fumum fundens sulfureum... ferociens in specie nigerrimi Ethiopes; capilli et barba stillabat quasi piscem callidam et liquidam, oculi ferum ignitum et structuras scintillans* (1).

---

(1) Blasius Mélanès, *Vita S. Joannis* cité par M. Pompeyo Gener, dans son livre : *La mort et le diable.*

Cette image du diable transformé en nègre aux cheveux crépus, aux yeux rouges, aux narines ouvertes comme des forges qui lancent des flammes, à la bouche énorme, est devenue la physionomie même sous laquelle tous les gens du peuple, en Europe, se figurent encore les hommes de race éthiopienne. Aussi quand ils voient un Noir avec des traits plus ou moins réguliers, ils le regardent avec une curiosité qui frise la naïveté ou l'ignorance. Pour eux, le nègre a hérité de la couleur du diable ; or, son prototype a été présenté à tout le moyen âge sous les formes les plus hideuses tant par la peinture que par la sculpture :

> Si horrible et si lez
> Que très tous cels qui le veaient
> Sur leur serement affirmoient
> C'onques mès laide figure
> Ne en taille, ne en peincture
> N'avoient à nul jour veue (1).

Mais ce qui caractérisait surtout le diable traditionnel, c'était sa couleur noire. Cela se rattache encore à l'observation que nous avons faite de l'impression profonde que produit sur l'esprit du vulgaire et même des gens instruits qui n'y sont pas habitués. la différence tranchée qui existe entre le Caucasien et le Nigritien, eu égard à la couleur du visage. Aussi, toutes les fois qu'on voulait comparer la noirceur d'un objet, choisissait-on la couleur du diable !

> Li fust (bois) était et li fer
> Plus noirs que diable d'enfer.

dit le *Roman de la Rose* (2).

Cette tradition eut la plus malheureuse influence sur l'esprit des Européens. La guerre des Croisades ne fit que

(1) *Fabliaux de Méon*, t. I, p. 414.
(2) Méon, *Roman de la Rose*, t. II, p. 961.

raviver le fanatisme religieux, en donnant une popularité plus grande à ces distinctions et, je dirais même à ces oppositions de couleur. Pour le moyen âge, tous les Musulmans étaient des Sarrasins; et qui disait Sarrasin disait Maure ou noir. Par sa couleur, le Maure faisait à l'Européen la même impression que le diable. L'expression naïve de cette vérité se retrouve encore dans le *Roman de la Rose* :

> Par icelui Dieu qui ne ment
> Si vous jamès parlés à li
> Vous aurez le vis (visage) pali
> Voires certes plus noir que More.

D'ailleurs, le mot *more* est resté synonyme de « noir » dans la majeure partie des langues européennes. Témoin : l'allemand *Mohr*; l'espagnol *moreno*; l'italien *morello*, *moretto*, signifiant tous « noir » « nègre » ou « négrillon ». Plus la foi catholique devint fervente et agissante, durant les différentes croisades, plus les peuples chrétiens de race blanche s'habituèrent à ne voir dans l'homme noir qu'un être réprouvé, un fils de Satan, dont le seul contact, le seul aspect lui causait la plus profonde horreur. De telles impressions jettent dans les âmes des traces durables, fort difficiles à s'effacer. Longtemps après qu'il n'y eut plus de Musulmans à combattre, la terre sainte ne pouvant plus être disputée aux Turcs qui avaient étendu leur domination jusqu'en Europe et placé leur capitale à Constantinople, sur la ruine définitive de la dynastie des Paléologues, l'on conservait encore la légende du noir Sarrasin. Il faisait toujours peur aux hommes du peuple ou aux clercs superstitieux, sous sa peau d'ébène. L'Occident avait renoncé à la lutte contre l'Orient; mais le mythe ne fut point oublié. Jusqu'en plein XIXᵉ siècle, la légende populaire, qui fait représenter Dieu par le blanc et le diable par le nègre, continue encore à inspirer les meilleurs peintres et les plus grands poètes.

Dans le salon de peinture du Louvre, après avoir traversé le musée de la Marine, on arrive à une salle supplé-
mentaire, où la meilleure toile et la plus belle est peut-
être un tableau du peintre Ary Scheffer, fait en 1856 et
représentant la *Tentation du Christ*. Le célèbre artiste,
obéissant à la grande légende du moyen âge perpétuée
jusqu'à nos jours, fait du diable un nègre et de Jésus un
blanc!

Victor Hugo, le poète le plus sympathique, le cœur le
moins disposé à la haine ou au mépris de l'homme d'une
race quelconque, n'a pu s'empêcher de sacrifier à cette fiction populaire. Dans une de ces poésies apocalyptiques
et pleines d'une sombre grandeur, dont la muse de la *Légende des siècles* connaît seule le secret, Hugo met en
scène les deux principes, celui du bien et celui du mal.
C'est un dialogue superbe et dramatique au plus haut
point!

Les acteurs sont, d'une part, *Zénith* placé dans les
hauteurs culminantes, dominant le monde qu'il éclaire de
son rayonnement moral et auquel il ouvre les sentiers de
l'idéal; de l'autre, *Nadir* rivé en bas, dans les ornières
infectes, ne concevant que ce qui est abject et vil, génie de
l'ombre et de l'opprobre. Eh bien, Nadir, c'est le *nègre* :
d'où il faut conclure, pour compléter l'antithèse chère au
poète des *Contemplations*, que Zénith est le *blanc*.

Celui-ci dit :

> « Pudeur! le lis t'adore et le ramier candide
> T'aime et l'aube te rit, virginité splendide,
> Neige où se posera le pied blanc de l'amour! »

A quoi *Nadir* répond :

> A bas la vierge! à bas le lis! à bas le jour!
> Toute blancheur est fade et bête.

ZÉNITH.
Tais-toi, nègre!
NADIR.

Est-ce ma faute, à moi? L'ange! tu deviens aigre
Le nez en l'air, au fond de toute chose assis,
Où tu vois des géants, je vois des raccourcis.
Ce que tu vois monter, moi je le vois descendre.
Tu vois la flamme aux fronts, je vois aux pieds la cendre.
Tout tient à la façon dont nous sommes placés.

J'avoue que lorsque j'eus ouvert pour la première fois
Les quatre vents de l'esprit, ouvrage où se trouve la pièce
dont j'ai extrait ces vers d'Hugo, j'éprouvai involontairement un malaise profond devant cette personnification
fantaisiste du « maître ». Oui ce « Tais-toi, nègre! » m'a
sonné douloureusement au cœur. N'est-ce pas ainsi que
les calomniateurs et les bourreaux de la race noire se sont
toujours exprimés, toutes les fois que l'Éthiopien, certainement moins ridicule que le nègre *Nadir*, a voulu réclamer son droit et en appeler à la conscience humaine?
N'est-ce pas avec ces termes méprisants et sommaires qu'on
lui a toujours fermé la bouche? Par quelle mystérieuse coïncidence cette étrange réminiscence est-elle venue au grand
penseur, au moment où dans une sublime inspiration, il
croyait écouter « deux voix dans le ciel »?... Mais à quoi
bon questionner! Le poète est un être privilégié; il lui est
permis de créer les images et les situations les plus capricieuses, sans qu'on puisse s'en prendre à sa raison ou à
son cœur. Ici surtout, Victor Hugo est irrépréhensible.
Poète, il est l'incarnation multiple de l'esprit populaire de
sa race : il le reflète dans ses traditions comme dans ses
convictions. A l'ange, la croyance vulgaire, conforme en
cela aux dogmes théologiques, n'a jamais opposé que
le diable. Or, le nègre, nous l'avons vu, c'est pour
elle la fidèle image du diable. Aussi dans un autre vers,
un peu plus loin, le barde immortel fait-il dire à *Nadir* :

« Monsieur, je suis un diable et vous êtes un ange. »

39

Tout s'explique ainsi. Victor Hugo restera l'ami de la race noire qui l'aime et qui se rappellera éternellement son indignation généreuse, à la nouvelle de la mort de John Brown. Pourtant, dans son inconscience et son irresponsabilité de poète, nous aura-t-il laissé la preuve la plus éloquente de cette opinion populaire, issue de l'éducation théologique, d'après laquelle toute l'Europe du moyen âge et la majeure partie de l'Europe contemporaine, beaucoup plus ignorante que ne l'avoue l'orgueil caucasique, n'ont jamais pu voir autre chose dans l'homme noir que le diable en personne !

Mais, diront les casuistes, si la légende incontestable qui a fait de l'Ethiopien un être repoussant, méchant et malfaisant, un diable enfin, rend compte de la frayeur et de l'horreur que l'Européen ignorant éprouve à la vue des hommes noirs, comment expliquer l'opinion si généralement répandue de l'infériorité native de ces hommes et de leur subalternité naturelle vis-à-vis des blancs ?

C'est là une question qui se rattache intimement à la précédente. Il est certain que les faits et les croyances, qui en découlent, proviennent des mêmes idées théologiques si persistantes et si influentes sur l'esprit humain. Nous pourrons facilement le constater.

II.

LA LÉGENDE DE CHAM.

En choisissant le facies du noir éthiopien, enlaidi à plaisir, pour figurer l'esprit immonde, selon l'expression de la langue sacrée, les théologiens n'avaient fait que mettre à contribution une des traditions les plus populaires de la Bible, celle d'après laquelle la race noire avait été maudite par Noé dans la personne de Cham. Or Noé, ayant été le plus ancien patriarche, doit être considéré comme l'organe même de Dieu, au point de vue de l'orthodoxie.

D'autres ont prétendu voir dans les Nigritiens la descendance de Caïn, lequel Dieu avait marqué d'un signe. Cette marque serait cause que le frère d'Abel devint tout noir après être né blanc ; et sa postérité aurait généralement hérité de cette malédiction physiologique. Mais cette dernière opinion n'eut jamais beaucoup d'accès parmi les théologiens. Après l'avoir discutée, Bergier ajoute : « Il y aurait donc moins d'inconvénients à dire que la noirceur des nègres vient de la malédiction prononcée par Noé contre Cham, son fils, dont la postérité a peuplé l'Afrique (G. ch. 10, v. 13). Mais selon l'écriture, la malédiction de Noé ne tomba pas sur Cham, mais sur Chanaan, fils de Cham (G. ch. 9, v. 13) ; or l'Afrique n'a jamais été peuplée par la race de Chanaan mais par celle de Phut (1). »

Il s'agit ici spécialement de la couleur noire des Africains et l'habile théologien, qui défend la doctrine de l'unité de l'espèce humaine, tâche de ne pas laisser à l'hétérodoxie polygéniste une arme quelconque contre l'opinion que la foi et la tradition biblique ont généralement adoptée sur l'unité d'origine de l'espèce humaine. D'autres, dans un but absolument opposé, ont fait la même remarque et la même distinction des deux passages également obscurs de la Genèse. Ce serait trop long de s'arrêter ici à chercher s'il n'y a pas en tout cela une ancienne altération des textes de la Bible, ou si l'interprétation vulgaire qu'on a longtemps faite de la légende de Cham n'est pas l'effet d'une erreur volontaire. Toutes ces questions d'exégèse sont en elles-mêmes trop complexes et difficiles pour que nous ayons la chance d'y faire la lumière, pour ainsi dire, en courant. Mais qu'on passe à l'article *Cham,* dans le même ouvrage, on verra Bergier s'exprimer avec une parfaite

---

(1) Bergier, *Dictionnaire de théologie,* article *nègre.*

netteté à l'égard du résultat de la malédiction de Noé.
« Cham, fils de Noé, dit-il, ayant vu son père ivre et en-
dormi dans une posture indécente, en fit une dérision et
fut maudit dans sa postérité pour cette insolence. Il eut un
grand nombre d'enfants et de petits-fils qui peuplèrent
l'Afrique. Pour lui, on croit qu'il demeura en Egypte (1);
mais il n'est pas certain que les Lybiens aient eu l'intention de l'adorer sous le nom de Jupiter-Ammon (2), comme
l'ont cru plusieurs mythologues...

« Il est bon d'observer, ajoute Bergier, que la prédiction
de Noé s'exécute encore aujourd'hui par l'asservissement
de l'Egypte sous des souverains étrangers et par l'esclavage des nègres. »

---

(1) « Cham est le nom de l'Égypte dans l'Écriture. » (Bouillet, *Dictionn. d'hist. et de géog.*). On sait, en effet, que les anciens Égyptiens
se nommaient *Kami* ou *Kemi*, comme nous l'avons déjà vu dans la
partie de cet ouvrage qui traite de l'ethnologie de l'Égypte ancienne.

(2) On écrit généralement *Ammon* du grec Ἄμμος, mais il y a une
autre orthographe également grecque et d'une meilleure grécité,
c'est Ἅμμος, avec l'esprit rude. En effet, la racine étant Ψάμμος
venant de ψάο, l'esprit rude est nécessaire pour indiquer la suppres-
sion du ψ, représentant souvent l'aspirée φ suivie de la sifflante σ.
D'ailleurs le σ est parfois le signe même de l'aspiration ; c'est surtout
dans le passage d'une langue à l'autre qu'on en fait mieux la remarque,
témoin le latin *sal* (sel) tiré du grec ἅλας ou ἅλς, ayant le même sens
avec des acceptions plus étendues.

L'orthographe Ἄμμος, où l'esprit rude, représentant l'aspiration,
a été abandonné, provient sans nul doute de ce que cet esprit s'écrit
rarement sur les monuments (Burnouf, *Gramm. grecque*). *Hammon*
en grec, signifie « sable, arène » et serait ainsi le nom figuratif du
désert lybien : mais je ne pense pas que ce soit au terrain friable et
sablonneux que les indigènes aient voulu dédier un culte. Et puis,
pourquoi auraient-ils eu recours à ce nom grec, si longtemps avant
la conquête d'Alexandre? Tout porte donc à croire que le culte de
Hammon, qui remonte aussi haut qu'on puisse reculer dans l'histoire ancienne de l'Égypte et de la Lybie, a pour origine une légende
solaire.

Il faudrait alors, contrairement à l'opinion de Bergier, abandonner
l'étymologie grecque absolument injustifiable ici, et faire venir Hammon de *Cham* ou *'Ham*. Dans la majeure partie des langues sémiti-

Le célèbre théologien, n'ayant pas ici les mêmes préoccupations que celles d'auparavant, ne cherche aucunement à
contredire la tradition; il voit, sans hésitation, dans les
Africains asservis et non dans les Chanaans, les fils de
Cham sur lesquels s'est accomplie et s'accomplit encore la
malédiction de Noé. C'est peut-être un fait digne d'attention que le sans-gêne avec lequel les hommes d'Église
disent oui et non sur un même fait, dans le même ouvrage. Mais la parole de Dieu ne saurait avoir été prononcée en vain; il a donc fallu prouver que la prédiction de
Noé, faite dans une forme tellement précise et saisissante,
s'est réalisée et se réalise encore. Sans cela, la Bible, qui
est la source de toutes les doctrines chrétiennes, perdrait
toute son autorité et n'exercerait plus le prestige qu'elle
doit avoir sur l'intelligence du fidèle, comme la vérité
révélée par Dieu, au moyen de l'inspiration accordée à
Moïse, aux prophètes et aux apôtres.

Au reste, il faut répéter que c'est la dernière interprétation qui a été la plus généralement acceptée. « Noa'h, dit

---

ques le *ch* est un signe d'aspiration, comme il en est parfois en allemand et en grec. En rapprochant *Cham* qui, en hébreu, signifie « le
brûlé » de *Chamosch* ou *Chemesch*, (soleil) du phénicien *Hamon*, signifiant aussi soleil, on trouve assez facilement la raison d'être de l'opinion qui fait de Hammon une divinité solaire et chamitique. *Chamitique* et *éthiopique* sont les formes sémitiques et grecques du même
mot, désignant les hommes brûlés par le soleil, c'est-à-dire bronzés
ou noirs.

D'autre part, je sais que la plupart des égyptologues voient dans
Ammon la forme grecque de *Amoun*, mot égyptien qui signifie *inconnu,
mystérieux, caché* [*], ou bien *mystère, adoration* [**]; mais j'aime mieux
adopter un sens étymologique qui s'accorde parfaitement avec l'esprit
de la race et de la civilisation des anciens Égyptiens, ainsi que des
peuples qui subissaient leur influence. En acceptant que les idées
métaphysiques que prêtent ces savants au culte d'Ammon aient été
celles des grands prêtres et des initiés, le peuple a dû probablement
ignorer ce sens profond et subtil.

[*] Oll. Beauregard, *Les divinités égyptiennes.*

[**] Emm. de Rougé, *Notice somm. des monum. égyptiens du Musée
du Louvre.*

François Lenormant, maudit son fils 'Ham pour lui avoir manqué de respect dans son ivresse et pour avoir tourné en dérision la nudité paternelle. « Tu seras le serviteur de Schem et de Yapheth », lui avait-il dit. Cette malédiction s'accomplit dans sa plénitude (1) !...

N'est-ce pas visiblement la source de l'opinion vulgaire, d'après laquelle on continue à voir dans les noirs une race inférieure « faite pour *servir* aux grandes choses voulues et conçues par le blanc? » M. Renan, en écrivant ces paroles a-t-il fait autre chose que de céder à une vague réminiscence de son éducation théologique? Qui contestera les déductions qu'on peut tirer en démontrant la concordance qu'il y a entre l'opinion de tous ceux qui soutiennent la doctrine de l'inégalité des races avec cette vieille tradition biblique, si bien confinée dans un coin du cerveau européen? Tous ceux qui répètent que les noirs sont inférieurs aux blancs ne font donc qu'offrir une preuve patente de l'influence qu'exerce encore sur eux l'héritage intellectuel et moral d'un autre âge. Leurs esprits sont comme rivés aux erreurs qui constituaient le fonds commun des croyances de leurs leurs ancêtres; et ils en fournissent involontairement l'exemple.

Vers la fin du XVIIIe siècle, tout ce qui contrariait la marche des choses était mis au compte des philosophes. Avait-on commis une erreur ou causé un désordre? c'est la faute à Voltaire, c'est la faute à Rousseau, disaient les gens d'Eglise. C'étaient les derniers efforts de l'esprit théologique, voulant barrer la voie à l'encyclopédie et défier la conjuration voltairienne qui prêchait si obstinément l'*écrasement de l'infâme*. Aujourd'hui les choses sont bien changées. Les idées révolutionnaires ont fait de tels progrès dans les esprits, que c'est la théologie qui est devenue la

_____

(1) Fr. Lenormant, *Hist. anc. de l'Orient*, t. I, (9e édition), p. 279.

bête noire ! Les fils de Voltaire et de Rousseau ont tout
envahi. Ils se sont emparés de toutes les prérogatives et
font la loi en tout. On pourrait donc penser qu'en dénonçant les croyances théologiques, comme une des sources
d'erreur les plus vives dans le maintien de la doctrine de
l'inégalité des races, je veux purement et simplement
exploiter le discrédit où sont tombées les choses de la foi
antique, afin d'agir plus facilement sur les intelligences et
de les convaincre sans difficulté. Mais loin de là ma pensée !
Je crois qu'il faut toujours rendre hommage à la vérité,
sans se préoccuper aucunement de celui qui en profite.

Les théologiens, tout en admettant que les hommes noirs,
les descendants de Cham, justifient la parole biblique par
l'état d'esclavage où ils gémissent, n'ont jamais fait autre
chose que d'user de l'avantage que leur offraient les faits
pour consolider l'autorité des dogmes catholiques et maintenir l'infaillibilité de la révélation. Dans la pratique
sacerdotale et dans les institutions canoniques, ils n'ont
jamais admis théoriquement la doctrine de l'inégalité. En
effet, au point de vue de la théologie dogmatique, en acceptant même que les descendants de Cham aient été mau-
dits par le saint patriarche et subalternisés vis-à-vis de
la postérité de Schem et de Japheth, la vertu de cette
malédiction, qui avait toute son efficacité sous le règne de
la loi mosaïque, disparaît avec l'avénement du Christ. Là
commence le règne de la grâce destiné à régénérer l'espèce
humaine entière. C'est à ce point de vue de la théologie
spéculative que l'on dit ordinairement que Jésus est venu
effacer la distinction de sang et des races parmi les hommes.
Tous les hommes ont été rachetés par le mystère de la
sainte passion : telle est l'orthodoxie appuyée tant sur les
évangiles que sur les prophètes (1).

---

(1) De Ecclesia dicit David : « Postula me et dabo tibi gentes here-

Pour s'en convaincre, il suffit de remarquer l'absence de distinction de races que l'on constate dans toutes les prescriptions théologiques ou canoniques. Tout y est considéré d'une façon vraiment catholique, c'est-à-dire universelle, embrassant l'humanité entière. La plus grande dignité dont le chrétien puisse être revêtu aux yeux de l'Eglise est celle du sacerdoce, qui le retire en effet du commun des mortels pour le placer dans une sphère absolument supérieure. Consacré comme l'intermédiaire visible entre l'homme et Dieu, il appartient encore à l'église militante, puisqu'il vit sur terre, ignorant les angoisses de l'église souffrante comme les béatitudes de l'église triomphante; mais il est devenu un prince de la foi. Il s'établit entre lui et les fidèles une démarcation profonde. Tandis que les autres membres de la chrétienté composent l'église enseignée, obéissante, incapable de se diriger seule dans l'interprétation des choses divines(1), il représente, lui, l'église enseignante : dispensateur des grâces spirituelles, il a le droit de lier et de délier, de condamner ou d'absoudre, au nom de Dieu, de qui seul il est justiciable de l'usage qu'il fait de son saint ministère !

Si la théologie reconnaissait théoriquement un signe d'infériorité quelconque dans le caractère ethnique de l'Africain, elle lui aurait certainement interdit le sacrement suréminent de l'ordre. Pourtant un Africain peut être ordonné prêtre et il y a beaucoup de prêtres noirs.

Bonal (*Institutiones theologicæ*) et Craisson (*Elementa juris canonici*) passent en revue toutes les infirmités corporelles ou intellectuelles qui peuvent faire interdire la dignité sacerdotale à ceux qui en sont affectés. La couleur ou la race n'y entre pour rien. Suivant Collet, il n'y avait

---

ditatem tuam, et possessionem tuam terminos terræ. » *Catéchisme du concile de Trente*, ch. X, § 6.

(1) Il s'agit de l'Église catholique, apostolique et romaine.

même aucun empêchement résultant des défauts du corps, avant le Vᵉ siècle (1). Cependant les *impedimenta* sont nombreux et même d'une recherche trop minutieuse, au point de vue démocratique et philosophique où l'on pourrait se placer pour en apprécier les motifs.

Dans tous les pays où les hommes noirs se sont trouvés avec l'Européen, rarement ils pouvaient exercer le sacerdoce ; c'est que la condition *sine qua non* de l'ordination consiste en ce que le candidat soit un homme libre. Or parmi les chrétiens européens, pendant fort longtemps, on ne rencontrait les noirs qu'à l'état d'esclaves. Cette irrégularité ne s'applique qu'à l'état civil ; cela est si vrai que les hommes de toutes les couleurs, tombés en esclavage, se trouvent identiquement dans le même cas, qu'ils soient Géorgiens ou Éthiopiens. Les esclaves sont exceptés de ceux qui ont qualité d'être revêtus de la dignité sacerdotale, parce que celui qui ne jouit pas de son droit propre, mais relève de la puissance d'autrui, ne peut se dédier au culte divin (2).

L'abbé Bonal laisse à entendre, par argument *à contrario*, que les esclaves mêmes pourraient recevoir l'ordination avec le consentement exprès ou tacite de leurs maîtres (3) ; mais d'après l'opinion de Craisson, absolument conforme au catéchisme du Concile de Trente, ils restent inhabiles jusqu'à ce qu'ils aient recouvré leur pleine liberté (4).

---

(1) Collet, *Curs. comp. theolog.*, tome XVII, col. 234.

(2) Excipiuntur etiam servi : neque enim divino cultui dedicari debet, qui non sui juris sed in alterius potestate est (*Catéch. du Conc. de Trente*, ch. XXVI, § 9).

(3) Servi seu mancipia (gallice *esclaves*) irregulares sunt, durante servitute et domino expressè vel tacitè non consentiente in eorum ordinationem (Bonal, *Inst. théolog. De defectu libertate*).

(4) Sunt irregulares servi propriè dicti, donec consequantur plenam libertatem (Craisson, *Elementa jur. can.* cap. I, distinct, 54,

Il est donc certain que dans le haut enseignement théologique, dont la science profonde et délicate mérite encore
notre respect, malgré ses subtilités et les opinions surannées qu'elle tâche de maintenir comme des vérités éternelles, l'homme noir n'a jamais été considéré comme un être
naturellement inférieur, mais bien comme l'égal de tous les
autres membres de l'Église, quelle que soit leur race.

Ce sont là des contradictions qui choquent la logique et
embrouillent l'intelligence. Cependant, en observant le
prêtre, on trouve toujours en lui deux hommes bien distincts. Il est tantôt l'homme pratique, exploitant les faiblesses humaines pour fasciner les esprits et les dominer
ensuite ; il est tantôt l'homme de théorie, le théologien
subtil, versé dans la connaissance spéciale du droit naturel,
lequel se laisse rarement surprendre dans la sanction d'un
abus quelconque provenant du droit de la force. Malheureusement, c'est l'homme pratique qui domine en lui.
Malgré tout, c'est l'intérêt matériel de la religion qu'il a le
plus souvent en vue. Peu lui importent les moyens par
lesquels il entraîne les incroyants sous la bannière de la
foi : l'essentiel est qu'ils soient entraînés, quand bien
même ce serait au détriment de leur intelligence et voire de
leur moralité.

Afin de captiver l'esprit de l'ignorant, il lui présentera
Dieu comme un blanc et le diable comme un nègre, s'il a
affaire à un Caucasien ; transporté parmi les peuples noirs
encore sauvages, il ne manquera pas de faire peindre en
noir l'image du même Dieu : s'il n'était pas blanc lui-même
il donnerait cette couleur au diable ! C'est par ainsi qu'il
s'insinue partout, en caressant toutes les passions, au lieu de
les combattre. Son triomphe, c'est la captation des âmes
par les voies souterraines. Mais là où il a laissé l'empreinte
de ses pas, il faut des siècles et surtout l'effort d'une science
incorruptible pour l'effacer complètement. En effet, pour

combien de temps ne verrons-nous pas l'Européen, — même quand il ne croit plus au diable, — penser encore qu'on ne peut rencontrer dans un nègre autre chose que l'esprit de ruse, de mensonge et de méchanceté, tous les vices que ses ancêtres du moyen âge abhorraient dans la personne même de Satan! Sans doute les études sociologiques prouvent que ces défauts de l'esprit sont le partage de tous les peuples sauvages et primitifs; mais un grand nombre de savants et tous les ignorants de l'Europe n'en font-ils pas un caractère spécial à l'Africain?

Cette légende du diable, qui fait partie intégrante de toute l'histoire du christianisme, est à peine effleurée dans les traités de théologie. Un savant théologien, à qui on reprocherait l'influence que la propagande religieuse a exercée sur l'esprit des chrétiens d'Europe, avec le mythe du diable hideux et noir, figuré par l'Ethiopien disgracié et caricaturé, n'aurait aucune peine à prouver que toute la doctrine ecclésiastique et dogmatique dément un tel fait. C'est ce que je me suis donné la peine de faire, par avance, autant qu'un profane peut voir clair dans les arcanes de la science divine. Mais qu'on abandonne le terrain d'une science prudemment élaborée; qu'on se rabatte sur les traditions populaires, telles que la légende des saints et tout ce qui fait la part la plus active, quoique la moins avouée, de l'histoire de l'Église: on voit immédiatement le mythe de Cham, rendu plus vulgaire et saisissant par la fiction de Satan, prendre une importance étonnante dans l'aberration d'esprit où est tombée la foule ignorante de l'Europe, aberration que les savants tentent aujourd'hui de perpétuer, à l'aide de l'absurde théorie de l'inégalité des races humaines!

Ces faits ne sont-ils pas dignes de la plus haute méditation? Ne sont-ils pas de nature à modifier et transformer bien des convictions? Ils mettent au moins en pleine évi-

dence le point essentiel de la discussion. Quand, après avoir
inutilement mesuré les crânes et pesé les cerveaux, l'anthropologiste, aussi peu éclairé à la suite de ses opérations
qu'auparavant, proclame pourtant que la race blanche est
supérieure à toutes les autres; quand l'historien, après
avoir feuilleté les annales du monde et examiné les monuments archéologiques dans toute la chaîne des âges
connus, reste effrayé de la complexité des évolutions et
des rétrogradations accomplies par les peuples, se trouble
et s'égare, mais affirme que la race blanche a été et sera
toujours la première race de la terre; quand le philosophe
qui agglomère dans son cerveau toutes les doctrines et
toutes les croyances, — phénomènes de conscience ou d'intelligence par lesquels s'est manifesté l'esprit de chaque
nation et qui se développent partout avec des défaillances
pénibles et des élans superbes, — se sent transporté dans
une vraie tour de Babel, où les langues et les races se
confondent dans l'éternel devenir, s'étourdit, ne sait où
mettre son *moi* pour le sauver du naufrage, mais déclare
que la race blanche seule a reçu du ciel les aptitudes supérieures de l'esprit : ils ne font dans leur conscience impar-
faitement éclairée, que s'opiniâtrer à des idées vieilles et
vermoulues. De ces idées on a renversé tous les tenants et
aboutissants; mais une certaine impulsion atavique porte
tous ces savants à les défendre encore, sans qu'ils en devinent l'influence. Il faudra bien que ce coin de l'erreur
soit éclairé et détruit par la science, de même que tous les
préjugés qui ont fait leur temps !

C'est ma conviction que l'heure en est sonnée à l'hor-
loge des siècles. Les générations européennes qui gran-
dissent actuellement, ayant moins d'attache avec le passé,
suffisamment éclairées sur les causes d'erreur qui ont
obscurci le jugement et faussé les sentiments de leurs devanciers, briseront décidément avec les traditions contre

lesquelles toute la science proteste : elles reviendront spontanément à la vérité. Mais cette vérité, que les lumières naturelles suffiraient seules à indiquer, a-t-elle toujours été méconnue? Dans les époques où l'intelligence humaine brillait du plus vif éclat, sans qu'aucune idée dogmatique vint jamais l'enténébrer, avait-on contre la race noire les préjugés dont on l'accable aujourd'hui? En un mot, quelle était l'opinion des anciens sur la thèse que je soutiens? Une courte étude nous mettra à même d'en juger.

III.

LES GRECS, LES LATINS ET L'ÉTHIOPIE.

En prouvant que les anciens n'ont jamais divisé les races humaines en inférieures et supérieures, nous ne ferons que rendre plus indiscutable l'opinion que nous avons établie sur l'influence des idées théologiques dans le courant d'esprit qui a gagné toute l'Europe moderne et dont elle ne se défait qu'avec peine, à part un nombre restreint d'intelligences d'élite qui ont pu s'émanciper des préjugés traditionnels.

On ne saurait sans doute contester que dans l'antiquité on attachait beaucoup plus de mérite à la beauté physique que dans les temps actuels. Quelles que soient les qualités qui rehaussaient un homme, il lui fallait surtout soigner sa personne, étudier son maintien et sa démarche, tâcher enfin de se faire beau, s'il briguait sérieusement les succès publics. Aussi est-ce à remarquer que les portraits des grands hommes de l'antiquité grecque et romaine, ceux des Grecs surtout, conservés par leurs monuments iconographiques, tels que statuettes, bustes, monnaies, médailles ou camées, représentent tous des traits expressifs et réguliers, s'approchant le plus possible de l'idéal de la beauté humaine.

Socrate, qui ne fut pas absolument beau, savait si bien pourtant l'importance que devait attacher à la beauté des formes tout citoyen désirant jouer un rôle dans la république, qu'il recommanda même à un de ses disciples de sacrifier aux grâces ! Cette fine observation fait voir admirablement que cette belle harmonie qu'offrent les traits et la physionomie générale de la race grecque a été, dans le commencement, une beauté voulue et soigneusement recherchée. Même dans l'habillement, on sentait l'intention esthétique. Il était sobre de tout luxe asiatique, mais l'ajustement en était d'une simplicité délicate et savante, comme ces belles lignes pures et d'une symétrie charmante qui caractérisent l'architectonique grecque.

Pour obtenir une parfaite élégance dans leurs mouvements, les anciens s'exerçaient régulièrement à la palestrique, comprenant la course, la lutte, le saut, le disque, le javelot et le cerceau. Cette gymnastique souverainement hygiénique, assouplissait les membres, donnait aux gestes une aisance aimable et laissait à tout l'individu ce port majestueux et gracieux à la fois, lequel prête à la physionomie je ne sais quoi de rayonnant. Comment veut-on que de telles coutumes n'eussent pas inspiré un vrai culte de la beauté ?

La civilisation romaine sortie presque entièrement de la culture grecque, fit constamment preuve des mêmes inclinations. Encore bien que le Romain, de caractère mâle et féroce, ne pût jamais atteindre le degré de fine et délicate complexion qui fut un produit spécial de l'Attique, son idéal était de s'en approcher de plus en plus, sans perdre la trempe de son organisation primordiale. C'étaient les mêmes jeux, les mêmes exercices qu'ils répétaient comme gymnastique; seulement au pentathle olympique ils ajoutèrent le pancrace et l'hoplomachie, exercices beaucoup plus violents, mais qui plaisaient particulièrement à ces hommes dont la plus vive préoccupation fut toujours la conquête du monde.

La vertu même, qui fut dans la Rome républicaine le principal ressort du caractère national, n'était pas une qualité suffisante pour qu'on dédaignât les avantages d'un extérieur agréable. Sans doute Caton s'en moquait librement, dans sa stoïque et rustique simplicité ; mais tout le monde n'était pas des Catons. Le doux chantre de Mantoue nous a laissé la meilleure idée du prix que ses contemporains attachaient à la beauté. Il est vrai qu'il avait le tempérament plus grec que romain, nourri qu'était son esprit de toute l'élégance de la littérature de l'Hellade ; mais son poëme immortel ne reste pas moins comme le plus beau monument du monde latin. Dans un des plus touchants épisodes de l'Enéide, Virgile, de sa touche fine et souple, évoque pour charmer notre esprit un portrait des plus attrayants, c'est celui d'Euryale. Le poète pourrait, après avoir énuméré toutes les qualités que le jeune héros avait reçues de la nature, faire simplement ressortir sa vertu nue et sans fard ; cependant il ne s'en contente pas : pour lui, la vertu même emprunte un nouvel éclat des attraits de la beauté corporelle.

Gratior et pulchro veniens in corpore virtus (1) !

Avec un tel esprit, il est certain que le premier mouvement d'un ancien ne dut pas être bien favorable à l'Éthiopien, beaucoup moins doué de ces formes harmonieuses, qui plaisent à la vue et attirent l'âme par le prestige qu'exercent naturellement sur elle toutes les belles proportions. Dans son inélégance sauvage, l'habitant des tropiques ne pouvait être considéré par le Grec ou par le Romain comme un homme de même valeur que ceux de leurs

____

(1) Virgile, *Enéide*, liv. V, v. 344.

races; mais un barbare de la Sarmatie ou de la Gothie n'était pas mieux vu. Ce n'est pas que l'on ne fît jamais attention à la couleur. Alors, comme aujourd'hui, une peau bien blanche était regardée comme un agrément naturel, un signe de distinction qui ajoutait à la beauté un prix nouveau. Virgile nous en offre encore un exemple dans ce bel Alexis très fier de sa personne, mais à qui Corydon fait ainsi la leçon :

> O formose puer, nimium ne crede colori!
> Alba ligustra cadunt et vaccinia nigra, leguntur (1).

Cependant malgré tous les motifs qui pourraient porter les anciens Grecs et les anciens Romains, censés moins humains que les modernes, à voir dans les hommes noirs des êtres méprisables et naturellement inférieurs aux blancs, en vertu d'une imperfection générique, inéluctable, ils ont toujours professé une opinion toute contraire. C'est une remarque facile à faire. Toutes les fois que dans la littérature grecque ou latine, il est question de l'Ethiopien ou de la couleur plus ou moins noire de la peau humaine, on ne rencontre aucune de ces expressions humiliantes, aucune de ces idées de mépris dont la littérature chrétienne de l'Europe moderne nous offre si souvent l'exemple.

A commencer par le père de la poésie grecque, le divin Homère, aperçoit-on dans ses poèmes aucune trace de dédain, quand il parle de la race noire? Peut-on inférer, soit de ses expressions, soit de ses épisodes, qu'il attachait un caractère d'infériorité à la race éthiopienne? Non-seulement il n'en dit aucun mal, mais il en exprime souvent une vénération toute particulière. On peut citer, entre autres passages de l'Iliade, celui où Homère dit que les Ethiopiens étaient renommés par leur justice.

---

(1) Virgile, *Eglogue* II, v. 17-19.

Jupiter, dit-il, est descendu hier à un festin, vers l'Océan, chez les Éthiopiens renommés par leur justice et tous les dieux l'y ont suivi (1).

N'est-ce pas le plus bel éloge que l'on puisse faire à une nation ou à une race que de la présenter comme l'*amie des dieux?*

Après Homère vient Eschyle. Il est inutile de nous y arrêter; car en soutenant la thèse de l'origine nigritique des anciens Egyptiens, j'ai fait une étude suffisamment claire de la plus belle de ses tragédies, pour qu'on en ait une juste idée. L'épisode d'Io et du noir Epaphus, que je ne puis considérer autrement, dans le *Prométhée enchaîné*, que comme un mythe destiné à retracer la marche de la civilisation antique, est assez significatif. Il montre fort bien toute l'importance que l'immortel tragique accordait à cette race éthiopienne qui, comme Io, est sortie des régions tropicales, sous les rayons directs du soleil, et a marché lentement vers la mer, fondant des villes, des industries, l'art, la science, tout le trésor de civilisation que l'ancienne Egypte accumula si hâtivement dans son sein, pour en déverser la plus belle partie sur le monde entier, par le canal de la Grèce.

Dans la littérature latine, on ne trouve pas davantage la trace d'une croyance positive en l'infériorité des Noirs. De tous les auteurs qui ont écrit sur les traditions populaires du peuple romain, Ovide est, à l'exception de Varron, le guide le plus fidèle, le plus sûr et le plus compétent, pour nous conduire dans l'étude d'une pareille question. Prenons, par exemple, ses *Fastes*, poëme dont l'érudition ne le cède à aucun autre ouvrage, en tout ce qui concerne les légendes religieuses et sociales de l'ancienne Rome; arrê-

---

(1) Ζεύς γαρ ές Ὠκεανόν μετ' ἀμύμονας Αἰθιοπῆας
χθιζός ἔβη κατά δαῖτα, θεοὶ δ'ἅμα παντες ἕποντο.
(*Iliade*, I, v. 423 et 424.)
Cf. *Odyssée*, I, v. 23 et 24.

tons-nous au passage où le poëte met en scène Ariadne à la couleur foncée et le dieu Bacchus, fils bien-aimé de Jupiter. La question d'épiderme est nettement posée.

Ariadne, confiante et généreuse, a sauvé Thésée du labyrinthe, en lui donnant le fil qui l'aida à en sortir, après qu'il eut vaincu le Minotaure. Elle se croit aimée et elle donne son cœur tout entier; dans cet abandon naïf, naturel à son sexe captivant et surtout à sa race, elle donne encore, elle donne tout ! Mais l'ingrat la délaisse. Belle, attrayante, mélancolique et souffrante, pleine de cette grâce attirante que Michelet décrit si bien, elle inspire une réelle passion à Bacchus. C'est alors qu'Ovide nous la présente. Eprouvée par une première déception, elle tremble, en son cœur, qu'un nouvel abandon ne vienne briser son amour en fleur; elle est surtout inquiète de sa peau noire et craint une rivale blanche. Elle se chagrine; elle ne se contient pas et, se croyant seule, elle dit tout haut son inquiétude :

A, puto, præposita est fuscæ mihi candida pellex.

Mais Bacchus, qui la suivait à la sourdine, entend ces paroles et devine ses préoccupations. Il ne lui donne pas le temps d'achever, il l'enveloppe de ses bras; de ses lèvres amoureuses il sèche ses larmes; et sans faire attention à sa peau noire, il lui dit : « Gagnons ensemble le ciel !; partageant ma couche, tu dois porter mon nom (1) ! »

Ce petit tableau est bien frais et riant. Il en sort un parfum de générosité qui se communique à l'âme. Tout y

---

(1) Dixerat : audibat jamdudum verba querentis
    Liber, ut a tergo forte secutus erat,
Occupat amplexu, lacrymasque per oscula siccat,
    Et : « Pariter cœli summa petamus, ait,
Tu mihi juncta toro, mihi juncta vocabula sumes.
                    Ovide, *Fastes*, liv. III, v. 6-11.

est vrai, naturel, et dans le style moderniste, on aurait dit
« vécu ». C'est la réalité peinte au vif, belle parce que
vraie. Mais ce qui captive surtout mon esprit, c'est la
façon claire, précise et fine, dont le poëte des *Métamorphoses* montre que la couleur noire ne constitue aucune
infériorité, ni aucune défaveur contre celui qui la porte.
Peut-on demander une meilleure preuve des sentiments
dont les anciens étaient inspirés à l'égard des distinctions
de races? N'y a-t-il pas lieu de s'étonner qu'avec sa profonde et sérieuse érudition, M. de Gobineau n'ait pas
pensé à cet épisode des *Fastes* d'Ovide, lorsqu'il affirmait
que de tout temps l'inégalité des races a été préconisée
comme une vérité naturelle ?

Les mythologies ne sont que l'ensemble des opinions
morales, religieuses et sociales des peuples qui les ont
imaginées. C'est à ce point de vue que l'étude des mythes et des légendes de chaque peuple, de chaque race,
est devenue d'une importance si remarquable dans les
recherches de la sociologie et même de l'ethnographie. On
a donc tout le droit de voir dans le mythe d'Ariadne et de
Bacchus la preuve évidente que, dans la civilisation antique, il n'y avait aucune classification systématique, divisant les races humaines en supérieures et inférieures,
division aussi absurde que pénible.

Bacon, ayant un esprit souvent superficiel (1), malgré
la grande réputation qu'il s'est acquise dans le monde
philosophique par son *Novum organum*, n'a pas dû saisir
le sens profond que renferme le mythe d'Ariadne. Il en
fait la critique avec un esprit étroit; il tire une morale
gauche et embarrassée là où il fallait voir tout autre
chose que ce qu'il imagine. « Mais ce qu'il y a de plus

---

(1) Bacon showed his inferior aptitude for physical research in
rejecting the Copernican doctrine which William Gilbert adopted.
(Whewell, *Philos. of the inductive Siences*, t. II, p. 378).

beau dans cette allégorie, dit-il, c'est de feindre que
Bacchus prodigue ses amours à une femme délaissée et
dédaignée par un autre; car il est hors de doute que les
affections appètent et briguent ce que dès longtemps
l'expérience a rebuté. Que tous sachent donc que ceux
qui s'assujettissent et s'abandonnent à leurs passions,
attachent un prix exorbitant aux jouissances (soit qu'ils
soupirent après les honneurs, les amours, la gloire, la
science ou tout autre bien), ne désirent que des objets
de rebut, objets qu'une infinité de gens, et, cela dans
tous les siècles, ont, après l'épreuve, rebutés et comme ré-
pudiés (1). » ·

Le baron de Vérulam, avec son tempérament de cour-
tisan, n'a pas même soupçonné tout ce qu'il y a d'éminente
raison et d'humaine vertu dans cette allégorie qu'il interprète d'une façon si alambiquée. Son esprit était-il capable
de concevoir la belle leçon qui ressort de l'action de
Bacchus, dans les circonstances dont la tradition l'a en-
tourée? Apercevait-il ce qu'il y a de sublime dans la délicate générosité du dieu libéral (Bacchus était surnommé
Liber)? Pouvait-il sentir qu'il fallait empêcher la femme
noire de croire que la couleur de sa peau pût être une
cause de refroidissement dans l'amour qu'elle a inspiré?
Je pense que non. Aussi est-il certain que, sous ce rapport, le sens moral de l'Européen moderne est complètement oblitéré ou, au moins, beaucoup en arrière des anciens!

Mais en tout il y a des exceptions. Dans le même temps
où vivait Bacon, dans le même pays et la même race que lui
il y eut un homme supérieur, animé de toutes les grandes
et nobles aspirations qui donnent à l'esprit une trempe
excellente. C'est Shakespeare. Le propre du génie, c'est

---

(1) Bacon, *De dignitate et augm. scient.*, liv. II, ch. XIII.

de sentir, c'est de concevoir spontanément, au milieu
même de l'erreur générale, toutes les belles vérités qui
créent l'ordre et l'harmonie dans ce monde. Juste au moment où, sous prétexte de servir les intérêts de la foi,
tous les États de l'Europe avaient fini par donner leur
plein et entier consentement à l'exercice de la traite des
noirs considérés, partout, comme une vile marchandise,
Shakespeare entreprit de présenter sur la scène un noir
dont le courage, la franchise, la sagacité et la noblesse de
caractère font un homme exceptionnel. Sur quel théâtre
le place-t-il? dans cette république de Venise où l'aristo-
cratie était le principe même du gouvernement! Ce n'est
pas assez que le courage d'Othello lui ait attiré la confiance illimitée du doge et des grands de Venise; malgré
sa couleur, il inspire l'amour le plus ardent à Desdémona,
fille d'un sénateur! On a besoin de réfléchir pour mesurer
tout ce qu'il y avait de hardi dans une telle conception.
Mais comme pour répondre à ceux qui pourraient s'étonner que Desdémona fût à ce point éprise du Maure, sans
s'effrayer de son teint noir, Shakespeare lui fait dire: *I saw
Othello's visage in his mind.* — « C'est dans son âme que
j'ai vu le visage d'Othello. » Paroles profondes. Elles disent en effet que les hommes, si différents qu'ils soient
et par la couleur et par la diversité des formes anatomiques, ont visiblement un lien spirituel qui les attache les
uns aux autres. Les qualités morales et intellectuelles,
apanage de tous, réalisent chaque jour cette fraternité de
l'esprit qui nous lie dans la chaîne des temps et des lieux,
par la poursuite d'une destinée commune.

Sans doute Othello se laisse dominer par la jalousie
avec l'emportement d'un sauvage. Il étouffe Desdémona,
suppliante et belle, avec une cruauté folle, qui nous glace
d'horreur et nous suffoque, nous qui la savons innocente !
Mais Shakespeare le fait intéressant même dans ce cruel

aveuglement. C'est Othello qui frappe, mais c'est l'honnête
Iago qui dirige la main, en mettant en œuvre la perfidie
la plus noire unie à la plus insolante effronterie. Aussi le
Maure se poignarde-t-il sur le cadavre de sa victime, lorsque, désabusé, il voit toute la laideur de son action! Cassio
le juge en quelques mots : « he was great of heart », dit-
il. Oui, il était grand par le cœur. Cette noblesse du cœur
est ce qu'il y a de plus digne, de plus élevé dans l'homme ;
et quand on en est favorisé, c'est la nature même qui vous
déclare l'égal de tous les hommes.

C'est un réel bonheur de rencontrer sur sa voie les grands
penseurs qui sont les éclaireurs de l'humanité. Ils vous
mettent dans le cœur je ne sais quel trésor de consolation
et de vive espérance ; car on sait qu'ils sont là, debout
pour longtemps, ces fiers champions de la vérité et de la
justice. Leur action perdurable se continue et augmente
d'intensité avec l'accumulation même des siècles. Qui
sait quelle sainte excitation, quel précieux encouragement
un Wilberforce n'aura pas puisés dans le drame inou-
bliable de l'immortel Shakespeare ? C'est ainsi que se ra-
chètent les erreurs des Bacon ; c'est ainsi que la fraternité
humaine se renoue au-dessus des injustices et des protestations. Homère, Eschyle, Shakespeare étaient de vrais
esprits. Leurs grandes voix s'unissent dans la propagande
du bien, comme un courant dont les eaux doivent se confondre pour gagner ensemble l'océan immense, d'où n'é-
merge que ce qui est vrai, ce qui est grand et élevé !

CHAPITRE XIX.

—

Aptitudes et qualités organiques.

> La vérité exerce sur nous une fascination parti-
> culière à côté de laquelle disparaissent facilement
> toutes les autres préoccupations : aussi ne man-
> quera-t-elle jamais parmi les nations civilisées de
> l'Occident de partisans dévoués et désintéressés.
> Aucune interdiction, aucun obstacle, ne peuvent
> lui opposer longtemps de digue sérieuse : elle se
> fortifie au contraire sous l'effort des circonstances
> adverses.   (Louis Büchner).

I.

AVEUX ET RESTRICTIONS.

Nous pourrions continuer à examiner d'autres influences
subversives, empêchant l'Européen de convenir du fait de
l'égalité des races humaines, fait que l'on ne saurait nier
sans se mettre volontairement en contradiction avec
l'histoire et la science entière. Il est certain, par exemple,
que ceux qui voyagent dans les pays où se rencontrent des nations noires et encore jeunes dans la civilisation, ont une tendance positive à défigurer les traits
de ces nations et à renforcer, par leurs récits fantaisistes,
les anciens préjugés si profondément enracinés dans la
race caucasique. Les hommes les plus recommandables
par leur moralité et leur profond savoir s'y laissent
prendre avec autant de facilité que les sots ou les aventu-
riers. M. d'Abadie ne sera pas plus correct qu'un Victor
Maignan ou un Laselve. Et combien d'autres ne se sont
pas malheureusement oubliés, au point de vouloir imiter
des procédés contre lesquels ils devaient être les premiers
à protester !

Mais, parmi les Européens, il n'y a pas toujours que des

hommes aveuglés. Tous ceux qui auront l'esprit suffisamment prémuni contre les différentes causes qui paralysent si fort la raison et le sens commun, affirmeront donc, après l'analyse de toutes les discussions que nous avons vu se dérouler au sujet de l'égalité des races humaines, que s'il reste une chose parfaitement démontrée, c'est bien le point suivant : en aucune autre race, on ne rencontre une plus grande vivacité d'intelligence, une plus grande faculté d'assimilation, enfin une facilité d'évolution plus grande que dans la race noire.

Partout où les conditions de milieu ne lui ont pas été positivement hostiles et insurmontables ; partout où elle a pu résister à leur influence délétère et régressive, elle s'est mise spontanément à développer les plus belles qualités de l'esprit et du cœur. Quand elle reste stationnaire, malgré les avantages naturels du climat, on peut bien certifier qu'il existe une cause occulte, politique ou sociale, qui la paralyse, ralentit sa marche et amortit sa force d'expansion. Cependant, comme les plantes vivaces qui ont reçu la sève ardente et riche des terres tropicales, elle repousse juste au moment où l'on pourrait la croire morte ; elle s'efforce et fait si bien qu'elle finit toujours par renverser les obstacles et redresser sa tête vers la lumière. Si donc on voulait se renfermer, rien que dans le cercle de la science, pour discuter et comparer les aptitudes des races humaines, nous pourrions avancer hardiment que cette race noire ne doit céder le pas à aucune autre de ses rivales.

Aux États-Unis d'Amérique, où elle sort à peine d'un état de sujétion trois fois séculaire, elle monte, fière et résolue, à l'assaut de toutes les positions sociales. Mais c'est à l'école surtout que cette ascension superbe se fait remarquer. « Quand on pénètre dans une salle d'école à Boston, dit M. d'Haussonville, une chose frappe d'abord la vue; c'est la grande quantité d'enfants nègres mêlés aux enfants blancs. Ces petites têtes crépues avec leurs dents blanches et leurs yeux brillants donnent un aspect pittoresque à l'école. Ce ne sont pas les élèves les moins intelligents et les moins précoces ni ceux dont les maîtresses se louent le moins (1). »

Ceux mêmes qui, en dépit des faits et de l'évidence, admettent et répètent que les « Noirs sont inférieurs en intelligence aux hommes de la race caucasique » ne peuvent s'empêcher de réfléchir sur de telles remarques. Que font-ils, alors? A côté de ces faits qui démentent leurs orgueilleuses prétentions, ils avancent des propositions arbitraires, jamais démontrées, mais dont ils tirent les conclusions les plus fantaisistes pour la justification de leur doctrine. M. Frédéric Müller, dont il faut reconnaître d'ailleurs la haute culture intellectuelle, donne un exemple éloquent de ce que j'avance ici. « L'enfant nègre, dit-il, dans les premières années de son développement, lorsqu'il ne fait que recevoir ce qu'on lui enseigne, est *supérieur* à l'enfant blanc; mais dans la période de puberté, lorsqu'il s'agit d'élaborer par soi-même ce que l'on n'a fait qu'apprendre, il devient stationnaire. La facilité d'apprendre plusieurs langues étrangères, souvent plusieurs à la fois, concorde bien avec cette disposition d'esprit (2). »

C'est une proposition positivement erronée que celle qui consiste à affirmer que, dans la période de puberté, l'intelligence du noir, jusque-là plus vive que celle du blanc, devient stationnaire. Ce n'est là qu'une question de fait. Pour en avoir l'explication, on n'a besoin de recourir à aucune psychologie transcendantale. Tout le monde le sait. L'homme n'arrive à une complète notion de sa per-

---

(1) Othenim d'Haussonville, *A travers les Etats-Unis.*
(2) Fr. Müller, *Die allgemeine Ethnographie.*

sonnalité qu'avec l'âge de la puberté, où toutes les fonctions physiologiques entrent en plein jeu, stimulent l'organisme et les centres nerveux, mettent l'esprit en éveil et
nous portent à l'action. Dans la première période de l'enfance (*infantia*) ainsi que dans la seconde (*pueritia*), l'intelligence se développe en même temps que le corps : une
bonne constitution organique est alors le premier gage du
succès dans les luttes intellectuelles. Cependant la moralité ne commence à se consolider qu'à partir de quatorze
à seize ans; elle paraît avec le sentiment positif de la personnalité humaine, entraînant après soi une claire manifestation de la conscience, état sans lequel il n'existe
aucune responsabilité morale. Les jurisconsultes, qui ont
sans doute mieux étudié que tous les autres le développement moral de l'homme, ont parfaitement sanctionné ces
lois naturelles, en créant une profonde distinction entre la
criminalité d'une action commise par un mineur de seize
ans et la criminalité de la même action commise au dessus
de cet âge. Avec une intelligence supérieure des choses de
la conscience, ils ont habilement saisi le cas du *discerne-*
ment, lequel est le plus souvent absent et toujours incomplet, aberrant, en tout homme dont les fonctions physiologiques sont insuffisamment développées.

Pour revenir à ma thèse, il semble qu'on devrait s'apercevoir, sans aucun effort, que c'est la théorie de l'inégalité
des races elle-même qui influe si malheureusement sur
l'intelligence du jeune noir, qui la paralyse et l'éteint juste
à l'époque où elle devait recevoir une nouvelle force, en se
consolidant par le développement définitif de la conscience.

En effet, jusqu'à l'âge de quinze ans, l'enfant européen
travaille librement, spontanément. Ce dont on se préoccupe dans cette période, c'est de son activité intellectuelle
dont la première impulsion décide peut-être de sa destinée

entière. De même travaille l'enfant noir. Mais arrive la période de la puberté ! Le père de famille européen, qui a suivi avec une délicate et prévoyante attention les tendances d'esprit de son enfant, lui indique enfin une carrière, un point sur lequel il doit constamment se diriger, un but à atteindre. Alors commence cet apostolat supérieur que chaque père digne de ce nom entreprend, pour créer en son fils un être doué de toutes les vertus, ayant tous les mérites. Dans sa noble ambition, il désire pour son enfant tous les succès et toutes les gloires. L'éducation morale ainsi faite, forte et pleine de sollicitude, finit toujours par produire son fruit. Aussi le jeune blanc, enflammé du désir de plaire et surtout de s'affirmer, en prouvant son mérite personnel, embrassera-t-il fièrement sa vocation ; peut-être fera-t-il des prodiges.

Tout autre est la position de l'enfant noir. Quand il est assez heureux pour continuer la lutte intellectuelle jusqu'aux abords de la puberté ; quand il a déjà obtenu les résultats les plus brillants, c'est alors qu'on l'arrête, en lui laissant entendre, que pour sa race, il est assez avancé. En effet, il est temps de tourner son activité vers le monde physique et matériel, où il est condamné à glaner, afin de gagner sa vie à la sueur de son front ; car toutes les carrières libérales lui sont à jamais fermées !

Les choses ne se passent-elles pas ainsi, toutes les fois que l'Éthiopien n'est pas encore reçu et accepté à l'égal de l'Européen ? Supposons que non, supposons qu'on ne l'arrête pas dans ses travaux intellectuels. Mais il y a une autre influence paralysante qui frappe le noir dans le fond même de son être et qui résulte encore de la théorie de l'inégalité des races. On peut le laisser continuer ses études ; cependant ses progrès sont une cause d'irritation pour ses rivaux blancs. Ils sont convaincus que la nature les a doués de qualités supérieures ; donc toutes les fois qu'ils se

verront devancés, ils ne manqueront aucune occasion de se
venger d'un fait qu'ils considèrent comme anormal. Se
dressant dans toute la hauteur de la précellence qu'une
doctrine absurde et arbitraire a créée en leur faveur, ils
accableront le noir intelligent, sinon de mépris, mais de
sots dédains et d'amers sarcasmes. Dans toutes ses relations, à chaque heure, à chaque minute, en chaque circonstance, on lui fera sentir la conviction qu'on a de son infériorité ethnique. On l'accablera de tout le poids de la
malédiction de Noé. Et le pauvre enfant croit en Dieu ;
ne se doute guère de l'exégèse filandreuse de la Bible !

J'avoue, pour ma part, que dans ma première jeunesse,
je fus constamment aux prises avec les plus pénibles réflexions, en lisant cette légende malfaisante qu'on eût
bien fait d'effacer de tous les ouvrages destinés à l'enseignement, surtout parmi les peuples noirs. Aussi, ces
préoccupations hâtives ont-elles beaucoup contribué à
mon affranchissement spirituel. Je n'eus aucune hésitation à rompre avec les croyances théologiques, du jour où
mon esprit pût enfin concevoir leur triste influence sur
la destinée de ma race. Mais il n'en est pas ainsi pour tous
mes congénères.

Ainsi donc, en admettant même que le Noir continue
à lutter, c'est encore en des conditions désolantes. Non-
seulement il n'a pas devant lui la perspective des carrières
pour lesquelles un haut développement intellectuel est un
élément indispensable et perd par là la principale source
d'excitation mentale ; mais il subit, en outre, une influence
dépressive qui, lentement et graduellement, finit par épuiser toute son énergie morale en détruisant en même temps
toute son activité intellectuelle. Je considère cette dépression de la moralité d'autant plus funeste ; je lui attribue
des effets d'autant plus malfaisants et pernicieux sur la
bonne santé de l'esprit que, pour expliquer les inégalités

intellectuelles, sinon dans les races, au moins dans les individus, je ne trouve pas une raison autre que la différence des tempéraments ou des complexions morales. C'est, en effet, à l'aide de la volonté, avec la confiance en soi qu'on parvient à réaliser les plus grands succès, les plus grands triomphes, dans les travaux de l'intelligence comme ailleurs. Un homme qui, à force d'entendre dire qu'il est d'une nature inférieure, finit par avoir le moindre doute sur ses aptitudes naturelles, est à jamais arrêté dans les broussailles du chemin. Il est condamné à ne plus progresser.

Cependant, malgré toutes ces raisons qui expliqueraient pleinement l'infériorité accidentelle du Noir dans les études supérieures, il y a foule d'exemples qui prouvent que les choses ne se passent pas toujours comme l'avance le savant allemand. Les Noirs triomphent souvent dans cette joute intellectuelle. Citons seulement la constatation suivante de l'un des plus savants voyageurs que l'on connaisse. « Il y a quelques années, dit Dumont d'Urville, qu'un mulâtre et un nègre obtenaient des grands prix au concours général de Paris; et ce fait n'est pas isolé; le journal le *Propagateur de la Foi*, annonçait dernièrement qu'une vingtaine de missionnaires noirs se préparaient à à porter l'enseignement religieux dans les pays sauvages (1). » Nous pourrions mentionner encore M. Fénelon Faubert, mulâtre haïtien, qui a aussi remporté un premier prix au concours général de Paris.

D'ailleurs les cas nombreux de noirs haïtiens ayant manifesté la plus belle intelligence dans toutes les carrières de l'esprit; les noirs des Etats-Unis et de Libéria qui ont fait preuve d'une capacité supérieure, incontestable, ne sont-ils pas autant de démentis infligés à ceux qui parlent

---

(1) Dumont D'Urville, *Voyage de l'Astrolabe.*

de leur infériorité intellectuelle? Sans doute, en Haïti comme
ailleurs, les progrès considérables que l'Ethiopien a accompli dans la littérature, dans les sciences philosophiques,
biologiques et naturelles, ne sont pas équilibrés par les
mathématiques transcendantes que l'on continue à considérer comme la plus haute manifestation de l'intelligence.
Mais il faut attendre que des carrières lui soient ouvertes
dans ce mode d'activité mentale avant d'émettre un jugement quelconque. Enfin il semble que c'est la marche même
des choses qui en décident ainsi. « On a raison de dire que
les lettres sont les sœurs aînées des sciences, dit Claude-
Bernard. C'est une loi intellectuelle des peuples qui ont tous
produit leurs poètes et leurs philosophes avant de former
leurs savants (1). »

La remarque de l'éminent physiologiste est on ne peut
plus juste. Il y a telle nation qui a pu développer une civilisation des plus harmonieuses, qui a produit des philosophes,
des poètes, des orateurs de premier ordre, sans qu'elle ait
jamais fourni des hommes très compétents dans les sciences exactes. Les Romains, par exemple, si avancés dans
les lettres et la philosophie, ne s'intéressaient guère aux
mathématiques (2). Il paraît que c'était une habitude parmi
eux de compter sur les doigts, comme procèdent les pires
calculateurs. Juvénal y fait allusion dans ces vers cités
par Hœfer :

> *Felix nimirum qui per tot sæcula mortem*
> *Distulit atque suos jam dextra computat annos.*

Qui dira pourtant que le Romain a été d'une organisation inférieure, lui qui a tout subjugué, lui qui a dominé
partout où ses bras pouvaient s'étendre? Ne serait-ce pas

---

(1) Cl. Bernard, *Discours de récept. à l'Acad. franç.*
(2) Friedlein, *Die Zalhzeichen und das elementare Rechnen der Griechen und Römer.*

la plus sotte et inconcevable affirmation? C'est un nouveau motif de rabbatre sur l'importance qu'on s'est habitué à voir dans les sciences exactes, en les considérant comme le signe d'une capacité éminente.

II.

PARTICULARITÉS ORGANIQUES.

Il est évident que mieux on examine le sujet que nous étudions, plus on voit l'inconsistance des théories qui ont généralement régné dans la classification noologique des races humaines; plus les genres de preuves dont on s'est servi pour formuler cette étrange classification paraissent illogiques. Aussi, y a-t-il lieu d'affirmer que toutes les conclusions admises dans le sens d'une infériorité native des noirs vis-à-vis des blancs est radicalement fausse. Personne ne s'est avisé de faire une étude sérieuse sur cette question, la plus délicate et la plus importante qui puisse se présenter devant la science. Lorsqu'il s'agit de proclamer des vérités qui doivent influer si directement sur les relations des hommes, dans l'univers entier, devait-on se contenter des procédés imparfaits et insignifiants, qui constituent les seules bases de la doctrine de l'inégalité des races? Ne pourrait-on pas demander autre chose à des savants qui prêchent leur supériorité à si haute voix?

Les anthropologistes, surtout, sont censés faire de la science positive, de la science expérimentale. Dans leur gravité imperturbable, ils pèsent les cerveaux et imaginent journellement mille méthodes ingénieuses pour opérer le cubage de l'encéphale. Ils mesurent l'angle facial en dix façons diverses, étudient les dimensions du nez, les courbes de l'arcade zigomatique, la proclivité des mâchoires et le reste, avec des instruments si beaux, si perfectionnés qu'ils font plaisir à voir. Malheureusement, dans les investigations qu'ils poursuivent, en dehors de tous les principes de la science expérimentale, ils négligent systématiquement ou inconsciemment une foule de considérations plus logiques et scientifiques pour courir après des généralisations hâtives, pompeusement érigées en lois naturelles.

Par exemple, puisque l'on persiste à dire que par l'étude du cerveau on a pu découvrir l'infériorité organique de l'homme noir, il convient, — pour fermer le cercle de nos arguments d'où la vérité sort déjà incontestable et claire, — de jeter un dernier coup d'œil sur ce point délicat qui sera le dernier discuté. Toutes les études précédentes ont déjà mis en parfaite lumière une opinion scientifique aujourd'hui généralement reçue. C'est que le degré d'activité intellectuelle du cerveau est surtout relatif à sa plus ou moins grande vascularité. Mieux et plus vite le sang circule dans l'organe encéphalique, plus son énergie est grande. D'ordinaire, l'action en est signalée par une élévation de température, comme pour toutes les fonctions physiologiques. Eh bien, pour ce qui a trait à la vascularité, la richesse des réseaux sanguins du cerveau de l'homme noir paraît positivement supérieure, comparée à celle du cerveau de l'Européen. C'est là un fait qui me semble suffisamment établi par les travaux de Meckel. Il a remarqué que dans les cerveaux de la race noire la substance corticale, où se développe la plus grande activité de l'organe, est d'une couleur beaucoup plus foncée que dans le cerveau du Blanc. La substance blanche elle-même offre une nuance légèrement bleuâtre et le tissu de la glande pinéale est d'un bleu tirant sur le noir. On pourrait bien penser qu'il s'agit alors d'une coloration pigmentaire, mais tout y indique plutôt une abondance excessive de fins réseaux vasculaires, aussi nombreux qu'enchevêtrés, émaillant en tous les sens le parenchyme cérébral.

En effet, Meckel insiste sur cette particularité remar-

quable : la substance blanche du cerveau de l'homme noir
est encore bleuâtre au moment où l'on pratique la coupe ;
mais les tranches blanchissent sensiblement au contact
de l'air. Ce dernier phénomène est sans nul doute causé
par la résorption du sang chassé des ramiscules des vais-
ceaux en contact avec l'air, dont l'influence y opère mécaniquement une certaine constriction. En tous cas, il est
certain que la circulation sanguine du cerveau éthiopien
est d'une activité incomparable. Cette surabondance de
circulation y occasionne naturellement un excès de cérébration qui n'a besoin que d'être contenu et réglé, pour
produire les résultats les plus considérables. Tel qu'une
plaine fertile arrosée par des ruisseaux nombreux, mais
où l'absence de l'art laisse les forces vives se perdre en
jeux capricieux de la nature, le cerveau du noir sur-
excité, mais non cultivé, se prodigue en idéation multiple et vague. Ainsi, les ruisseaux abandonnés à eux-
mêmes ne suivent pas des sentiers réguliers : malgré leur
profusion, il y a tantôt sécheresse et tantôt inondation, ils
coulent parfois en filets imperceptibles et se précipitent
d'autres fois en avalanches bruyantes ; de la même façon,
l'esprit du Nigritien inculte conçoit les idées les plus subtiles, mais il les entremêle avec une telle activité, que tantôt
il arrive à la plus grande absurdité et tantôt aux plus sublimes conceptions ! De là cette imagination vive et brûlante qui lui est spéciale, ce tempérament sanguin qui
le fait nommer une *tête brûlée*. Expression bien juste !
Car dans cette circulation énergique, dans ces opérations
rapides d'assimilation et de désassimilation que le tissu
cérébral accomplit, le cerveau brûle comme une fournaise
ardente ; il faudra donc toute une discipline, une longue
éducation de l'esprit, pour que le combustible ne se consume pas plus vite qu'il ne produit de travail appréciable.

Je crois qu'il n'y a rien d'exagéré dans ce qui vient

41

d'être dit. Il serait tout de même curieux qu'on fît des expériences positives, mesurant la température comparative du cerveau du noir et de celui du blanc. Tout indique que la circulation sanguine, plus intense chez le premier, lui assure une température plus élevée, conformément à toutes les lois de la physique et de la physiologie. Activité circulatoire et température élevée, telles sont les deux qualités qui dénotent dans le cerveau les plus grandes aptitudes de fonctionnement. « Chaque fois que la moelle épinière et les nerfs manifestent la sensibilité et le mouvement, chaque fois qu'un travail intellectuel s'opère dans le cerveau, une quantité de chaleur correspondante s'y produit. Nous devons donc considérer la chaleur comme une résultante du travail organique de toutes les parties du corps, mais en même temps, elle devient aussi le principe d'activité de chacune de ses parties (1). »

Plus on approfondit les investigations, plus on étudie les résultats, et plus belle paraît la grande synthèse des vérités scientifiques. Elles forment comme une immense gerbe de lumières où toutes les notions viennent aboutir, pour s'épanouir ensemble et briller d'un éclat superbe dans la sphère de l'intelligence. L'esprit humain ne pourra jamais contempler sans éblouissement cet édifice merveilleux, splendide, au sommet duquel tant de reflets s'entrecroisent; mais il ne se lassera jamais d'y fixer ses regards : car là est un problème captivant, l'attirant sans cesse, malgré toutes les difficultés de la solution. A mesure qu'on résout une équation ou un système d'équations, d'autres inconnues se présentent, dont il faut encore chercher la valeur. C'est une course sans fin. Mais chaque pas en avant nous conduit à une hauteur où l'on domine mieux les termes de l'éternelle progression, où nous trouvons

_____

(1) Cl. Bernard, *La science expérimentale*, p. 389.

une assurance plus grande dans les raisonnements que nous sommes encore obligés d'étayer de simples probabilités. D'où la légitimité des aspirations de la science moderne, qui a l'ambition de tout expliquer, en s'appuyant sur des expériences et des recherches qui ne finissent point, mais qui aboutissent à des découvertes de plus en plus précieuses. Ces conquêtes successives, qui enorgueillisent l'esprit humain, en lui inspirant une confiance chaque jour plus grande et inébranlable dans ses déductions, poussent les savants à des déductions souvent aventureuses; mais peut-on bannir de l'activité intellectuelle tout essai de généralisation, sans retirer aux investigations scientifiques tout ce qui en fait le charme et le but essentiel? Certainement non.

Après l'étude des faits, il nous vient un désir irrésistible de les rattacher à des lois qui en soient les régulatrices; en constatant certains phénomènes, nous sommes portés spontanément à inférer que l'objet ou l'être qui les a produits possède des qualités bonnes ou mauvaises, positives ou négatives, selon le caractère qu'ils offrent à notre appréciation. A quelle conclusion doit donc nous conduire l'étude comparative du cerveau humain? C'est que, pour les opérations de l'esprit, l'Ethiopien est armé de l'instrument le plus merveilleux. Le jour où, par une culture intellectuelle convenablement dirigée, l'activité cérébrale qu'il gaspille en jeux d'imagination, et en rêveries plus ou moins gracieuses, plus ou moins burlesques, pourra être employée dans les acquisitions sérieuses de la science, il trouvera dans l'organe encéphalique dont la nature l'a doué les ressorts les mieux adaptables aux travaux les plus difficiles et les plus délicats. Je n'ose dire qu'il se montrera plus apte que ceux qui doutent actuellement de sa vigueur intellectuelle, mais en tirant logiquement les déductions qui paraissent découler de l'ensemble des faits que je viens d'analyser, chacun sentira immédiatement la conclusion qui s'impose à son entendement!

CHAPITRE XX.

Les théories et leurs conséquences logiques.

> Ton égal! Oui, ton égal! Je ne m'en dédis pas;
> ton égal!...
> Hâte-toi d'avouer que ce nègre est un souverain
> légitime, inviolable et sacré, si tu tiens à garder
> ta propre couronne...
> Avoue, c'est le plus sûr, qu'il n'y a point de
> degré dans la dignité humaine ; que nul de nous
> ne peut légitimement mettre le pied ou même la
> main sur un autre. (Edmond ABOUT).

Afin de se rendre compte de la somme de vérités que contiennent certaines propositions et les théories qui en découlent, il y a un moyen d'une application très facile. C'est de suivre le développement des idées qui en font la base première, afin de voir à quels principes elles aboutissent et quelles sont les conséquences qu'elles entraînent dans l'ensemble des lois scientifiques ou sociales. Aussi est-il nécessaire, en dernière analyse, d'examiner à ce point de vue les conclusions auxquelles ont été logiquement acculés les philosophes et les savants qui soutiennent la thèse de l'inégalité des races. Si ces conclusions sont évidemment contraires à toutes les conceptions du progrès, de la justice et même du simple bon sens ; si on ne peut les tenir pour possibles qu'à la condition de renverser toutes les idées généralement reçues comme les plus correctes, comme les plus conformes à la stabilité, à l'harmonie des hommes et des choses, aux aspirations qui sont le plus beau titre de l'humanité, ce sera une raison de plus pour écarter comme fausse la théorie dont elles sont déduites.

L'égalité des races généralement reconnue entraîne avec elle une consécration définitive et supérieure de l'égalité de toutes les classes sociales dans tous les peuples de l'univers; car elle donne au principe moral, qui en fait la force en dehors de toute autre considérarion, un caractère d'universalité qui renforce et consolide son autorité. Partout où lutte la démocratie, partout où la différence des conditions sociales est encore une cause de compétitions et de résistances, la doctrine de l'égalité des races sera un salutaire remède. Ce sera le dernier coup porté aux conceptions du moyen âge, la dernière étape accomplie dans l'abolition des privilèges. C'est là incontestablement le sens dans lequel s'accomplit l'évolution sociologique de tous les peuples et la tendance de tous les esprits éclairés et sains; c'est vers cet idéal que se dirige l'avenir. En est-il de même de la théorie de l'inégalité des races ? Au contraire, d'exclusion en exclusion, elle aboutit fatalement à la conception d'un petit noyau d'hommes, presque dieux par la puissance, destinés à subjuguer le reste des humains.

Il serait curieux de voir jusqu'à quel point les faits justifient l'hypothèse philosophique que je formule ici avec si peu d'hésitation. Personne ne niera la première partie de ma proposition; cependant on pourrait concevoir certain doute sur le second point, à savoir que la théorie de l'inégalité des races conduit logiquement à un système oligarchique ou despotique dans le régime intérieur et national des peuples, sans même qu'on ait besoin d'y supposer des races franchement distinctes. Les savants et les philosophes, qui affirment que les races ne sont pas égales, en viendraient-ils donc à désirer un régime de distinction, l'établissement de vraies castes, dans la nation même à laquelle ils appartiennent? De telles conceptions, si contraires aux aspirations modernes, ne seraient-elles pas la meilleure preuve d'une aberration d'esprit, chute dont n'est exempt aucun de ceux qui plaident contre la vérité et les lois naturelles?

Tel a été pourtant le rêve fantaisiste, que l'illustre
M. Renan a formulé dans ses *Dialogues philosophiques* où il
se moque si bien et si finement de tous les principes de la
philosophie moderne, jouant d'une façon adorable avec le
transcendantalisme de Mallebranche !

M. de Gobineau, plaçant dans le passé ce que le spirituel et savant académicien rêve pour un avenir incertain,
prend les choses beaucoup plus au sérieux. Ne voyant
dans la majeure partie des blancs que des êtres conta-
minés, il entonne l'hymne de la désolation. « L'espèce
blanche, dit-il, considérée abstractivement, a désormais
disparu de la face du monde. Après avoir passé l'âge des
dieux où elle était absolument pure; l'âge des héros où les
mélanges étaient modérés de force et de nombre, l'âge des
noblesses où des facultés grandes encore n'étaient plus
renouvelées par des sources taries, elle s'est acheminée
plus ou moins promptement, suivant les lieux, vers la confusion définitive de tous ses principes, par suite de ses
hymens hétérogènes (1). »

En négligeant de rectifier l'erreur et de prouver l'inconsistance historique de cette succession de faits imaginés
par le paradoxal auteur de l'*Inégalité des races humaines*,
on doit remarquer une préoccupation visible dans toutes
les idées qu'il exprime. Dans l'abolition de la noblesse par
la Révolution française, il voit le dernier coup porté à ses
idoles. Pour lui, noble de sang, il n'était pas de la race des
manants européens : le roturier et le nègre, quoique à différents degrés, lui étaient inférieurs, tant au point de vue
organique qu'au point de vue social. Mais il va plus loin,
dans son étrange doctrine. Au lieu des larges espérances
que les progrès acquis nous autorisent à nourrir sur l'avenir, il professe le découragement le plus sombre : il pré-

---

(1) De Gobineau, *loco citato*, tome II, p. 560.

voit que l'humanité entière mourra d'épuisement par la promiscuité des groupes ethniques. Le principe de vie étant dans la race blanche seule, à force de l'éparpiller, elle finira par en tarir la source! « On serait tenté, dit-il, de donner à la domination de l'homme sur la terre une durée totale de douze à quatorze mille ans, divisés en deux périodes : l'une qui est passée, aura vu, aura possédé la jeunesse, la vigueur, la grandeur intellectuelle de l'espèce; l'autre qui est commencée, en connaîtra la marche défaillante vers la décrépitude (1). »

N'est-ce pas là le signe d'un esprit malade? Ne semble-t-il pas que c'est le caractère distinctif de toutes fausses théories d'amener fatalement à des conclusions aussi contraires à la logique qu'aux aspirations universelles? L'exemple que nous offrent les conceptions finales du comte de Gobineau et les rêves philosophiques de M. Renan est de la plus haute éloquence; mais quelle sera la conclusion des anthropologistes, qui soutiennent ou acceptent la doctrine des races supérieures et des races inférieures? Pas plus rationnelle. Suivant la plupart, toutes les autres races humaines sont condamnées à s'éteindre pour céder la place au développement de la race blanche. Voilà tout.

« Le moment est facile à prévoir, dit M. Topinard, où les races qui aujourd'hui *diminuent l'intervalle entre l'homme blanc et l'anthropoïde* auront entièrement disparu (2). » C'est aussi l'opinion de M. Dally. Il ne s'agirait de rien moins que de la disparition de toute la race mongolique, de toute la race éthiopique, des races malaies et américaines! Voit-on d'ici presque toute la surface de l'Asie, de l'Afrique, de l'Amérique et de l'Océanie se dé-

---

(1) De Gobineau, *loco citato*, t. II, p. 563.
(2) Topinard, *loco citato*, p. 543.

peupler pour élargir l'aire de développement de la seule et
chétive race de l'Europe exsangue ! Pour le coup, il faut
déclarer nettement que les savants se moquent de ceux
qui attendent d'eux la vérité.

Cependant, avec cette apparence scientifique dont on
dore toutes les pilules quelque peu amères ou d'aspect
repoussant, ces propositions arbitraires paraîtront s'é-
tayer d'une théorie quelconque. « Il n'y a rien de mystérieux dans cette extinction, continue M. Topinard, le mécanisme en est tout naturel. Le résultat, en somme, c'est
la survivance des plus aptes au profit des races supérieures. » C'est donc sur le darwinisme que le savant
professeur d'anthropologie s'appuie, pour s'exprimer d'une
façon si affirmative, au sujet d'un fait dont la réalisation
est si dénuée de probabilité. Mais n'est-ce pas là un abus ?
Quoi qu'en disent Mme Clémence Royer et quelques autres
savants de la même école, trouve-t-on dans les théories
scientifiques de Darwin aucun argument formel, catégorique, justifiant la thèse de l'inégalité des races ou les
autres déductions inconsidérées qu'on se plaît à y rattacher ? Plus particulièrement, comment la concurrence
vitale expliquerait-elle la disparition des autres races
humaines devant la race blanche ? Parce qu'elle est *supérieure* aux autres, répond-on et « la survivance est aux
plus aptes ». Mais c'est confondre étrangement les aptitudes hypothétiquement supérieures que l'on croit particulières à la race blanche avec les qualités organiques
absolument avantageuses dans la lutte dont parle Darwin ! Dans cette lutte, *struggle for life*, où l'intelligence
est sans nul doute un facteur des plus précieux, il y
aura éternellement une force naturelle qui rendra le Chinois le plus apte en Chine et le Soudanien le plus apte
au Soudan. C'est l'influence des climats. Un esprit aussi
sagace que celui de Darwin n'aurait pu la négliger. « Une

preuve évidente, dit-il, que le climat agit principalement, d'une manière indirecte, à favoriser certaines espèces, c'est que nous voyons dans nos jardins une prodigieuse quantité de plantes supporter parfaitement notre climat, sans qu'elles puissent jamais s'y naturaliser à l'état sauvage, *parce qu'elles ne pourraient ni soutenir la concurrence avec nos plantes indigènes, ni se défendre efficacement contre nos animaux* (1). »

Cette protection salutaire que les plantes indigènes trouvent dans les influences climatologiques, pour lutter contre une espèce étrangère et la chasser de l'aire géographique qui leur est naturelle, existe aussi bien pour les hommes. L'Européen portera ses pas aux confins du monde habité ; par ses armes perfectionnées, par son éducation et, surtout, par la conviction profonde qu'il a de sa supériorité ethnique, il obtiendra des victoires faciles : mais il ne s'établira dans certains milieux que pour s'éteindre ou se transformer et se confondre tellement avec la race indigène, physiologiquement et corporellement, qu'on ne pourra jamais dire lequel des deux éléments a disparu dans la confusion du sang et des croisements !

La conclusion des anthropologistes est donc aussi fausse que celle des philosophes ou des érudits, qui ont adopté et soutenu la doctrine de l'inégalité des races. Il faut avouer alors que la seule immixtion de cette doctrine, dans une branche quelconque des connaissances humaines, suffit pour y infiltrer un principe de contradiction et d'illogisme, lequel entraîne infailliblement les esprits les mieux faits et les plus éclairés aux idées les plus absurdes ou les plus monstrueuses.

---

(1) Darwin, *De l'origine des espèces.*

CONCLUSION.

Ἀγαπᾶτε ἀλλήλους........
(Saint Jean, ch. XIII).
Tous les hommes sont l'homme.
(Victor Hugo).

Après avoir passé en revue tous les arguments que l'on pourrait mettre en avant pour soutenir la doctrine de l'inégalité des races humaines, il semble qu'aucun ne résiste au plus simple examen. Sans doute, y en a-t-il plusieurs que nous avons involontairement omis, dans cette course attristante, à travers les erreurs et les préjugés répandus depuis si longtemps dans un grand nombre d'esprits qu'il leur est impossible de revenir à des conceptions plus logiques et plus justes. Cependant quand on a marché beaucoup, ayant gravi bien des sommets et franchi bien des précipices, il arrive un moment où l'on éprouve le besoin de s'arrêter et de respirer. Parvenu à une certaine hauteur, on s'aperçoit qu'on a parcouru un assez long espace et, embrassant du regard tout le trajet accompli, on contemple avec un soulagement délicieux les étapes de la route. On est convaincu que des sentiers obscurs restent encore inexplorés; mais l'ensemble du panorama suffit largement pour offrir à l'esprit toute la netteté désirable dans l'appréciation du terrain où l'on a établi ses investigations. Tel est le sentiment que j'éprouve, en fermant la série des discussions qu'il fallait entamer sur les diverses notions scientifiques qu'une fausse interprétation semblait rendre favorables à la thèse de l'inégalité des races humaines.

En récapitulant toutes les objections qui ruinent, pour ainsi dire, dans leur fondement essentiel tous les systèmes de hiérarchisation qu'on a essayé d'instituer parmi les divers groupes de l'humanité, il est permis d'affirmer que

l'égalité naturelle existe entre toutes les races. Cette
égalité ne cesse de se vérifier que lorsqu'un degré supérieur d'évolution vient apporter à l'une d'entre elles
un développement et des aptitudes auxquels ne sont
pas encore parvenues les autres. Mais comme pour empêcher qu'on n'oublie complètement l'infériorité originelle de celles qui ont atteint les plus hauts sommets
de la civilisation, on rencontrera non-seulement dans
les fastes du passé, mais actuellement, sur divers points
du globe, une foule de leurs congénères vivant dans
un état qui en dénonce visiblement la complexion ances-
trale.

Dans les commencements, toutes les races d'hommes qui
couvrent aujourd'hui la surface de notre planète furent
également ignorantes et chétives, immorales et laides;
mais à mesure qu'elles ont évolué, elles se sont amé-
liorées, en transmettant à leurs descendants des facultés
destinées à se perfectionner avec le travail des générations
successives. L'hérédité physique et morale est l'élément
conservateur qui fixe chaque conquête dans la famille,
dans le canton et dans la contrée; ces conquêtes, s'ajoutant
les unes aux autres, amènent jusqu'aux nues des êtres
partis de la poussière. Tous n'arrivent pas par les mêmes
sentiers ni en même temps. Pourtant qui oserait dire que
telle organisation ethnique est supérieure à telle autre,
quand on sait quel laps de temps il a fallu, avec le
concours des milieux et les accidents favorables, pour
que les plus civilisées d'entre les races humaines par-
vinssent à s'affiner au point où nous les voyons maintenant? « Art, poésie, science, moralité, toutes ces manifestations les plus élevées de l'humanité, dit M. Ribot,
sont pareilles à une plante coûteuse et délicate, qui a
germé tard et n'a porté des fruits que grâce au travail prolongé d'innombrables générations... L'idéal, ne s'est pas

développé d'un seul coup ; il s'est dévoilé peu à peu (1). »

L'évolution sociale explique donc seule les différences de complexion morale et intellectuelle qui existent entre les diverses portions de l'humanité. Peut-être pourrait-on penser que l'organisation physique et interne de certaines races leur constitue une supériorité spéciale, même dans leur marche évolutive ; mais serait-ce raisonnable de s'arrêter à une supposition gratuite, quand la nature des climats et les circonstances historiques rendent suffisamment compte de la promptitude avec laquelle ont évolué ces races privilégiées ? Pour se renfermer dans une seule race et en Europe, toutes les nations blanches se sont-elles montrées également aptes à l'accomplissement de certains progrès, dans la même période historique ? Ne voit-on pas au contraire la plupart de ces nations considérées comme nulles, il y a à peine deux siècles, occuper actuellement des places éminentes ; tandis que d'autres, souverainement influentes au XVIe ou au XVIIe siècle, ont perdu tout leur ancien prestige ?

En étudiant les faits avec toute l'impartialité que comporte l'excellence de la matière, il a été démontré d'ailleurs que la race noire, que l'on a prétendu être la plus inférieure de l'humanité, est douée d'une faculté d'expansion morale et intellectuelle aussi active qu'aucune autre. Doit-on persévérer dans les erreurs du passé, malgré toutes les lumières qui jaillissent de la science moderne pour nous éclairer et nous indiquer la vérité ? L'autorité de quelques savants suffira-t-elle pour consacrer des opinions erronées, qui n'ont duré à travers tant de siècles qu'à l'aide de légendes et de préjugés, que l'on aurait honte d'affirmer dans l'ère de liberté et de progrès qui fleurit actuellement ? Non ! mille fois non !

---

(1) Th. Ribot, *De l'hérédité*, p. 390.

Au-dessus des préventions et des préjugés des savants, il y a la science ; au-dessus des erreurs systématiques des historiens, il y a l'histoire ; la philosophie est plus forte, plus convaincante que tous les philosophes. Il est bon que les faiseurs de systèmes et les fondateurs de doctrines y réfléchissent. Le monde ne reste pas stationnaire. Les nations, les races, en se coudoyant sur le théâtre de l'histoire, passent sans cesse et reviennent sur la scène avec des rôles différents ; mais dans la grande harmonie de la destinée humaine, aucun de ces rôles n'est absolument inutile. Les acteurs sont tous égaux en dignité ; dans une transformation perpétuelle, chacun prend et quitte les premières places. Cela continuera ainsi jusqu'au jour où ils pourront se suppléer indistinctement, sans effort ni froissement, dans la fonction capitale qui est de soutenir le flambeau intellectuel, qui éclaire le monde moral et immatériel comme le soleil éclaire le monde physique et matériel.

La race noire aura-t-elle un jour à jouer un rôle supérieur dans l'histoire du monde, en reprenant le flambeau qu'elle a tenu sur les bords du Nil et dont toute l'humanité s'est éclairée dans les premiers vagissements de la civilisation ? Je crois avoir prouvé que rien ne lui manque pour y parvenir. Tout indique, en effet, qu'il lui est réservé d'accomplir une nouvelle transformation d'où sortira le plus beau rayonnement du génie humain. A ses premiers pas dans la carrière de la civilisation et de la liberté, elle a donné l'exemple d'une telle précocité dans le développement de toutes les sortes d'aptitudes, que l'on a droit d'espérer en elle et d'affirmer les hautes destinées qu'elle est appelée à réaliser.

Mais, dira-t-on, elle arrive trop tard. Déjà toutes les places sont prises. La civilisation vieille d'années et de gloire n'attend plus de surprise. Edison, aux États-Unis,

Renard et Krebs, en France, d'autres en Angleterre, en Allemagne, en Italie, par toute l'Europe, ont accompli tant de merveilles, que le monde s'est accoutumé aux inventions superbes, aux trouvailles curieuses. La science marche et élargit sans cesse son champ d'investigation. Il semble bien démontré que ceux qui ne se pressent pas n'auront rien à faire. Car bientôt tous les problèmes seront résolus, toutes les questions élucidées, toutes les vérités de l'ordre matériel ou moral seront trouvées, étiquetées, classées, comme dans un vaste casier. On n'aura besoin que d'un index géant, pour ne jamais plus être embarrassé en rien, ni réduit à l'impuissance devant aucune force naturelle ou surnaturelle !...

Par bonheur, les choses n'en viendront à ce point, si tant est qu'on y doive aboutir, que lorsque la surface entière de la terre sera peuplée d'une humanité aussi sage, aussi éclairée qu'on la suppose être, dans ce que nous appelons les hommes supérieurs, lesquels ne se comptent que par vingtaine dans un siècle. D'ici là, il y a du chemin à faire. La route de la civilisation longue, immense, sans bornes, s'étend à l'infini devant nous. Dans deux siècles, nos arrière-petits fils nous trouveront plus arriérés que nous ne le disons des hommes du XVIIe siècle, si avancés comparativement à ceux du XVe siècle, sortant avec peine du cahos tumultueux du régime féodal. « Nous ne sommes en réalité qu'au seuil de la civilisation, dit Sir John Lubbock. Loin de manifester un symptôme d'épuisement, la tendance au développement des connaissances — et ajoutons de la puissance de l'homme — semble s'être manifestée dernièrement avec plus de rapidité que jamais. Il y a bien des choses auxquelles on n'a pas encore songé dans notre philosophie, bien des découvertes destinées à immortaliser ceux qui les feront et à procurer à la race humaine des avantages que nous ne sommes pas peut-être en état d'apprécier. Nous pouvons dire encore, avec notre illustre compatriote, Sir Isaac Newton, que nous avons été simplement comme des enfants, jouant sur le bord de la mer et ramassant çà et là un caillou plus lisse ou un coquillage plus joli que les autres, tandis que le grand océan de la vérité s'étend inexploré devant nous (1). »

Ces idées magnifiques, empreintes d'une splendeur qui ravit et éblouit l'esprit, sont à la fois justes et profondes. Non, il ne sera jamais trop tard pour qu'un individu ou une race fasse son apparition dans le monde de la lumière, dans le domaine de la science. La race noire qui doit évoluer sans cesse et franchir à pas précipités toutes les étapes qu'il faut traverser pour atteindre à la civilisation, telle qu'elle se montre dans toute l'exubérance de sa floraison européenne, n'a pas à se décourager dans cette voie ascensionnelle où il lui faut monter et monter toujours ! Pour elle, aucune désespérance n'est légitime, aucune lassitude justifiée. Il faut que, de jour en jour, elle renforce le sentiment, la conviction de son égalité avec toutes les autres races humaines répandues sur notre planète. Croire à l'égalité, c'est s'engager moralement à la prouver par les faits et les résultats, au prix de tous les efforts. Elle y répondra. Ainsi, une nouvelle période de gloire poindra pour elle. Splendide sera le rôle qu'elle aura à jouer dans le monde. Sa grande part d'action, dans l'épanouissement du progrès, sera surtout de développer le sens de la justice avec beaucoup plus de force et, en même temps, beaucoup plus de délicatesse que les races blasées et au cœur sec qui ont surgi en Europe ou qui ont poussé dans les plaines de l'empire du Milieu et de la Tartarie.

Sans doute, cette race nigritique qui a souffert mille martyres, qui a été huée, conspuée, méprisée par les uns; bru-

---

(1) John Lubbock, *Prehistoric times*, p. 615.

talisée, systématiquement exterminée par les autres, pourrait laisser germer en son sein je ne sais quelle foudroyante
colère, avec le rêve d'en écraser un jour ses contempteurs
ou ses anciens oppresseurs. Mais la générosité l'empor-
tera. Plus on a souffert, mieux on est préparé pour comprendre et pratiquer la justice. Et, vraiment, on ne sait
combien magnifique paraîtra aux yeux du philosophe et
du penseur cette famille d'hommes sortis de la plus
profonde misère intellectuelle et morale, ayant grandi sous
l'influence dépressive de tous les préjugés coalisés; mais
engendrant en ces cas mêmes une fleur de vertu faite de courage viril et d'ineffable bonté, deux qualités qui tendent à
la fois à promouvoir et à tempérer la justice!

Le courage! il n'y a plus personne qui le conteste aux
noirs. Trop d'exemples sanglants ont émergé de l'histoire
pour en convaincre les plus incrédules. Pourtant il faut que
ce courage n'aille jamais jusqu'à la violence et ne dégénère
point en brutalité. Ce que les détracteurs de la race nigritique leur refusent, ce n'est pas l'égalité matérielle. Au
contraire, qu'on lise tous les ouvrages où la thèse de l'inégalité des races est soutenue avec une inconséquence étonnante mais unie à une rare ténacité, on verra toujours
poindre l'intention de faire beaucoup plus belle la part qui
échoit à la race noire, quant à la force brutale. Lors donc
que, pour affirmer leur égalité ethnique et sociale, les fils
de l'Afrique renoncent à d'autres procédés plus dignes et se
complaisent, sans nécessité, à ravager, à brûler ou à tuer,
ils ne font que prêter le flanc à une théorie fausse, mais
dont l'influence malsaine fait exagérer à dessein chacune
de leurs fautes. Pour réaliser l'égalité qui est un droit naturel et imprescriptible, puisque la science démontre qu'aucune race d'hommes ne possède des aptitudes supérieures
à celles des autres, il faut à la race noire diriger sans cesse
ses aspirations vers la conquête des forces morales et intel-

lectuelles, les seules qui égalisent les hommes. Il faut qu'elle grandisse en intelligence et se moralise chaque jour davantage. Lumière et justice! Voilà, pour elle, les deux conditions du triomphe; car ce sont des armes infaillibles dans les luttes sociales, comme dans les luttes internationales.

La lumière aidera l'Éthiopien à lire dans le passé; une sage philosophie lui indiquera la part qu'on doit faire aux faits, aux suggestions passées et présentes, toutes les fois qu'il faut établir un jugement et adopter une règle de conduite. Au lieu de grandir avec la haine au cœur, il répandra à profusion ce trésor d'inépuisable affection, qui lui est si particulièrement départi par la nature que ceux qui ne connaissent pas les qualités riches et variées de son tempérament, pensent qu'il reste *femme* dans le déploiement même de toutes les aptitudes de la masculinité. En face des autres races, quand il voudra se remémorer les jours d'humiliation où, abusant de la force, on le courbait sous le joug de l'esclavage, tirant de ses sueurs l'or destiné à payer la luxure du colon transformé en Sybarite, il tâchera de remonter plus haut, jusqu'aux époques protohistoriques. Toutes les périodes du passé se déroulant devant sa pensée, il se rappellera alors qu'il fut un temps où les sauvages Tamahou, et les humbles Amoû, fils de Sheth et de Japheth, étaient également courbés sous la férule de ses ancêtres noirs. Durement on les menait aussi. Les monuments gigantesques qui font la gloire immortelle de l'Égypte ancienne ont été cimentés par la sueur des blancs d'Orient et d'Occident. L'humanité est une dans le temps comme dans l'espace : les injustices des siècles passés compensent donc celles des siècles présents.

Il arrive, cependant, une phase de l'évolution historique des peuples, où las de représailles, les hommes longtemps en lutte sentent le besoin d'une conciliation régénératrice, mieux adaptée à leurs intérêts matériels et moraux. Sans céder à aucune inspiration d'utopiste ou d'illuminé, je crois que toutes les nations et toutes les races marchent, sous une impulsion irrésistible, vers cet état statique. Depuis que la Révolution française, brisant avec les vieilles traditions, a rendu l'homme plus grand et plus digne à ses propres yeux qu'il ne l'avait jamais rêvé, une superbe éclosion d'esprit s'est produite partout. La noble France, en inscrivant le principe de l'égalité dans les tablettes immortelles où sont gravés les droits de l'homme, avait donné le branle. Sa voix a traversé les monts et les mers ; elle a été entendue sur la surface du monde entier. Cette voix sera écoutée à toujours. Quand bien même toutes les légions de l'esprit ancien, scolastique et théologique, se coaliseraient pour affirmer que les hommes ne sont pas égaux, que les races ne sont pas égales, la parole révolutionnaire retentirait comme le clairon du dernier jour dans l'intelligence et le cœur de chacun. C'est elle qui doit mettre en activité la force évolutive que nous savons commune à toute l'humanité ; oui, c'est elle qui doit conduire toutes les races à la conquête de la science et de la civilisation, ces fleurs tardives, mais éternellement belles, que pousse l'arbre humain dans toutes ses branches et dans tous ses rameaux !

Tous les hommes sont frères.

Ce sont là des paroles d'or. On les répète sans cesse, depuis le jour où le Prophète de Nazareth, dans sa douceur évangélique, étendit sa main sur les grands et les petits dans une bénédiction commune. Celui qui, en son cœur, concevrait le moindre doute sur cette fraternité humaine qui est devenue une des croyances fondamentales des sociétés modernes, aurait honte de manifester tout haut l'obsession de sa conscience. Il craindrait, en s'inscrivant contre le principe de solidarité qui attache chaque homme à la destinée de tous les hommes, de froisser le sens moral de tous ceux qui l'entourent. Mais faut-il le dire ? Cette fraternité universelle est restée pour la majeure partie des peuples civilisés une pure comédie; il semble que les convenances seules la maintiennent dans les idées courantes. C'est que, logiquement, on ne saurait concevoir la fraternité en l'absence de l'égalité. Une telle conception répugnerait souverainement à toutes les saines notions de la philosophie et du droit moderne. L'égalité des races démontrée par la science, affirmée par des faits chaque jour plus nombreux, plus éloquents et incontestables, sera donc la vraie base de la solidarité humaine. Car on ne cimente jamais une alliance sincère par une injustice patente; encore moins pourrait-on y édifier un engagement moral, où les parties se sentent liées les unes envers les autres par les raisons les plus élevées et les plus nobles que l'on puisse imaginer dans la nature humaine.

Ce sera l'honneur du XIXe siècle d'avoir vu poindre cette ère de la vraie religion, où l'homme donnera la main à l'homme, partout, en tout et à toute heure, pour marcher ensemble vers l'épanouissement du bien, vers l'amélioration générale de notre espèce.

Les races, se reconnaissant égales, pourront se respecter et s'aimer. En effet, leurs aptitudes sont généralement les mêmes; mais chacune d'elles trouvera dans son milieu un stimulant spécial pour la production spontanée de certaines qualités exquises du cœur, de l'esprit ou du corps. Cela suffira pour qu'elles aient toujours besoin de se compléter les unes par les autres; pour qu'elles vivent toutes et se développent, florissantes, sous les latitudes qui leur sont propres. Elles pourront bien s'entr'aider dans l'exploitation de la nature, sans qu'il y en ait des supérieures et des inférieures dans l'œuvre du progrès universel, où l'ouvrier et le penseur devront se rencontrer côte à côte, parmi les noirs comme parmi les blancs. Avec l'abandon des idées de domination et de suprématie que les unes nourrissent à l'égard des autres, on se rapprochera davantage, on s'étudiera, on apprendra à se connaître. Dieu sait quelle source de sentiments généreux et purs sera ouverte par cette nouvelle existence! Les contrastes mêmes, examinés sans prévention, paraîtront comme autant d'attraits; car bien appréciés, les contrastes ne se repoussent pas, ils s'appètent au contraire. Qui ne s'en aperçoit, quand, la première suprise passée, deux personnes de races différentes et nettement tranchées, s'abordent enfin, se communiquent par la parole, cette faculté exclusivement humaine? Plus on a été frappé de la différence extérieure et physique, plus on jouit de cette découverte agréable, à savoir que le fond général de l'humanité est identique et constant, dans tous les groupes ethniques! Selon que le degré d'instruction et le genre d'éducation seront les mêmes, les mêmes idées, les mêmes réflexions surgiront en même temps, à la vue d'un objet ou à l'audition d'un fait. De cet échange de sentiments sort et ressort la vraie fraternité parmi les hommes.

Il est certain que dans l'alliance universelle des peuples et des races, il y a et il y aura toujours des groupes avancés et des groupes arriérés. Ce qui existe, en petit, dans chaque nation doit exister tout naturellement dans la communauté des nations. Mais au lieu de diviser les hommes en races supérieures et races inférieures, on es divisera plutôt en peuples civilisés et peuples sauvages ou barbares. Parmi les civilisés même, il y aura des nations de premier ordre et des nations de dernier ordre, avec de nombreux intermédiaires. En un mot, chaque communauté nationale pourra être étudiée et reconnue inférieure ou supérieure en civilisation, quand on considère le degré de son développement sociologique comparé à l'idéal que nous nous faisons de l'état civilisé; mais il ne sera plus question de race. Ce dernier mot implique une certaine fatalité biologique et naturelle, qui n'a aucune analogie, aucune corrélation avec le degré d'aptitude que nous offrent les différentes agglomérations humaines répandues sur la surface du globe. Personne n'est à apprendre maintenant qu'il existe une foule de Nigritiens plus civilisés, plus intelligents et instruits que la plupart des Caucasiens. Les représentants de la race mongolique en fourniraient des exemples encore plus éclatants. Mais alors, n'est-ce pas faire un abus des termes que de parler de races supérieures et de races inférieures? Cet abus a malheureusement enfanté les plus pénibles conceptions. Ignorants et savants viennent chaque jour y sacrifier leur intelligence ou leur bon sens ; et ainsi s'est créé lentement, subrepticement, le plus grand obstacle à l'expansion du sentiment de la solidarité humaine, qui est le meilleur stimulant du progrès et de la prospérité de notre espèce. Il faut absolument réagir contre cet obstacle passé à l'état de préjugé.

Puisse donc ce livre contribuer à répandre la lumière dans les esprits et rappeler tous les hommes au sentiment de la justice et de la réalité! En y réfléchissant, peut-être bien des savants européens, convaincus jusqu'ici de la supériorité de leur sang, seront-ils surpris de constater qu'ils ont été le jouet d'une méchante illusion. La situation actuelle des choses, les mythes et les légendes dont on a bercé leur enfance et qui ont présidé à la première éclosion de leur pensée, les traditions dont leur intelligence a été continuellement nourrie, tout les entraînait invinciblement à une doctrine, à une croyance que les apparences semblent si bien justifier. Mais peuvent-ils persévérer dans une erreur dont le voile est déchiré, sans renoncer à l'exercice de la raison qui est le plus bel apanage de l'humanité? Le préjugé, qui fait croire qu'une couleur plus ou moins blanche est un signe de supériorité, restera-t-il éternellement ancré dans les meilleures têtes, malgré tous les faits qui en trahissent la fausseté? Cela ne saurait être. La raison ne perdra pas ses droits. Quand ils auront vu, comme dans un miroir, les suggestions extériorisées de leur propre entendement, ils les pèseront et les examineront. Je ne doute pas qu'ils ne s'empressent alors de rejeter des idées qui n'ont rien de conforme au tempérament intellectuel et moral de notre siècle.

Revenus à la vérité, ils reconnaîtront que les hommes sont partout doués des mêmes qualités et des mêmes défauts, sans distinction de couleur ni de forme anatomique. Les races sont égales; elles sont toutes capables de s'élever aux plus nobles vertus, au plus haut développement intellectuel, comme de tomber dans la plus complète dégénération. A travers toutes les luttes qui ont accablé et accablent encore l'existence de l'espèce entière, il y a un fait mystérieux qui subsiste et se manifeste mystérieusement à notre esprit. C'est qu'une chaîne invisible réunit tous les membres de l'humanité dans un cercle commun. Il semble que, pour prospérer et grandir, il leur faut s'intéresser mutuellement les uns aux progrès et à la félicité des autres, cultivant de mieux en mieux les sentiments altruistes qui sont le plus bel épanouissement du cœur et de l'esprit de l'homme.

La doctrine de l'égalité des races humaines, apportant une dernière consécration à ces idées rationnelles, devient ainsi une doctrine régénératrice et éminemment salutaire au développement harmonique de l'espèce; car elle nous rappelle la plus belle pensée d'un grand génie : « Tous les hommes sont l'homme » et la plus douce parole d'un enseignement divin : « Aimez-vous les uns les autres ».

FIN.

TABLE DES MATIÈRES.

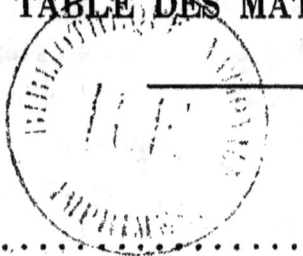

ERRATA.

Page 5,	ligne 10,	*au lieu de* :	et arriver,	*lisez* :	et d'arriver.
42,	24,	—	Lillupitien	—	Lilliputiens
50,	12,	—	Philipps	—	Phillips
56,	9,	—	celui	—	celui-ci
60,	32,	—	semble	—	semblent
94,	20,	—	importante	—	importance
100,	16,	—	croissement	—	croisement
117,	3,	—	athmosphère	—	atmosphère
155,	12,	—	*dice*	—	*disce*
193,	31,	—	Humbold	—	Humboldt
194,	14,	—	sussi	—	aussi
236,	16,	—	volonte	—	volonté
254,	1,	—	exercé	—	exercée
268,	31,	—	qu'à n'avoir	—	à n'avoir
274,	4,	—	prouver que	—	que prouver
289,	9,	—	preoccupations	—	préoccupations
296,	6,	—	encore par	—	encore
298,	3,	—	d'Alaud	—	d'Alaux
298,	31,	—	d'âme sûrement	—	démesurément
304,	13,	—	égale à celui	—	égale à celle
311,	31,	—	élucider	—	éclairer
315,	25,	—	antithèse	—	anthèse
325,	21,	—	a eu	—	ait eu
384,	30,	—	Sbrabon	—	Strabon
389,	29,	—	couronnait	—	couronnant
436,	21,	—	s'effectuent	—	s'effectue
496,	32,	—	Lafontaine	—	La Fontaine
524,	20,	—	aucune d'elle	—	aucune d'elles
526,	2,	—	une aucune autre	—	une autre
533,	17,	—	peut	—	peut-il
540,	21,	—	Verdières	—	Vertières
607,	32,	—	the opposed	—	he opposed
621,	6,	—	vint	—	vint.

Paris. — Imp. F. Pichon, 30, rue de l'Arbalète, & 24, rue Soufflot.

www.ingramcontent.com/pod-product-compliance
Lightning Source LLC
Chambersburg PA
CBHW071132270326
41929CB00012B/1729